Wortarten im Überblick

Nomen, Pronomen, Adjektiv, Präposition ► S. 347–349

Verb ► S. 349–352

Tempora (Zeitformen) ► S. 349–350

Aktiv und Passiv ► S. 351

Konjunktiv (z. B. in der indirekten Rede) ► S. 352 f.

das oder dass?

Wann schreibst du *das*, wann *dass*? ► S. 306, 364

Satzglieder erkennen

Zum Beispiel Subjekt, Prädikat, Objekte, adverbiale Bestimmungen ► S. 354–356

Groß- oder Kleinschreibung?

Nominalisierungen und Denominalisierungen ► S. 302, 365

Tageszeiten und Wochentage ► S. 364

Eigennamen und Herkunftsbezeichnungen ► S. 366

Nebensätze unterscheiden

Adverbialsätze ► S. 358

Subjekt- und Objektsätze ► S. 359

Relativsätze (Attributsatz) ► S. 358

Infinitivsätze ► S. 359

Partizipialsätze ► S. 359

Getrennt- oder Zusammenschreibung?

Nomen + Verb, Verb + Verb, Wortgruppe + sein, Adjektiv + Verb, Adverb + Verb; Präposition + Verb ► S. 268–269, 350

Kommasetzung im Überblick

Wann musst du ein Komma setzen? Wann darf ein Komma nicht stehen? ► S. 305, 360–362

Zitieren und Quellenangaben machen

Zeichensetzung bei Zitaten ► S. 362

Quellenangaben machen ► S. 68, 374

Sprachlich-rhetorische Stilmittel im Überblick

Wenn du einen Text analysierst, musst du auch die sprachlichen Gestaltungsmittel in den Blick nehmen. ► S. 337, 345, 370

Gymnasium

Deutschbuch

Sprach- und Lesebuch 10

Herausgegeben von
Andrea Wagener

Erarbeitet von
Gerd Brenner, Heinz Gierlich,
Cordula Grunow, Alexander Joist,
David Krause, Markus Langner,
Angela Mielke, Deborah Mohr,
Christoph Oldeweme, Norbert Pabelick,
Christoph Schappert, Frank Schneider
und Klaus Tetling

Cornelsen

Redaktion: Kirsten Krause

Illustrationen:
Uta Bettzieche, Leipzig: S. 67, 68
Nils Fliegner, Hamburg: S. 43, 46–50, 55, 196, 207, 211, 214
Marie Geißler, Berlin: S. 83, 84, 87, 88, 90, 93, 97, 218, 269, 276, 282, 285
Christoph Mett, Münster: Vorsatzpapier
Bianca Schaalburg, Berlin: S. 15, 17 ff., 21, 24, 29, 32, 35, 290–292, 294, 297, 298, 300, 301–304, 308, 313, 318, 320
Juliane Steinbach, Wuppertal: S. 125–127, 129, 131, 132, 135, 138, 139, 140, 146, 242, 251, 253, 254, 257, 258, 260, 261
Sulu Trüstedt, Berlin: S. 99, 100, 102, 104/105, 107, 109, 111, 115–117, 119, 121, 122, 151, 154, 162, 164, 166

Umschlagfoto: Shutterstock/Edyta Pawlowska
Gesamtgestaltung und technische Umsetzung: werkstatt für gebrauchsgrafik, Berlin

www.cornelsen.de

Dieses Werk berücksichtigt die Regeln der reformierten Rechtschreibung und Zeichensetzung.
Bei den mit [R] gekennzeichneten Texten haben die Rechteinhaber einer Anpassung widersprochen.

1. Auflage, 1. Druck 2016

Alle Drucke dieser Auflage sind inhaltlich unverändert
und können im Unterricht nebeneinander verwendet werden.

Druck: Mohn Media Mohndruck, Gütersloh

ISBN 978-3-06-061906-1

PEFC
PEFC/04-31-1033

PEFC zertifiziert
Dieses Produkt stammt aus nachhaltig bewirtschafteten Wäldern und kontrollierten Quellen.

www.pefc.de

Euer Deutschbuch auf einen Blick

Das Buch ist in **vier Kompetenzbereiche** aufgeteilt.
Ihr erkennt sie an den Farben:

Sprechen – Zuhören – Schreiben
Lesen – Umgang mit Texten und Medien
Nachdenken über Sprache
Arbeitstechniken

Jedes **Kapitel** besteht aus **drei Teilen** (Dreischritt):

1 Hauptkompetenzbereich
Hier wird das Thema des Kapitels erarbeitet, z. B.
in Kapitel 4 „Scharfe Zunge, spitze Feder – satirisches Schreiben".

4.1 Was darf die Satire? Alles! – Skurile Verhaltensweisen aufs Korn nehmen

2 Verknüpfung mit einem zweiten Kompetenzbereich
Das Kapitelthema wird mit einem anderen Kompetenzbereich verbunden und vertiefend geübt.

4.2 „Humor, der die Geduld verloren hat" – Sprachliche Gestaltungsmittel analysieren

3 Klassenarbeitstraining oder Projekt
Hier trainiert ihr für eine mögliche Klassenarbeit oder einen Test (Fit in ...).
Oder ihr erhaltet Anregungen für ein Projekt.

4.3 Projekt: Die ultimative Satire-Show – Mit Varietäten spielen

Das **Orientierungswissen** findet ihr in den blauen Kästen mit den Bezeichnungen **Information** und **Methode**.

Auf den blauen Seiten am Ende des Buches (► S. 327–374) könnt ihr das gesamte Orientierungswissen aus allen Kapiteln noch einmal nachschlagen.

Die **Piktogramme** neben den Aufgaben bedeuten:

- Partnerarbeit
- Gruppenarbeit
- Arbeiten mit dem Computer
- 2 Zusatzaufgabe

Die Punkte sagen etwas über die Schwierigkeit einer Aufgabe:

- ●○○ Diese Aufgabe ist eher einfach.
- ●●○ Diese Aufgabe ist schon etwas kniffliger.
- ●●● Diese Aufgabe ist etwas für Profis.

Inhaltsverzeichnis

▸ **Schreiben und Gestalten**
gestaltend mit Texten arbeiten (Perspektivwechsel, innerer Monolog)

Lesen – Umgang mit Texten und Medien

Kompetenzschwerpunkt

6 Rätselhafte Welt – Parabeln interpretieren 125

▸ **Lesen, mit Texten und Medien umgehen**
literarische Texte (Parabeln) analysieren (Strukturelemente des parabolischen Sprechens kennen lernen, Mehrdeutigkeit als spezifisches Merkmal literarischer Texte erkennen), gattungstypische Merkmale beschreiben und erklären, sich im Interpretationsgespräch über eine Lesart verständigen

▸ **Schreiben und Gestalten**
literarische Texte analysieren und interpretieren (Fragen, Arbeitshypothesen und Textentwürfe formulieren, die Ergebnisse der Textuntersuchung strukturiert und stilistisch stimmig darstellen, Deutungsansätze in korrekter Zitierweise am Text belegen)

Lesen – Umgang mit Texten und Medien

Kompetenzschwerpunkt

▸ **Sprechen und Zuhören**
Gedichte sinngestaltend vortragen,
den eigenen Redebeitrag durch sprachliche und ästhetische Mittel gestalten

▸ **Lesen, mit Texten und Medien umgehen**
Gedichte unterschiedlicher Epochen (Barock, Sturm und Drang, Romantik, Expressionismus) analysieren (lyrischer Sprecher, Reimform, Metrum, sprachlich-stilistische Mittel und rhetorische Figuren),
sich im Interpretationsgespräch über eine Lesart verständigen,
ausgewählte epochen- und gattungstypische Merkmale beschreiben

▸ **Schreiben und Gestalten**
literarische Texte (Gedichte) analysieren und interpretieren (Fragen, Arbeitshypothesen und Textentwürfe formulieren, die Ergebnisse der Textuntersuchung strukturiert und stilistisch stimmig darstellen, Deutungsansätze in korrekter Zitierweise am Text belegen)

Lesen – Umgang mit Texten und Medien

Kompetenzschwerpunkt

8 „Frühlings Erwachen" – Ein modernes Drama untersuchen 169

- **Sprechen und Zuhören**
  dramatische Texte vortragen, den eigenen Redebeitrag durch sprachliche und ästhetische Mittel gestalten
- **Lesen, mit Texten und Medien umgehen**
  literarische Texte (Dramenszenen) verstehen, gattungstypische Merkmale (Bauform und Gestaltungselemente) beschreiben und erklären, sich im Interpretationsgespräch über eine Lesart verständigen, Handlungsmotive, Konflikte und moralische Bewertungen erfassen, sich mit einer Theaterrezension auseinandersetzen
- **Schreiben und Gestalten**
  literarische Texte (Dramenszenen) analysieren und interpretieren (Fragen, Arbeitshypothesen und Textentwürfe formulieren, die Ergebnisse der Textuntersuchung strukturiert und stilistisch stimmig darstellen, Deutungsansätze in korrekter Zitierweise am Text belegen)

▸ Lesen, mit Texten und Medien umgehen
komplexe Sachtexte (lineare und nicht-lineare Texte) verstehen,
zentrale Textfunktionen unterscheiden (z. B. zwischen Information und Wertung differenzieren),
argumentative Sachtexte in ihrem Aufbau und ihrer sprachlicher Gestaltung unter Berücksichtigung des situativen Kontextes analysieren,
Lesestrategien selbstständig und zielgerichtet einsetzen,
die eigene Mediennutzung und ihre Angemessenheit angemessen reflektieren

▸ Schreiben und Gestalten
Sachtexte unter Berücksichtigung formaler und sprachlicher Besonderheiten analysieren (Informationen zusammenfassen, formale und sprachlich-stilistische Gestaltungsmittel und ihre Wirkungsweise an Beispielen darstellen, Stellung beziehen)

▸ Lesen, mit Texten und Medien umgehen
literarische Texte (Romanauszüge) verstehen (Handlung, Figuren, Leitmotiv, Erzählform und Erzählverhalten, (Erzählzeit und erzählte Zeit),
historische und gesellschaftliche Fragestellungen einbeziehen,
sich im Interpretationsgespräch über eine Lesart verständigen,
einen Roman und einen Film untersuchen und vergleichen,

► **Lesen, mit Texten und Medien umgehen**
appellative Texte, insbesondere politische Reden, unter Berücksichtigung rhetorischer Mittel und ihrer Funktion untersuchen, unterschiedliche Interessen und Absichten in Reden beschreiben, Manipulation durch Sprache erkennen

► **Schreiben und Gestalten**
Reden analysieren und interpretieren (Aufbau, rhetorische Mittel und Strategien, Wirkung, Intention)

12

Nachdenken über Sprache

Kompetenzschwerpunkt

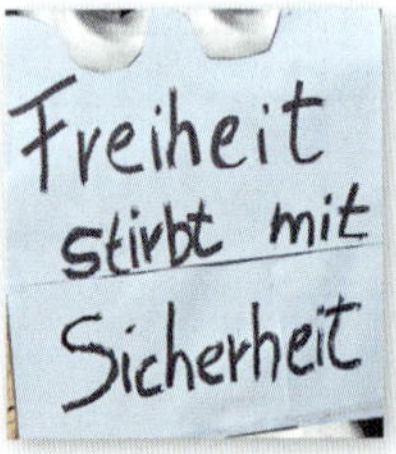

► **Sprache und Sprachgebrauch untersuchen**
über die Bedeutung und Funktion von Wörtern und Sprache nachdenken (Denotation und Konnotation, Fahnen- und Stigmawörter, Euphemismen), Manipulation durch Sprache erkennen (politische Rede, Werbung), den Wandel von Sprache untersuchen und bewerten (Bedeutungswandel), unterschiedliche Textfunktionen, Stilmittel und Sprechweisen unterscheiden

► **Lesen, mit Texten und Medien umgehen**
appellative Texte, insbesondere politische Reden, unter Berücksichtigung rhetorischer Mittel und ihrer Funktion untersuchen, unterschiedliche Interessen und Absichten in Reden beschreiben, Manipulation durch Sprache erkennen

▶ **Schreiben und Gestalten**
Reden analysieren und interpretieren (Aufbau, rhetorische Mittel und Strategien, Wirkung, Intention)

Nachdenken über Sprache

Kompetenzschwerpunkt

▶ **Sprache und Sprachgebrauch untersuchen**
grammatikalische Kenntnisse (Kasus, Numerus, Modi, Syntax) funktional im Sinne der Textkohärenz anwenden (Texte überarbeiten), unterschiedliche Stilmittel und deren Leistungen unterscheiden und selbst nutzen (z. B. Einsatz von Synonymen), Texte nach Kriterien überarbeiten (sprachliche Richtigkeit, stilistische Gestaltung, Stringenz)
die orthographischen Normen reflektiert anwenden (Groß- und Kleinschreibung, Getrennt- und Zusammenschreibung),
die Regeln der Zeichensetzung anwenden (Satzreihe, Satzgefüge, Infinitiv- und Partizipialsätze, Apposition und nachgestellte Erläuterungen, Zeichensetzung bei Zitaten),
eigene Fehlerschwerpunkte erkennen und durch Rechtschreibstrategien abbauen,
Texte nach Kriterien überarbeiten (Korrektheit der Orthographie und Zeichensetzung prüfen)

14 Selbstständiges Arbeiten – Arbeitstechniken und Methoden 311

▶ **Lesen – Umgang mit Texten und Medien**
ein Portfolio im Team erstellen, Arbeitspläne, Konzepte und Arbeitsschritte festlegen: Planungsgespräch (Kartenabfrage), Arbeitsgespräch (Gruppenpuzzle), Kritik- und Bilanzgespräch (Stummes Schreibgespräch und Gruppenprofil)

▶ **Schreiben und Gestalten**
eine Fach- oder Seminararbeit verfassen: sich mit Hilfe verschiedener Quellen sachorientiert informieren, Sekundärliteratur nutzen, Exzerpte erstellen, eine Gliederung verfassen, Arbeitshypothesen und Textentwürfe formulieren, die Facharbeit überarbeiten, Textverarbeitungsprogramme einbeziehen

Orientierungswissen

1 Leben in Digitalien –
Über Sachverhalte informieren

1 Überlegt: Inwiefern hat das Bild mit eurer Lebenswelt zu tun? Bezieht das Bild auf unsere Lebenswirklichkeit. Berücksichtigt dabei auch den Titel des Kapitels „Leben in Digitalien".

2 Viele Menschen sind über das Internet miteinander in Kontakt. Diskutiert die Vor- und Nachteile der modernen digitalen Vernetzung.

3 In diesem Kapitel verfasst ihr Informationstexte über Kommunikationsmedien wie z. B. das Internet. Ruft euch in Erinnerung, was ihr beim Schreiben solcher Texte beachten müsst.

In diesem Kapitel ...

- entnehmt ihr gezielt Informationen aus Sachtexten und Diagrammen,
- verfasst ihr Informationstexte über den Umgang mit digitalen Medien wie z. B. dem Internet,
- führt ihr Interviews und Umfragen durch.

1.1 Wege und Spuren im Netz – Materialgestützt einen informierenden Text verfassen

Seit ich das neue Smartphone habe, ist es wie ein Sog: Ich kann das Gefühl nicht ertragen, nicht erreichbar zu sein. Ich glaube, das hat nicht mal was mit meinem Alter zu tun, sondern mit dem Gerät selbst. Und mit seinen vielen Funktionen. Viel von meiner Online-Zeit verbringe ich auf YouTube. Ich stelle beispielsweise Musikvideos ein, die ich mit Freunden zusammen gemacht habe. Manchmal veralbern wir auch Filme: Wir synchronisieren einen Trailer um, zum Spaß. Um so ein Video auf YouTube stellen zu können, braucht man einen Kanal. Und wenn man seinen eigenen Kanal hat, kann man andere Kanäle abonnieren und Videos anschauen, die rausgebracht werden. Ich habe viele solche Kanäle abonniert, Musikvideos, auch Filmkritik-TV. Abends gucke ich vor allem meine Abonnements durch. *(Paul, 16)*

Ich hatte mal einen ganz großen Facebook-Account mit 5000 Freunden. Natürlich kannte ich die nicht alle. Das waren Leute, die vom Aussehen her irgendwie passten. Ich muss im Nachhinein schon sagen, dass mir das entglitten ist. Irgendwann hat es mich richtig aus der Bahn geworfen. Ich traf zwar noch Freunde, war also nicht nur in einer Ersatzwelt, aber wenn ich zu Hause war, war ich immer online und über Facebook erreichbar. Ich habe kein Buch mehr gelesen, nie mehr im Gras gelegen. Und ich war abhängig von den „Likes", also Komplimenten, die ich bekommen habe. Für mein Aussehen, für Fotos, die ich reinstellte, für meinen Status. Das ist der Stoff, der süchtig macht. *(Mira, 15)*

Wenn wir mit Freunden über irgendwas reden und nach einem Namen suchen, einem Filmtitel, einem Begriff oder auch nach dem, was im Kino läuft, googeln wir schnell. Und wenn wir den Weg nicht wissen, gucken wir auf Google Maps nach. Ich kenne niemanden, der nicht entweder ein Handy mit Whatsapp hat oder auf Facebook ist. Irgendwie muss man ja Verbindung halten können. Auf die Idee, über das Festnetz jemanden zu Hause anzurufen, kommt jedenfalls keiner mehr. *(Andrea, 18)*

1 **a** Formuliert, welche Position zum Internet die drei Jugendlichen jeweils vertreten, z. B.:
Pauls Alltag ist eng mit dem Smartphone bzw. Internet verbunden, denn er ...
b Begründet: Welchen Aussagen stimmt ihr zu, welchen würdet ihr widersprechen?

2 Welche Aktivitäten finden im Netz statt? Formuliert Oberbegriffe und ordnet diesen Beispiele zu. Ihr könnt dabei auch eure eigenen Online-Aktivitäten einbeziehen, z. B.:
1. Kommunizieren, z. B.: Whatsapp, Mail, ...
2. ...

3 Die Jugendlichen bewerten zum Teil ihre eigenen Netzaktivitäten. Erklärt mögliche Vor- und Nachteile des Lebens im Netz. Berücksichtigt dabei die vorliegenden Aussagen, aber auch eure eigenen Erfahrungen.

Einsam im Netz? – Einen Informationstext verfassen

1. Schritt: Die Aufgabenstellung verstehen

In eurer Schule findet eine Podiumsdiskussion zum Thema „Macht Kommunikation im Netz einsam?" statt. Um die Zuschauer (Mitschülerinnen und Mitschüler aus der Jahrgangsstufe 10) auf die Diskussion vorzubereiten, sichtet ihr vorab Meinungen und Untersuchungen zu dieser Frage und stellt sie in einem Informationstext zusammen.

Verfasst auf der Grundlage der Materialien M1–M3 (▶ S. 17–20) einen informierenden Text zur Frage: „Macht Kommunikation im Netz einsam?"

- Stellt die Bedeutung (Daten, Fakten) des Internets für die Kommunikation dar.
- Erläutert Vor- und Nachteile der Internetkommunikation. Informiert dabei über die unterschiedlichen Expertenpositionen zur Leitfrage.

1 a Lest die Aufgabenstellung sorgfältig durch. Macht euch klar, welche Anforderungen an euren Text gestellt werden, indem ihr folgende Fragen in Stichworten beantwortet.

Text
- Thema?
- Inhaltliche Aspekte (Teilthemen)?
- Anlass und Funktion?
- Adressaten (Leser/-innen)?
- Textsorte (Sprache/Stil)?

b Fasst zusammen, was ihr beim Schreiben eures Informationstextes beachten müsst: Welche inhaltlichen Aspekte soll euer Text beantworten? Wer sind eure Adressaten?

2. Schritt: Die Materialien erschließen, eine Stoffsammlung anlegen

M1 Kathrin Passig/Sascha Lobo

Entfremdung und Nähe (2012)

Dass Technologie und insbesondere Medien zu Vereinsamung oder gar Asozialität ihrer Nutzer führen, ist eine wiederkehrende Vermutung. In Filmen sah man den stets männlichen, sozial gestörten Computernerd, den einsamen Hacker, nachts bläulich beleuchtet vom flimmernden Monitor, tagsüber mit heruntergelassenen Jalousien zwischen Pizzaschachteln und Coladosen. Solche Bilder prägen. Auch weil sie zu einem Teil stimmten. In den 1990ern war das Image der Internetmenschen ein eher antisoziales. Über ein Jahrzehnt und anderthalb Milliarden Internetnutzer später könnte die Situation nun doch anders sein.

Ist sie aber nicht. Horst Opaschowskis[1] Frage, ob das Netz die Zahl der Sozialkontakte reduziere, beantworteten 2010 erstaunliche 59 Prozent der Befragten mit Ja, 18 Prozent mehr als

1998, bei inzwischen 49 Millionen Internetnutzern in Deutschland. Jüngere Untersuchungen zeigen jedoch, dass das Sozialverhalten sich zwischen online und offline synchronisiert. Wer also viele Online-Kontakte hat, hat auch viele Offline-Kontakte. Die Unterscheidung zwischen beiden Arten von Sozialkontakten scheint zu schrumpfen. Im Sprachgebrauch von Jugendlichen verschwimmt dieser Unterschied ohnehin immer stärker, „offline“ ist dort kein soziales Kriterium, sondern ein Synonym für „Internet kaputt“.

Ebenso lässt sich bei vielen Internetgemeinschaften die starke Tendenz feststellen, sich nicht nur im Netz zu treffen, sondern auch live. Die deutsche Internetszene versammelt sich so oft und zahlreich, dass sie beinahe zur Offline-Szene wird. Und doch findet sich nur ein Teil dieser und anderer Netzgemeinschaften zu solchen Gelegenheiten ein. Nicht wenigen ist der persönliche Umgang mit Internet-Bekanntschaften egal bis zuwider. Denn das Netz erweitert den Spielraum gerade für diejenigen, denen die herkömmlichen Kommunikationsgewohnheiten einfach nicht gefallen oder irgendwie Probleme bereiten. Wer von Angesicht zu Angesicht schüchtern ist wie ein Piranha oder ungern telefoniert, empfindet die schriftliche Kommunikation vielleicht als eine Art Erlösung. Ähnlich geht es vielen Gehörlosen und Schwerhörigen.

Das Netz hilft aber nicht nur, Kommunikation zu ermöglichen oder körperliche Beschränkungen zu überwinden. Denn Einsamkeit kann auch interessenbedingt sein. Für ein befriedigendes Gemeinschaftsgefühl brauchen manche Leute eben jemanden, mit dem sie über das gemeinsame krude Hobby reden können. Einer der größten sozialen Vorteile des Internets ist, dass man darin sehr viel einfacher Gleichgesinnte findet. Je unüblicher die eigene Interessenlage, desto dankbarer der Nutzer. Das Netz führt Menschen zu Gemeinschaften zusammen, die vorher aus den unterschiedlichsten Gründen isoliert geblieben wären.

Die Antwort auf die Diskussion um Einsamkeit und Gemeinschaftsbildung im Netz lautet daher: Es gibt Online-Sozialkontakte, wenn man es so empfindet. Und die Chance, dass man so empfindet, wird in Zukunft wachsen. Wenn heute jemand davon berichtet, er habe lange und intensiv mit einer Freundin gesprochen, dann ist keineswegs klar, ob das in einem Raum stattfand oder am Telefon. Das Telefon ist selbstverständlicher Teil des sozialen Alltags geworden. Es gibt wenig Grund zu zweifeln, dass es mit dem Internet anders sein soll. Vielmehr läuft es darauf hinaus, dass das Netz zu einem sozialen Begegnungsort wird wie andere auch. Zum Teil gelten dort bestimmte Kodes, die Leuten mit speziellen Fähigkeiten soziale Vorteile verschaffen – aber das ist außerhalb des Netzes genauso. Wer schnell tippen kann und schriftlich überzeugend kommuniziert, hat im Digitalen einen Vorsprung. Wer schlagfertig, unschüchtern oder gut aussehend ist, kommt in der dinglichen Welt besser klar. Das Internet bringt insgesamt gesehen mehr Optionen für die soziale Interaktion mit sich, und irgendwann werden diese Optionen selbstverständlich sein, auch wenn nicht jeder daran teilnehmen wird, ohne dass das viel zu bedeuten hätte. Ungefähr so, wie manche Leute ungern telefonieren, ohne deshalb Technikverächter zu sein, und andere sehr gern telefonieren, einfach so.

1 Horst Opaschowski (geb. 1941) ist ein deutscher Zukunftswissenschaftler.

M2 Jennifer Buchholz

Soziale Netzwerke: Gemeinsam einsam (2014)

Smartphones gehören für junge Menschen zum Alltag. Noch nie wurde so viel angeklickt, geschrieben und geteilt. Noch nie war die Vernetzung so groß. Und doch fühlen sich immer mehr Kinder und Jugendliche allein, weiß Anna Zacharias von der „Nummer gegen Kummer" in Wuppertal. „Einsamkeit und depressive Verstimmung, diese Themen nehmen zu bei unserem Jugendtelefon." Ob beide Entwicklungen zusammenhängen, möchte sie nicht beurteilen. „Aber anscheinend gibt es viele, die sich trotz der Vielfalt an sozialen Netzwerken isoliert und teilweise einsam fühlen."

Fast jeder ist in eine große virtuelle Gemeinschaft eingebunden, doch das Gefühl dazu passt nicht. Das zeigen auch neuere Studien über das größte soziale Netzwerk Facebook, die zunehmend kritischere Ergebnisse liefern. Wissenschaftler um den Psychologen Ethan Kross von der University of Michigan fanden zum Beispiel heraus, dass die Nutzung von Facebook das subjektive Wohlbefinden junger Menschen eher reduziert als steigert, obwohl das Netzwerk ja eigentlich das Grundbedürfnis nach Austausch und Kommunikation befriedigen müsste.

Auch der langjährige Jugendforscher Bernhard Heinzlmaier sieht die Rolle von sozialen Netzwerken in zwischenmenschlichen Beziehungen kritisch: „Das Ego steht im Mittelpunkt und nicht die Beziehung zu anderen. Es dreht sich alles ums eigene Ich", sagt der Gründer des Instituts für Jugendkulturforschung in Wien. Auf Facebook sei man aber nicht man selbst, sondern reduziere sich auf ein angelegtes Profil, das immer verzerrt ist. „Facebook ist für viele nur eine Scheinwelt: Ich kann Bilder von Hawaii hochladen und sagen, ich habe dort Urlaub gemacht" – selbst, wenn das gar nicht stimme, nennt Zacharias als extremes Beispiel.

Schwierig wird diese Inszenierung dadurch, dass man sein eigenes Profil ständig mit dem von Freunden und Bekannten vergleichen kann – die scheinbar alle richtig tolle Dinge tun. „Gleichzeitig sitzt man alleine vor dem Bildschirm. Am Ende des Tages bleibt die eigene Defiziterfahrung", sagt Heinzlmaier. Die Nutzer in sozialen Netzwerken sind also immer auf sich selbst zurückgeworfen: Warum bin ich nicht so erfolgreich, beliebt oder glücklich wie der andere?

Wichtige Merkmale von echter Freundschaft fallen im sozialen Netzwerk einfach weg. „Facebook limitiert und strukturiert die Kommunikation. Es gibt keinen Dislike-Button, soziale Rückschläge finden nicht statt", erklärt Heinzlmaier. Kaum jemand teilt seine Misserfolge schließlich dem gesamten Bekanntenkreis mit. „Man kriegt auch nur wenig Feedback, das ersetzt nie ein Telefonat oder persönliches Gespräch", ergänzt Zacharias. „Echte Emotionen lassen sich durch Profile nur schlecht vermitteln."

Heinzlmaier rät nun aber nicht, sich gleich von Facebook abzumelden und das Smartphone in die Schublade zu stecken. „Es geht nicht darum, sich aus den sozialen Netzwerken zu verabschieden, sondern möglichst schnell von einer virtuellen zu einer realen Beziehung zu kommen." Denn Freundschaft entstehe durch gemeinsames Erleben. Und das wird in einem abstrakten Raum wie dem Internet naturgemäß schwierig.

M3 Warum nutzen Jugendliche das Internet?

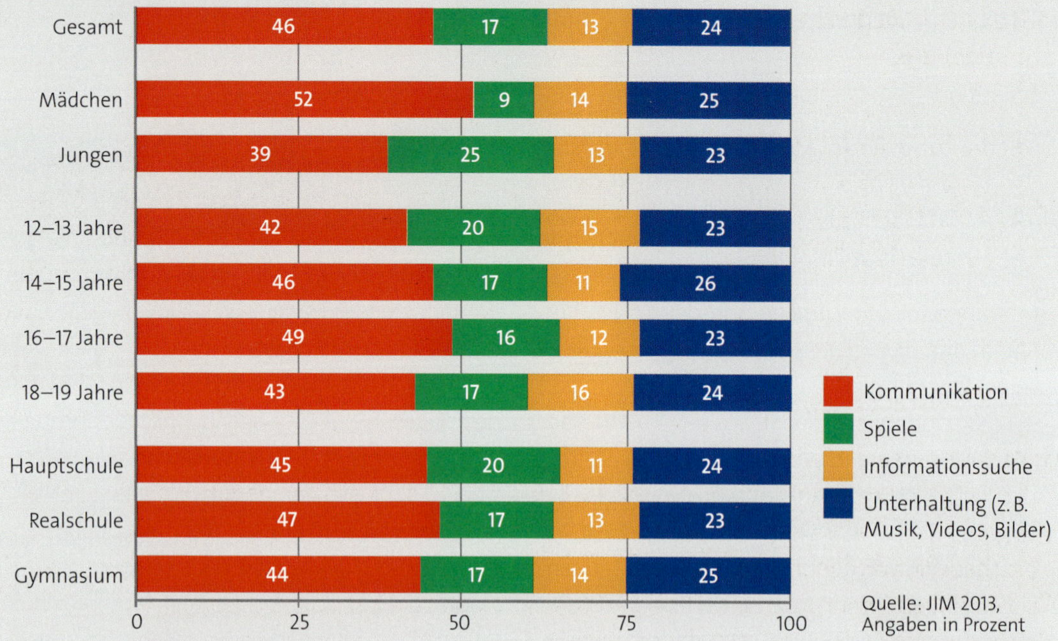

Quelle: JIM 2013, Angaben in Prozent

2 a Verschafft euch einen Überblick über die Materialien (▸ S. 17–20), ohne euch an Einzelheiten aufzuhalten.
b Besprecht, was ihr zum Thema „Kommunikation im Netz" verstanden habt. Aktiviert dabei auch euer eigenes Wissen zum Thema.
c Klärt unbekannte Wörter (z. B. Defiziterfahrung, ▸ Z. 45) oder schwierige Textstellen.

3 a Überlegt im Team, welche Informationen das Diagramm für euren Informationstext liefert.
b Entscheidet, welche der folgenden Aussagen zutreffen:
- Jugendliche nutzen das Internet zum größten Teil für die Kommunikation.
- Die Nutzung des Internets ändert sich grundlegend zwischen dem 12. und dem 19. Lebensjahr.
- Jungen nutzen das Internet fast dreimal so oft wie Mädchen zum Spielen.
- Das Unterhaltungsangebot des Internets wird von Jugendlichen nur äußerst selten genutzt.
- Bei Mädchen fällt der Bereich der Kommunikation mit 53 Prozent deutlich größer aus als bei den Jungen (39 Prozent).

4 Wertet die Materialien (▸ S. 17–20) aus. Arbeitet am besten mit einer Kopie der Materialien. Prüft, welche Informationen für euch relevant sind. Markiert wichtige Informationen und notiert Stichpunkte, z. B. am Textrand.

> Lest die Materialien gezielt nach den Aspekten in der Aufgabenstellung. Was ist relevant für euren Text?

TIPP: Ihr könnt zusammengehörende Informationen (in den verschiedenen Materialien) durch dieselbe Farbe hervorheben oder durch Symbole/Stichworte am Rand kennzeichnen, z. B.:
a Was bedeutet Internet für die Kommunikation (Daten, Fakten)? = gelbe Textmarkierung
b Wie werden die sozialen Medien beurteilt? = grüne Textmarkierung

3. Schritt: Den Text planen, eine Gliederung erstellen

5 Plant den Aufbau (die gedankliche Struktur) eures Textes und entwerft eine Gliederung. Ordnet jedem Gliederungspunkt passende Informationen aus den Materialien zu (Stichworte oder kurze Sätze), z. B.:

1. Bedeutung des Internets für die Kommunikation
   – Daten, Fakten
2. Vor- und Nachteile der Internetkommunikation
   a) Vorteile laut Passig/Lobo

…

Beachtet bei der Gliederung die Aufgabenstellung. Die Abfolge der Teilaufgaben oder die genannten Aspekte geben oft Hinweise auf den Textaufbau.

4. Schritt: Den Text schreiben und überarbeiten

6 Lest den Auszug aus einem Informationstext und beantwortet die folgenden Fragen:

a **Aufbau:** Beschreibt den Aufbau des Textes. In welchem Textabschnitt werden welche Ausgangsmaterialien verwendet? Warum?

b **Sprache:** Wie werden die Verweise auf die Ausgangsmaterialien sprachlich kenntlich gemacht? Wie wird die Meinung der Experten wiedergegeben, wie paraphrasiert?

c **Kritik:** Welche Textteile würdet ihr überarbeiten? Warum?

Das Internet hat die Möglichkeiten unserer Kommunikation grundlegend verändert: Jederzeit können wir mit Personen auf der ganzen Welt in Kontakt treten. Per Mail oder über soziale Netzwerke – fast jeder kommuniziert über das Internet. Eine Umfrage zur Internetnutzung von Jugendlichen zwischen 12 und 19 Jahren zeigt … M3 1

Die Ausbreitung digitaler Kommunikation im Alltag hat eine Debatte über Vor- und Nachteile neuerer Kommunikationsformen ausgelöst. Macht Kommunikation im Netz einsam? Um sich ein genaueres Bild zu machen, sollen im Folgenden … 2

Auf der ~~einen~~ anderen Seite gibt es etwa Befürworter der Internetkommunikation wie das Autorenduo Kathrin Passig und Sascha Lobo. Die beiden Blogger heben hervor, dass das Internet mehr Möglichkeiten der Kommunikation und des sozialen Miteinanders schafft. So können beispielsweise Gehörlose oder auch Menschen, denen die „normale“ Kommunikation unangenehm ist, im Internet online mit anderen Menschen in Kontakt treten.

[…] 3

Irgendwann sei digitale Kommunikation so selbstverständlich wie telefonieren, meinen Passig und Lobo.

Auf der anderen Seite stehen …

7 Übt das Paraphrasieren, indem ihr die folgenden Textpassagen wiedergebt:

- „Dass Technologie und insbesondere Medien zu Vereinsamung oder gar Asozialität ihrer Nutzer führen, ist eine wiederkehrende Vermutung“ (▸ S. 17, Z. 1–3).
- „Fast jeder ist in eine große virtuelle Gemeinschaft eingebunden, doch das Gefühl dazu passt nicht. Das zeigen auch neuere Studien über das größte soziale Netzwerk Facebook, die zunehmend kritischere Ergebnisse liefern“ (▸ S. 19, Z. 14–18).

8 Verfasst auf Grundlage eurer Vorarbeiten den Informationstext.

9 Überarbeitet im Team eure Texte. Achtet auf folgende Bereiche:
- Hat euer Text eine **klare gedankliche Struktur?**
- Sind die Informationen für eure Adressaten **sachlich und verständlich** dargestellt?
- Habt ihr sprachlich kenntlich gemacht, wenn ihr Meinungen oder Ergebnisse aus dem Ausgangsmaterial wiedergebt **(Zitat, indirekte Rede, Paraphrase)?**

Methode **Materialgestütztes Schreiben eines informativen Textes**

Beim materialgestützten Schreiben verfasst ihr auf Grundlage verschiedener Materialien (z. B. Texte, Diagramme, Schaubilder) einen eigenen Informationstext. Die Aufgabenstellung sagt euch, was Thema und Funktion eures Textes sein soll und an welche Adressaten er sich richtet. Beim Verfassen eures Informationstextes könnt ihr so vorgehen:

1 Die Aufgabenstellung verstehen
- Klärt genau, was die Aufgabenstellung von euch verlangt: Was sind das **Thema** und die **Funktion** eures Informationstextes? Wer sind eure **Adressaten** (Leser/-innen)? Müsst ihr eine bestimmte **Textsorte** beachten?

2 Die Materialien erschließen
- Verschafft euch einen **ersten Überblick** über die Materialien, indem ihr sie zügig lest.
- Wertet die Materialien aus, indem ihr sie **gezielt** nach den Aspekten in der Aufgabenstellung lest: **Welche Informationen sind relevant?** Was ist eher unwichtig für die Bearbeitung der Aufgabenstellung? Markiert wichtige Informationen und notiert Stichpunkte, z. B. am Textrand.

3 Die Gliederung erstellen
- Plant den Aufbau (die gedankliche Struktur) eures Textes und entwerft eine Gliederung. **TIPP:** Beachtet bei der Gliederung die Aufgabenstellung. Die Abfolge der Teilaufgaben oder die genannten Aspekte geben oft Hinweise auf den Textaufbau.

4 Den Informationstext schreiben
- Nutzt eigene Worte, formuliert **sachlich** und stellt die Informationen für die Adressaten **verständlich** dar.
- Macht sprachlich deutlich, wenn ihr Meinungen oder Ergebnisse aus dem Ausgangsmaterial wiedergebt (Zitat, indirekte Rede, Paraphrase), z. B.: *Laut dem Autorenduo Kathrin Passig und Sascha Lobo bietet das Internet ...*
- Macht **logische Zusammenhänge** auch sprachlich **deutlich,** z. B. durch Satzverknüpfungen und Überleitungen *(weil, obwohl, zudem, ein anderer Punkt ...).*
- Achtet darauf, dass euer Text der Gliederung folgt, also eine **klare Struktur** hat.

Testet euch!

Informierende Texte verfassen

Verfasst auf der Grundlage des Diagramms einen kurzen Text für eure Mitschüler/-innen, in dem ihr über die tägliche Nutzungsdauer verschiedener Medien informiert.
- Stellt zuerst die Daten und Fakten dar.
- Versucht mit Hilfe eures eigenen Wissens, die unterschiedliche Nutzungsdauer des Internets und des Fernsehens bei den 14- bis 29-Jährigen und den über 50-Jährigen zu erklären.

Tägliche Nutzungsdauer der Medien in Minuten

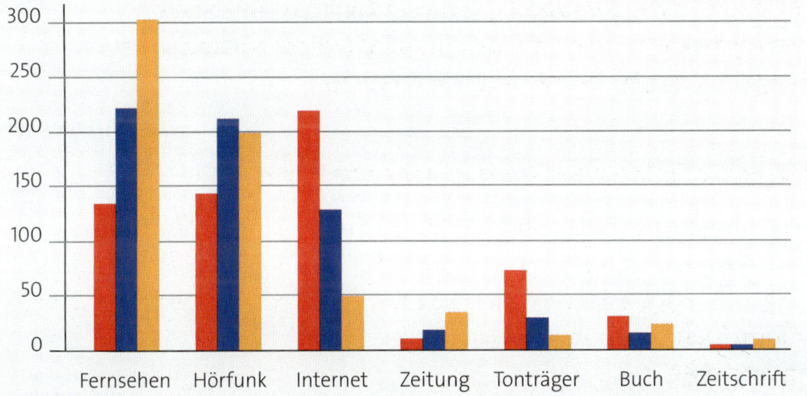

Quelle: ARD/ZDF-Onlinestudie 2013

Laut einer Online-Studie von ARD und ZDF hängt es sehr stark vom Alter ab, welche Medien täglich wie lange genutzt werden. Die beiden meistgenutzten Medien sind in allen Altersgruppen das Fernsehen und der Hörfunk. Dann folgen – mit großem Abstand – die Medien Internet, Zeitung, Tonträger, Buch und Zeitschrift.
Wie unterschiedlich die Medienvorliebe in den unterschiedlichen Altersgruppen ist, zeigt sich am deutlichsten beim Internet und beim Fernsehen. Während die 14- bis 29-Jährigen durchschnittlich 130 Minuten am Tag ihr Fernsehgerät nutzen, ist es bei den 50-Jährigen mehr als dreimal so viel: ca. 300 Minuten. Beim Internet zeigt sich ...

1 a Lest die Aufgabenstellung oben. Prüft dann,
- ob der Informationstext die Vorgaben in der Aufgabenstellung vollständig erfüllt.
- ob der vorliegende Informationstext das Diagramm korrekt und vollständig auswertet.

b Überarbeitet den Informationstext, indem ihr falsche Angaben korrigiert und den Text so weiterführt, dass er der Aufgabenstellung gerecht wird.
TIPP: Das Diagramm zeigt nur die Nutzungsdauer der Medien, nicht, wofür diese verwendet werden.

2 Vergleicht eure Ergebnisse in Partnerarbeit. Überarbeitet gegebenenfalls eure Texte.

1.2 „In welcher Welt wollen wir leben?“ – Interviews und Umfragen

Ein Interview auswerten

„Internet ist das reale Leben“

Bernd Schorb (64) ist Professor für Medienpädagogik am Institut für Kommunikations- und Medienwissenschaft an der Universität Leipzig. Im Rahmen eines Interviews äußert er sich zum Umgang Jugendlicher mit sozialen Netzwerken bzw. dem Internet.

Herr Professor Schorb, zwischen 70 und 80 Prozent der Jugendlichen sind Mitglieder in einem oder mehreren sozialen Netzwerken im Internet. Was treibt sie dorthin?

Schorb: Es ist zunächst der soziale Druck, den man in der Jugend sehr viel stärker spürt als im höheren Alter: Wo meine Freunde sind, da will ich auch sein. Das Zweite ist: Es ist praktisch die Ausweitung des Lebens- und Kommunikationsraumes. Diejenigen, mit denen ich in der Schule zusammen war, auf dem Schulhof geredet habe, meine Freundinnen und Freunde, die treffe ich den Rest des Tages im Netzwerk. Die Netzwerke werden primär im engeren Freundeskreis genutzt, das ist die Verlängerung der realen Kommunikation in den virtuellen Raum. Der ist für die Jugendlichen aber nicht weniger real als der, in dem sie leiblich agieren.

Bedeutet das, die Jugendlichen vergnügen sich heutzutage weniger mit Computerspielen, weil sie jetzt mehr kommunizieren?

Schorb: Das steht nicht in Konkurrenz zueinander. Wenn man ins Internet geht, öffnet man auf seinem Rechner mehrere Fenster, die dann übereinanderliegen. Das heißt, wenn ich im Netzwerk bin, kann ich daneben natürlich auch noch spielen. Außerdem ist eines der größten

Spiele – „World of Warcraft" mit über elf Millionen Nutzern weltweit – ja selber so etwas wie ein Netzwerk. Man kommuniziert innerhalb des Spiels, man hat dort seine Freunde, man kennt sich, man setzt sich miteinander auseinander. Zudem bieten die Netzwerke selber Spiele an.

Das klingt ja so, als wenn die Jugendlichen sehr viel Zeit in den Netzwerken verbringen.

Schorb: Drei bis vier Stunden täglich, manchmal auch mehr. Aber Vorsicht: Das bedeutet nicht, dass sie die ganze Zeit vor ihrem Rechner sitzen. Viele Jugendliche legen sich aufs Bett und „chillen", wie sie das nennen, oder lesen ein Buch. Der Computer ist dann ein Nebenbei-Medium, so wie der Fernseher in vielen Haushalten ja auch.

Die Jugendlichen wollen einfach dabei sein, mit anderen in Verbindung sein, ohne gleich mit ihnen reden zu müssen?

Schorb: Sie wollen vor allem erreichbar sein. Mit der Verbreitung der modernen Kommunikationsmittel wie Mobiltelefonen und E-Mail ging ja auch die Erwartung einher, möglichst ständig erreichbar zu sein. Das ist schon ein bedeutender Unterschied zu früher, als das Telefon in der Diele stand und die Mutter streng darüber wachte, dass die Gespräche nicht zu lange dauerten.

In den Netzwerken wird vor allem schriftlich kommuniziert. Das war doch eigentlich eine Kommunikationsform, die durch das Telefon zurückgedrängt wurde. Telefonieren geht ja auch viel schneller …

Schorb: … und wird auch weiter gemacht, auch in den sozialen Netzwerken durch die Internettelefonie. Aber die eigene Präsentation funktioniert natürlich über das Schreiben. Denn die Netzwerke machen dem, der sich dort anmeldet, durch ihre Fragen und Formulare entsprechende Vorgaben, um sein Profil anzulegen. Das geschieht schriftlich, aber natürlich auch mit Fotos, die er ins Netz stellt.

Das ist aber doch ein wichtiger Unterschied zu den privaten Telefonaten von früher. Mit einer Facebook-Seite begeben sich Jugendliche in einen halb öffentlichen Raum und geraten unter Präsentationsdruck.

Schorb: Dieser Druck ist breit in allen Medien gestreut. Hervorzustechen, besser zu sein als die anderen, nicht unbedingt intellektuell, sondern vor allem in der Art der Präsentation, diesen zunehmenden Druck sehen wir natürlich auch im herkömmlichen Fernsehen. Da ist so ein Netzwerk für Heranwachsende eine Möglichkeit, sich und ihre Wirkung auf andere auszuprobieren: Wie komme ich an? Wie ist die Resonanz auf meine Selbstdarstellung? Wer bin ich, wer will ich sein?

Und der Erfolg zeigt sich in der Anzahl von Freunden, die man hat?

Schorb: Die Freunde werden wie Trophäen gesammelt. Jeder weiß, dass sie streng genommen gar keine Freunde sind. Aber viele Jugendliche versuchen trotzdem, möglichst viele von ihnen zu sammeln, weil sie damit ihre Persönlichkeit stärken. Es gibt auch diejenigen, die kein Foto von sich ins Netz stellen und alles sehr distanziert managen. Aber der Druck, sich zu präsentieren, ist da. Und die Jugendlichen sehen sich bestärkt in der Annahme, dass ihr Erfolg sehr viel mit dem Äußerlichen zu tun hat und nicht so sehr mit dem Innerlichen. Denn davon kann man im Netz nicht viel preisgeben.

Das heißt, Mädchen präsentieren ihre Schönheit und Jungs ihre Männlichkeit?

Schorb: Ja, wobei auch so mancher Junge sein gutes Aussehen herausstreicht. Im Kern machen die Jugendlichen bei Facebook das, was Heranwachsende immer gemacht haben: Sie nutzen nur ein weiteres Medium für ihre Zwecke. Allerdings haben sich die Autoritäten verlagert.

Inwiefern?

Schorb: Früher herrschten in den Familien klare Weltbilder und Werte, oft auch geprägt von Politik, Gewerkschaften oder Kirche. Das Netz macht keine eindeutigen Angebote mehr, und wenn, dann sind sie meist kommerziell geprägt. Das unterscheidet das Leben mit Netz von früheren, klarer strukturierten Gesellschaften.

Ist es für Jugendliche nicht fatal, ständig in einer Welt zu agieren, in der scheinbar alles möglich ist und in der es keine klaren Grenzen gibt?

Schorb: Das ist nicht nur für Jugendliche schwierig, sondern ein Grundproblem unserer Gesellschaft. Welche Werte sind uns heute noch etwas wert? Die Auseinandersetzungen darüber finden zu wenig statt. Jugendliche, die Orientierung suchen, tun sich heute schwerer als frühere Generationen. Und sie werden anfällig für Angebote im Netz, die in ihrer Radikalität, Einfachheit und Dummheit die Dinge verkürzen. Diese Gefahr sehe ich. Deshalb ist es für mich als Pädagoge eine der Hauptaufgaben, die Jugendlichen dazu zu befähigen, auch unter diesen Bedingungen ihren eigenen Weg zu finden.

Heißt das, ein reflektierter Umgang mit Facebook dient der Auseinandersetzung mit einer Welt, die immer komplizierter wird und in der die oft einfachen Antworten, die die früheren Autoritäten gegeben haben, nicht mehr funktionieren?

Schorb: Das ist sicher so. Es gibt keinen Grund, in Nostalgie zu verfallen. Ich möchte nicht zurück in die 1950er-Jahre, das ist keine Alternative. Aber wir brauchen Regulative. Das Problem im Netz, und nicht nur dort, ist doch, dass die Ökonomie absolute Priorität besitzt. Auch die Politik tut sich schwer, der Wirtschaft Grenzen zu setzen, nicht nur im Internet.

Wer kann diese Grenzen in den sozialen Netzwerken setzen? Die Unternehmen, die sie betreiben, haben kein Interesse daran. Müsste es so etwas geben wie ein staatliches Facebook oder ein pädagogisch stärker kontrolliertes Facebook, auch wenn dies dann für die Jugendlichen nicht mehr so attraktiv wäre?

Schorb: Zum Teil setzen die Jugendlichen selbst Grenzen. Man kann in den Netzwerken ja auf Entgleisungen aufmerksam machen, Mobbing zur Sprache bringen oder im Extremfall vor Pädophilen warnen. Das wird von den Jugendlichen sehr wohl genutzt. Doch die Rechte, die die Mitglieder von Netzwerken gegenüber den Betreibern haben, sind minimal. An diesem Punkt könnte man ansetzen, um die Fähigkeiten zur Kontrolle durch die Mitglieder eines solchen Netzwerkes selbst zu verstärken.

1 a Lest das Interview und gebt eure ersten Eindrücke wieder: Was hat euch zum Beispiel überrascht, was fandet ihr interessant, was wusstet ihr schon?

b Überlegt: Wo findet ihr euer eigenes Medienverhalten in den Aussagen von Bernd Schorb wieder? Welchen Aussagen würdet ihr widersprechen? Nennt Beispiele aus dem Text und begründet eure Meinung.

2 a Erklärt die folgende Aussage von Bernd Schorb. Stellt Vermutungen auf, warum die Politik – laut Schorb – der Wirtschaft kaum Grenzen setzt.

> Aber wir brauchen Regulative. Das Problem im Netz, und nicht nur dort, ist doch, dass die Ökonomie absolute Priorität besitzt. Auch die Politik tut sich schwer, der Wirtschaft Grenzen zu setzen, nicht nur im Internet. (▸ Z. 147–151)

b Diskutiert: Was haltet ihr von dem Vorschlag,
- ein „staatliches Facebook oder ein pädagogisch stärker kontrolliertes Facebook“ (▸ Z. 155–156) aufzubauen?
- die Rechte der Mitglieder von sozialen Netzwerken gegenüber den Betreibern zu stärken, um eine Selbstkontrolle zu ermöglichen?

3 Untersucht die Gesprächstechnik des Interviewers genauer.
a Benennt, welche Themen bzw. Schwerpunkte der Interviewer setzt.
b Lest die Informationen im Methodenkasten unten. Findet dann jeweils ein Beispiel für die folgenden Fragetypen. Beschreibt die Fragestrategie und erläutert deren Ziel:
- offene Frage
- geschlossene Frage
- Frage mit vorgebauter Information
- Verständnisfragen

4 „Und der Erfolg zeigt sich in der Anzahl von Freunden, die man hat?“ (▶ Z. 91–92) Diese Frage hätte der Interviewte auch nur mit Ja oder Nein beantworten können. Formuliert die Frage
a zu einer offenen Frage um.
b zu einer provozierenden Frage um.

5 Was würde euch noch zu diesem Thema interessieren? Formuliert selbst zwei bis drei Fragen, die ihr dem Medienpädagogen Bernd Schorb stellen würdet. Arbeitet im Team.

Methode **Ein Interview führen: Fragetypen unterscheiden**

Bei einem Interview handelt es sich um die Befragung einer oder mehrerer Personen mit dem Ziel, persönliche Informationen (Personeninterview) und/oder Sachinformationen zu einem bestimmten Thema (Experteninterview) zu erhalten.
In einem Interview werden je nach Zweck unterschiedliche **Fragetypen** eingesetzt, z. B.:
- **Offene Frage** (meist **W-Frage**): Sie **regt** den Interviewpartner **zum Erzählen** an und lässt viele Antwortmöglichkeiten offen. Im Unterschied zur geschlossenen Frage kann sie nicht mit Ja oder Nein beantwortet werden, z. B.:
  Warum haben Sie damals ...?
- **Geschlossene Frage** (Entscheidungsfrage): Diese Frage legt den Interviewpartner auf eine Antwort fest, denn sie kann meist nur mit **Ja oder Nein** beantwortet werden oder erlaubt nur eine spezifische Antwort, z. B.:
  Haben Sie einen Facebook-Account?
- **Suggestivfrage:** Hier wird die erwünschte Antwort schon in der Frage mitgeliefert, z.B.:
  Sind Sie nicht auch der Meinung, dass ...?
- **Provozierende Frage:** Sie lockt den Gesprächspartner aus der Reserve bzw. fordert ihn heraus, kann aber auch verletzend sein und das Gespräch ins Stocken bringen, z. B.:
  Haben Sie nicht gestern im Radio das Gegenteil behauptet?
- **Verständnisfrage:** Diese (meist geschlossene) Nachfrage hat den Zweck, Missverständnisse auszuschließen bzw. Aussagen zu konkretisieren (nachzuhaken), z. B.:
  Habe ich Sie richtig verstanden, dass ...?
- **Frage mit vorgebauter Information:** Diese Frage beinhaltet neue Informationen, z. B., um dem Interview eine neue Richtung zu geben oder dem Hörer/Leser Informationen zu liefern, die er zum Verständnis der sich anschließenden Antwort braucht, z. B.:
  Seit seiner Veröffentlichung steht Facebook aufgrund mangelhafter Datenschutzpraktiken in der Kritik. Der Bundesverband der Verbraucherzentralen in Deutschland riet 2010 davon ab, das Angebot zu nutzen. Wie schätzen Sie ...?

Fordern und fördern – Interviewfragen entwickeln

Das Internet, z. B. soziale Netzwerke oder Videoportale, kann vieles ins Rollen bringen – Positives wie Negatives. Stellt euch vor, ihr sollt in einem lokalen Radiosender ein Interview führen zum Thema „Was würde ich im Internet, z. B. in sozialen Netzwerken oder auf Videoportalen, über mich preisgeben?" Eure Interviewpartner sind Jugendliche in eurem Alter.

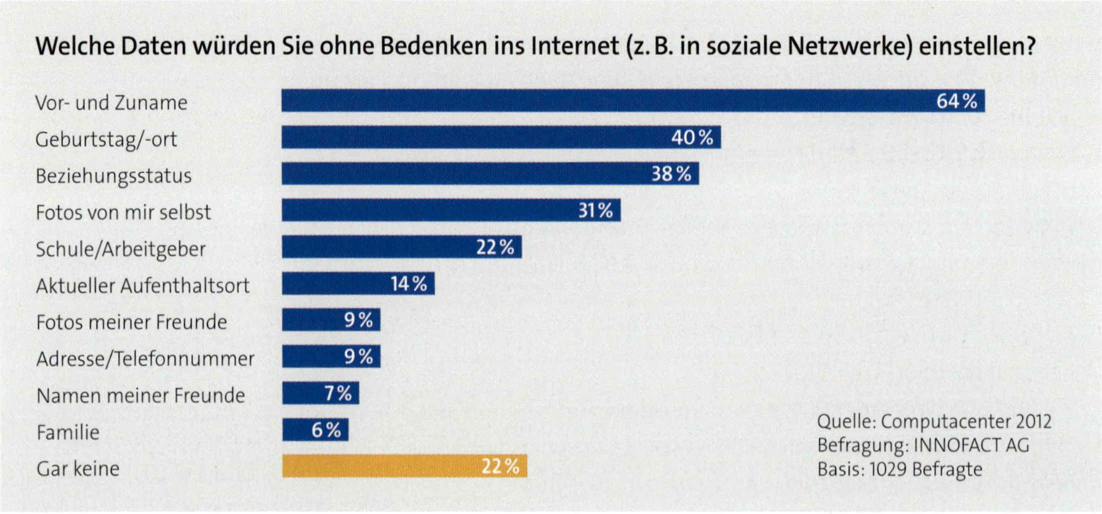

●●● **1** Informiert euch über das Thema „Private Daten und Internet". Wertet hierzu das Diagramm aus und haltet eure Ergebnisse in Stichworten fest.
▷ Hilfen zu dieser Aufgabe, Seite 29

●●● **2** Entwickelt Interviewfragen. Geht so vor:

a Schaut euch die Ergebnisse des Diagramms noch einmal an. Notiert dann spontan drei bis fünf Fragen, die ihr eurem Interviewpartner stellen könntet.

b Entwickelt weitere Fragen, z. B. zu den folgenden Themenkreisen:

> Sicherheitseinstellungen • Erfahrungen im Netz • Wissen über Datenauswertung • Inhalte (z. B. Videos, Fotos, Texte) • Newsletter/Werbemails

c Formuliert ein bis zwei provozierende Fragen, mit denen ihr euren Gesprächspartner bzw. eure Gesprächspartnerin aus der Reserve lockt. Erfindet eine Situation, um mögliche Reaktionen einzufangen, z. B.:
- *Wie würdest du reagieren, wenn …*
- *Stell dir vor, du würdest von einem Internethändler einen 20-Euro-Gutschein bekommen, wenn …*

d Wie wollt ihr euer Interview eröffnen: mit einer offenen Frage oder mit einer provozierenden Fragestellung? Formuliert zwei mögliche Einstiegsfragen.
▷ Hilfen zu dieser Aufgabe, Seite 29

3 Führt eure Interviews in der Klasse durch.

●○○ Aufgabe 1 mit Hilfen

Informiert euch über das Thema „Private Daten und Internet". Wertet hierzu das Diagramm aus und haltet eure Ergebnisse in Stichworten fest, z. B.:

Welche Daten würden Sie ohne Bedenken ins Internet stellen?
- *Am unkritischsten sind: Vor- und Zuname (64 Prozent), …*
- *Den aktuellen Aufenthaltsort …*
- *Insgesamt 22 Prozent würden …*

●○○ Aufgabe 2 mit Hilfen

Entwickelt Interviewfragen zum Thema „Was würde ich im Internet, z. B. in sozialen Netzwerken oder auf Videoportalen, über mich preisgeben?" Geht so vor:

a Schaut euch die Ergebnisse des Diagramms noch einmal an. Notiert dann spontan drei bis fünf Fragen, die ihr eurem Interviewpartner stellen könntet.
- *Welche Daten würdest du …?*
- *Gibt es Daten oder persönliche Informationen, die du nur ungern oder … Warum?*
- *Welche der folgenden Informationen würdest du ohne Bedenken, welche eher nicht …, z. B.: deinen Namen, die Telefonnummer …?*

b Entwickelt weitere Fragen, z. B. zu den nebenstehenden Themenkreisen:
- *Welche Sicherheitseinstellungen …*
- *Gibt es Daten, die nur für deine Freunde …?*
- *Stellst du auch Videos oder …?*

Sicherheitseinstellungen • Erfahrungen im Netz • Wissen über Datenauswertung • Inhalte (z. B. Videos, Fotos, Texte) • Newsletter/Werbemails

c Formuliert ein bis zwei provozierende Fragen, mit denen ihr euren Gesprächspartner bzw. eure Gesprächspartnerin aus der Reserve lockt. Erfindet eine Situation, um mögliche Reaktionen einzufangen, z. B.:
- *Wie würdest du reagieren, wenn einer deiner Freunde …?*
- *Stell dir vor, du würdest von einem Internethändler einen 20-Euro-Gutschein bekommen, wenn du deine Lieblingsmarken, deine Lieblingsmusik und dein monatliches Taschengeld angibst. Wie …?*
- *Jeder weiß, dass … Ist es dir egal, wenn …?*

d Wie wollt ihr euer Interview eröffnen: mit einer offenen Frage oder mit einer provozierenden Fragestellung? Formuliert zwei mögliche Einstiegsfragen, z. B.:
- *Wie gehst du mit deinen persönlichen Daten …?*
- *Wie würdest du reagieren, wenn …?*

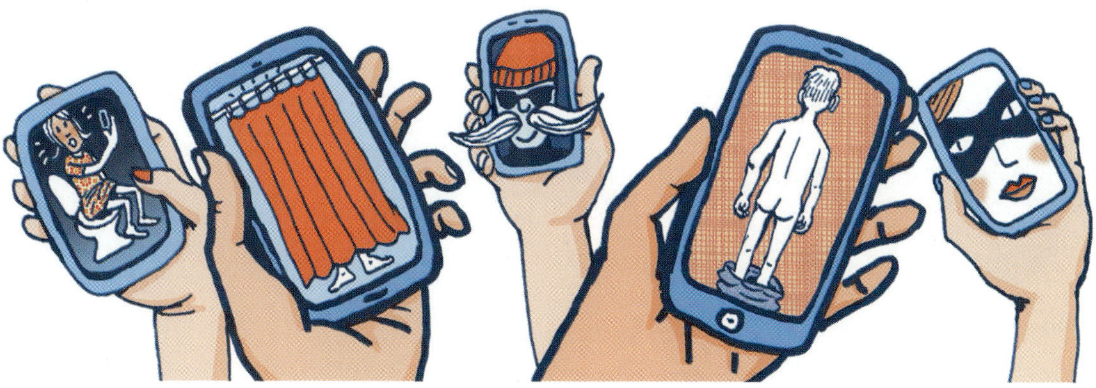

Eine Umfrage durchführen

Soziale Netzwerke werden mit 12 bis 13 Jahren relevant

Was machst du zumindest ab und zu im Internet?

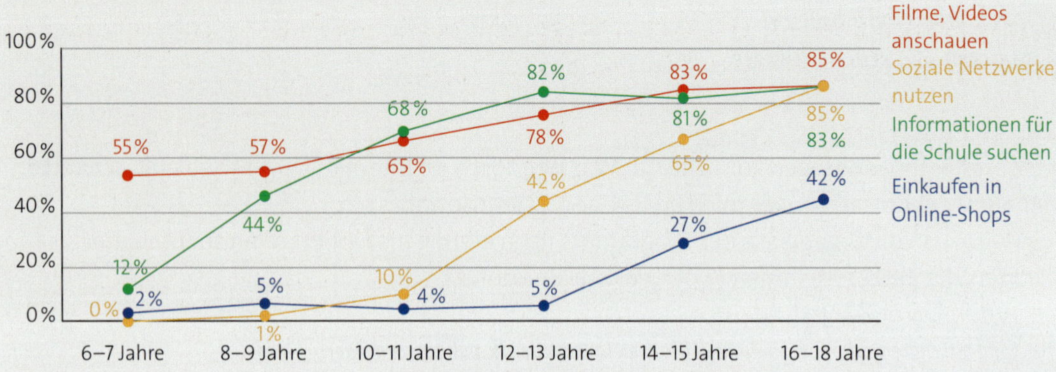

Mehrfachnennungen möglich   Basis: 6- bis 18-jährige Internetnutzer   N = 830   Quelle: Bikcom Research

Fotos werden am häufigsten geteilt

Welche Inhalte (z. B. Fotos, Texte) teilst du mit anderen im Internet?

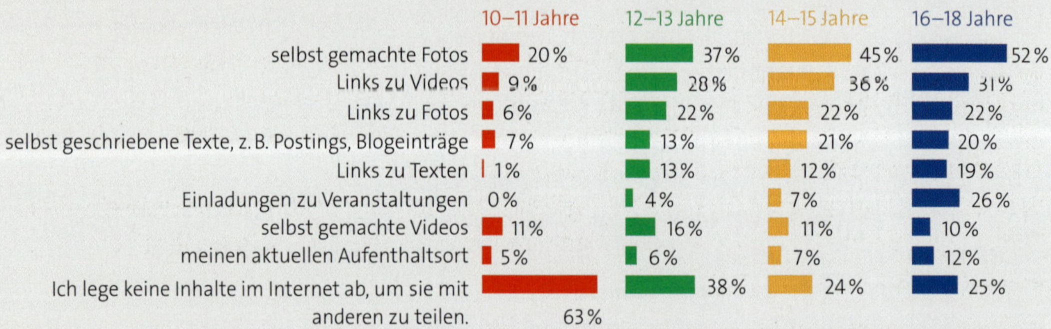

Mehrfachnennungen möglich   Basis: 10- bis 18-jährige Internetnutzer   N = 674   Quelle: Bikcom Research

Nicht alle Jugendlichen teilen Inhalte im Netz

Teilst du Inhalte (z. B. Fotos, Texte) mit anderen im Internet?

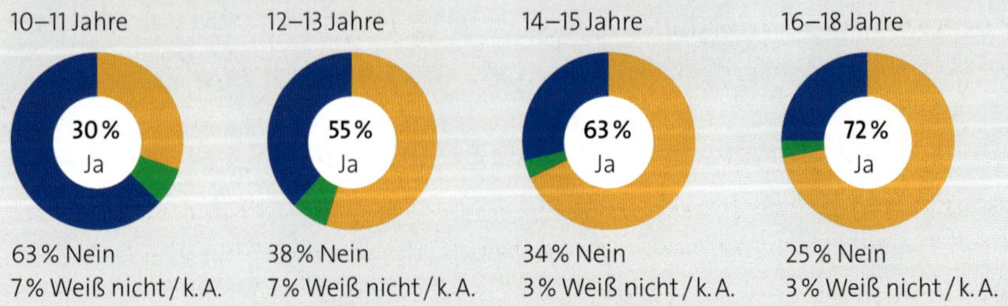

1 a Schaut euch die Ergebnisse der Umfrage an. Findet ihr euch darin wieder oder seid ihr von den Ergebnissen überrascht?
b Beschreibt die Art der Diagramme und erklärt, was die jeweilige Darstellungsform leistet.
c Veranschaulichen die Diagramme die Ergebnisse übersichtlich? Beurteilt dies.

2 Die Diagramme auf Seite 30 sind auf Grundlage von Fragebögen entstanden. Entwerft in Gruppen für jedes Diagramm einen passenden Fragebogen, z. B.:

Fragebogen
...?

	oft	selten	fast nie
Filme, Videos	▢	▢	▢
Soziale Netzwerke nutzen	▢	▢	▢
...	▢	▢	▢

3 Entwickelt selbst eine Umfrage zum Thema „Internetnutzung“, z. B. zum Thema „Online- und Offline-Kontakte“. Arbeitet in Gruppen oder Teams.
a Formuliert einige Fragen zum Thema.
1. Mit wie vielen Menschen hast du täglich im Internet Kontakt? Mit wie vielen ...
2. Welche Themen ...?
3. ...
b Entscheidet euch für zwei bis drei geeignete Fragen. Erstellt dann einen Fragebogen mit geschlossenen Fragen. Lest hierzu die Informationen im Merkkasten unten.
c Führt eure Umfrage bei mindestens 20 Personen durch. Überlegt vorher, für welche Altersgruppe eure Umfrage repräsentativ sein soll, z. B. 12- bis 16-Jährige.
d Wertet eure Umfrage aus und stellt die Ergebnisse anschaulich dar, z. B. in einem Diagramm.
TIPP: Es gibt Online-Umfragetools oder Computersoftware, die euch beim Erstellen und Auswerten des Fragebogens unterstützen.

4 Beurteilt abschließend eure Ergebnisse: Was hat euch überrascht, was habt ihr erwartet?

Methode **Umfragen durchführen**

- Die Umfrage ist eine Methode, um Informationen über Meinungen oder Verhaltensweisen von Personen oder bestimmten Personengruppen zu erhalten. Um die Umfrage auswerten zu können, wird in der Regel ein **Fragebogen** ausgearbeitet.
- Bei den Fragebögen werden meist **geschlossene Fragen** (▶ S. 27) gestellt und mögliche Antwortmöglichkeiten zum Ankreuzen vorgegeben. Dadurch ist die Auswertung einfacher, z. B.:
  – **Ja/Nein-Fragen** (manchmal wird noch die Option „weiß nicht“ angeboten),
  – **Multiple-Choice-Fragen** (verschiedene Antwortmöglichkeiten werden vorgegeben).
- Die **Ergebnisse** werden meist in Prozentzahlen ausgewertet und dann mittels **Diagramm** (z. B. Balken-, Kreis- oder Kurven- bzw. Verlaufsdiagramm) veranschaulicht.

1.3 Fit in ... – Materialgestützt einen Informationstext verfassen

Die Aufgabenstellung verstehen

Stellt euch vor, ihr bekommt in der nächsten Klassenarbeit folgende Aufgabe gestellt:

In eurer Schule hält ein Experte einen Vortrag zum Thema „Big Data". Deine Aufgabe ist es, deine Mitschüler/-innen aus der Jahrgangsstufe 10 über das Thema vorab zu informieren. Sie sollen auf den Vortrag, aber auch auf die sich anschließende Diskussion vorbereitet sein. Verfasse auf Grundlage der Materialien M1–M4 (▸ S. 32–35) einen informierenden Text zum Thema „Big Data".
- Stelle knapp und sachlich dar, was Big Data ist. Erkläre dabei Möglichkeiten von Big Data, indem du ein Beispiel aus dem alltäglichen Leben beschreibst.
- Stelle Chancen und Risiken von Big Data dar.
- Formuliere abschließend eine Frage an den Experten für die sich anschließende Diskussion.

M1 Big Data: Das Netz der Daten

Ob wir telefonieren, E-Mails lesen, beim Einkaufen eine Kundenkarte zücken oder online nach einem Partner suchen – überall produzieren wir Daten, Unmengen von Daten. Die können analysiert und dank spezieller Software und Algorithmen ausgewertet werden. Das Besondere an Big Data ist, dass nicht nur die Gegenwart erfasst wird. Es lassen sich auch Voraussagen über die Zukunft treffen.

Daten gelten als Rohstoff der Zukunft

Droht ein Unwetter? Wo breitet sich Malaria aus? Welche Symptome deuten darauf hin, dass es einem zu früh geborenen Kind bald schlechter gehen wird? Wie entwickelt sich der Wert eines Unternehmens? Daten können helfen, Frühwarnsysteme zu erstellen oder Prozesse zu verstehen und effizienter zu machen.
Geheimdienste, Banken, Telekommunikationsdienste, Firmen und Forschung, Versicherungen und Wirtschaftsauskunfteien:

Sie alle erhoffen sich viel von Big Data, dem Rohstoff der Zukunft. Je detaillierter ein Konzern seine Kunden kennt, desto persönlicher lassen sich Kaufanreize setzen und Werbung schalten – oder neue Dienstleistungen entwickeln. Unternehmen wissen schon jetzt mehr, als vielen Menschen lieb ist.

Es entstehen „gläserne Menschen"

Wo Menschen sich bewegen, wen sie treffen, was sie gerne essen und wer ihnen nahesteht – all das lässt sich heute so einfach erfassen wie nie zuvor. Das macht verletzlich, es entstehen „gläserne Menschen". Ein anderes Problem ist, dass die mit Hilfe vieler Daten getroffenen Prognosen für die Zukunft nicht stimmen müssen. Beispielsweise wird anhand von menschlichem Verhalten oder Kategorien wie Herkunft und Religion ermittelt, welche Person möglicherweise in Zukunft ein Verbrechen begehen wird. Das klingt nach Science-Fiction, ist aber schon heute Realität. Mit der Hilfe von Datenbanken und diversen Quellen entscheiden Staaten, wer ins Land einreisen darf und wer draußen bleiben muss.

Je mehr Daten, desto eher ist Missbrauch möglich

Datenschützer warnen daher eindringlich vor Missbrauch der Daten und Kontrollverlust. „Wenn viele Daten von uns gespeichert werden, macht uns das manipulierbar und erpressbar", sagt padeluun[1] vom Datenschutz-Verein Digitalcourage. Außerdem könnten Daten, die erhoben wurden, immer missbraucht oder gehackt werden: „Nur Daten, die nicht erhoben wurden, sind sicher", betont padeluun.

1 padeluun: Pseudonym eines deutschen Netzaktivisten

M2 Big-Data-Experte: „Der freie Wille steht auf dem Spiel"

Daten können die Welt verbessern, sagt Viktor Mayer-Schönberger. Der Professor am Internetinstitut der Uni Oxford, kritisiert aber, dass Geheimdienste Daten missbrauchen.

Von Madelaine Gullert

Worin sehen Sie die Chance von Big Data?
Big Data kann die Welt optimieren, aber das hängt davon ab, wie wir es einsetzen. Ich nenne ein Beispiel: Eine Ärztin in Toronto nutzt Big Data, um Frühchen zu helfen. Frühgeborene sind sehr anfällig für Infektionen. Wenn man bei ihnen eine Infektion erkennt, ist es oft schon zu spät. Die Ärztin hat die Vitalfunktionen der Kinder rund um die Uhr aufgezeichnet und untersucht – und hat ein Muster erkannt: Nun kann sie, 24 Stunden bevor sich erste Symptome einstellen, mit hoher Wahrscheinlichkeit vorhersehen, dass eine Infektion beginnt. Und seltsamerweise ist das Muster nicht, dass die Vitalfunktionen verrücktspielen, sondern, dass sie sich stabilisieren. Wer hätte das gedacht?

Sehen Sie in Big Data denn auch eine Gefahr?
Ja, wir werden als Menschen immer vorhersehbarer. Anhand der Daten lässt sich ablesen, wie wir denken und wie wir in der Zukunft handeln werden. Das ist sehr beängstigend. Wir sehen das jetzt in der Diskussion um die NSA. Hier werden Daten genutzt, um zukünftiges Verhalten vorherzusehen. Es besteht die Gefahr, dass

Menschen für etwas bestraft werden, das sie noch gar nicht getan haben – für etwas, was der Algorithmus vorhersagt, was sie tun werden, wie beim Hollywood-Film „Minority Report". Die Zukunft, die für uns offen und gestaltbar ist, kann plötzlich sehr vorherbestimmt werden. Wenn man etwa weiß, in welchem Job man am besten funktionieren kann, welche Entscheidungsfreiheit hat der Mensch dann noch? Hier müssen wir jetzt schon Freiräume für Menschen sichern, für Kreativität …

Und auch für Fehler?

Ja, wenn die Datenanalyse sagt, dass ich aus Gesundheitsgründen Karotten essen sollte, will ich manchmal trotzdem Fleisch oder Schokolade essen dürfen. In einigen Jahren könnte der Gesellschaftsdruck groß sein, sich so zu verhalten, wie es der Algorithmus empfiehlt.

Es geht also um nichts weniger als den freien Willen?

Genau, der freie Wille steht auf dem Spiel. Wir müssen Rahmenbedingungen schaffen, um die menschliche Handlungsfreiheit zu schützen. Ansonsten könnten wir verlockt sein, durch Big Data diese zutiefst menschliche Eigenschaft zu beschneiden. Wir müssen Grundrechte für die Big-Data-Zeit neu denken, damit es nicht zu einer Daten-Diktatur kommt. Es ist deshalb besonders wichtig zu regeln, wer Zugriff auf die Daten hat, wer den wirtschaftlichen Nutzen haben darf. Daten sind das neue Gold, und während natürliche Goldquellen versiegen, können Daten immer wieder genutzt werden.

M3 Dr. Datenkrake

Big Data soll die Welt berechenbarer machen. Auch unsere Krankheiten. Das bringt echte medizinische Vorteile – aber eben nicht nur.

Daten machen die Welt berechenbar. Das Schlagwort heißt Big Data. Die Idee dahinter: mit Hilfe von Algorithmen, also von Menschen programmierten Formeln, Vorhersagen zu treffen. Wenn Amazon nach dem Kauf eines Buches weiß, welche Bücher dem Kunden noch gefallen könnten, ist ein Algorithmus am Werk. Solche Algorithmen können auch in der Medizin zum Einsatz kommen. Das hat echte Vorteile. Denn je mehr Daten es über einen Patienten gibt – von der Ernährung über das Sexualleben bis hin zum Genmaterial –, desto genauer lassen sich Krankheiten bekämpfen und man kann vor allem auch vorbeugen.

Big Data macht die Welt vorhersehbar. Aber an der Genauigkeit dieser Berechnungen lässt sich zweifeln. Erst vor Kurzem erntete Google Kritik für sein Projekt „Google Flu Trend" (GFT). Dabei vergleicht Google Suchanfragen zu Gesundheitsthemen von Millionen von Menschen.

Ein Algorithmus berechnet, wie wahrscheinlich es ist, dass in einer bestimmten Region eine Grippewelle ausbricht. Forscher aus Boston haben herausgefunden, dass GFT in den vergangenen Jahren Krankheitswellen sowohl unterschätzt als auch überschätzt hat. Wo das Problem genau liegt, lässt sich nur schwer feststellen. Denn so wie viele andere Unternehmen veröffentlicht Google seinen Algorithmus nicht.

M4 Was bin ich wert?

Der Handel mit persönlichen Daten ist ein Milliardengeschäft. Sie werden meist in Tausenderpaketen verkauft. Die „Financial Times" hat ausgerechnet, welche Information wie viel bringt (in Dollar).

1 Gluten-Unverträglichkeit: Unverträglichkeit von bestimmten Getreidesorten (Gersten, Weizen, Roggen)

1 a Lest die Aufgabenstellung (▸ S. 32 oben) aufmerksam durch und macht euch klar, was von euch verlangt wird. Notiert Stichworte zu den folgenden Punkten:
- Thema und inhaltliche Aspekte des Textes?
- Anlass und Funktion des Textes?
- Adressaten?
- Sprache und Stil?

b Vergleicht eure Ergebnisse in Partnerarbeit. Besprecht dann, wie ihr am besten vorgeht, um den Informationstext zu schreiben.

Die Materialien auswerten, eine Gliederung erstellen

2 a Lest die Texte (▸ S. 32–34) einmal zügig durch und betrachtet die Grafik oben.

b Besprecht im Team, was ihr zum Thema „Big Data" verstanden habt. Klärt dabei folgende Fragen:
- Was ist Big Data und wem können diese Datenauswertungen nutzen?
- Für wen könnten die Informationen in der Grafik oben von Wert sein?
- Warum wird in der Grafik die Gluten-Unverträglichkeit höher bewertet als die Information „will sich einen Pullover kaufen"?

3 Wertet die Materialien (▸ S. 32–35) aus. Arbeitet am besten mit einer Kopie und markiert relevante Informationen. Notiert Stichpunkte am Textrand, die Hinweise geben, worum es in diesem Textabschnitt geht.

4 Erstellt eine Gliederung für euren Text. Orientiert euch dabei an den Aspekten in der Aufgabenstellung (▶ S. 32 oben). Ordnet jedem Gliederungspunkt Informationen aus den Materialien zu, z. B.:

*1. **Was ist Big Data?***
– Definition und Anwendungsbeispiel aus dem Alltag

*2. **Chancen und Risiken von Big Data***
a) Chancen
– Frühwarnsysteme, z. B. im medizinischen Bereich
– Vorhersagen von ...
b) Risiken
– Prognosen können fehlerhaft sein
– ...

*3. **Frage an den Experten***
...

Den Text schreiben und überarbeiten

5 Schreibt auf Grundlage eurer Gliederung den Text. Formuliert sachlich und in eigenen Worten.
TIPP: Gebt ihr Meinungen oder Ergebnisse aus den Materialien wieder oder bezieht ihr euch direkt auf diese, müsst ihr dies sprachlich kenntlich machen (Zitat, indirekte Rede, Paraphrase).

Mit dem Schlagwort „Big Data" wird das Sammeln und Auswerten von riesigen Datenmengen bezeichnet, die ...
Mit Hilfe von Algorithmen, also programmierter Formeln, werden die Daten ausgewertet und Prognosen für die Zukunft ...

6 Überarbeitet eure Texte im Team. Die folgende Checkliste hilft euch dabei.

Checkliste

Materialgestützes Schreiben eines Informationstextes

- Hat der Text eine **klare gedankliche Struktur** und beantwortet alle Aspekte der Aufgabenstellung?
- Habt ihr die Informationen **sachlich** und **in eigenen Worten formuliert** und für eure **Adressaten** verständlich dargestellt?
- Macht ihr sprachlich deutlich, wenn ihr Meinungen oder Ergebnisse aus dem **Ausgangsmaterial** wiedergebt (Zitat, indirekte Rede, Paraphrase), z. B.: *Laut dem Internetexperten Professor Mayer-Schönberger kann Big Data in der Medizin ...*
- Macht **logische Zusammenhänge** auch sprachlich **deutlich,** z. B. durch Satzverknüpfungen und Überleitungen *(weil, obwohl, zudem, ein anderer Punkt ...).*

2 Dann eben mit Gewalt? – Argumentieren und Erörtern

„Generation Bushido“: Durch Rap kriminell!

Killerspiele sind aktives Kriegstraining

Jugendliche Täter gehen immer brutaler vor

Jugendstudie: Viel Gewalt im Netz!

Bitch, Schwuchtel, Versager – Verbale Gewalt wächst

Polizeigewerkschaft: „Härtere Strafen für Gewalttäter“

1 a Welche Themen bzw. Formen von Gewalt werden in den Schlagzeilen deutlich?

b Versucht, den Begriff „Gewalt“ zu definieren. Nennt zum Beispiel Merkmale von Gewalt oder Situationen, in denen man von „Gewalt“ sprechen würde.

2 Entscheidet euch für zwei Aussagen und überlegt, wie ihr diese begründen oder auch widerlegen könnt.

In diesem Kapitel ...

- führt ihr eine Podiumsdiskussion durch und trainiert, Thesen durch Argumente und Beispiele zu stützen,
- stellt ihr eure Position zu einer Streitfrage differenziert dar,
- setzt ihr euch kritisch mit einem Text auseinander (textgebundene Erörterung).

2.1 Gewalt im Alltag und in den Medien – Strittige Themen diskutieren und erörtern

Soll man Killerspiele verbieten? – Argumenttypen unterscheiden

Was Killerspiele im Gehirn auslösen

Der Gehirnforscher Manfred Spitzer erklärt im Interview mit Niko Steeb, was Killerspiele seiner Meinung nach im Gehirn auslösen.

Von Niko Steeb

Herr Spitzer, was hat die Gehirnforschung mit Computerspielen zu tun?
Spitzer: Ich beschäftige mich mit Lernen. Wenn man begriffen hat, wie wir lernen, versteht man auch, was Gewalt in Videospielen und im Fernsehen in uns auslöst.

Können Sie ein Beispiel nennen?
Spitzer: Wenn Elefanten durch den Busch rennen, entsteht ein Trampelpfad. Das ist wie im Gehirn. Pfade, die begangen wurden, sind ausgetreten. Alle Erfahrungen werden gespeichert, wir merken uns das Allgemeine dahinter.

Was konkret hat das mit medialer Gewalt zu tun?
Spitzer: Stellen Sie sich einen 18-Jährigen vor, dem in seinem Leben 200 000 Gewalttaten durch den Kopf gerauscht sind. Da entstehen Trampelpfade im Gehirn. Eine Studie zeigt, dass nur vier Prozent aller Konflikte im Fernsehen friedlich gelöst werden. Bei 50 Prozent tut die Gewalt nicht weh, in 70 Prozent der Fälle kommen die Täter davon.

Was ist das Allgemeine daran, das wir uns merken?
Spitzer: Unser Hirn sagt: Es gibt viel Gewalt, selten eine Alternative, sie tut nicht weh und man kommt davon. Das kann nicht an uns vorbeigehen. Es ist nicht egal, was wir mit dem Gehirn machen. In der Folge führt mediale Gewalt zu mehr realer.

Ist das belegbar?
Spitzer: Ja, eine Studie aus den USA mit über 700 Familien zeigt, dass Fernsehschauen die Gewaltbereitschaft erhöht. Eine andere zeigt, dass Menschen nach dem Konsum von Killerspielen fünfmal länger brauchen, anderen zu helfen, als die Vergleichsgruppe ohne Videospiele.

Heute schießen Kinder am PC aufeinander, früher mit Knallpistolen.
Spitzer: Früher wusste man, dass das nicht echt ist …

… ist das heute nicht so?
Spitzer: Damals rannte man herum, das Spiel war erschöpfend. Heute sitzen die Spieler acht Stunden vor den Schirmen, sie tauchen in die Welten ein, und das für die längste Zeit am Tag.

Senken Gewaltspiele die Hemmungen?
Spitzer: Davon kann man ausgehen, wenn man bedenkt, dass die ersten Programme dazu vom US-Militär entwickelt wurden, um die Hemmung der Soldaten, auf Körper zu schießen, zu senken. Den Soldaten musste beigebracht werden, reflexartig draufzuhalten.

Wie wirkt sich dies auf die Gesellschaft aus?
Spitzer: Die Schulgewalt in Baden-Württemberg ist in den letzten sieben Jahren beispielsweise um 40 Prozent gestiegen. Die gesamte Entwicklung ist extrem beunruhigend.

Computerspiele sind ein Kulturgut

Vorbehalte gegen Computerspiele haben nach Meinung des Medienwissenschaftlers Jeffrey Wimmer vor allem diejenigen, die diese Spiele nicht kennen.

Was ist so faszinierend an Computerspielen?
Wimmer: Man kann in eine andere Welt eintauchen, man nennt das auch Flow-Erlebnis, und alles um sich herum vergessen, ähnlich wie bei einem spannenden Kinofilm – nur viel intensiver. Zweitens geht es um den Kontakt mit Gleichgesinnten, man spielt vernetzt und baut Beziehungen zu anderen auf; selten wird noch allein gespielt. Drittens geht es um Wettbewerb. Man will sich mit anderen messen, besser und schneller sein.

Wie viele der heute auf dem Markt befindlichen Spiele enthalten Gewalt?
Wimmer: Der Anteil ist seit jeher hoch. Wir schätzen, dass über 50 Prozent der Computerspiele gewalttätige Inhalte haben. Das ist für die Industrie ein sicherer Weg, um Umsatz zu machen – ein Phänomen, das wir auch aus klassischen Hollywoodfilmen kennen, an denen sich Computerspiele lange orientierten.

Warum werden etwa nach Amokläufen weniger die Filme als vielmehr Computerspiele geächtet?
Wimmer: Computerspiele haben in Deutschland ein schlechtes Image. Das ist auch ein Generationskonflikt. Der öffentliche Diskurs wird hier von Älteren bestimmt, älteren Politikern und älteren Journalisten, von denen die meisten Computerspiele nicht kennen. Dabei sind – aus mediensoziologischer Sicht – solche Spiele nicht die Ursache, sondern Symptom.

Killerspiele sind also das Ergebnis einer gewalttätigen Gesellschaft?
Wimmer: Ja. Die Vermutung, Computerspiele könnten jemanden zu einem Killer oder Amokläufer machen, ist lediglich der Wunsch des Menschen, einfache Antworten auf relativ komplexe Phänomene zu finden. Die Kommunikationswissenschaft hat sich sehr lange damit auseinandergesetzt, ob Computerspiele jemanden zu einem Gewalttäter oder Verbrecher machen können.

Wie lautet Ihr Befund?
Wimmer: Das ist nicht der Fall. Hinter solchen Annahmen steckt die Vorstellung, dass uns eine bestimmte Technik zu irgendetwas macht. Empirische Studien zeigen jedoch, dass es zwar kurzfristige Auswirkungen auf Spieler gibt, dass sie etwa direkt nach dem Spiel erregt, beschwingt, vielleicht leicht aggressiv sind. Das aber kennen wir

auch aus klassischen Kinofilmen: Man ist nach der Vorstellung traurig, euphorisiert oder will das nachmachen. Dass aber mittel- und langfristig auch das menschliche Handeln dadurch beeinflusst wird, ist zu weit hergeholt. Da spielen zu viele andere Faktoren mit hinein.

Wie zuverlässig sind die Studien zu diesem Thema?
Wimmer: Die Kommunikationswissenschaft untersucht das umfassend. Wir versuchen, das Ganze realistischer anzugehen, beobachten die Leute langfristig in ihrem Alltag und schauen, welche Bedeutung Computerspielen für sie hat. Wir wissen in der Tat noch sehr wenig darüber. Ich glaube aber, es wird sich die Ansicht durchsetzen, dass Computerspiele ein Kulturgut wie Kino, Bücher und Fernsehen sind und dass die Welt dahinter einfach komplexer ist.

Haben Sie Verständnis, wenn Eltern, etwa nach dem Amoklauf in Winnenden, Computerspiele öffentlich einsammeln und zerstören?
Wimmer: Ich habe Probleme, wenn Medien zerstört oder zum Sündenbock gemacht werden. Computerspiele existieren, da gibt es kein Zurück mehr. Ich kann sehr wohl die Eltern verstehen, weil viele Spiele sehr schlecht gemacht sind oder problematische Inhalte haben. Aber es gibt auch andere. Nehmen Sie den Landwirtschaftssimulator, den Millionen Deutsche regelmäßig spielen.

Was sind die positiven Seiten des Computerspielens?
Wimmer: Kinder und Jugendliche lernen dadurch vieles, was sie später im Arbeitsleben dringend brauchen, zum Beispiel vernetzt zu denken und zu arbeiten, online zu sein, Teams zu bilden oder sich virtuell zu verabreden. Zum anderen lernen sie spielerisch den Umgang mit neuen Medien und verlieren die Scheu davor. Sie eignen sich an, wie Computer funktionieren, was Viren sind, wie man E-Mails schreibt, und sie können Fantasie entwickeln, kreativ sein, ihre Reaktion testen und schulen.

1 a Lest die beiden Interviews. Fasst möglichst knapp zusammen: Was ist das Thema beider Texte? Welche Positionen werden vertreten?
b Begründet: Welcher Position könnt ihr euch spontan anschließen?

2 „Was Killerspiele im Gehirn auslösen" (▶ S. 38 f.) und „Computerspiele sind ein Kulturgut" (▶ S. 39 f.) lauten die Überschriften der Interviews. Erklärt genau, was damit gemeint ist. Belegt eure Aussagen anhand der Texte.

3 Untersucht, wie in den beiden Interviews argumentiert wird. Geht so vor:
a Lest die Informationen im Merkkasten. Macht euch klar, was mit den verschiedenen Argumenttypen gemeint ist. Findet weitere Beispiele zu den Argumenttypen.
b Sucht aus den beiden Interviews die Argumente heraus und bestimmt, um welche Argumenttypen es sich handelt.

4 a Prüft die Stichhaltigkeit der Argumente. Welche Argumente pro und kontra Killerspiele überzeugen euch? Welche nicht?
b Widerlegt Argumente, die euch nicht überzeugen, indem ihr z. B. Gegenargumente anführt oder die Gültigkeit der Argumente einschränkt. Nutzt hierzu die Informationen aus den Texten und/oder greift auf eigene Erfahrungen zurück, z. B.:

Das Argument von Spitzer, dass Menschen nach dem Konsum von ..., muss man relativieren. Es handelt sich nämlich hierbei nur um eine kurzfristige ...

Information **Aufbau einer Argumentation: These, Argument, Beispiel**

These
(Behauptung – Werturteil – Empfehlung bzw. Forderung)

Argumente
(Typen von Argumenten: Faktenargumente – Wertargumente – Autoritätsargumente – analogisierende Argumente – ggf. zusätzliche Erläuterungen)

Beispiele/Belege

Faktenargumente sind überprüfbare Tatsachen, z. B. wissenschaftliche Erkenntnisse oder Untersuchungen (Statistiken, Zahlen usw.), z. B.:
Einer Statistik zufolge geht die Jugendkriminalität weiter zurück.
TIPP: Sie sind nicht stichhaltig, wenn es sich um Einzelfälle handelt.
Wertargumente beruhen auf allgemein akzeptierten Wertmaßstäben oder Normen, z. B.:
Mord ist ein schweres Verbrechen.
TIPP: Sie sind nicht stichhaltig, wenn sie auf Wertmaßstäben beruhen, die nur von einzelnen Gruppen vertreten werden.
Autoritätsargumente beruhen auf Aussagen von anerkannten Autoritäten, die die eigene Meinung stützen, z. B.:
Auch der Kriminologe Christian Pfeiffer spricht von einem Zusammenhang zwischen dem Konsum von Killerspielen und einer erhöhten Gewaltbereitschaft.
TIPP: Sie sind nicht zwingend stichhaltig, weil oft andere Autoritäten mit Gegenpositionen angeführt werden können.
Analogisierende Argumente beruhen auf dem Vergleich eines Sachverhalts mit einem ähnlichen, z. B.: *Aufklärung statt Verbote – das hat sich auch in anderen Bereichen bewährt, also müsste dies auch beim Thema „Killerspiele" Vorteile bringen.*
TIPP: Sie sind nicht stichhaltig, wenn der Vergleich nicht überzeugt.

Eine Podiumsdiskussion führen

1 Bereitet mit Hilfe der Texte und eurer Vorarbeiten von den Seiten 38–41 eine Podiumsdiskussion zur folgenden Problemstellung vor: Soll die Verbreitung so genannter Killer- oder Ballerspiele für Jugendliche verboten werden?

a Bildet Gruppen von fünf bis acht Personen und verteilt die folgenden Rollen:
- Experten (pro und kontra)
- Betroffene (Jugendliche, Eltern)
- Moderator/-in

b Bereitet euch auf die Diskussion vor, indem ihr Argumentations- und Moderationskarten erstellt. Beachtet hierbei, welche Rolle bzw. welchen Standpunkt ihr einnehmt.

Argumentationskarten
- Notiert Argumente für eure Position.
- Plant eure Reaktion auf die Argumente der Gegenseite (Gegenargumente entkräften).
- Notiert ein prägnantes Eröffnungsstatement.

Moderationskarten
- Bereitet die Eröffnung der Diskussion vor: Thema und Teilnehmer/-innen vorstellen.
- Plant Impulse für die Moderation der Diskussion.
- Notiert Formulierungen für einen möglichen Abschluss der Diskussion.

Aufbau eines Eröffnungsstatements

1 Einleitung	*Jch bin heute eingeladen worden, um als Expertin / als ...*
2 These (Position)	*Jch glaube / bin der Meinung, dass ...,*
3 Argumentation	*Folgende Gründe sprechen für ...: Erstens ... Zweitens ...*
4 Schluss (z. B. Fazit, Appell)	*Wer meint, ..., berücksichtigt nicht, dass ... Jch fände es daher ...*

Impulse für die Moderation einer Diskussion

1 Begrüßung und Einleitung
- *Jn der heutigen Veranstaltung geht es um die Frage / wollen wir die Frage diskutieren, ...*
- *Das Thema unserer Diskussionsrunde lautet: ...*

2 Aufforderung zum Eröffnungsstatement
- *Jch möchte zunächst ... das Wort erteilen.*
- *Wie ist deine Position hierzu? Teilst du die Ansicht von ...?*

3 Impulse während der Diskussion setzen
- *Wir haben bisher über ... und ... gesprochen. Jnteressant ist aber auch ...*
- *Jch denke, unsere Positionen über ... sind klar. Etwas wenig beachtet scheint mir bisher ...*
- *Wir drehen uns im Kreis. Vielleicht sollten wir uns damit auseinandersetzen, wie ...*
- *Jch glaube, das führt uns vom eigentlichen Thema weg.*
- *Wir sollten uns vielleicht zunächst auf die Frage ... konzentrieren.*
- *Vielleicht könnten wir diesen Punkt noch etwas zurückstellen.*
- *Darf ich noch einmal auf ... zurückkommen?*
- *Jch würde gerne noch einmal den Gedanken von vorhin aufgreifen: ...*

4 Zusammenfassung und Abschluss
- *Jch fasse die Ergebnisse der Diskussion kurz zusammen: ...*
- *Das Fazit der Diskussion könnte also lauten: ... – Wir halten also fest, dass ...*

2 a Legt eine zeitliche Begrenzung fest und führt die Podiumsdiskussion durch.
- Plant mehrere Runden ein.
- Die verbleibenden Schüler/-innen bilden das Publikum. Sie geben anhand eines Bewertungsbogens ein Feedback.

TIPP: Einigt euch, wer welche Diskussionsteilnehmer beobachtet.

b Wertet nach jeder Runde aus, wie die Podiumsdiskussion verlaufen ist.

3 Tauscht euch aus: Hat sich nach den Diskussionsrunden eure Meinung zum Thema „Killer- bzw. Ballerspiele" verändert?

Bewertungsbogen Diskussionsteilnehmer/-in Teilnehmer/-in: ...	++	+	0	–	––
Sachkenntnis					
Ausdrucksvermögen					
Fähigkeit, auf Redebeiträge einzugehen					
Überzeugungskraft					

Bewertungsbogen Moderator/-in Teilnehmer/-in (Name): ...	++	+	0	–	––
Sachkenntnis					
Ausdrucksvermögen					
Fähigkeit, Diskutanten beim Thema zu halten					

Methode **Eine Podiumsdiskussion durchführen**

In einer Podiumsdiskussion diskutieren **Experten** und/oder **Betroffene** vor Publikum eine Problemstellung. Die Zuhörer können sich anhand der verschiedenen – sich ergänzenden oder auch widersprechenden – Expertenmeinungen selbst eine Meinung zum Thema bilden. Oft hat das Publikum im Anschluss an die Expertenrunde Gelegenheit, Fragen zu stellen, Einwände zu formulieren oder mitzudiskutieren. Ein **Moderator** oder eine **Moderatorin** leitet die Diskussion.

- An einer Podiumsdiskussion sollten **nicht mehr als acht Diskutierende** teilnehmen, die unterschiedliche Positionen zum Thema einnehmen.
- Die **Moderatorin** oder der **Moderator eröffnet die Diskussion** und stellt das Thema und die Diskussionsteilnehmer vor.
- Jeder **Diskussionsteilnehmer** gibt ein **kurzes Statement** zur eigenen Position ab.
- Die Podiumsteilnehmer diskutieren miteinander, der **Moderator** / die **Moderatorin** achtet darauf, dass die **Gesprächsregeln** eingehalten werden, hält **Zwischenergebnisse** fest, **beendet** schließlich die **Diskussion,** zieht Bilanz und verabschiedet die Teilnehmer/-innen.

Soll man verbale Gewalt bestrafen? – Das Pro und Kontra erörtern

Marco Materazzi: „Zidane, deine Schwester ist 'ne Nutte“

Die Rache: Zidane legt Materazzi mit einem Kopfstoß flach und bekommt hierfür die Rote Karte

Beim WM-Endspiel 2006 rastete der französische Fußballstar Zidane aus und legte den Italiener Materazzi mit einem Kopfstoß flach. Nun hat Materazzi erzählt, mit welchen Worten er Zidane vorher provoziert hatte.

Der italienische Fußballweltmeister Marco Materazzi hat nach dem Berliner WM-Finale enthüllt, mit welchen Worten er Frankreichs Star Zinédine Zidane zu einem Kopfstoß provoziert hatte. Im Magazin „TV Sorrisi e Canzoni“ gab Materazzi nach Medienberichten vom Samstag zu, Zidanes Schwester als Prostituierte beleidigt zu haben.

Nachdem Zidane festgehalten worden war, hatte er Materazzi angeboten, ihm das Trikot nach dem Spiel zu geben. „Ich nehme lieber deine Nutte von Schwester“, sei seine Antwort gewesen, erklärte Materazzi, der mit seinen Äußerungen die Spekulationen um den Vorfall beenden will und sein Verhalten inzwischen bedauert.
Zidane hatte für seinen Kopfstoß in der Verlängerung die Rote Karte gesehen und seine Karriere damit auf unrühmliche Weise beendet. Italien gewann nach einem 1:1 nach Verlängerung seinen vierten WM-Titel im Elfmeterschießen.

Presse-Echo „Zidane – Materazzi 3:2, Italien ist wütend“

Die Sperre gegen Marco Materazzi wegen seiner verbalen Entgleisung gegen Zinédine Zidane im WM-Finale hat ein heftiges Medienecho hervorgerufen. Besonders laut ist der Aufschrei der Empörung im Land des Weltmeisters.

Italien beklagt ein „fragwürdiges Urteil“, die neutrale Sportwelt ist in Sorge vor einem Präzedenzfall mit unabsehbaren Folgen: Die vom Fußball-Weltverband verhängte Sperre gegen Italiens Nationalspieler Marco Materazzi wegen seiner verbalen Entgleisung gegen Zinédine Zidane im Finale der Weltmeisterschaft gegen Frankreich hat ein heftiges Medienecho hervorgerufen. Der Italiener hatte eine Sperre von zwei Spielen erhalten, der bereits zurückgetretene Zidane für seinen brutalen Kopfstoß drei.

„Nach dieser Norm ist Beleidigung strafbar. Ab jetzt kann also jeder Spieler, der im Spiel beleidigt wird – und das passiert an jedem Wochenende in jedem Land –, die Fifa anrufen", fürchtet das spanische Blatt „Marca" nach dem Urteil von Zürich wei treichende Konsequenzen. Die Fifa habe eine Ungerechtigkeit begangen, weil sie Materazzi wegen der Verletzung der Ehre Zidanes für zwei Spiele gesperrt habe und den „Aggressor" nur für ein Spiel mehr.
Besonders laut ist der Aufschrei der Empörung im Land des Weltmeisters. Von einem „fragwürdigen Urteil" sprach der „Corriere della Sera": „Es ist das erste Mal, dass zusammen mit der Reaktion auch die Provokation verurteilt wurde. Aber das, was wirklich verwundert, ist der geringe Unterschied in der Bestrafung eines verbalen Angriffs und einer gewalttätigen Antwort."
Einen Präzedenzfall fürchtet der englische „Daily Telegraph". „Spieler, die schwer gegen die Regeln verstoßen, wie Zidane im WM-Endspiel, könnten sich mit dem Argument verteidigen, sie seien provoziert worden. Das könnte zur Milderung ihrer eigenen Bestrafung führen und dazu beitragen, dass auch ihr Opfer bestraft wird."
Genugtuung kommt im Kommentar der französischen Sportzeitung „L'Equipe" zum Ausdruck. „Der Provokateur ist bestraft worden. Das ist eine Premiere, und darüber muss man sich freuen. Wenn das Anstiftern jeder Art zu denken gibt, umso besser."

Leserkommentare

Dr. Right

Es macht mich wütend, wenn Materazzi entschuldigt wird. Er hat provoziert und muss deshalb auch bestraft werden. Nicht nur im deutschen Strafgesetzbuch (§ 185) gibt es die Rechtsnorm, dass Beleidigungen mit bis zu einem Jahr oder Geldstrafe bestraft werden können. Dort heißt es: „Die Beleidigung wird mit Freiheitsstrafe bis zu einem Jahr oder mit Geldstrafe und, wenn die Beleidigung mittels einer Tätlichkeit begangen wird, mit Freiheitsstrafe bis zu zwei Jahren oder mit Geldstrafe bestraft."

Experte

Der Konfliktforscher Professor Jäger schrieb hierzu: „Um das Verhalten von Zidane und Matterazzi zu verstehen, ist es unerlässlich, die Situation, in der sich die beiden Spieler befanden, genau zu analysieren. Sprache als solche übt keinerlei Gewalt aus; es kommt immer darauf an, wie der Zusammenhang beschaffen ist."

Soccer

Lasst uns über Fakten sprechen: Zidanes Kopfstoß ist wirklich passiert. Das ist körperliche Gewalt. Er hätte wegen Körperverletzung noch härter bestraft werden müssen.

1 Lest nur die Überschriften der beiden Artikel und betrachtet die Fotos.
Habt ihr von diesem „berühmten Kopfstoß" gehört?
Was wisst ihr bereits darüber?

2 Lest die Texte und die Leserkommentare (▶ S. 44–45). Welche wichtigen Informationen und Standpunkte rund um Zidanes Kopfstoß werden genannt? Nennt entsprechende Textstellen.

3 Vergleicht die tatsächlichen Bestrafungen der beiden Spieler mit euren eigenen Erwartungen: Hättet ihr ähnlich oder ganz anders entschieden? Begründet eure Meinung.

Schritt 1: Das Thema erschließen

1 Sollte man verbale Gewalt – wie in dem Beispiel Materazzi–Zidane geschehen – bestrafen oder nicht? Schreibt für eine Online-Zeitung einen ausführlichen Leserkommentar, in dem ihr diese Frage pro und kontra erörtert und dann ein Fazit zieht.

a Lest die Aufgabenstellung und erklärt, wie euer Beitrag aufgebaut sein könnte.

b Notiert die wichtigsten Arbeitsschritte, die zum Schreiben einer Erörterung notwendig sind.

Schritt 2: Stoffsammlung und Gliederung

2 Erstellt in Partnerarbeit eine Stoffsammlung für eure Erörterung.

a Wertet das Presse-Echo inklusive der Kommentare (▸ S. 44–45) aus. Listet die einzelnen Positionen zur Frage der Bestrafung der Spieler auf und ordnet ihnen entsprechende Argumente zu, z. B.:

> *1* ***Position (These):*** *Bestrafung von verbaler Gewalt (Beleidigung) problematisch (Z. 8–14)*
> – ***Argumentation:*** *Gerade im Fußball sind Beleidigungen stark verbreitet.*
> *2* ***These:*** *Das Urteil ist ungerecht (Z. 24–25).*
> – ***Argumentation:*** *Zu geringe Bestrafung von körperlicher Gewalt (Kopfstoß) im Vergleich …*

b Bestimmt für die Argumente, die ihr gefunden habt, die Argumenttypen.

c Überlegt: Welche Position (pro oder kontra Bestrafung von verbaler Gewalt) scheint euch überzeugender? Welche Argumente der Pro- und der Kontra-Seite könnte man leicht durch Beispiele stützen, welche sind schwerer zu untermauern?

d Ordnet eure Stoffsammlung nach Pro und Kontra: Filtert aus den gesammelten Informationen brauchbare Argumente heraus und fasst zusammengehörige Gesichtspunkte zusammen. Ergänzt eigene Argumente und denkt hierbei auch an die verschiedenen Argumenttypen.

> **Argumenttypen** (▸ S. 41)
> – Fakten/Tatsachen? → Faktenargument
> – Wertmaßstäbe/Normen? → Wertargument
> – Aussagen anerkannter Autoritäten? → Autoritätsargument
> – Vergleich mit ähnlichem Sachverhalt? → analogisierendes Argument

Thema: Soll man verbale Gewalt bestrafen?

Grund für (pro) Bestrafung von verbaler Gewalt	Gründe gegen (kontra) Bestrafung von verbaler Gewalt
– *Verbale Gewalt kann körperliche Gewalt hervorrufen (→ Eskalation von Gewalt)* – …	– …

3 a Erläutert den Aufbau der Gliederung. Nehmt hierzu den Merkkasten unten zu Hilfe.

b Diskutiert die Vor- und Nachteile der beiden Gliederungsmöglichkeiten.

c Erstellt mit Hilfe eurer Stoffsammlung eine Gliederung für den Hauptteil der Erörterung. Ihr könnte die folgende Gliederung fortführen oder im Sinne eurer Position entsprechend anpassen.
TIPP: Sucht aus eurer Stoffsammlung zusammengehörende Punkte heraus und fasst sie unter einem Oberbegriff zusammen. Streicht Begriffe, die nicht exakt zum Thema passen.

Soll man verbale Gewalt bestrafen?

I Gründe gegen eine Bestrafung
1. Verbale Gewalt schwer zu definieren
a) Beleidigungen stark verbreitet (z.B. im Fußball)
b) Verbale Gewalt schwierig nachzuweisen
2. ...
a) ...
b) ...
II Gründe für eine Bestrafung
1. Verbale Beleidigung ist in Deutschland Straftatbestand
a) Strafgesetzbuch §185
b) ...
2. ...
III Fazit: Verbale Gewalt sollte man ...

Information **Pro-und-Kontra-Erörterung: Die Gliederung**

Die Argumente für und gegen die eigene Position können unterschiedlich angeordnet werden:

1 Pro und Kontra in Blöcken:
Hier werden die Pro- und Kontra-Argumente (und Beispiele) blockweise gegenübergestellt: Ihr nennt zuerst die Argumente der Gegenposition, dann die der eigenen Position.

2 Fortlaufender Pro-und-Kontra-Aufbau:
Hier ordnet ihr die Argumente gegen und für eure Position im laufenden Wechsel an. Die Gegenargumente könnt ihr hierbei sofort entkräften, ihr könnt aber auch vor dem Wechsel mehrere Pro- oder Kontra-Argumente aufeinanderfolgen lassen.

TIPP: Es empfiehlt sich, die Argumente nach Sachaspekten (Oberpunkten) zu ordnen, unter denen jeweils das Pro und das Kontra (bei einigen Punkten auch nur das Pro oder nur das Kontra) abgehandelt werden.

Pro und Kontra in Blöcken

Gegenposition
Argument 1
Argument 2
...

Eigene Position
Argument 1
Argument 2
...

Fazit

Fortlaufender Pro-und-Kontra-Aufbau

Argument pro
Argument kontra
Argument pro
Argument kontra
...
Fazit

Schritt 3: Die Argumentation schreiben

4 Die **Einleitung** soll in das Thema einführen und zum Hauptteil überleiten.

a Beschreibt, was der „Aufhänger" der folgenden Einleitungen ist.

A *Beim WM-Endspiel 2006 kommt es zum Eklat: Frankreichs Kapitän Zinédine Zidane rammt dem italienischen Fußballer Materazzi mit voller Wucht den Kopf in die Brust. Der Grund: ...*

B *Beleidigungen und verbale Attacken gehören nicht nur im Fußball zum Alltag. Auch ...*

C *Verbale Gewalt bezeichnet eine Form von Gewalt, die durch Worte ihre Opfer schädigt. Der Täter beleidigt, beschimpft, bedroht, erpresst ...*

D *Ein Junge wird von zwei Jugendlichen ständig als „Versager", „Opfer", „Loser" bezeichnet. Er wird wütend ...*

Einleitungsmöglichkeiten
- aktuelles/historisches Ereignis
- persönliches Erlebnis
- Zitat eines Experten / einer Expertin
- allgemeine Bedeutung des Problems aufzeigen
- Schlüsselbegriff/Thema klären
- Annäherung über ein Beispiel / ein verwandtes Thema

Überleitungen zum Hauptteil
- Deshalb stellt sich die Frage: ...?
- Im Folgenden möchte ich erörtern, was für und was gegen ...
- ... wurde kontrovers diskutiert. Was spricht eigentlich für und was gegen ...?

b Entscheidet euch für eine Einleitung, die ihr vervollständigt.

5 Verfasst nun den **Hauptteil** eurer Erörterung. Orientiert euch an eurer Stoffsammlung und der Gliederung. Die folgenden Formulierungsbausteine helfen euch.

Formulierungsbausteine für die Argumentation	
begründen belegen	– Ein Argument für/gegen ... • – Ein weiterer Gesichtspunkt ist ... • – Hinzu kommt, dass ... • – Dass ... zeigt sich auch darin, dass ... • – Untersuchungen/Umfrageergebnisse zeigen, dass ... • – Das lässt sich darauf zurückführen, dass ... • – Genauer gesagt • Dies bedeutet • Dafür spricht • – Als Beispiel/Beleg lässt sich anführen ... • Das heißt, dass ... • – Darunter verstehe ich ... • Wenn man sich vorstellt, dass ...
widersprechen entkräften einschränken	– Dies wird durch ... widerlegt • Dem widerspricht ... • – Fraglich ist allerdings, ... • Dem ist entgegenzuhalten, dass ... • – Es ist jedoch zu bedenken, dass ...

6 Formuliert einen **Schlussteil** zum Thema „Sollte man verbale Gewalt – wie in dem Beispiel Materazzi–Zidane geschehen – bestrafen oder nicht?" Ihr könnt z. B. einen Vorschlag für die Zukunft machen, eine Empfehlung abgeben, einen Wunsch äußern oder den Einleitungsgedanken wieder aufgreifen.
Ihr könnt die folgenden Formulierungsbausteine verwenden:

- *Wenn ich ... abwäge, komme ich zu dem Schluss, dass ...*
- *Wenn man bedenkt, dass ..., würde ich mir wünschen, dass ...*
- *Mein Fazit zu der Frage, ob man ..., lautet ...*
- *Die Frage, ob ..., hängt eng damit zusammen, wie ...*
- *Falls ..., könnte ich mir vorstellen, dass ...*
- *Wenn man sich vor Augen führt, dass ...*

7 Überarbeitet eure Texte mit Hilfe der Informationen aus dem folgenden Merkkasten.

Methode **Eine Streitfrage pro und kontra erörtern**

Bei einer dialektischen Erörterung (Pro-und-Kontra-Erörterung) stellt ihr eure Position zu einer Streitfrage (z. B. *Soll man verbale Gewalt bestrafen?*) dar. Ihr zeigt, auf welchem Wege ihr zu einem Urteil (Fazit) gekommen seid, indem ihr Pro- und Kontra-Argumente gegeneinander abwägt.

Die **Einleitung** soll den Leser in das Thema einführen und zum Hauptteil überleiten. Um einen interessanten Einstieg in das Thema zu finden, kann man z. B. anknüpfen an ein aktuelles oder historisches Ereignis, ein persönliches Erlebnis, ein Zitat eines Experten / einer Expertin usw. Einleitungsmöglichkeiten findet ihr auf Seite 48.

Im **Hauptteil** führt ihr **Pro- und Kontra-Argumente** (inkl. Beispiele/Belege) an und zieht dann ein **Fazit,** indem ihr euren Standpunkt deutlich formuliert.

- Bei eurem **Fazit** könnt ihr euch eindeutig für (pro) oder gegen (kontra) etwas aussprechen oder ihr formuliert eine Einschränkung, Bedingung oder Voraussetzung, unter der ihr euch für ein Pro oder Kontra entscheidet, z. B.:
  Obwohl man bedenken muss, dass ..., bin ich dennoch der Meinung, dass ...
- Die Argumente für (pro) und gegen (kontra) die eigene Position können entweder in Blöcken gegenübergestellt werden (Sanduhr-Prinzip) oder fortlaufend im Wechsel angeführt werden (Pingpong-Prinzip). Mehr Informationen hierzu, Seite 47.

Der **Schluss** rundet das Thema ab und darf keine neuen Argumente enthalten. Ihr könnt einen weiterführenden Gedanken formulieren, z. B. einen Wunsch, einen Vorschlag oder eine Empfehlung zum weiteren Umgang mit dem Thema oder einen Ausblick auf zukünftige Entwicklungen. Der Schluss kann auch den Einleitungsgedanken wieder aufgreifen.

TIPP: Setzt wegen der Übersichtlichkeit Absätze zwischen Einleitung, Hauptteil und Schluss.

Testet euch!

Argumentieren und Erörtern

1 Machen gewalthaltige Computerspiele Jugendliche gewalttätig?

a Entscheidet bei den folgenden Sätzen,
- ob es Argumente pro oder kontra „Killerspiele" sind,
- um welchen Argumenttyp es sich jeweils handelt (Fakten-, Wert-, Autoritätsargument oder analogisierendes Argument).

Notiert eure Ergebnisse.

Machen gewalthaltige Computerspiele Jugendliche gewalttätig?

1 Neueste Forschungsergebnisse zeigen, dass das Spielen von so genannten Killerspielen tatsächlich desensibilisiert, dass also das Mitgefühl herabgesenkt wird.
2 Das Spielen von Computerspielen, gerade von Online-Rollenspielen, kann sogar das Sozialverhalten fördern, denn viele Aufgaben müssen im Team gelöst werden.
3 Wenn sich Eltern bzw. Erziehungsberechtigte für die Medien interessieren, die ihre Kinder nutzen, ist der Konsum unproblematisch. Das gilt auch für die Computerspiele.
4 In den Augen des renommierten Hirnforschers Prof. Manfred Spitzer, Leiter der Psychiatrischen Universitätsklinik in Ulm, wird in den so genannten Killerspielen Gewalt aktiv eingeübt – anders als beim passiven Fernsehkonsum.
5 Der amerikanische Verhaltenspsychologe Christopher Ferguson, einer der führenden Experten für die Wirkung von gewalthaltigen Videospielen, weist darauf hin, dass der Zusammenhang zwischen Killerspielen und Gewaltbereitschaft praktisch verschwindet, wenn man andere Einflussfaktoren wie das Geschlecht, den Familienhintergrund, das soziale Umfeld oder psychische Erkrankungen herausrechnet.

b Versucht, das Argument 2 oder 3 zu entkräften. Formuliert schriftlich.

2 Das folgende Fazit zum Thema „Verbot von gewalthaltigen Computerspielen – ja oder nein?" ist sprachlich nicht gelungen und inhaltlich wenig überzeugend. Überarbeitet es.

Ein generelles Verbot von gewalthaltigen Computerspielen ist nicht gut. Ich hoffe, dass dies aus meinen Argumenten, die ich pro und kontra aufgeführt habe, hervorgeht.

3 Vergleicht eure Ergebnisse aus den Aufgaben 1 und 2 in Partnerarbeit.

2.2 Warnschussarrest für Jugendliche? – Erörtern im Anschluss an einen Text

Warnschussarrest für Jugendliche

Ein Schock, der nichts bringt

Ein Jahr gibt es den Warnschussarrest nun, eine Maßnahme im Jugendstrafvollzug. Im Idealfall sollte ein Verurteilter das erste Mal die Erfahrung machen, eingesperrt zu sein, und daraus für die Zukunft lernen. Doch die Praxis sieht anders aus.

Von Mike Szymanski

Wer in der Jugendarrestanstalt München seinen Warnschussarrest antritt, bekommt schon an der Tür zum Dienstzimmer die Härte der Justiz zu spüren: „Mütze abnehmen", heißt es dort. Dazu der Hinweis: „Bitte und danke hilft weiter." Knast auf Probe – für den Alltag kann man da ja vielleicht noch was lernen. Der Warnschussarrest aber, vor genau einem Jahr in Kraft getreten und von Hardlinern seit Langem im Kampf gegen Jugendkriminalität gefordert, sollte mehr sein als eine Benimmschule. Der Münchner Jugendrichter Christian Gassner formuliert es so: „Ein kurzer, scharfer Schock."

Ein Jahr nach der Einführung fällt die Bilanz dieser Schocktherapie eher dürftig aus. Noch machen die Jugendrichter nur selten von der Möglichkeit Gebrauch, dem Angeklagten neben einer Jugendstrafe auf Bewährung einen Warnschussarrest aufzubrummen. Eine Umfrage der „Süddeutschen Zeitung" in den Justizministerien der Bundesländer hat ergeben, dass in Deutschland bislang nur 416 Warnschussarreste vollstreckt worden sind. Die Zahl könnte sich noch um einige wenige Fälle erhöhen, weil den Behörden teilweise nur die Statistiken bis Ende 2013 vorliegen.

Maximal vier Wochen darf der Jugendliche zur Abschreckung eingesperrt werden. Wer mal beim Klauen erwischt wird, muss nicht befürchten, gleich in den Arrest zu kommen. Wenn aber der Richter einen notorischen Straftäter vor sich hat, der sich womöglich unbelehrbar zeigt und vor allem durch Gewalt auffällt, dann könnte er durch das neue Gesetz einen Warnschussarrest in Erwägung ziehen. Die Bremer Justiz verzichtete allerdings ganz darauf, einen solchen zu verhängen. In Berlin wurde er auch nur in einem einzigen Fall vollstreckt. Niedersachsen nennt die Zahl der 39 dort vollzogenen Warnschussarreste „ausgesprochen niedrig". Das Justizministerium in Brandenburg meldet nur zwei Fälle und verweist auf eine Studie aus dem Jahr 2010, wonach die Rückfallquote nach verbüßtem Jugendarrest bei 70 Prozent liege. Solche Zahlen bestärken vor allem die Kritiker des Warnschussarrests in ihrer Auffassung, dass Wegsperren eben auch nicht probeweise das richtige Mittel ist.

Und von einer abschreckenden Wirkung des Arrests kann auch dort nicht mehr wirklich die Rede sein, wo man große Hoffnungen in das Instrument gesetzt hat – wie in Bayern. Der Freistaat demonstriert ja gerne mal Härte. Justizminister Winfried Bausback (CSU) sagt: „Sie können einem jungen Verurteilten so das Unrecht und die Konsequenzen seines Fehlverhaltens nachdrücklich und spürbar vor Augen führen." 92-mal wurde im Freistaat der Warnschussarrest vollstreckt – der jüngste Straftäter war erst 14. Er war mehrmals beim Diebstahl erwischt worden und hatte Familienmitglieder und Beamte angegriffen und beleidigt.

Im Idealfall – so schildert es der Münchner Jugendrichter Gassner – würden die zu Warnschussarresten verurteilten Jugendlichen das erste Mal die Erfahrung machen, eingesperrt zu werden. Und, so die Hoffnung, dann daraus für die Zukunft lernen. Die Praxis sieht anders aus: Wer in München seinen Warnschussarrest antritt, kennt in der Regel schon Arrestanstalten aus früheren Urteilen. Die Schockwirkung bleibt aus. In Bayern wollten sie sich eigentlich auch besondere Mühe bei der Erziehung der Straftäter im Arrest geben. Es existiert ein Konzept, das viel Betreuung vorsieht. Die Münchner hätten dazu drei Stellen mehr gebraucht. Die bekamen sie aber bis heute nicht bewilligt. So konsequent waren dann auch die Bayern nicht.

Warnschussarrest

Jugendliche Straftäter, die zu einer Bewährungsstrafe verurteilt werden, können maximal vier Wochen lang inhaftiert werden. Dieser „Warnschussarrest" wird als Ergänzung zu einer Bewährungsstrafe (Aussetzung der Freiheitsstrafe) verhängt, wenn der Richter zu der Auffassung gelangt, dass diese allein dem straffälligen Jugendlichen das Unrecht seines Verhaltens nicht deutlich genug vor Augen führt. In Deutschland gibt es den „Warnschussarrest" seit dem 7. März 2013.

Die Befürworter des Warnschussarrests sind der Auffassung, dass eine bloße Bewährungsstrafe von den Betroffenen häufig nicht als Strafe, sondern vielmehr als Freispruch empfunden wird. Zudem könnte der Arrest einen Impuls zur Verhaltensänderung setzen, weil der Jugendliche aus seinem Alltag herausgenommen wird und die Betreuer zumindest eine kurze Zeit erzieherisch auf ihn einwirken können.

Kritiker des Warnschussarrests halten diesen nicht nur für wirkungslos, sondern sogar für schädlich, da Jugendliche während der Haft mit einem kriminellen Milieu in Kontakt kommen. Zudem sei gerade für jugendliche Gewalttäter ein kurzer Gefängnisaufenthalt nicht zwingend eine harte Strafe, denn in der Clique kann ein solcher Arrest den Betroffenen zum Helden machen. Der langwierige Weg einer Therapie ist da weit weniger cool, die Konfrontation mit sich selbst anstrengender als ein kurzzeitiger Ausflug hinter Gitter.

Quelle: Süddeutsche Zeitung vom 7. März 2014

1 Sammelt erste kurze, spontane Stellungnahmen zu diesem Text.

2 Erläutert die Textüberschrift „Ein Schock, der nichts bringt".
Erklärt möglichst genau, auf welches Problem die Schlagzeile hinweist.

3 Erklärt, was der Begriff „Warnschussarrest" bedeutet. Nutzt hierzu auch die Informationen im Textkasten „Warnschussarrest" auf dieser Seite.

4
a Arbeitet im Team. Einigt euch auf drei bis vier Zitate, in denen die Position des Autors zum Warnschussarrest besonders deutlich wird.
b Stellt eure Ergebnisse vor und begründet eure Auswahl.

Stellt euch vor, ihr sollt folgende Aufgabenstellung bearbeiten:

- Stellt die wesentlichen Gedanken des Textes „Ein Schock, der nichts bringt“ dar und erklärt, welche Intention (Aussageabsicht) der Text hat. Geht auch auf auffällige sprachliche Gestaltungsmittel ein.
- Erörtert dann, was für (pro) und was gegen (kontra) den Warnschussarrest spricht, und zieht ein Fazit.

1 Erstellt eine Stoffsammlung zur Bearbeitung des Arbeitsauftrages. Geht so vor:

a Analysiert den Zeitungsartikel (▶ S. 51 f.) und legt euch eine Übersicht zur Gedankenführung an, indem ihr die wichtigsten Kerngedanken festhaltet.
- Um welches Thema geht es? Welche Standpunkte (Thesen, Argumente) werden vertreten?
- Welche Intention (Aussageabsicht) hat der Text?

b Erweitert eure Stoffsammlung:

Kerngedanken des Textes
- *Ausgangsfrage: Hat sich der Warnschussarrest in der Praxis bewährt? Der Autor zieht ein Jahr nach der Einführung des Warnschussarrestes eine Bilanz.*
- *Wenig Praxiserfahrung mit Warnschussarrest, denn Jugendrichter machen von der Möglichkeit des Warnschusses ... Dies belegt ...*

Intention des Textes
- *Die Meinung des Autors ist dem Text deutlich zu entnehmen: Er steht dem Warnschussarrest ... gegenüber und will die Leser über ... aufklären. Schon die Überschrift ...*

Sprachliche Besonderheiten:
- *abwertende Formulierungen: „Hardlinern“ (Z. 13)*
- *...*

- Setzt euch kritisch mit den im Text genannten Positionen auseinander: Bewertet die Argumente. Berücksichtigt auch, ob sich die Argumente eher auf Werte, Autoritäten oder Fakten (Argumenttypen, ▶ S. 41) stützen.
- Formuliert in Stichpunkten ein Fazit.

Methode **Die Textvorlage analysieren**

- Um welches **Thema/Problem** geht es? Welche Standpunkte (Thesen, Argumente) werden vertreten?
- Ist die **Argumentation überzeugend?** Welche Argumenttypen (▶ S. 41) werden verwendet? Werden Gegenargumente genannt?
- Werden **auffällige sprachliche Gestaltungsmittel** verwendet? Was bewirken sie?
- Welche **Aussageabsicht (Intention)** verfolgt der Text? Will der Autor / die Autorin zu einem Thema Stellung nehmen? Will er/sie über einen Sachverhalt aufklären?
  TIPP: Die Aussageabsicht wird auch durch die Wahl der sprachlichen Mittel (auf- oder abwertende Formulierungen, Ironie etc.) erkennbar.

Fordern und fördern – Die Erörterung ausformulieren

- Stellt die wesentlichen Gedanken des Textes „Ein Schock, der nichts bringt" dar und erklärt, welche Intention (Aussageabsicht) der Text hat. Geht auch auf auffällige sprachliche Gestaltungsmittel ein.
- Erörtert dann, was für (pro) und was gegen (kontra) den Warnschussarrest spricht, und zieht ein Fazit.

●●○ **1** Bearbeitet den oben stehenden Arbeitsauftrag in einem zusammenhängenden Text.
- Formuliert eine Einleitung, in der ihr Angaben zum Thema sowie zur Textvorlage macht.
- Verfasst mit Hilfe eurer Stoffsammlung (▶ S. 53) den Hauptteil der Erörterung.
- Formuliert im Präsens. Verwendet die indirekte Rede oder die Paraphrase (▶ S. 353) für die Wiedergabe des Textinhalts. Wenn ihr Stellen wörtlich aus dem Text übernehmt, achtet auf die korrekte Zitierweise (▶ Zitieren, S. 362).

Einleitung	*In Deutschland gibt es den Warnschussarrest ...*
Hauptteil Kerngedanken des Textes (inkl. Intention, sprachliche Auffälligkeiten) Erörterung (Pro und Kontra)	*Schon die Überschrift „Ein Schock, der nichts bringt" lässt vermuten, dass sich der Warnschussarrest ...* *Eine Bilanz zu ziehen, sei nicht einfach, so der Autor, denn noch gebe es wenig Erfahrung mit ... Das zeige ...* *Die Befürworter des Warnschussarrestes versprechen sich ...* *Dagegen sehen die Kritiker ...*
Schluss (Fazit)	*Auch wenn ..., bin ich der Meinung, dass ...*

▷ Hilfen zu dieser Aufgabe, Seite 55

Information **Erörterung im Anschluss an einen Text**

Die Erörterung im Anschluss an einen Text (textgebundene Erörterung) entsteht in Anlehnung an eine Textvorlage (z. B. Zeitungstext), in der eine strittige Frage angesprochen wird.
Einleitung: In der Einleitung führt ihr in das Thema ein und macht Angaben zur Textvorlage (Titel und Thema des Textes, ggf. Autor/-in und Textquelle).
Hauptteil: Im Hauptteil beantwortet ihr die konkrete Aufgabenstellung, die angibt, unter welchen Gesichtspunkten ihr euch mit dem vorgegebenen Text auseinandersetzen sollt.
In der Regel besteht der Hauptteil aus zwei Schritten: Textanalyse und Erörterung.
- **Textanalyse** (▶ Leifragen, S. 53): Zusammenfassung der zentralen Gedanken und Positionen, Darstellung der Intention des Textes und eventuell auch der sprachlichen Mittel.
- **Erörterung:** Kritische Stellungnahme zu den Hauptargumenten des Textes (Zustimmung, Widerspruch oder teilweise Zustimmung begründet darlegen).

Schluss: Fasst eure Position zusammen und zieht ein Fazit, das ihr nach der Auseinandersetzung mit der Textvorlage gewonnen habt.

Aufgabe 1 mit Hilfen

- Stellt die wesentlichen Gedanken des Textes „Ein Schock, der nichts bringt“ dar und erklärt, welche Intention (Aussageabsicht) der Text hat. Geht auch auf auffällige sprachliche Gestaltungsmittel ein.
- Erörtert dann, was für (pro) und was gegen (kontra) den Warnschussarrest spricht, und zieht ein Fazit.

Bearbeitet den oben stehenden Arbeitsauftrag in einem zusammenhängenden Text.
- Formuliert eine Einleitung, in der ihr Angaben zum Thema sowie zur Textvorlage macht.
- Verfasst mit Hilfe eurer Stoffsammlung (▸ S. 53) den Hauptteil der Erörterung.
- Formuliert im Präsens. Verwendet die indirekte Rede oder die Paraphrase (▸ S. 353) für die Wiedergabe des Textinhalts. Wenn ihr Stellen wörtlich aus dem Text übernehmt, achtet auf die korrekte Zitierweise (▸ Zitieren, S. 362).

Einleitung	*In Deutschland gibt es den Warnschussarrest für Jugendliche seit dem 7. März 2013. Inwieweit hat er sich in der Praxis bewährt? In dem Artikel „Ein Schock, der nichts bringt“ zieht der Autor Mike Szymanski genau ein Jahr später Bilanz.*
Hauptteil Kerngedanken des Textes (inkl. Intention, sprachliche Auffälligkeiten)	*Schon die Überschrift „Ein Schock, der nichts bringt“ lässt vermuten, dass sich der Warnschussarrest in der Praxis nicht bewährt hat.* *Eine Bilanz zu ziehen, sei nicht einfach, so der Autor, denn noch gebe es wenig Erfahrung mit dieser „Schocktherapie“ (Z. 19). Das zeige eine Umfrage ...* *Die Meinung des Autors ist dem Text deutlich zu entnehmen: Er steht dem Warnschussarrest kritisch gegenüber...* *Mit seinem Artikel will der Autor über das Thema „Warnschussarrest“ aufklären und die Leser/-innen davon überzeugen, die Verschärfung des Jugendstrafrechts kritisch zu sehen.* *Obwohl der Text sachlich-argumentativ verfasst ist, machen Formulierungen wie „Hardliner“ (Z. 13) ... und der ironische Unterton des Schlusssatzes deutlich, ...*
Erörterung (Pro und Kontra)	*Die Befürworter des Warnschussarrestes versprechen sich ...* *Dagegen sehen die Kritiker ...*
Schluss (Fazit)	*Auch wenn ..., bin ich der Meinung, dass ...*

2.3 Fit in ... – Erörterung im Anschluss an einen Text

Die Aufgabenstellung verstehen

Stellt euch vor, ihr bekommt in der nächsten Klassenarbeit die folgende Aufgabenstellung:

- Stellt die wesentlichen Gedanken des Textes „Graffiti – Kunst oder Krawall" dar und erklärt, welche Intention (Aussageabsicht) der Text hat.
- Erörtert dann, ob Graffiti in euren Augen Kunst oder Sachbeschädigung ist, und formuliert am Ende ein Fazit.

Graffiti – Kunst oder Krawall?

Von Teresa Bechtold / David Freches

Ihr traut euch, Dinge zu bemalen, die euch nicht gehören? Ganz illegal? Und das womöglich auch noch im Dunkeln? Wie mutig von euch, ganz große Klasse, ehrlich. Graffiti – endlich eine Gelegenheit für kleine Jungs (oder große Jungs, die klein geblieben sind), zu beweisen, wie „krass" sie sind. „Lass sie doch machen, solange sie niemandem wehtun", könnte man dazu sagen, „wir haben alle mal so eine kleine Rebellionsphase durchgemacht."

Würde ich auch sagen, wäre diese Phase nicht so teuer. Kommunen und die Bahn geben jedes Jahr Hunderte von Millionen Euro aus, um Graffiti-Schäden zu beseitigen. Im Endeffekt ist es die Allgemeinheit, die den kleinen Selbstbewusstseins-Kick der Sprayer über Steuern oder Bahnticketpreise finanziert. Besonders ärgerlich ist es, wenn Privateigentum bemalt wird, denn da wird die Höhe des Schadens für den Betroffenen direkt spürbar.

Seit den 1980er-Jahren ist Graffiti ein fester Bestandteil im deutschen Straßenbild. Mittlerweile hat sich eine regelrechte Kultur um Graffiti entwickelt, es gibt entsprechende Magazine, Filme und Mode. Kultur ist zwar zunächst einmal positiv, aber einer Kultur, die auf dem Schaden anderer Menschen aufbaut, kann ich nichts Positives abgewinnen.

Dabei gibt es genügend Möglichkeiten, Graffiti zu produzieren, ohne fremdes Eigentum zu beschädigen. In fast jeder Stadt existieren spezielle Graffiti-Wände, die zum Besprühen freigegeben sind. Das wäre dann allerdings legal, worin vermutlich auch das Problem liegt. Es ist doch einfach so viel „cooler", Bahnwaggons zu beschmieren, als in den Graffiti-Park zu gehen.

Das, was dabei rauskommt, sind oft nur unleserliche Kritzeleien oder Beleidigungen. Daraus besteht zumindest die große Mehrheit der Graffiti, die man alltäglich so sieht. Natürlich gibt es auch Graffiti, die man als Kunst bezeichnen kann. Viele davon sind sehr schön. Da steckt sicherlich eine Menge Arbeit, Können und Kreativität dahinter. Dem gebührt eigentlich Respekt. Mit der Art und Weise, mit der die Graffiti-Künstler mit ihren Werken um Aufmerksamkeit schreien, machen sie sich jedoch jeglichen Anspruch auf Anerkennung kaputt. Denn Kunst ist immer subjektiv. Was dem einen gefällt, kann der andere potthässlich finden. Der Allgemeinheit seine Werke ungefragt aufzuzwingen, ist schon ziemlich frech. Dabei auch noch fremdes Eigentum zu beschädigen und hinterher auf seinen künstlerischen Anspruch zu pochen, ist einfach nur anmaßend.

1 Lest die Aufgabenstellung auf Seite 56 oben. Klärt in Partnerarbeit,
- unter welchen Aspekten ihr den Text analysieren sollt,
- was genau der Erörterungsauftrag von euch verlangt,
- wie ihr beim Erarbeiten der Aufgabe am besten vorgehen könnt.

Stoffsammlung und Gliederung erstellen

2 Erstellt eine Stoffsammlung für eure Erörterung.

a Analysiert den Text „Grafitti – Kunst oder Krawall" und haltet die Kerngedanken fest.
- Um welches Thema/Problem geht es? Welche Standpunkte (Thesen, Argumente) vertreten die Autoren? Werden Gegenargumente genannt?
- Welche Intention (Aussageabsicht) hat der Text? Gibt es sprachliche Auffälligkeiten, an denen die Intention abzulesen ist?

Kerngedanken des Textes
- *Autoren positionieren sich zur Frage, ob Graffiti ...*
- *provokanter, ironischer Einstieg: ...*

1. *Graffiti als Zeichen von Rebellion wäre in Ordnung, wenn es ...*
   Argumente: ...
2. *Einschränkung: Obwohl Graffiti mittlerweile ...*
3. *Graffiti ist in Ordnung, wenn dabei nicht fremdes Eigentum ...*

Intention des Textes
- *Autoren stehen dem Thema „Graffiti" kritisch gegenüber und wollen die Leser über ... aufklären. Diese Haltung wird auch sprachlich deutlich. Die Bezeichnung der Graffiti-Künstler als „kleine Jungs", die eine „kleine Rebellionsphase" durchmachen (→ Z. 5–11) ...*

b Erweitert eure Stoffsammlung: Setzt euch kritisch mit den im Text genannten Argumenten auseinander. Zieht hierbei auch eigene Erfahrungen und eigenes Wissen heran.

c Formuliert in Stichpunkten ein Fazit.

Die Erörterung schreiben und überarbeiten

3 Verfasst mit Hilfe eurer Stoffsammlung die Erörterung. Geht so vor:

Einleitung	*Was für manche Leute eine Verschönerung einer kargen Wand darstellt, ist für andere eine kriminelle Tat. Ist Graffiti Kunst oder Sachbeschädigung? In dem Artikel …*
Hauptteil Textanalyse	*Die Meinung der Autoren wird schon im ersten Absatz …: Durch das ironische Lob der „kleinen Jungs", die sich nachts im Dunkeln trauen …* *Graffiti-Schäden, so die Autoren, kosten …* *Obwohl Graffiti mittlerweile als fester Bestandteil der Kunst- und Kulturszene betrachtet wird, …*
Erörterung	*Natürlich ist Graffiti häufig mit einer Sachbeschädigung verbunden, aber Graffiti ist – wie die Autoren selbst sagen – auch … Muss man normalerweise in ein Museum …*
Schluss (Fazit)	*Obwohl ich verstehen kann, dass …,*

4 Überarbeitet eure Texte in Partnerarbeit. Nutzt hierzu die folgende Checkliste.

Checkliste

Erörtern im Anschluss an einen Text

Einleitung: Macht ihr Angaben zur Textvorlage und führt ihr in das Thema ein?

Hauptteil

A Textanalyse (▸ S. 53):
- Habt ihr die zentralen Gedanken, Thesen und Argumente zusammengefasst?
- Habt ihr erklärt, welche Absicht der Text verfolgt?

B Erörterung:
- Habt ihr euch mit den Argumenten der Textvorlage kritisch auseinandergesetzt?
- Habt ihr überzeugende Argumente sowie passende Beispiele/Belege angeführt?
- Habt ihr die Zusammenhänge eurer Argumentation auch sprachlich gut dargestellt, indem ihr die Argumente sinnvoll verknüpft und zum nächsten Gedankengang überleitet?

Schluss: Habt ihr ein Fazit gezogen, in dem ihr euren Standpunkt zusammenfasst, den ihr nach der Auseinandersetzung mit der Textvorlage gewonnen habt?

Sprachliche Richtigkeit und Formales
- Formuliert ihr im Präsens und achtet darauf, dass sich die Formulierungen ausreichend von der Textvorlage lösen?
- Verwendet ihr die indirekte Rede oder die Paraphrase (▸ S. 353) für die Wiedergabe des Textinhalts? Habt ihr die korrekte Zitierweise (▸ Zitieren, S. 362) beachtet, wenn ihr wörtlich aus dem Text übernehmt?
- Sind Rechtschreibung und Zeichensetzung in Ordnung?
- Trennen Absätze Einleitung, Hauptteil und Schluss?

3 Die Grenzen der Ressourcen – Recherchieren und Präsentieren

Ein Ehepaar hat in einer Szene aus dem Kinofilm „Plastic Planet" sämtliches Plastik aus dem Haus zusammengetragen.

1 a Äußert eure ersten Eindrücke und Gedanken zu der abgebildeten Szene.
b Erklärt, warum das Paar wohl in seinem Haushalt auf Plastik verzichten will.

2 a Beschreibt, wie es vor eurem Zimmer aussähe, wenn ihr alles, was aus Plastik besteht, aus eurem Zimmer räumen würdet.
b Diskutiert, ob ihr euch ein Leben ohne Plastik vorstellen könnt.

3 In diesem Kapitel informiert ihr in Referaten über das Thema „Vermüllung der Welt". Überlegt, was eure Zuhörer/-innen von einem Referat über dieses Thema erwarten könnten.

In diesem Kapitel ...

- recherchiert ihr zum Thema „Vermüllung der Welt",
- übt ihr, Referate inhaltlich zu strukturieren und Informationen mediengestützt zu präsentieren,
- analysiert ihr eine Rede von Al Gore zum Thema „Klimawandel" und verfasst eigene Reden,
- informiert ihr euch über „grüne" Berufe und erstellt Bewerbungsmappen.

3.1 Die Vermüllung der Welt – Referate vorbereiten und halten

Die Spuren der Wegwerfgesellschaft – Das Thema erschließen

Vermüllter Meeresgrund

Von Manfred Lindinger

Die Spuren der Wegwerfgesellschaft, insbesondere Plastikmüll, finden sich fast überall am Meeresboden, auch in Tiefseegräben, wo man sie nicht vermuten würde. Der Grad der Umweltverschmutzung ist alarmierend, wie eine europäische Studie zeigt.

Ob Flaschen, Eimer, Verpackungsmaterial, Tüten, Folien, Zahnbürsten oder kaputtes Spielzeug – riesige Mengen Plastikmüll treiben in den Weltmeeren und verschandeln die Strände. Mehr als sechs Millionen Tonnen kommen jedes Jahr schätzungsweise hinzu, etwa so viel, wie 1960 weltweit an Plastik produziert wurde. Der Müll stammt von achtlos über Bord geworfenen Gegenständen, von Treibgut aus der Hochseefischerei oder von Verpackungen und Alltagsgegenständen, die tagtäglich über die Kanalisation in die Flüsse und schließlich ins Meer gespült werden.

Plastikmüll überall

Die Wissenschaftler haben zahlreiche Gebiete im Nordostatlantik, im Arktischen Ozean und im Mittelmeer untersucht und in flachen Küstenregionen bis in Tiefen von 4500 Metern die Spuren der Wegwerfgesellschaft gefunden. Die größten Müllmengen fanden die Wissenschaftler in der Nähe dicht besiedelter Ballungsräume, aber auch in Tiefseegräben. In dem 1600 Meter tiefen Lisbon Canyon vor der Küste Portugals fanden sich im Mittel 66 Plastikteile auf einem Hektar Meeresboden. Weil diese Schluchten häufig die flachen Küstengewässer mit der Tiefsee verbinden, kann durch sie der Müll von den Küsten in tiefere und weiter abgelegene Regionen gelangen, so die Forscher. Viele Stellen hätten sie zum ersten Mal besucht. „Und wir waren schockiert zu sehen, dass unser Müll schon vor uns da war“, sagt Kerry Howell von der Universität Plymouth und Mitautor der in der Online-Zeitschrift „Plos One“ erschienenen Studie. Plastik, vor allem Flaschen und Tüten, war mit 41 Prozent die bei Weitem häufigste Müllsorte. Sie fand sich in fast allen Schleppnetzproben und auf der Hälfte der Videoaufnahmen, die von Tauchrobotern stammten. Ein Drittel bestand aus Fischereimüll wie Netzen

und Leinen. Zudem fanden die Forscher Glas, Metall, Holz und Papier, aber auch Keramik und zahlreiche nicht zu identifizierende Gegenstände, also alles Material, das auf die Mülldeponie gehört, aber nicht auf den Meeresgrund.

Der fatale Kreislauf

Die größte Gefahr droht vom Kunststoff. Während sich Papier, Holz und sogar Cola-Dosen früher oder später zersetzt haben, verrottet Plastik nicht. Es wird allenfalls durch mechanische Prozesse und Verwitterung so lange aufgerieben, bis mikroskopische Partikeln übrig bleiben. Meeresbiologen fürchten verheerende Folgen für das marine Ökosystem. Meerestiere verfangen sich in den Plastikteilen oder ersticken daran. Je größer ein Organismus, so die einfache Rechnung, desto mehr Plastik nimmt er auf. Am oberen Ende der Nahrungskette stehen bekanntlich wir Menschen. Und so schließt sich der traurige Kreislauf. Gifte, für die wir Verantwortung tragen müssten, werden für uns selbst zur Gefahr.

Wie viele Belege müssen noch gesammelt und wie viel Energie muss noch verbraucht werden, bis die Wahrheit endlich bei den zuständigen Stellen ankommt und zu Konsequenzen führt?

1 a Erklärt, zu welchem Thema sich der Autor dieses Artikels äußert. Was wisst ihr bereits darüber? Was ist neu oder hat euch sogar erstaunt?

b Gebt die zentralen Aussagen des Textes sowie der Grafik mit eigenen Worten wieder.

c Am Ende des Artikels fordert der Autor „Konsequenzen“ (▶ Z. 76). Könnt ihr euch vorstellen, was er damit meinen könnte?

2 In Referaten sollt ihr über verschiedene Themen zum Stichwort „Vermüllung der Welt“ informieren.

a Sammelt Ideen, indem ihr Stichpunkte, Aspekte oder Fragen notiert, z. B. in einem Cluster.

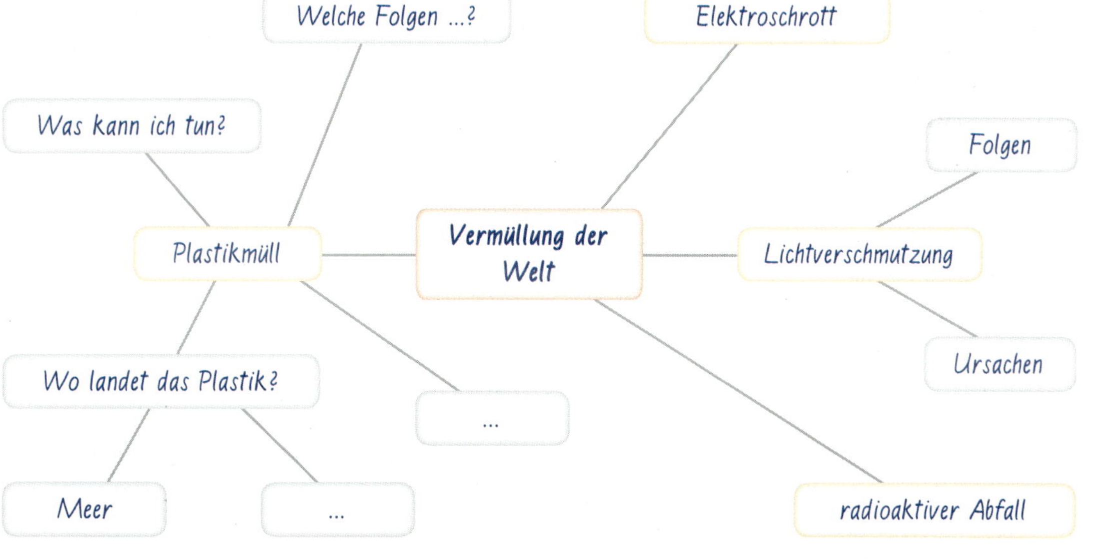

b Entscheidet euch, über welche Themen ihr informieren wollt. Für jedes von euch gewählte Thema ist eine Gruppe zuständig, die hierzu recherchiert und die Informationen dann für die Mitschüler/-innen aufbereitet.

c Bildet Gruppen von vier bis sechs Personen. Findet euch nach euren Interessen für ein Thema zusammen.

Zu einem Thema recherchieren

Benutzerkonto erstellen Anmelden

Wikipedia
Die freie Enzyklopädie

Hauptseite
Themenportale
Von A bis Z
Zufälliger Artikel

Mitmachen
Artikel verbessern
Neuen Artikel anlegen
Autorenportal
Hilfe
Letzte Änderungen
Kontakt
Spenden

Drucken/exportieren
Buch erstellen
Als PDF herunterladen
Druckversion

Werkzeuge
Links auf diese Seite
Änderungen an verlinkten Seiten
Spezialseiten
Permanenter Link
Seiteninformationen
Wikidata-Datenobjekt
Artikel zitieren

In anderen Sprachen
العربية
Български
Bosanski
Català
Čeština
Dansk
English
Esperanto
Español
Euskara
فارسی
Suomi
Français
עברית
Italiano
日本語
한국어
Latviešu
Nederlands
Polski
Português
Română
Русский
Simple English
Slovenščina
Српски / srpski

Artikel Diskussion Lesen Bearbeiten Versionsgeschichte Suchen

Plastikmüll in den Ozeanen

Plastikmüll in den Ozeanen ist ein globales Umweltproblem. Nach einer Anfang 2015 im Wissenschaftsmagazin *Science* veröffentlichten Studie gelangten 2010 ca. acht Millionen Tonnen dieses Mülls in die Ozeane, wobei das Konfidenzintervall mit 4,8–12,7 Mio. Tonnen pro Jahr angegeben wurde.[1][2]

Plastikteile, Mikroplastik sowie deren Zersetzungsprodukte sammeln sich insbesondere in einigen Meeresdriftströmungswirbeln an und führen zu einer erheblichen Verdichtung in manchen Meeresregionen; dem Nordpazifikwirbel (englisch *North Pacific Gyre*) brachte das den Beinamen **Great Pacific Garbage Patch** (deutsch *Großer Pazifikmüllfleck*) ein (erstmals 1997 beschrieben).[3]

Mitte 2014 wurde gemeldet, dass Geologen an der Küste der Insel Hawaii Gebilde aus geschmolzenen Kunststoffen, Vulkangestein, Korallenfragmenten und Sandkörnern entdeckt hätten, die sie aufgrund ihrer Festigkeit als eine eigene Art Gestein bezeichneten, als **Plastiglomerat**.[4] Plastik-Einlagerungen in Gestein werden unter anderem auch beim so genannten Beachrock beobachtet.

Inhaltsverzeichnis [Verbergen]

Literatur [Bearbeiten]

- Callum Roberts: *Der Mensch und das Meer: Warum der größte Lebensraum der Erde in Gefahr ist* (Originaltitel: *Ocean of Life*, übersetzt von Sebastian Vogel) DVA, Stuttgart 2013, S. 218f, ISBN 978-3-421-04496-9
- Charles Moore (mit Cassandra Phillips): *Plastic Ocean: How a Sea Captain's Chance Discovery Launched a Determined Quest to Save the Oceans*, Avery, New York 2011, ISBN 978-1-58333-501-7

Weblinks [Bearbeiten]

Dokumentationen [Bearbeiten]

- arte: arte.tv: *Addicted to Plastic*
- Mit offenen Karten: arte.tv: *Inseln aus Müll?*
- SRF – DOK: *Der Fluch der Meere – Plastik*

Einzelnachweise [Bearbeiten]

1. ↑ a b J. R. Jambeck, R. Geyer, C. Wilcox, T. R. Siegler, M. Perryman, A. Andrady, R. Narayan, K. L. Law: *Plastic waste inputs from land into the ocean.* In: *Science.* 347, 2015, S. 768–771, doi:10.1126/science.1260352.
2. ↑ a b c Badische Zeitung, 14. Februar 2015, badische-zeitung.de: *Mehr Müll im Meer*
3. ↑ Peter Haffner: *Eine Ahnung von Apokalypse*, NZZ Folio 07/09

Quelle: https://de.wikipedia.org/wiki/Plastikm%C3%BCll_in_den_Ozeanen

1 a Tauscht euch über eure Erfahrungen mit dem Online-Lexikon „Wikipedia" aus. Aus welchem Anlass und zu welchen Themen habt ihr schon bei Wikipedia recherchiert? Wie hilfreich waren die Informationen für euch?

b Überlegt, warum es bei einer Informationsrecherche, z. B. zum Thema „Plastikmüll", sinnvoll ist, mit Wikipedia zu beginnen.

Unter dem Link **Diskussion** findet man zu dem betreffenden Artikel Kommentare oder Verbesserungsvorschläge von Wikipedia-Nutzern.

Die **Versionsgeschichte** enthält alle Versionen der betreffenden Seite. Hierdurch kann man zurückverfolgen, wie eine Seite entstanden ist und wer in letzter Zeit etwas an der betreffenden Seite geändert hat.

Quelle: https://de.wikipedia.org/w/index.php?title=Plastikm%C3%BCll_in_den_Ozeanen&action=history

2 a Hier seht ihr einen Auszug aus der Versionsgeschichte eines Wikipedia-Artikels. Welche Informationen erhaltet ihr zu den einzelnen Versionen?
b Überlegt gemeinsam: Was sagt die Anzahl der Autor/-innen über die Qualität des Artikels aus? Warum kann es sinnvoll sein, zwei Versionen miteinander zu vergleichen?

3 Zu jedem Wikipedia-Artikel gibt es Diskussionsseiten, in denen die Nutzer Kommentare, Verbesserungsvorschläge, Kritik usw. hinterlassen können.
a Ruft Diskussionsseiten eines Wikipedia-Artikels auf. Worüber tauschen sich die Autoren aus?
b Überlegt: Warum kann es sinnvoll sein, sich die Diskussionsseiten anzuschauen?

4 Führt selbst eine Wikipedia-Recherche zu eurem Referatsthema (▶ S. 61) durch.
– Sucht nach geeigneten Schlagwörtern (Suchbegriffen) zu eurem Thema bzw. eurer Frage, die ihr dann in Wikipedia nachschlagt.
– Nutzt die Informationen aus dem Wikipedia-Artikel, indem ihr neue Suchbegriffe notiert. Prüft auch die weiterführenden Weblinks und notiert interessante Literaturhinweise (z. B. Zeitungsartikel, Bücher usw.).

5 Setzt eure Recherche mit Hilfe von Suchmaschinen fort. Geht so vor:
– Schränkt eure Suche durch die Kombination von Suchbegriffen ein.
– Filtert ggf. die Suchergebnisse, indem ihr sie z. B. auf einen bestimmten Zeitraum oder eine bestimmte Sprache einschränkt. Dies könnt ihr unter „Suchoptionen" machen.
– Prüft die Zuverlässigkeit eurer Seiten: Wird die Website von einer seriösen Redaktion oder Organisation betreut? Werden Quellen oder Autoren angegeben?
– Überfliegt den Inhalt der aufgerufenen Seite und entscheidet, ob die Seite brauchbare Informationen zu eurem Thema bietet.
– Speichert geeignete Internetseiten, indem ihr sie zu den Favoriten hinzufügt oder ein Lesezeichen setzt (mehr hierzu, ▶ S. 374).

Online-Katalog der Stadtbibliothek

Der Mensch und das Meer: Warum der größte Lebensraum der Erde in Gefahr ist

Bookmark für diesen Titel erstellen   Mehr über diesen Titel in der Wikipedia

Exemplarinformationen

Barcode	Regalstandort	Bandzählung	Zweigstelle	Status	fällig am
13313512	Gem 30 Robe		Aachen Zentralbibliothek	Ausgeliehen	25 Aug 2015

Kataloginformationen

Kurzbeschreibung Die Ozeane sind der größte und am wenigsten erforschte Lebensraum der Erde. Die unermessliche Vielfalt dieses Ökosystems beginnen wir erst jetzt zu begreifen – auch wie wichtig das Meer für unser Leben ist. Im letzten Jahrhundert hat jedoch die Herrschaft des Menschen über die Natur auch die Ozeane erreicht: Wir fischen die Meere leer und füllen sie stattdessen mit Umweltgiften. Tiefseebergbau droht den Lebensraum unzähliger Pflanzen und Tiere bis zur Unkenntlichkeit zu verändern. Die Klimaerwärmung ließ bereits ein Viertel aller Korallen zugrunde gehen. Der Meeresbiologe und -schützer Callum Roberts beschreibt den großen Reichtum der Ozeane und ihren Wandel und ruft dazu auf, der Zerstörung der Meere endlich Einhalt zu gebieten.

Schlagworte Meeresökosystem, Meeresverschmutzung, Geschichte, Meeresökologie

Erscheinungsjahr 2013

Umfang 588 S.

Autor/Titel Callum Roberts: Der Mensch und das Meer (Originaltitel: Ocean of life)

Online-Buchhändler

Blick ins Buch

Inhalt

Kapitel 1

Viereinhalb Milliarden Jahre

In einer abgelegenen Gegend Australiens gibt es eine Hügelkette, die im Laufe der Zeit so eingeebnet wurde, dass heute kaum mehr als ein paar Geländewellen übrig sind. Die Sommersonne erhitzt die rote Erde, und Bäume treiben tiefe Wurzeln, um ihren Durst zu stillen. Ganz in der Nähe geben durcheinandergewürfelte Felsplatten den Blick auf Streifen mit abgerundeten Kieseln frei, die hier vor langer Zeit bei Überschwemmungen abgelagert wurden – vor sehr langer Zeit: Die Felsplatten der Jack Hills liegen hier schon seit drei Milliarden Jahren (Abb. 4). Eine von Land umgebene Wüste – dass hier eine Geschichte über die Ozeane beginnen soll, mag sich seltsam anhören, aber so unscheinbar diese Steine auch aussehen mögen, sie haben die Frühgeschichte unseres Planeten neu geschrieben.

1 Bei der Recherche zum Thema „Plastikmüll in Ozeanen“ stößt man auch auf dieses Buch.

a Erläutert, welche Informationen ihr im Online-Katalog der Stadtbücherei oben erhaltet.

b Bei Online-Buchhändlern (z. B. buch.de, buecher.de, amazon.de) finden sich häufig Buchauszüge und Leserkommentare zu einem Titel. Habt ihr solche Informationen schon genutzt?

c Begründet anhand der Angaben aus dem Online-Katalog sowie der Buchauszüge, ob der Titel für das Referatsthema „Plastikmüll in Ozeanen“ geeignet ist.

2 a Recherchiert selbst im Internet Buchtitel, die für euer Thema relevant sein könnten. Nutzt hierfür z. B. Suchmaschinen.

b Verschafft euch nähere Informationen zu den Büchern, indem ihr sie bei einem Online-Buchhändler, im Online-Katalog einer Bibliothek oder bei entsprechenden Verlagen sucht.

c Prüft im Online-Katalog eurer Stadtbibliothek, ob die Titel erhältlich sind. Notiert die Signatur.

Das Referat inhaltlich strukturieren

Referatsthema: Plastikmüll in Ozeanen

Diagramm 1

Ursache
In den Ozeanen treibender Plastikmüll wird zerkleinert.

↓

Wirkung
Plastikteilchen werden von den Meerestieren mit der Nahrung aufgenommen.

↓

Folgen
- Meeresbewohner sterben.
- Plastikmüll gelangt in die für den Verzehr bestimmten Lebensmittel.

Diagramm 2

Problem
Meerestiere sterben, da sie Plastikmüll statt bzw. mit der Nahrung aufnehmen.

↓

Lösung
Vermüllung der Meere durch Plastikmüll muss gestoppt bzw. reduziert werden.

↓

Umsetzung
Politik muss Gesetze erlassen, Einzelhandel entsprechend handeln (z. B. Verkauf von Plastiktüten statt kostenloser Verteilung).

1 a Schaut euch die beiden Diagramme an. Erklärt jeweils den gedanklichen Aufbau der so strukturierten Referate. Begründet anschließend, welchen Referatsaufbau ihr besser findet.
b Könnt ihr euch andere Strukturierungsmöglichkeiten für das Referat vorstellen? Probiert andere Möglichkeiten aus.

2 a Plant den Aufbau eures Referats, z. B. mit Hilfe eines Strukturdiagramms. Geht so vor:
- Notiert, welche Fragen oder (Teil-)Aspekte ihr im Hauptteil behandeln wollt.
- Überlegt, wie ihr euer Referat möglichst interessant einleiten und wie ihr es abschließen könnt.

b Entwickelt zu eurem Referatsthema ein Strukturdiagramm. Berücksichtigt dabei die Teile Einleitung, Hauptteil und Schluss.
c Experimentiert mit der Struktur, indem ihr die Reihenfolge einzelner Bausteine innerhalb des Hauptteils verändert. Überlegt jeweils, welche Wirkungen ihr damit erzielen könnt.

3 Präsentiert eure Ergebnisse und gebt euch gegenseitig ein Feedback darüber, ob die Struktur eures Referats logisch und nachvollziehbar ist.

Methode **Referate mit Diagrammen strukturieren**

Struktur und Ablauf eines Referats bzw. einer Präsentation lassen sich mit Diagrammen planen. So kann man alle relevanten Aspekte in einer mehr oder weniger verzweigten Struktur übersichtlich darstellen und unterschiedliche Strukturierungsmöglichkeiten ausprobieren.

Eine Bildschirmpräsentation gestalten

Plastikmüll in den Ozeanen – Allgemeines

Plastikmüll in den Ozeanen als globales Umweltproblem
- Plastikmüll: Plastiktüten, CD-Hüllen, Eimer etc.
- In den Meeren treibender Plastikmüll wird zerkleinert und von den Meeresbewohnern mit bzw. statt der Nahrung aufgenommen.
  - Meeresbewohner werden krank oder sterben.
  - Der Plastikmüll gelangt in die für Menschen vorgesehenen Lebensmittel.

Menge und betroffene Gebiete
- 100 bis 150 Millionen Tonnen Abfälle in den Meeren, davon 60 Prozent Plastik (2013)
- Plastikmüll in allen Meeren, v.a. aber im Nordpazifik (Great Pacific Ocean Garage Patch)

Arten von Müll im Meer und deren Abbaudauer

So lange dauert es, bis sich folgende Gegenstände abgebaut haben:

□ Wochen △ Monate ○ Jahre ■ Jahrhunderte

Papiertücher	□□□□	2 - 4 Wochen
Zeitungen	□□□□□□	6 Wochen
Baumwolltauwerk	△△△△△	1 - 5 Monate
Pappkartons	△△	2 Monate
Milchkartons	△△△	3 Monate
Sperrholz	○○○	1 - 3 Jahre
Wollsocken	○○○○○	1 - 5 Jahre
Plastiktüten	○○○○○○○○○○○○○○○○○○○○	1 - 20 Jahre
Weißblechdosen	■	50 Jahre
Aluminiumdosen	■■	200 Jahre
Sixpack-Ringe	■■■■	400 Jahre
Einwegwindeln, Plastikflaschen	■■■■■	450 Jahre
Angelschnüre	■■■■■■	600 Jahre

© Globus
Quelle: World Ocean Review 2010

1 Was macht eurer Meinung nach eine gute Folienpräsentation aus?
Berichtet von den Erfahrungen, die ihr bislang beim Erstellen von Folien gemacht habt.

2 a Erklärt anhand der vorliegenden Beispielfolien, wann es sinnvoll ist, Fotos, Tabellen oder Grafiken auf die Folien zu bringen.
b Einigt euch auf Inhalte eures Referats, die sich durch Fotos oder Grafiken visualisieren lassen. Sucht im Internet entsprechende Abbildungen.

3 a Erläutert, was man bei der Gestaltung einer Folienpräsentation beachten sollte, z. B. hinsichtlich Textmenge, Schriftgröße, farblicher Gestaltung usw.
b Erstellt in Gruppen- oder Teamarbeit selbst eine Bildschirmpräsentation für euer Referat.

Moderationskarten für den Vortrag erstellen

Hauptteil 8
4. Maßnahmen gegen Vermüllung der Ozeane
→ Ziel: saubere Ozeane

Einstiegsfrage an die Zuhörer
Habt ihr eine Idee, wie man die Meere vor Plastikmüll schützen bzw. diese säubern kann?

1. Fachgerechte Entsorgung von Müll auf dem Land
2. Verbot der Entsorgung von Hausmüll über die Flüsse
3. Säuberung der Meere von Plastikmüll
4. Verwendung biologisch abbaubarer Kunststoffe

Folie 6 zeigen

1 Habt ihr schon einmal Moderationskarten erstellt? Überlegt, welchen Nutzen diese haben, und berichtet von euren Erfahrungen.

2 Erläutert, wie die vorliegende Moderationskarte aufgebaut ist, indem ihr die einzelnen Elemente und deren Funktion erläutert. Welchen Nutzen haben die Fragen an die Zuhörer/-innen?

3 Erstellt selbst Moderationskarten für euer Referat. Notiert auch Fragen, mit denen ihr eure Zuhörer/-innen einbeziehen wollt. **TIPP:** Die Einleitung und Überleitungen zum nächsten Aspekt könnt ihr wörtlich aufschreiben.

4 Übt das Vortragen mit euren Moderationskarten in kleineren Gruppen. Versucht, möglichst frei vorzutragen, und gebt euch anschließend ein Feedback.

Methode **Moderationskarten erstellen**

Moderationskarten dienen als Gedächtnisstütze. Auf ihnen notiert ihr in Stichworten zentrale Aussagen und Informationen. Beachtet folgende Hinweise:

- **Für jeden Abschnitt** des Referats legt ihr eine **eigene Karte** an und verseht diese mit einer **Überschrift.** Die dazugehörigen Informationen haltet ihr darunter in Stichworten fest. **TIPP:** Die Einleitung sowie Überleitungen zum nächsten Aspekt könnt ihr wörtlich aufschreiben.
- **Organisatorische Hinweise** (Einsatz von Medien, Zeigen von Abbildungen, Pausen etc.) und **Fragen,** mit denen ihr das Publikum einbeziehen könnt, notiert ihr seitlich.
- Zum Schluss **nummeriert** ihr alle **Karteikarten** durch und bringt sie in die richtige Reihenfolge.

Ein Handout erstellen

Referenten: Marian Schulz, Eva Hausmann, Hanna Müller (10 a)
Fach: Deutsch
Datum: 05. 05. 20...

Plastikmüll in den Ozeanen

1. Allgemeines
- Entsorgung von Müll über die Flüsse / Entsorgung auf dem Meer
- 100–150 Mio. Tonnen Abfälle in den Meeren, davon 60 % Plastik
- Plastikmüll wird zerkleinert und von Meerestieren aufgenommen
- Menge und betroffene Gebiete: Plastikmüll in allen Meeren, v. a. Nordpazifik (Great Pacific Ocean Garbage Patch)

2. Auswirkungen auf die Umwelt und den Menschen
- Umwelt verschmutzt, Meeresbewohner sterben
- Plastikmüll gelangt in Lebensmittel
- ...

3. Maßnahmen gegen die Vermüllung
- fachgerechte Entsorgung des Mülls
- Säuberung der Meere

4. ...

Quellenangaben:
- C. Roberts: Der Mensch und das Meer: Warum der größte Lebensraum der Erde in Gefahr ist. Stuttgart 2013
- wikipedia.org/wiki/Plastikmüll_in_den_Ozeanen (Stand: 12. 05. 2015)
- ...

1 a Habt ihr schon einmal ein Handout erstellt?
Welchen Nutzen hatte es für euch und eure Zuhörer/-innen? Berichtet von euren Erfahrungen.
b Schaut euch das Handout an. Welche Informationen enthält es?
Welche Funktion haben die Quellenangaben, z. B. für euer Publikum?

2 Erstellt ein Handout für euer Referat. Orientiert euch hierbei an dem Methodenkasten unten.

Methode **Ein Handout erstellen**

Ein Handout gibt den Aufbau und die zentralen Informationen eines Vortrags knapp und übersichtlich wieder (möglichst auf einer DIN-A4-Seite). Das Handout enthält:
- **Kopfzeile:** Name, Datum, Fach und Thema des Vortrags
- **Hauptteil:** Überblick über die wichtigsten Informationen, geordnet nach den Abschnitten (Gliederung) des Vortrags
- **Quellenangaben:** Anführen der verwendeten Materialien (▸ Quellenangaben, S. 374):
  - Bücher: Autor/-in, Titel, Verlag, Ort, Jahr, Seitenangabe
  - Internet: Internetadresse und Datum, an dem ihr die Seite gefunden habt

Testet euch!

Den Vortrag üben, Feedback einholen

Elektroschrott

Was glaubt ihr: Wie viel Kilogramm Elektroschrott produziert ihr im Jahr?

Jeder Deutsche produziert 21,6 kg Elektroschrott!

Elektroschrott-Aufkommen in ausgewählten Ländern 2014

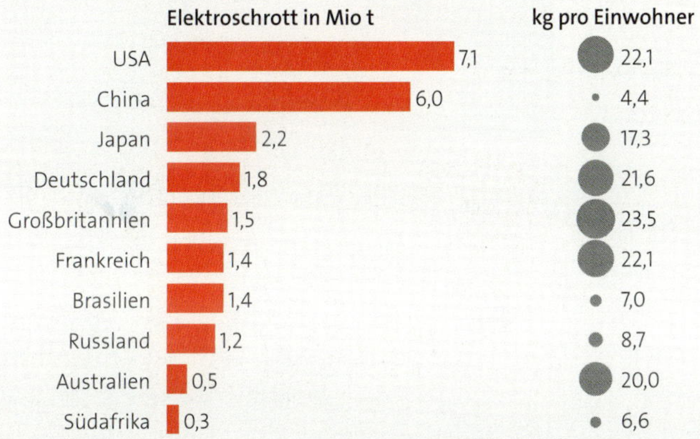

1 Betrachtet die Folie zum Thema „Elektroschrott“. Macht euch im Team klar, welche Funktion die gesamte Folie, aber auch die einzelnen Elemente haben.

2 Bereitet den Vortrag der vorliegenden Folie vor.
- **a** Notiert in Stichworten, was ihr in welcher Reihenfolge zu den einzelnen Bestandteilen der Folie sagen wollt.
- **b** Übt euren Vortrag zunächst allein.

3
- **a** Erstellt in Gruppen einen Beobachtungsbogen, z. B. wie im Beispiel unten.
- **b** Tragt den Inhalt der Folie vor. Die Zuhörer/-innen geben mit Hilfe des Beobachtungsbogens eine Rückmeldung darüber, was besonders gut gelungen ist und was verbessert werden sollte.

Beobachtungsbogen	voll erfüllt	teilweise erfüllt	nicht erfüllt
Inhalte verständlich?			
Klare, verständliche Sprache?			
Freier Vortrag?			
Publikum wird einbezogen (Fragen, Blickkontakt)?			

3.2 Es wird eng! – Reden analysieren und verfassen

Neue Energie für Amerika – Ein Appell an die heute Lebenden[1]

Rede von Al Gore am 17.7.2008

Al Gore (geb. 1948) ist ein US-amerikanischer Politiker, Unternehmer und Umweltschützer. Im Jahr 2008 hielt er in Washington eine Aufsehen erregende Rede, in der er die USA aufforderte, binnen zehn Jahren ihren kompletten Elektrizitätsbedarf aus regenerativen Energiequellen zu beziehen.
Hier lest ihr Auszüge aus dieser Rede von Al Gore.

Meine Damen und Herren,
es gibt Zeiten in der Geschichte unserer Nation, in denen die Art, wie wir weiterleben, völlig davon abhängt, dass wir uns von Illusionen frei machen und aufwachen, um einer akuten Gefahr entgegenzutreten. In solchen Momenten kommt es darauf an, dass wir uns schnell und entschlossen aufraffen, alle Gewohnheiten aufgeben und uns klarsichtig und engagiert der Notwendigkeit großer Veränderungen stellen. Dies ist solch ein Moment. Das Überleben der Vereinigten Staaten von Amerika ist in großer Gefahr.
Und noch schlimmer – wenn man überhaupt noch nach Schlimmerem fragen mag –, die Zukunft der menschlichen Zivilisation steht auf dem Spiel.
Besonders der Klimawandel verschlimmert sich – erheblich schneller als bisher vorhergesagt. Wissenschaftler mit Zugang zu den Messwerten unserer Unterseeboote, die das Polareis am Nordpol unterqueren, warnen uns, dass mit 75-prozentiger Wahrscheinlichkeit innerhalb von fünf Jahren die Eiskappe während der Sommermonate völlig verschwinden wird. Dadurch wird sich das Abschmelzen des Grönlandeises weiter beschleunigen. Experten sagen, dass der Jakobshavn-Gletscher, einer der größten in Grönland, schneller als je zuvor wegschmilzt. Täglich verliert er so viel Tonnen Eis, wie die Einwohner von New York in einem ganzen Jahr an Wasser verbrauchen.
Ich bin überzeugt, dass wir angesichts dieser Krisen deshalb wie gelähmt erscheinen, weil wir dazu neigen, für jede dieser Krisen gesondert eine andere überholte Lösung anzubieten, ohne den Zusammenhang zwischen den Problemen zu berücksichtigen.
Doch wenn wir die anscheinend unlösbaren Herausforderungen im Zusammenhang betrachten, dann erkennen wir den roten Faden, die gemeinsame Ursache. Sie ist geradezu lächerlich einfach zu beschreiben: Unsere gefährliche, geradezu sklavische Abhängigkeit von fossilen Energiequellen ist die gemeinsame Ursache dieser Bedrohungen.
Aber wenn wir den roten Faden, der sich durch all diese Probleme zieht, ergreifen und kräftig daran ziehen, dann fangen diese komplexen Probleme an, sich aufzuribbeln, und wir entdecken, dass wir die Antwort tatsächlich in unse-

1 Im Original: „A Generational Challenge to Repower America". Wörtliche Übersetzung: „Eine Generationenherausforderung, Amerika mit neuer Energie zu versehen". Die Überschrift enthält ein Wortspiel. „Repower America" kann entweder bedeuten „Amerika mit neuer Energie versehen" oder „Amerika wieder mächtig machen" oder beides.

rer Hand halten. Die Antwort lautet: Wir müssen unsere Abhängigkeit von den fossilen Energiequellen beenden.
Wie wäre es, wenn wir Energiequellen nutzten, die nicht teuer sind, keine Emissionen verursachen und hier zu Hause im Überfluss zur Verfügung stehen? Wir haben solche Energiequellen. Wissenschaftler bestätigen, dass alle 40 Minuten genügend Sonnenenergie auf der Erdoberfläche ankommt, um damit den gesamten Weltenergieverbrauch eines Jahres abzudecken.
Aber um dieses erstaunliche Potenzial wirklich zu nutzen und damit wirklich und wahrhaftig die nationalen Probleme zu lösen, brauchen wir einen neuen Anfang.
Aus ebendiesem Grund schlage ich heute eine strategische Initiative vor, die das Ziel hat, uns von den drückenden Krisen zu befreien und unsere Handlungsfähigkeit zurückzugewinnen. Dies ist nicht das Einzige, was wir tun müssen. Aber dies ist der Dreh- und Angelpunkt einer mutigen Strategie, Amerika wieder mit neuer Energie zu versorgen, im wörtlichen und im übertragenen Sinne.
Heute fordere ich unsere Nation auf, sich zu verpflichten, innerhalb von zehn Jahren 100 Prozent unserer Elektrizität aus erneuerbarer Energie und aus wirklich kohlenstofffreien Quellen zu erzeugen. Dieser Plan ist durchführbar, bezahlbar und höchst wirksam. Er stellt eine Herausforderung für Amerikaner aller Gesellschaftsschichten dar: für unsere politischen Führer, Unternehmer, Erfinder, Ingenieure und für jeden Bürger. Es ist Zeit für uns, die leere Rhetorik hinter uns zu lassen. Wir müssen jetzt handeln.
Dies ist ein Moment für unsere Generation. Ein Moment, in dem wir entscheiden, welchen Weg wir einschlagen wollen und wie unser allgemeines Schicksal aussehen soll. Ich fordere Sie auf – jeden Einzelnen von Ihnen –, sich mir anzuschließen und diese Zukunft zu gestalten.
Heute gilt es, unsere Nation anzuspornen, ein neues Ziel ins Auge zu fassen, das den Gang der Geschichte ändern wird. Unsere gesamte Zivilisation hängt davon ab, dass wir einen neuen Weg der Forschung und Entdeckung einschlagen. Unser Erfolg hängt von unserer Bereitschaft als Volk ab, diesen Weg zu gehen und in zehn Jahren das Ziel zu erreichen. Noch einmal haben wir die Gelegenheit, die Menschheit einen Riesenschritt voranzubringen.

1 Wie wirkt diese Rede auf euch? Formuliert eure ersten Eindrücke.

2 a Arbeitet im Team. Sucht vier bis fünf Schlüsselaussagen aus der Rede heraus, in denen eurer Meinung nach deutlich wird, welche Redeabsicht Al Gore verfolgt.
b Stellt eure Ergebnisse vor und begründet, warum ihr die Zitate ausgewählt habt.

3 Untersucht den Aufbau und den Gedankengang (Argumentationsaufbau) der Rede. Gliedert dazu den Text, fasst den Inhalt knapp zusammen und notiert, welche Funktion die jeweiligen Abschnitte haben.

Textabschnitt	Inhalt/Funktion
Einführung/Einstimmung, Z. x–y	*Al Gore weist darauf hin, dass Amerika, ja sogar die „Zukunft der menschlichen Zivilisation" in akuter Gefahr sei.* *Funktion: Aufmerksamkeit des Publikums soll …*
Argumentation, Z. x–y	…
Appell, Z. x–y	…

4 Untersucht, welche rhetorischen Strategien und Mittel Al Gore einsetzt, um seine Zuhörer/-innen von seinem Anliegen zu überzeugen.
Geht so vor:

a Bestimmt zuerst, welche rhetorischen Strategien und Mittel bei den markierten Textzitaten verwendet werden. Beschreibt auch Wirkung und Funktion der Mittel.

b Untersucht nun die gesamte Rede im Hinblick auf zentrale rhetorische Strategien und Mittel.
TIPP: Nehmt hierzu die Informationen aus dem Methodenkasten unten zu Hilfe.

5 Schaut euch Al Gores Rede im Internet an und achtet auf seine nonverbalen (Gestik, Mimik, Körpersprache) und paraverbalen (Intonation, Lautstärke, Sprechtempo, Pausen) Ausdrucksmittel. Diskutiert: Setzt Al Gore sie eurer Meinung nach angemessen ein? Was könnte man sich als Rednerin oder Redner bei ihm abgucken?

Methode **Eine Rede analysieren**

Wer eine Rede hält, möchte seine Zuhörer erreichen, beeinflussen und für das eigene Anliegen gewinnen. Dazu nutzt jeder Sprecher / jede Sprecherin bestimmte Redestrategien.
Bei der Analyse einer Rede sind folgende Aspekte zu berücksichtigen:

1 Redesituation und Redeabsicht
- Was ist der Anlass der Rede? Welche Rolle spielen Ort und Zeit? Wer ist das Publikum?
- Auf welches Thema/Problem konzentriert sich der Redner / die Rednerin? Was sind die Hauptaussagen der Rede?
- Was ist die Hauptintention der Rede (zum Handeln aufrufen, informieren, aufklären, beschwichtigen, belehren)?

2 Gedankengang/Argumentation
- Welche Thesen enthält die Rede? Mit welchen Argumenten und Beispielen werden sie untermauert? Werden sie belegt, z. B. durch Fakten, Expertenwissen usw.? Werden Gegenargumente genannt?

3 Rhetorische Strategie / sprachlich-rhetorische Gestaltungsmittel
- Welche sprachlichen Mittel werden eingesetzt? Welche Funktion haben sie? Beispiele:
  - **Dramatisierung,** z. B. durch Metaphern, Vergleiche, Reizwörter (Chaos, Not, Krieg ...), die Extremsituationen suggerieren und Handlungszwänge unterstellen,
  - **Beschwichtigung,** z. B. durch Euphemismen und Beschwichtigungsformeln,
  - **persönliche Anrede** der Zuhörer/-innen, z. B. durch Anredepronomen („Sie", „ihr"),
  - **Wecken eines Gemeinschaftsgefühls,** z. B. durch „Wir-Sätze",
  - **Aufrufe und Appelle,** z. B. durch Imperative,
  - **Gebrauch von „Hochwertwörtern"** (Wörter, die positiv konnotiert sind), z. B. Wahrheit,
  - **Rhetorische Fragen** (Scheinfragen), die die Zuhörer in die Überlegungen einbeziehen,
  - **Auf- und abwertende Formulierungen,** die die Position des Redners deutlich machen,
  - **Anschauliche Formulierungen,** z. B. durch Metaphern, Vergleiche, Personifikationen,
  - **Wiederholungen** von Wörtern oder Passagen, **paralleler Satzbau.**

Fordern und fördern – Eine eigene Rede verfassen

Erneuerbare Energien: Solarenergie

Die Industrialisierung, der Wohlstand und die stetig ansteigenden Bevölkerungszahlen führen weltweit zu einem immer größeren Energiebedarf. Bisher deckten vor allem Öl und Kohle den Energiehunger der Staaten. Doch ein Ende der fossilen Ressourcen ist abzusehen. Und in Zeiten des Klimawandels scheint ein Umdenken notwendig zu werden. Die Stromerzeugung aus regenerativen Quellen gewinnt immer mehr an Bedeutung. Dazu gehört auch die Nutzung der Sonnenenergie. Lange bevor die Erde entstand, begann das Kraftwerk Sonne zu arbeiten. Unablässig wird dort Energie erzeugt. Ein Prozess, der noch viele Milliarden Jahre anhalten wird. Während der Kernfusion verschmelzen Wasserstoffkerne zu Helium und setzen dabei enorme Energiemengen frei. In Form von Sonnenstrahlung erreicht ein Teil dieser Energie auch die Erde und kann hier genutzt werden. Nach Schätzungen liefert die Sonne umgerechnet täglich den weltweiten Energiebedarf von acht Jahren.

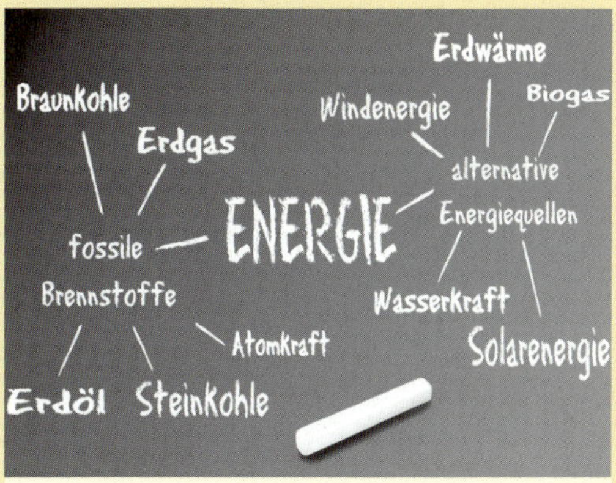

Als **erneuerbare** oder **regenerative Energien** werden Energieträger bezeichnet, die unerschöpflich zur Verfügung stehen oder sich schnell erneuern (z. B. Sonnenenergie, Windenergie, Wasserkraft). Damit grenzen sie sich von fossilen Energiequellen (z. B. Kohle, Erdgas, Erdöl) ab, die sich erst über den Zeitraum von Millionen Jahren regenerieren.

Man kann die Sonnenenergie über Solarkraftwerke oder kleinere Solaranlagen nutzen. Bei der Umwandlung in Strom entsteht kein CO_2, Ruß oder Feinstaub wie etwa in Kohlekraftwerken oder bei der Verbrennung von Erdöl. Das macht die Nutzung der Solarenergie sehr umweltfreundlich. Solaranlagen können Energie in unterschiedlicher Form liefern. Thermische Solaranlagen fangen das Sonnenlicht mit Kollektoren ein und erzeugen Wärmeenergie, die zum Beispiel im Haus zur Heizung oder Warmwassererzeugung genutzt werden kann.

1 Immer mehr öffentliche Gebäude, wie z. B. Schulen, Bibliotheken, Schwimmbäder, gehen dazu über, ihren Energieverbrauch (zumindest teilweise) selbstständig über Solarenergie zu decken. Gibt es auch in eurer Stadt oder sogar an eurer Schule Projekte dieser Art? Berichtet darüber.

●●● **2** Stellt euch vor, ihr sollt im Rahmen einer Schulfeier eine Rede halten, in der ihr euer Publikum überzeugen wollt, das Schülercafé mit Solarenergie zu betreiben. Im Publikum anwesend sind Mitschüler/-innen, Angehörige und Lehrkräfte. Sammelt mit Hilfe des obigen Sachtextes und eigener Informationsrecherchen Ideen für eure Rede. Geht dann so vor wie im Methodenkasten auf Seite 74 beschrieben.

▷ Hilfen zu dieser Aufgabe findet ihr auf Seite 74 oben.

Aufgabe 2 mit Hilfen:
Die folgenden Ideen helfen euch bei der Ausarbeitung eurer Reden.

Ideen für die Einführung/Einstimmung
Klimawandel macht Umdenken notwendig • Ende der fossilen Ressourcen (Öl, Kohle) • Energiehunger: immer größerer Energiebedarf aufgrund steigender Bevölkerungszahlen und größeren Wohlstands • Umdenken notwendig, auch unsere Schule kann Beitrag leisten

Ideen für die Argumentation
Energiebedarf kann durch fossile Ressourcen nicht gedeckt werden • Solarenergie hat viele Vorteile: Solarenergie ist umweltfreundlich, es entsteht kein CO_2, Ruß oder Feinstaub • Sonnenenergie ist unendlich verfügbar: Sonne liefert täglich den weltweiten Energiebedarf von acht Jahren • positive Folgen für Umwelt und Mensch

Ideen für den Appell
Aufforderung an die Zuhörer/-innen umzudenken •
Wunsch äußern, die Initiative zu unterstützen

Mögliche rhetorische Gestaltungsmittel
- **Ich-Botschaften:** *Ich erlebe selbst in meiner Schule, ...*
- **Persönliche Anrede** der Zuhörer/-innen: *Sie wissen aus Ihrem eigenen Alltag, ...*
- **Wecken eines Gemeinschaftsgefühls** durch Wir-Sätze: *Wir müssen gemeinsam ...*
- **Anschauliche Sprache** (z. B. durch Vergleiche, Metaphern): *Unser Energiehunger ist groß.*
- **Rhetorische Fragen:** *Wollen Sie nicht auch, dass ...?*
- **Aufrufe und Appelle:** *Lassen Sie nicht zu, dass ...!*

Methode **Eine Rede verfassen**

1 Redesituation und -absicht, zeitlichen Rahmen klären
- Was wollt ihr erreichen? Wer sind eure Zuhörer/-innen? Welche Erwartungen oder Vorkenntnisse haben sie? Wie viel Zeit steht euch zur Verfügung?

2 Material zum Thema der Rede sammeln
- Informiert euch über das Thema eurer Rede und sammelt Material, z. B. wissenswerte Informationen und eigene Gedanken und Ideen.

3 Rede gliedern: Einführung (Einleitung), Argumentation (Hauptteil), Appell (Schluss)
- Sucht nach einem **interessanten Aufhänger** für die **Einführung** (z. B. aktuelles Geschehen, das zum Thema passt; Zitat zum Thema und daran zustimmend oder widersprechend anknüpfen; eine provokante (rhetorische) Frage stellen).
- Die Argumentation **(Hauptteil)** könnt ihr z. B. steigernd als Argumentationskette anlegen. Führt eure Argumentation mit Beispielen und Belegen aus und macht immer wieder den Bezug zu eurem Anliegen (These) klar.
- Plant einen markanten **Schluss** für die Rede (z. B. Appell, Fazit).

4 Rhetorische Strategien und Mittel einsetzen
- Achtet darauf, dass eure **Wortwahl** und eure **Sprachebene** zum Anlass der Rede und zum Publikum passen. Wählt einen **verständlichen Satzbau.**
- Plant den bewussten Einsatz **rhetorischer Gestaltungsmittel** (▸ S. 345, 370).

3.3 „Grüne“ Jobs in der Umweltbranche – Bewerbungen trainieren

© Studio GOOD, Berlin

Was will ich werden?
Der Berufsorientierungstag „Green Day“ bietet Jugendlichen die Gelegenheit, Berufe im Bereich Klima- und Umweltschutz kennen zu lernen. Bundesweit öffnen Unternehmen, Hochschulen und Forschungseinrichtungen ihre Türen und geben Einblicke in grüne Berufs- und Studienperspektiven.

1 a Berichtet: Habt ihr schon einmal an einem Angebot zur Berufsorientierung teilgenommen?
b Informiert euch im Internet über den Green Day (www.greendaydeutschland.de). Was würdet ihr von einem solchen Berufsorientierungstag erwarten?

2 Gartenlandschaftsbauer/-in, Energieberater/-in, Servicetechniker/-in für Windkraftanlagen – das alles sind so genannte „grüne“ Berufe. Diskutiert: Könnt ihr euch vorstellen, später im Bereich Klima- und Umweltschutz zu arbeiten?

3 Bildet Kleingruppen und erstellt eine Info-Broschüre zu einem grünen Beruf, der euch besonders interessiert. Geht so vor:
a Recherchiert Informationen zu einem grünen Beruf, der euch besonders anspricht, z. B.
- Tätigkeiten (Aufgaben, Arbeitsbedingungen etc.)
- Ausbildung (Dauer, Form, Abschluss)
- Voraussetzungen (Interessen, Fähigkeiten)
- Einkommen, Weiterentwicklung, Aufstiegschancen

b Verfasst informative Texte und sucht Abbildungen (Fotos, Grafiken usw.).
c Überlegt, wie ihr die Info-Broschüre gestalten wollt. Probiert die verschiedenen Gestaltungsmöglichkeiten am Computer aus und entwerft ein Layout.

Die Bewerbungsmappe erstellen

2 Christian Müller
Mühlenweg 11
13579 Neustadt
Tel.: 0123/7531
E-Mail: müller@x.de

Neustadt, 24.05.20… 1

3 Greenplace e.V.
Frau Amelung
Marienstr. 19–20
10117 Berlin

4 **Bewerbung um ein Praktikum im Bereich Energie und Klima**

5 Sehr geehrte Frau Amelung,

6 in der „Neustädter Zeitung“ bin ich auf Ihre Ausschreibung einer Praktikumsstelle gestoßen. Für dieses ansprechende Angebot interessiere ich mich sehr.
Ich bin 16 Jahre alt und besuche zurzeit das Städtische Gymnasium in Neustadt, das ich in zwei Jahren mit dem Abitur abschließen werde. In den Fächern Biologie, Chemie und Praktische Philosophie habe ich bisher sehr gute Leistungen erzielt.
Weil mich das Thema „Klima- und Umweltschutz“ interessiert, nehme ich seit zwei Jahren an der Umwelt-AG unserer Schule teil und engagiere mich in meiner Freizeit in der Umweltgruppe unserer Stadt. Die auf Ihrer Homepage vorgestellten Arbeitsfelder haben mich sehr angesprochen. Ich glaube, dass mir ein Praktikum in Ihrem Unternehmen viel Freude bereiten wird.

7 Gerne komme ich zu einem persönlichen Gespräch. Ich würde mich freuen, von Ihnen zu hören.

Mit freundlichen Grüßen

8 *Christian Müller*

9 Anlagen: Lebenslauf, Kopie des letzten Schulzeugnisses

1 a Benennt die Teile 1 bis 9 des Bewerbungsanschreibens und erläutert ihren Zweck.
b Was gefällt euch an dem Anschreiben gut? Gibt es Dinge, die ihr anders machen würdet?
c Erklärt, wie der Schüler seine Berufswahl begründet. Überzeugt euch die Begründung?

2 a Verfasst selbst ein Bewerbungsanschreiben für einen Praktikumsplatz eurer Wahl. Ihr könnt die unten stehenden Formulierungshilfen verwenden.
b Entwerft oder aktualisiert euren Lebenslauf am PC (▶ Musterlebenslauf, S. 373).

Besonderes Interesse habe ich … • Ich bewerbe mich in Ihrem Unternehmen, weil … •
In meiner Freizeit beschäftige ich mich … • Durch … ist mir der Umgang mit … vertraut •
Durch … konnte ich bereits Erfahrungen in den Bereichen … sammeln •
Bei einem Praktikum / Bei der Beschäftigung mit … konnte ich feststellen, dass … •
Besonders reizvoll finde ich … • Außerdem habe ich mich ausführlich über … informiert

Eine Praktikumsmappe anlegen

Tagesbericht: Mittwoch, 13. Juli 20…
Um 9 Uhr begann mein Arbeitstag. Heute durfte ich zum ersten Mal eigenständig eine anspruchsvolle Tätigkeit ausüben. Ich habe zusammen mit einer Kollegin einen Flyer entworfen, der unseren Kunden einen Überblick über unser Unternehmen und dessen Leistungen vermitteln soll. Der Arbeitsablauf gestaltete sich wie folgt:
In einem Gespräch mit der Teamleiterin legten wir Inhalt und Layout des Flyers fest. Danach recherchierten wir im Internet Informationsmaterial über unsere Unternehmen. Diese Informationen bereiteten wir dann am Computer mit einer speziellen Software grafisch auf. Schwierig war es, passende Fotos zu finden und ansprechende Texte zu schreiben. Wir druckten den Flyer schließlich aus und stellten ihn unserer Teamleiterin vor, die ihn sehr gelungen fand.
Gegen 16 Uhr war mein Arbeitstag zu Ende.
Ich habe den Tag ausgewählt, da er aus der Fülle der Tage herausragt. Die Arbeit war anspruchsvoll und hat mir viel Spaß gemacht.

Tagesbericht: 20. Juli 20…
Arbeitsbeginn war um 9 Uhr. Heute habe ich eine Online-Recherche durchgeführt. Mein Chef bat mich um eine Liste aller deutschen Hersteller von Windkraftanlagen. Die Liste soll Informationen zu den Unternehmen und deren Produkten umfassen. Ich habe im Internet nach Informationen recherchiert, dann die Informationen geordnet und übersichtlich aufbereitet.
Die Liste überreichte ich schließlich meinem Chef und stellte sie vor.
Um 16 Uhr war der Arbeitstag zu Ende.

1 Habt ihr schon einmal ein Praktikum gemacht?
Berichtet über eure Erfahrungen und eure Erwartungen an euer Praktikum.

2 Tagesberichte sind ein Bestandteil der Praktikumsmappe. Erklärt, warum ihr eine Praktikumsmappe anlegt. Welche Funktion haben die darin enthaltenen Tagesberichte?

3 Vergleicht die beiden Tagesberichte und begründet, welcher euch besser gefällt. Überarbeitet dann den weniger gelungenen. Lest hierzu auch die Tipps zum Verfassen eines Tagesberichts im Methodenkasten.

Methode **Eine Praktikumsmappe erstellen**

Eine Praktikumsmappe kann wie folgt aufgebaut sein:
1. Deckblatt, **2.** Inhaltsverzeichnis, **3.** Erwartungen an das Praktikum
4. Vorstellen des Praktikumsberufs (Berufsbild, Voraussetzungen, Ausbildung, Zukunftsaussichten)
5. Vorstellung des Praktikumsbetriebs (Allgemeines zu Betrieb, Arbeitsplatz und Haupttätigkeiten)
6. Tagesberichte (Darstellung eines Arbeitstages, besondere Erfahrungen)
7. Kritische Beurteilung der Praktikumserfahrung (Was war interessant / weniger interessant?)
Tipps zum Verfassen eines Tagesberichts: Einleitungssatz, der den Arbeitsschwerpunkt des Tages zusammenfasst, sachlich und in chronologischer Reihenfolge über die ausgeführten Tätigkeiten berichten, evtl. ein abschließendes Fazit ziehen (sachlich schreiben, Präteritum verwenden)

„Warum gerade bei uns?“ – Vorstellungsgespräche trainieren

1 **a** Habt ihr schon einmal ein Vorstellungsgespräch geführt? Berichtet über eure Erfahrungen.
b Überlegt, welche Anforderungen in einem Vorstellungsgespräch an euch gestellt werden.

2 **a** Beurteilt Kleidung, Körperhaltung und Auftreten der Bewerberin auf den Fotos. Überlegt, für welchen Beruf sie sich eurer Meinung nach jeweils bewirbt.
b Besprecht für verschiedene Berufe das richtige Auftreten (auch Sitzhaltung, Kleidung). Berücksichtigt dabei, ob es sich um einen männlichen oder einen weiblichen Bewerber handelt.

3 Übt in Gruppen aus dem Stegreif das Vorstellungsgespräch. Geht wie folgt vor:
– Jedes Gruppenmitglied wählt einen Beruf, für den es sich bewirbt.
– Stellt euch vor, ihr werdet von einer Personalchefin wie folgt begrüßt: „Nehmen Sie Platz und stellen Sie sich bitte kurz vor!“ Übt reihum aus dem Stegreif.
– Gebt jeweils ein Feedback und begründet: Was hat euch gut oder weniger gut gefallen?

4 **a** Erklärt, was ein Personalchef oder eine Personalchefin mit den folgenden Fragen über euch herausfinden möchte.

A „Was interessiert Sie an diesem Beruf? Welche Fähigkeiten bringen Sie mit?“
B „Warum haben Sie sich gerade bei uns beworben?“
C „Welche privaten Interessen oder Hobbys haben Sie?“
D „Was sind Ihre persönlichen Stärken und Schwächen?“
E „Möchten Sie vielleicht noch etwas wissen?“

b Formuliert passende Antworten zu den Fragen.
c Erklärt, warum es sinnvoll ist, als Bewerber/-in in einem Vorstellungsgespräch selbst Fragen zu stellen.
d Überlegt, welche Fragen ihr stellen könntet, z. B.:
– *Wie groß ist Ihre Firma?*
– *Welche Schwerpunkte ...?*

5 Trainiert mit Hilfe der Fragen aus Aufgabe 4 Vorstellungsgespräche. Gebt euch Rückmeldungen darüber, was gut war und was ihr noch verbessern könnt.

4 Scharfe Zunge, spitze Feder – Satirisches Schreiben

1 **a** Was genau seht ihr auf dem Cartoon?
b Erklärt, an welcher menschlichen Verhaltensweise Kritik geübt wird.
c Habt ihr selbst Erfahrungen mit solchen oder ähnlichen Situationen oder Verhaltensweisen? Erzählt.

2 Kennt ihr andere Satiren (satirische Texte, Karikaturen, Internetclips oder Fernsehshows), in denen bestimmte menschliche Verhaltensweisen kritisiert werden? Tauscht euch aus.

In diesem Kapitel ...

- lernt ihr satirische Darstellungsformen in der Literatur, in der Kunst, im Internet und im Fernsehen kennen,
- untersucht ihr die Stilmittel der Satire,
- schreibt ihr selbst Satiren und gestaltet einen Satireclip.

4.1 Was darf die Satire? Alles! – Skurrile Verhaltensweisen aufs Korn nehmen

Völlig übertrieben? – Satirische Texte um- und weiterschreiben

Antonia Baum

Ich bin grad Primark (2014)

Mittwoch, zwölf Uhr, und wenn man Primark betritt, steht man augenblicklich mitten in einer *war zone*. Denn die Menschen (Raubtiere, Sniper[1]), diese in Rudeln oder alleine jagenden Menschen, sehen überhaupt nichts mehr außer Zielobjekten und Euro-Zeichen und rempeln einen einfach weg, wenn man im Weg steht, wobei wichtig ist zu erwähnen, dass es in der Primark-Filiale am Berliner Alexanderplatz (5000 Quadratmeter) überhaupt kein Problem ist, jemandem im Weg zu stehen, weil so viele Menschen da sind, die alle nach Wegen suchen, und der Vorrat an Kleidern, zu denen man hinrennen könnte, so irre groß und pervers unerschöpflich ist, dass es da drinnen bewegungsmäßig zugeht wie bei einer Mäusefamilie auf Speed.

Mütter rennen ihren Töchtern nach, Väter sitzen erschöpft auf den wenigen vorhandenen Sitzgelegenheiten oder weichen auf den Boden aus, Mädchengruppen sondieren das Angebot und raffen unter gegenseitigen Boah-guck-mal-geil-Zurufen Kleider zusammen, Omas laufen verwirrt zwischen Kleiderbergen umher, dazu Techno-Musik, die einem mit ihren Schlägen ins Gehirn tätowiert, dass man sich beeilen muss und hier nur rauskommt, wenn man die Challenge bewältigt hat, nämlich die am

1 der Sniper: Heckenschütze oder Scharfschütze

Primark-Filialeingang an die Kunden ausgehändigten, kühlschrankgroßen Primark-Einkaufsnetze mit Zeug zu füllen, was wirklich nicht schwer ist, weil es ja fast nichts kostet. Und es ist auch genug da.

Weil aber die Kundenkonditionierung (Techno, pam, pam, wir stehen für *fast fashion,* also zeigt ihr mal, dass ihr *fast* kaufen könnt) in dem Moment einsetzt, da man den Laden betreten hat, rasten die Anwesenden komplett aus und benehmen sich, als ginge es darum, nach einer Dürreperiode eine geheime Wasserquelle zu orten (Dschungelprüfung). Und vielleicht ist es ja auch ein großer Durst, der sie so verrückt und geil macht. Fashion-Durst, Gesellschaftsbeteiligungs-Durst, Durst nach Ergebnissen und dem Gefühl, etwas erreicht zu haben an diesem Tag, in diesem Land.

T-Shirts gibt es ab zwei Euro, Trendalarm-Kimonos 14 Euro, Bardot-Kleid sechs Euro, BHs drei, vier Euro. Massenweise. Push-ups, Balconette- und T-Shirt-BHs werden auf den Etiketten mit Adjektiven wie „flirty" oder „sultry[2]" beworben. Ein Mädchen neben mir geht ans Telefon: „Ich bin grad Primark." Sie ist vielleicht fünfzehn, gibt sich aber Mühe, zehn Jahre älter auszusehen, und man weiß sofort, dass ihr Aussehen für sie in diesen Zeiten das Allerallerwichtigste ist, verdammt noch mal. Das Telefon zwischen Kinn und Schulter geklemmt, begutachtet sie in einem Spiegel ihren Lidstrichbalken, tupft an ihren Mundwinkeln herum und befühlt kritisch einen Flirty-Push-up-BH mit Leopardenmuster, um schließlich ihre/n Gesprächspartner/-in darüber zu informieren, wie sie nun zu dem Leoparden-BH steht: „Eigentlich ist Tigermuster behindert."

---

2 sultry: sinnlich, sexy

1 a Beschreibt eure ersten Leseeindrücke.
b Gibt es Passagen, die ihr lustig findet? Nennt Beispiele und erklärt, wodurch diese Komik entsteht.
c Habt ihr Ähnliches schon einmal erlebt oder beobachtet? Setzt den Text um einige Sätze fort.

2 Listet menschliche Verhaltensweisen und Schwächen auf, die hier aufs Korn genommen werden, z. B.:
- *Menschen denken nur an Kleidung und ...*
- ...

3 Untersucht, mit welchen satirischen Stilmitteln dieser Text arbeitet.
a Stellt dar, wo die Autorin durch Übertreibungen und Zuspitzungen Komik erzeugt.
b Sucht Vergleiche, Metaphern und Neologismen (Wortneuschöpfungen) heraus und erklärt deren Wirkung, z. B.:

- *Metaphern: „war zone" (Z. 3), ...*
  → entstammen dem Wortfeld „Urwald" bzw. „Krieg" und betonen so ...
- *Neologismen: ...*

4 a Fasst zusammen, was Antonia Baum mit diesem satirischen Text kritisieren möchte.
b Diskutiert, ob ihr diese Kritik nachvollziehen könnt.

5 Es kommt immer wieder vor, dass sich Menschen im Alltag konsumgierig, sensationsfixiert oder karriereorientiert verhalten. Sammelt solche Situationen in einem Cluster.

Meet & Greet mit einem Star

Schlange stehen für …

konsumgierig, sensationsfixiert, karriereorientiert

Casting für …

Konzert von …

6 Schreibt selbst einen satirischen Text nach dem Muster von Antonia Baum (▸ S. 80 f.). Nutzt dabei satirische Mittel der Übertreibung, Zuspitzung und Parodie. Geht so vor:

a Entscheidet euch für eine Situation (▸ Aufgabe 5) und sammelt typische Verhaltensweisen, die Menschen in einer solchen Situation an den Tag legen, z. B.:
- *schon Tage/Stunden vor dem …*
- *die anderen Fans brutal …*

b Notiert, wie ihr in eurer Satire die Übertreibung Schritt für Schritt steigern könnt.

c Sammelt z. B. Vergleiche, Metaphern und Neologismen, mit denen ihr die Situation oder die menschlichen Verhaltensweisen besonders anschaulich machen könnt, z. B.:
- *Vergleiche: wie auf einem Schlachtfeld, wie eine Walze, wie ein Kampf um Leben und Tod, …*
- *Metaphern: sich die Seele aus dem Leib kreischen, zwischen Himmel und Hölle, …*
- *Neologismen: supergeilomat, Fanboy, Bibermania …*

d Verfasst euren satirischen Text. Verwendet weitere sprachliche Mittel, wie z. B. Superlative, auffällige Wiederholungen von Wörtern oder das Imitieren von Phrasen, die eure Figuren in besonderer Weise charakterisieren.

7 Tauscht eure Satiren aus und gebt euch gegenseitig Rückmeldung zu folgenden Fragen:
- Wird in der Satire klar, welche Verhaltensweise kritisiert wird?
- Prüft, ob der Text mit Übertreibungen, Situationskomik, Ironie oder anderen sprachlichen Gestaltungsmitteln arbeitet, mit denen Komik und Anschaulichkeit erzielt werden. Gibt es Formulierungen, die eurer Meinung nach effektvoller angelegt werden können?

Gerhard Zwerenz

Nicht alles gefallen lassen ... (1962, Anfang der Geschichte)

Wir wohnten im dritten Stock mitten in der Stadt und haben uns nie etwas zu Schulden kommen lassen, auch mit Dörfelts von gegenüber verband uns eine jahrelange Freundschaft, bis die Frau sich kurz vor dem Fest unsre Bratpfanne auslieh und nicht zurückbrachte. Als meine Mutter dreimal vergeblich gemahnt hatte, riss ihr eines Tages die Geduld und sie sagte auf der Treppe zu Frau Muschg, die im vierten Stock wohnt, Frau Dörfelt sei eine Schlampe.

Irgendwer muss das den Dörfelts hinterbracht haben, denn am nächsten Tag überfielen Klaus und Achim unsern Jüngsten, den Hans, und prügelten ihn windelweich.

Ich stand grad im Hausflur, als Hans ankam und heulte. In diesem Moment trat Frau Dörfelt drüben aus der Haustür, ich lief über die Straße, packte ihre Einkaufstasche und stülpte sie ihr über den Kopf. Sie schrie aufgeregt um Hilfe, als sei sonst was los, dabei drückten sie nur die Glasscherben etwas auf den Kopf, weil sie ein paar Milchflaschen in der Tasche gehabt hatte.

Vielleicht wäre die Sache noch gut ausgegangen, aber es war just um die Mittagszeit, und da kam Herr Dörfelt mit dem Wagen angefahren. Ich zog mich sofort zurück, doch Elli, meine Schwester, die mittags zum Essen heimkommt, fiel Herrn Dörfelt in die Hände. Er schlug ihr ins Gesicht und zerriss dabei ihren

Rock. Das Geschrei lockte unsere Mutter ans Fenster, und als sie sah, wie Herr Dörfelt mit Elli umging, warf unsre Mutter mit Blumentöpfen nach ihm. Von Stund an herrschte erbitterte Feindschaft zwischen den Familien.

Weil wir nun den Dörfelts nicht über den Weg trauten, installierte Herbert, mein ältester Bruder, der bei einem Optiker in die Lehre geht, ein Scherenfernrohr[1] am Küchenfenster. Da konnte unsre Mutter, waren wir andern alle unterwegs, die Dörfelts beobachten. Augenscheinlich verfügten diese über ein ähnliches Instrument, denn eines Tages schossen sie von drüben mit einem Luftgewehr herüber. Ich erledigte das feindliche Fernrohr dafür mit einer Kleinkaliberbüchse. An diesem Abend [...]

---

1 Scherenfernrohr: Fernrohr mit zwei scherenförmig angeordneten Objektiven, durch das man besonders gut räumlich sehen kann

1 Lest den Anfang der Satire. Überlegt, was Zwerenz mit seinem Text kritisieren möchte.

2 Benennt typische satirische Stilmittel, die in dem Text verwendet werden, und erläutert deren Wirkung. Lest hierzu auch die Informationen im Merkkasten auf Seite 84.
Frau Dörfelt schreit, obwohl sie „nur“ Glasscherben auf den Kopf drücken (Ironie, Untertreibung)
→ Brutalität des Verhaltens der Nachbarn ...

3 a Setzt die Satire in Partnerarbeit fort. Arbeitet im Team und notiert zuerst, wie ihr das Verhalten der Nachbarn Schritt für Schritt weiter steigern könnt.
b Tragt eure Satiren vor. Was ist besonders gut gelungen? Begründet eure Einschätzung.

Gerhard Zwerenz

Nicht alles gefallen lassen ... (Ende der Geschichte)

Mit einem unvergesslichen Fauchen verließ die Atomgranate das Rohr, zugleich fauchte es auch auf der Gegenseite. Die beiden Geschosse trafen sich genau in der Straßenmitte. Natürlich sind wir nun alle tot, die Straße ist hin und wo unsre

Stadt früher stand, breitet sich jetzt ein graubrauner Fleck aus.
Aber eins muss man sagen, wir haben das Unsre getan, schließlich kann man sich nicht alles gefallen lassen. Die Nachbarn tanzen einem sonst auf der Nase herum.

4 Lest das Ende der Satire im Original. Überrascht euch der Ausgang?

5 Die Satire „Nicht alles gefallen lassen ...“ erschien im Jahr 1962, in der Zeit des Kalten Krieges und des Wettrüstens, in der die Angst vor einem Atomkrieg immer größer wurde. Deutet die Satire vor diesem historischen Hintergrund.

6 **a** Sucht in den Texten von Gerhard Zwerenz (▶ S. 83 f.) oder von Antonia Baum (▶ S. 80 f.) nach Beispielen für das, was Kurt Tucholsky zur Satire geschrieben hat.

> Satire scheint eine durchaus negative Sache. Sie sagt: „Nein!“ Die Satire beißt, lacht, pfeift und trommelt [...] gegen alles, was stockt und träge ist.
> Satire ist eine durchaus positive Sache. Nirgends verrät sich der Charakterlose schneller als hier, nirgends zeigt sich fixer, was ein gewissenloser Hanswurst ist, einer, der heute den angreift und morgen den.
> Der Satiriker ist ein gekränkter Idealist: Er will die Welt gut haben, sie ist schlecht, und nun rennt er gegen das Schlechte an.
> Übertreibt die Satire? Die Satire muss übertreiben und ist ihrem tiefsten Wesen nach ungerecht. Sie bläst die Wahrheit auf, damit sie deutlicher wird.
> Was darf die Satire? Alles.
>
> *Kurt Tucholsky (1890–1935)*

b „Was darf die Satire? Alles.“ (▶ Z. 17) Diskutiert, ob ihr dieser Aussage Tucholskys zustimmt.

Information **Satire**

Die Satire ist eine Darstellungsform, die durch Übertreibung, Ironie und beißenden Spott **Kritik an Personen oder gesellschaftlichen Zuständen** übt. Sie zieht ihre Gegenstände ins Lächerliche, entlarvt Missstände, zeigt das Auseinanderklaffen von Anspruch und Realität und zielt damit auf Veränderung ab. Die Kritik wird nicht direkt ausgesprochen, sondern indirekt vorgebracht, z. B. durch **Stilmittel** wie extreme **Übertreibung, Untertreibung** (*ganz okay* statt *exzellent*), **Ironie** (gesagt wird das Gegenteil von dem, was gemeint ist), **Euphemismen** (Beschönigungen). **Vergleiche, Metaphern, Wortspiele** und **Neologismen** machen die satirische Darstellung besonders anschaulich.

Gezeichnete Satiren – Zu einer Karikatur schreiben

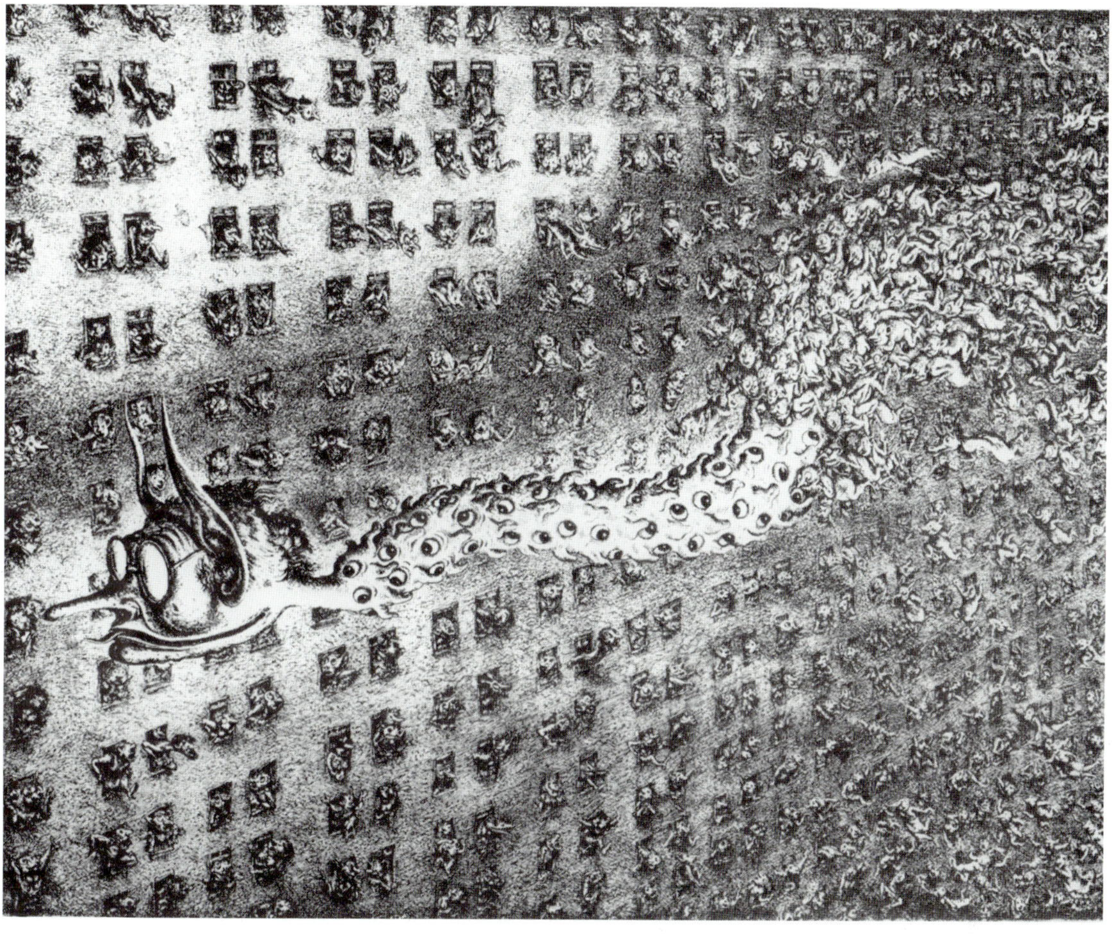

A. Paul Weber: Das Gerücht (1943/1953)

1 Beschreibt, was A. Paul Weber in seiner Karikatur „Das Gerücht" bildlich ausdrückt.

Es gibt Menschen, die ...
Das schlangenartige Wesen mit den großen gespitzten Ohren, den dicken Brillengläsern, ... steht für ...
Die vielen Menschen, die sich der Schlange anschließen, bringen zum Ausdruck, ...

2 Karikaturen sind meist eine bildliche Form der Satire. Erläutert diese Behauptung.

Information **Die Karikatur**

Die Karikatur ist eine **Zeichnung,** die Menschen (z. B. Politiker) oder gesellschaftliche Zustände (z. B. ein politisches Ereignis) **durch humoristische oder satirische Übertreibung** ins Lächerliche zieht. In der Regel ist sie eine **bildliche Form der Satire,** die Kritik an bestehenden Werten oder politischen Verhältnissen übt. Im deutschen Sprachgebrauch ist „Karikatur" ein Sammelbegriff für Cartoon, Bildsatire oder politische Grafik.

3 Schreibt einen satirischen Text zur Karikatur „Das Gerücht“ (► S. 85). Erprobt hierbei das Satire-Entscheidungsfeld unten. Formuliert zuerst Stichpunkte zu jedem Feld. Schreibt dann mit Hilfe dieser Stoffsammlung eure Satire.

1. **Thema:** *Gerücht*
2. **Kritisiertes Verhalten:** *Gerüchte verbreiten, lästern*
3. **Verhaltensideal:** *Loyalität, Ehrlichkeit*
4. **Grundhaltung:** *...*
5. **Handlungsablauf:**
   - *Jemand postet in einem sozialen Netzwerk, dass ...*
   - *Der nächste Nutzer ...*
6. **Sprachliche Mittel**
   - *Ironie: Man meint es nur gut, es handelt sich schließlich um eine wichtige Information.*
   - *Euphemismus: Es ist doch zu begrüßen, wenn alle wissen ...*
   - *Vergleiche: unaufhaltsam wie ...*
   - *...*

4 Überarbeitet eure Satiren in einer Schreibkonferenz (► S. 372).

5 Illustriert eure Satire mit einer eigenen Karikatur.

Das Satire-Entscheidungsfeld
Wer eine Satire schreibt, trifft bewusst oder unbewusst Entscheidungen:

Themenbereiche, z. B. Kritik von
- menschlichen Verhaltensweisen
- gesellschaftlichen Missständen
- einzelnen Personen, sozialen Gruppen, Typen von Menschen
- einzelnen Ereignissen oder Situationen

Kritisiertes Verhalten, z. B.:
- Selbstgefälligkeit
- Faulheit
- Unterwürfigkeit
- Unzuverlässigkeit
- Dummheit
- Gier
- Naivität
- Neid
- Karrierefixierung
- lästern / Gerüchte verbreiten

Handlungsablauf/ Darstellungsverfahren, z. B.:
- Steigerung von Einzelfällen, die immer skurriler werden
- fremder Blick (als Außerirdischer die Welt besuchen)
- Rollenwechsel (Kind spricht und handelt wie Eltern)
- Verlegung der Handlung in die Zukunft, in die Vergangenheit, ins Tierreich ...

Grundhaltung des Verfassers / der Verfasserin, z. B.:
- aggressiv/scharf
- spöttisch
- heiter/belustigt
- moralisierend

Sprachliche Mittel
- Übertreibung, Ironie,
- Euphemismus (Beschönigung)
- sprechende Namen, Imitieren von Phrasen (z. B. um Figur zu charakterisieren)
- Metaphern, Vergleiche
- Wortspiele (z. B. Zweideutigkeit)
- Neologismen (Wortneuschöpfung)

Testet euch!

Satirische Gestaltungsmittel

Kurt Tucholsky

Die Kunst, falsch zu reisen (1925)

Wenn du reisen willst, verlange von der Gegend, in die du reist, *alles:* schöne Natur, den Komfort der Großstadt, kunstgeschichtliche Altertümer, billige Preise, Meer, Gebirge – also: vorn die Ostsee und hinten die Leipziger Straße. Ist das nicht vorhanden, dann schimpfe.

Wenn du reist, nimm um Gottes willen keine Rücksicht auf deine Mitreisenden – sie legen es dir als Schwäche aus. Du hast bezahlt – die andern fahren alle umsonst. Bedenke, dass es von ungeheurer Wichtigkeit ist, ob du einen Fensterplatz hast oder nicht; dass im Nichtraucherabteil einer raucht, muss sofort und in den schärfsten Ausdrücken gerügt werden – ist der Schaffner nicht da, dann vertritt ihn einstweilen und sei Polizei, Staat und rächende Nemesis[1] in einem. Das verschönt die Reise. Sei überhaupt unliebenswürdig – daran erkennt man den *Mann.* [...]

In der fremden Stadt musst du zuerst einmal alles genauso haben wollen, wie es bei dir zu Hause ist – hat die Stadt das nicht, dann taugt sie nichts. Die Leute müssen also rechts fahren, dasselbe Telefon haben wie du, dieselbe Anordnung der Speisekarte und dieselben Retiraden[2]. Im Übrigen sieh dir *nur* die Sehenswürdigkeiten an, die im Baedeker[3] stehen. [...]

Mach dir einen Kostenvoranschlag, bevor du reist, und zwar auf den Pfennig genau, möglichst um hundert Mark zu gering – man kann das immer einsparen. Dadurch nämlich, dass man überall handelt; dergleichen macht beliebt und heitert überhaupt die Reise auf. Fahr lieber noch ein Endchen weiter, als es dein Geldbeutel gestattet, und bring den Rest dadurch ein, dass du zu Fuß gehst, wo die Wagenfahrt angenehmer ist; dass du zu wenig Trinkgelder gibst und dass du überhaupt in jedem Fremden einen Aasgeier siehst. Vergiss dabei nie die Hauptregel jeder gesunden Reise: Ärgere dich!

1 Nemesis: Rachegöttin aus der griechischen Mythologie
2 Retiraden: Toiletten
3 Baedeker: ein sehr bekannter Reiseführer

1 Welche der folgenden Aussagen ist zutreffend? Begründet mit Textbelegen.
A Die Satire kritisiert, dass Menschen sich durch ihr Verhalten eine Reise selbst verderben.
B Die Satire formuliert Empfehlungen dafür, wie man sich bei einer Reise verhalten sollte.
C Es wird das häufig schlechte Benehmen von deutschen Urlaubern im Ausland kritisiert.

2 Welche zwei der Stilmittel rechts fallen in der Satire besonders auf? Nennt Textbelege.

Übertreibung • Vergleich • Ironie • Neologismus

3 Setzt die Satire fort. Schreibt einen kurzen Absatz zum Thema „Verhalten am Strand“.

4 Vergleicht eure Ergebnisse in Partnerarbeit.

4.2 „Humor, der die Geduld verloren hat" – Sprachliche Gestaltungsmittel analysieren

Ephraim Kishon

Die Medikamentenstafette (1968)

Es begann im Stiegenhaus. Plötzlich fühlte ich ein leichtes Jucken in der linken Ohrmuschel. Meine Frau ruhte nicht eher, als bis ich einen Arzt aufsuchte. Man kann, so sagte sie, in diesen Dingen gar nicht vorsichtig genug sein. Der Arzt kroch in mein Ohr, tat sich dort etwa eine halbe Stunde lang um, kam wieder zum Vorschein und gab mir bekannt, dass ich offenbar ein leichtes Jucken in der linken Ohrmuschel verspürte.

„Nehmen Sie sechs Penizillin-Tabletten", sagte er. „Das wird Ihnen gleich beide Ohren säubern."

Ich schluckte die Tabletten, zwei Tage später war das Jucken vergangen und meine linke Ohrmuschel fühlte sich wie neugeboren. Das Einzige, was meine Freude ein wenig trübte, waren die roten Flecken auf meinem Bauch, deren Jucken mich beinahe wahnsinnig machte. Unverzüglich suchte ich einen Spezialisten auf, er wusste nach einem kurzen Blick sofort Bescheid.

„Manche Leute vertragen kein Penizillin und bekommen davon einen allergischen Ausschlag. Seien Sie unbesorgt. Zwölf Aureomycin-Pillen – und in ein paar Tagen ist alles wieder gut."

Das Aureomycin übte die gewünschte Wirkung aus: Die Flecken verschwanden. Es übte auch eine unerwünschte Wirkung aus: Meine Knie schwollen an. Das Fieber stieg stündlich. Mühsam schleppte ich mich zum Spezialisten. „Diese Erscheinungen sind bei uns nicht ganz unbekannt", tröstete er mich. „Sie gehen häufig mit der Heilwirkung des Aureomycins Hand in Hand."

Er gab mir ein Rezept für 32 Terramycin-Tabletten. Sie wirkten Wunder. Das Fieber fiel und meine Knie schwollen ab. Der Spezialist, den wir an mein Krankenlager riefen, stellte

fest, dass der mörderische Schmerz in meinen Nieren eine Folge des Terramycins war, und ich sollte das nicht unterschätzen. Nieren sind schließlich Nieren.
Eine geprüfte Krankenschwester verabreichte mir 64 Streptomycin-Injektionen, von denen die Bakterienkulturen in meinem Inneren restlos vernichtet wurden. Die zahlreichen Untersuchungen und Tests, die in den zahlreichen Laboratorien der modern eingerichteten Klinik an mir vorgenommen wurden, ergaben eindeutig, dass zwar in meinem ganzen Körper keine einzige Mikrobe mehr existierte, dass aber auch meine Muskeln und Nervenstränge das Schicksal der Mikroben geteilt hatten. Nur ein extrastarker Chloromycin-Schock konnte mein Leben noch retten. Ich bekam einen extrastarken Chloromycin-Schock.
Meine Verehrer strömten in hellen Scharen zum Begräbnis und viele Müßiggänger schlossen sich ihnen an. In seiner ergreifenden Grabrede kam der Rabbiner auch auf den heroischen Kampf zu sprechen, den die Medizin gegen meinen von Krankheit zerrütteten Organismus geführt und leider verloren habe. Es ist wirklich ein Jammer, dass ich so jung sterben musste. Erst in der Hölle fiel mir ein, dass jenes Jucken in der Ohrmuschel von einem Moskitostich herrührte.

1 Wie versteht ihr den Titel der Satire? Nehmt hierzu die nebenstehende Worterklärung aus einem Wörterbuch zu Hilfe.

Stafette, die:
1. a) Bote, Eilbote
   b) Gruppe von Personen, Kurieren, die – miteinander wechselnd – etwas schnell übermitteln
2. sich in bestimmter Aufstellung fortbewegende Gruppe von Fahrzeugen, Reitern als Begleitung von jemandem
3. Sport (veraltet für) Staffel/Staffellauf

2 Überlegt: Welche der folgenden drei Deutungshypothesen trifft eurer Meinung nach am ehesten zu? Belegt eure Einschätzung anhand des Textes.

1. *In der Satire werden Menschen kritisiert, die bei gesundheitlichen Beschwerden zu schnell zu Medikamenten greifen und vermeintlichen Spezialisten blind vertrauen.*
2. *In der Satire wird kritisiert, dass Ärzte als vermeintliche Spezialisten ohne Blick auf die Nebenwirkungen Medikamente verschreiben.*
3. *Es wird Kritik daran geübt, dass die Pharmaindustrie Medikamente produziert, die dramatische Nebenwirkungen haben.*

3 Analysiert, welche sprachlichen Gestaltungsmittel zur satirischen Wirkung des Textes beitragen. Gebt entsprechende Textbelege an und erläutert die Wirkung der Stilmittel. **TIPP:** Ihr könnt den nebenstehenden Wortspeicher nutzen.

Ironie • Anschein von Wissenschaftlichkeit • Spott • dramatische Steigerung • Übertreibung • medizinische Fachbegriffe • typische Floskeln im Umgang mit Patienten

4 Diskutiert: Ist das tödliche Ende des Ich-Erzählers mit Blick auf die Aussageabsicht der Satire angemessen oder zu dramatisch?

5 Der Kapiteltitel „Humor, der die Geduld verloren hat" ist ein Zitat von Kurt Tucholsky. Erläutert, inwiefern er auf satirisches Schreiben zutrifft.

Kurt Tucholsky

Das Elternhaus (1919)

„Ich habe Ihnen das Giraffenhaus gezeigt", sagte unser Führer, „und das Raubtierhaus und das Vogelhaus – wir kommen nun zu dem Elternhaus!"

Lärm empfing uns. Wir traten an das erste Gitter.

„Sie sehen hier", sagte der Führer, „die gemeinen Hauseltern (parentes communes domestici). Sie sind weit verbreitet, harmlos und vererben alle ihre Eigenschaften."

Hinter dem Gitter saßen an einem Tisch Vater und Mutter, er trug eine hohe, steife Hausmütze mit einer Quaste, er rauchte eine lange Tabakspfeife und las im Zeitungsblättchen. Die Mutter stopfte Strümpfe, dass die Nadeln klapperten. Kinder von vielerlei Altern krabbelten im Zimmer herum: Das älteste hatte eine Brille auf der Nase und lernte aus einem Buch, zwei Mädchen nähten Puppenkleider, ein Junge baute unter dem Tisch eine Steinbaukastenburg, und das Jüngste steckte einen standhaften Zinnsoldaten in den weit geöffneten Mund. Von Zeit zu Zeit erhob der Vater den Kopf und sagte, ohne hinzusehen: „Eduard! Tu das nicht!", und las weiter. Und die Mutter sagte dann: „Aber, Papa, lass doch die Kinder!" Worauf alles seinen ungestörten Fortgang nahm.

Wir schritten zum nächsten Gitter.

„Dies", erklärte der Führer, „sind die Eltern mit der Affenliebe (parentes simiarum modo amantes)."

Zunächst sahen wir nur die Eltern – sie standen um irgendetwas herum, was zunächst verborgen blieb, und schützten es mit ihren Armen und drückten daran umher. Dann traten sie auseinander: und es zeigte sich ein dickes, kugelrundes Kind von vielleicht acht Jahren, das, kaum war es frei, an den Tisch ging und dort alles Geschirr mit einer jähen Handbewegung herunterfegte. Krach! Aber schon stürmten die besorgten Eltern herbei und schlossen das Kind unter Jubelrufen erneut in ihre gerührten Arme. „Nein, wie selbstständig es schon ist!", sagte der Vater. „Hast du gesehen, wie flink es zupackt?", sagte die Mutter. Das Kind prustete, ob vor Lachen oder weil es husten musste, wussten wir nicht. „Ach!", machten die Eltern und packten es in ein Bett. Aber da stand es auf und lief durch die Tür in einen hinteren Raum. Die Eltern lockten. „Kunochen! Na, Kunochen! Kuno! Komm doch! Du kriegst Schokolade!" Kuno blies ihnen etwas, und wir gingen weiter. [...]

„Hier sehen Sie", sagte unser Führer, „die alleinstehende Hausmegäre[1] (mater terribilis)." Hurr – wie sauste da hinter dem Gitter jemand durch die Stube! Laut knallten die Türen, und wir hörten einen schrillen Sopran. „Marie! Marie! Habe ich Ihnen nicht schon tausendmal gesagt, dass die Staublappen nicht in die rechte

1 die Megäre (gehoben): wütende, rasende Frau

Schublade gehören? Marie! Wo ist mein Schlüsselkorb? Marie! Der Korb! Wo ist Bubi? Marie! Wo ist das Kind? Das Kind! Der Korb! –" Und aus einer Ecke kroch, mit totentraurigen Augen, ein kleines, verwahrlost aussehendes Geschöpf: ein Kind. Nein, ein Opfer.

Wir gingen weiter. „Hier", sagte der Führer lächelnd, „muss ich die Herrschaften bitten, den Mann nicht zu necken. Es ist das der kleine Haustyrann (pater tyrannicus)."

Nein, wir neckten nicht. Schade – einem Gockel gleich stelzte dort ein Herr der Schöpfung herum und warf von Zeit zu Zeit wütende Blicke auf ein kleines Mädchen, das verschüchtert am Tisch saß. „Papa ist heute wieder so schlechter Laune", flüsterte die Kleine. „Wer spricht, wenn ich im Zimmer bin!", grollte der väterliche Fürst. Sie verstummte. Und er stapfte weiter umher und war sieghaft anzuschauen, wenngleich er Filzpantoffeln trug. [...]

1 a Charakterisiert die einzelnen Elterntypen in Tucholskys Text. Führt Textstellen an, mit denen z. B. ihre Verhaltensweisen beschrieben werden, z. B.:
- *durchschnittliche Eltern (Z. 7–28): ...*

b Der Text wurde vor fast hundert Jahren geschrieben. Diskutiert seine Aktualität heute.

c Stellt Vermutungen an, warum Tucholsky seine Satire im Zoo spielen lässt.

2 Lest die folgenden Aussagen zur Satire und bezieht diese auf den Tucholsky-Text.

Satiriker können nicht schweigen, weil sie Schulmeister sind. Und Schulmeister müssen schulmeistern. Ja, und im verstecktesten Winkel ihres Herzens blüht schüchtern und trotz allem Unfug der Welt die törichte, unsinnige Hoffnung, dass die Menschen vielleicht doch ein wenig, ein ganz klein wenig besser werden könnten, wenn man sie oft genug beschimpft, bittet, beleidigt und auslacht. Satiriker sind Idealisten.

Dem Satiriker ist es verhasst, erwachsenen Menschen Zucker in die Augen zu streuen. Dann schon lieber Pfeffer! Es ist ihm ein Herzensbedürfnis, an den Fehlern, Schwächen und Lastern der Menschen Kritik zu üben. *Erich Kästner (1899–1974)*

3 Analysiert einige sprachliche Gestaltungsmittel der Satire. Übertragt dafür die folgende Tabelle in euer Heft und ergänzt sie.

Textbeleg	Stilmittel	Wirkung, Deutung
„parentes communes domestici" (Z. 8 f.)	...	...
...	*Metapher*	...
„Nein, wie selbstständig es schon ist!" (Z. 43 f.)	...	...
„Kunochen" (Z. 50)	*Verniedlichung*	...
„ein Kind. Nein, ein Opfer" (Z. 66)	...	*das Verhalten der Mutter kritisieren, ...*
„einem Gockel gleich" (Z. 71 f.)	...	...
...	...	...

Fordern und fördern – Eine Satire fortsetzen

Helikopter-Eltern

Mit dem Begriff „Helikopter-Eltern“ (engl. „helicopter parents“) werden Eltern bezeichnet, die – wie ein Hubschrauber – permanent um ihre Kinder kreisen, um diese zu behüten, zu schützen und ihnen jeden Wunsch zu erfüllen. Sie überwachen jede Aktivität des Kindes, organisieren Spiele und Hobbys, mischen sich in die Freundeswahl ein, lösen Konflikte, besuchen jede Schulveranstaltung und jedes Fußballspiel. Trotz aller Wunscherfüllung und Sorge um das Wohlergehen des Nachwuchses stellen Helikopter-Eltern hohe Anforderungen: Bildungs- und Leistungsdruck bestimmen den Alltag des Kindes.

1 Erklärt mit Hilfe des Lexikonartikels, was man unter Helikopter-Eltern versteht.

●●○ 2 Stellt euch vor, der Zooführer aus der Tucholsky-Satire (► S. 90 f.) würde den Besuchern eine weitere Elternart präsentieren. Setzt die Satire „Das Elternhaus“ fort und stellt die Helikopter-Eltern vor. Geht so vor:

a Sammelt Verhaltensweisen, die typisch für Helikopter-Eltern und ihre Kinder sein könnten.
TIPP: Versucht, durch Übertreibung und Zuspitzung Komik zu erzeugen.

> *Mögliche Verhaltensweisen*
> - *Abiturienten zur Schule begleiten*
> - *Standort des Kindes mit GPS ermitteln; Sender schlägt Alarm, wenn ...*
> - *...*

b Überlegt, mit welchen sprachlichen Gestaltungsmitteln ihr die satirische Wirkung eurer Texte steigern könnt, z. B.

> *Sprachliche Mittel*
> - *Ironie (um Verhalten lächerlich zu machen): 300 Meter Schulweg können sehr gefährlich ...*
> - *Vergleiche und Metaphern (um Anschaulichkeit zu erzielen): kreisen wie ein Hubschrauber ...*
> - *Imitieren von Phrasen (um Eltern zu charakterisieren): „Wir wollen doch nur sein Bestes!“*

c Setzt die Satire von Tucholsky fort, z. B.: *„Jetzt gehen wir“, erklärte unser Führer, „zu den ...*
▷ Hilfen zu dieser Aufgabe findet ihr auf Seite 93.

3 Überarbeitet eure Satiren im Team und gebt euch Rückmeldung zu folgenden Fragen:
- Passen die beschriebenen Verhaltensweisen zu Helikopter-Eltern?
- Gibt es in dem Text Übertreibungen, Zuspitzungen, Ironie oder andere Gestaltungsmittel, mit denen eine satirische Wirkung erzielt wird?
- Welche Formulierungen oder Textpassagen können noch weiter zugespitzt oder noch wirkungsvoller angelegt werden?

Aufgabe 2 mit Hilfen

Stellt euch vor, der Zooführer aus der Tucholsky-Satire (▶ S. 90 f.) würde den Besuchern eine weitere Elternart präsentieren. Setzt die Satire „Das Elternhaus" fort und stellt die Helikopter-Eltern vor. Geht so vor:

a Sammelt Verhaltensweisen, die typisch für Helikopter-Eltern und ihre Kinder sein könnten.
TIPP: Versucht, durch Übertreibung und Zuspitzung Komik zu erzeugen.

Mögliche Verhaltensweisen
- *Abiturienten zur Schule begleiten und abholen*
- *Schulranzen bis vor den Klassenraum tragen*
- *vergessene Sportsachen nachliefern ...*
- *Standort des Kindes mit GPS ermitteln; Sender schlägt Alarm, wenn das Kind auf dem Nachhauseweg ...*
- *...*

b Überlegt, mit welchen sprachlichen Gestaltungsmitteln ihr die satirische Wirkung eurer Texte steigern könnt, z. B.

Sprachliche Mittel

Jronie (um Verhalten lächerlich zu machen)
- *300 Meter Schulweg können sehr gefährlich ...*
- *alleine zu schaffen, ist wirklich unzumutbar.*
- *Man weiß doch, wie gefährlich ...*
- *...*

Vergleiche und Metaphern (um Anschaulichkeit zu erzielen)
- *kreisen wie ein Hubschrauber über ihrem Kind*
- *wie eine Glucke ...*
- *wie kleine, verunsicherte Tiere*
- *...*

Jmitieren von Phrasen (um Eltern zu charakterisieren)
- *„Wir wollen doch nur dein Bestes!"*
- *„Wir möchten dein Talent schon früh fördern. Deshalb ..."*
- *„Was? Du bist unbeaufsichtigt ..."*
- *...*

c Setzt die Satire von Kurt Tucholsky fort, z. B.:

„Jetzt gehen wir", erklärte unser Führer, „zu den Helikopter-Eltern (parentes speculatorii)." Jn der Ferne sahen wir Eltern, die wie Hubschrauber um ihre Kindern kreisten. „Ach!", bemerkte eine Mutter zu ihrem schon leicht ergrauten Sohn, „es ist draußen wirklich etwas kühl. Jch fahre dich schnell ..."

Satiren in Internet und Fernsehshows untersuchen

Startseite FAQ Impressum Unterstützen Der Postillon 1845-2015 Das Postillon-Archiv Postillon24 Postillon durchsuchen...

Der Postillon

Ehrliche Nachrichten - unabhängig, schnell, seit 1845

Politik Wirtschaft Sport Leute Medien Wissenschaft Panorama Umfragen Ratgeber Newsticker

NEWSTICKER ++++ Weißer Riese: Dirk Nowitzki wirbt jetzt für Waschmittel ++++

Teenager neidisch, weil Rentner „immer Zeit zum Zocken und für Facebook" haben

München (dpo) – Über 87 Prozent aller Teenager zwischen 13 und 19 sind neidisch auf Rentner, weil diese den ganzen Tag Zeit für Video- und Computerspiele sowie das Surfen im Internet und soziale Netzwerke wie Facebook haben. Zu diesem Ergebnis kam das Meinungsforschungsinstitut Opinion Control, das 1003 Jugendliche in ganz Deutschland befragte. „Boah, Rentner haben es voll gut", ist etwa Dennis S. (18) aus Bremen überzeugt. „Die müssen nicht in die Schule und die müssen auch nicht arbeiten. Die hängen bestimmt den ganzen Tag auf WoW rum und leveln sich derbe hoch. So stelle ich mir den Himmel vor." Die meisten weiblichen Teenager vermuten hingegen, dass deutsche Senioren „irre viel chatten, skypen, YouTube-Videos schauen oder Farmville und SingStar spielen".

Doch das hohe Alter hat noch weitere Vorteile: Der 15-jährige Kevin T. aus Iserlohn schätzt daran neben der Möglichkeit, „an alles ranzukommen, was ab 18 ist", und „krasse Medikamente verschrieben zu kriegen" vor allem finanzielle Aspekte: „Ich hab gehört, die Alten kriegen mindestens 359 Euro Rente. Im Monat! Die kaufen sich bestimmt immer das neuste iPhone und können sich auch ihre Wii-Controller original von Nintendo leisten und nicht so billige, die gleich kaputtgehen. Die Glücklichen!"

Entsprechend beantworteten immerhin 59 Prozent der befragten Jugendlichen die Frage, ob sie gerne die nächsten 40 Jahre überspringen würden, um sofort alt zu sein, mit „Ja, logen!"

1 Würdet ihr diesen Artikel über Netzwerke wie Facebook oder Twitter teilen? Begründet.

2 Das Online-Satiremagazin „Der Postillon" präsentiert „ehrliche" Nachrichten.

a Erklärt, wodurch diese Nachrichten so echt wirken, dass zahlreiche Leser/-innen auf diese Satire hereinfallen.

b Woran habt ihr dennoch erkannt, dass es sich um Satire handelt?

3 „Der Postillon", der Nachrichten parodiert, Nonsens-Studien und fiktive Umfragen veröffentlicht, wird täglich von 50 000 Nutzern besucht. Wie erklärt ihr euch diesen Erfolg?

4 Besucht selbst Satire-Websites, z. B.: der-postillon.com, titanic-magazin.de, eulenspiegel.de. Wählt einen Artikel aus und begründet, warum er euch besonders anspricht.

heute-show

Wischmeyer weckt die Jungen

Die „heute-show“ ist eine im Stil einer Nachrichtensendung gestaltete Satiresendung im ZDF. Moderator ist Oliver Welke. In der Rubrik „Wischmeyers Logbuch der Bekloppten und Bescheuerten“ werden aktuelle Ereignisse auf satirische Art und Weise kommentiert.
Der folgende Text ist eine Mitschrift aus der Sendung.

Oliver Welke: Wir haben viel über alte Menschen gesprochen. Es bleibt eigentlich nur die Frage: Warum regen sich die Jungen im Land, die Arbeiter, aber auch die ganz Jungen nicht mehr auf über das heute beschlossene Rentenpaket. Denn sie müssen – wir haben's gesagt – bald höhere Beiträge zahlen für viel, viel weniger Rente. Was ist los mit der Generation – sagen wir mal – unbezahltes Praktikum? Das fragt sich auch Dietmar Wischmeyer.

Off: Wischmeyers Logbuch der Bekloppten und Bescheuerten

Dietmar Wischmeyer: Kuckuck! Junge Menschen! Rafft ihr's eigentlich noch? Die GroKo[1] hat euch gerade die Zukunft geklaut. Ihr zahlt bald höhere Rentenbeiträge, während Opa und seine Kumpels auf Malle ihren faltigen Wurm in den Pool hängen.

Hier. So sieht das Elend aus. Mein Neffe, der Toby. Zum Leben zu schwach, zum Protestieren zu doof. Hallo, hier jemand zu Hause? *(Klopft dem Jungen an den Kopf.)* Warum wehren die sich nicht? Denen haben Facebook und Google schon komplett die Rübe leer geräumt. Hier, guck mal, Toby. Das hier ist deine Altersvorsorge. Die hat die GroKo gerade in den Papierkorb verschoben. LOL. Hoffnungslos. Vor denen muss Mutti[2] keine Angst haben. [...] Die Trantüten rauchen ja nicht, saufen zu wenig und sind alle Veganer, um Himmels willen. Hast du überhaupt schon mal richtig gekotzt? Null Emotion. Es sei denn ... *(nimmt dem Jungen sein Smartphone weg)*

So. Das ist der einzige Zustand, vor dem er wirklich Angst hat. Denn jetzt ist er offline. Das kennt er nicht. Da ist er verwirrt, panisch. Wahrscheinlich nässt er sich gerade ein. Ach komm, hier *(gibt dem Jungen das Smartphone wieder)*, hau ab.

(Der Junge geht.)

1 GroKo: Große Koalition aus CDU und SPD

2 Mutti: Die Bundeskanzlerin Angela Merkel wird auch als „Mutti“ bezeichnet.

Immerhin: Mit dieser Jugend fängt Deutschland nie wieder einen Krieg an, jedenfalls nicht zu Fuß. In diesem Sinne: Macht mal genauso weiter. Hasta la vista, ihr Gemüsefurzer.

Off: Wischmeyers Logbuch der Bekloppten und Bescheuerten.

Oliver Welke: Dietmar Wischmeyer, meine Damen und Herren, desillusioniert von der heutigen Jugend.

1 a Lest den Text und betrachtet die Screenshots aus der entsprechenden Sendung. Tragt ihn dann mit verteilten Rollen vor oder spielt die Szene vor der Klasse.
Überlegt: Welche Sprechweise, Gestik, Mimik und Körperhaltung könnt ihr nutzen, um die jeweilige Aussageabsicht deutlich zu machen?
b Diskutiert, wie diese Szene auf euch wirkt.

2 a Tragt zusammen, wie Wischmeyer die „jungen Menschen" (▸ Z. 11–36) charakterisiert. Gegen wen oder was wendet er sich?
b Beschreibt die Sprache von Dietmar Wischmeyer. Nennt auffällige Beispiele aus dem Text. Welche Wirkung will er dadurch erzielen?

3 Beschreibt, wie die einzelnen Personen durch ihre Kleidung, Mimik, Gestik und Körperhaltung charakterisiert werden. Erklärt z. B., wie die Figuren im dritten Screenshot auf euch wirken.

4 Stellt Vermutungen an, warum sich die „heute-show" am Stil einer seriösen Nachrichtensendung orientiert.

5 Schaut euch im Internet eine ganze Ausgabe der „heute-show" an. Diskutiert anschließend, ob ihr der folgenden Begründung der Grimme-Preis-Jury zustimmen könnt.

Begründung der Jury anlässlich der Verleihung des Grimme-Preises
Diese „heute-show" ist ein entschlossenes System. Sie wagt, statt nur abzuwägen. Sie beschleunigt weit in den roten Bereich, ohne es sich im wohnlichen Satiresessel bequem zu machen. Genau deshalb ist ja die persönliche Entgleisung – wie bei der Kommentatorenkarikatur Gernot Hassknecht oder beim Außenreporterklischee Ulrich von Heesen – ein gründlich inszeniertes Leitmotiv.

6 Kennt ihr satirische Videoclips aus dem Internet, z. B. von „Y-Titty" auf YouTube? Erklärt, mit welchen Mitteln hier gearbeitet wird.

Information **Satiren im Fernsehen und im Internet**

Die Darstellungsform der Satire findet sich auch in den modernen Medien wie dem Fernsehen und dem Internet.

- Online-Satiremagazine sind z. B.: *heuteshow.de, der-postillon.com, titanic-magazin.de*
- Satiresendungen im Fernsehen sind z. B.: *Satire Gipfel, heute-show, Die Anstalt, extra 3.*

4.3 Projekt: Die ultimative Satire-Show – Mit Varietäten spielen

Voll psycho

Von Harald Martenstein

Kürzlich kehrte mein Sohn aus der Schule zurück und teilte mir mit: „Man sagt nicht mehr geil. Nur Dreißigjährige sagen geil.“ Jetzt sagt man zu etwas Gutem meistens „porno“. Das Schulfest war voll porno. Der Pfarrer im Jugendgottesdienst hat porno gepredigt. Mein Sohn sagte, das Gegenteil von porno bezeichne die Jugend neuerdings als psycho. Ein Mädchen, das gestern noch schwul war, ist heute schon psycho.

Über korrekte Wortwahl

Von Harald Martenstein

Ich habe zufällig in einem Buch geblättert, mit dem junge Schweizer sich auf die Abschlussprüfung in der Realschule vorbereiten. Dabei habe ich festgestellt, dass politische Korrektheit bereits Schulstoff ist, zumindest in der Schweiz. Eine Aufgabe lautete: „Streiche die politisch unkorrekten Wörter!“ Zur Auswahl standen: „Trinker, dumm, nicht motiviert, dick, zum Kotzen, Zigeuner, Hure, gestorben, Invalide“. Ich konnte die Aufgabe nicht lösen. Ich denke mal, „gestorben“ und „nicht motiviert“ sind korrekt. „Dick“, „dumm“, „Zigeuner“ und „Hure“ halte ich für eindeutig unkorrekt. Bei „Trinker“ und „Invalide“ weiß ich nicht so recht. Vielleicht sagt man „Alkoholkranker“. Aber zu einem leidenschaftlichen Spezitrinker kann man doch nicht einfach so „du Spezikranker“ sagen. Das würde diesen Menschen verletzen. Ein Invalide ist einer, der wegen einer Kriegsverletzung behindert ist, oder? Find ich okay, als Wort, außer dass alle Invalidinnen dabei natürlich ausgeschlossen werden. Vielleicht ist „Invalide“ sexistisch. Aber bei „zum Kotzen“ war ich ratlos. Klar, ein derber Ausdruck, umgangssprachlich, aber politisch gesehen vermutlich korrekt. Er ist immerhin geschlechtsneutral.

1 a Lest die beiden Textauszüge und betrachtet den Cartoon. Welche Sprachphänomene werden hier jeweils aufs Korn genommen?
b Tragt zusammen, was ihr über die kritisierten Sprachphänomene wisst.

2 Kennt ihr weitere sprachliche Phänomene, die man in einer Satire aufs Korn nehmen könnte? Plant einen satirischen Videoclip zu einem Sprachphänomen.

a Sammelt mögliche Themen, z. B.:

> *Satire über Sprachphänomene*
> - *Jugendsprache*
> - *überflüssige/unverständliche Anglizismen*
> - ...

b Bildet Gruppen, entscheidet euch für ein Thema und notiert erste Ideen.

> **Thema:** *übertriebener Gebrauch von Anglizismen*
>
> **Grundhaltung:** *(z. B. belustigt, spöttisch, polemisch, moralisierend): ...*
>
> **Handlungsablauf:**
> - *Interview mit ..., in dem durch viele Anglizismen erklärt wird, wie ...*

> **Thema:** *Akzeptanz von Jugendsprache*
>
> **Grundhaltung:** *(z. B. belustigt, spöttisch, polemisch, moralisierend): ...*
>
> **Handlungsablauf:**
> - *Beitrag in einer Nachrichtensendung, in der Jugendsprache/jugendsprachliche Ausdrücke als Standardsprache ...*

c Schreibt den Text für euren Videoclip, z. B. Interview (Fragen und Antworten), Beitrag für eine Nachrichtensendung (evtl. auch mit Einspieler) usw.
TIPP: Überlegt, mit welchen satirischen Gestaltungsmitteln ihr arbeiten wollt. Denkt dabei an sprachliche Gestaltungsmittel, aber auch an Mimik, Gestik, Körperhaltung, Kleidung usw.

3 Entscheidet, wer in dem Clip welche Rolle übernimmt, und probt euren Clip mehrmals. Gebt euch gegenseitig ein Feedback, was ihr noch verbessern könnt.

4 a Dreht euren Videoclip. Probiert unterschiedliche Einstellungen und Perspektiven aus (► S. 346) und dreht den Clip mehrmals.

b Sichtet euer Filmmaterial und prüft die Bild- und Tonqualität. Notiert, was ihr noch verbessern könnt, und dreht die Szene gegebenenfalls noch einmal.

5 Schneidet euer Filmmaterial am Computer mit Hilfe eines Schnittprogramms. Überlegt, ob ihr den Clip mit Musik oder Geräuschen unterlegen möchtet.

6 Führt eure Videoclips vor und gebt euch ein Feedback: Was hat euch gut gefallen? Mit welchen satirischen Gestaltungsmitteln wurde gearbeitet? Was könnte man verbessern?

5 Verbrechen und Wahrheit – Kriminalerzählungen untersuchen

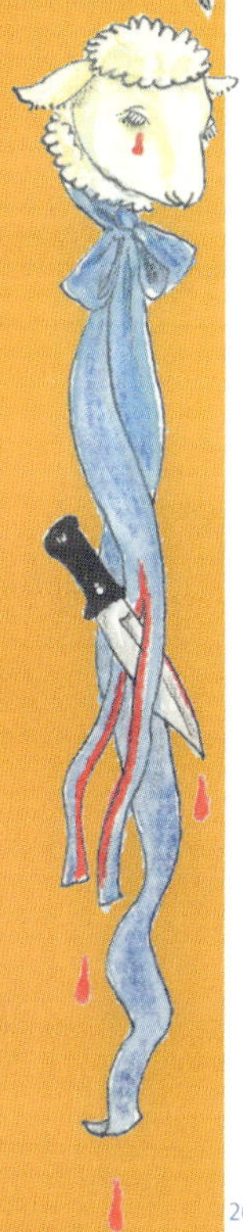

Weihnachtsdinner mit Leiche

„Freut mich, Inspektor, dass Sie meiner Einladung gefolgt sind!“ Mit ausholender Geste präsentierte Julian Parrot eine pompöse Tafel mit fünf Gedecken. Draußen ertönte Motorengeräusch. Parrot blickte aus dem Fenster. „Frank Margolis, Peter Frye und Jasper Schilling sind gerade eingetroffen“, vermeldete er. „Nur dieser widerspenstige Sam Lauder lässt sich wieder einmal Zeit.“ Seine Miene verdüsterte sich. „Ich hoffe dabei auf Ihr diplomatisches Geschick, mein lieber Inspektor!“ Parrot entnahm seinem Schreibtisch ein Schriftstück. „Der Entwurf zu einem Vertrag. Er soll die Einflussgebiete unter uns Kaufleuten aufteilen, um Feindseligkeiten zu vermeiden. Mit dem weihnachtlichen Segen von Scotland Yard sozusagen.“ Debbins wunderte sich über die Dreistigkeit, mit der Parrot das Wort „Kaufleute“ für diese Vereinigung von eingefleischten Gaunern verwendete. „Sie glauben doch nicht, dass ich mich dafür einspannen lasse?“ Parrot ließ enttäuscht das Papier sinken. „Schade. Die drei anderen hielten das für einen ausgezeichneten Vorschlag. Nur Lauder stellte sich quer ...“ Im selben Moment torkelte ein Mann zur Tür herein, den der Inspektor als einen von Sam Lauders Bodyguards wiedererkannte. „Wir wurden überfallen!“, keuchte der Leibwächter. „Sam hat’s erwischt. Er ist tot.“ – „Verdammt!“, entfuhr es Parrot. Er sah den Inspektor herausfordernd an: „Werden Sie seinen Mörder finden?“ Debbins schäumte vor Wut. „Da muss ich nicht lange suchen!“, zischte er. „Denn Sie, Mister Parrot, wussten doch ganz genau, dass Sam Lauder, der Ihrem Kartell offenbar lästig zu werden drohte, niemals hier eintreffen würde.“ – Wie kam er darauf?

1 Könnt ihr den Fall aufklären? Besprecht eure Lösungen. Vergleicht sie dann mit der auf Seite 375.

2 Haltet fest, welche Merkmale von Kriminalgeschichten der Text enthält.

3 Welche Krimis (Romane oder Filme) kennt ihr? Erzählt davon.

In diesem Kapitel ...

- lernt ihr spannende Kriminalgeschichten aus unterschiedlichen Epochen kennen,
- untersucht ihr Handlung, Figuren und Erzählstrategien von Kriminalgeschichten,
- gestaltet ihr eigene Texte zu Kriminalgeschichten.

5.1 Das Böse lauert überall – Erzähltexte aus verschiedenen Zeiten vergleichen

„Ich begriff gar nicht, wie ich zu dieser Mordtat gekommen war" – Eine Kriminalerzählung erschließen

Friedrich Schiller

Der Verbrecher aus verlorener Ehre (1786, Teil 1)

Friedrich Schiller ist nicht nur der Dichter berühmter Dramen und Balladen, sondern schrieb auch eine Kriminalerzählung. Angeregt von einem tatsächlichen Mordfall, schildert er das Schicksal des Wirtssohnes Christian Wolf. Nach einer Einleitung, in der Schiller vor allem auf die „veränderlichen Bedingungen" hinweist, die „von außen" auf die menschliche Seele einwirken, beginnt die Handlung wie folgt:

Christian Wolf war der Sohn eines Gastwirts in einer ...schen Landstadt (deren Namen man aus Gründen, die sich in der Folge aufklären, verschweigen muss) und half seiner Mutter, denn der Vater war tot, bis in sein zwanzigstes Jahr die Wirtschaft besorgen. Die Wirtschaft war schlecht, und Wolf hatte müßige Stunden. Schon von der Schule her war er für einen losen[1] Buben bekannt. Erwachsene Mädchen führten Klagen über seine Frechheit, und die Jungen des Städtchens huldigten seinem erfinderischen Kopfe. Die Natur hatte seinen Körper verabsäumt[2]. Eine kleine unscheinbare Figur, krauses Haar von einer unangenehmen Schwärze, eine platt gedrückte Nase und eine geschwollene Oberlippe, welche noch überdies durch den Schlag eines Pferdes aus ihrer Richtung gewichen war, gaben seinem Anblick eine Widrigkeit, welche alle Weiber von ihm zu-

1 lose (veraltet): leichtfertig, unmoralisch, frech, dreist

2 verabsäumen (veraltet): vergessen, vernachlässigen

rückscheuchte und dem Witz[3] seiner Kameraden eine reichliche Nahrung darbot.

Er wollte ertrotzen, was ihm verweigert war; weil er missfiel, setzte er sich vor zu gefallen. Er war sinnlich und beredete sich, dass er liebe. Das Mädchen, das er wählte, misshandelte ihn; er hatte Ursache zu fürchten, dass seine Nebenbuhler glücklicher wären; doch das Mädchen war arm. Ein Herz, das seinen Beteurungen verschlossen blieb, öffnete sich vielleicht seinen Geschenken, aber ihn selbst drückte Mangel, und der eitle Versuch, seine Außenseite geltend zu machen, verschlang noch das Wenige, was er durch eine schlechte Wirtschaft erwarb. Zu bequem und zu unwissend, einem zerrütteten Hauswesen durch Spekulation aufzuhelfen, zu stolz, auch zu weichlich, den Herrn, der er bisher gewesen war, mit dem Bauern zu vertauschen und seiner angebeteten Freiheit zu entsagen, sah er nur einen Ausweg vor sich – den Tausende vor ihm und nach ihm mit besserem Glücke ergriffen haben –, den Ausweg, honett[4] zu stehlen. Seine Vaterstadt grenzte an eine landesherrliche Waldung, er wurde Wilddieb und der Ertrag seines Raubes wanderte treulich in die Hände seiner Geliebten.

Unter den Liebhabern Hannchens war Robert, ein Jägerbursche des Försters. Frühzeitig merkte dieser den Vorteil, den die Freigebigkeit seines Nebenbuhlers über ihn gewonnen hatte, und mit Scheelsucht[5] forschte er nach den Quellen dieser Veränderung. Er zeigte sich fleißiger in der „Sonne“ – dies war das Schild zu dem Wirtshaus –, sein lauerndes Auge, von Eifersucht und Neide geschärft, entdeckte ihm bald, woher dieses Geld floss. Nicht lange vorher war ein strenges Edikt[6] gegen die Wildschützen erneuert worden, welches den Übertreter zum Zuchthaus verdammte. Robert war unermüdet, die geheimen Gänge seines Feindes zu beschleichen; endlich gelang es ihm auch, den Unbesonnenen über der Tat zu ergreifen. Wolf wurde eingezogen, und nur mit Aufopferung seines ganzen kleinen Vermögens brachte er es mühsam dahin, die zuerkannte Strafe durch eine Geldbuße abzuwenden.

Robert triumphierte. Sein Nebenbuhler war aus dem Felde geschlagen und Hannchens Gunst für den Bettler verloren. Wolf kannte seinen Feind, und dieser Feind war der glückliche Besitzer seiner Johanne. Drückendes Gefühl des Mangels gesellte sich zu beleidigtem Stolze, Not und Eifersucht stürmen vereinigt auf seine Empfindlichkeit ein, der Hunger treibt ihn hinaus in die weite Welt, Rache und Leidenschaft halten ihn fest. Er wird zum zweiten Mal Wilddieb; aber Roberts verdoppelte Wachsamkeit überlistet ihn zum zweiten Mal wieder. Jetzt erfährt er die ganze Schärfe des Gesetzes, denn er hat nichts mehr zu geben, und in wenigen Wochen wird er in das Zuchthaus der Residenz abgeliefert.

Das Strafjahr war überstanden, seine Leidenschaft durch die Entfernung gewachsen und sein Trotz unter dem Gewicht des Unglücks gestiegen. Kaum erlangt er die Freiheit, so eilt er nach seinem Geburtsort, sich seiner Johanne zu zeigen. Er erscheint: Man flieht[7] ihn. Die dringende Not hat endlich seinen Hochmut gebeugt und seine Weichlichkeit überwunden. Er bietet sich den Reichen des Orts an und will für den Taglohn dienen. Der Bauer zuckt über den schwachen Zärtling die Achsel; der derbe Knochenbau seines handfesten Mitbewerbers sticht ihn bei diesem fühllosen Gönner aus. Er wagt einen letzten Versuch. Ein Amt ist noch ledig[8], der äußerste verlorne Posten des ehrlichen Namens. Er meldet sich zum Hirten des Städtchens, aber der Bauer will seine Schweine keinem Taugenichts anvertrauen. In allen

3 der Witz (veraltet): Gabe, sich witzig zu äußern, Schlagfertigkeit, Klugheit, Geist

4 honett (veraltet): rechtschaffen, anständig

5 die Scheelsucht (veraltet): Neid, Missgunst

6 das Edikt: Erlass, Verordnung einer Obrigkeit

7 fliehen (gehoben): meiden, jemandem aus dem Weg gehen

8 ledig (umgangssprachlich): frei

Entwürfen getäuscht, an allen Orten zurückgewiesen, wird er zum dritten Mal Wilddieb, und zum dritten Mal trifft ihn das Unglück, seinem wachsamen Feind in die Hände zu fallen.
Der doppelte Rückfall hat seine Verschuldung erschwert. Die Richter sahen in das Buch der Gesetze, aber nicht einer in die Gemütsverfassung des Beklagten. Das Mandat gegen die Wilddiebe bedurfte einer solennen[9] und exemplarischen[10] Genugtuung, und Wolf ward verurteilt, das Zeichen des Galgens auf den Rücken gebrannt, drei Jahre auf der Festung zu arbeiten.
Auch diese Periode verlief, und er ging von der Festung, aber ganz anders, als er dahin gekommen war. Hier fängt eine neue Epoche in seinem Leben an; man höre ihn selbst, wie er nachher gegen seinen geistlichen Beistand und vor Gerichte bekannt hat. „Ich betrat die Festung“, sagte er, „als ein Verirrter und verließ sie als ein Lotterbube. Ich hatte noch etwas in der Welt gehabt, das mir teuer war, und mein Stolz krümmte sich unter der Schande. Wie ich auf die Festung gebracht war, sperrte man mich zu 23 Gefangenen ein, unter denen zwei Mörder und die übrigen alle berüchtigte Diebe und Vagabunden waren. Man verhöhnte mich, wenn ich von Gott sprach, und setzte mir zu, schändliche Lästerungen gegen den Erlöser zu sagen. Man sang mir Hurenlieder vor, die ich, ein liederlicher[11] Bube, nicht ohne Ekel und Entsetzen hörte; aber was ich ausüben sah, empörte meine Schamhaftigkeit noch mehr. Kein Tag verging, wo nicht irgendein schändlicher Lebenslauf wiederholt, irgendein schlimmer Anschlag geschmiedet ward. Anfangs floh ich dieses Volk und verkroch mich vor ihren Gesprächen, so gut mir's möglich war. Aber ich brauchte ein Geschöpf, und die Barbarei meiner Wächter hatte mir auch meinen Hund abgeschlagen. Die Arbeit war hart und tyrannisch, mein Körper kränklich. Ich brauchte Beistand, und wenn ich's aufrichtig sagen soll, ich brauchte Bedauerung, und diese musste ich mit dem letzten Überrest meines Gewissens erkaufen. So gewöhnte ich mich endlich an das

Abscheulichste, und im letzten Vierteljahr hatte ich meine Lehrmeister übertroffen.
Von jetzt an lechzte ich nach dem Tag meiner Freiheit, wie ich nach Rache lechzte. Alle Menschen hatten mich beleidigt, denn alle waren besser und glücklicher als ich. Ich betrachtete mich als den Märtyrer[12] des natürlichen Rechts und als ein Schlachtopfer der Gesetze. Zähneknirschend rieb ich meine Ketten, wenn die Sonne hinter meinem Festungsberg heraufkam. Eine weite Aussicht ist zwiefache Hölle für einen Gefangenen. Der freie Zugwind, der durch die Luftlöcher meines Turmes pfiff, und die Schwalbe, die sich auf dem eisernen Stab meines Gitters niederließ, schienen mich mit ihrer Freiheit zu necken und machten mir meine Gefangenschaft desto grässlicher. Damals gelobte ich unversöhnlichen, glühenden Hass allem, was dem Menschen gleicht, und was ich gelobte, hab ich redlich gehalten.
Mein erster Gedanke, sobald ich mich frei sah, war meine Vaterstadt. So wenig auch für meinen künftigen Unterhalt da zu hoffen war, so viel versprach sich mein Hunger nach Rache.“

9 solenn (veraltet): feierlich, festlich

10 exemplarisch: beispielhaft, ein Beispiel gebend

11 liederlich: nachlässig, lasterhaft

12 der Märtyrer: jemand, der sich für seine Überzeugungen opfert oder Verfolgung/Tod auf sich nimmt

1 a Entspricht dieser Text euren Erwartungen an einen Krimi? Begründet eure Meinung.
b Erläutert, worauf das Leseinteresse am Anfang der Geschichte gelenkt wird. Geht dabei auf zentrale Textpassagen, Figuren, die Handlung oder die sprachliche Gestaltung ein.

2 a Untersucht die Sprache des Textes. Erklärt die Bedeutung der markierten Textpassagen.
b Besprecht weitere Wörter oder Formulierungen, die unklar geblieben sind.

3 a Arbeitet im Team. Erstellt ein Schaubild, das über die wichtigsten Handlungsschritte informiert.
b Besprecht, welchen weiteren Handlungsverlauf ihr vermutet.

4 a Wie lässt sich der Titel der Erzählung „Der Verbrecher aus verlorener Ehre" vor dem Hintergrund des hier Erzählten verstehen?
b Welche Hinweise auf die Doppelnatur der Hauptfigur gibt der sprechende Name Christian Wolf?

5 Macht euch ein genaues Bild von Christian Wolf.
a Notiert alle Textstellen, die direkt etwas über die Figur aussagen oder indirekt Rückschlüsse auf ihren Charakter erlauben. Berücksichtigt dabei:
- Lebensumstände,
- Aussehen, äußeres Erscheinungsbild,
- typische Eigenschaften, Verhaltensweisen,
- Gedanken, Gefühle, Einstellungen, Absichten, Motive.

b Fasst eure Eindrücke von Christian Wolf in einer kurzen Charakteristik (▸ S. 332) zusammen. Verdeutlicht dabei besonders, wie sich die Figur entwickelt. Ihr könnt so beginnen:

> *Christian Wolf wächst als Sohn eines Gastwirts in einem kleinen Städtchen auf. Weil sein Vater ..., hilft er seiner Mutter ... Die Wirtschaft läuft nicht gut, sodass er in armen Verhältnissen ... Sein äußeres Erscheinungsbild ...*

6 „Die Richter sahen in das Buch der Gesetze, aber nicht einer in die Gemütsverfassung des Beklagten" (▸ Z. 107–109).
a Entwerft einige Sätze aus einem möglichen Verhör zwischen einem Richter und Christian Wolf.
b Tragt eure Verhöre vor und lasst dabei in Gestik, Mimik und Sprechweise eure Vorstellung von Christian Wolf lebendig werden.
c Diskutiert, welches Bild von der Justiz hier entworfen wird.

7 Untersucht die Erzähltechnik (▸ S. 331) des Textauszugs. Geht so vor:
a Bestimmt Erzählform und Erzählverhalten vor und nach Zeile 120.
b Beschreibt die Wirkung, die jeweils erzielt wird, und findet Gründe für den Perspektivwechsel.

8 a Führt einen Perspektivwechsel durch. Formt die Zeilen 1–46 um und erzählt das Geschehen aus der Sicht von Christian Wolf. Bedenkt auch, was Christian Wolf evtl. anders bewerten würde.
b Vergleicht die Wirkung eurer Texte mit der des Originals und besprecht, welche Deutungsverschiebungen sich ergeben.

Friedrich Schiller

Der Verbrecher aus verlorener Ehre (2)

Dieser Textauszug erzählt das Ereignis, das Christian Wolfs Leben von Grund auf verändert.

Eines Morgens hatte ich nach meiner Gewohnheit das Holz durchstrichen, die Fährte eines Hirsches zu verfolgen. Zwei Stunden hatte ich mich vergeblich ermüdet, und schon fing ich an, meine Beute verlorenzugeben, als ich sie auf einmal in schussgerechter Entfernung entdecke. Ich will anschlagen und abdrücken – aber plötzlich erschreckt mich der Anblick eines Hutes, der wenige Schritte vor mir auf der Erde liegt. Ich forsche genauer und erkenne den Jäger Robert, der hinter dem dicken Stamm einer Eiche auf ebendas Wild anschlägt, dem ich den Schuss bestimmt hatte. Eine tödliche Kälte fährt bei diesem Anblick durch meine Gebeine. Just das war der Mensch, den ich unter allen lebendigen Dingen am grässlichsten hasste, und dieser Mensch war in die Gewalt meiner Kugel gegeben. In diesem Augenblick dünkte mich's, als ob die ganze Welt in meinem Flintenschuss läge und der Hass meines ganzen Lebens in die einzige Fingerspitze sich zusammendrängte, womit ich den mörderischen Druck tun sollte. Eine unsichtbare, fürchterliche Hand schwebte über mir, der Stundenweiser meines Schicksals zeigte unwiderruflich auf diese schwarze Minute. Der Arm zitterte mir, da ich meiner Flinte die schreckliche Wahl erlaubte – meine Zähne schlugen zusammen wie im Fieberfrost, und der Odem sperrte sich erstickend in meiner Lunge. Eine Minute lang blieb der Lauf meiner Flinte ungewiss zwischen dem Menschen und dem Hirsch mitten inne schwanken – eine Minute – und noch eine – und wieder eine. Rache und Gewissen rangen hartnäckig und zweifelhaft, aber die Rache gewann's, und der Jäger lag tot am Boden.

Mein Gewehr fiel mit dem Schusse ... „Mörder“ ..., stammelte ich langsam – der Wald war still wie ein Kirchhof –, ich hörte deutlich, dass ich „Mörder“ sagte. Als ich näher schlich, starb der Mann. Lange stand ich sprachlos vor dem Toten, ein helles Gelächter endlich machte mir Luft. „Wirst du jetzt reinen Mund halten, guter Freund!“, sagte ich und trat keck hin, indem

ich zugleich das Gesicht des Ermordeten auswärtskehrte. Die Augen standen ihm weit auf. Ich wurde ernsthaft und schwieg plötzlich wieder stille. Es fing mir an, seltsam zu werden. Bis hieher hatte ich auf Rechnung meiner Schande gefrevelt; jetzt war etwas geschehen, wofür ich noch nicht gebüßt hatte. Eine Stunde vorher, glaube ich, hätte mich kein Mensch überredet, dass es noch etwas Schlechteres als mich unter dem Himmel gebe; jetzt fing ich an zu mutmaßen, dass ich vor einer Stunde wohl gar zu beneiden war. Gottes Gerichte fielen mir nicht ein – wohl aber eine, ich weiß nicht welche, verwirrte Erinnerung an Strang und Schwert und die Exekution einer Kindermörderin, die ich als Schuljunge mit angesehen hatte. Etwas ganz besonders Schreckbares lag für mich in dem Gedanken, dass von jetzt an mein Leben verwirkt sei. Auf mehreres besinne ich mich nicht mehr. Ich wünschte gleich darauf, dass er noch lebte. Ich tat mir Gewalt an, mich lebhaft an alles Böse zu erinnern, das mir der Tote im Leben zugefügt hatte, aber sonderbar, mein Gedächtnis war wie ausgestorben. Ich konnte nichts mehr von alledem hervorrufen, was mich vor einer Viertelstunde zum Rasen gebracht hatte. Ich begriff gar nicht, wie ich zu dieser Mordtat gekommen war.

[Auf seiner Flucht schließt sich Christian Wolf einer Räuberbande an und wird deren Anführer. Im Laufe der Zeit distanziert er sich immer mehr von der Bande und beschließt, den Rest seines Lebens als Soldat und ehrlicher Mann zu dienen. Bei einer Grenzkontrolle glaubt er während der Flucht als Verbrecher erkannt worden zu sein, zieht seine Pistole, wird überwältigt und verhaftet. Dem Amtmann, einem vertrauenswürdigen Alten, gegenüber offenbart Wolf schließlich freiwillig seine Identität. Ihn erwartet die Hinrichtung.]

1 Schildert euren Eindruck von „dem Vorfall“ und erklärt, inwiefern er als Wendepunkt der Erzählung bezeichnet werden kann.

2 a Untersucht den Textabschnitt im Hinblick auf das Verhältnis von äußerer und innerer Handlung (► S. 331): Was geschieht? Was denkt und fühlt Christian Wolf?
b Besprecht eure Ergebnisse: Welche Darstellung überwiegt und welche Wirkung erzielt der Text dadurch?

3 Christian Wolf beendet seinen Tatbericht mit den Worten: „Ich begriff gar nicht, wie ich zu dieser Mordtat gekommen war“ (► Z. 73–74).
Schreibt ihm einen Antwortbrief.

4 Lest die Auszüge aus Schillers Erzählung (▶ S. 100 ff.; 104 f.) noch einmal mit Blick auf die Epochenbeschreibung im Informationskasten.
Diskutiert dann über die folgenden Fragen:

a Welche Gedanken der Epoche der Aufklärung findet ihr in Schillers Text?
   – Wo liegen die Ursachen des Verbrechens? Welche Rolle spielen Autoritäten und Institutionen?
   – Was wird über die Bestrafung bzw. das Strafmaß ausgesagt? Welche Rolle spielen Gesellschaft, Bildung und Erziehung?

b Inwiefern trägt Christian Wolf, wenn auch in zerstörerischer Weise, typische Züge einer Figur des Sturm und Drang?

Information **Epochenüberblick: Aufklärung (ca. 1720–1800) – Sturm und Drang (ca. 1765–1785)**

Die **Epoche der Aufklärung** war geprägt durch die **Kritik an religiösen und staatlichen Autoritäten** und Institutionen sowie einer **Abkehr von der absolutistischen Staatsauffassung.** Der deutsche Philosoph Immanuel Kant (1724–1804) stellt die Forderung auf: „Habe Mut, dich deines eigenen Verstandes zu bedienen!“
Verstand, Vernunft und **kritisches Denken** werden zum Maßstab des persönlichen und gesellschaftlichen Handelns, **Freiheit** und **Selbstbestimmung** galten als zentrale Begriffe. Der Erziehung widmeten die Aufklärer ihre besondere Aufmerksamkeit, da sie die Ansicht vertraten, dass ein gesellschaftlicher Fortschritt nur durch **Bildung** und **Erziehung** des Einzelnen gelingen kann. Gefordert wurde auch eine **religiöse Toleranz** des Staates; Hexenprozesse und Folter wurden abgeschafft. Öffentliche Hinrichtungen als Demonstrationen herrschaftlicher Gewalt geraten als Verstoß gegen die Menschlichkeit in Verruf, die Humanisierung des Strafvollzugs wurde eingeleitet, erstmals wurde auch die Berechtigung der Todesstrafe angezweifelt.

Wichtige Autoren und Werke:

- Gotthold Ephraim Lessing (1729–1781): „Nathan der Weise“ (Drama), „Emilia Galotti“ (bürgerliches Trauerspiel)
- Georg Christoph Lichtenberg (1742–1799): „Sudelbücher“ (Aphorismen)
- Immanuel Kant (1724–1804): „Beantwortung der Frage: Was ist Aufklärung?“ (Aufsatz)

Die **Sturm-und-Drang-Zeit** bezeichnet eine Strömung der deutschen Literatur in der Epoche der Aufklärung, die überwiegend von jungen Männern getragen wurde. Mit der Aufklärung teilt man die **Kritik an politischer Bevormundung und Autorität.** Zudem wird aber gegen die einseitige Vernunftherrschaft der Aufklärung verstärkt die **Emotionalität** des Menschen in den Blick genommen: **Gefühl, Natur, Leidenschaft und Fantasie** sind die neuen Schlagworte. Ausdruck des neuen Ich-Bewusstseins ist das **Genie,** das sich über alle gesellschaftlichen Regeln hinwegsetzt. Die literarischen Helden dieser Strömung lieben **Freiheit, Rebellion** und schwelgen in einem **Kult um Liebe und Freundschaft.** Im Mittelpunkt der Dichtungen steht der Mensch, der auch um den Preis des Untergangs und gegen gesellschaftliche Normen seine Individualität auslebt.

Wichtige Autoren und Werke:

- Friedrich Schiller (1759–1805): „Die Räuber“ (Drama), „Kabale und Liebe“ (Drama)
- Johann Wolfgang Goethe (1749–1832): „Götz von Berlichingen“ (Drama), „Sesenheimer Lieder“ (Gedichte), „Die Leiden des jungen Werther“ (Briefroman)

„Ja, im tiefsten Innern regte sich eine Mordlust“ – Eine Detektivgeschichte erschließen

E. T. A. Hoffmann

Das Fräulein von Scuderi (1820, Teil 1)

Die 1820 erschienene Erzählung „Das Fräulein von Scuderi“ gilt als erste deutsche Detektivgeschichte.
Die Handlung spielt im Jahr 1680: Im Mittelpunkt steht die angesehene Hofdichterin Magdaleine von Scuderi, die einen Kriminalfall löst, in den der berühmte Goldschmied René Cardillac und dessen Geselle Olivier Brusson verwickelt sind.

In der Straße St. Honoré war das kleine Haus gelegen, welches Magdaleine von Scuderi, bekannt durch ihre anmutigen Verse, durch die Gunst Ludwig des XIV.[1] und der Maintenon[2] bewohnte.
Spät um Mitternacht – es mochte im Herbste des Jahres 1680 sein – wurde an dieses Haus hart und heftig angeschlagen, dass es im ganzen Flur laut widerhallte. – Baptiste, der in des Fräuleins[3] kleinem Haushalt Koch, Bedienten und Türsteher[4] zugleich vorstellte, war mit Erlaubnis seiner Herrschaft über Land gegangen zur Hochzeit seiner Schwester, und so kam es, dass die Martiniere, des Fräuleins Kammerfrau, allein im Hause noch wachte. Sie hörte die wiederholten Schläge, es fiel ihr ein, dass Baptiste fortgegangen und sie mit dem Fräulein ohne weitern Schutz im Hause geblieben sei; aller Frevel von Einbruch, Diebstahl und Mord, wie er jemals in Paris verübt worden, kam ihr in den Sinn, es wurde ihr gewiss, dass irgendein Haufen Meuter[5], von der Einsamkeit des Hauses unterrichtet, da draußen tobe und, eingelassen, ein böses Vorhaben gegen die Herrschaft ausführen wolle, und so blieb sie in ihrem Zimmer, zitternd und zagend und den Baptiste verwünschend samt seiner Schwester Hochzeit. Unterdessen donnerten die Schläge immer fort, und es war ihr, als rufe eine Stimme dazwischen: „So macht doch nur auf um Christi willen, so macht doch nur auf!“ Endlich in steigender Angst ergriff die Martiniere schnell den Leuchter mit der brennenden Kerze und rannte hinaus auf den Flur; da vernahm sie ganz deutlich die Stimme des Anpochenden: „Um Christi willen, so macht doch nur auf!“ „In der Tat“, dachte die Martiniere, „so spricht doch wohl kein Räuber; wer weiß, ob nicht gar ein Verfolgter Zuflucht sucht bei meiner Herrschaft, die ja geneigt ist zu jeder Wohltat. Aber lasst uns vorsichtig sein!“ – Sie öffnete ein Fenster und rief hinab, wer denn da

1 Ludwig der XIV. (1638–1715): genannt der Sonnenkönig, war von 1643 bis zu seinem Tod König von Frankreich. Er gilt als Hauptvertreter des höfischen Absolutismus.

2 Madame de Maintenon (1635–1719): die zweite Frau Ludwigs des XIV. von Frankreich.

3 das Fräulein: damals standesgemäße Anrede für eine unverheiratete adelige Frau

4 der Türsteher, hier: Portier, Hausmeister

5 der Meuterer (älter: der Meuter): Aufrührer, Rebell, Dieb, Verbrecher

unten in später Nacht so an der Haustür tobe und alles aus dem Schlafe wecke, indem sie ihrer tiefen Stimme so viel Männliches zu geben sich bemühte als nur möglich. In dem Schimmer der Mondesstrahlen, die eben durch die finstern Wolken brachen, gewahrte sie eine lange, in einen hellgrauen Mantel gewickelte Gestalt, die den breiten Hut tief in die Augen gedrückt hatte. Sie rief nun mit lauter Stimme, so, dass es der unten vernehmen konnte: „Baptiste, Claude, Pierre, steht auf und seht einmal zu, welcher Taugenichts uns das Haus einschlagen will!“ Da sprach es aber mit sanfter, beinahe klagender Stimme von unten herauf: „Ach! La Martiniere, ich weiß ja, dass Ihr es seid, liebe Frau, sosehr Ihr Eure Stimme zu verstellen trachtet, ich weiß ja, dass Baptiste über Land gegangen ist und Ihr mit Eurer Herrschaft allein im Hause seid. Macht mir nur getrost auf, befürchtet nichts. Ich muss durchaus mit Eurem Fräulein sprechen, noch in dieser Minute.“ „Wo denkt Ihr hin“, erwiderte die Martiniere, „mein Fräulein wollt Ihr sprechen mitten in der Nacht? Wisst Ihr denn nicht, dass sie längst schläft und dass ich sie um keinen Preis wecken werde aus dem ersten süßesten Schlummer, dessen sie in ihren Jahren wohl bedarf.“ „Ich weiß“, sprach der Untenstehende, „ich weiß, dass Euer Fräulein soeben das Manuskript ihres Romans, ‚Clelia‘ geheißen, an dem sie rastlos arbeitet, beiseitegelegt hat und jetzt noch einige Verse aufschreibt, die sie morgen bei der Marquise de Maintenon vorzulegen gedenkt. Ich beschwöre Euch, Frau Martiniere, habt die Barmherzigkeit und öffnet mir die Türe. Wisst, dass es darauf ankommt, einen Unglücklichen vom Verderben zu retten, wisst, dass Ehre, Freiheit, ja das Leben eines Menschen abhängt von diesem Augenblick, in dem ich Euer Fräulein sprechen muss. Bedenkt, dass Eurer Gebieterin Zorn ewig auf Euch lasten würde, wenn sie erführe, dass Ihr es waret, die den Unglücklichen, welcher kam, ihre Hilfe zu erflehen, hartherzig von der Türe wieset.“ „Aber warum sprecht Ihr denn meines Fräuleins Mitleid an in dieser ungewöhnlichen Stunde, kommt morgen zu guter Zeit wieder“, so sprach die Martiniere herab; da erwiderte der unten: „Kehrt sich denn das Schicksal, wenn es verderbend wie der tötende Blitz einschlägt, an Zeit und Stunde? Darf, wenn nur ein Augenblick Rettung noch möglich ist, die Hilfe aufgeschoben werden? Öffnet mir die Türe, fürchtet doch nur nichts von einem Elenden, der schutzlos, verlassen von aller Welt, verfolgt, bedrängt von einem ungeheuern Geschick, Euer Fräulein um Rettung anflehen will aus drohender Gefahr!“ Die Martiniere vernahm, wie der Untenstehende bei diesen Worten vor tiefem Schmerz stöhnte und schluchzte; dabei war der Ton von seiner Stimme der eines Jünglings, sanft und eindringend tief in die Brust. Sie fühlte sich im Innersten bewegt, ohne sich weiter lange zu besinnen, holte sie die Schlüssel herbei.

1 Lest den Anfang der Erzählung. Begründet: Hättet ihr Lust, diese Geschichte weiterzulesen?

2 a Arbeitet im Team und entwickelt konkrete Vorschläge, wie ihr den Beginn dieser Erzählung verfilmen würdet.
b Haltet anschließend fest, wie in diesem Erzählanfang Spannung aufgebaut wird.

3 Untersucht den Text noch einmal im Hinblick auf das Verhältnis von innerer und äußerer Handlung (▸ S. 331) sowie von Erzählzeit und erzählter Zeit (▸ S. 332). Wie trägt beides zur Spannungssteigerung bei?

4 Notiert, welche offenen Fragen der Erzählbeginn aufwirft. Beantwortet die Fragen, indem ihr Vermutungen über den weiteren Handlungsverlauf anstellt.

E. T. A. Hoffmann

Das Fräulein von Scuderi (2)

Die Angst der Martiniere beim nächtlichen Besuch des Unbekannten hat einen Hintergrund: Eine rätselhafte Mordserie versetzt Paris in Angst und Schrecken. Alle Morde folgen dem gleichen Prinzip: Immer sind die Opfer adlige Männer, die mit einem Schmuckgeschenk auf dem Weg zu ihrer Geliebten erdolcht und ihres Schmuckes beraubt werden.

Der Unbekannte, der nachts vor dem Hause der Scuderi um Einlass bittet, flüchtet, als die Gendamerie auftaucht. Er hinterlässt ein geheimnisvolles Kästchen, in dem sich wertvoller Schmuck des Goldschmiedemeisters Cardillac befindet. Das Fräulein von Scuderi möchte dem Hersteller seine so wundersam aufgetauchte Ware zurückgeben, doch dieser lehnt ab und besteht darauf, ihr den Schmuck zu schenken. Mehrere Monate vergehen, als die Kutsche des Fräuleins von Scuderi während der Fahrt durch Paris gewaltsam geöffnet und ihr ein Brief zugeworfen wird, in dem sie eindringlich gebeten wird, den Schmuck innerhalb von zwei Tagen zu Cardillac zurückzubringen. Als sich die alte Dame am dritten Tag in die Goldschmiede begibt, erfährt sie, dass Cardillac tot aufgefunden wurde und sein Geselle Olivier Brusson des Mordes angeklagt ist. Obwohl die Scuderi erschrocken feststellen muss, dass Olivier niemand anderer ist als der junge Mann, der ihr nachts das Schmuckkästchen und später den warnenden Brief überbracht hat, glaubt sie an seine Unschuld. Bei einem geheimen Treffen offenbart Olivier ihr die furchtbare Wahrheit:

Olivier konnte vor Wehmut nicht weitersprechen. Er hielt beide Hände vors Gesicht und schluchzte heftig. Endlich mit Gewalt den wilden Schmerz, der ihn erfasst, niederkämpfend, sprach er weiter: „Madelon[1] blickte mich an mit freundlichen Augen. Sie kam öfter und öfter in die Werkstatt. Mit Entzücken gewahrte ich ihre Liebe. So streng der Vater uns bewachte, mancher verstohlne Händedruck galt als Zeichen des geschlossenen Bundes. Cardillac schien nichts zu merken. Ich gedachte, hätte ich erst seine Gunst gewonnen, und konnte ich die Meisterschaft erlangen, um Madelon zu werben. Eines Morgens, als ich meine Arbeit beginnen wollte, trat Cardillac vor mich hin, Zorn und Verachtung im finstern Blick. „Ich bedarf deiner Arbeit nicht mehr“, fing er an,

1 Madelon: Cardillacs Tochter und Oliviers Geliebte

„fort aus dem Hause, noch in dieser Stunde, und lass dich nie mehr vor meinen Augen sehen. Warum ich dich hier nicht mehr dulden kann, brauche ich dir nicht zu sagen. Für dich armen Schlucker hängt die süße Frucht zu hoch, nach der du trachtest!“ Ich wollte reden, er packte mich aber mit starker Faust und warf mich zur Türe hinaus, dass ich niederstürzte und mich hart verwundete an Kopf und Arm. – Empört, zerrissen vom grimmen Schmerz, verließ ich das Haus und fand endlich am äußersten Ende der Vorstadt St. Martin einen gutmütigen Bekannten, der mich aufnahm in seine Bodenkammer. Ich hatte keine Ruhe, keine Rast. Zur Nachtzeit umschlich ich Cardillacs Haus, wähnend, dass Madelon meine Seufzer, meine Klage vernehmen, dass es ihr vielleicht gelingen werde, mich vom Fenster herab unbelauscht zu sprechen. Allerlei verwegene Pläne kreuzten in meinem Gehirn, zu deren Ausführung ich sie zu bereden hoffte. An Cardillacs Haus in der Straße Nicaise schließt sich eine hohe Mauer mit Blenden und alten, halb zerstückelten Steinbildern darin. Dicht bei einem solchen Steinbilde stehe ich in einer Nacht und sehe hinauf nach den Fenstern des Hauses, die in den Hof gehen, den die Mauer einschließt. Da gewahre ich plötzlich Licht in Cardillacs Werkstatt. Es ist Mitternacht, nie war sonst Cardillac zu dieser Stunde wach, er pflegte sich auf den Schlag neun Uhr zur Ruhe zu begeben. Mir pocht das Herz vor banger Ahnung, ich denke an irgendein Ereignis, das mir vielleicht den Eingang bahnt. Doch gleich verschwindet das Licht wieder. Ich drücke mich an das Steinbild, in die Blende hinein, doch entsetzt pralle ich zurück, als ich einen Gegendruck fühle, als sei das Bild lebendig worden. In dem dämmernden Schimmer der Nacht gewahre ich nun, dass der Stein sich langsam dreht und hinter demselben eine finstere Gestalt hervorschlüpft, die leisen Trittes die Straße hinabgeht. Ich springe an das Steinbild hinan, es steht wie zuvor dicht an der Mauer. Unwillkürlich, wie von einer innern Macht getrieben, schleiche ich hinter der Gestalt her. Gerade bei einem Marienbilde schaut die Gestalt sich um, der volle Schein der hellen Lampe, die vor dem Bilde brennt, fällt ihr ins Antlitz. Es ist Cardillac! Eine unbegreifliche Angst, ein unheimliches Grauen überfällt mich. Wie durch Zauber festgebannt muss ich fort – nach – dem gespenstischen Nachtwanderer. Dafür halte ich den Meister, unerachtet nicht die Zeit des Vollmonds ist, in der solcher Spuk die Schlafenden betört. Endlich verschwindet Cardillac seitwärts in den tiefen Schatten. An einem kleinen, wiewohl bekannten Räuspern gewahre ich indessen, dass er in die Einfahrt eines Hauses getreten ist. Was bedeutet das, was wird er beginnen? – So frage ich mich selbst voll Erstaunen und drücke mich dicht an die Häuser. Nicht lange dauert's, so kommt singend und trillernd ein Mann daher mit leuchtendem Federbusch und klirrenden Sporen. Wie ein Tiger auf seinen Raub stürzt sich Cardillac aus seinem Schlupfwinkel auf den Mann, der in demselben Augenblick röchelnd zu Boden sinkt. Mit einem Schrei des Entsetzens springe ich heran, Cardillac ist über den Mann, der zu Boden liegt, her. „Meister Cardillac, was tut Ihr“, rufe ich laut. „Vermaledeiter!“, brüllt Cardillac, rennt mit Blitzesschnelle bei mir vorbei und verschwindet. Ganz außer mir, kaum der Schritte mächtig, nähere ich mich dem Niedergeworfenen. Ich knie bei ihm nieder, vielleicht, denk ich, ist er noch zu retten, aber keine Spur des Lebens ist mehr in ihm.“

1 Löst den Fall auf: Wer ist der Mörder? Wie geht er vor? Warum fordert Olivier das Fräulein von Scuderi in dem Brief auf, den Schmuck zurückzubringen?

2 Cardillac ist ein Genie der Goldschmiedekunst und fertigt einzigartige Stücke an. Er ist in Paris hoch geschätzt und gilt als vorbildlicher Bürger. Trotzdem wird er, um seine Schmuckstücke zurückzuerlangen, zum kaltblütigen Mörder. Stellt Vermutungen auf, warum dies so ist.

E. T. A. Hoffmann

Das Fräulein von Scuderi (3)

Kurz bevor der geniale Goldschmied René Cardillac bei einem weiteren Mordversuch von einem Adligen in Notwehr getötet wird, vertraut er seinem Gesellen Olivier die Hintergründe seines Doppellebens an.

Cardillac setzte sich wieder in seinen Arbeitsstuhl. Er trocknete sich den Schweiß von der Stirne. Er schien, von der Erinnerung des Vergangenen hart berührt, sich mühsam zu fassen. Endlich fing er an: „Weise Männer sprechen viel von den seltsamen Eindrücken, deren Frauen in guter Hoffnung fähig sind, von dem wunderbaren Einfluss solch lebhaften, willenlosen Eindrucks von außen her auf das Kind. Von meiner Mutter erzählte man mir eine wunderliche Geschichte. Als die mit mir im ersten Monat schwanger ging, schaute sie mit andern Weibern einem glänzenden Hoffest zu, das in Trianon gegeben wurde. Da fiel ihr Blick auf einen Kavalier in spanischer Kleidung mit einer blitzenden Juwelenkette um den Hals, von der sie die Augen gar nicht mehr abwenden konnte. Ihr ganzes Wesen war Begierde nach den funkelnden Steinen, die ihr ein überirdisches Gut dünkten. Derselbe Kavalier hatte vor mehreren Jahren, als meine Mutter noch nicht verheiratet, ihrer Tugend nachgestellt, war aber mit Abscheu zurückgewiesen worden. Meine Mutter erkannte ihn wieder, aber jetzt war es ihr, als sei er im Glanz der strahlenden Diamanten ein Wesen höherer Art, der Inbegriff aller Schönheit. Der Kavalier bemerkte die sehnsuchtsvollen, feurigen Blicke meiner Mutter. Er glaubte, jetzt glücklicher zu sein als vormals. Er wusste sich ihr zu nähern, noch mehr, sie von ihren Bekannten fort an einen einsamen Ort zu locken. Dort schloss er sie brünstig in seine Arme, meine Mutter fasste nach der schönen Kette, aber in demselben Augenblick sank er nieder und riss meine Mutter mit sich zu Boden. Sei es, dass ihn der Schlag plötzlich getroffen, oder aus einer andern Ursache; genug, er war tot. Vergebens war das Mühen meiner Mutter, sich den im Todeskrampf erstarrten Armen des Leichnams zu entwinden. Die hohlen Augen, deren Sehkraft erloschen, auf sie gerichtet, wälzte der Tote sich mit ihr auf dem Boden. Ihr gellendes Hülfsgeschrei drang endlich bis zu in der Ferne Vorübergehenden, die herbeieilten und sie retteten aus den Armen des grausigen Liebhabers. Das Entsetzen warf meine Mutter auf ein schweres Krankenlager. Man gab sie, mich verloren, doch sie gesundete, und die Entbindung war glücklicher, als man je hatte hoffen können. Aber die Schrecken jenes fürchterlichen Augenblicks hatten mich getroffen. Mein böser Stern war aufgegangen und hatte den Funken hinabgeschossen, der in mir eine der seltsamsten und verderblichsten Leidenschaften entzündet. Schon in der frühesten Kindheit gingen mir glänzende Diamanten, goldenes Geschmeide über alles. Man hielt das für gewöhnliche kindische Neigung. Aber es zeigte sich anders, denn als Knabe stahl ich Gold und Juwelen, wo ich ihrer habhaft werden konnte. Wie der geübteste Kenner unterschied ich aus Instinkt unechtes Geschmeide von echtem. Nur dieses lockte mich, unechtes sowie geprägtes Gold ließ ich unbeachtet liegen. Den grausamsten Züchtigungen des Vaters musste die angeborne Begierde weichen. Um nur mit Gold und edlen Steinen hantieren zu können, wandte ich mich zur Goldschmiedsprofession. Ich arbeitete mit Leidenschaft und wurde bald der erste Meister dieser Art. Nun begann eine Periode, in der der angeborne Trieb, so lange niedergedrückt, mit Gewalt empordrang und mit Macht wuchs, alles um sich her wegzehrend. Sowie ich ein Geschmeide gefertigt und abgeliefert, fiel ich in eine Unruhe, in eine Trostlosigkeit, die mir Schlaf, Gesundheit – Lebensmut raubte. – Wie ein Gespenst stand Tag und Nacht die Person, für die ich gearbeitet, mir vor Augen, geschmückt mit meinem Geschmeide, und eine Stimme raunte mir in die Ohren: ‚Es ist ja dein – es ist ja dein – nimm es doch – was sollen die Diamanten dem Toten!‘ – Da legt' ich mich endlich auf Diebeskünste. Ich hatte Zutritt in den Häusern der Großen, ich nützte schnell jede Gelegenheit, kein Schloss widerstand meinem Geschick, und bald war der Schmuck, den ich gearbeitet, wieder in meinen Händen. – Aber nun vertrieb selbst das nicht meine Unruhe. Jene unheimliche Stimme ließ sich dennoch vernehmen und höhnte mich und rief: ‚Ho ho, dein Geschmeide trägt ein Toter!‘ – Selbst wusste ich nicht, wie es kam, dass ich einen unaussprechlichen Hass auf die warf, denen ich Schmuck gefertigt. Ja, im tiefsten Innern regte sich eine Mordlust gegen sie, vor der ich selbst erbebte. – In dieser Zeit kaufte ich dieses Haus. Ich war mit dem Besitzer handelseinig geworden, hier in diesem Gemach saßen wir, erfreut über das geschlossene Geschäft, beisammen und tranken eine Flasche Wein. Es war Nacht worden, ich wollte aufbrechen, da sprach mein Verkäufer: ‚Hört, Meister René, ehe Ihr fortgeht, muss ich Euch mit einem Geheimnis dieses Hauses bekannt machen.‘ Darauf schloss er jenen in die Mauer eingeführten Schrank auf, schob die Hinterwand fort, trat in ein kleines Gemach, bückte sich nieder, hob eine Falltür auf. Eine steile, schmale Treppe stiegen wir hinab, kamen an ein schmales Pförtchen, das er aufschloss, traten hinaus in den freien Hof. Nun schritt der alte Herr, mein Verkäufer, hinan an die Mauer, schob an einem nur wenig hervorragenden Eisen, und alsbald drehte sich ein Stück Mauer los, sodass ein Mensch bequem durch die Öffnung schlüpfen und auf die Straße gelangen konnte. Du magst einmal das Kunststück sehen, Olivier, das wahrscheinlich schlaue Mönche des Klosters, welches ehemals hier lag, fertigen ließen, um heimlich aus- und einschlüpfen zu können. Es ist ein Stück Holz, nur von außen gemörtelt und getüncht, in das von außen her eine Bildsäule, auch nur von Holz, doch ganz wie Stein, eingefügt ist, welches sich mitsamt der Bildsäule auf verborgenen Angeln dreht. – Dunkle Gedanken stiegen in mir auf, als ich diese Einrichtung sah, es war mir, als sei vorgearbeitet solchen Taten, die mir selbst noch Geheimnis blieben. Eben hatt' ich einem Herrn vom Hofe einen reichen Schmuck abgeliefert, der, ich weiß es, einer Operntänzerin bestimmt war. Die Todesfolter blieb nicht aus – das Gespenst hängte sich an meine Schritte – der lispelnde Satan an mein Ohr! – Ich zog ein in das Haus. In blutigem Angstschweiß gebadet, wälzte ich mich schlaflos auf dem Lager! Ich seh im Geiste den Menschen zu der Tänzerin schleichen mit meinem Schmuck. Voller Wut springe ich auf – werfe den Mantel um – steige herab die geheime Treppe – fort durch die Mauer nach der Straße Nicaise. – Er kommt, ich falle über ihn her, er schreit auf, doch, von hinten festgepackt, stoße ich ihm den Dolch ins Herz – der Schmuck ist mein! – Dies getan, fühlte ich eine Ruhe, eine

Zufriedenheit in meiner Seele wie sonst niemals. Das Gespenst war verschwunden, die Stimme des Satans schwieg. Nun wusste ich, was mein böser Stern wollte, ich musst' ihm nachgeben oder untergehen! – Du begreifst jetzt mein ganzes Tun und Treiben, Olivier! – Glaube nicht, dass ich darum, weil ich tun muss, was ich nicht lassen kann, jenem Gefühl des Mitleids, des Erbarmens, was in der Natur des Menschen bedingt sein soll, rein entsagt habe. Du weißt, wie schwer es mir wird, einen Schmuck abzuliefern; wie ich für manche, deren Tod ich nicht will, gar nicht arbeite, ja wie ich sogar, weiß ich, dass am morgenden Tage Blut mein Gespenst verbannen wird, heute es bei einem tüchtigen Faustschlage bewenden lasse, der den Besitzer meines Kleinods zu Boden streckt und mir dieses in die Hand liefert."

1 Erklärt, warum Cardillac zum Mörder wird. Haltet ihr die Begründung für überzeugend?

2 a Ist Cardillac eine gespaltene Persönlichkeit, also eine tragische Figur? Begründet, indem ihr sein Verhalten und seine Motive beschreibt und bewertet.
b Diskutiert: Ist Cardillac eher Täter oder Opfer?

3 Was könnte Olivier auf das Geständnis seines Meisters antworten? Schreibt den Text weiter.

4 Ist „Das Fräulein von Scuderi" ein typisches Werk der Schauerromantik? Argumentiert mit Hilfe der folgenden Information.

Information **Epochenüberblick: Romantik (ca. 1795–1840)**

Die gesamte Epoche wurde als Krisenzeit erlebt: Die Hoffnungen auf eine liberal-demokratische Umgestaltung der politischen Verhältnisse im Zuge der Französischen Revolution (1789) waren zerschlagen, das alte absolutistische System in Europa wiederhergestellt. Die Romantiker wenden sich – vergleichbar mit der Bewegung des Sturm und Drang (▸ S. 106) – **gegen** das reine **Vernunftdenken der Aufklärung** (▸ S. 106) und **gegen** die fortschreitende **Industrialisierung** ihrer Zeit, die den Menschen zunehmend nach seiner Nützlichkeit und Verwertbarkeit bemisst. Dem stellen die Romantiker das **Seelenleben** und die **Gefühlswelt** der Menschen, **das Magische, Übernatürliche** und **Wunderbare** entgegen. Die Sehnsucht nach einer (von der Aufklärung) noch unberührten Welt, die Nacht als Gegenwelt zur Realität, Fernweh, Aufbruch ins Unbekannte, das Eintauchen in Traumwelten sind beliebte Motive in Kunst und Dichtung.
Die **Schauerromantik** (auch Schwarze Romantik) ist eine Strömung innerhalb der Romantik, die sich mit der **dunklen, irrationalen Seite des Menschen befasst.** Es geht um die Darstellung des Unheimlichen, Dämonischen und des Bösen. Sie erzählt von Wahnvorstellungen, Ängsten und Tod, von Spukschlössern, Ruinen und Friedhöfen, wo sich Teufelspakte, Wahnsinn und Hysterie ereignen, wo Doppelgänger, Wiedergänger und Besessene ihr Unwesen treiben.
Als bekanntester deutscher Dichter der Schauerromantik gilt **E. T. A. Hoffmann** mit seiner Erzählung „Der Sandmann" (1816) oder seinem Roman „Die Elixiere des Teufels" (1815).
Die Meister der **Schauerromantik** (Gothic Novel) gibt es in der englischsprachigen Literatur, z. B. **Edgar Allan Poe** mit seinen Horrorgeschichten von lebendig begrabenen Personen („Der Untergang des Hauses Usher"), **Mary Shelley** mit ihrem Roman **„Frankenstein"**, der Geschichte eines künstlichen Menschen, der zum Mörder wird, oder **Bram Stoker** mit seinem Roman **„Dracula"**, der zum Muster aller Vampirgeschichten wurde.

5 Vergleicht „Der Verbrecher aus verlorener Ehre“ von Friedrich Schiller (▸ S. 100–105) mit „Das Fräulein von Scuderi“ von E. T. A Hoffmann (▸ S. 107–113).
– Untersucht, warum die Hauptfiguren (Christian Wolf und René Cardillac) jeweils zu Mördern werden.
– Stellt einen Bezug zum jeweiligen Epochenkontext her.

a Legt euch eine Stoffsammlung zur Beantwortung des oben stehenden Arbeitsauftrages an. Die folgenden Leitfragen helfen euch dabei:

Leitfragen für den Textvergleich: Warum werden Christian Wolf und René Cardillac zu Mördern?

1. *Wie werden die Figuren (Mörder) jeweils charakterisiert?*
   (Äußeres, Beruf, Ansehen in der Gesellschaft usw.)
2. *Wie wird der Mord jeweils erklärt?*
   (Welche Tatmotive gibt es? Ist der Verbrecher schuldig/unschuldig an dem Geschehen? Welche Rolle spielt die Gesellschaft?)
3. *Wie bewerten die Verbrecher jeweils ihre Tat?*
   (Welche Gedanken gehen ihnen durch den Kopf? Wie reagieren sie jeweils auf die Tat? Zeigen sie Reue, Mitleid? Verspüren sie eine Genugtuung?
4. *Wie bewertet ihr die Mörder?*
   (Könnt ihr die Tatmotive verstehen?)
5. *Welche epochentypischen Merkmale lassen sich festhalten?*
   (Aufklärung / Sturm und Drang – Romantik)

Leitfragen	Der Verbrecher aus verlorener Ehre	Das Fräulein von Scuderi
1. Wie ...?	*– arme Verhältnisse, Außenseiter, ...*	*– angesehener Goldschmied, ...*
2. ...	...	...

b Schreibt einen zusammenhängenden Textvergleich auf der Grundlage eurer Stoffsammlung.

Methode **Texte vergleichen (vergleichende Textinterpretation)**

Beim Textvergleich werden zwei Texte (z. B. zwei Gedichte, zwei Dramen, zwei Prosatexte) **unter Berücksichtigung** vorgegebener oder selbst gesetzter **Vergleichsaspekte** (z. B. Thema, Motive, Epochenmerkmale) miteinander verglichen. Der Hauptteil einer vergleichenden Textinterpretation kann unterschiedlich aufgebaut werden, z. B.:

- **Einleitung:** Vorstellung beider Texte und Aufzeigen des Vergleichsrahmens
- **Hauptteil:**
  1. Möglichkeit (Texte nacheinander untersuchen)
  – Interpretation von Text 1 (unter Berücksichtigung der Vergleichsaspekte)
  – Interpretation von Text 2 (unter Berücksichtigung der Vergleichsaspekte)
  2. Möglichkeit (Texte gleichzeitig untersuchen)
  Die Texte werden gleichzeitig interpretiert, wobei die Vergleichsaspekte nacheinander abgearbeitet werden.
- **Schluss:** Zusammenfassung der wichtigsten Ergebnisse (Fazit)

6 Friedrich Schillers „Der Verbrecher aus verlorener Ehre“ und E. T. A. Hoffmanns „Das Fräulein von Scuderi“ begründeten eine neue Gattung: die Kriminal- bzw. Detektivgeschichte.

a Erklärt mit Hilfe des Merkkastens, welche gattungstypischen Merkmale ihr entdecken könnt.

b Diskutiert, ob die Informationen zur Kriminal- bzw. Detektivgeschichte euch helfen, die Texte besser zu verstehen.

7 Stellt einander Krimis und Detektivgeschichten vor, die ihr kennt. Das können Bücher, Filme oder Serien sein. Informiert über:

1. *Allgemeine Angaben: Titel; Autor/-in bzw. Regisseur/-in, Erscheinungsjahr*
2. *Inhalt: Hauptfiguren, Ort, Zeit, Handlung (nicht die Auflösung verraten)*
3. *Typische Merkmale der Kriminal- oder Detektivgeschichte*
4. *Lese- oder Filmprobe*
5. *Persönliche Bewertung*

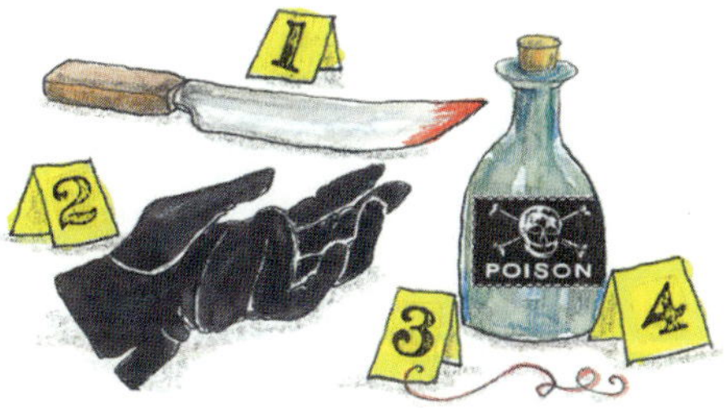

Bekannte Kriminal- und Detektivgeschichten

- Edgar Allan Poe: Der Doppelmord in der Rue Morgue (1841)
- Arthur Conan Doyle: Der Hund von Baskerville (1902)
- Agatha Christie: Alibi (1925)
- Dashiell Hammett: Der Malteser Falke (1930)
- Friedrich Dürrenmatt: Der Richter und sein Henker (1952)
- Raymond Chandler: Der lange Abschied (1954)
- Truman Capote: Kaltblütig (1965)
- Henning Mankell: Die weiße Löwin (1998)
- Wolf Haas: Komm, süßer Tod (1998)
- Stieg Larsson: Verblendung (2005)
- Christoph Wortberg: Die Farbe der Angst (2006)
- Simon Beckett: Die Chemie des Todes (2006)

8 Diskutiert: Gibt es typische Erzählmuster, nach denen die Kriminal- bzw. Detektivgeschichten aufgebaut sind?

Information **Kriminalgeschichte – Detektivgeschichte**

Kriminalgeschichten (lat. „crimen“ = Verbrechen) und **Detektivgeschichten** (lat. „detegere“ = aufklären) sind Gattungen in der Literatur bzw. im Film, bei denen ein Verbrechen, meist ein Mordfall, im Mittelpunkt der Handlung steht. Obwohl beide Gattungen auf Spannung ausgelegte Geschichten sind und überwiegend in Mischformen auftreten, gibt es doch Unterschiede:

- Bei der klassischen **Detektivgeschichte** steht, ausgehend von einer bereits geschehenen Tat, die **Aufklärung des Verbrechens** im Mittelpunkt. Damit rücken die Person des Ermittlers und seine Methoden der Tataufklärung in den Vordergrund, z. B.: Sherlock-Holmes-Geschichten von Arthur Conan Doyle, Romane von Agatha Christie mit ihrer Heldin Miss Marple.
- Die **Kriminalgeschichte** erzählt die **Entstehung eines Verbrechens.** Spannung bezieht dieser Typus in erster Linie aus der Darstellung des Täters und der Tatumstände. Damit rücken die Täterpsychologie, die Tatumstände und die Motive des Verbrechers für seine Tat in den Vordergrund.

Testet euch!

Rund um Kriminal- und Detektivgeschichten

E. T. A. Hoffmann

Das Fräulein von Scuderi (4)

Die Worte erfüllten mich mit Entsetzen. Nun wusst' ich, dass sein irrer Geist wieder erfasst war von dem abscheulichen Mordgespenst, dass des Satans Stimme wieder laut worden vor seinen Ohren. Ich sah Euer Leben bedroht von dem verruchten Mordteufel. Hatte Cardillac nur seinen Schmuck wieder in Händen, so wart Ihr gerettet. Mit jedem Augenblick wuchs die Gefahr. Da begegnete ich Euch auf dem Pontneuf, drängte mich an Eure Kutsche, warf Euch jenen Zettel zu, der Euch beschwor, doch nur gleich den erhaltenen Schmuck in Cardillacs Hände zu bringen. Ihr kamt nicht. Meine Angst stieg bis zur Verzweiflung, als andern Tages Cardillac von nichts anderm sprach als von dem köstlichen Schmuck, der ihm in der Nacht vor Augen gekommen. Ich konnte das nur auf Euern Schmuck deuten, und es wurde mir gewiss, dass er über irgendeinen Mordanschlag brüte, den er gewiss schon in der Nacht auszuführen sich vorgenommen. Euch retten musst' ich, und sollt' es Cardillacs Leben kosten. Sowie Cardillac nach dem Abendgebet sich, wie gewöhnlich, eingeschlossen, stieg ich durch ein Fenster in den Hof, schlüpfte durch die Öffnung in der Mauer und stellte mich unfern in den tiefen Schatten. Nicht lange dauerte es, so kam Cardillac heraus und schlich leise durch die Straße fort. Ich hinter ihm her. Er ging nach der Straße St. Honoré, mir bebte das Herz.

1 a Worum geht es in diesem Textauszug? Führt die folgenden Sätze sinnvoll fort.

A *Olivier befürchtet, dass ...*
B *Olivier wirft den Zettel in die Kutsche, um/weil ...*
C *Cardillac mordet, weil ...*

b Belegt eure Aussagen (A, B, C) jeweils mit einem treffenden Zitat aus dem Text oben.

2 Welche epochentypischen Merkmale finden sich in diesem Textauszug? Notiert die Buchstaben der zutreffenden Aussagen.

Der Textauszug ...

A ruft zu Menschlichkeit und Tugend auf, weil er vor den Gefahren des Künstlertums warnt.
B handelt von der Macht des Verstandes.
C ist ein Beispiel für die Literatur der Aufklärung, weil ein Verbrechen aufgeklärt wird.
D stellt den Täter als einen Besessenen dar.
E ist ein Beispiel für die Literatur der Schauerromantik, weil die dunklen, irrationalen Seiten des Menschen gezeigt werden.

3 Vergleicht eure Ergebnisse aus den Aufgaben 1 und 2 in Partnerarbeit.

5.2 „Wer war's?" – Texte um- und ausgestalten

Friedrich Dürrenmatt

Das Versprechen (1958, Teil 1)

Die Entstehungsgeschichte dieses Kriminalromans ist ungewöhnlich, denn er entstand auf Grundlage des berühmten Films „Es geschah am hellichten Tag", zu dem Dürrenmatt auch das Drehbuch verfasste. Dürrenmatt wollte die Geschichte jenseits des Films weiterdenken: Liegt der Fokus im Film auf dem Verbrechen, spielt nun der Ermittler, Kommissar Matthäi, die Hauptrolle.
Kommissar Matthäi verspricht den Eltern eines ermordeten Mädchens, nicht eher zu ruhen, als bis der wahre Täter gefunden ist. Besessen davon, den Fall zu lösen, rekonstruiert er den Tathergang und stellt dem Mörder eine Falle: Er mietet eine heruntergekommene Tankstelle an einem Ort, wo er den Täter vermutet, und engagiert eine Haushälterin, Frau Heller, mit einem Kind, Annemarie, das große Ähnlichkeit mit dem ermordeten Mädchen hat. Ohne Mutter und Tochter in seinen Plan einzuweihen, benutzt er Annemarie als Lockvogel für den Mörder. Was bei dem Polizeieinsatz geschah, erzählt der Polizeichef aus Zürich, der an der Ermittlung beteiligt war.

Wir gingen zur Lichtung. Wir untersuchten sie sorgfältig, doch fanden wir nichts. Dann verteilten wir uns. Es ging gegen Mittag; Matthäi kehrte zur Tankstelle zurück, um keinen Verdacht zu erregen. Der Tag war günstig, Donnerstag, das Kind hatte nachmittags keine Schule; Gritli Moser wurde ebenfalls an einem Donnerstag ermordet, schoß es mir durch den Sinn. Es war ein heller Herbsttag, heiß, trocken, überall das Gesumm von Bienen und Wespen und anderen Insekten, Vogelgekreisch, ganz von fern hallende Axtschläge. Zwei Uhr, deutlich waren die Glocken vom Dorfe zu hören, und dann erschien das Mädchen, brach mir gegenüber durch das Gesträuch, mühelos, hüpfend, springend, lief zum kleinen Bach mit seiner Puppe, setzte sich, schaute ohne Unterlaß gegen den Wald, aufmerksam, gespannt, mit glänzenden Augen, schien jemand zu erwarten, doch konnte es uns nicht sehen. Wir hatten uns hinter den Bäumen und Sträuchern verborgen. Dann kam Matthäi vorsichtig zurück, lehnte sich an einen Baumstamm in meiner Nähe, wie ich es ebenfalls tat.
„Ich denke, in einer halben Stunde wird er kommen", flüsterte er.
Ich nickte.
Es war alles aufs peinlichste organisiert. Der Zugang von der Hauptstraße her zum Walde war überwacht, sogar ein Funkgerät an Ort und Stelle. Wir waren alle bewaffnet, Revolver. Das Kind saß da am Bächlein, fast unbeweglich, voll staunender, banger, wundervoller Erwartung, den Abfallhaufen im Rücken, bald in der Sonne, bald im Schatten irgendeiner der großen dunklen Tannen; kein Laut war zu hören außer dem Summen der Insekten und dem

Trillern der Vögel; nur manchmal sang das Mädchen vor sich hin mit seiner dünnen Stimme: „Maria saß auf einem Stein", immer wieder, immer die gleichen Worte und Verse; und um den Stein herum, auf dem es saß, häuften sich rostig die Konservendosen, Kanister und Drähte; und manchmal, nur in unvermittelten Stößen, brauste der Wind über die Lichtung her, Laub tanzte auf, raschelte, und dann war es wieder still. Wir warteten. Es gab für uns nichts mehr in der Welt als diesen durch den Herbst verzauberten Wald mit dem kleinen Rock auf der Lichtung. Wir warteten auf den Mörder, entschlossen, gierig nach Gerechtigkeit, Abrechnung, Strafe. Die halbe Stunde war schon längst vorüber; eigentlich schon zwei. Wir warteten und warteten, warteten nun selbst, wie Matthäi wochen-, monatelang gewartet hatte. Es wurde fünf; die ersten Schatten, dann [...] R

1 a Diskutiert, was ihr von dem Plan und dem Vorgehen dieses Polizeieinsatzes zur Erfassung des Täters haltet.
b Erklärt anhand des Textes, wodurch Spannung und Anschaulichkeit erzeugt werden. Beschreibt dabei vor allem die Situation und die Atmosphäre.
c Zeichnet eine Skizze von dem Schauplatz, an dem der Mörder überführt werden soll. Haltet insbesondere fest, wo sich die Polizisten und das Mädchen befinden.

2 a Sammelt Ideen: Wie könnte die Handlung weitergehen?
b Schreibt eine Fortsetzung des Textes. Achtet darauf, dass sich euer Text (Handlung, Sprache, Erzählperspektive) nahtlos an die Vorlage anschließt. Macht euch vorher klar:
- In welcher Situation befinden sich der Kommissar und die Polizisten?
- Welchen Plan verfolgen sie?
- In welchem Konflikt befinden sie sich?
- Welche Gedanken mögen dem Polizeichef durch den Kopf gehen: über diesen Polizeieinsatz, den Kommissar, das Mädchen?

c Diskutiert: Inwiefern passen eure Fortsetzungen zum Ausgangstext? Hat sich euer Blick auf die Situation, die Handlung oder die Figuren des Textes durch eure Fortsetzungen verändert?

3 a Wie würdet ihr diese Szene verfilmen? Diskutiert eure Vorschläge.
b Besorgt euch den Film „Es geschah am hellichten Tag" aus dem Jahr 1958. Vergleicht die Verfilmung der vorliegenden Szene mit euren Vorschlägen.

4 Erläutert, inwiefern Dürrenmatt mit seinem Werk „Das Versprechen" gegen die Regeln des klassischen Kriminalromans verstößt. Lest hierzu die folgenden Informationen:

> Dürrenmatt hat seinem Roman „Das Versprechen" den Untertitel „Requiem auf den Kriminalroman" gegeben. Während der hoch engagierte Kommissär Matthäi im Film mit seinen Ermittlungen Erfolg hat, scheitert er im Roman letztlich an einem dummen Zufall: Auf dem Weg zum Tatort stirbt der Mörder bei einem Autounfall.

5 a Wählt aus den Texten dieses Kapitels einen für euch besonders interessanten aus und erprobt eine Form des gestaltenden Schreibens (▸ S. 371).
b Begründet die Wahl der Handlung und den Einsatz von Gestaltungsmitteln.

Fordern und fördern – Gestaltend schreiben

Friedrich Dürrenmatt

Das Versprechen (2)

Die Polizisten warten vergeblich. Der Täter zeigt sich nicht. Ernüchtert brechen sie den Versuch, den Mörder mit Hilfe des unwissenden Mädchens in eine Falle zu locken, ab. Der an den Ermittlungen beteiligte Polizeichef erzählt von dem Gespräch, das Kommissar Matthäi daraufhin mit der Mutter des Mädchens, Frau Heller, führt.

„Frau Heller“, sagte er höflich, ja demütig, was doch ganz unsinnig war, weil es jetzt nur eins gab, Schluß machen mit der ganzen Sache, Schluß, Schluß für immer, den Fall erledigen, endlich einmal loskommen von all den Kombinationen, mochte es den Mörder geben oder nicht. „Frau Heller, ich habe festgestellt, dass Annemarie von einer unbekannten Person Schokolade bekam. Ich habe den Verdacht, daß es sich um die gleiche Person handeln muß, die vor einigen Wochen ein Mädchen mit Schokolade in einen Wald gelockt und getötet hat.“ Er sprach exakt und in einem so amtlichen Ton, daß ich hätte laut herauslachen können. Die Frau sah ihm ruhig ins Gesicht. Dann sprach sie ebenso förmlich und höflich wie Matthäi. „Herr Doktor Matthäi“, fragte sie leise, „haben Sie Annemarie und mich in Ihre Tankstelle genommen, nur um diese Person zu finden?“

„Es gab keinen anderen Weg, Frau Heller“, antwortete der Kommissär.

„Sie sind ein Schwein“, antwortete die Frau ruhig, ohne eine Miene zu verziehen, nahm ihr Kind und ging in den Wald hinein, gegen die Tankstelle zu.

Wir standen da, auf der Lichtung, schon halb im Schatten, umgeben von den alten Konservenbüchsen und von Drahtgeschlinge, die Füße in Asche und Laub. Alles war vorüber, das ganze Unternehmen sinnlos, lächerlich geworden. Ein Debakel, eine Katastrophe. Nur Matthäi hatte sich gefaßt. Er war geradezu steif und würdig in seinem blauen Monteuranzug. Er verneigte sich, ich traute meinen Augen und Ohren nicht, knapp vor dem Staatsanwalt und sagte: „Herr Doktor Burkhard, es geht jetzt nur darum, daß wir weiterwarten. Es gibt nichts anderes. Warten, warten und nochmals warten. Wenn Sie mir dazu weitere sechs Mann und das Funkgerät zur Verfügung stellen könnten, wäre das genügend.“

Der Staatsanwalt musterte meinen ehemaligen Untergebenen erschrocken. Er hatte alles, nur nicht dies erwartet. Er war eben noch entschlossen gewesen, uns allen seine Meinung zu sagen; nun schluckte er ein paarmal leer, fuhr sich mit der Hand über die Stirne, kehrte dann auf einmal um und stampfte mit Henzi durchs Laub dem Walde entgegen, verschwand. Auf ein Zeichen von mir ging auch Feller.

Matthäi und ich waren allein.

„Hören Sie mir jetzt einmal zu“, schrie ich, entschlossen, den Mann endlich zur Vernunft zu bringen, wütend, daß ich selbst den Unsinn unterstützt und ermöglicht hatte, „die Aktion ist gescheitert, das müssen wir zugeben, wir haben jetzt mehr als eine Woche gewartet, und niemand ist gekommen.“

Matthäi antwortete nichts. Er schaute sich nur um, aufmerksam, spähend.

Dann ging er zum Waldrand, umschritt die Lichtung, kam wieder zurück. Ich stand immer noch auf dem Abfallhaufen, knöcheltief in alter Asche.

„Das Kind hat auf ihn gewartet“, meinte er.

Ich schüttelte den Kopf, widersprach. „Das Kind kam hierher, um allein zu sein, um am Bach zu sitzen, zu träumen mit seiner Puppe und ‚Maria saß auf einem Stein‘ zu singen. Daß es auf jemand gewartet haben soll, ist eine Auslegung, die wir dem Vorfall gegeben haben.“

Matthäi hörte mir aufmerksam zu.

„Das ist ein Mordort“, sagte er, „das spürt man, ich werde weiterwarten.“ R

1 Erklärt, warum Frau Heller den Kommissar als „Schwein“ (▶ S. 119, Z. 24) bezeichnet und inwiefern der Polizeieinsatz ein „Debakel, eine Katastrophe“ (▶ S. 119, Z. 33) war.

2 Wie wirkt Kommissar Matthäi in diesem Textauszug auf euch? Charakterisiert ihn in wenigen Sätzen und beschreibt auch seine Beziehung zu den anderen Figuren.

●●○ **3** Stellt euch vor: Nach diesem missglückten Polizeieinsatz ist Kommissar Matthäi allein und denkt über das Erlebte nach. Verfasst einen inneren Monolog aus seiner Sicht. Geht so vor:

a Lest den Text (▶ S. 119 f.) noch einmal und notiert aus der Sicht von Matthäi, was passiert.
- *Ich wollte Frau Heller erklären, warum ..*
- ...

b Was könnte Matthäi über das Vorgefallene denken und fühlen? Notiert eure Ideen.
- *Das war eine Katastrophe!*
- *Wie soll ich ...?*

c Versetzt euch in die Rolle von Matthäi und schreibt den inneren Monolog. Formuliert in der Ich-Form und im Präsens, z. B.:
Dieser Polizeieinsatz war eine Katastrophe! Wie soll ich den Mörder nun bloß fassen? Ich kann ja verstehen, dass ...

d Erläutert knapp, inwieweit der Inhalt eures Monologs zur Figur des Kommissars und zur Handlung des Textes passt.
Der Monolog verdeutlicht ...

▷ Hilfen zu dieser Aufgabe, Seite 121

Aufgabe 3 mit Hilfen

Stellt euch vor: Nach diesem missglückten Polizeieinsatz ist Kommissar Matthäi allein und denkt über das Erlebte nach. Verfasst einen inneren Monolog aus seiner Sicht. Geht so vor:

a Lest den Text (▸ S. 119 f.) noch einmal und notiert aus der Sicht von Matthäi, was passiert.

> - *Ich wollte Frau Heller erklären, warum wir bei unserem Einsatz so vorgegangen sind.*
> - *Ich habe bewusst ganz sachlich und ...*
> - *Dann wollte sie wissen, ...*
> - *Ich antwortete wahrheitsgemäß, dass ...*
> - *Darauf geschah etwas, worauf ich nicht gefasst war: Sie ...*
> - *Obwohl ..., schlug ich dem Staatsanwalt vor, ...*
> - *...*

b Was könnte Matthäi über das Vorgefallene denken und fühlen? Notiert eure Ideen.

> - *Das war eine Katastrophe!*
> - *Wie soll ich ...?*
> - *Ich kann ja verstehen, wenn ... Aber ...*
> - *Kapiert denn keiner, dass ...?*
> - *Es gibt nur eine Chance: ...*
> - *Mir ist gleich, was ..., Hauptsache ...*

c Versetzt euch in die Rolle von Matthäi und verfasst den inneren Monolog. Schreibt in der Ich-Form und im Präsens, z. B.:

> *Dieser Polizeieinsatz war eine Katastrophe! Wie soll ich den Mörder nun bloß fassen? Ich kann ja verstehen, dass die Heller verärgert ist und ... So sind halt Mütter. Aber ich habe das Mädchen doch keiner Gefahr ausgesetzt. Kapiert denn keiner, dass ... Einen besseren Plan ... Davon bin ich auch jetzt noch überzeugt. Wir müssen einfach ...*

d Erläutert knapp, inwieweit der Inhalt eures Monologs zur Figur des Kommissars und zur Handlung des Textes passt.

> *Der Monolog verdeutlicht den Konflikt, in ... Auf der einen Seite weiß er natürlich, dass ... Das spürt er auch an der Reaktion ... Auf der anderen Seite ...*

5.3 Fit in ... – Gestaltend schreiben

Die Aufgabenstellung verstehen

Stellt euch vor, ihr sollt in der nächsten Klassenarbeit folgende Aufgabe bearbeiten:

1. Lies den folgenden Textauszug aus dem Roman „Ich will meinen Mord" von Birgit Vanderbeke.
2. Stell dir dann vor, du wärst die Ich-Erzählerin und würdest den nächsten Abschnitt des Romans schreiben. Setze den inneren Monolog der Ich-Erzählerin in einer Weise fort, die inhaltlich und sprachlich zum Ausgangstext passt.
3. Erläutere anschließend, welche Ideen aus der Textvorlage du in deinem inneren Monolog aufgegriffen hast. Begründe, warum.

Birgit Vanderbeke

Ich will meinen Mord (1995)

Dieser Roman ist eine Kriminalerzählung zum Schmunzeln. Eine Schriftstellerin sitzt im Zug von Montpellier nach Metz. In Avignon steigt ein Mann zu, den sie nicht kennt. Sie nennt ihn Vizman. Von nun an plant sie im Geiste eine Kriminalgeschichte, zu deren Hauptfiguren Vizman und andere Mitreisende werden. Wirkliches und Erfundenes vermischen sich zu einer verrückten Geschichte. Und der Leser wird dabei Zeuge, wie ein Krimi entsteht.
Der folgende Text ist der Romananfang.

Ich bringe ihn um.
Das ist es, was ich tun werde.
Von vornherein.
Gleich auf der ersten Seite.
Ohne ihn zu kennen; bevor ich ihn kennen lerne.
Lieber ein sauberer Mord als ihn kennen lernen. Anonym sozusagen, das erleichtert die Tat. Ich gebe zu, dass mir nicht wohl ist. Mein erster Mord darf mir eine Beunruhigung sein, niemandem, denke ich, geht so ein erster Mord leicht von der Hand. Die Notwendigkeit der Tat wird dadurch nicht in Frage gestellt. Ein Blick auf Vizman hat genügt, um zu wissen: er oder ich.

Also bleibt für den Anfang die Frage der Waffen.
Wählen Sie, Vizman.
Vizman weiß nicht, dass er Vizman heißt, und ich weiß nicht, ob er Vizman heißt. Ich will es auch gar nicht wissen. Um keinen Preis will ich ihn kennen lernen. Vizman sitzt schräg gegenüber mit dem Rücken zur Fahrtrichtung und sieht durch die Tür hinaus auf den Gang, während ich Fensterplatz sitze. Dazwischen zwei Schweizerinnen, die in etwa zwei Stunden umsteigen werden und weiterfahren nach Bern.
Ich könnte sie im Zug lassen bis Dijon und dann Anschluss nach Basel. Basel liegt auch in der Schweiz, und die Schweizerinnen in unserem Abteil sprechen Schweizerdeutsch und löffeln Bananenjoghurt, während sie ihre heute Morgen beinah verpasste Abfahrt mitsamt dem reizenden Hotelgast erzählen, der sie mit seinem Auto zum Zug gebracht hat in allerletzter Sekunde, gerade noch knapp geschafft. Ihr Proviant reicht bis Genf, in ihrer gemeinsamen Reiseplastiktüte sehe ich noch zwei Mandarinen und zwei Äpfel zwischen Mandarinenschalen und leeren Joghurtbechern, mehr kriegen sie nicht, zwei Dosen Wasser rollen ausgetrunken auf dem Boden des Abteils herum, und im Zug gibt es keinen Speisewagen, nicht einmal eine Minibar.
Verzeihen Sie. Steigen Sie in Lyon aus und fahren dann weiter nach Genf. Von Genf über Lausanne. In Lausanne haben Sie Anschluss nach Bern.
Ich will meinen Mord.
Ob Vizman Deutsch versteht, sehe ich ihm nicht an. Überhaupt sehe ich ihn möglichst nicht noch einmal an. Die Schweizerinnen sind mit ihrer Abfahrt heute früh beschäftigt, und ich rede sowieso nicht mit ihm, weil ich ihn kurz nach Lyon ermorden werde.
Ich stelle es mir schwerer vor, wenn ich zuvor mit ihm spreche oder ihm noch einmal in die Augen sehe.
Da er vermutlich nicht Vizman heißt – es gibt den Zufall, aber er gehört nicht in Bücher, er hat gefälligst im Leben zu bleiben –, antwortet er nicht auf mein: Wählen Sie, Vizman. Vielleicht hat er auch nicht verstanden, ein Problem der Sprache, ein Problem der Lautstärke, weil ich vor den Schweizerinnen, die später als Zeuginnen aussagen könnten – die Ehrlichkeit der Schweizer besonders in Fragen der Wahrheitsfindung bei Mord ist bekannt –, nicht in Abteillautstärke fragen möchte.
Ich will sie nicht in die Sache verwickeln.
Noch könnte ich sie aussteigen lassen.

1 a Lest die Aufgabenstellung sorgfältig. Was verlangt die Aufgabe von euch? Notiert die Buchstaben der zutreffenden Sätze.

- **A** Ich soll einen inneren Monolog schreiben, in dem ich darlege, wie mir der Erzählbeginn gefällt.
- **B** Ich soll den inneren Monolog der Ich-Erzählerin fortsetzen.
- **C** Ich muss bei der Fortsetzung des Textes darauf achten, dass sich die Handlung, die Sprache und die Erzählperspektive meines Textes an der Vorlage orientieren.
- **D** Ich muss eine in sich abgeschlossene Kriminalerzählung schreiben.
- **E** Ich soll begründen, welche Ideen des Ausgangstextes mich besonders angeregt haben.

b Vergleicht eure Lösungen im Team.

Eine Stoffsammlung anlegen und den Text schreiben

2 a Lest den Text noch einmal. Macht euch Notizen zum Inhalt und zur Sprache, z. B.:

Inhalt	- *Die Ich-Erzählerin plant ...* - *Das Opfer: ein ...* - *Sie beobachtet die Mitreisenden und denkt sich ...* - *Sie lässt die Leser daran teilhaben, wie sie ...* - *Dadurch ist nicht eindeutig, was Realität ...*
Sprachliche Auffälligkeiten – direkte Anrede der Figur – Ausrufe / unvollständige Sätze – Sätze im Konjunktiv	 - *„Wählen Sie, Vizman." (Z. 19)* - *„Gleich auf der ersten Seite." (Z. 4)* - *„Noch könnte ich sie aussteigen lassen." (Z. 76)*

b Notiert Möglichkeiten, wie ihr den Romananfang fortführen könnt. Schreibt in der Ich-Form.
TIPP: Ihr sollt die Geschichte nur fortführen, nicht unbedingt abschließen.

Gedanken über Vizman
- *Auf welche Weise will ich ihn umbringen?*
- *Was ist mein Motiv?*
- ...

Gedanken über die Schweizerinnen
- *Brauche ich sie im Abteil oder lasse ich sie aussteigen?*
- *Gebe ich ihnen eine Rolle in meinem Mordplan?*
- ...

Gedanken über neue Fahrgäste
- ...

c Setzt den inneren Monolog der Erzählerin fort. Schreibt in der Ich-Form und im Präsens.

3 a Erklärt, welche Ideen des Ausgangstextes ihr übernommen habt. Begründet, warum, z. B.:
Mir war bei der Fortsetzung des Krimis wichtig, ...
b Gebt euch mit Hilfe der folgenden Checkliste ein Feedback.

Checkliste

Einen inneren Monolog verfassen
- Steht der Monolog in der **Ich-Form?** Zum Beispiel: *Das alles will mir nicht recht gefallen.*
- Wird klar, dass sich alles im Kopf der Ich-Erzählerin abspielt?
- Habt ihr dargestellt, wie sich die Ich-Erzählerin von den realen Figuren zu erfundenen Geschichten anregen lässt? Lasst ihr sie **mit ihren Erzählideen spielen?**
- Passt die **Sprache** zu der Sprache der Ich-Erzählerin des Originaltextes? Verwendet ihr z. B. direkte Anrede (hier: der Figuren), Ausrufe, unvollständige Sätze (z. B.: *Beruf: keine Ahnung!*) sowie Formulierungen im Konjunktiv?

6 Rätselhafte Welt – Parabeln interpretieren

1 Beschreibt die Szene mit dem Elefanten. Welche Details erscheinen euch wichtig?

2 a Wie deutet ihr das Bild? Wählt eine der beiden folgenden Möglichkeiten (A oder B):

A Haltet eure Deutung in einigen interpretierenden Sätzen fest.

B Erzählt eine Geschichte zum Bild, die eure Deutung veranschaulicht.

b Vergleicht eure Texte und fasst das Spektrum möglicher Bedeutungen zusammen.

In diesem Kapitel ...

- untersucht und vergleicht ihr Parabeln zu unterschiedlichen Motiven und aus verschiedenen Zeiten,
- überführt ihr das in literarischen Texten Erzählte in eine allgemeine Bedeutung,
- trainiert ihr die schriftliche Analyse und Interpretation von Parabeln.

6.1 Verschlüsselte Botschaften – Parabeln deuten und vergleichen

Der Elefant, ein Lieblingstier – Vom Gesagten aufs Gemeinte schließen

Niko Kazantzakis

Die Blinden (1948)

Es war einmal, sagte er, ein kleines Dorf in der Wüste. Alle Einwohner dieses Dorfes waren blind. Eines Tages kam dort ein großer König mit seinem Heer vorbei. Er ritt auf einem gewaltigen Elefanten. Die Blinden hatten viel von Elefanten erzählen hören und wurden von einer heftigen Lust befallen, heranzutreten und den Elefanten des Königs berühren zu dürfen und ihn zu untersuchen, um eine Vorstellung davon zu bekommen, was das für ein Ding sei. Einige von ihnen – vielleicht waren es die Gemeindeältesten – traten vor und verneigten sich vor dem König und baten um die Erlaubnis, seinen Elefanten berühren zu dürfen. Der eine packte ihn beim Rüssel, der andere am Fuß, ein Dritter an der Seite, einer reckte sich hoch auf und packte das Ohr und ein anderer wieder durfte einen Ritt auf dem Rücken des Elefanten tun. Entzückt kehrten alle ins Dorf zurück, und die Blinden umringten sie und fragten eifrig, was denn das ungeheuerliche Tier Elefant für ein Wesen sei. Der Erste sagte: „Er ist ein großer Schlauch, der sich hebt und senkt, und es ist ein Jammer um den, den er zu packen kriegt." Der Zweite sagte: „Es ist eine mit Haut und Haaren bekleidete Säule." Der Dritte sagte: „Es ist wie eine Festungsmauer und hat auch Haut und Haare." Der, der ihn am Ohr gepackt hatte, sagte: „Es ist keineswegs eine Mauer, es ist ein dicker, dicker Teppich, der sich bewegt, wenn man ihn anfasst." Und der Letzte sagte: „Was redet ihr für Unsinn? Es ist ein gewaltiger Berg, der sich bewegt!"

1 Vergleicht Kazantzakis Text mit euren eigenen Geschichten, die ihr zum Bild entworfen habt (▶ S. 125). Gibt es Gemeinsamkeiten?

2 Wie deutet ihr die Geschichte „Die Blinden"? Was soll eurer Meinung nach durch das Erzählte ausgesagt werden? Macht euer Textverständnis deutlich, indem ihr den König zu den Blinden sprechen lasst, z. B.:
Der König beendete den Streit, indem er sagte: „Ihr habt alle Recht und Unrecht zugleich, denn ..."

3 Vertieft euer Textverständnis, indem ihr einzelne Elemente der Geschichte im Sinne eures Interpretationsansatzes deutet, z. B.:
- *der Elefant = die Wirklichkeit als Ganzes*
- *die einzelnen Körperteile des Elefanten = ...*
- *die Blinden = ...*
- *... = das Bemühen bzw. der Wunsch der Menschen, die Wirklichkeit zu „begreifen"*
- *die jeweilige Beschreibung der Blinden = ...*

4 a Haltet eure Deutung grafisch in Form einer Parabelzeichnung fest.
b Erläutert an diesem Beispiel den Zusammenhang zwischen dem Textsortenbegriff „Parabel" (▶ Merkkasten unten) und dem mathematischen Begriff.

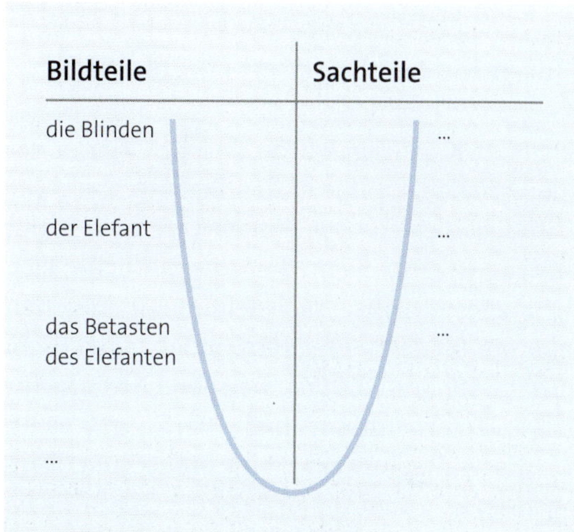

5 Vergleicht den folgenden Interpretationsansatz zur Parabel „Die Blinden" mit euren Deutungen. Verfasst dann eine kurze schriftliche Deutung der Parabel.
TIPP: Wenn ihr Aussagen von Klaus Zobel in eure Texte einbindet, achtet auf die korrekte Zitierweise (▶ Zitieren, S. 362).

Klaus Zobel: **Textanalysen – eine Einführung in die Interpretation moderner Kurzprosa**
Bei diesem Text handelt es sich um eine Parabel, in der das menschliche Unvermögen, zu einer vollständigen und wahrheitsgemäßen Vorstellung der Wirklichkeit zu kommen, dargestellt wird. [...] Auf die engen Grenzen unserer unmittelbaren geistig-sinnlichen Erfahrung ist es zurückzuführen, dass wir immer wieder in die Lage geraten, von bruchstückhaften Einzelinformationen auf das Wesen des Gesamtzusammenhangs schließen zu müssen.

6 Kann der Elefant in der Parabel von Kazantzakis durch ein anderes Tier, z. B. eine Giraffe, eine Kuh, oder durch ein ganz anderes Motiv, z. B. einen Baum oder einen Wolkenkratzer, ersetzt werden, ohne dass sich die Grundaussage ändert? Probiert dies aus, indem ihr die Geschichte mit einer entsprechenden Veränderung erzählt.

Information **Die Parabel**

Eine Parabel (von griech. *parabole* = Gleichnis) ist eine kurze, meist **lehrhafte Gleichniserzählung,** die einen Sachverhalt bzw. eine **Erkenntnis** (z. B. eine Lebensweisheit, eine allgemeine Wahrheit) **bildhaft darstellt.** Ähnlich wie in der Fabel soll auch bei der Parabel das Erzählte nicht im wörtlichen, sondern im übertragenen Sinn verstanden werden. Die **Sprache** der Parabel ist **meist nüchtern** und ihr **Ende offen.**
Die Parabel bietet zwar häufig Vergleichsansätze an, aber sie verbindet das **Erzählte (Bildbereich)** nicht durch einen direkten Hinweis mit dem **Gemeinten (Sachbereich).** Weil dieser **Übertragungsprozess** dem Leser selbst überlassen bleibt, sind Parabeln vieldeutig, häufig wirken sie auch rätselhaft und sind schwer zu entschlüsseln. Die Parabel verlangt also in besonderer Weise ein Nachdenken und Deuten. Sie fordert auf, sich ein eigenes Urteil zu bilden, und will in manchen Fällen auch ein Appell zum Handeln sein.

Bertolt Brecht

Herrn K.s Lieblingstier (1926–1956)[1]

Als Herr K. gefragt wurde, welches Tier er vor allen schätze, nannte er den Elefanten und begründete dies so: Der Elefant vereint List mit Stärke. Das ist nicht die kümmerliche List, die ausreicht, einer Nachstellung zu entgehen oder ein Essen zu ergattern, indem man nicht auffällt, sondern die List, welcher die Stärke für große Unternehmungen zur Verfügung steht. Wo dieses Tier war, führt eine breite Spur. Dennoch ist es gutmütig, es versteht Spaß. Es ist ein guter Freund, wie es ein guter Feind ist. Sehr groß und schwer, ist es doch auch sehr schnell. Sein Rüssel führt einem enormen Körper auch die kleinsten Speisen zu, auch Nüsse. Seine Ohren sind verstellbar: Er hört nur, was ihm paßt. Er wird auch sehr alt. Er ist auch gesellig, und dies nicht nur zu Elefanten. Überall ist er sowohl beliebt als auch gefürchtet. Eine gewisse Komik macht es möglich, daß er sogar verehrt werden kann. Er hat eine dicke Haut, darin zerbrechen die Messer; aber sein Gemüt ist zart. Er kann traurig werden. Er kann zornig werden. Er tanzt gern. Er stirbt im Dickicht. Er liebt Kinder und andere kleine Tiere. Er ist grau und fällt nur durch seine Masse auf. Er ist nicht eßbar. Er kann gut arbeiten. Er trinkt gern und wird fröhlich. Er tut etwas für die Kunst: Er liefert Elfenbein. R

1 Die „Geschichten von Herrn Keuner", Parabeln von Bertolt Brecht, entstanden über einen Zeitraum von 30 Jahren.

1 Könnt ihr Herrn K.s Vorliebe für Elefanten nachvollziehen? Begründet eure Meinung.

2 a Gliedert den Text in seine einzelnen Aussagen über den Elefanten und benennt die dort beschriebenen Eigenschaften mit einem kurzen Begriff, z. B.:
- *Z. 2–4: List und Stärke*
- *Z. 4–...: ...*

b Erläutert jede der beschriebenen Eigenschaften mit eigenen Worten und erörtert, was daran positiv ist. Könnte die jeweilige Eigenschaft auch kritisch gesehen werden?

Rolf Geißler: **Modelle**
1 Diese Geschichte über Herrn K.s Lieblingstier hat eine gewisse Verwandtschaft zur Fabel.
2 Das, was Herr K. am Elefanten schätzt, schätzt er auch am Menschen: List, Stärke, Gutmütigkeit, Fähigkeit zu guter Freundschaft und Feindschaft, Geselligkeit usw.
3 Diese Eigenschaften werden nicht als Abstrakta aufgezählt (nominal), sondern als Tätigkeiten dargestellt (verbal).

3 Prüft die drei Aussagen des Literaturwissenschaftlers Rolf Geißler über Brechts Parabel. Geht dabei in umgekehrter Reihenfolge vor:
- Veranschaulicht an Beispielen den Verbalstil der Parabel (Aussage 3) und beschreibt seine Wirkung.
- Erweitert die Analogie, die Geißler zwischen Elefant und Mensch herstellt (Aussage 2), zu einem allgemeinen Deutungsansatz für diese Keunergeschichte.
- Untersucht die behauptete Verwandtschaft zwischen dieser Parabel und Fabeln (Aussage 1), indem ihr Gemeinsamkeiten und Unterschiede benennt.

4 Kann man bei Brecht den Elefanten durch ein anderes Tier ersetzen, ohne dass sich die Bedeutung des Textes ändert? Vergleicht die Funktion des Elefanten in den Parabeln von Brecht und Kazantzakis (▶ S. 126).

5 Führt eure Ergebnisse zur Parabel „Herrn K.s Lieblingstier" in einer Textanalyse zusammen:
a Formuliert eine **Einleitung,** die über Autor, Titel, Textsorte informiert und das Thema bzw. die Kernaussage des Textes benennt.
b Berücksichtigt im **Hauptteil** folgende Aspekte:
- Inhalt und Aufbau der Parabel,
- Deutung: Eigenschaften des Elefanten auch als Aussagen über menschliche Eigenschaften,
- die sprachliche Gestaltung und ihre Wirkung.

c Nehmt im **Schluss** kurz Stellung zum Text, indem ihr z. B. eine persönliche Bewertung abgebt.

6 Überlegt, welches Tier Eigenschaften aufweist, die ihr schätzenswert findet. Formuliert auf dieser Grundlage einen Paralleltext zu Brechts „Herrn K.s Lieblingstier".

Paul Watzlawick

Die verscheuchten Elefanten (1983)

Dies ist die Geschichte vom Manne, der alle zehn Sekunden in die Hände klatscht. Nach dem Grund für dieses merkwürdige Verhalten befragt, erklärte er: „Um die Elefanten zu verscheuchen."

„Elefanten? Aber es sind doch hier gar keine Elefanten."
Darauf er: „Na, also! Sehen Sie?"

7 a Tauscht euch über euer erstes Verständnis der Parabel aus.
b Paul Watzlawick verwendet diese Parabel nach eigener Aussage als Beispiel für „die Vermeidung eines Problems zum Zwecke seiner Verewigung": Formuliert mit Hilfe dieser Hintergrundinformation eine kurze Deutung der Parabel. Ergänzt sie, wenn möglich, um Beispiele aus eurer Lebenswelt. Ihr könnt die folgenden Formulierungen zu Hilfe nehmen:
Dadurch, dass der Mann versucht, die „Elefanten" (das Problem) zu verscheuchen, sorgt er dafür, dass ...
TIPP: Mehr Informationen zu Paul Watzlawick, Seite 241.

Der Mensch, ein Gemeinschaftswesen – Parabeln verschiedener Zeiten

Titus Livius

Der Magen und seine Glieder (5. Jh. v. Chr.)

In jener Zeit, als im Menschen noch nicht wie jetzt alles in Einheit harmonisiert, sondern die einzelnen Glieder ein jedes seine eigenen Vorstellungen, seine eigene Stimme gehabt habe, hätten sich alle übrigen Teile entrüstet, dass durch ihre Fürsorge, ihre Arbeit und Dienstleistungen alles dem Magen zuteilwerde, der Magen aber in ihrer Mitte behaglich nichts tue, als die gebotenen Genüsse zu verzehren. Daraufhin hätten sie sich verschworen: Die Hand solle dem Mund keine Nahrung zuführen, der Mund Gereichtes nicht annehmen, die Zähne Empfangenes nicht verarbeiten. Durch dieses Wüten seien, während sie doch den Magen durch Hunger bezwingen wollten, die Glieder und mit ihnen der ganze Körper selber schrecklich verfallen. Da habe sich gezeigt, dass auch der Magen einen nicht geringen Dienst leiste und dass er Nahrung nicht so sehr nehme als gebe, indem er an alle Teile des Körpers austeile, was uns Leben und Kraft gibt: das gleichmäßig auf die Adern verteilte, aus der verdauten Nahrung zubereitete Blut.

1 a Erzählt die Parabel mit eigenen Worten.
b Nehmt spontan Stellung: Leuchtet euch die Aussage der Geschichte ein?
c Übertragt die Bildseite der Parabel auf die Sachseite: Wofür stehen Magen und Glieder?

2 a Lest die folgende Information zum historischen Hintergrund der Parabel. Erklärt vor diesem Hintergrund, was der Text aussagen und bewirken sollte.

> **Titus Livius** (ca. 59 v. Chr. – 17 n. Chr.) war ein römischer Geschichtsschreiber. Aus dem 5. Jahrhundert v. Chr. berichtet er über einen für den Staat bedrohlichen Konflikt zwischen der bäuerlichen Bevölkerung (Plebejern) und den adligen Grundbesitzern (Patriziern). Die Patrizier hatten den Plebejern nicht das gegeben, was sie ihnen als Lohn für ihren Kriegsdienst versprochen hatten. Nun weigern sich die Plebejer, weiterzukämpfen. In dieser Situation wird der Patrizier Menenius Agrippa zu den Plebejern geschickt. In seiner Rede an sie erzählt er unter anderem die Parabel vom Magen und den Gliedern. Diese Parabel ist im Laufe der Jahrhunderte literarisch immer wieder neu gestaltet und kommentiert worden. Als Beispiel für rhetorisch geschickte Manipulation zugunsten fragwürdiger Herrschaftsverhältnisse wurde sie auch kritisiert.

b Prüft, inwiefern sich die Parabel auch auf aktuelle politische Verhältnisse (z. B. in einem demokratischen Staat wie Deutschland oder auf die Europäische Union) übertragen lässt.
c Inwiefern kann die „Lehre“ der Parabel als politisch fragwürdige Botschaft gesehen werden?

3 Paulus (ca. 5–64 n. Chr.), ein frühchristlicher Missionar, hat in einem Brief an die Gemeinde in Korinth (Griechenland) ebenfalls das Bild vom Leib und den Gliedern aufgegriffen, aber etwas anders gestaltet.
a Sucht im Internet nach folgender Bibelstelle: 1. Korintherbrief, Kapitel 12, Verse 12–27, oder schlagt in einer Bibel die Stelle nach.
b Arbeitet wichtige Unterschiede zwischen biblischer und antiker Version der Parabel heraus.

Marie von Ebner-Eschenbach

Wertbestimmung (1892)

In einen mit Kreuzern gefüllten Sack geriet zufällig einmal ein Dukat. Nachdem er einige Zeit bei ihnen geweilt hatte, sagten sie: „Wir müssen unserem Gastfreunde einen Rang anweisen, lasst uns denn zuvor seinen Wert bestimmen."

Die alten, die Patinierten[1], traten zusammen, berieten lange und brachten es endlich zu dem Vorschlage: „Der gelbe Bursche ist zwar schwächlich, doch beantragen wir, ihn um seines hellen Klanges und seiner feinen Legierung[2] willen ebenso viel gelten zu lassen wie unsereinen."

„Von meinesgleichen werde ich höher gehalten", wagte der Dukaten einzuwenden, und sogleich brachen die neuen, blanken Kreuzer, die schon über den Vorschlag der Alten gemurrt hatten, in einen Sturm des Unwillens aus. „Was geht uns an, wie deinesgleichen dich schätzen", riefen sie.

„Im Kupferlande gilt das Gold ein für alle Mal – nichts."

Das wurde zum Gesetz erhoben.

1 die Patina: durch Alterung auf Kupfermünzen entstandene grünliche Schicht (Edelrost)

2 die Legierung: metallischer Werkstoff

1 a Der Text stammt aus einer älteren Zeit. Benennt solche zeitbedingten Merkmale.
b Schreibt eine sprachlich aktualisierte Version der Parabel.

2 a Worauf zielt die Aussage der Parabel? Sucht Beispiele aus dem Zusammenleben von Menschen, an denen ihr eure Deutung deutlich machen könnt.
b Prüft, inwiefern sich mit euren Deutungsansätzen auch Details der Parabel „übersetzen" lassen, zum Beispiel:
- Erst nachdem der Dukaten eine Weile im Land ist, wird sein Wert thematisiert.
- Die alten Kreuzer vertreten eine andere Ansicht als die jungen.
- Die Position der Jungen wird zum Gesetz erhoben.

3 Vergleicht die Parabel von Marie von Ebner-Eschenbach mit dem folgenden Text von Hans Magnus Enzensberger im Hinblick auf die inhaltliche Aussage und die literarische Gestaltung.

Hans Magnus Enzensberger

Herrn Zetts Betrachtungen – Nr. 8 (2013)

Über den Ruhm bemerkte Z.: „Nur in seinem eigenen Bus ist der Berühmte berühmt. Sobald er aussteigt, wird er feststellen, dass da draußen niemand von ihm gehört hat."

4 a Erklärt, inwiefern diese Parabel mit der von Marie von Ebner-Eschenbach in Beziehung steht.
b Wodurch könnte der Bus ersetzt werden, sodass Enzensbergers Text in die Zeit von Ebner-Eschenbach, das Ende des 19. Jahrhunderts, passt? Schreibt eine historisierende Version von Herrn Zetts Betrachtung.

Günter Kunert

Die Maschine (1972)

Erhaben und in einsamer Größe reckte sie sich bis unters Werkhallendach; schuf sogleich die Vorstellung, Monument des Zeitalters zu sein und diesem gleich: stampfend, gefahrvoll, monoton und reichlich übertrieben. Und vor allem: Auch sie produzierte einzig und allein durch gegensätzliche Bewegung unterschiedlicher Kräfte, durch einen gezähmten Antagonismus[1] all ihrer Teile.

Aber in diesem wundervollen System blitzender Räder, blinkender Kolben, sich hebender und sich senkender Wellen war ein unansehnliches Teil, das wie von Schimmel überzogen schien und das sich plump und arrhythmisch regte. Ein hässlicher Zusatz an der schönen Kraft. Ein Rest von Mattigkeit inmitten der Dynamik.

Als um die Mittagszeit ein Pfiff ertönte, löste sich dieses Teil von der Maschine und verließ die Halle, während die Maschine hilflos stehen blieb, zwiefach: in sich und am Ort. Plötzlich erwies sich, das billigste Teil und das am schlimmsten vernachlässigte war das teuerste und nur scheinbar ersetzlich. Wo es kaputtgeht, wird es nicht lange dauern, bis über den Beton Gras gewachsen ist.

1 der Antagonismus: Gegensatz, Widerstreit

1 a Gestaltet einen Vortrag des Textes und vergleicht anschließend eure Vorträge: Welches Textverständnis habt ihr darin jeweils zum Ausdruck gebracht?

b Beschreibt, welche inhaltlichen oder sprachlichen Besonderheiten euch durch das Vortragen des Textes aufgefallen sind. Wie habt ihr deren Wirkung durch den Vortrag verdeutlicht?

2 a „Ein kleines Rädchen im Getriebe sein“: Veranschaulicht die Bedeutung dieser Redewendung anhand von Beispielen.

b Bezieht die Redewendung auf die Parabel von Kunert. Macht dabei auch deutlich, inwiefern Kunerts Text mehr oder anderes besagt als die Redewendung.

3 a Inwiefern lassen sich die Parabeln von Titus Livius (▸ S. 130) und/oder Ebner-Eschenbach (▸ S. 131) mit der von Kunert vergleichen? Nutzt einen solchen Vergleich, um die Aussage von Kunerts Text zu verdeutlichen.

b Formuliert eine Lehre oder einen Appell, die bzw. der am Ende von Kunerts Parabel stehen könnte.

Hans Magnus Enzensberger

Herrn Zetts Betrachtungen – Nr. 109 (2013)

„Die meisten von uns sind Sozialautomaten", verkündete Z. Das sei kein Wunder und lasse sich schwer vermeiden. Es gebe allerdings Ausnahmen. Er kenne einen Menschen, der sich weigere, eine Tastatur zu bedienen. Öffentliche Verkehrsmittel meide er, weil er unfähig sei, mit den Automaten fertigzuwerden, aus denen man Fahrkarten ziehen müsse. Auch zum Gebrauch eines Computers sei er außer Stande, und das Internet kenne er nur vom Hörensagen. Auf die Schwierigkeiten angesprochen, die ein solches Verhalten mit sich bringe, habe er entgegnet, Tätigkeiten dieser Art müssten eben andere übernehmen. Er ziehe es vor, sich um seine eigenen Sachen zu kümmern. Z. sagte zu diesen Bekenntnissen seines Freundes, eine Zeitenthobenheit dieses Formats sei eindrucksvoll. Ob sie als Vorbild gelten könne, lasse er jedoch dahingestellt.

4 a Listet auf, um welche Maschinen es hier geht und welche Rolle sie im Text spielen.
b Benennt Textstellen in indirekter Rede. Stellt gegenüber: Was sagt Herr Z., was sein Freund?
c Herr Z. prägt den neuen Begriff „Sozialautomat". Wie versteht ihr ihn im Kontext der Parabel?
d Nehmt Stellung: Kann die Einstellung von Herrn Z. in der heutigen Zeit ein Vorbild sein?

5 Lest die folgende Information und erklärt in eigenen Worten: Welche Funktionen und Merkmale hat die Parabel im Lauf der Geschichte? Was ist das Besondere an dieser Textsorte?

Information **Die Parabel in der Literaturgeschichte**

Die Parabel ist eine sehr alte Gattung, die Wurzeln in verschiedenen kulturellen Traditionen hat. In der **antiken Rhetorik** (ca. 5. Jh. v. Chr.) wurden Parabeln als anschauliche Beispiele zur Stützung der Argumentation eingesetzt (z. B. „Der Magen und seine Glieder", S. 130). In der **Bibel** gelten insbesondere die **Gleichnisse Jesu,** die zur Veranschaulichung seiner Lehre dienen, bis heute als Musterbeispiele der Gattung, wie etwa die Parabel vom verlorenen Sohn. Beliebt waren die Parabeln im **18. Jahrhundert,** im Zeitalter der **Aufklärung,** denn die indirekte Sprechweise der Parabel ermöglichte es, auch kritische Gedanken zu äußern, ohne sich angreifbar zu machen. Berühmt aus dieser Zeit ist z. B. die **Ringparabel** im Drama „Nathan der Weise" von G. E. **Lessing** (1729–1781). Auch in der **modernen Literatur** seit dem Beginn des 20. Jahrhunderts spielen Parabeln eine wichtige Rolle, z. B. bei **Bertolt Brecht** (1898–1956) oder **Franz Kafka** (1883 bis 1924). Während Brecht mit seinen „Geschichten von Herrn Keuner" (▸ S. 128) die Leser zum Nachdenken anregen will, drückt sich in den Parabeln Kafkas (▸ S. 134 ff.) eine als rätselhaft, uneindeutig und unzuverlässig erfahrene Wirklichkeit aus. Entsprechend bieten diese literarischen Texte oft keinen klaren Ansatzpunkt mehr für eine Deutung. Aktuelle Parabeltexte der **Gegenwartsliteratur** erzählen von individuellen Erfahrungen zum Teil so, dass es dem Leser überlassen bleibt, die Erzählung als interessanten Einzelfall aufzunehmen oder ihr eine allgemeinere Aussage abzugewinnen. Neben **Thomas Bernhard** (1931–1989) gelten auch **Günter Kunert** (*1929), **Botho Strauß** (*1944) und **Hans Magnus Enzensberger** (*1929) als wichtige Parabelerzähler der Gegenwart. Mit „Herrn Zetts Betrachtungen" (▸ S. 131, 133) knüpft Enzensberger an Brechts „Geschichten von Herrn Keuner" an (▸ S. 128). Wie Herr Keuner stellt auch Herr Zett eingefahrene Verhaltensweisen und allgemeine Wahrheiten in Frage.

Sohn und Vater – Franz Kafka als Parabelautor kennen lernen

Franz Kafka

Großer Lärm (1911/12)

Ich sitze in meinem Zimmer im Hauptquartier des Lärms der ganzen Wohnung. Alle Türen höre ich schlagen, durch ihren Lärm bleiben mir nur die Schritte der zwischen ihnen Laufenden erspart, noch das Zuklappen der Herdtüre in der Küche höre ich. Der Vater durchbricht die Türen meines Zimmers und zieht im nachschleppenden Schlafrock durch, aus dem Ofen im Nebenzimmer wird die Asche gekratzt, Valli fragt, durch das Vorzimmer Wort für Wort rufend, ob des Vaters Hut schon geputzt ist, ein Zischen, das mir befreundet sein will, erhebt noch das Geschrei einer antwortenden Stimme. Die Wohnungstüre wird aufgeklinkt und lärmt, wie aus katarrhalischem[1] Hals, öffnet sich dann weiterhin mit dem Singen einer Frauenstimme und schließt sich endlich mit einem dumpfen, männlichen Ruck, der sich am rücksichtslosesten anhört. Der Vater ist weg, jetzt beginnt der zartere, zerstreutere, hoffnungslosere Lärm, von den Stimmen der zwei Kanarienvögel angeführt. Schon früher dachte ich daran, bei den Kanarienvögeln fällt es mir von Neuem ein, ob ich nicht die Türe bis zu einer kleinen Spalte öffnen, schlangengleich ins Nebenzimmer kriechen und so auf dem Boden meine Schwestern und ihr Fräulein um Ruhe bitten sollte.

Skizzen von Kafka (ca. 1905)

1 der Katarrh (auch „katarrhalische Entzündung“): Entzündung der Atmungsorgane, schwere Erkältung

1 Schreibt aus der Perspektive des Ich-Erzählers einen Brief, in dem deutlich wird, wie er die häusliche Atmosphäre wahrnimmt und welche Probleme er damit hat. Entscheidet, an wen der Ich-Erzähler wohl schreiben würde: an den Vater, eine Schwester, einen Freund ...?

2 Überlegt: Wie würdet ihr davon erzählen, wenn es bei euch zu Hause zu laut wäre? Beschreibt vor diesem Hintergrund sprachliche Auffälligkeiten und ihre Wirkung im Text.

3 Lest die folgende biografische Notiz. Diskutiert, ob und ggf. wie sich euer Textverständnis durch diese Information über den Autor Franz Kafka verändert.

Franz Kafka (1883–1924) thematisiert in seinen Erzählungen das Suchen und Scheitern des Menschen in einer irritierenden Welt. Er reflektiert dabei in seinen Texten nicht selten auch seine eigene Lebenssituation. So schildert er in „Großer Lärm“ eine Szene, wie er sie vermutlich des Öfteren selbst in seiner Familie erlebt hat. Dafür spricht, dass eine seiner drei Schwestern auch Valli (▸ Z. 7) hieß und dass er die Geschichte nach seinen eigenen Worten „zur Züchtigung meiner Familie“ in einer Prager Literaturzeitschrift abdrucken ließ.

Franz Kafka

Der plötzliche Spaziergang (1913)

Wenn man sich am Abend endgültig entschlossen zu haben scheint, zu Hause zu bleiben, den Hausrock angezogen hat, nach dem Nachtmahl beim beleuchteten Tisch sitzt und jene Arbeit oder jenes Spiel vorgenommen hat, nach dessen Beendigung man gewohnheitsgemäß schlafen geht, wenn draußen ein unfreundliches Wetter ist, welches das Zuhausebleiben selbstverständlich macht, wenn man jetzt auch schon lange bei Tisch stillgehalten hat, dass das Weggehen allgemeines Erstaunen hervorrufen müsste, wenn nun auch schon das Treppenhaus dunkel und das Haustor gesperrt ist, und wenn man nun trotz alledem in einem plötzlichen Unbehagen aufsteht, den Rock wechselt, sofort straßenmäßig angezogen erscheint, weggehen zu müssen erklärt, es nach kurzem Abschied auch tut, je nach der Schnelligkeit, mit der man die Wohnungstür zuschlägt, mehr oder weniger Ärger zu hinterlassen glaubt, wenn man sich auf der Gasse wiederfindet, mit Gliedern, die diese schon unerwartete Freiheit, die man ihnen verschafft hat, mit besonderer Beweglichkeit beantworten, wenn man durch diesen einen Entschluss alle Entschlussfähigkeit in sich gesammelt fühlt, wenn man mit größerer als der gewöhnlichen Bedeutung erkennt, dass man ja mehr Kraft als Bedürfnis hat, die schnellste Veränderung leicht zu bewirken und zu ertragen, und wenn man so die engen Gassen hinläuft – dann ist man für diesen Abend gänzlich aus seiner Familie ausgetreten, die ins Wesenlose abschwenkt, während man selbst, ganz fest, schwarz vor Umrissenheit, hinten die Schenkel schlagend, sich zu seiner wahren Gestalt erhebt. Verstärkt wird alles noch, wenn man zu dieser späten Abendzeit einen Freund aufsucht, um nachzusehen, wie es ihm geht.

1 a Fasst in wenigen kurzen Sätzen zusammen, wovon der Text handelt.
b Welchen Wörtern messt ihr besondere Bedeutung im Textzusammenhang bei, sodass ihr sie als Schlüsselwörter bezeichnen würdet? Sammelt sie an der Tafel und erläutert eure Auswahl.

2 a Beschreibt die Struktur des Textes, insbesondere auf der Ebene des Satzbaus. Welche Wirkung hat diese auf euch?
b Gliedert den Text in Abschnitte. Achtet dabei auf Satzzeichen und Signalwörter.
c Stellt mit Hilfe der Gliederung die Entwicklung des Textes grafisch dar, z. B. als Kurve.

3 Erörtert mögliche Bedeutungen des Schlusssatzes.

4 Verfasst auf Grundlage eurer Ergebnisse eine Charakterisierung des Ich-Erzählers.

5 Stellt den Autor Franz Kafka in einem Referat vor.
TIPP: Möglicher Schwerpunkt, passend zu den Texten in diesem Kapitel (▶ S. 134–136), könnte sein: das Verhältnis Kafkas zu seinem Vater.

6 Überlegt vor dem Hintergrund eures Referats zu Franz Kafka (▶ Aufgabe 5), welche Beziehungen sich zwischen den Texten „Der plötzliche Spaziergang“ (▶ oben), „Großer Lärm“ (▶ S. 134) und der Biografie Kafkas herstellen lassen.

Franz Kafka

Heimkehr (1920)

Franz Kafka (1883–1924)

Ich bin zurückgekehrt, ich habe den Flur durchschritten und blicke mich um. Es ist meines Vaters alter Hof. Die Pfütze in der Mitte. Altes, unbrauchbares Gerät, ineinander verfahren, verstellt den Weg zur Bodentreppe. Die Katze lauert auf dem Geländer. Ein zerrissenes Tuch, einmal im Spiel um eine Stange gewunden, hebt sich im Wind. Ich bin angekommen. Wer wird mich empfangen? Wer wartet hinter der Tür der Küche? Rauch kommt aus dem Schornstein, der Kaffee zum Abendessen wird gekocht. Ist dir heimlich[1], fühlst du dich zu Hause? Ich weiß es nicht, ich bin sehr unsicher. Meines Vaters Haus ist es, aber kalt steht Stück neben Stück, als wäre jedes mit seinen eigenen Angelegenheiten beschäftigt, die ich teils vergessen habe, teils niemals kannte. Was kann ich ihnen nützen, was bin ich ihnen, und sei ich auch des Vaters, des alten Landwirts Sohn. Und ich wage nicht, an der Küchentür zu klopfen, nur von der Ferne horche ich, nur von der Ferne horche ich stehend, nicht so, dass ich als Horcher überrascht werden könnte. Und weil ich von der Ferne horche, erhorche ich nichts, nur einen leichten Uhrenschlag höre ich oder glaube ihn vielleicht nur zu hören, herüber aus den Kindertagen. Was sonst in der Küche geschieht, ist das Geheimnis der dort Sitzenden, das sie vor mir wahren. Je länger man vor der Tür zögert, desto fremder wird man. Wie wäre es, wenn jetzt jemand die Tür öffnete und mich etwas fragte. Wäre ich dann nicht selbst wie einer, der sein Geheimnis wahren will.

1 heimlich, hier veraltet für heimelig: vertraut, zum Haus gehörend

1 a Beschreibt mit aussagekräftigen Adjektiven die Stimmung, die der Text bei euch erzeugt.
b Vergleicht eure Leseeindrücke, die ihr mit den Adjektiven festgehalten habt, mit den Assoziationen, die der Titel „Heimkehr" auslöst.
c Beschreibt zunächst die äußere Situation und dann das innere Empfinden des Ich-Erzählers mit eigenen Worten. Belegt eure Zuschreibungen mit Textzitaten.

2 a Formt den Text zu einem Gedicht um, indem ihr den Text in Verse und Strophen setzt.
TIPP: Eure Verse müssen nicht der Satzstruktur entsprechen. Ihr könnt z. B. auch mit Zeilensprüngen arbeiten.
b Stellt euch in kleinen Gruppen eure Gedichte vor und sprecht über eure gestalterischen Entscheidungen: Welche Textmerkmale und Textaussagen habt ihr durch eure Gedichtform hervorgehoben?

3 a Untersucht die Fragen, die im Text gestellt werden:
– Wie sind sie in den Text eingebunden?
– An wen richten sie sich?
– Werden sie beantwortet oder lassen sich Antworten vermuten?
b Leitet aus euren Ergebnissen die Funktion und Wirkung der Fragen im Text ab.

4 a Besorgt euch den biblischen Text „Vom verlorenen Sohn“, den ihr im Lukas-Evangelium findet (Kapitel 15, Verse 11–23).

b Vergleicht Kafkas Parabel „Heimkehr“ mit dem Bibeltext unter folgenden Vergleichspunkten:
- Verlauf der Handlung (insbesondere Anfang und Ende),
- Erzählweise,
- Charakterisierung der Figuren,
- Aussageabsicht.

c Welcher Text spricht euch mehr an? Begründet eure persönliche Vorliebe mit Textmerkmalen und euren Leseerfahrungen.

Rembrandt (1606–1669): Die Heimkehr des verlorenen Sohnes

5 Nutzt eure Ergebnisse für eine Interpretation der Parabel „Heimkehr“ von Kafka. Geht so vor:

a Nennt in einer **Einleitung** einige wichtige Fakten sowie das Thema des Textes. Die folgenden Informationen können euch dabei hilfreich sein:

entstanden 1920 • Entfremdung • Heimatlosigkeit • erst nach Kafkas Tod 1936 veröffentlicht • Parabel • innere Widerstände • Anklänge an biblisches Gleichnis

b Gestaltet den **Hauptteil** eurer Interpretation aus folgenden Elementen:
- kurze Zusammenfassung der Handlung,
- Beschreibung der Situation des Ich-Erzählers (äußere und innere Handlung),
- Aussagen zum Aufbau und zu besonderen sprachlichen Gestaltungsmitteln (z. B. Satzbau, Wortwahl, Fragen),
- Vergleich mit biblischem Gleichnis vom verlorenen Sohn,
- Interpretation und abschließende Deutung: Ihr könnt z. B. die Aussage der Parabel Kafkas von der des biblischen Gleichnisses abgrenzen und/oder auf die Beziehung zwischen Text und Titel eingehen.

c Nehmt zum **Schluss** Stellung. Ihr könnt euch auf den Inhalt und die Problemstellung beziehen oder auch auf die Schreibweise Kafkas.

6 a Vergleicht die drei Texte Kafkas (▸ S. 134, 135, 136) im Hinblick auf das Geschehen und das Thema, den Ich-Erzähler und die sprachliche Gestaltung.

b Diskutiert für jeden Text, ob bzw. inwiefern er als Parabel aufgefasst werden kann. Greift dazu auf die Informationen zur Parabel (▸ S. 127) zurück.

7 Schreibt unter der Überschrift „Sohn und Vater, eine spannungsreiche Beziehung“ einen informierenden Artikel über die Beziehung Kafkas zu seinem Vater und den Niederschlag, den diese Beziehung in einigen seiner literarischen Werke gefunden hat.
Nutzt dazu ggf. die Informationen aus dem Referat zur Vorstellung des Autors (▸ S. 135, Aufgabe 5) und zieht exemplarisch die literarischen Texte dieses Kapitels heran.

Testet euch!

Eine Parabel verstehen

Franz Hohler

Lebenslauf (2008)

Auf der Straße traf ich einen Nachbarn, den ich länger nicht gesehen hatte, und fragte ihn, wie es ihm gehe. Er hatte ein Leben lang als Mechaniker bei ABB in Oerlikon gearbeitet, bis der Betrieb stillgelegt wurde. Dann musste er zuerst ins Werk in Pratteln bei Basel, und als es auch dort eng wurde, bot man ihm eine Stelle in Mannheim an. Er spricht Italienisch und Schweizerdeutsch und ertrug das Leben als Wochenaufenthalter unter fremden Kollegen mit einer fremden Sprache nicht, wurde schließlich krank und ist jetzt zusammen mit jugendlichen Arbeitslosen in einem Beschäftigungsprogramm beim Demontieren von elektrischen und elektronischen Geräten.
„Früher“, sagte er mir, „war ich in der Konstruktion, heute bin ich in der Dekonstruktion.“

1 Benennt den Aufbau der Parabel mit drei Begriffen und verseht sie mit Zeilenangaben.

2 Schreibt die Buchstaben der zutreffenden Aussagen über den Schlusssatz in euer Heft.

- **A** Der Nachbar benutzt die Begriffe „Konstruktion“ und „Dekonstruktion“ doppeldeutig.
- **B** Er antwortet mit diesem Satz nicht auf die Frage, die ihm der Ich-Erzähler gestellt hat.
- **C** „Konstruktion“ bezieht sich auf seine frühere Arbeit als Mechaniker, „Dekonstruktion“ auf seine jetzige Tätigkeit, Elektrogeräte zu demontieren.
- **D** Mit den beiden Begriffen bezeichnet der Nachbar auch seine persönliche Entwicklung, die Destruktion seiner selbst durch den Niedergang seines beruflichen Lebens.
- **E** Der letzte Satz besagt, dass der Nachbar die arbeitslosen Jugendlichen als destruktive Kollegen wahrnimmt.

3 Formuliert, was die Parabel nach eurem Verständnis über unsere heutige Gesellschaft aussagt.

4 Vergleicht eure Ergebnisse aus den Aufgaben 1 und 2 mit dem Lösungsteil auf Seite 375, das Ergebnis aus Aufgabe 3 in Partnerarbeit.

6.2 Eine längere Parabel analysieren

Einen ersten Zugang zur Parabel bekommen

Peter Bichsel

Der Mann, der nichts mehr wissen wollte (1969)

„Ich will nichts mehr wissen“, sagte der Mann, der nichts mehr wissen wollte.
Der Mann, der nichts mehr wissen wollte, sagte: „Ich will nichts mehr wissen.“
Das ist schnell gesagt. Das ist schnell gesagt. Und schon läutete das Telefon. Und anstatt das Kabel aus der Wand zu reißen, was er hätte tun sollen, weil er nichts mehr wissen wollte, nahm er den Hörer ab und sagte seinen Namen.
„Guten Tag“, sagte der andere.
Und der Mann sagte auch: „Guten Tag.“
„Es ist schönes Wetter heute“, sagte der andere.
Und der Mann sagte nicht: „Ich will das nicht wissen“, er sagte sogar: „Ja sicher, es ist sehr schönes Wetter heute.“
Und dann sagte der andere noch etwas.
Und dann sagte der Mann noch etwas. Und dann legte er den Hörer auf die Gabel, und er ärgerte sich sehr, weil er jetzt wusste, dass es schönes Wetter ist.
Und jetzt riss er doch das Kabel aus der Wand und rief: „Ich will auch das nicht wissen, und ich will es vergessen.“
Das ist schnell gesagt. Das ist schnell gesagt. Denn durch das Fenster schien die Sonne, und wenn die Sonne durch das Fenster scheint, weiß man, dass schönes Wetter ist. Der Mann schloss die Läden, aber nun schien die Sonne durch die Ritzen.
Der Mann holte Papier und verklebte die Fensterscheiben und saß im Dunkeln.
Und so saß er lange Zeit, und seine Frau kam und sah die verklebten Fenster und erschrak. Sie fragte: „Was soll das?“
„Das soll die Sonne abhalten“, sagte der Mann.
„Dann hast du kein Licht“, sagte die Frau.
„Das ist ein Nachteil“, sagte der Mann, „aber es ist besser so, denn wenn ich keine Sonne habe, habe ich zwar kein Licht, aber ich weiß dann wenigstens nicht, dass schönes Wetter ist.“
„Was hast du gegen das schöne Wetter?“, sagte die Frau. „Schönes Wetter macht froh.“
„Ich habe“, sagte der Mann, „nichts gegen das

schöne Wetter, ich habe überhaupt nichts gegen das Wetter. Ich will nur nicht wissen, wie es ist."

„Dann dreh wenigstens das Licht an", sagte die Frau, und sie wollte es andrehen, aber der Mann riss die Lampe von der Decke und sagte: „Ich will auch das nicht mehr wissen, ich will auch nicht mehr wissen, dass man das Licht andrehen kann."

Da weinte seine Frau.

Und der Mann sagte: „Ich will nämlich gar nichts mehr wissen."

Und weil das die Frau nicht begreifen konnte, weinte sie nicht mehr und ließ ihren Mann im Dunkeln.

Und da blieb er sehr lange Zeit.

Und die Leute, die zu Besuch kamen, fragten die Frau nach ihrem Mann, und die Frau erklärte ihnen: „Das ist nämlich so, er sitzt nämlich im Dunkeln und will nämlich nichts mehr wissen."

„Was will er nicht mehr wissen?", fragten die Leute, und die Frau sagte:

„Nichts, gar nichts mehr will er wissen.

Er will nicht mehr wissen, was er sieht – nämlich, wie das Wetter ist.

Er will nicht mehr wissen, was er hört – nämlich, was die Leute sagen.

Und er will nicht mehr wissen, was er weiß – nämlich, wie man das Licht andreht.

So ist das nämlich", sagte die Frau.

„Ah, so ist das", sagten die Leute und sie kamen nicht mehr zu Besuch.

Und der Mann saß im Dunkeln.

Und seine Frau brachte ihm das Essen.

Und sie fragte: „Was weißt du nicht mehr?"

Und er sagte: „Ich weiß noch alles", und er war sehr traurig, weil er noch alles wusste.

Da versuchte ihn seine Frau zu trösten und sagte: „Aber du weißt doch nicht, wie das Wetter ist."

„Wie es ist, weiß ich nicht", sagte der Mann, „aber ich weiß es immer noch, wie es sein kann. Ich erinnere mich noch an Regentage und ich erinnere mich an sonnige Tage."

„Du wirst es vergessen", sagte die Frau.

Und der Mann sagte: „Das ist schnell gesagt. Das ist schnell gesagt."

Und er blieb im Dunkeln, und seine Frau brachte ihm täglich das Essen, und der Mann schaute auf den Teller und sagte: „Ich weiß, dass das Kartoffeln sind, ich weiß, dass das Fleisch ist, und ich kenne den Blumenkohl, und es nützt alles nichts, ich werde immer alles wissen. Und jedes Wort, das ich sage, weiß ich."

Und als seine Frau ihn das nächste Mal fragte: „Was weißt du noch?", da sagte er: „Ich weiß viel mehr als vorher, ich weiß nicht nur, wie schönes Wetter und wie schlechtes Wetter ist, ich weiß jetzt auch, wie das ist, wenn kein Wetter ist. Und ich weiß, dass, wenn es ganz dunkel ist, dass es dann immer noch nicht dunkel genug ist."

„Es gibt aber Dinge, die du nicht weißt", sagte seine Frau und wollte gehen, und als er sie zurückhielt, sagte sie: „Du weißt nämlich nicht, wie ‚schönes Wetter' auf Chinesisch heißt", und sie ging und schloss die Tür hinter sich.

Da begann der Mann, der nichts mehr wissen wollte, nachzudenken. Er konnte wirklich kein Chinesisch, und es nützt ihm nichts, zu sagen: „Ich will auch das nicht mehr wissen", weil er es ja noch gar nicht wusste.

„Ich muss zuerst wissen, was ich nicht wissen

will", rief der Mann und riss das Fenster auf und öffnete die Läden, und vor dem Fenster regnete es, und er schaute in den Regen.

Dann ging er in die Stadt, um sich Bücher zu kaufen über das Chinesische, und er kam zurück und saß wochenlang hinter diesen Büchern und malte chinesische Schriftzeichen aufs Papier.

Und wenn Leute zu Besuch kamen und die Frau nach ihrem Mann fragten, sagte sie: „Das ist nämlich so, er lernt jetzt Chinesisch, so ist das nämlich."

Und die Leute kamen nicht mehr zu Besuch.

Es dauert aber Monate und Jahre, bis man das Chinesische kann, und als er es endlich konnte, sagte er: „Ich weiß aber immer noch nicht genug.

Ich muss alles wissen. Dann erst kann ich sagen, dass ich das alles nicht mehr wissen will.

Ich muss wissen, wie der Wein schmeckt, wie der schlechte schmeckt und wie der gute.

Und wenn ich Kartoffeln esse, muss ich wissen, wie man sie anpflanzt.

Ich muss wissen, wie der Mond aussieht, denn wenn ich ihn sehe, weiß ich noch lange nicht, wie er aussieht, und ich muss wissen, wie man ihn erreicht.

Und die Namen der Tiere muss ich wissen und wie sie aussehen und was sie tun und wo sie leben."

Und er kaufte sich ein Buch über die Kaninchen und ein Buch über die Hühner und ein Buch über die Tiere im Wald und eines über die Insekten.

Und dann kaufte er sich ein Buch über das Panzernashorn.

Und das Panzernashorn fand er schön.

Er ging in den Zoo und fand es da, und es stand in einem großen Gehege und bewegte sich nicht.

Und der Mann sah genau, wie das Panzernashorn versuchte zu denken und versuchte, etwas zu wissen, und er sah, wie sehr ihm das Mühe machte.

Und jedes Mal, wenn dem Panzernashorn etwas einfiel, rannte es los vor Freude, drehte zwei, drei Runden im Gehege und vergaß dabei, was ihm eingefallen war, und blieb dann lange stehen – eine Stunde, zwei Stunden – und rannte, wenn es ihm einfiel, wieder los.

Und weil es immer ein kleines bisschen zu früh losrannte, fiel ihm eigentlich gar nichts ein.

„Ein Panzernashorn möchte ich sein", sagte der Mann, „aber dazu ist es jetzt wohl zu spät."

Dann ging er nach Hause und dachte an sein Nashorn.

Und er sprach von nichts anderem mehr.

„Mein Panzernashorn", sagte er, „denkt zu langsam und rennt zu früh los, und das ist recht so", und er vergaß dabei, was er alles wissen wollte, um es nicht mehr wissen zu wollen.

Und er führte sein Leben weiter wie vorher.

Nur, dass er jetzt noch Chinesisch konnte.

1 Tauscht euch über eure ersten Eindrücke zur Geschichte aus.

2 Benennt Verhaltensweisen der Figuren (der Mann, seine Frau, die Besucher, das Panzernashorn), mit denen ihr euch identifizieren könnt, und solche, die euch seltsam erscheinen.

3 Wie erklärt ihr euch den Wunsch des Mannes, nichts mehr wissen zu wollen? Benennt Situationen oder Erfahrungen, die einen solchen Wunsch verständlich machen können.

4 Wählt eine Situation/Erfahrung aus Aufgabe 3 aus und gestaltet sie zu einer Vorgeschichte.

5 Haltet fest, welche grundsätzlichen menschlichen Verhaltensweisen, Fragen oder Probleme die Geschichte eurem Verständnis nach thematisiert.

Inhalt und Form der Parabel untersuchen

1 a Gliedert die Handlung der Geschichte. Benennt dazu markante Wendepunkte im Handlungsverlauf und fasst kurz zusammen, was sich zwischen diesen Wendepunkten ereignet.

b Erörtert, inwiefern die folgenden Skizzen geeignet sind, den Verlauf der Erzählung zu veranschaulichen.

2 a Schreibt aus der Perspektive der Frau Tagebucheinträge zu geeigneten Stellen des Handlungsverlaufs, z. B.: *(zu Z. 20 ff.)*
Heute habe ich einen fürchterlichen Schreck bekommen. Ich bin ganz verzweifelt. Was soll ich nur tun? Ich glaube, Josef, mein Mann, wird langsam verrückt. Als ich heute in sein Zimmer kam, …

b Erläutert: Welche Rolle spielt die Frau für den Verlauf und die Aussage der Geschichte?

3 Untersucht die sprachliche Gestaltung des Textes. Geht so vor:

a Schreibt die ersten fünf Sätze (▸ Z. 1–5) mit jeweils einer Freizeile ab. Markiert auffällige Stellen und kommentiert sie. Nutzt hierzu auch den Tipp rechts.

> **Wiederholung:** von Sätzen, Satzteilen
> **Parallelismus:** paralleler Satzbau
> **Chiasmus:** Überkreuzstellung von gedanklichen oder syntaktischen Elementen, z. B. (AB I BA)
> (▸ sprachliche Gestaltungsmittel, S. 370)

b Untersucht:
- Inwiefern sind die zu Beginn verwendeten Stilmittel für die sprachliche Gestaltung des Gesamttextes charakteristisch?
- Welche weiteren sprachlichen Gestaltungsmittel sind auffällig? Benennt sie nach Möglichkeit mit Hilfe von Fachbegriffen und beschreibt ihre Wirkung.

4 a Überlegt: Welche Hinweise gibt der Text, dass er nicht als realistische Geschichte zu lesen ist, sondern als Parabel im übertragenen Sinne verstanden werden kann? Sammelt Textelemente (z. B. Bildmotive, besonders markante Textstellen), die euch deutungsbedürftig erscheinen.

> Die Bildbereiche „Licht"/„Sonne" und „Panzernashorn" könnt ihr mit den Aufgaben und Hilfen auf den folgenden Seiten (▸ S. 143 f.) erarbeiten.

b Entwickelt in Kleingruppen Deutungsansätze zu den Elementen, die ihr benannt habt. Nutzt dazu die Methode des stummen Schreibgesprächs (▸ S. 316).
- Schreibt jedes Textelement, z. B. „das Wetter" oder „Chinesisch lernen", auf ein Blatt.
- Jede/r notiert zu einem Element erste Überlegungen.
- Gebt dann die Blätter reihum weiter. Knüpft im weiteren Verlauf auch an die Notizen der anderen Gruppenmitglieder an.
- Fasst am Ende die Ergebnisse zu jedem Element zusammen.

Fordern und fördern – Den Bildbereich entschlüsseln

Peter Bichsel

Der Mann, der nichts mehr wissen wollte (Auszug)

Der Mann holte Papier und verklebte die Fensterscheiben und saß im Dunkeln.
Und so saß er lange Zeit, und seine Frau kam und sah die verklebten Fenster und erschrak. Sie fragte: „Was soll das?"
„Das soll die Sonne abhalten", sagte der Mann.
„Dann hast du kein Licht", sagte die Frau.
„Das ist ein Nachteil", sagte der Mann, „aber es ist besser so, denn wenn ich keine Sonne habe, habe ich zwar kein Licht, aber ich weiß dann wenigstens nicht, dass schönes Wetter ist." [...]
„Dann dreh wenigstens das Licht an", sagte die Frau, und sie wollte es andrehen, aber der Mann riss die Lampe von der Decke und sagte: „Ich will auch das nicht mehr wissen, ich will auch nicht mehr wissen, dass man das Licht andrehen kann." [...]
Und als seine Frau ihn das nächste Mal fragte: „Was weißt du noch?", da sagte er: „Ich weiß viel mehr als vorher [...]. Und ich weiß, dass, wenn es ganz dunkel ist, dass es dann immer noch nicht dunkel genug ist." (▸ Z. 31–108)

●●● **1** Licht und Dunkelheit: Untersucht, welche Bedeutung diese und verwandte Metaphern (z. B. die Sonne, das Andrehen des Lichts etc.) in der Geschichte von Bichsel haben. Geht so vor:

a Lest den Informationstext „Licht und Dunkelheit als Metaphern im Zeitalter der Aufklärung":

Licht und Dunkelheit als Metaphern im Zeitalter der Aufklärung
In der Epoche der Aufklärung (ca. 1720–1800) war die Vernunft die vorherrschende Kraft. „Habe Mut, dich deines eigenen Verstandes zu bedienen!", lautete der Appell des deutschen Philosophen Immanuel Kant. Die Menschen sollten selbstständig denken, sich von Vorurteilen, Aberglauben und auch von der Bevormundung durch fragwürdige Herrscher befreien. Licht wurde in dieser Zeit als Metapher (Bild) für Vernunft und Wissen, Dunkelheit als Metapher für mangelnde Erkenntnis und geistige Beschränktheit verwendet. Im Deutschen heißt die Epoche „Aufklärung", im Französischen „le siecle de lumieres" (das Jahrhundert der Lichter), im Englischen „enlightenment" (Erleuchtung), im Italienischen „illuminismo" (Erleuchtung).

b Interpretiert einzelne Aussagen im Text oben.

▷ Hilfen zu dieser Aufgabe, Seite 144

●●● **2** Untersucht, welche Bedeutung das Panzernashorn für das Ende der Geschichte hat. Belegt eure Aussagen anhand des Textes (▸ S. 139–141).
- Welche Eigenschaften nimmt der Mann an dem Panzernashorn wahr? Inwieweit sind Mann und Nashorn vergleichbar?
- Führt das Nashorn die Geschichte zu einem Happy End?

▷ Hilfen zu dieser Aufgabe, Seite 144

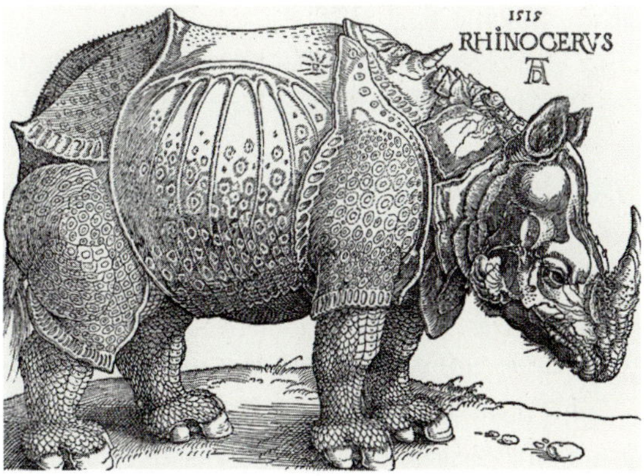

Albrecht Dürer: Rhinozeros (1515)

Aufgabe 1 mit Hilfen:

Licht und Dunkelheit: Untersucht, welche Bedeutung diese und verwandte Metaphern (z. B. die Sonne, das Andrehen des Lichts etc.) im Textauszug (▶ S. 143, oben) haben. Geht so vor:

a Lest den Informationstext „Licht und Dunkelheit als Metaphern im Zeitalter der Aufklärung“ (▶ S. 143). Erklärt dann, welche metaphorische (übertragene) Bedeutung Licht und Dunkelheit haben, z. B.: *Licht = Metapher (Bild) für Vernunft und Wissen*
Dunkelheit = ...

b Interpretiert vor diesem Hintergrund die folgenden Aussagen aus dem Text.

- Der Mann will „die Sonne abhalten“. Deshalb hat er die Fensterscheiben verklebt und sitzt im Dunkeln (▶ Z. 36).
- Der Mann reißt die Lampe von der Decke, denn er will „auch nicht mehr wissen, dass man das Licht andrehen kann“ (▶ Z. 52 f.).
- „Und ich weiß, dass, wenn es ganz dunkel ist, dass es dann immer noch nicht dunkel genug ist“ (▶ Z. 106–108).

Aufgabe 2 mit Hilfen:

Untersucht mit Hilfe des folgenden Textauszuges, welche Bedeutung das Panzernashorn für das Ende der Geschichte hat. Geht so vor:

a Lest den folgenden Text.

Peter Bichsel

Der Mann, der nichts mehr wissen wollte (Auszug)

Und das Panzernashorn fand er schön. Er ging in den Zoo und fand es da, und es stand in einem großen Gehege und bewegte sich nicht. Und der Mann sah genau, wie das Panzernashorn versuchte zu denken und versuchte, etwas zu wissen, und er sah, wie sehr ihm das Mühe machte. [...]
„Ein Panzernashorn möchte ich sein“, sagte der Mann, „aber dazu ist es jetzt wohl zu spät.“
Dann ging er nach Hause und dachte an sein Nashorn. Und er sprach von nichts anderem mehr. „Mein Panzernashorn“, sagte er, „denkt zu langsam und rennt zu früh los, und das ist recht so“, und er vergaß dabei, was er alles wissen wollte, um es nicht mehr wissen zu wollen. Und er führte sein Leben weiter wie vorher. Nur, dass er jetzt noch Chinesisch konnte. (▶ Z. 156–183)

b Beschreibt, welche Eigenschaften der Mann an dem Panzernashorn wahrnimmt und inwieweit Mann und Nashorn vergleichbar sind, z. B.:
Der Mann findet das Panzernashorn schön. Als er es im Zoo sieht, fällt ihm auf, dass sich das Tier nicht bewegt. Der Mann meint dem Tier anzusehen, dass es denkt und ...
Der Mann und das Panzernashorn sind vergleichbar, denn dem Nashorn gelingt, worum sich der Mann bemüht: ...

c Führt das Nashorn in der Geschichte ein Happy End herbei? Formuliert eure Antwort schriftlich, z. B.:
Meiner Meinung bekommt die Geschichte durch das Nashorn ein Happy End, denn das Nashorn lebt dem Mann vor, ...

Die Interpretation schriftlich ausarbeiten

1 Verfasst nun auf der Grundlage eurer Analyseergebnisse eine Interpretation zu der Parabel von Peter Bichsel (▸ S. 139–141), bestehend aus Einleitung, Hauptteil und Schluss.
Geht so vor:

a Formuliert eine **Einleitung** mit grundlegenden Informationen zum Text und zu seinem Thema. Ihr könnt dazu einen der folgenden Formulierungsbausteine nutzen:
- *Peter Bichsel konfrontiert die Leser in seiner parabelhaften Kurzgeschichte „Vom Mann, ..." ...*
- *Kann der Mensch nichts wissen? – Das ist die Frage, die ...*
- *Der Mann, der nichts mehr wissen wollte, erfährt in der gleichnamigen Kurzgeschichte von ... aus dem Jahr ..., ...*

b Geht beim Schreiben des **Hauptteils** in zwei Schritten vor:
- Haltet in einem stichwortartigen Schreibplan eure Ergebnisse fest, und zwar: zur Handlung (Kurzzusammenfassung), zum Verlauf (Aufbau) der Geschichte, zu den Figuren, zur sprachlichen Gestaltung und zur Interpretation bzw. Deutung der Bildelemente.
- Formuliert dann eure Stichworte aus. Denkt an Textbelege (▸ Zitieren, S. 362).

Die Parabel erzählt von einem Mann, der ...
Die Geschichte entwickelt sich in mehreren Phasen, die ...
Für die Entwicklung der Handlung hat eine zweite Figur der Parabel, nämlich die Frau des Mannes, eine wichtige Bedeutung ...
Die sprachlichen Gestaltungsmittel ...
Besonders auffällig sind auf der Bildebene der Parabel die Metaphern Licht und Dunkelheit, die ...
Von besonderer Symbolkraft ist das Panzernashorn, durch das am Ende der Geschichte ... Mann und Nashorn sind insofern vergleichbar, als ...

c Nehmt zum **Schluss** Stellung: Inwiefern kann die Geschichte als Parabel verstanden werden?
Es sprechen mehrere Gründe dafür, die Geschichte als Parabel, also im übertragenen Sinne, zu verstehen. Peter Bichsel möchte nicht von einem merkwürdigen Einzelfall erzählen, sondern die Leser dazu anregen, über den Menschen als (Nicht-)Wissenden ...

2 Überarbeitet eure Texte mit Hilfe des folgenden Merkkastens:

Information | **Eine Parabel interpretieren**

- In der **Einleitung** nennt ihr die Art des Textes (z. B. Parabel, parabolische Erzählung), den Titel, den Namen der Autorin / des Autors und das Thema des Textes.
- Im **Hauptteil** legt ihr die Ergebnisse eurer Analyse dar und belegt sie mit Zitaten (▸ Zitieren, S. 362). Je nach Aufgabenstellung trefft ihr Aussagen zu:
  - Inhalt und Aufbau der Geschichte,
  - Figuren und ihre Beziehungen zueinander (evtl. Stellvertreter für bestimmte Haltungen, Typen, Gruppen?),
  - sprachliche Gestaltungsmittel,
  - Deutung der Parabel / Übertragung des Bildbereichs (Erzähltes) auf das Gemeinte.
- Im **Schluss** könnt ihr kurz Stellung nehmen zum Text. Ihr könnt euch auf Inhalt und Problemstellung beziehen oder auch auf die Schreibweise der Autorin / des Autors.

(▸ mehr zur Texterschließung, Seite 335)

6.3 Fit in ... – Eine Parabel analysieren

Die Aufgabenstellung und die Parabel verstehen

Stellt euch vor, ihr bekommt in der nächsten Klassenarbeit die folgende Aufgabenstellung:

Analysiere und interpretiere die Parabel „Wie der Elefant die Freiheit fand" von Jorge Bucay im Hinblick auf die Themen „Erfahrung des Scheiterns", „Falsche Selbsteinschätzung" und „Mut". Beschreibe dabei den besonderen Aufbau und die Erzählweise der Geschichte und kläre das Verhältnis zwischen den beiden Hauptfiguren: dem Ich-Erzähler und dem Elefanten.

Jorge Bucay

Wie der Elefant die Freiheit fand (2010)

Als kleiner Junge war ich ganz vernarrt in die magische Welt des Zirkus. Ich war begeistert davon, all die Tiere aus der Nähe betrachten zu können, die in einer Karawane von Stadt zu Stadt zogen. Alles an der Zirkusvorstellung fand ich zauberhaft und faszinierend, am allermeisten aber freute ich mich immer auf den Auftritt des Elefanten. Das riesige Tier stellte seine eindrucksvolle Größe, seine Geschicklichkeit und seine Stärke zur Schau. Ganz bestimmt konnte ein solches Mammutgeschöpf mit einem einzigen Ruck einen ganzen Baum ausreißen. Und dennoch ... Zu meinem Erstaunen kettete das Zirkuspersonal den Elefanten nach jeder Vorstellung an einen kleinen Pflock, der kaum eine Handbreit tief in den Boden geschlagen war. Mir kam das ziemlich seltsam vor. Na schön, die Kette war dick und schwer – aber ein Tier, das kräftig genug war, eine Mauer einzureißen, hätte sich doch spielend leicht von diesem Pflöckchen befreien und weglaufen können.
Was hielt den Elefanten zurück?
Warum machte er sich nicht aus dem Staub?
Als ich sechs oder sieben war, glaubte ich noch, dass die Erwachsenen auf alles eine Antwort wissen. Also befragte ich meine Lehrer, meinen Onkel und meine Mutter nach dem Geheimnis des Elefanten. Sie erklärten mir, dass der Elefant sich nicht aus dem Staub machte, weil er gezähmt war. Logischerweise fragte ich weiter: Und wenn er gezähmt ist und gar nicht wegläuft, warum muss er dann angekettet bleiben? Auf diese zweite Frage wusste niemand eine Antwort.
Viele Jahre später lernte ich eines Abends einen sehr weisen Mann kennen, der lange durch Indien gereist war und mir half, die Antwort zu finden.
Der Zirkuselefant war schon von klein auf, und zwar von ganz klein auf, an einen Pflock gekettet gewesen. Ich erinnere mich

daran, dass ich die Augen schloss und mir den gerade zur Welt gekommenen Elefanten an seinem Pflock vorstellte. Ich stellte mir vor, wie er Tag für Tag an der Kette zog und zerrte und versuchte, sich loszumachen. Ich sah ihn fast vor mir, wie er jede Nacht, von der Anstrengung erschöpft, einschlief und sich vornahm, es am nächsten Morgen gleich wieder zu probieren. Doch es nützte alles nichts: Der Pflock saß zu fest für so ein junges Tier, obwohl es ein Elefant war. Bis eines Tages, dem traurigsten Tag in seinem kurzen Leben, der kleine Elefant es schließlich hinnahm, dass er sich nicht befreien konnte, und sich in sein Schicksal fügte.
Auf einmal verstand ich, warum dieser große, mächtige Elefant, wie ich ihn aus der Zirkusmanege kannte, angekettet blieb: Er war fest davon überzeugt, dass er sich niemals von seinem Pflock würde befreien können. Dem armen Tier hatte sich sein Scheitern fest ins Elefantengehirn eingeprägt, und nie, niemals wieder hatte es seine Kraft unter Beweis gestellt ...
Manchmal träume ich nachts, dass ich zu dem angeketteten Elefanten gehe und ihm ins Ohr flüstere: „Weißt du was? Wir sind uns ähnlich. Du glaubst wie ich, dass du manches nicht kannst, weil du es vor langer Zeit einmal ausprobiert und nicht geschafft hast. Aber mach dir klar, dass das eine Ewigkeit her ist und du heute viel größer und stärker bist als damals. Wenn du dich wirklich befreien willst, bin ich sicher, dass es auch klappt. Warum versuchst du es nicht einfach mal?“
Ab und zu denke ich beim Aufwachen, dass es mein Elefant eines Tages tatsächlich versucht und geschafft hat, sich vom Pflock loszureißen ... Dann überkommt mich ein Lächeln, und ich stelle mir vor, wie das riesige Tier noch immer mit dem Zirkus herumreist, weil es ihm großen Spaß macht, den Kindern Freude zu bereiten, auch wenn es jetzt natürlich nicht mehr angekettet ist.

1 Lest die Parabel und die Aufgabenstellung auf Seite 146. Besprecht dann in Partnerarbeit, welche besonderen Hinweise die Aufgabenstellung für die Analyse und Interpretation gibt und wie der Aufsatz aufgebaut ist, den ihr erarbeiten sollt.

2 a Untersucht den Aufbau der Parabel. Gliedert den Text in Handlungsschritte und fasst jeden Abschnitt knapp zusammen. Achtet auf sprachliche Signale (z. B. Zeitangaben, Tempora), durch die die verschiedenen Zeitebenen angezeigt werden.

Z. 1–...: Erzähler erinnert sich zurück an eine rätselhafte Kindheitserfahrung mit dem Elefanten im Zirkus: Obwohl der Elefant ein starkes Tier ist, reißt er sich nicht vom Minipflock los, an den er angekettet ist. Frage nach dem Grund: Elefant sei gezähmt
Z. ...–...: Zeitsprung (Signal: „Viele Jahre später“, Z. 39): ...
Z. ...: ...

b Markiert in eurer Gliederung: Was erlebt der Ich-Erzähler real, was stellt er sich vor bzw. träumt er? Achtet auf Formulierungen, die euch bei der Identifikation dieser Ebenen helfen.

3 a „Warum machte er [der Elefant] sich nicht aus dem Staub?“ (▸ Z. 25 f.) Erklärt, welche Rolle dabei das Thema „Erfahrung des Scheiterns“ spielt.

b Notiert, wovon der Erzähler träumt. Geht dabei auf die Themen „Falsche Selbsteinschätzung“ und „Mut“ ein.

c Überlegt, ob auf die im letzten Abschnitt beschriebene Vorstellung (▸ Z. 70–89) der Begriff des Gezähmtseins passt.

4 Formuliert eine Deutung oder Parabel.
– Geht dabei auf die in der Aufgabenstellung genannten Themen ein.
– Veranschaulicht nach Möglichkeit eure Überlegungen mit Beispielen aus eurer Lebenswelt, aus der Gesellschaft allgemein oder auch aus der politischen Geschichte.

TIPP: Ihr könnt die folgenden Formulierungsbausteine nutzen.

Erfahrung des Scheiterns – Resignation • Traum des Erzählers: den Elefanten aus falscher Selbsteinschätzung befreien • Aufforderung zum Mut, zum Aufbegehren • Unfreiheit im Kopf – Selbstvertrauen • Auswirkung von schlechten Erfahrungen auf die Entwicklung eines Menschen

5 Begründet, ob ihr den Titel der Parabel „Wie der Elefant die Freiheit fand" passend findet. Schlagt ggf. einen alternativen Titel vor.

Die Interpretation ausformulieren und überarbeiten

6 Verfasst auf Grundlage eurer Ergebnisse eure Interpretation. Geht so vor:
a Formuliert eine Einleitung. Nutzt für die Themaformulierung ein oder zwei Stichworte aus der Aufgabenstellung und führt sie genauer aus.
b Fasst im Hauptteil den Inhalt so zusammen, dass der Aufbau der Parabel bereits deutlich wird. Stellt dann die Ergebnisse eurer Analyse dar. Belegt wesentliche Aussagen anhand des Textes (▸ Zitieren).
c Formuliert einen Schluss, in dem ihr z. B. Stellung zum Thema des Textes nehmt. Oder ihr gebt eine Bewertung ab und äußert euch z. B. dazu, ob ihr den Titel der Parabel passend findet.

7 Überarbeitet eure Textinterpretation in Partnerarbeit. Nutzt auch die folgende Checkliste.

Checkliste

Eine Parabel analysieren und interpretieren

Habt ihr...
- eine **Einleitung** mit Angaben zur Textsorte, Autor/-in, Titel und Thema formuliert?
- im **Hauptteil** den Inhalt der Parabel zutreffend und nachvollziehbar wiedergegeben?
- die **Interpretationsaufgabe** in einem zusammenhängenden Text beantwortet (z. B. Aufbau der Geschichte, Erzähler, Figuren und ihre Beziehung zueinander, sprachliche Gestaltungsmittel, bestimmte Themen/Motive/Metaphern)?
- die **Parabel gedeutet** und den Bildbereich (das Erzählte) auf den Sachbereich (das Gemeinte) übertragen?
- alle wesentlichen Aussagen mit Textbelegen gestützt (▸ Zitieren, S. 362)?
- zum **Schluss** z. B. Stellung zum Text genommen, indem ihr euch zum Thema oder zur Problemstellung äußert oder eine Bewertung abgebt?

Sprache und Ausdruck:
- Habt ihr eure Analyse im Präsens geschrieben und komplexe, aber grammatisch richtige Sätze gebildet? Habt ihr eure Rechtschreibung und Zeichensetzung gründlich geprüft?

7 Die Liebe in Gedanken – Liebeslyrik analysieren

Dû bist mîn, ich bin dîn (ca. 1180)

Dû bist mîn, ich bin dîn:
des solt dû gewis sîn;
dû bist beslozzen in mînem herzen,
verlorn ist daz slüzzelîn:
dû muost immer darinne sîn.

1 a Betrachtet das Foto und erklärt, welche Bedeutung die Schlösser auf der Brücke haben.
b Äußert Vermutungen: Welche Zahlen, Worte, Symbole oder Zeichen lassen sich auf den Schlössern finden?

2 a Lest das Liebesgedicht aus dem Mittelalter und übersetzt es ins Hochdeutsche. Erklärt, inwiefern es zum Foto passt.
b Setzt Gedicht und Foto in Beziehung zur Metapher „jemanden ins Herz schließen".

3 a Ruft euch ein (Liebes-)Lied oder ein (Liebes-)Gedicht in Erinnerung, das euch gefällt. Wählt daraus ein kurzes Zitat und schreibt es an die Tafel.
b Untersucht eure Sammlung von Formulierungen und Zitaten: Wo findet ihr sprachliche Bilder, z. B. Metaphern, Vergleiche oder Personifikationen? Welche Bedeutung haben sie?

In diesem Kapitel ...

- lest ihr Liebesgedichte aus unterschiedlichen Epochen und vergleicht sie miteinander,
- untersucht ihr Inhalt, Form und sprachliche Besonderheiten von Gedichten und entwickelt eigene Interpretationsansätze,
- verfasst ihr eine zusammenhängende Gedichtanalyse.

7.1 Nur du und ich – Liebeslyrik verschiedener Epochen

„Ich warte schon so lange" – Ich und Du im Gedicht

Ich und Ich

Ich warte schon so lange (2010)

Ich warte schon so lange / Auf den einen Moment
Ich bin auf der Suche / Nach hundert Prozent
Wann ist es endlich richtig? / Wann macht es einen Sinn?
Ich werde es erst wissen / Wenn ich angekommen bin

Ich will sagen: So soll es sein
So kann es bleiben / So hab ich es mir gewünscht
Alles passt perfekt zusammen / Weil endlich alles stimmt
Und mein Herz gefangen nimmt

Wenn es da ist, werd ich feiern / Ich weiß, da ist noch mehr
Es liegt noch so viel vor mir / Ich lauf noch hinterher
Bis jetzt fühl ich nur die Hälfte / Von allem, was geht
Ich muss noch weitersuchen / Weil immer noch was fehlt

Ich will sagen: So soll es sein
So kann es bleiben / So hab ich es mir gewünscht
Alles passt perfekt zusammen / Weil endlich alles stimmt
Und mein Herz gefangen nimmt

Ich weiß nicht, wo du bist / Oder wo du wohnst
Aber eins ist sicher / Dass es sich lohnt
Ich bete jede Nacht / Dass ich dich finde

Und du sagst: So soll es sein
So kann es bleiben / So hab ich es mir gewünscht
Alles passt perfekt zusammen / Weil endlich alles stimmt
So soll es sein / So kann es bleiben
Genau so ist es gut / Alles passt perfekt zusammen
Weil endlich alles in mir ruht

Roy Lichtenstein: Kiss V (1964)

1 Schreibt dem „Ich" in diesem Gedicht eine Antwort auf seine Gedanken. Beginnt z. B. so:
Ich verstehe, wie du dich fühlst: ...
Ich frage mich, ... Wer könnte dein Du sein? Ich glaube ...

2 Erläutert, was ihr über das lyrische Ich, also den Sprecher des Gedichts, erfahrt. In welcher Stimmung befindet es sich? Gibt es einen Adressaten?

3 Untersucht, wie im Songtext Wiederholungen (Refrain) und Variationen eingesetzt werden. Welche Effekte werden dadurch erzielt?

Mascha Kaléko

Weil du nicht da bist (1945)

Weil du nicht da bist, sitze ich und schreibe
All meine Einsamkeit auf dies Papier.
Ein Fliederzweig schlägt an die Fensterscheibe.
Die Maiennacht ruft laut. Doch nicht nach mir.

Weil du nicht da bist, ist der Bäume Blühen,
Der Rosen Duft vergebliches Bemühen,
Der Nachtigallen Liebesmelodie
Nur in Musik gesetzte Ironie.

Weil du nicht da bist, flücht' ich mich ins Dunkel.
Aus fremden Augen starrt die Stadt mich an
Mit grellem Licht und lärmendem Gefunkel,
Dem ich nicht folgen, nicht entgehen kann.

Hier unterm Dach sitz ich beim Lampenschimmer,
Den Herbst im Herzen, Winter im Gemüt.
November singt in mir sein graues Lied.
„Weil du nicht da bist", flüstert es im Zimmer.

„Weil du nicht da bist", rufen Wand und Schränke,
Verstaubte Noten über dem Klavier.
Und wenn ich endlich nicht mehr an dich denke,
Die Dinge um mich reden nur von dir.

Weil du nicht da bist, blättre ich in Briefen
Und weck vergilbte Träume, die schon schliefen.
Mein Lachen, Liebster, ist dir nachgereist.
Weil du nicht da bist, ist mein Herz verwaist.

1 Gestaltet einen Vortrag oder eine szenische Inszenierung des Gedichts:
- Probiert verschiedene Sprechweisen des sich wiederholenden Satzes „Weil du nicht da bist" aus, z. B. verzweifelt, traurig, wütend.
- Überlegt, welche Wörter ihr besonders betonen wollt, wo eine Pause sinnvoll ist und wo ein Satz über die Versgrenze hinaus weitergeführt wird (Zeilensprung).
  Identifiziert auch sprachliche Mittel, wie z. B. Alliteration, Wiederholung, Parallelismus, und hebt sie durch euren Vortrag effektvoll hervor.

TIPP: Ihr könnt auch mehrere Sprecher/-innen einsetzen, zum Beispiel als Echo oder als Alter Ego, das im Hintergrund permanent leise „Weil du nicht da bist" sagt.

2 a Stellt euch vor, das lyrische Ich aus „Ich warte schon so lange" (▶ S. 150) und das Ich aus „Weil du nicht da bist" tauschen sich bei einem Treffen über ihre Gefühle und Gedanken zu ihrem jeweiligen „Du" aus. Gestaltet diesen Austausch in einem Dialog.
b Nutzt die Informationen zum „lyrischen Sprecher" (▶ S. 336), um einen kurzen Text über das lyrische Ich (und das adressierte Du) in einem der beiden Gedichte zu schreiben.

3 Begründet, ob ihr die Gedichte als „Liebesgedichte" bezeichnen würdet.

„Drumb lass uns jetzt genießen“ – Vergänglichkeitsbewusste Liebe im Barock

Martin Opitz

Lied (1624)

Ach Liebste, lass uns eilen,
Wir haben Zeit:[1]
Es schadet das Verweilen
Uns beiderseit.

Der schönen Schönheit Gaben
Fliehn Fuß für Fuß,
Dass alles, was wir haben,
Verschwinden muss.

Der Wangen Zier verbleichet,
Das Haar wird greis,
Der Äuglein Feuer weichet,
Die Flamm wird Eis.

Das Mündlein von Korallen,
Wird ungestalt.
Die Händ als Schnee verfallen,
Und du wirst alt.

Drumb lass uns jetzt genießen
Der Jugend Frucht,
Eh dann wir folgen müssen
Der Jahre Flucht.

Hans Baldung: Die drei Lebensalter und der Tod (ca. 1510)

Wo du dich selber liebest,
So liebe mich,
Gib mir, dass, wann du gibest,
Verlier auch ich.

1 Wir haben Zeit: günstiger Augenblick

1 a Notiert drei bis vier Verse, die ihr für die Gesamtaussage des Textes besonders wichtig findet.
b Stellt eure Ergebnisse vor und begründet, warum ihr diese Zitate gewählt habt.

2 Diskutiert, inwiefern ihr eine Beziehung zwischen dem Gedicht und dem Bild seht.

3 Untersucht die Aussagen des Gedichts als kommunikatives Geschehen. Erläutert,
- was auf der Sachebene ausgesagt wird (Sachinformation),
- was das lyrische Ich (auch implizit) von sich selbst zu erkennen gibt (Selbstkundgabe),
- was hinsichtlich der Beziehung zwischen dem lyrischen Ich und seiner Liebsten deutlich wird (Beziehungsebene),
- was das lyrische Ich erreichen möchte. Formuliert die Appelle, die der Sprecher an sein Gegenüber richtet, mit eigenen Worten.

4 a Lest die Informationen zur literarischen Epoche des Barocks (▸ S. 158). Prüft, welche Motive des barocken Denkens ihr in dem Gedicht und dem Bild wiederfindet.
b Tragt das Gedicht so vor, dass die für den Barock typische Antithetik (Lebensgier – Vergänglichkeit) zum Ausdruck kommt. Ihr könnt dazu z. B. zwei Sprecher/-innen einsetzen.

Bertolt Brecht

Entdeckung an einer jungen Frau (1925)

Des Morgens nüchterner Abschied, eine Frau
Kühl zwischen Tür und Angel, kühl besehn
Da sah ich: eine Strähn in ihrem Haar war grau
Ich konnt mich nicht entschließen mehr zu gehen

Stumm nahm ich ihre Brust, und als sie fragte
Warum ich, Nachtgast, nach Verlauf der Nacht
Nicht gehen wolle, denn so war's gedacht
Sah ich sie unumwunden an und sagte

Ist's nur noch eine Nacht, will ich noch bleiben
Doch nütze deine Zeit, das ist das Schlimme
Daß du so zwischen Tür und Angel stehst

Und laß uns die Gespräche rascher treiben
Denn wir vergaßen ganz, daß du vergehst
Und es verschlug Begierde mir die Stimme [R]

Edward Hopper: Sommerabend (1947)

1 Die Frau aus Brechts Gedicht erzählt einer Freundin oder einem Freund, was an jenem Morgen geschehen ist. Haltet euer Verständnis des Gedichts zunächst in dieser Weise fest.

2 Vergleicht, wie das literarische Motiv der Vergänglichkeit in den Gedichten von Opitz (▸ S. 152) und Brecht gestaltet wird.

3 a Beschreibt den formalen Aufbau des Brecht-Gedichts. Berücksichtigt dabei die besondere Gedichtform des Sonetts (▸ S. 338).
b Prüft, ob in dem Brecht-Gedicht auch eine Zäsur auf der Inhaltsebene festzustellen ist. Diskutiert, inwieweit die Form des Sonetts zum Inhalt des Gedichts passt.

4 In beiden Gedichten (Opitz, Brecht) zieht das lyrische Ich positive Konsequenzen aus dem Bewusstsein der Vergänglichkeit:
Begründet in einem kurzen Text, ob ihr dieser These zustimmt oder nicht.

Information | **Literarisches Motiv**

Als literarisches Motiv bezeichnet man ein thematisches Element, das in unterschiedlichen Dichtungen vorkommt, z. B. das Motiv der Sehnsucht, der Vergänglichkeit, des Liebesschmerzes, der Trennung. Mit der Verwendung eines solchen Motivs können Beziehungen zu anderen motivgleichen Texten hergestellt werden.

„O Glück, o Lust!" – Gefühlsbetonte Liebe im Sturm und Drang

Johann Wolfgang Goethe

Mailied (1775)

Wie herrlich leuchtet
Mir die Natur!
Wie glänzt die Sonne!
Wie lacht die Flur!

Es dringen Blüten
Aus jedem Zweig
Und tausend Stimmen
Aus dem Gesträuch.

Und Freud' und Wonne
Aus jeder Brust.
O Erd', o Sonne!
O Glück, o Lust!

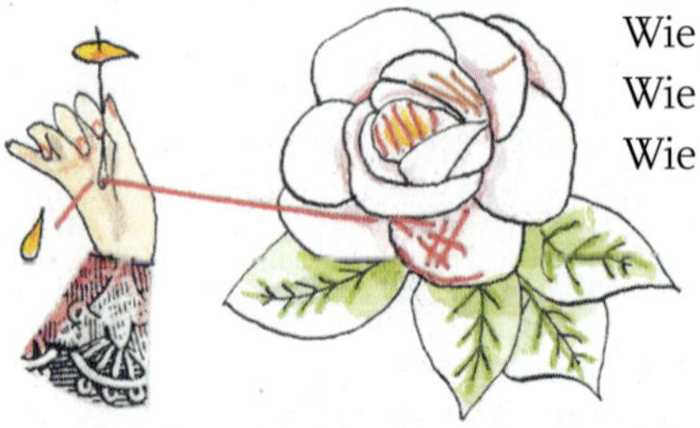

O Lieb', o Liebe!
So golden-schön,
Wie Morgenwolken
Auf jenen Höhn

Du segnest herrlich
Das frische Feld,
Im Blütendampfe
Die volle Welt.

O Mädchen, Mädchen,
Wie lieb ich dich!
Wie blickt dein Auge!
Wie liebst du mich!

So liebt die Lerche
Gesang und Luft,
Und Morgenblumen
Den Himmelsduft.

Wie ich dich liebe
Mit warmem Blut,
Die du mir Jugend
Und Freud' und Mut

Zu neuen Liedern
Und Tänzen gibst.
Sei ewig glücklich,
Wie du mich liebst!

1 Ausdrucksstark, impulsiv und gefühlsbetont war die Lyrik des Sturm und Drang. Tragt das „Mailied" entsprechend vor. Ihr könnt dabei das Mittel der Übertreibung einsetzen.

2 a In welcher Situation befindet sich das lyrische Ich und wie fühlt es sich? Belegt am Text.
b Untersucht, wie die Themen Liebe und Natur ineinandergreifen. Geht dabei Strophe für Strophe vor. Achtet auf die wechselnden Ansprachen im Gedicht sowie auf die Vergleiche.
c Untersucht, mit welchen sprachlichen Mitteln diese ekstatische Gefühlswelt gestaltet wird.
d Erklärt, inwieweit die Form des Gedichts „liedhaft" wirkt.

3 Haltet eure Ergebnisse aus der Aufgabe 2 in einem kurzen Text fest. Bezieht dabei auch die Informationen zur Epoche des Sturm und Drang ein (▸ S. 159).

4 a Vergleicht das Goethe-Gedicht mit dem von Mascha Kaléko (▸ S. 151). Überlegt euch dazu Vergleichsaspekte, z. B. Thema, Situation des lyrischen Ichs (Sprecher/-in), Rolle des Dus (Adressat/-in), Funktion der Natur, formale und sprachliche Gestaltung.
b Welches der beiden Gedichte spricht euch mehr an? Begründet eure Meinung.

„Ist mir's doch, als könnt's nicht sein“– Sehnsüchtige Liebe in der Romantik

Joseph von Eichendorff

Frühlingsnacht (1837)

Übern Garten durch die Lüfte
Hört' ich Wandervögel ziehn,
Das bedeutet Frühlingsdüfte,
Unten fängt's schon an zu blühn.

Jauchzen möcht' ich, möchte weinen,
Ist mir's doch, als könnt's nicht sein!
Alte Wunder wieder scheinen
Mit dem Mondesglanz herein.

Und der Mond, die Sterne sagen's,
Und in Träumen rauscht's der Hain,
Und die Nachtigallen schlagen's:
Sie ist deine, sie ist dein!

Caspar David Friedrich: Kreidefelsen auf Rügen (1818/1819)

Adelbert von Chamisso

Sterne und Blumen (1828)

Sterne und Blumen, –
Blicke, Atem, –
Töne.
Durch die Räume ziehn,
Ein Ton der Liebe!
Sehnsucht!

Mit verwandten Tönen
Sich vermählen,
Glühen,
Nie verhallen,
Und die Blumen,
Und die Sterne lieben.
Gegenliebe!
Sehnsucht!

1 Entscheidet euch für eines der beiden Gedichte und tragt es laut vor. Probiert unterschiedliche Vortragsweisen aus und überlegt, welche Textwiedergabe am besten zum Inhalt des Gedichts passt. Achtet auf Klang, Wiederholungen, Pausen, Reim (sofern ein Reim vorliegt) usw.

2 a Welches der beiden Gedichte spricht euch stärker an? Begründet eure Meinung.
b Beschreibt jeweils die Stimmung der Gedichte. Ist sie heiter, melancholisch, traurig ...?

3 Das zentrale Motiv und Grundgefühl der Romantik ist die Sehnsucht, z. B.:
- Sehnsucht nach Einklang mit der Natur,
- Sehnsucht nach Unendlichkeit, Entgrenzung, Verschmelzung,
- Sehnsucht nach dem Magischen, Mystischen, nach Traum- und Gegenwelten.

a Schreibt Wörter oder Textpassagen aus den beiden Gedichten heraus, die ihr mit dem Motiv der Sehnsucht in Verbindung bringen würdet.
b Vergleicht eure Ergebnisse.
Diskutiert, ob eines der beiden Gedichte für euch das Gefühl der Sehnsucht treffender ausdrückt als das andere.

4 Vergleicht die beiden Gedichte und haltet fest, worin sie sich ähnlich sind und worin sie sich unterscheiden. Berücksichtigt dabei folgende Vergleichsaspekte:
- Inhalt/Thema,
- lyrisches Ich (Sprecher),
- Form (Strophenbau, Reim, Metrum),
- sprachliche Gestaltung, z. B. Sprachbilder (Metaphern, Personifikationen, Vergleiche), Wiederholungen, Parallelismus (paralleler Satzbau), Häufung bestimmter Wortarten.

5 a Informiert euch mit Hilfe des Merkkastens auf Seite 159 über die Epoche der Romantik.
Zeigt dann auf, was an diesen Gedichten typisch romantisch ist.
b Betrachtet das Bild von Caspar David Friedrich, einem Maler der Romantik.
Stellt eine Beziehung zwischen den Gedichten und dem Gemälde her.

Ricarda Huch (1864–1947)

Der Teufel soll die Sehnsucht holen

Der Teufel soll die Sehnsucht holen!
Ich lieg' in einem Bett von Nesseln,
Auf einem Rost von glüh'nden Kohlen,
In einem Netz von eh'rnen Fesseln!

Das Auge sehnt sich aus der Höhle,
der Busen sehnt sich aus dem Mieder;
Ich wollt', es sehnte auch die Seele
Sich aus dem Leib und käm' nicht wieder!

6 Sehnsucht spielt als Grunderfahrung des Menschen nicht nur in der Romantik, sondern zu allen Zeiten eine wichtige Rolle.
Beschreibt, wie zum Beispiel die Dichterin Ricarda Huch dieses Motiv gestaltet.
Geht dabei insbesondere auf die sprachlichen Bilder ein.

„Mein Herz / Zerkohlt!" – Sprachgewaltige Liebe im Expressionismus

August Stramm

Vorübergehn (1915)

Das Haus flackt in den Sternen
Mein Schritt verhält und friert.
In deinem Schoße schläft mein Hirn.
Mich fressen Zweifel!
Voll
Schattet deine Büste[1] in dem Fenster
Das Spähen hüllt mich lautlos
Die Sterne streifeln glühes Eisen
Mein Herz
Zerkohlt!
An deinem Fenster
Eist
Ein Windhauch Asche.
Die Füße tragen weiter leere Last!

1 die Büste: Bildnis einer Person

1 a Lest das Gedicht zunächst still für euch. Macht euch klar, wo ihr bewusst eine längere Pause machen wollt, weil hier ein Satz (auch wenn er nicht vollständig ist) zu Ende ist.
b Tragt das Gedicht vor. Macht nach jeder Satzeinheit eine Pause und lasst die Aussage einen Moment auf euch wirken.

2 a Sammelt eure Eindrücke zu dem Gedicht: Welche Bilder, Assoziationen, Gedanken ruft der Text bei euch hervor? Welche Situation stellt ihr euch vor?
b Findet Antworten auf die folgenden Fragen: Wer spricht? In welcher Situation? Wovon?

George Grosz: Der Liebeskranke (1916)

3 In dem Gedicht finden sich Neologismen (Wortneuschöpfungen), die häufig Umwandlungen von Wortarten sind, z. B. Vers 12: Eist (Nomen) → von vereisen (Verb) oder neu gebildetes Verb zu eisig (Adjektiv). Findet solche Neologismen, löst sie auf und beschreibt ihre Wirkung.

4 a Die zahlreichen Bilder in dem Gedicht lassen viel Spielraum für Vorstellungen. Sucht in Partnerarbeit zwei Sprachbilder aus dem Text heraus und erläutert ihre Bedeutung bzw. Wirkung.
b Vergleicht und diskutiert eure Ergebnisse.

August Stramm: Expressionistische Sprachexperimente
Der Name August Stramm steht für einen neuen Stil, der mit traditionellen Formen und Gestaltungsmitteln bricht. Je nach Werk finden sich folgende Gestaltungsmittel:
- **Reihungsstil** (parataktischer Stil): Aneinanderreihung von verslangen Hauptsätzen, Satzteilen oder Wörtern, die nicht logisch miteinander verbunden sind und meist verschiedene Sinneseindrücke und Befindlichkeiten wiedergeben,
- **Sprachverknappung** und **Zertrümmerung der Syntax:** Herauslösung einzelner Worte aus ihrer grammatikalischen Struktur, Aussparung von Satzteilen,
- **Klangeffekte:** auffallende Kürze einzelner Wörter (ein- oder zweisilbig) und Häufung von Konsonanten, wodurch die Sprache hämmernd und abgehackt wird.

5 Lest die Informationen zum Dichter August Stramm. Belegt die Gestaltungmittel, soweit möglich, mit Beispielen aus dem Gedicht „Vorübergehn“ (▸ S. 157). Prüft, welche weiteren Auffälligkeiten ihr entdecken könnt.

Else Lasker-Schüler

Ein alter Tibetteppich (1911)

Deine Seele, die die meine liebet,
Ist verwirkt mit ihr im Teppichtibet.

Strahl in Strahl, verliebte Farben,
Sterne, die sich himmellang umwarben.

Unsere Füße ruhen auf der Kostbarkeit,
Maschentausendabertausendweit.

Süßer Lamasohn auf Moschuspflanzenthron,
Wie lang küsst dein Mund den meinen wohl
Und Wang die Wange buntgeknüpfte Zeiten schon?

6 a Vergleicht das Gedicht von Else Lasker-Schüler mit dem von August Stramm (▸ S. 157) in inhaltlicher Aussage und sprachlicher Gestaltung.
b Lest die Informationen zum Expressionismus (▸ S. 159). Prüft, inwiefern die beiden Gedichte expressionistische Merkmale zeigen.

Information **Epochen: Barock, Sturm und Drang, Romantik, Expressionismus**

Barock (ca. 1600–1720)
Die Zeit des Barocks war von **starken Gegensätzen** geprägt: Auf der einen Seite steht der **Absolutismus** mit seinem Machtwillen und Repräsentationsstreben, das sich in prunkvollen Bauten dokumentiert, auf der anderen Seite stehen die leidvollen Erfahrungen im **Dreißigjährigen Krieg** (1618–1648) wie Verwüstungen, Seuchen, Missernten, Hunger und Tod. Das quälende **Todesbewusstsein** drückt sich in der Mahnung des **„Memento mori“** (lat.: Bedenke, dass du sterben musst!) aus. Zugleich entfalten sich auch **Lebensgier** und leidenschaftliche Sinneslust, die im Appell des **„Carpe diem“** (lat.: Genieße den Tag!) ihren Ausdruck findet. Das gespaltene Lebensgefühl spiegelt sich auch in der Dichtung wider, die durch **Gegensätze (Antithetik)** geprägt ist: Diesseits – Jenseits; Vergänglichkeit – Lebensgier; Jugend/Blüte – Verfall/Tod; Spiel – Ernst; Schein – Sein. Um dieser Antithetik Ausdruck zu verleihen, nutzen die Dichter häufig die Form des **Sonetts** (▸ S. 338).

Sturm und Drang (ca. 1770–1785)
Seit Mitte des 18. Jahrhunderts trat neben die Vernunftherrschaft der Aufklärung (▶ S. 106) eine Strömung, die **verstärkt die Gefühle des Menschen** in den Blick nahm. Der Mensch sollte sich nicht nur seines eigenen Verstandes bedienen, sondern auch sein Herz sprechen lassen. Begriffe wie **Herz, Liebe, Freundschaft, Leidenschaft, Natur** bildeten nun den Mittelpunkt. Gleichzeitig entstand ein einfühlendes Verhältnis zur Natur, die im Gegensatz zur Aufklärung wieder vergöttlicht wurde. Die Lyrik des „Sturm und Drang" bringt vor allem das **subjektive Erleben** zum Ausdruck. Um 1770 begann Goethe, Gedichte einer neuen Art zu schreiben, die als sogenannte **Erlebnislyrik** bezeichnet wird, z. B. die Gedichte „Mailied" (▶ S. 154) und „Willkommen und Abschied". Diese Gedichte, in denen die Begegnung mit der Geliebten und der Natur eine Einheit bilden, vermitteln den Eindruck eines unmittelbaren Erlebens und der Aussprache von Gefühlen. Die **ausdrucksbetonte Sprache** dieser Gedichte (Ausrufe, Sprachbilder, Ellipsen) unterstreichen die Emotionalität.

Romantik (ca. 1795–1840)
Politisch-gesellschaftlich wurde diese Zeit als Krisenzeit erlebt: Die Hoffnungen auf eine Demokratisierung im Zuge der Französischen Revolution (1789) waren zerschlagen. Die Industrialisierung reduzierte den Menschen zunehmend auf seine Nützlichkeit. In dieser Situation realer Machtlosigkeit wendeten sich die **Romantiker** von der Wirklichkeit ab. Sie **beschworen** in ihren Werken die **Schönheit der Natur** und eine von **Harmonie** geprägte Welt herauf. Dem Wunsch nach einer „heilen" Welt entsprang auch die Begeisterung für Märchen und **Volkslieder.** In der Lyrik wurden sowohl die Themen der Volkslieder (Liebesglück, Liebesleid, Aufbruch, Reisen, Wandern, Freundschaft, Natur) als auch ihre einfache Strophenform (regelmäßige Strophen mit drei oder vier Hebungen und fester Reimform) beliebt (z. B. bei Eichendorff). Bestimmendes Gefühl der Romantik ist die **Sehnsucht:** Sehnsucht nach dem Einklang mit der Natur, nach Unendlichkeit, nach dem Magischen, nach Traum- und Gegenwelten. Die Grenzen der vernünftigen, realen Tagwelt sollen überschritten werden. Die **Nacht** als Gegenwelt zur Realität, **Traumwelten, Fernweh, Reise- und Wanderlust** sind **beliebte Motive** in Kunst und Dichtung.

Expressionismus (ca. 1910–1925)
Zu Anfang des 20. Jahrhunderts erschien die Gesellschaft kränklich, morbide und vom Untergang bedroht. Die gesellschaftlichen Verhältnisse im Kaiserreich erlebten viele als verkrustet und autoritär. Gleichzeitig führten die fortschreitende Technisierung, Industrialisierung und der neue Rhythmus in den Großstädten zu einem Gefühl der Entfremdung. Wichtigstes Ereignis ist der **Erste Weltkrieg** (1914–1918), mit dem sich die erwartete Apokalypse bestätigte. Zentrale Themen des Expressionismus sind die Anonymität der **Großstadt,** Visionen vom **Weltuntergang,** das Gefühl der **Ohnmacht und Verlorenheit (Ich-Zerfall)**, die Erfahrungen von **Krieg, Gewalt,** Leid und Krankheit. Auch in der Liebeslyrik spielen Zweifel, Schmerz und Verlust eine Rolle. Der Ausdruck (= Expression) der Gefühle steht dabei im Vordergrund. Die Dichter brechen radikal mit den bisherigen Darstellungsweisen und **experimentieren mit Sprache und Form.** Diese expressive Schreibweise ist geprägt durch das **Aufbrechen grammatischer Strukturen** (Aufgabe von grammatischer Logik), **Sprachverknappung** (Ausfall von Wörtern oder Satzteilen, Ellipsen), Wortneuschöpfungen (Neologismen), starke, **ungewöhnliche Bilder** und eine **drastische Farbsymbolik.** Ein weiteres Kennzeichen ist der **Drang zur Formlosigkeit** (Aufgabe von Strophenbau, Reim, Rhythmus).

Mit Lyrik auf die Bühne – Einen Poetry-Slam veranstalten

Björn Högsdal *(für meine Freundin)*

Stereo (2010)

Ich fand die Welt monoton, du machst die Erde Stereo. / Zwei Herzen schlagen einen Takt und werden Schwerelos. / Du bist kein Stereotyp, machst mich für immer Monogam, / glaub mir: Wir Zwei boxen uns durch – wer braucht schon Solokram? / Wir haben Höhen und Tiefe – ich sprech' von Liebe wie ein Lautsprecher. / Man fragt nach unsrer Wattzahl? Kann man nicht ausrechnen. / Bei Stereo kommt Links und Rechts meist nicht das Gleiche raus, / und trotzdem hört man nur ein Lied – Ich weiß so bleibt es auch. / Ist nix mit Monophon, denn ich weiß dann passiert nix, / ich links die Box, sie Rechts und der Zweiklang addiert sich. / Wir drehen die Lautstärkeschieber unsrer Seelen hoch, / und unsre Haut merkt es wieder – wir sind Stereo Schwerelos.

POETRY-SLAM
Wettstreit der Dichterinnen und Dichter

Lyrik ist nicht nur zum stillen Lesen gedacht, sondern auch für den Vortrag! Zum Beispiel in einem Poetry-Slam: Das ist ein Wettstreit zwischen meist jungen Poetinnen und Poeten (auch Slammer, Slampoeten), die ihre selbst verfassten Texte in einer vorgegebenen Zeit ihrem Publikum vortragen. Das Publikum bewertet Inhalt und Art der Performance. Regeln eines Poetry-Slams können sein:
- Alle bringen eigene Texte auf die Bühne: gelesen, performt, gerappt (ohne Musik).
- Das Los bestimmt die Reihenfolge der Auftritte.
- Der Slampoet darf das Zeitlimit nicht überschreiten, sonst gibt es Punktabzug.
- Das Publikum entscheidet, z. B. mit Stimmkarten und Punktvergabe, über Text und Vortrag.

1 a Wie würdet ihr diesen Text auf die Bühne bringen? Probiert verschiedene Sprechweisen (▸ S. 372) aus.
b Recherchiert das dazugehörige Video. Wie beurteilt ihr den Text und wie die Performance von Björn Högsdal?

2 Bereitet einen Poetry-Slam zum Themenbereich „Freundschaft – Liebe – Sehnsucht" vor.
a Verfasst Texte, z. B. mit Hilfe der unten angeführten Schreibanregungen.
b Erprobt effektvolle Darstellungsmöglichkeiten mit Stimme, Mimik und Gestik.
c Plant den Slam (Termin, Ort, Ablauf, Werbung).

Information **Lyrik-Schreibanregungen**

- **Klangeffekte:** Ein bestimmter Vokal oder Konsonant tritt auffallend häufig auf, z. B.: *Abends war alles anders / als anfangs gedacht ..., aber als er ...*
- **Erwartungshaltung durchbrechen:** Der Refrain verneint die Aussagen der Strophen, z. B.: *Nichts von dem war wahr / nichts von dem war klar.*
- **Variation:** Ein Vers wird ständig erweitert oder variiert, z. B.: *immer wieder / denke immer wieder / denke immer wieder an dich / ...*
- **Sprachexperimente:** Es werden neue Wörter erfunden (Neologismen), ungewöhnliche Wortkombinationen verwendet, z. B. *wir sind stereo* (Högsdal), Satzteile ausgespart, einzelne Wörter aus dem Zusammenhang gelöst, eine stakkatohafte Sprache verwendet.

Testet euch!

Gedichte untersuchen

Joachim Ringelnatz

Ich habe dich so lieb (1928)

Ich habe dich so lieb!
Ich würde dir ohne Bedenken
Eine Kachel aus meinem Ofen
Schenken.

Ich habe dir nichts getan.
Nun ist mir traurig zu Mut.
An den Hängen der Eisenbahn
Leuchtet der Ginster so gut.

Vorbei – verjährt –
Doch nimmer vergessen.
Ich reise.
Alles, was lange währt,
Ist leise.

Die Zeit entstellt
Alle Lebewesen.
Ein Hund bellt.
Er kann nicht lesen.
Er kann nicht schreiben.
Wir können nicht bleiben.

Ich lache.
Die Löcher sind die Hauptsache
An einem Sieb.

Ich habe dich so lieb.

1 a Richtig oder falsch? Schreibt nur die zutreffenden Aussagen in euer Heft. Belegt jede korrekte Aussage anhand des Textes.
- Das lyrische Ich ist in einer wehmütigen, aber nicht verzweifelten Stimmung.
- Das lyrische Ich macht dem geliebten Du Vorwürfe, weil es seine Liebe nicht erwidert.
- Das Gedicht setzt Reime in wechselnder Weise ein.

b „Ich lache / Die Löcher sind die Hauptsache / An einem Sieb.“ (▸ Vers 21–23). Deutet diese Verse im Gedichtkontext und beschreibt ihre Wirkung am Ende des Gedichts.

2 Ordnet die Merkmale den einzelnen Epochen zu und schreibt sie in euer Heft.

- Barock
- Sturm und Drang
- Romantik
- Expressionismus

- Das bestimmende Gefühl ist die Sehnsucht, z. B. nach dem Unendlichen, dem Magischen.
- Vergänglichkeit wird bewusst wahrgenommen (Todesbewusstsein: Memento mori).
- Die Dichter experimentieren mit Sprache und Form. Themen sind Großstadt, Krieg, Leid und Krankheit.
- Gefühle werden leidenschaftlich zum Ausdruck gebracht (Erlebnislyrik).

3 Vergleicht eure Ergebnisse aus den Aufgaben 1 und 2 in Partnerarbeit.

7.2 Frühlingszeit, Zeit der Liebe – Eine Gedichtanalyse schreiben

Joseph von Eichendorff

Neue Liebe (1837)		*Titel klingt …*
x́ x x́ x x́ x x́ x		*regelmäßiges Metrum*
Herz, mein Herz, warum so fröhlich,	*a*	*Frage an das Herz*
so voll Unruh und zerstreut,	*b*	
Als käm' über Berge selig	*a*	*Vergleich Liebe/Frühling*
Schon die schöne Frühlingszeit?	*b*	
Weil ein liebes Mädchen wieder		
Herzlich an dein Herz sich drückt,		
Schaust du fröhlich auf und nieder,		
Erd' und Himmel dich erquickt.		*Verbundenheit/Einklang mit Natur*
Und ich hab die Fenster offen,		*Welt (Außen) ist willkommen*
Neu zieh in die Welt hinein		
Altes Bangen, altes Hoffen!		
Frühling, Frühling soll es sein!		
Still kann ich hier nicht mehr bleiben,		
Durch die Brust ein Singen irrt,		
Doch zu licht ist's mir zum Schreiben,		
Und ich bin so froh verwirrt.		
Also schlendr' ich durch die Gassen,		
Menschen gehen her und hin,		
Weiß nicht, was ich tu und lasse,		
Nur, dass ich so glücklich bin.		

1 a Tragt das Gedicht laut vor und tauscht euch über eure ersten Eindrücke, Assoziationen und Ideen aus. Berücksichtigt dabei auch den Titel des Gedichts.

b Stellt Fragen an das Gedicht, z. B.:
- **Titel:** Was bedeutet der Titel? Was fällt mir dazu ein?
- **Erster Eindruck / Wirkung:** Wie wirkt das Gedicht auf mich? Welche Stimmung hinterlässt es? Schafft es eine bestimmte Atmosphäre? Gibt es Rätsel auf?
  → Daraus ableitend: Wodurch kommt diese Wirkung zustande?
  An welchen Gestaltungsmitteln oder sprachlichen Besonderheiten mag das liegen?
- **Thema/Situation:** Werden in dem Gedicht eine Handlung, eine Situation/Szene oder eher Eindrücke, Gefühle, Gedanken beschrieben?

2 Welchem der folgenden Deutungsansätze stimmt ihr zu?
Begründet eure Entscheidung mit Hilfe des Textes (▸ S. 162).

- *Das Gedicht sagt, dass der Mensch nur im Frühling seine Gefühle/die Liebe ausleben kann.*
- *Das lyrische Jch empfindet ein ungebrochenes Glücksempfinden durch eine neue Liebe.*
- *Mir ist bei dem Gedicht besonders aufgefallen, dass nur das Positive der Liebe lyrisch gestaltet wird. Der Text wirkt auf den Leser fröhlich und beschwingt.*

3 a Im Text (▸ S. 162) findet ihr einige Markierungen und Anmerkungen. Erklärt sie.
b Kopiert das Gedicht, übertragt die Kennzeichnungen und ergänzt eigene Überlegungen zu Inhalt, Form und sprachlicher Gestaltung. Die Leitfragen auf Seite 164 helfen euch.
c Vergleicht eure Ergebnisse in der Klasse.
d Eichendorff ist ein Dichter der Romantik. Überlegt gemeinsam, ob ihr im Gedicht „Neue Liebe" eine Beziehung zur Epoche der Romantik (▸ S. 159) entdecken könnt.

4 a Legt euch eine Stoffsammlung wie im folgenden Beispiel an, in der ihr eure Untersuchungsergebnisse in Stichworten zusammenfasst.
b Vergleicht eure Ergebnisse miteinander: Besprecht eure Deutungen und ergänzt sie.

Jnhalt/Thema
- *Titel des Gedichts „Neue Liebe" klingt positiv*
- *1. Strophe = Situationsbeschreibung: Frage an das Herz nach dem Grund der Fröhlichkeit*
- *2. Strophe = Ursachenklärung: Grund für die Fröhlichkeit und die „Unruh" werden genannt*
  → „Weil ein liebes Mädchen" (V. 5)
- *3. bis 5. Strophe = Folgen und Wirkungen der Liebe → ...*

Sprecher
- *lyrisches Jch (Mann), das von ... spricht, steht im Mittelpunkt*

Aufbau
- *regelmäßiger Strophenbau (5 Strophen zu je ...)*
- *Reim: regelmäßiger ...*
- *Metrum: ...*
  → Form eines einfachen Volksliedes (typisch für Epoche Romantik)

Sprachliche Gestaltungsmittel
- *„Herz" (V. 1 u. 6) als Symbol der Liebe zentral → Macht der Gefühle wird unterstrichen*
- *Vergleich „Als käm' ..." (V. 3/4): Liebe wird mit der „schönen Frühlingszeit" verglichen*
- *Auswahl der Adjektive: „fröhlich" (V. 1, 7), „froh" (V. 16), „glücklich" (V. 20) → ...*
- *...*

Entstehungshintergrund: Romantik
- *Gedicht ist der Epoche der Romantik zuzuordnen*
  → einfache Strophenform eines Volksliedes mit regelmäßigem ...
  → harmonische Verbindung von Mensch (lyrischem Jch) und Natur/Welt

Methode **Leitfragen für die Gedichtanalyse**

1 Inhalt/Thema
- Wird eine Handlung oder Situation/Szene beschrieben? Oder werden Gefühle, Eindrücke, Gedanken oder eine Stimmung dargestellt?
- Was bedeutet der Titel des Gedichts? Welchen Bezug hat er zum Gedicht?

2 Der Sprecher / die Sprecherin (▸ das lyrische Ich, S. 336)
- Gibt es ein **lyrisches Ich/Wir** oder einen Sprecher, der im Text nicht direkt greifbar ist?
- Welche Haltung hat das lyrische Ich (z. B. begeistert, traurig, preisend, kritisch)?
- Gibt es einen **Adressaten (du/ihr)** oder spricht das lyrische Ich mit sich selbst?

3 Formaler Aufbau (▸ S. 336 f.)
- Ist das Gedicht in **Strophen** (regelmäßig/unregelmäßig) gegliedert?
- Ist das Gedicht gereimt? Liegt eine besondere **Reimform** (▸ S. 336) vor?
- Ist ein **Metrum** (▸ S. 336 f.) erkennbar? Gibt es (größere) Abweichungen?
- Liegt eine **besondere Gedichtform** vor (z. B. Sonett, Ballade, Liedform)?

4 Sprachliche Gestaltungsmittel (▸ S. 337)
- **Bilder:** Welche Bilder (Metaphern, Personifikationen, Vergleiche) werden verwendet? Aus welchen Bereichen (z. B. Natur, Großstadt, Krieg, Wasser) stammen sie? Was bedeuten sie?
- **Stilfiguren:** (▸ S. 370)
  Liegen besondere Stilfiguren vor, z. B.
  - Alliteration (Wiederholung von Anfangsbuchstaben),
  - Parallelismus (paralleler Satzbau),
  - Anapher (Wiederholung von Wörtern am Versanfang)?
- **Wortwahl und Wortfelder:** Welche Wörter fallen auf? Gibt es **Neologismen** (Wortneuschöpfungen)? Werden bestimmte **Wortarten** (z. B. Nomen, Adjektive) bevorzugt? Entstammen mehrere Wörter einem bestimmten **Wortfeld** (z. B. Wortfeld „Natur“ = Baum, blühen, Knospen, Erde; z. B. Wortfeld „Krieg“ = Tod, Entsetzen, Waffen)?
- **Klangeffekte/Lautmalerei:** Klingen die Wörter vokalreich und klangvoll? Oder liegt eine Häufung von harten Konsonanten vor, wodurch die Sprache hart bzw. abgehackt klingt? Gibt es helle oder dunkle Vokalreihen?
- **Satzbau/Syntax:** Werden bestimmte Satzformen bevorzugt? Zum Beispiel: Parataxen (Hauptsätze), Hypotaxen (Satzgefüge), Ellipsen (unvollständige Sätze). Welche Satzarten (Ausrufe-, Frage-, Aussagesätze) liegen vor? Oder werden grammatische Strukturen bis zum Stammeln durchbrochen?

5 Entstehungshintergrund (▸ S. 158 f.)
- Lässt sich das Gedicht einer bestimmten Epoche (z. B. Barock, Sturm und Drang, Romantik, Expressionismus) zuordnen?
- Gibt es einen Zusammenhang zwischen dem Gedicht und einem historischen bzw. **zeitgeschichtlichen Ereignis** (z. B. Krieg, Revolution)?

Fordern und fördern – Die Interpretation schreiben

1 Verfasst auf Grundlage eurer Stoffsammlung (▸ S. 163) eine Gedichtinterpretation, bestehend aus Einleitung, Hauptteil und Schluss. Belegt eure Aussagen mit Zitaten. Ihr könnt die folgenden Formulierungsbausteine zu Hilfe nehmen. ▷ Hilfen zu dieser Aufgabe, Seite 166

Formaler Aufbau	*Das Gedicht hat eine einfache Volksliedform, bestehend aus ... Strophen mit jeweils ... Versen. Es liegt ein durchgehender ...reim vor. Das Metrum ist ein ... Jnsgesamt wirken Aufbau, Reim und Metrum ...*
Inhalt und Bezug zu den Gestaltungsmitteln (Deutung)	*Schon der Titel des Gedichts „Neue Liebe" gibt den Grund für die positive ...* *Diese fröhliche Aufbruchstimmung zieht sich durch das gesamte ...* *Jn der ersten Strophe fragt das ... sein Herz nach dem Grund für ...* *Mit den Worten „Herz, mein Herz" (Vers 1) wird das Herz personifiziert und als direktes Gegenüber angesprochen. Die Wiederholung ...* *Der Vergleich der Liebe mit ...* *...* *Weitere Formulierungsbausteine* *Durch die Wiederholung von ... • betonen / veranschaulichen / unterstreichen / erzeugen eine ... Stimmung / wirken • Auffällig ist ... • Es entsteht der Eindruck ...*
Bezug zur Romantik	*Auffallend und typisch für die Epoche der Romantik ist die Schilderung einer harmonischen Verbindung von Mensch und ...*

Information **Textstellen richtig zitieren**

Durch Zitate aus dem Text belegt ihr eure interpretierenden Aussagen. So macht ihr eure Aussagen zum Gedicht für die Leser nachvollziehbar.

Wörtliches Zitat

- Zitate gibt man **wortwörtlich** wieder. Sie werden durch **Anführungszeichen** gekennzeichnet. Die **Fundstelle** im Text wird durch Zeilen- oder Versangaben **angegeben,** z. B.: *„Herz, mein Herz" (Vers 1).*
- Geringfügige Änderungen, z. B. grammatische Anpassungen an den eigenen Text, oder Zusätze, die dem Leser klarmachen, wovon die Rede ist, werden in eckige Klammern gesetzt, z. B.: *Der Vergleich der Liebe mit der „schöne[n] Frühlingszeit" (Vers 4).*

Sinngemäßes Zitat

- Beim sinngemäßen Zitat wird die Textstelle **singemäß mit eigenen Worten** wiedergegeben (paraphrasiert). Im Gegensatz zu einem wörtlichen Zitat müssen sinngemäße Zitate nicht durch Anführungszeichen gekennzeichnet werden. Sie müssen aber durch einen **Hinweis auf die Fundstelle** gekennzeichnet werden, z. B.: *Die Schilderung einer harmonischen Verbindung von Mensch und Natur (vgl. Vers 8 und Vers 9) ist typisch für die Epoche der Romantik.*

Achtung: Macht die Funktion der Zitate deutlich, indem ihr diese erläutert.
Richtig: *Der jubelnde Ausruf „Frühling, Frühling soll es sein!" (Vers 12) betont das Glücksgefühl des Sprechers. Es ist so stark, dass es das lyrische Ich nicht verbergen will.*
Falsch: In Vers 12 findet sich ein Ausruf (Exclamatio), der Vers endet mit einem Ausrufezeichen.

Aufgabe 1 mit Hilfen

Verfasst auf der Grundlage eurer Stoffsammlung (▸ S. 163) eine Gedichtinterpretation. Geht so vor:

a Formuliert eine Einleitung, in der ihr über die Art des Textes, den Titel, den Autor, das Entstehungsjahr sowie das Thema des Gedichts informiert.

In dem Gedicht ... von ... aus dem Jahr ... geht es um ... •
Joseph Eichendorffs Gedicht ... aus dem Jahr ... handelt von ... •
Das Gedicht mit dem Titel ... von .. aus dem Jahr ... beschreibt ...

b Stellt im Hauptteil die Ergebnisse eurer Gedichtanalyse in einer geordneten Reihenfolge dar. Bringt eure Beobachtungen, z. B. zu den sprachlichen Gestaltungsmitteln, in einen Zusammenhang mit dem Inhalt. Belegt eure Aussagen mit Zitaten (▸ S. 165).
Ihr könnt die folgenden Formulierungsbausteine zu Hilfe nehmen:

Formaler Aufbau	*Das Gedicht hat eine einfache Volksliedform, bestehend aus ... Strophen mit jeweils ... Versen. Es liegt ein durchgehender ...reim vor. Das Metrum ist ein vierhebiger Trochäus. Insgesamt wirken Aufbau, Reim und Metrum sehr melodisch und ...*
Gedichtinhalt und Deutung mit Bezug zu den Gestaltungsmitteln	*Schon der Titel des Gedichts „Neue Liebe" gibt den Grund für die positive Grundstimmung an. Das lyrische ... ist von der Liebe ergriffen und fühlt sich ...* *Diese fröhliche, positive Stimmung zieht sich durch das gesamte ...* *In der ersten ... fragt das lyrische Ich sein Herz nach dem Grund für ...* *Mit den Worten „Herz, mein Herz" (Vers 1) wird das Herz personifiziert und als direktes Gegenüber ... Die Wiederholung des Wortes „Herz" (z. B. Vers ...) unterstreicht die Macht der Gefühle, die das lyrische Ich ...* *Der Vergleich der ... mit der „schönen Frühlingszeit" (Vers 4) verdeutlicht ...* *Das Adjektiv „schön" (vgl. Vers 4) unterstreicht die positive ...* *In der zweiten Strophe wird die Frage aus der ersten Strophe ...* *Der Sprecher des Gedichts kann sich an „Erd' und Himmel" (Vers ...), also an der ganzen Welt, ...* *Weitere Formulierungsbausteine* *Durch die Wiederholung von ... • betonen / veranschaulichen / unterstreichen / erzeugen eine ... Stimmung / wirken • Auffällig ist ... • Es entsteht der Eindruck, ...*
Bezug zur Romantik	*Auffallend und typisch für die Epoche der Romantik ist die Schilderung einer harmonischen Verbindung von Mensch und ...*

c Formuliert zum Schluss eine zusammenfassende Aussage zum Gedicht oder nehmt Stellung.

Das ganze Gedicht vermittelt den Eindruck ... •
Insgesamt wirkt dieses Gedicht ... Durch die ... hat man den Eindruck, dass ... •
Zusammenfassend kann man sagen, dass das Gedicht ... Auffallend ist, dass ... •
Das Gedicht hat bei mir ..., weil ... •
Ich finde, dieses Gedicht ist eine wunderbare Darstellung davon, wie ...

7.3 Fit in ... – Ein Gedicht analysieren

Das Gedicht verstehen und eine Stoffsammlung anlegen

In der nächsten Klassenarbeit könnte folgende Aufgabe gestellt werden:

Analysiere und interpretiere das Gedicht „Die eine Klage“ von Karoline von Günderode besonders hinsichtlich der Motive der Sehnsucht und der Trennung. Berücksichtige dabei auch die formale und sprachliche Gestaltung des Gedichts.
Prüfe, inwiefern das Gedicht der Epoche der Romantik zuzuordnen ist.

Gedicht	Reim	Anmerkungen
Karoline von Günderode		
Die eine Klage (1806)		Titel kündigt Schmerz an
x́ x x́ x x́ x x́ x		
Wer die tiefsten aller Wunden	a	Trennung = tiefste aller Wunden
Hat in Geist und Sinn empfunden,	a	
Bittrer Trennung Schmerz;	b	
Wer geliebt, was er verloren,	c	Vers 4/5: Parallelismus/Chiasmus
Lassen muss, was er erkoren,	c	→ Verlusterfahrung wird betont
Das geliebte Herz.		
Der versteht in Lust die Tränen		Folge der Verlusterfahrung: Verständnis
Und der Liebe ewig Sehnen,		für Sehnsucht nach Verschmelzung mit
Eins in zwei zu sein,		dem anderen, nach Überwindung von
Eins im andern sich zu finden,		Grenzen und irdischen Schmerzen (Pein)
Dass der Zweiheit Grenzen schwinden		→ Motiv der Sehnsucht = Epoche der
Und des Daseins Pein.		Romantik
Wer so ganz in Herz und Sinnen		
Könnt ein Wesen lieb gewinnen,		
Oh! den tröstet's nicht,		emotionaler Ausdruck für die Trauer
Dass für Freuden, die verloren,		
Neue werden neu geboren:		
Jene sind's doch nicht.		
Das geliebte, süße Leben,		
Dieses Nehmen und dies Geben,		
Wort und Sinn und Blick,		
Dieses Suchen und dies Finden,		
Dieses Denken und Empfinden		
Gibt kein Gott zurück.		

1 a Lest euch die Aufgabenstellung aufmerksam durch.
b Besprecht, was zur Untersuchung des Gedichts gehört und wie ihr dabei vorgehen könnt.

2 Lest das Gedicht mehrmals. Formuliert eure ersten Eindrücke, z. B.:
- *Mir ist aufgefallen, dass Wörter wie „Klage“ (Titel), „Wunden“ (Vers 1), „Trennung“ (Vers 3), ...*
- *In dem Gedicht wird der schmerzhafte Verlust ...*

3 a Prüft im Team die Richtigkeit der Anmerkungen zum Gedicht auf Seite 167.
b Arbeitet mit einer Kopie des Gedichts. Notiert eigene Überlegungen zu Inhalt, Form, sprachlicher Gestaltung.

Die Gedichtinterpretation schreiben und überarbeiten

4 Verfasst auf Grundlage eurer Untersuchungsergebnisse eine Gedichtinterpretation, bestehend aus Einleitung, Hauptteil und Schluss. Geht so vor:

Einleitung	*Das Gedicht „Die eine Klage“ von ... aus dem Jahr ... thematisiert das Gefühl des Schmerzes ...*
Hauptteil Formaler Aufbau	*Das Gedicht besteht aus ... Strophen mit jeweils ... Versen. In jeder Strophe sind jeweils die ersten beiden Verse ..., danach folgt ein umarmender ... Das Metrum des Gedichts ist ...* *Insgesamt wirkt die Form des Gedichts ...*
Gedichtinhalt und Deutung mit Bezug zu den Gestaltungsmitteln	*Bereits der Titel des Gedichts ...* *In der ersten Strophe wird der Schmerz nach einer Trennung ...* *Der Chiasmus „Wer .../... (Vers 3/4)* *Die zweite Strophe thematisiert die Folge der Verlusterfahrung, die in der ersten Strophe beschrieben wird. Es ist das Verständnis („Der versteht“, Vers 7) für ...*
Epoche: Romantik	*Das Gedicht weist typische Merkmale der Romantik auf: Ausgeprägt ist das Motiv der ...*
Schluss	- *Insgesamt wirkt das Gedicht auf den Leser ...* - *Mir hat das Gedicht gefallen / nicht so gut gefallen, weil ...*

5 Überarbeitet eure Texte in Partnerarbeit. Die folgende Checkliste hilft euch dabei.

Checkliste

Ein Gedicht untersuchen
- Habt ihr in der **Einleitung** die Art des Textes, den Titel, den Namen des Autors / der Autorin, das Entstehungsjahr und das Thema des Gedichts benannt?
- Habt ihr im **Hauptteil** die wichtigsten Untersuchungsergebnisse dargestellt und durch Zitate belegt?
  – Darstellung des formalen Aufbaus (Strophen/Verse, Reimform, Metrum)?
  – Deutung des Gedichts und Beschreibung der sprachlichen Gestaltungsmittel (Erläuterung der Wirkung)?
  – Begründete Zuordnung zu einer Epoche?
- Habt ihr zum **Schluss** die Gesamtaussage des Gedichts noch einmal zusammengefasst oder beschrieben, wie das Gedicht auf euch wirkt oder wie es euch gefällt?

8 „Frühlings Erwachen" – Ein modernes Drama untersuchen

Frühlings Erwachen, Berliner Ensemble (Regie: Claus Peymann), 2008

1 Beschreibt die Szenenfotos aus dem Theaterstück „Frühlings Erwachen" von Frank Wedekind. Stellt Vermutungen auf, worum es in dem Stück gehen könnte.

2 a Das Drama, das 1906 in Berlin uraufgeführt wurde, trägt den Untertitel „Eine Kindertragödie".
- Welche Erwartungen habt ihr an ein solches Stück?
- Welche Themen könnten hier dargestellt sein?
- Worauf weist der Begriff „Tragödie" im Untertitel hin?

b Erklärt weitere zentrale Begriffe aus dem Bereich Drama, z. B.: *Exposition, Peripetie (Höhe- und Wendepunkt), Katastrophe, Regieanweisung, Protagonist, Monolog.*

In diesem Kapitel ...

- lernt ihr mit „Frühlings Erwachen" ein in seiner Zeit revolutionäres Drama kennen,
- bekommt ihr einen Einblick in die Moralvorstellungen um 1900,
- untersucht ihr die Handlung, die Figuren und die Konflikte dieses Dramas,
- wendet ihr Methoden der Dramenanalyse an und entwickelt eigene Interpretationsansätze.

8.1 „Eine Kindertragödie“ – Handlung und Figuren kennen lernen

Melchior, Moritz, Wendla und die anderen – Themen und Konflikte verstehen

Frank Wedekind

Frühlings Erwachen (1. Akt, 1. Szene)

(Wohnzimmer)

Wendla: Warum hast du mir das Kleid so lang gemacht, Mutter?

Frau Bergmann: Du wirst 14 Jahr heute!

Wendla: Hätt' ich gewusst, dass du mir das Kleid so lang machen würdest, ich wäre lieber nicht 14 geworden.

Frau Bergmann: Das Kleid ist nicht zu lang, Wendla. Was willst du denn! Kann ich dafür, dass mein Kind mit jedem Frühling wieder zwei Zoll größer ist? Du darfst doch als ausgewachsenes Mädchen nicht in Prinzesskleidchen einhergehen.

Wendla: Jedenfalls steht mir mein Prinzesskleidchen besser als diese Nachtschlumpe. – Lass mich's noch einmal tragen, Mutter! Nur noch den Sommer lang. Ob ich nun 14 zähle oder 15, dies Bußgewand wird mir immer noch recht sein. – Heben wir's auf bis zu meinem nächsten Geburtstag; jetzt würd' ich doch nur die Litze[1] heruntertreten.

Frau Bergmann: Ich weiß nicht, was ich sagen soll. Ich würde dich ja gerne so behalten, Kind, wie du gerade bist. Andere Mädchen sind stakig und plump in deinem Alter. Du bist das Gegenteil. – Wer weiß, wie du sein wirst, wenn sich die andern entwickelt haben.

Wendla: Wer weiß – vielleicht werde ich nicht mehr sein.

Frau Bergmann: Kind, Kind, wie kommst du auf die Gedanken!

Wendla: Nicht, liebe Mutter, nicht traurig sein!

Frau Bergmann *(sie küssend)*: Mein einziges Herzblatt!

Wendla: Sie kommen mir so des Abends, wenn ich nicht einschlafe. Mir ist gar nicht traurig dabei, und ich weiß, dass ich dann umso besser schlafe. – Ist es sündhaft, Mutter, über derlei zu sinnen?

1 die Litze: verzierter Saum

Frank Wedekind

Frühlings Erwachen (1. Akt, 2. Szene)

(Sonntagabend, während eines Spaziergangs. Alle entfernen sich bis auf Moritz und Melchior.)

MORITZ: Glaubst du nicht auch, Melchior, dass das Schamgefühl im Menschen nur ein Produkt seiner Erziehung ist?

MELCHIOR: Darüber habe ich erst vorgestern noch nachgedacht. Es scheint mir immerhin tief eingewurzelt in der menschlichen Natur. Denke dir, du sollst dich vollständig entkleiden vor deinem besten Freund. Du wirst es nicht tun, wenn er es nicht zugleich auch tut. – Es ist eben auch mehr oder weniger Modesache.

MORITZ: Ich habe mir schon gedacht, wenn ich Kinder habe, Knaben und Mädchen, so lasse ich sie von früh auf im nämlichen[1] Gemach[2], wenn möglich auf ein und demselben Lager, zusammen schlafen, lasse ich sie morgens und abends beim An- und Auskleiden einander behilflich sein und in der heißen Jahreszeit, die Knaben sowohl wie die Mädchen, tagsüber nichts als eine kurze, mit einem Lederriemen gegürtete Tunika aus weißem Wollstoff tragen. – Mir ist, sie müssten, wenn sie so heranwachsen, später ruhiger sein, als wir es in der Regel sind.

MELCHIOR: Das glaube ich entschieden, Moritz! – Die Frage ist nur, wenn die Mädchen Kinder bekommen, was dann?

MORITZ: Wieso Kinder bekommen?

MELCHIOR: Ich glaube in dieser Hinsicht nämlich an einen gewissen Instinkt. Ich glaube, wenn man einen Kater zum Beispiel mit einer

1 nämlich (veraltet): der-, die-, dasselbe

2 das Gemach (veraltet, vornehm): Zimmer

Katze von Jugend auf zusammensperrt und beide von jedem Verkehr mit der Außenwelt fernhält, das heißt sie ganz nur ihren eigenen Trieben überlässt, dass die Katze früher oder später doch einmal trächtig wird, obgleich sie sowohl wie der Kater niemand hatten, dessen Beispiel ihnen hätte die Augen öffnen können.

MORITZ: Bei Tieren muss sich das ja schließlich von selbst ergeben.

MELCHIOR: Bei Menschen glaube ich erst recht! Ich bitte dich, Moritz, wenn deine Knaben mit den Mädchen auf ein und demselben Lager schlafen und es kommen ihnen nun unversehens die ersten männlichen Regungen – ich möchte mit jedermann eine Wette eingehen ...

MORITZ: Darin magst du Recht haben. – Aber immerhin ...

MELCHIOR: Und bei deinen Mädchen wäre es im entsprechenden Alter vollkommen das Nämliche! Nicht, dass das Mädchen gerade ... man kann das ja freilich so genau nicht beurteilen ... Jedenfalls wäre vorauszusetzen ... und die Neugierde würde das Ihrige zu tun auch nicht verabsäumen!

[...] Was siehst du mich so sonderbar an?

MORITZ: Hast du sie schon empfunden?

MELCHIOR: Was?

MORITZ: Wie sagtest du?

MELCHIOR: Männliche Regungen?

MORITZ: M-hm.

MELCHIOR: – Allerdings!

MORITZ: Ich auch –

MELCHIOR: Ich kenne das nämlich schon lange! – Schon bald ein Jahr.

MORITZ: Ich war wie vom Blitz gerührt.

[...]

MORITZ: Wenn du wüsstest, was ich ausgestanden seit jener Nacht!

MELCHIOR: Gewissensbisse?

MORITZ: Gewissensbisse?? – – – Todesangst!

MELCHIOR: Herrgott ...

MORITZ: Ich hielt mich für unheilbar. Ich glaubte, ich litte an einem inneren Schaden. – Schließlich wurde ich nur dadurch wieder ruhiger, dass ich meine Lebenserinnerungen aufzuzeichnen begann. Ja, ja, lieber Melchior, die letzten drei Wochen waren ein Gethsemane[3] für mich.

MELCHIOR: Ich war seinerzeit mehr oder weniger darauf gefasst gewesen. Ich schämte mich ein wenig. – Das war aber auch alles.

3 Gethsemane: Garten am Ölberg bei Jerusalem; Ort, an dem Jesus Christus vor seiner Kreuzigung betete und mit seinem Schicksal rang

Frank Wedekind

Frühlings Erwachen (2. Akt, 2. Szene)

(Wohnzimmer)

FRAU BERGMANN: Denk dir, Wendla, diese Nacht war der Storch bei ihr[1] und hat ihr einen kleinen Jungen gebracht.

WENDLA: Einen Jungen? – Einen Jungen! – O das ist herrlich – Deshalb die langwierige Influenza[2]!

FRAU BERGMANN: Einen prächtigen Jungen!

WENDLA: Den muss ich sehen, Mutter! – So bin ich nun zum dritten Male Tante geworden – Tante von einem Mädchen und zwei Jungens!

FRAU BERGMANN: Und was für Jungens! – So geht's eben, wenn man so dicht beim Kirchendach wohnt! – Morgen sind's erst zwei Jahr, dass sie in ihrem Mullkleid die Stufen hinanstieg.

WENDLA: Warst du dabei, als er ihn brachte?

FRAU BERGMANN: Er war eben wieder fortgezogen.

[...]

1 gemeint ist Ina, Wendlas Schwester

2 die Influenza: Grippe

Wendla: Ich hätte so furchtbar gerne gewusst, ob er durchs Fenster oder durch den Schornstein geflogen kam.

Frau Bergmann: Da musst du Ina fragen. Ha, das musst du Ina fragen, liebes Herz! Ina sagt dir das ganz genau. Ina hat ja eine ganze halbe Stunde mit ihm gesprochen.

Wendla: Ich werde Ina fragen, wenn ich hinunterkomme.

Frau Bergmann: Aber ja nicht vergessen, du süßes Engelsgeschöpf! Es interessiert mich wirklich selbst zu wissen, ob er durchs Fenster oder durch den Schornstein kam.

Wendla: Oder soll ich nicht lieber den Schornsteinfeger fragen? – Der Schornsteinfeger muss es doch am besten wissen, ob er durch den Schornstein fliegt oder nicht.

Frau Bergmann: Nicht den Schornsteinfeger, Kind; nicht den Schornsteinfeger. Was weiß der Schornsteinfeger vom Storch! – Der schwatzt dir allerhand dummes Zeug vor, an das er selbst nicht glaubt ...

[...]

Wendla: Hab' ich nun eine Schwester, die ist seit zwei und einem halben Jahr verheiratet, und ich selber bin zum dritten Male Tante geworden, und habe gar keinen Begriff, wie das alles zugeht ... Nicht böse werden, Mütterchen; nicht böse werden! Wen in der Welt soll ich denn fragen als dich! Bitte, liebe Mutter, sag es mir! Sag's mir, geliebtes Mütterchen! Ich schäme mich vor mir selber. Ich bitte dich, Mutter, sprich! Schilt mich nicht, dass ich so etwas frage. Gib mir Antwort – wie geht es zu? – Wie kommt das alles? – Du kannst doch im Ernst nicht verlangen, dass ich bei meinen 14 Jahren noch an den Storch glaube.

Frau Bergmann: Aber du großer Gott, Kind, wie bist du sonderbar! – Was du für Einfälle hast! – Das kann ich ja doch wahrhaftig nicht!

Wendla: Warum denn nicht, Mutter! – Warum denn nicht! – Es kann ja doch nichts Hässliches sein, wenn sich alles darüber freut!

Frau Bergmann: O – o Gott, behüte mich! – Ich verdiente ja ... Geh, zieh dich an, Mädchen; zieh dich an!

Wendla: Ich gehe ... Und wenn dein Kind nun hingeht und fragt den Schornsteinfeger?

Frau Bergmann: Aber das ist ja zum Närrischwerden! – Komm, Kind, komm her, ich sage es dir! Ich sage dir alles ... Oh, du grundgütige Allmacht! – nur heute nicht, Wendla! – Morgen, übermorgen, kommende Woche ... wann du nur immer willst, liebes Herz ...

Wendla: Sag es mir heute, Mutter; sag es mir jetzt! Jetzt gleich! – Nun ich dich so entsetzt gesehen, kann ich erst recht nicht eher wieder ruhig werden.

Frau Bergmann: Ich kann nicht, Wendla.

Wendla: Oh, warum kannst du nicht, Mütterchen! – Hier knie ich zu deinen Füßen und lege dir meinen Kopf in den Schoß. Du deckst mir deine Schürze über den Kopf und erzählst und erzählst, als wärst du mutterseelenallein im Zimmer. Ich will nicht zucken; ich will nicht schreien; ich will geduldig ausharren, was immer kommen mag.

Frau Bergmann: Der Himmel weiß, Wendla, dass ich nicht die Schuld trage! Der Himmel kennt mich! – Komm in Gottes Namen! – Ich will dir erzählen, Mädchen, wie du in diese Welt hineingekommen. – So hör mich an, Wendla ...

Wendla *(unter ihrer Schürze)*: Ich höre.

Frau Bergmann *(ekstatisch)*: Aber es geht ja nicht, Kind! – Ich kann es ja nicht verantworten. – Ich verdiene ja, dass man mich ins Gefängnis setzt – dass man dich von mir nimmt ...

Wendla *(unter ihrer Schürze)*: Fass dir ein Herz, Mutter!

Frau Bergmann: So höre denn ...!

Wendla *(unter ihrer Schürze, zitternd)*: O Gott, o Gott!

Frau Bergmann: Um ein Kind zu bekommen – du verstehst mich, Wendla?

Wendla: Rasch, Mutter – ich halt's nicht mehr aus.

Frau Bergmann: Um ein Kind zu bekommen, muss man den Mann, mit dem man verheiratet ist – ... *lieben – lieben,* sag' ich dir –, wie man nur einen Mann lieben kann! Man muss ihn so sehr *von ganzem Herzen* lieben, – wie sich's nicht sagen lässt! Man muss ihn *lieben,* Wendla, wie du in deinen Jahren noch gar nicht lieben kannst ... Jetzt weißt du's.

WENDLA *(sich erhebend):* Großer Gott – im Himmel!

FRAU BERGMANN: Jetzt weißt du, welche Prüfungen dir bevorstehen!

WENDLA: Und das ist alles?

FRAU BERGMANN: So wahr mir Gott helfe! –

1 a Lest die drei Szenen (▸ S. 170–174) mit verteilten Rollen.
b Erläutert, um was es in den einzelnen Szenenauszügen geht.

2 Wie wirken die Figuren (Wendla, Frau Bergmann, Moritz, Melchior) auf euch? Verfasst kurze Charakterisierungen, indem ihr zentrale Textstellen als Belege anführt.

3 Untersucht die Beziehung zwischen Wendla und ihrer Mutter genauer.
- Erklärt: Welche Absichten verfolgen die Figuren? Welches Ergebnis steht am Ende?
- Nennt Formulierungen, in denen die sexuelle Befangenheit Frau Bergmanns deutlich wird.
- Erläutert anhand des 2. Aktes, 2. Szene (▸ S. 172 ff.), welche Strategie Frau Bergmann anwendet, um ihrer Tochter gegenüber nicht offen sein zu müssen.

4 Diskutiert, inwiefern die Äußerungen und Verhaltensweisen der Figuren aus der Entstehungszeit des Dramas (um 1900) zu erklären sind. Lest hierzu auch den folgenden Informationstext:

Bürgerliche Moral um 1900

Die Heranwachsenden sind eingesperrt in stereotype Geschlechterrollen, die Jungen in der Rolle des aktiven, starken Mannes und des künftigen Familienoberhauptes und die Mädchen in der Rolle der passiven, schutzbedürftigen Frau und der zukünftigen Mutter. Wer diesem Rollenbild nicht entsprechen kann oder nicht entsprechen will, wird zum Außenseiter.
Die Jugendlichen stehen einer Welt der Erwachsenen gegenüber, die sie als Kinder statt als junge Erwachsene begreift und ihre Probleme nicht ernst nimmt. Sexuelle Aufklärung gibt es kaum, da die Eltern an die neue Generation vermitteln, was sie von ihren eigenen Eltern gelernt haben: Über Sexualität spricht man nicht, da sie etwas Gefährliches ist. Junge Menschen, besonders Mädchen, müssen vor dieser Gefahr geschützt werden, indem man sie unwissend lässt und ihnen so die Möglichkeit nimmt, über Sexualität und Begehren zu kommunizieren.

Frank Wedekind (1864–1918)

5 Sucht euch einen Szenenauszug aus und lest ihn mit verteilten Rollen und Ghostspeakern. Die Ghostspeaker sollen die Äußerungen aus heutiger Sicht kommentieren.

6 Stellt ausgehend von den Szenen und den Figuren Vermutungen über die weitere Handlung an. Welche Konflikte könnten sich ergeben?

Der dramatische Handlungsverlauf – Den Aufbau analysieren

1. Akt

1	Wohnzimmer	Wendla, Frau Bergmann	Tochter und Mutter diskutieren über die angemessene Länge des Kleides und das Erwachsenwerden.
2	draußen	Melchior, Moritz, Robert, Ernst, Georg	Die Schüler sprechen über Anforderungen der Schule an sie. Melchior und Moritz reden über ihre Zukunft, Erziehung und Sexualität. Melchior will Moritz schriftliche und bildliche Erläuterungen zum Thema „Fortpflanzung" zukommen lassen.
3	auf der Straße	Thea, Wendla, Martha	Die drei Mädchen unterhalten sich über die Jungen in Melchiors Klasse und ihre Erziehung, insbesondere über ihre Mütter. Martha berichtet, dass sie von ihren Eltern häufig geschlagen wird.
4	Park vor dem Gymnasium	Melchior und Mitschüler, Lehrer	Moritz berichtet, dass er heimlich ins Konferenzzimmer eingedrungen und die Noten eingesehen habe. Er verkündet fälschlich, dass er und Ernst Röbel versetzt sind. Weil der neue Klassenraum für alle zu klein ist, muss einer sitzen bleiben.
5	im Wald	Melchior, Wendla	Melchior und Wendla treffen sich zufällig im Wald und unterhalten sich. Erste Annäherung: Wendla fordert Melchior auf, sie zu schlagen, weil sie dies noch nicht erfahren habe. Auf Wendlas Flehen führt Melchior diese Handlung erst zögerlich, dann immer heftiger aus. Melchior ist selbst erschüttert über seine Tat und flieht.

2. Akt

1	Melchiors Zimmer	Melchior, Moritz, Frau Gabor	Moritz berichtet Melchior von dem Schuldruck, der schwer auf ihm lastet. Melchiors Mutter, Frau Gabor, bemerkt besorgt, dass die beiden die erotische „Walpurgisnacht-Szene" aus dem „Faust" lesen, vertraut aber ihrem Sohn und betont dabei ihre tolerante Haltung.
2	Wohnzimmer	Wendla, Frau Bergmann	Wendla fordert ihre Mutter auf, sie aufzuklären. Frau Bergmann entzieht sich diesem Wunsch.
3	Toilette	Hänschen Rilow	Hänschen sperrt sich auf der Toilette ein und onaniert.
4	Heuboden	Melchior, Wendla	Melchior schwängert Wendla bei der ersten intimen Begegnung.
5	Wohnzimmer	Frau Gabor	Melchiors Mutter beantwortet einen Brief von Moritz, der um Geld für eine Flucht nach Amerika bittet. Sie lehnt seine Bitte ab, äußert ihr Befremden über seine Suizidabsichten und spricht ihm Mut zu.
6	Garten	Wendla	Wendla ist innerlich aufgewühlt und möchte sich jemandem mitteilen.
7	draußen am Fluss	Moritz, Ilse	Moritz will sich umbringen. In Todeserwartung trifft er auf Ilse, ein junges Model, das ihm von ihren Erlebnissen in der Künstlerwelt berichtet und ihn einlädt mitzukommen. Moritz lehnt ab und erschießt sich.

3. Akt

1	Konferenzzimmer	Rektor Sonnenstich, Lehrer, Melchior	Lehrerkonferenz: Melchior wird beschuldigt, für Moritz' Tod verantwortlich zu sein, weil er ihm das Schriftstück „Der Beischlaf" habe zukommen lassen. Melchior wird jede Stellungnahme verweigert.
2	Kirchhof	u. a. Moritz' Vater, einige Jungen, Ilse, Martha	Beerdigung von Moritz bei strömendem Regen. Der Tote wird aufgrund seines Suizids von den Erwachsenen scharf kritisiert; Moritz' Vater verleugnet sogar seinen Sohn. Außer Ilse und Martha trauert keiner der Anwesenden aufrichtig um Moritz.
3	Wohnzimmer	Herr und Frau Gabor	Herr und Frau Gabor diskutieren über Melchiors Rolle beim Tod seines Freundes und äußern unterschiedliche Erziehungskonzepte. Als Frau Gabor erfährt, dass ihr Sohn Wendla verführt hat, stimmt sie der Einweisung Melchiors in eine Korrektionsanstalt zu.
4	Korrektionsanstalt	Melchior, Jungen aus der Anstalt	Von den derben Späßen und sexuellen Handlungen der anderen Jungen in der Anstalt will Melchior nichts wissen, er plant seine Flucht.
5	Schlafgemach	Wendla, Frau Bergmann, Arzt, Mutter Schmidt	Frau Bergmann und der Arzt wissen, dass Wendla schwanger ist, was Frau Bergmann ihrer Tochter schließlich auch mitteilt. „Mutter-Schmidt" nimmt eine Abtreibung vor, durch die Wendla stirbt.
6	Weinberg	Ernst, Hänschen Rilow	Die beiden Freunde bekennen ihre gegenseitige Liebe.
7	Kirchhof	Melchior, Moritz, der „vermummte Herr"	Auf seiner Flucht landet Melchior nachts vor dem Grab Wendlas und begegnet dem verstorbenen Moritz. Der will ihn mit schönen Versprechungen ins Todesreich hinüberziehen. Ein „vermummter Herr" tritt auf und bewahrt Melchior vor dem Tod.

1 a Schaut euch die Übersicht über die Handlung des Dramas an (▸ S. 175). Erläutert, welche Themen und Konflikte ihr erkennen könnt. Ihr könnt die folgenden Stichworte zu Hilfe nehmen: Erziehung (Moralvorstellungen); Welt der Erwachsenen – Welt der Jugendlichen; Schule; Sexualität; Schuld; Tod.

b Erzählt die Geschichten von Moritz und Wendla anhand der Szenenübersicht nach. Erläutert anschließend, inwieweit die beiden Handlungsstränge thematisch verknüpft sind.

2 a Untersucht die Struktur des Dramas. Ordnet hierzu die einzelnen Szenen verschiedenen Handlungssträngen zu, z. B.:

Wendlas Geschichte	…	…
– 1. Akt, Szene 1	– …	– …
– …		

b Skizziert ein mögliches Bühnenbild. Überlegt dabei, wie ihr durch räumliche Anordnung und Gestaltung der Bühne die Handlung sinntragend, ggf. auch symbolisch anlegen könnt.

c Beurteilt, inwieweit „Frühlings Erwachen" die Formstrenge des klassischen Dramas durchbricht. Nutzt hierzu auch die Informationen aus dem Merkkasten.

Information **Klassisches Drama – Modernes Drama**

Klassisches Drama (geschlossene Form): Die klassische Form des Dramas, die bis zum Ende des 18. Jahrhunderts eine große Rolle spielte, geht auf die Poetik des griechischen Philosophen Aristoteles (4. Jh. v. Chr.) zurück und weist einen strengen Aufbau auf (Fünf-Akt-Schema). Ein Drama mit dieser Formstrenge nennt man auch geschlossenes Drama. Zeitsprünge, Ortveränderungen oder Nebenhandlungen sind beim geschlossenen Drama unüblich (Einheit von Zeit, Ort, Handlung).

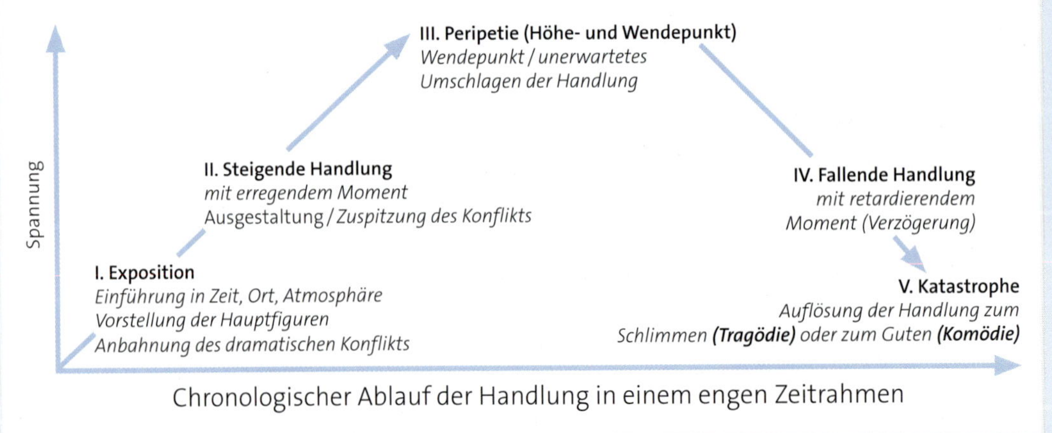

Modernes Drama (offene Form): Im 19. Jahrhundert verliert das klassische (geschlossene) Drama mit seiner Formstrenge immer mehr an Bedeutung. Das moderne Drama weist häufig offenere Formelemente auf. So wird z. B. an verschiedenen Orten gespielt, es finden Zeitsprünge statt, die Handlung zerfasert in mehrere (manchmal parallel geführte) Handlungsstränge. Der Beginn ist meist unvermittelt (Verzicht auf Exposition und Einführung in das Geschehen), auch der Schluss des Stückes bleibt häufig offen.

Liebe und Tod – Figuren und ihr Gesprächsverhalten analysieren

Frank Wedekind

Frühlings Erwachen (2. Akt, 4. Szene)

Ein Heuboden. – Melchior liegt auf dem Rücken im frischen Heu. Wendla kommt die Leiter herauf.

WENDLA: *Hier* hast du dich verkrochen? – Alles sucht dich. Der Wagen ist wieder hinaus. Du musst helfen. Es ist ein Gewitter im Anzug.
MELCHIOR: Weg von mir! – Weg von mir!
WENDLA: Was ist dir denn? – Was verbirgst du dein Gesicht?
MELCHIOR: Fort, fort! – Ich werfe dich die Tenne[1] hinunter.
WENDLA: Nun geh' ich erst recht nicht. – *(Kniet neben ihm nieder.)* Warum kommst du nicht mit auf die Matte hinaus, Melchior? – Hier ist es schwül und düster. Werden wir auch nass bis auf die Haut, was macht *uns* das!
MELCHIOR: Das Heu duftet so herrlich. – Der Himmel draußen muss schwarz wie ein Bahrtuch[2] sein. – Ich sehe nur noch den leuchtenden Mohn an deiner Brust – und dein Herz hör' ich schlagen –
WENDLA: – – Nicht küssen, Melchior! – Nicht küssen!
MELCHIOR: – Dein Herz – hör' ich schlagen –
WENDLA: – Man liebt sich – wenn man küsst – – – – – – – Nicht, nicht!– – –

MELCHIOR: O glaub mir, es gibt keine *Liebe!* Alles Eigennutz, alles Egoismus! – Ich liebe dich so wenig, wie du mich liebst.
WENDLA: – – Nicht! – – – Nicht, Melchior! – –
MELCHIOR: – – – Wendla!
WENDLA: O Melchior! – – – – – – – – – nicht – – nicht – –

1 die Tenne: Fußboden in der Scheune
2 das Bahrtuch: Sargdecke, Sargtuch

1 Ordnet die Szene in den Handlungsverlauf ein. Nutzt dazu die Übersicht von Seite 175.

2 a Lest die Szene mit verteilten Rollen. Probiert dabei unterschiedliche Sprechweisen für Wendla und Melchior aus und prüft, welche am besten zu den Figuren bzw. der Szene passen.
b Diskutiert, inwiefern sich Aussagen und Verhalten der Figuren entsprechen.

3 Untersucht die Dramenszene genauer. Analysiert hierzu das Gesprächsverhalten der Figuren. Die Leitfragen aus dem Methodenkasten (▶ S. 178) helfen euch.
TIPP: Beschreibt auch die Auffälligkeiten im Bereich der Syntax. Erläutert, inwiefern die syntaktischen Auffälligkeiten die äußere und innere Handlung widerspiegeln.

4 a Schreibt einen Minidialog zwischen Wendla und Melchior zum Thema „Liebe".
b Tragt eure Dialoge vor. Welche Liebesauffassung wird in euren Dialogen deutlich?

Methode **Figuren und ihr Gesprächsverhalten analysieren**

- **Was passiert** in der Szene? Welche Figuren treten auf? Wie stehen sie zueinander?
- Welche **Absichten** verfolgen die Figuren? Welches **Ergebnis** steht am Ende?
- Handelt es sich um **eine besondere Form des Gesprächs,** z. B. Rede, Verhör, Geständnis, Argumentation, Rechtfertigung ...?
- Wie verläuft das Gespräch? Verändert sich das **Verhalten der Figuren** im Laufe des Gesprächs? Gibt es Zuspitzungen?
- Wer leitet das Gespräch? Sind die **Redeanteile** der Figuren gleichmäßig oder eher **ungleichmäßig** verteilt?
- Wie ist der **Sprachstil** der Figuren (z. B. pathetisch, umgangssprachlich, ironisch)? Welche **sprachlichen Mittel** (z. B. rhetorische Fragen, Wiederholungen, Übertreibungen, Auslassungen, Vergleiche, Metaphern) verwenden die Figuren?
- Welche **Gedanken** und **Gefühle** werden deutlich?
- Welche Rolle spielen die **Regieanweisungen?**

Frank Wedekind

Frühlings Erwachen (2. Akt, 7. Szene)

Abenddämmerung. Der Himmel ist leicht bewölkt, der Weg schlängelt sich durch niedres Gebüsch und Riedgras. In einiger Entfernung hört man den Fluss rauschen.

MORITZ: Besser ist besser. – Ich passe nicht hinein. Mögen sie einander auf die Köpfe steigen. – Ich ziehe die Tür hinter mir zu und trete ins Freie. – Ich gebe nicht so viel darum, mich herumdrücken zu lassen. Ich habe mich nicht aufgedrängt. Was soll ich mich jetzt aufdrängen! –

Ich habe keinen Vertrag mit dem lieben Gott. Mag man die Sache drehen, wie man sie drehen will. Man hat mich gepresst. – Meine Eltern mache ich nicht verantwortlich. Immerhin mussten sie auf das Schlimmste gefasst sein. Sie waren alt genug, um zu wissen, was sie taten. Ich war ein Säugling, als ich zur Welt kam – sonst wäre ich wohl auch noch so schlau gewesen, ein anderer zu werden. – Was soll ich dafür büßen, dass alle andern schon da waren! [...]

Man wird ganz per Zufall geboren und sollte nicht nach reiflichster Überlegung – – – es ist zum Totschießen! –

[...]

Es hat etwas Beschämendes, Mensch gewesen zu sein, ohne das Menschlichste kennen gelernt zu haben. – Sie kommen aus Ägypten, verehrter Herr, und haben die Pyramiden nicht gesehen?! Ich will heute nicht wieder weinen. Ich will nicht wieder an mein Begräbnis denken – – Melchior wird mir einen Kranz auf den Sarg legen. Pastor Kahlbauch wird meine Eltern trösten. Rektor Sonnenstich wird Beispiele aus der Geschichte zitieren. – Einen Grabstein werd' ich wahrscheinlich nicht bekommen. Ich hätte mir eine schneeweiße Marmorurne auf schwarzem Syenitsockel gewünscht – ich werde sie ja gottlob nicht vermissen. Die Denkmäler sind für die Lebenden, nicht für die Toten. [...]

Ilse *(in abgerissenen Kleidern, ein buntes Tuch um den Kopf, fasst ihn von rückwärts an der Schulter)*: Was hast du verloren?

Moritz: Ilse?!

Ilse: Was suchst du hier?

Moritz: Was erschreckst du mich so?

Ilse: Was suchst du? – Was hast du verloren?

Moritz: Was erschreckst du mich denn so entsetzlich?

Ilse: Ich komme aus der Stadt. Ich gehe nach Hause.

[...]

Moritz: Wo übernachtest du, wenn du in der Stadt bleibst?

Ilse: Gestern waren wir bei Nohl – vorgestern bei Bojokewitsch – Sonntag bei Oikonomopulos. Bei Padinsky gab's Sekt. Valabregez hatte seinen Pestkranken verkauft. Adolar trank aus dem Aschenbecher. Lenz sang die Kindesmörderin, und Adolar schlug die Gitarre krumm. Ich war so betrunken, dass sie mich zu Bett bringen mussten. – – Du gehst immer noch zur Schule, Moritz?

Moritz: Nein, nein, dieses Quartal nehme ich meine Entlassung.

Ilse: Du hast Recht. Ach, wie die Zeit vergeht, wenn man Geld verdient! – Weißt du noch, wie wir Räuber spielten? – Wendla Bergmann und du und ich und die andern, wenn ihr abends herauskamt und kuhwarme Ziegenmilch bei uns trankt? – Was macht Wendla? Ich sah sie noch bei der Überschwemmung. – Was macht Melchi Gabor? – Schaut er noch so tiefsinnig drein? – In der Singstunde standen wir einander gegenüber.

Moritz: Er philosophiert.

Ilse: Wendla war derweil bei uns und hat der Mutter Eingemachtes gebracht. Ich saß den Tag bei Isidor Landauer. Er braucht mich zur heiligen Maria, Mutter Gottes, mit dem Christuskind. Er ist ein Tropf und widerlich. Hu, wie ein Wetterhahn! – Hast du Katzenjammer?

Moritz: Von gestern Abend! – Wir haben wie die Nilpferde gezecht. Um fünf Uhr wankt' ich nach Hause.

[...]

Ilse: Ich kenne keinen Katzenjammer. Vergangenen Karneval kam ich drei Tage und drei Nächte in kein Bett und nicht aus den Kleidern. Von der Redoute[1] ins Café, mittags in Bellavista, abends Tingl-Tangl, nachts zur Redoute. Lena war dabei und die dicke Viola. – In der dritten Nacht fand mich Heinrich.

Moritz: Hatte er dich denn gesucht?

Ilse: Er war über meinen Arm gestolpert. Ich lag bewusstlos im Straßenschnee. – Darauf kam ich zu ihm. Vierzehn Tage verließ ich seine Behausung nicht – eine gräuliche Zeit! – Morgens musste ich seinen persischen Schlafrock überwerfen und abends in schwarzem Pagenkostüm durchs Zimmer gehn; an Hals, an Knien und Ärmeln weiße Spitzenaufschläge. Täglich fotografierte er mich in anderem Arrangement – einmal auf der Sofalehne als Ariadne, einmal als Leda, einmal als Ganymed, einmal auf allen vieren als weiblichen Nebuchod-Nosor. Dabei schwärmte er von Umbringen, von Erschießen, Selbstmord und Kohlendampf. Frühmorgens nahm er eine Pistole ins Bett, lud sie voll Spitzkugeln und setzte sie mir auf die Brust: Ein Zwinkern, so drück' ich! – Oh, er hätte gedrückt, Moritz, er hätte gedrückt! – Dann nahm er das Dings in den Mund wie ein Pustrohr. Das wecke den Selbsterhaltungstrieb. Und dann – brrr – die Kugel wäre mir durchs Rückgrat gegangen.

[...]

Moritz: Lebt dieser Heinrich noch?

Ilse: So Gott will, nicht! – [...]

Moritz: – Ich muss zurück, Ilse.

Ilse: Komm bis an unser Haus mit!

Moritz: – Wozu? – Wozu?–

Ilse: Kuhwarme Ziegenmilch trinken! – Ich will dir Locken brennen und dir ein Glöcklein um den Hals hängen. – Wir haben auch noch ein Hü-Pferdchen, mit dem du spielen kannst.

Moritz: Ich muss zurück. – Ich habe noch die Sassaniden[2], die Bergpredigt und das Parallelepipedon[3] auf dem Gewissen – Gute Nacht, Ilse!

1 die Redoute: Saal für Tanzveranstaltung

2 das Sassanidenreich: persisches Großreich (3.–6. Jh.)

3 das Parallelepipedon: geometrischer Körper, der von sechs Parallelogrammen begrenzt wird

Ilse: Schlummre süß! ... Geht ihr wohl noch zum Wigwam hinunter, wo Melchi Gabor meinen Tomahawk begrub? – Brrr! Bis es an euch kommt, lieg' ich im Kehricht. *(Eilt davon.)*

Moritz *(allein)*: – – – Ein Wort hätte es gekostet. – *(Er ruft.)* – Ilse! – Ilse! – – Gottlob, sie hört nicht mehr. – Ich bin in der Stimmung nicht. – Dazu bedarf es eines freien Kopfes und eines fröhlichen Herzens. – Schade, schade um die Gelegenheit!

[Am Ende der Szene erschießt sich Moritz.]

1 Erläutert, welche Bedeutung die Szene im Handlungszusammenhang hat. Nutzt hierzu die Übersicht von Seite 175.

2 a Lest den Eingangsmonolog von Moritz (▸ Z. 1–36) und gebt dabei seine Stimmung wieder.
b Lest den zweiten Teil der Szene mit verteilten Rollen (▸ Z. 37–134).
- Ilse scheint von der Welt, in der sie verkehrt, begeistert zu sein. Bringt diese Begeisterung durch eure Sprechweise zum Ausdruck.
- Will Ilse Moritz wirklich verführen oder spielt sie nur mit ihm? Lest die Passagen so, wie sie eurem Textverstehen entsprechen.

3 a Charakterisiert Moritz und Ilse jeweils in einem Satz.
b Erläutert, welche Rolle Ilse für Moritz spielt. Erklärt in diesem Zusammenhang auch die folgende Aussage von Moritz: „Ein Wort hätte es gekostet" (▸ Z. 132 f.).
c Betrachtet das Szenenfoto auf Seite 178. Begründet, ob ihr die Mimik, die Gestik sowie die Kostüme der Figuren für gelungen haltet.

4 a An welchen Textstellen lässt sich ablesen, dass Moritz Suizidabsichten hat? Tragt einzelne Passagen vor und erläutert auffällige sprachliche Mittel.
b Moritz sagt, als Ilse gegangen ist: „Gottlob, sie hört nicht mehr" (▸ Z. 130 f.). Verfasst ausgehend von dieser Äußerung einen Monolog, in dem seine Gedanken und Gefühle deutlich werden, z. B.:
Fast wäre ich ihr gefolgt. Ich weiß nicht, was ...

Eine Theaterrezension untersuchen

Frühlings Erwachen von Frank Wedekind: Coming-of-Age-Drama anno 1890?

Von Magdalena Sporkmann

Wedekind verfasste *Frühlings Erwachen* 1890 als „Eine Kindertragödie". Und wahrlich: Tragisch ist die Geschichte einiger 14-Jähriger, die gegen die Verwirrung angesichts des eigenen Körpers und Geistes in der Pubertät ankämpfen. Zwei verlieren in diesem Kampf ihr Leben: Moritz Stiefel (Lukas Rüppel) bricht unter dem Leistungsdruck der Schule zusammen und resigniert angesichts seiner ungestillten Neugierde auf die ersten sexuellen Erfahrungen: Er erschießt sich. Die Lehrerkonferenz macht seinen Klassenkameraden Melchior Gabor (Sabin Tambrea) für den Selbstmord verantwortlich, da er Moritz heimlich mittels eines selbst angefertigten Heftchens sexuell aufgeklärt und – so die Lehrer – dessen Geist verwirrte hatte. Doch Melchior verliert nicht nur den Freund, sondern auch die Freundin Wendla Bergmann (Anna

Graenzer), welche er in der heimlichen Liebesnacht auf dem Heuboden geschwängert hatte. Sie erliegt den *„Abortionsmitteln der Mutter Schmidt"*. Als Melchior die Freunde auf dem Friedhof betrauert, steigt Moritz' Leiche, den Kopf unter dem Arm, aus seinem Grab und bittet ihn um seine Gesellschaft im Jenseits. Melchior aber folgt einem maskierten Mann, dem Wedekind die Tragödie gewidmet hat: dem Leben. Die Verteilung der Sympathien ist in diesem Stück fast ausnahmslos klar: Die Jugendlichen sind die Guten, die Erwachsenen die Bösen, eine Figur ausgenommen: Melchiors Mutter (Lore Stefanek).

Freilich besitzt die Darstellung solcher Diskrepanz und Unterdrückung der Jugendlichen heute in Deutschland eine weitaus geringere Aktualität als seinerzeit. Aber eine Beklemmung, auch eine Betroffenheit löste die Geschichte allemal noch aus. Regisseur Claus Peymann tat gut daran, auf die Sprachfülle und den Wortwitz Wedekinds zu setzen, und ließ neben den tragischen Elementen auch die Komik deutlich hervortreten: Neunzehn Szenen wirkten wie Schnappschüsse aus dem Leben der Jugendlichen und nicht selten trugen diese höchst groteske Züge. Die Bilder, die Wedekind entstehen lässt, sind originell und charmant. Sie hallen in einem großartigen Bühnenbild (Achim Freyer) wider: Wände als riesige schwarzweiße Drehtüren, die wie Windräder im Frühlingswind liefen und die Jugendlichen herumwirbelten. Gegenlicht, das für Momente Bilder entwarf, die an Scherenschnitte aus dem Biedermeier erinnerten und die märchenhafte Seite der Jugend betonten. Wunderbar war auch der Einfall, die Schulmeister in Strümpfen auf die Bühne watscheln zu lassen, wo ein jeder sein Podest erklomm: Gasbetonblöcke mit aufmontierten Latschen. Die Schwerfälligkeit der starren Geister fand so bildhaften Ausdruck. Wie Klumpen aus hart gewordenen Grundsätzen und überkommenen Moralvorstellungen erschwerten ihnen die Plateaus das Gehen und buchstäblich den Fortschritt! Die Schlussszene auf dem Friedhof mutete schließlich fantastisch an: Die Wände waren umgestürzt, die Trümmer gekrönt von Grabmalen, Kreuzen: ein starkes Symbol für die kindliche Unbefangenheit und Leichtigkeit, denen durch den tragischen Verlust der Kameraden jäher Abbruch getan wurde. Peymann verleugnete weder den Moralisten in Wedekind noch den Satiriker. Die Tiefe bot die Geschichte, die Heiterkeit schuf die Inszenierung. Durch Spielfreude und (jugendlichen) Enthusiasmus rissen die Schauspieler/-innen das Publikum mit. In einer Zeit, in der jeder so lange wie möglich jugendlich bleiben möchte, die eigene Mutter zur besten Freundin geworden ist und die Pädagogik so kritisch beobachtet wird wie nie, mangelt es der Problematik des *Frühlings Erwachens* – es wurde schon angedeutet – an Aktualität. Claus Peymann beweist mit seiner Inszenierung allerdings, dass ein Stück auch dann relevant ist, wenn sein zentraler Konflikt nicht mehr aktuell ist.

1 a Was erfahrt ihr über das Stück und den Charakter der Inszenierung? Nennt einige Aspekte.
b Erläutert, wie die Autorin die Inszenierung am Berliner Ensemble bewertet.
c Stellt euch vor, ihr würdet die Inszenierung von Peymann am Berliner Ensemble besuchen. Aufgrund welcher Aussagen würdet ihr einen solchen Besuch befürworten oder ablehnen?
TIPP: Alle Fotos in diesem Kapitel stammen von der hier rezensierten Peymann-Inszenierung.

2 a Bereitet einen Theaterbesuch vor: Informiert euch im Internet über den Spielplan einer nahe gelegenen Theaterbühne. Recherchiert dann den Inhalt des Stückes.
b Vergebt verschiedene Beobachtungsaufträge: Bühne, Licht und Ton, Besetzung usw.
c Schreibt selbst eine Theaterrezension, z. B. für die Website eurer Schule.

Testet euch!

Dramenszenen verstehen

A Moritz: Ich habe den „Kleinen Meyer"[1] von A bis Z durchgenommen. Worte – nichts als Worte und Worte! Nicht eine einzige schlichte Erklärung. O dieses Schamgefühl! – Was soll mir ein Konversationslexikon, das auf die nächstliegende Lebensfrage nicht antwortet.
Melchior: Hast du schon einmal zwei Hunde über die Straße laufen sehen?

B Wendla: Warum kamst du nicht etwas früher hin, Mutter?
Frau Bergmann: Ich glaube aber beinahe, er [der Storch] hat dir auch etwas mitgebracht – eine Brosche oder was.
Wendla: Es ist wirklich schade!
Frau Bergmann: Ich sage dir ja, dass er dir eine Brosche mitgebracht hat!
Wendla: Ich habe Broschen genug ...
Frau Bergmann: Dann sei auch zufrieden, Kind. Was willst du denn noch?

C Moritz: Melchior wird mir einen Kranz auf den Sarg legen. Pastor Kahlbauch wird meine Eltern trösten. Rektor Sonnenstich wird Beispiele aus der Geschichte zitieren. – Einen Grabstein werd' ich wahrscheinlich nicht bekommen. Ich hätte mir eine schneeweiße Marmorurne auf schwarzem Syenitsockel gewünscht – ich werde sie ja gottlob nicht vermissen. Die Denkmäler sind für die Lebenden, nicht für die Toten.

1 der „Kleine Meyer": Lexikon

1 a Erläutert für alle drei Szenenausschnitte den Handlungskontext.
b Erklärt für jede Szene (A, B, C), welches zentrale Thema hier angesprochen wird.
c Ordnet der Textstelle A ein Szenenfoto zu. Begründet eure Zuordnung. Erläutert dabei auch, warum ihr das andere Szenenfoto weniger passend findet.

2 Stellt euch vor, ihr sollt ein Programmheft für das Stück „Frühlings Erwachen" von Wedekind entwerfen. Sucht euch aus den Szenenausschnitten zwei Sätze aus, die auf die Titelseite kommen sollen. Begründet eure Auswahl.

3 Vergleicht und bewertet eure Ergebnisse in Kleingruppen.

8.2 „Ich muss sterben, Mutter!" – Dramenszenen analysieren und interpretieren

Frank Wedekind

Frühlings Erwachen (3. Akt, 1. Szene)

Frühlings Erwachen, Berliner Ensemble (Regie: Claus Peymann), 2008

Konferenzzimmer. – An den Wänden die Bildnisse von Pestalozzi und J. J. Rousseau[1]*. Um einen grünen Tisch, über dem mehrere Gasflammen brennen, sitzen die Professoren Affenschmalz, Knüppeldick, Hungergurt, Knochenbruch, Zungenschlag und Fliegentod. Am oberen Ende auf erhöhtem Sessel Rektor Sonnenstich. Pedell Habebald kauert neben der Tür.*
[Melchior wird vorgeworfen, ein bebildertes Schriftstück mit sexuellem Inhalt für Moritz verfasst zu haben.]

SONNENSTICH: ... Sollte einer der Herren noch etwas zu bemerken haben? – – Meine Herren! – Wenn wir nicht umhinkönnen[2], bei einem hohen Kultusministerium die Relegation[3] unseres schuldbeladenen Schülers zu bean-

1 Pestalozzi und Rousseau: Pädagogen des 18. Jh.s, die bei der Erziehung die natürliche Entwicklung von Kindern in den Vordergrund gestellt haben

2 nicht umhinkönnen: nicht vermeiden können

3 die Relegation: Verweis (Schulverweis)

tragen, so können wir das aus den schwerwiegendsten Gründen nicht. Wir können es nicht, um das bereits hereingebrochene Unglück zu sühnen, wir können es ebenso wenig, um unsere Anstalt für die Zukunft vor ähnlichen Schlägen sicherzustellen. Wir können es nicht, um unsern schuldbeladenen Schüler für den demoralisierenden Einfluss, den er auf seinen Klassengenossen ausgeübt, zu züchtigen; wir können es zuallerletzt, um ihn zu verhindern, den nämlichen Einfluss auf seine übrigen Klassengenossen auszuüben. Wir können es – und der, meine Herren, möchte der schwerwiegendste sein – aus dem jeden Einwand niederschlagenden Grunde nicht, weil wir unsere Anstalt vor den Verheerungen einer Selbstmordepidemie zu schützen haben, wie sie bereits an verschiedenen Gymnasien zum Ausbruch gelangt und bis heute allen Mitteln, den Gymnasiasten an seine durch seine Heranbildung zum Gebildeten gebildeten Existenzbedingungen zu fesseln, gespottet hat. Sollte einer der Herren noch etwas zu bemerken haben?

Knüppeldick: Ich kann mich nicht länger der Überzeugung verschließen, dass es endlich an der Zeit wäre, irgendwo ein Fenster zu öffnen.

Zungenschlag: Es he-herrscht hier eine A-A-Atmosphäre wie in unterirdischen Kata-Katakomben, wie in den A-Aktensälen des weiland Wetzlarer Ka-Ka-Ka-Ka-Kammergerichtes.

Sonnenstich: Habebald!

Habebald: Befehlen, Herr Rektor!

Sonnenstich: Öffnen Sie ein Fenster! Wir haben Gott sei Dank Atmosphäre genug draußen. – Sollte einer der Herren noch etwas zu bemerken haben?

Fliegentod: Wenn meine Herren Kollegen ein Fenster öffnen lassen wollen, so habe ich meinerseits nichts dagegen einzuwenden. Nur möchte ich bitten, das Fenster nicht gerade hinter meinem Rücken öffnen lassen zu wollen!

Sonnenstich: Habebald!

Habebald: Befehlen, Herr Rektor!

[...]

(Habebald öffnet die Türe, worauf Melchior, bleich, aber gefasst, vor die Versammlung tritt.)

Sonnenstich: Treten Sie näher an den Tisch heran! – Nachdem Herr Rentier Stiefel von dem ruchlosen Frevel seines Sohnes Kenntnis erhalten, durchsuchte der fassungslose Vater, in der Hoffnung, auf diesem Wege möglicherweise dem Anlass der verabscheuungswürdigen Untat auf die Spur zu kommen, die hinterlassenen Effekten seines Sohnes Moritz und stieß dabei an einem nicht zur Sache gehörigen Orte auf ein Schriftstück, welches uns, ohne noch die verabscheuungswürdige Untat an sich verständlich zu machen, für die dabei maßgebend gewesene moralische Zerrüttung des Untäters eine leider nur allzu ausreichende Erklärung liefert. Es handelt sich um eine in Gesprächsform abgefasste, „Der Beischlaf" betitelte, mit lebensgroßen Abbildungen versehene, von den schamlosesten Unflätereien strotzende, zwanzig Seiten lange Abhandlung, die den geschraubtesten Anforderungen, die ein verworfener Lüstling an eine unzüchtige Lektüre zu stellen vermöchte, entsprechen dürfte. –

Melchior: Ich habe ...

[...]

Sonnenstich: Sie haben sich ruhig zu verhalten! – Ungeachtet der erdrückenden Tatsache der von Seiten unantastbarer Autoritäten anerkannten Ähnlichkeit glauben wir uns vorderhand noch jeder weiteren Maßnahmen enthalten zu dürfen, um in erster Linie den Schuldigen über das ihm demgemäß zur Last fallende Vergehen wider die Sittlichkeit in Verbindung mit daraus resultierender Veranlassung zur Selbstentleibung[4] ausführlich zu vernehmen.

Melchior: Ich habe ...

Sonnenstich: Sie haben die genau präzisierten Fragen, die ich Ihnen der Reihe nach vorlege, eine um die andere, mit einem schlichten und bescheidenen „Ja" oder „Nein" zu beantworten. Habebald!

Habebald: Befehlen, Herr Rektor!

Sonnenstich: Die Akten! – – Ich ersuche unseren Schriftführer, Herrn Kollega Fliegentod,

4 die Selbstentleibung: Suizid (gemeint ist Moritz' Suizid)

von nun an möglichst wortgetreu zu protokollieren. – *(zu Melchior)* Kennen Sie dieses Schriftstück?

Melchior: Ja.

Sonnenstich: Wissen Sie, was dieses Schriftstück enthält?

Melchior: Ja.

Sonnenstich: Ist die Schrift dieses Schriftstücks die Ihrige?

Melchior: Ja.

Sonnenstich: Verdankt dieses unflätige Schriftstück Ihnen seine Abfassung?

Melchior: Ja. – Ich ersuche Sie, Herr Rektor, mir *eine* Unflätigkeit darin nachzuweisen.

Sonnenstich: Sie haben die genau präzisierten Fragen, die ich Ihnen vorlege, mit einem schlichten und bescheidenen „Ja" oder „Nein" zu beantworten!

Melchior: Ich habe nicht mehr und nicht weniger geschrieben, als was eine Ihnen sehr wohl bekannte Tatsache ist!

Sonnenstich: Dieser Schandbube!!

Melchior: Ich ersuche Sie, mir einen Verstoß gegen die Sittlichkeit in der Schrift zu zeigen!

Sonnenstich: Bilden Sie sich ein, ich hätte Lust, zu Ihrem Hanswurst an Ihnen zu werden?! – Habebald ...

Melchior: Ich habe ...

Sonnenstich: Sie haben so wenig Ehrerbietung vor der Würde Ihrer versammelten Lehrerschaft, wie Sie Anstandsgefühl für das dem Menschen eingewurzelte Empfinden für die Diskretion der Verschämtheit einer sittlichen Weltordnung haben! – Habebald!!

Habebald: Befehlen, Herr Rektor!

Sonnenstich: Es ist ja der Langenscheidt zur dreistündigen Erlernung des agglutinierenden Volapük[5]!

Melchior: Ich habe ...

Sonnenstich: Ich ersuche unseren Schriftführer, Herrn Kollega Fliegentod, das Protokoll zu schließen!

Melchior: Ich habe ...

Sonnenstich: Sie haben sich ruhig zu verhalten!! – Habebald!

Habebald: Befehlen, Herr Rektor!

Sonnenstich: Führen Sie ihn hinunter!

5 agglutinierendes Volapük: nicht mehr gebräuchliche Kunstsprache

1 a Lest die Szene zunächst still durch. Tragt sie dann mit verteilten Rollen vor. Probiert aus, welche Sprechweise, Gestik und Mimik am besten zu den jeweiligen Figuren passen.

b Besprecht, wie diese Szene wirkt. Gibt es Passagen, die ihr komisch findet? Warum?

c Formuliert, worum es in dieser Szene geht, z. B.: *In der Lehrerkonferenz geht es um ... Melchior wird vorgeworfen, ... versucht, sich zu rechtfertigen ... Am Ende der Szene ...*

2 a Analysiert die Figuren, ihr Verhalten und ihre Sprache (► S. 188). Beantwortet hierzu auch die folgenden Fragen:
- Wer leitet das Gespräch? Was wird durch die Verteilung der Redeanteile betont?
- Inwiefern entlarven die Sprache und die Sprechweise den Charakter der Figuren?
- Wie stehen die Figuren zueinander (Figurenkonstellation)?
- Welche satirischen Stilmittel (z. B. extreme Übertreibung, Ironie, Spott) findet ihr? Welche Funktion haben in diesem Zusammenhang die Namen der Figuren?

b Erläutert die Bedeutung diese Szene. Was soll hier mit Mitteln der Satire kritisiert werden? *In dieser Szene wird mit satirischen Mitteln ... Lächerlich wirken ...*

Die **Satire** übt durch Übertreibung, Ironie und beißenden Spott Kritik an Personen oder gesellschaftlichen Zuständen.

3 Fasst die Ergebnisse eurer Szenenanalyse schriftlich zusammen. Belegt interpretierende Aussagen mit Zitaten (► Zitieren, S. 362).

Fordern und fördern – Eine Dramenszene interpretieren

Frank Wedekind

Frühlings Erwachen (3. Akt, 5. Szene)

Ein Schlafgemach. – Frau Bergmann, Ina Müller (Wendlas Schwester) und Medizinalrat Dr. v. Brausepulver. – Wendla im Bett.

Wendla: Was hat er noch gesagt, Mutter, als er draußen war?

Frau Bergmann: Er hat nichts gesagt. – Er sagte, Fräulein von Witzleben habe auch zu Ohnmachten geneigt. Es sei das fast immer so bei der Bleichsucht.

Wendla: Hat er gesagt, Mutter, dass ich die Bleichsucht habe?

Frau Bergmann: Du sollest Milch trinken und Fleisch und Gemüse essen, wenn der Appetit zurückgekehrt sei.

Wendla: O Mutter, Mutter, ich glaube, ich habe nicht die Bleichsucht ...

Frau Bergmann: Du hast die Bleichsucht, Kind. Sei ruhig, Wendla, sei ruhig; du hast die Bleichsucht.

Wendla: Nein, Mutter, nein! Ich weiß es. Ich fühl' es. Ich habe nicht die Bleichsucht. Ich habe die Wassersucht ...

Frau Bergmann: Du hast die Bleichsucht. Er hat es ja gesagt, dass du die Bleichsucht hast. Beruhige dich, Mädchen. Es wird besser werden.

Wendla: Es wird nicht besser werden. Ich habe die Wassersucht. Ich muss sterben, Mutter. – O Mutter, ich muss sterben!

Frau Bergmann: Du musst nicht sterben, Kind! Du musst nicht sterben ... Barmherziger Himmel, du musst nicht sterben!

Wendla: Aber warum weinst du dann so jammervoll?

Frau Bergmann: Du musst nicht sterben – Kind! Du hast nicht die Wassersucht. Du hast ein Kind, Mädchen! Du hast ein Kind! – Oh, warum hast du mir das getan!

Wendla: Ich habe dir nichts getan –

Frau Bergmann: O leugne nicht noch, Wendla! – Ich weiß alles. Sieh, ich hätt' es nicht vermocht, dir ein Wort zu sagen. – Wendla, meine Wendla ...!

Wendla: Aber das ist ja nicht möglich, Mutter. Ich bin ja doch nicht verheiratet ...!

Frau Bergmann: Großer, gewaltiger Gott –, das ist's ja, dass du nicht verheiratet bist! Das ist ja das Fürchterliche! – Wendla, Wendla, Wendla, was hast du getan!!

Wendla: Ich weiß es, weiß Gott, nicht mehr! Wir lagen im Heu ... Ich habe keinen Menschen auf dieser Welt geliebt als nur dich, dich, Mutter.

Frau Bergmann: Mein Herzblatt –

Wendla: O Mutter, warum hast du mir nicht alles gesagt!

Frau Bergmann: Kind, Kind, lass uns einander das Herz nicht noch schwerer machen! Fasse dich! Verzweifle mir nicht, mein Kind! Einem vierzehnjährigen Mädchen das sagen! Sieh, ich wäre eher darauf gefasst gewesen, dass die Sonne erlischt. Ich habe an dir nicht anders getan, als meine liebe gute Mutter an mir getan hat. – O lass uns auf den lieben Gott vertrauen, Wendla; lass uns auf Barmherzigkeit hoffen und das Unsrige tun! Sieh, noch ist ja nichts geschehen, Kind. Und wenn nur wir jetzt nicht kleinmütig werden, dann wird uns auch der liebe Gott nicht verlassen. – Sei mutig, Wendla, sei mutig! – – So sitzt man einmal am Fenster und legt die Hände in den Schoß, weil sich doch noch alles zum Guten gewandt, und da bricht's dann herein, dass einem gleich das Herz bersten möchte ... Wa – was zitterst du?

WENDLA: Es hat jemand geklopft.

FRAU BERGMANN: Ich habe nichts gehört, liebes Herz. – *(Geht an die Tür und öffnet.)*

1 a Lest die Szene still durch und formuliert eure ersten Leseeindrücke, z. B.:
- *Diese Szene zeigt ...* – *Mir fällt besonders auf, ...* – *Es entsteht der Eindruck, dass ...*

b Belegt anhand ausgewählter Textstellen, wodurch eure Eindrücke entstanden sind.

2 Notiert knapp, worum es in der Szene geht. Ordnet dabei die Szene in den Handlungszusammenhang ein (▸ S. 175), z. B.: *Wendla erfährt in dieser Szene, dass ...*

●●● **3** Analysiert die Szene (Inhalt, Figuren, Gesprächsverhalten). Geht so vor:

a Notiert, was ihr über die beiden Figuren (Wendla, Frau Bergmann) bereits wisst.

b Analysiert und interpretiert die folgenden Zitate aus der Szene (▸ Methodenkasten, S. 188):

A **FRAU BERGMANN:** Du hast ein Kind! – Oh, warum hast du mir das getan!
WENDLA: Ich habe dir nichts getan – (▸ Z. 34–36)

B **WENDLA:** Aber das ist ja nicht möglich, Mutter. Ich bin ja doch nicht verheiratet ...!
FRAU BERGMANN: Großer, gewaltiger Gott –, das ist's ja, dass du nicht verheiratet bist! Das ist ja das Fürchterliche! (▸ Z. 41–45)

C **WENDLA:** O Mutter, warum hast du mir nicht alles gesagt!
FRAU BERGMANN: [...] Einem vierzehnjährigen Mädchen das sagen! Sieh, ich wäre eher darauf gefasst gewesen, dass die Sonne erlischt! Ich habe an dir nicht anders getan, als meine liebe gute Mutter an mir getan hat – O lass uns auf den lieben Gott vertrauen, Wendla; lass uns auf Barmherzigkeit hoffen und das Unsrige tun! (▸ Z. 52–63)

c Analysiert nun die gesamte Szene und notiert eure Ergebnisse. Bewertet die Bedeutung der Szene für die Gesamtaussage des Dramas. Geht auf folgende Aspekte ein:
Erziehung / Moralvorstellung der Gesellschaft – Tradition der Mutter – Tragik Wendlas.

▷ Hilfen zu dieser Aufgabe, S. 188

4 Verfasst auf Grundlage eurer Analyseergebnisse eine Interpretation der Dramenszene:

a Formuliert eine Einleitung, in der ihr über den Autor, den Titel des Dramas und das Thema der vorliegenden Szene informiert, z. B.: *In der vorliegenden Szene aus dem Drama ... von ...*

b Stellt im Hauptteil die Ergebnisse eurer Szenenanalyse dar. Belegt eure Aussagen (▸ S. 362).

c Schreibt einen Schluss, in dem ihr z. B. das Verhalten der Mutter bewertet, ein Fazit zieht, z. B.:
Die Szene macht deutlich, ... / Auf tragische Weise wird deutlich, ...

Aufgabe 3 mit Hilfen

Analysiert die Szene (Inhalt, Figuren, Gesprächsverhalten). Geht so vor:

a Notiert, was ihr über die beiden Figuren (Wendla, Frau Bergmann) bereits wisst.
  - *Wendla: 14 Jahre alt, kommt in die Pubertät, will von ihrer Mutter aufgeklärt werden. Die Mutter aber …*

b Analysiert und interpretiert die Zitate A, B und C auf der Seite 187. Nehmt den Methodenkasten unten zu Hilfe, z..B.:
  A: *Frau Bergmann ringt sich endlich durch, ihrer Tochter zu gestehen, dass Wendlas Schwangerschaft der Grund für ihr Unwohlsein ist. Gleichzeitig wirft sie ihrer Tochter vor …*
  Wendlas Reaktion „Ich habe dir nichts getan!" (Z. 36) zeigt, dass sie nicht weiß …
  B: *Weil Wendla von ihrer Mutter nicht aufgeklärt, sondern belogen wurde (es braucht eine Ehe für ein Kind), kann Wendla nicht glauben, …*
  C: *Wendla wirft ihrer Mutter vor, sie nicht …*

c Analysiert nun die gesamte Szene und notiert eure Ergebnisse. Bewertet die Bedeutung der Szene für die Gesamtaussage des Dramas. Geht auf folgende Aspekte ein:
  Erziehung / Moralvorstellung der Gesellschaft – Tradition der Mutter – Tragik Wendlas.
  Aufgrund ihrer schamhaften Moralvorstellungen verzichtet Frau Bergmann darauf, ihre Tochter … Das hat zur Folge, dass Wendla …

Methode **Eine Dramenszene analysieren**

1 Stellung der Szene im Handlungsverlauf / Inhalt und Thema der Szene
- Wo steht die Szene im Handlungsverlauf? Was ist ihr vorausgegangen, was folgt ihr?
- Worum geht es in der Szene? Welche Figuren treten auf?

2 Figuren, Sprache, Gesprächssituation
- In welcher **Beziehung** stehen die Figuren zueinander (persönlich, sozial; über- oder untergeordnet usw.)?
- Gibt es einen besonderen **Gesprächsanlass?** Handelt es sich um ein besonderes Gespräch (Verhör, Geständnis, Streitgespräch usw.)?
- Gibt es jemanden, der das **Gespräch leitet?** Wer ist initiativ, wer reagiert? Kommen die **Figuren gleichberechtigt** zu Wort (Verteilung der Redeanteile)? Gehen sie aufeinander ein oder fallen sie sich ins Wort?
- Welche **Absichten** haben die Figuren? Wie **verhalten** sie sich?
- Gibt es versteckte bzw. **indirekte Botschaften,** Vertuschungsversuche, **Andeutungen,** Widersprüche usw.? Welche **Gedanken und Gefühle** werden deutlich? Welche **nonverbalen Mittel** (Gestik, Mimik, Sprechweise) finden sich in den Regieanweisungen?
- Wie ist die **Sprache der einzelnen Figuren** (pathetisch, aggressiv, sachlich)? Welche **sprachlichen Mittel** sind mit welcher Absicht eingesetzt (z. B. rhetorische Fragen, Wiederholungen, Übertreibungen, Auslassungen, Vergleiche, Metaphern)?

3 Intention/Wirkung, Zeitbezug
- Welche Intention hat die Szene? Will sie bestimmte Umstände oder Personen kritisieren oder der Lächerlichkeit preisgeben? Wird ein Problem verdeutlicht? Ist eine besondere Wirkung der Szene auf das Publikum zu erkennen (z. B. Mitgefühl mit einer Figur)? Spielt der historische Kontext (Zeitbezug) eine Rolle?

8.3 Fit in ... – Eine Dramenszene analysieren

Die Aufgabenstellung richtig verstehen

Stellt euch vor, ihr sollt in der nächsten Klassenarbeit folgende Aufgabe bearbeiten:

Verfasse eine Dramenanalyse, indem du die folgende Szene aus dem Drama „Frühlings Erwachen" von Frank Wedekind interpretierst. Gehe so vor:

a Analysiere die Szene (Inhalt, Figuren, Gesprächsverhalten). Untersuche besonders den inneren Konflikt Melchiors und deute die Rolle des „vermummten Herrn".

b Schreibe dann auf Grundlage deiner Analyseergebnisse eine Interpretation der Dramenszene mit Einleitung, Hauptteil und Schluss.

Frank Wedekind

Frühlings Erwachen (3. Akt, 7. Szene)

Auf der Flucht aus der Erziehungsanstalt gelangt Melchior nachts auf den Friedhof. Als er Wendlas Grab sieht, befallen ihn Schuldgefühle und Selbstmordgedanken. Plötzlich erscheint ihm der tote Moritz, der seinen eigenen Kopf unter dem Arm trägt.

MELCHIOR: – Könnt ihr vergessen?

MORITZ: Wir können alles. Gib mir die Hand! [...]
Wir beobachten Verliebte und sehen sie voreinander erröten, ahnend, dass sie betrogene Betrüger sind. Eltern sehen wir Kinder in die Welt setzen, um ihnen zurufen zu können: Wie glücklich ihr seid, solche Eltern zu haben! – und sehen die Kinder hingehn und desgleichen tun. [...] Gott und den Teufel sehen wir sich voreinander blamieren und hegen in uns das durch nichts zu erschütternde Bewusstsein, dass beide betrunken sind ... Eine Ruhe, eine Zufriedenheit, Melchior –! Du brauchst mir nur den kleinen Finger zu reichen. – Schneeweiß kannst du werden, eh sich dir der Augenblick wieder so günstig zeigt!

Frühlings Erwachen, Berliner Ensemble, 2008

Melchior: Wenn ich einschlage, Moritz, so geschieht es aus Selbstverachtung. – Ich sehe mich geächtet. Was mir Mut verlieh, liegt im Grabe. Edler Regungen vermag ich mich nicht mehr für würdig zu halten – und erblicke nichts, nichts, das sich mir auf meinem Niedergang noch entgegenstellen sollte. – Ich bin mir die verabscheuungswürdigste Kreatur des Weltalls ...

Moritz: Was zauderst du ...?

(Ein vermummter Herr tritt auf.)

Der vermummte Herr *(zu Melchior)*: Du bebst ja vor Hunger. Du bist gar nicht befähigt zu urteilen. – *(zu Moritz)* Gehen Sie.

Moritz: Wer sind Sie?

Der vermummte Herr: Das wird sich weisen. – *(zu Moritz)* Verschwinden Sie! – Was haben Sie hier zu tun! – Warum haben Sie denn den Kopf nicht auf?

Moritz: Ich habe mich erschossen.

Der vermummte Herr: Dann bleiben Sie doch, wo Sie hingehören. Dann sind Sie ja vorbei. Belästigen Sie uns hier nicht mit Ihrem Grabgestank. Unbegreiflich – sehen Sie doch nur Ihre Finger an. Pfui Teufel noch mal! Das zerbröckelt schon.

Moritz: Schicken Sie mich bitte nicht fort ...

Melchior: Wer sind Sie, mein Herr??

Moritz: Schicken Sie mich nicht fort! Ich bitte Sie. Lassen Sie mich hier noch ein Weilchen teilnehmen; ich will Ihnen in nichts entgegen sein. – – Es ist unten so schaurig.

Der vermummte Herr: Warum prahlen Sie denn dann mit *Erhabenheit?!* – Sie wissen doch, dass das Humbug[1] ist – saure Trauben! Warum *lügen* Sie geflissentlich, Sie – Hirngespinst! – – Wenn Ihnen eine so schätzenswerte Wohltat damit geschieht, so bleiben Sie meinetwegen. Aber hüten Sie sich vor Windbeuteleien[2], lieber Freund – und lassen Sie mir bitte Ihre Leichenhand aus dem Spiel.

Melchior: Sagen Sie mir endlich, wer Sie sind, oder nicht?!

Der vermummte Herr: Nein. – Ich mache dir den Vorschlag, dich mir anzuvertrauen. Ich würde fürs Erste für dein Fortkommen sorgen. [...]

Ich führe dich unter Menschen. Ich gebe dir Gelegenheit, deinen Horizont in der fabelhaftesten Weise zu erweitern. Ich mache dich ausnahmslos mit allem bekannt, was die Welt Interessantes bietet.

Melchior: Wer sind Sie? Wer sind Sie? – Ich kann mich einem Menschen nicht anvertrauen, den ich nicht kenne.

Der vermummte Herr: Du lernst mich nicht kennen, ohne dich mir anzuvertrauen.

Melchior: Glauben Sie?

Der vermummte Herr: Tatsache! – Übrigens bleibt dir ja keine Wahl.

Melchior: Ich kann jeden Moment meinem Freunde hier die Hand reichen.

[...]

Der vermummte Herr: – Nun?!

Moritz: Er hat Recht, Melchior. Ich habe bramarbasiert[3]. Lass dich von ihm traktieren[4] und nütz ihn aus. Mag er noch so vermummt sein – er ist es wenigstens!

Melchior: Glauben Sie an Gott?

Der vermummte Herr: Je nach Umständen.

Melchior: Wollen Sie mir sagen, wer das Pulver erfunden hat?

Der vermummte Herr: Berthold Schwarz – alias Konstantin Anklitzen – um 1330 Franziskanermönch zu Freiburg im Breisgau.

1 der Humbug (umgangssprachlich, abwertend): Blödsinn, Schwindel

2 die Windbeuteleien: verantwortungsloses Handeln

3 bramarbasieren: prahlen

4 traktieren, hier: behandeln

Moritz: Was gäbe ich darum, wenn er es hätte bleiben lassen!

Der vermummte Herr: Sie würden sich eben erhängt haben!

Melchior: Wie denken Sie über Moral?

Der vermummte Herr: Kerl – bin ich dein Schulknabe?!

Melchior: Weiß ich, was Sie sind!!

Moritz: Streitet nicht! – Bitte, streitet nicht. Was kommt dabei heraus! – Wozu sitzen wir, zwei Lebendige und ein Toter, nachts um zwei Uhr hier auf dem Kirchhof beisammen, wenn wir streiten wollen wie Saufbrüder! – Es soll mir ein Vergnügen sein, der Verhandlung mit beiwohnen zu dürfen. – Wenn ihr streiten wollt, nehme ich meinen Kopf unter den Arm und gehe.

Melchior: Du bist immer noch derselbe Angstmeier!

Der vermummte Herr: Das Gespenst hat nicht Unrecht. Man soll seine Würde nicht außer Acht lassen. – Unter Moral verstehe ich das reelle Produkt zweier imaginärer[5] Größen. Die imaginären Größen sind *Sollen* und *Wollen*. Das Produkt heißt Moral und lässt sich in seiner Realität nicht leugnen.

Moritz: Hätten Sie mir das doch vorher gesagt! – Meine Moral hat mich in den Tod gejagt. Um meiner lieben Eltern willen griff ich zum Mordgewehr. „Ehre Vater und Mutter, auf dass du lange lebest.“[6] An mir hat sich die Schrift[7] phänomenal blamiert.

[...]

Melchior: Leb wohl, lieber Moritz. Wo dieser Mensch mich hinführt, weiß ich nicht. Aber er ist ein Mensch ...

5 imaginär: nur in der Vorstellung vorhanden, nicht real
6 Ehre Vater ...: das vierte Gebot
7 die Schrift: die Bibel

1 a Lest die Aufgabenstellung auf Seite 189 gründlich durch.
b Klärt im Team, was zur Analyse der Szene gehört und wie ihr dabei vorgehen könnt.

Die Dramenszene untersuchen und eine Stoffsammlung anlegen

2 Lest die Szene (▶ S. 189 ff.) zweimal durch.
Beantwortet euch gegenseitig folgende Fragen:

- Wie und warum sind Moritz und Wendla gestorben?
- Warum wurde Melchior in eine Erziehungsanstalt eingewiesen?
- Warum fühlt sich Melchior beim Anblick von Wendlas Grab schuldig?
- Warum will sich Melchior das Leben nehmen? Welche Rolle spielen dabei die tote Wendla und sein verstorbener Freund Moritz?
- Diskutiert: Handelt es sich bei dem „vermummten Herrn“ um
  a) eine Imagination Melchiors,
  b) um eine reale Figur oder
  c) eine symbolische Verkörperung des Lebens?
- Womit endet die Szene? Was bedeuten in diesem Zusammenhang die Worte Melchiors: „Aber er [der vermummte Herr] ist ein Mensch ...“ (▶ Z. 136)?

3 Analysiert die Szene (Inhalt, Figuren, Gesprächsverhalten). Geht so vor:

a Beschreibt den Konflikt Melchiors und erläutert, welche Rolle der „vermummte Herr“ bei der Lösung dieses Konflikts hat. Führt hierzu die Interpretationsansätze der Zitate fort.

Zitate	Interpretation (Deutung)
MELCHIOR: Wenn ich einschlage, Moritz, so geschieht es aus Selbstverachtung. – Ich sehe mich geächtet. Was mir Mut verlieh, liegt im Grabe. Edler Regungen vermag ich mich nicht mehr für würdig zu halten – und erblicke nichts, nichts, das sich mir auf meinem Niedergang noch entgegenstellen sollte. – Ich bin mir die verabscheuungswürdigste Kreatur des Weltalls ... (▸ Z. 20–28)	*Melchior fühlt sich am Tod Wendlas schuldig, denn er hat ... Zu Unrecht fühlt er sich „geächtet“, also ausgestoßen und bestraft durch die Einweisung in eine Erziehungsanstalt. Er ist ohne Lebensmut ...*
DER VERMUMMTE HERR: Belästigen Sie uns hier nicht mit Ihrem Grabgestank. (▸ Z. 42–43) DER VERMUMMTE HERR: Warum *lügen* Sie geflissentlich, Sie – Hirngespinst! (▸ Z. 57–58)	*Der „vermummte Herr“ weist Moritz scharf zurück. Jm Gegensatz zu Moritz steht er für ... Er entlarvt ...*
DER VERMUMMTE HERR: Ich führe dich unter Menschen. Ich gebe dir Gelegenheit, deinen Horizont in der fabelhaftesten Weise zu erweitern. Ich mache dich ausnahmslos mit allem bekannt, was die Welt Interessantes bietet. (▸ Z. 70–74)	*Als Gegenspieler zu Moritz, der Melchior ... , preist er die Vorzüge ...*
DER VERMUMMTE HERR: Du lernst mich nicht kennen, ohne dich mir anzuvertrauen. (▸ Z. 78–80)	*Der „vermummte Herr“ macht Melchior klar, dass man sich auf das Leben ...*

b Analysiert nun weitere Textpassagen der Szene in ähnlicher Weise.

Den Text schreiben und überarbeiten

4 a Formuliert eine Einleitung, z. B.: *Jn der Szene aus dem 3. Akt des Dramas ...*

b Schreibt den Hauptteil, indem ihr die Szene in den Handlungszusammenhang einordnet, den Inhalt knapp wiedergebt und die Ergebnisse eurer Szenenanalyse darlegt, z. B.:
Bei der vorliegenden Szene handelt es sich um die Schlussszene ... Jn ihr ...

c Verfasst zum Schluss ein kurzes Fazit, in dem ihr die Bedeutung der Szene zusammenfasst, z. B.:
Jn der Schlussszene spricht Wedekind die Hoffnung aus, dass junge Menschen trotz der ...

d Überarbeitet eure Texte mit Hilfe der folgenden Checkliste.

Checkliste

Eine Dramenszene analysieren

- Ist die **Einleitung** vollständig (Titel des Textes, Name Autor/Autorin, Thema der Szene)?
- Habt ihr im **Hauptteil** den **Inhalt der Szene** knapp wiedergegeben und diese ggf. in den Handlungszusammenhang eingeordnet (z. B. Vorgeschichte, mögliche Konsequenzen)?
- Habt ihr eure **Analyseergebnisse** dargelegt, gedeutet und mit Zitaten belegt?
- Habt ihr zum **Schluss** z. B. ein Fazit gezogen oder die Bedeutung der Szene erläutert?

TIPP: Oft gibt die Aufgabenstellung zur Dramenanalyse einen Analyseschwerpunkt vor.

9 Forschung und Fortschritt – Sachtexte analysieren

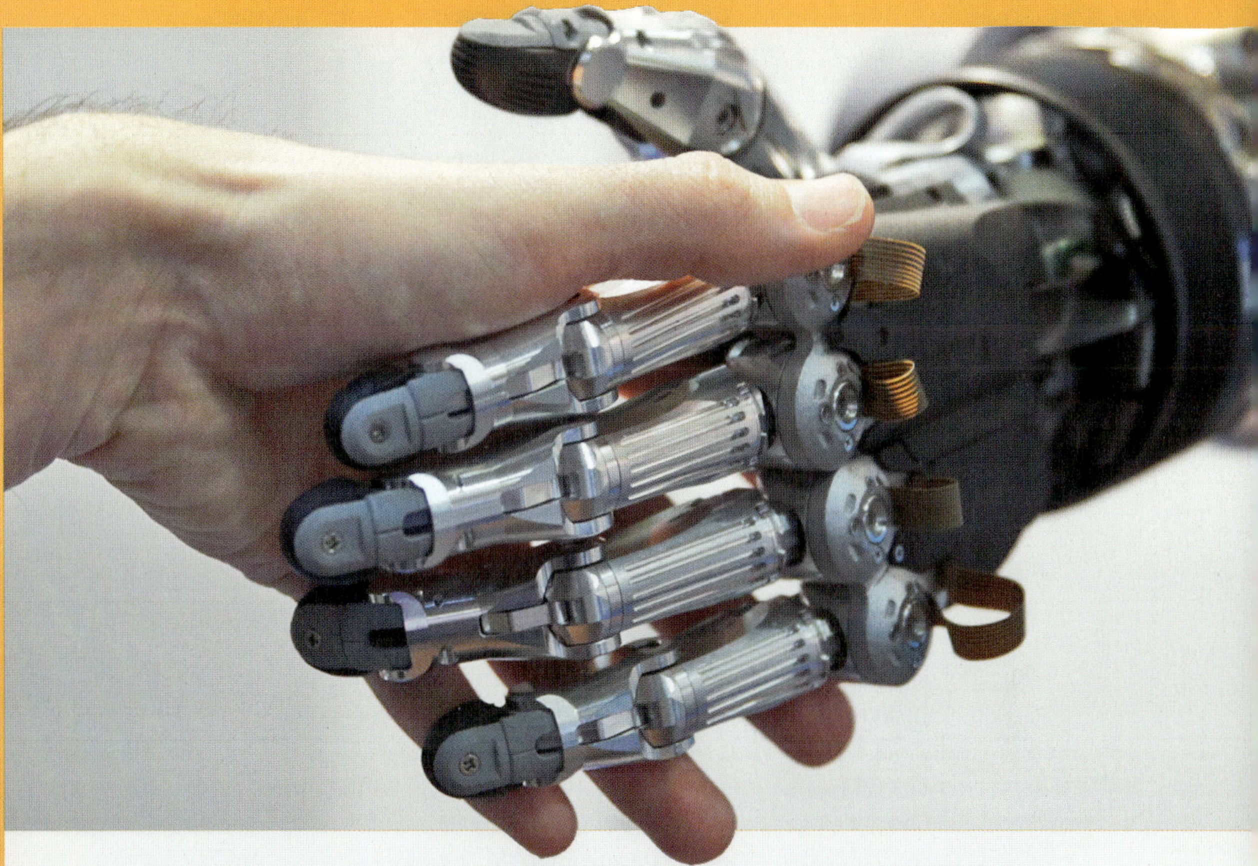

1 Äußert euch spontan: Was verbindet ihr mit dem Begriff „Roboter“? Macht euch auch bewusst, wodurch eure Vorstellungen geprägt sind, z. B. durch Filme, Computerspiele usw.

2 a Tragt zusammen, in welchen Bereichen Roboter heute eingesetzt werden.
b Die Begriffe „Roboter“, „Humanoide (Roboter)“ und „künstliche Intelligenz“ gehören in gewisser Weise zusammen, sind aber nicht synonym. Versucht eine Abgrenzung der Begriffe.

3 Was erwartet ihr von Sachtexten zum Thema „Roboter“? Was würdet ihr von Science-Fiction-Texten erwarten? Begründet mit Beispielen.

In diesem Kapitel ...

- lest ihr informierende und meinungsbildende Sachtexte zum Thema „Roboter“ bzw. „Robotik“,
- analysiert ihr Inhalt, Aufbau und sprachliche Gestaltungsmittel von Sachtexten,
- untersucht und nutzt ihr Grafiken, Diagramme und Schaubilder.

9.1 Der künstliche Mensch – Information und Meinung unterscheiden

Informationen grafisch visualisieren

Neue Jobs für Roboter

Von Niels Boeing

Sie kennen keine Arbeitszeiten, keine Manager-Boni, keinen Stress. Sie sind schlau, belastbar und flexibel. Noch sind sie in Ausbildung, aber bald liegen ihre Bewerbungen auf unseren Tischen.

Kennen Sie die Band „Compressorhead"? Die machte vor einem Jahr mit einem Internetvideo von sich reden. Souverän prügelte sie den Hardrock-Klassiker *Ace of Spades* von Motörhead runter. Vor allem der Schlagzeuger war beeindruckend – mit seinen vier Armen. Der Schlagzeuger ist ein Roboter, wie seine beiden Bandkollegen auch. Nun mag das Musizieren von Compressorhead noch etwas stumpf anmuten. Der ebenfalls vierarmige, Marimba[1] spielende Roboter „Shimon", erschaffen am Georgia Institute of Technology von dem Robotiker und Musiker Gil Weinberg, kann schon auf menschliche Musiker eingehen und improvisieren. So gut, dass Zuhörer in einem Test glaubten, sie hörten einem menschlichen Marimba-Spieler zu.

Shimon ist nur ein Beispiel für eine Entwicklung, die in den nächsten Jahren auf uns zukommt: Roboter übernehmen Tätigkeiten, die bisher als typisch menschlich galten, als zu anspruchsvoll für Maschinen. Musiker müssen die Konkurrenz vielleicht noch nicht fürchten, der Rest darf sich aber durchaus Sorgen machen.

„Die meisten Arbeitnehmer in Transport- und Logistikberufen, dazu ein Großteil der Büroangestellten sowie die Arbeit in Produktionsberufen stehen auf dem Spiel", schreiben Carl

Der humanoide Roboter „Asimo" kann menschenähnliche Bewegungen ausführen.

Benedikt Frey und Michael Osborne von der Oxford University in einer aktuellen Studie. In der haben sie untersucht, wie die Aussichten für gut 700 Berufe in der „zweiten Welle der Computerisierung" sind, die durch ausgeklügelte Software und neue Roboter geprägt sein wird. Die Aussichten sind durchwachsen, um es einmal vorsichtig zu formulieren.

Anwälte, Ärzte und Köche sollten Roboter fürchten

Chirurgen? Operationsroboter entfernen präzise die Bauchspeicheldrüse. Anwälte? Software analysiert mit Big-Data-Verfahren in Windeseile Tausende von Verträgen. Babysitter? Spielroboter begeistern die Kleinen. Wartungstechniker? Kletternde Roboter inspizieren Windräder. Controller? Software überprüft unbestechlich Haus-

1 die Marimba: Musikinstrument mit Holzklangstäben, dem Xylophon ähnlich

haltsposten und Ausgaben. Pflegekräfte, Sportreporter, Versicherungsmakler, Köche: Zu fast jedem Job basteln Forscher an einer Roboter- oder Softwarelösung. Sogar über Roboter als Tanzlehrer wird bereits nachgedacht. Es kann einem schwindlig werden.

Die neuen Roboter sind ihren industriellen Kollegen aus den Fabriken haushoch überlegen: Sie können sich vielseitig bewegen, die Welt wahrnehmen, auf Menschen eingehen. Ein Vertreter dieser neuen Generation ist „Baxter", die jüngste Schöpfung der Robotik-Koryphäe[2] Rodney Brooks, Professor am Massachusetts Institute of Technology (MIT) und Gründer von Rethink Robotics. Der Name der Firma ist Programm: In den vergangenen 20 Jahren haben Forscher wie Brooks neue Ideen entwickelt, mit denen sie die Roboter ihren so gewandten Vorbildern aus der Science-Fiction annähern.

Eine dieser Ideen betrifft das Lernen. Baxter muss nicht mehr von Ingenieuren programmiert werden, um einen Gegenstand aus einer Kiste zu nehmen und woanders abzusetzen. Der Nutzer ergreift einfach einen der beiden Arme des Roboters und macht ihm die Bewegung vor. Die Software merkt sich diesen Ablauf und kann ihn später sogar variieren.

Damit Baxter Vertrauen einflößt, sitzt auf seinem Torso statt eines Blechkopfs ein Display. Auf dem folgen zwei weit aufgerissene Kinderaugen im Stile einer Comicfigur seinen Bewegungen, der Nutzer sieht sofort, worauf der Roboter seine Aufmerksamkeit gerichtet hat – nicht anders als bei einem Menschen.

Kindchenschema und Knopfaugen für den Menschen

Es sind gerade auch solche psychologischen Kniffe, die Robotiker inzwischen gekonnt einzusetzen wissen. Kindchenschema und Tierknopfaugen – etwa bei der Robot-Robbe „Paro" – lösen einen anthropomorphen[3] Reflex aus: Wir empfinden die Maschine als ein Geschöpf, obwohl wir wissen, dass sie nur eine Maschine ist. Zeigt sie dann noch Interesse an uns, „werden die darwinschen Knöpfe gedrückt", wie es die MIT-Forscherin Sherry Turkle formuliert. Gedrückt werden diese Knöpfe gerne bei Kellnerrobotern in Restaurants und bei Robotern wie Paro, der Senioren die Zeit vertreiben soll.

Anders als die fest montierten Industrieveteranen bewegen sich heutige Roboter auch durch die Umwelt. Hierfür brauchen sie eine besondere Fähigkeit: aus Sensordaten eine Landkarte zu konstruieren. Das funktioniert in strukturierten Umgebungen wie Wohnungen oder in Warenlagern schon sehr gut. Schon anspruchsvoller sind belebte Plätze oder Straßen, doch auch hier geht es voran, weil Sensoren und Prozessoren immer leistungsfähiger, immer billiger werden.

Als Heiliger Gral der Forschung gelten die „Humanoiden". Hier ist eine gewaltige Aufgabe zu lösen: der aufrechte Gang, den eine hochkomplexe Maschinerie aus Motoren, Gelenken und Gleichgewichtssensoren meistern muss. Aber auch das gelingt inzwischen ganz gut, wie der „Asimo" von Honda oder der „Petman" von Boston Dynamics beweisen. Ihr Gang sieht zwar noch etwas ungelenk aus, doch sie können sogar rennen.

Bei diesen Erfolgen der Robotik stellen sich zwei Fragen: Was treibt die Entwickler eigentlich an? Und was hat die Gesellschaft von einem Roboterboom?

2 Koryphäe: ein besonders ausgewiesener Experte
3 anthropomorph: menschenähnlich

1 a Wendet die 1+1+1-Methode auf den Text an: Notiert eine Textaussage, die ihr schon kanntet, eine Textaussage, die euch neu war, und eine Frage, die der Text für euch aufwirft.
b Einigt euch in Partnerarbeit auf eine wichtige Frage zum Text.
c Wählt aus den Fragen der Partnergruppen solche aus, die ihr in der Klasse klären wollt.

2 a Arbeitet im Team. Lest den ganzen Text noch einmal genau. Haltet dann die wichtigsten Informationen in einer Concept-Map fest. Übertragt dazu folgendes Schaubild in euer Heft und ergänzt es.

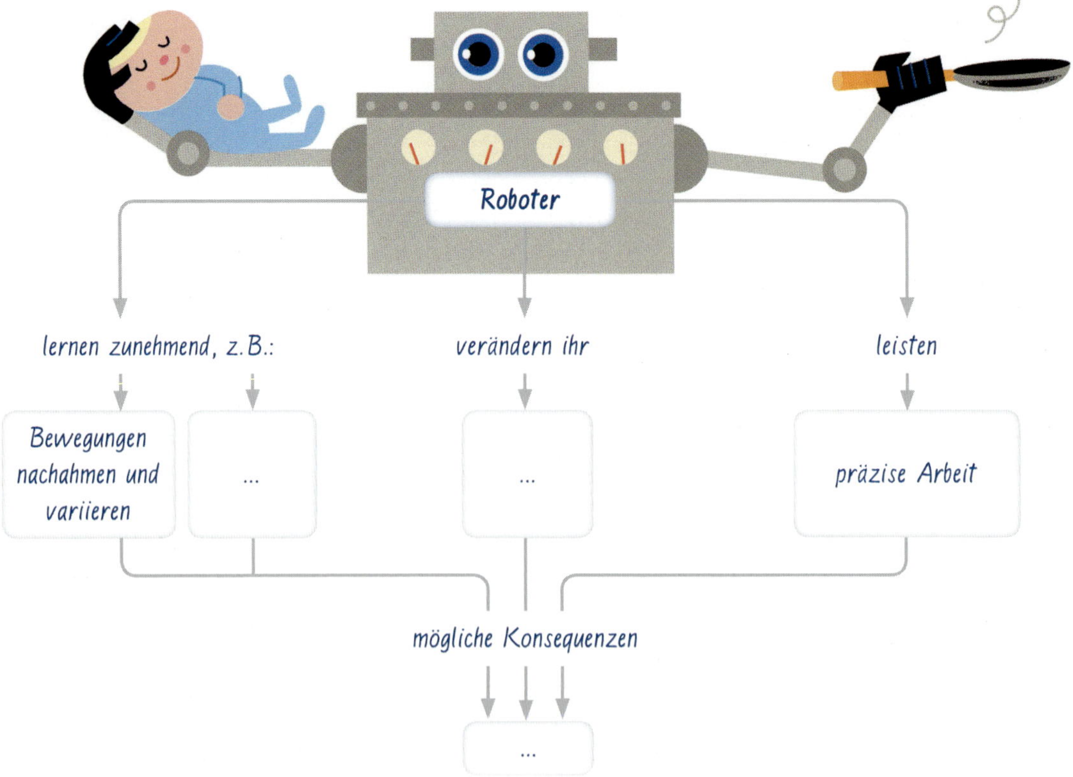

b Stellt eure Concept-Maps vor und vergleicht sie miteinander. Erklärt, welche Schlussfolgerungen ihr jeweils gezogen habt.

c Überlegt, welche Vor- bzw. Nachteile diese grafische Art der Informationsdarstellung gegenüber einem Fließtext hat.

3 a Der Verfasser bezeichnet die Aussichten in der Robotik als „durchwachsen" (▸ Z. 40). Erklärt, was er mit dieser Formulierung meint.

b Diskutiert: Welche Chancen und welche möglichen Gefahren seht ihr selbst in der Robotik? Geht in diesem Zusammenhang auch auf die beiden Fragen am Ende des Textes ein (▸ Z. 120–122).

Methode **Informationen grafisch visualisieren**

Informationen von Sachtexten lassen sich in Schaubildern darstellen, indem man den Text auf wenige zentrale Aussagen reduziert und zeigt, wie diese Aussagen zusammenhängen.
Eine **Concept-Map** visualisiert **logische Zusammenhänge** zwischen Begriffen (engl. *concept*).
Die entscheidenden Elemente sind Kästen und Pfeile.
In die Kästen schreibt man zentrale Begriffe. Die Pfeile zwischen den Kästen geben die Leserichtung vor und enthalten zentrale Aussagen zur Art des logischen Zusammenhangs.
Diese logischen Zusammenhänge sind entscheidend, nicht deren chronologische Reihenfolge im Text.

Fachbegriffe aus dem Kontext klären

Forscher der Universität Bielefeld entdecken besondere Fähigkeiten

Für Menschen ist es normal: Taucht ein Problem auf, denken sie über unterschiedliche mögliche Handlungsschritte nach, erproben in Gedanken deren Konsequenzen und entscheiden sich dann für ein Vorgehen. Seit Anfang 2011 arbeiten Forscher der Universität Bielefeld daran, dass auch Roboter dieses Probehandeln durchführen können. Dabei haben die Wissenschaftler bei dem von ihnen entwickelten Roboter besondere Fähigkeiten gefunden: Diese deuten darauf hin, dass der Roboter ein Bewusstsein entwickelt hat.

Um ihr Ziel – einen Roboter, der Probehandeln kann – zu erreichen, haben die Forscher ein reaktives System auf Insektenbasis entwickelt. Der Roboter mit Namen „Hector" ähnelt einer Stabheuschrecke und reagiert auf Umweltreize, er kann also zum Beispiel über einen Stein klettern, wenn dieser im Weg liegt. Das Neue an Hector: Die Forscher haben sein System um kognitive Komponenten erweitert. Der Heuschrecken-Roboter kann so beispielsweise neue Verhaltensweisen erfinden und das Probehandeln erlernen. Dieses vollzieht der Roboter dann, wenn ein Problem auftritt, das das reaktive System nicht lösen kann. Dann schaltet sich Hectors kognitives System dazu, sodass der Roboter unterschiedliche Verhaltensweisen durchspielt und überlegt, welche Handlungsoptionen bestehen, ganz nach dem Motto: Erst denken, dann handeln.

„Der Bau von Roboter Hector ist noch nicht ganz abgeschlossen, aber die Simulation, das heißt sein virtuelles Gegenstück am Computer, ist zu 90 Prozent fertiggestellt", sagt Professor Dr. Holk Cruse, einer der beteiligten Forscher. „In der Theorie sind wir uns also schon sehr sicher, dass Hector Probehandeln kann." Am Projektende soll auch der reale Roboter – der bislang noch nicht vollständig fertiggestellt ist – zeigen können, dass er das Probehandeln beherrscht. „Nachdem wir unser Basisziel erreicht hatten, haben wir geschaut, was der Roboter noch kann. Dabei ergab sich, dass er gewisse emergente Fähigkeiten entwickelt hat, die auf ein Bewusstsein hindeuten", so Cruse. „Emergent sind Eigenschaften dann, wenn sie nicht in das System eingebaut wurden, schließlich aber trotzdem vorhanden sind."

Bislang ist die Annahme verbreitet, dass derartige emergente Eigenschaften, zu denen unter anderem die Kontrolle der Aufmerksamkeit und eben auch das Bewusstsein gehören, nur in komplexen Systemen möglich sind. „Unsere Forschung zeigt, dass auch weniger komplexe Systeme höhere Fähigkeiten entwickeln können", sagt Malte Schilling, Forschungspartner von Holk Cruse. Zu den Aspekten von Bewusstsein, die der Roboter entwickelt hat, zählen unter anderem Intentionen sowie die so genannte globale Zugänglichkeit. Intentionen bezeichnen Zustände, bei denen das ganze Verhalten einem Ziel – beispielsweise der Futtersuche – untergeordnet ist. Mit globaler Zugänglichkeit ist gemeint, dass Gedächtniselemente zugänglich sind, auch wenn gerade etwas anderes gemacht wird. Beispielsweise ist jemand, der läuft, trotzdem in der Lage, nachzudenken und nebenbei noch etwas anderes zu machen. „Diese und weitere Aspekte von Bewusstsein, die wir bei Hector finden konnten, sind sozusagen Abfallprodukte der eigentlichen Forschungsarbeit – allerdings sehr interessante", sagt Cruse. „Sie zeigen, dass wichtige Eigenschaften des Bewusstseins auch bei sehr kleinen Gehirnen, und eben auch in künstlichen Systemen, vorkommen können", sagt Cruse.

1 a Lest den Text zügig durch, ohne euch an Einzelheiten aufzuhalten, die ihr nicht sofort versteht. Erklärt anschließend, was nach eurem ersten Verständnis das Neue an Hector ist.
b Stellt zusammen, was euch eventuell unklar geblieben ist und worauf ihr beim zweiten Lesen besonders achten wollt.

2 In dem Text werden viele Fachbegriffe verwendet. Klärt die Bedeutung der Begriffe, z. B. aus dem Kontext (Textzusammenhang). Kreist hierzu auf einer Kopie des Textes unbekannte Wörter und Fachbegriffe ein. Markiert dann Textstellen, die euch Informationen zu diesen Begriffen liefern.

3 a Begründet, welcher der folgenden Begriffe aus dem Text das Neue an dem Roboter am treffendsten wiedergibt: *Problem – Probehandeln – globale Zugänglichkeit.*
b Stellt die besonderen Fähigkeiten Hectors in einer Grafik dar. Geht so vor:
– Notiert während des Lesens zentrale Begriffe und Schlüsselwörter, die für die beschriebenen Abläufe wichtig sind.
– Visualisiert dann die beschriebenen Abläufe beim Handeln des „Heuschrecken-Roboters".
c Erklärt, inwiefern das Erstellen einer Grafik hilfreich für das Textverständnis sein kann.

4 a Im Text heißt es, dass Hector Fähigkeiten entwickelt hat, die „auf ein Bewusstsein hindeuten" (▸ Z. 45–46). Untersucht, wie im Text der Begriff „Bewusstsein" verwendet wird.
b Diskutiert: Seid ihr auch der Meinung, dass der Roboter Hector Bewusstsein entwickelt habe? Nehmt hierzu auch die folgenden Informationen zum Begriff „Bewusstsein" zu Hilfe:

Bewusstsein

Eine allgemeingültige Definition von Bewusstsein gibt es nicht. In den Naturwissenschaften und der Philosophie unterscheidet man verschiedene Aspekte und Entwicklungsstufen:
- *Bewusstsein als Wachzustand,* der sich z. B. vom Schlafzustand und der Bewusstlosigkeit abgrenzt. In diesem Sinn lässt sich Bewusstsein empirisch beschreiben. Viele wissenschaftliche Forschungen setzten hier an.
- *Bewusstsein als Fähigkeit,* aufgrund von Informationen aus dem Umfeld selbstständig zwischen verschiedenen Verhaltensmöglichkeiten zu entscheiden. Dies ermöglicht auch etwas, was als vorausschauendes Denken bezeichnet werden kann.
- *Bewusstsein als subjektives Erleben,* wofür Farb- und Geruchsempfindungen, Hörerlebnisse und Emotionen Beispiele sind
- *Bewusstsein als gedankliches Bewusstsein,* das Denken, Sicherinnern, Planen und Erwarten umfasst
- *Bewusstsein als Individualitätsbewusstsein,* das bedeutet, sich seiner Einzigartigkeit als Lebewesen bewusst zu sein und die Andersartigkeit anderer Lebewesen wahrzunehmen

Methode **Fachbegriffe / Unbekannte Wörter aus dem Kontext klären**

Unbekannte Wörter oder Fachbegriffe kann man häufig aus dem Kontext (Textzusammenhang) heraus klären, denn oft finden sich innerhalb des Textes Hinweise und Informationen (z. B. Erklärungen, Beispiele, Gegenüberstellungen), die mit dem Begriff in Verbindung gebracht werden können.

Schaubilder im Textzusammenhang erschließen

TECHNISCHER FORTSCHRITT UND MENSCHENBILD

Von Bernd Vowinkel

Auf dem Weg zum Transhumanismus?

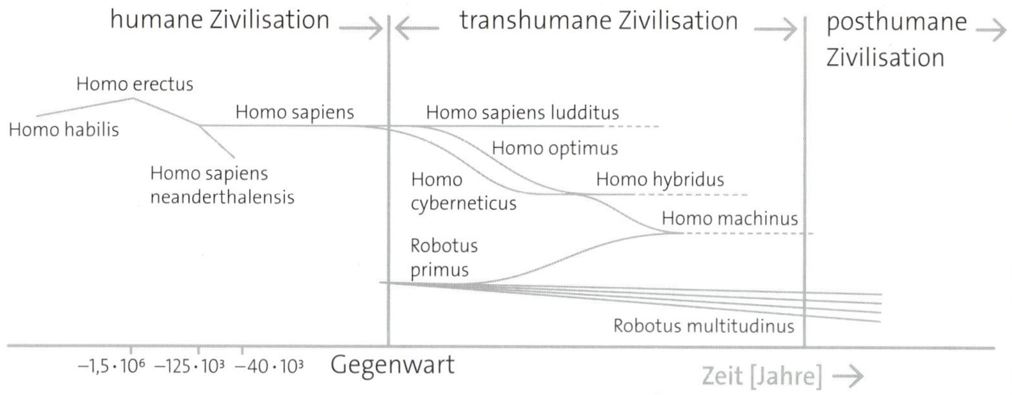

Die erwartete Entwicklung unserer Zivilisation (nach Ian Pearson, mit kleinen Änderungen)

Mit Hilfe verschiedener Technologien werden transhumane Wesen entstehen, die dem normalen Menschen in Lebenserwartung, Gesundheit, körperlicher und geistiger Fitness überlegen sein werden. Solange noch Wesen mit menschlichen Anteilen vorhanden sind, bezeichnet man eine solche Zivilisation als transhuman. In der Abbildung ist die erwartete Entwicklung von der humanen Zivilisation über die transhumane[1] Zivilisation bis zur posthumanen[2] Zivilisation dargestellt. Diese Darstellung und auch die lateinisierten Bezeichnungen stammen von Ian Pearson, der bei der British Telecom als Futurologe arbeitet. Über die zeitliche Entwicklung von der transhumanen zur posthumanen Zivilisation kann man im Moment nur spekulieren, insofern ist die in die Zukunft gerichtete Zeitskala unbestimmt. An der dargestellten generellen Entwicklung haben aber die meisten Experten kaum große Zweifel.

In der Zukunft können immer mehr Organe durch künstliche Bauteile ersetzt werden. Dies kann sogar so weit führen, dass eine Verbesserung der Lebensqualität gegenüber normalen Menschen erreicht wird. Schließlich können womöglich unsere geistigen Leistungen durch neuronale Implantate[3] gesteigert werden. Solche Menschen (Homo cyberneticus bzw. Cyborgs) werden in der Gesellschaft gegenüber anderen Vorteile erlangen. In etwas weiterer Zukunft könnte es genoptimierte Menschen (Homo optimus) geben, bei denen die Anfälligkeit gegenüber Krankheiten stark reduziert und deren Lebenserwartung erheblich gesteigert ist. Kombiniert man die Möglichkeiten der Kybernetik[4] mit der Genmanipulation, so könnte man die Überlegenheit noch weiter steigern (Homo hybridus).

Solange noch biologische Anteile am Körper vorhanden sind, wird sich der Prozess

1 trans- (lat.): über, hinüber, jenseits + Verb

2 post- (lat.): nach, hinter + Verb

3 neuronale Implantate: neuronal = das Nervensystem betreffend; Implantat = in den Körper eingepflanztes, künstliches Material

4 die Kybernetik: Wissenschaft von der Steuerung von Organismen und Maschinen

des Alterns bis hin zum Tod nicht restlos aufhalten lassen. Weiterhin ist die Energieversorgung in einem hybriden[5] Wesen recht kompliziert und aufwändig. Der einzige Ausweg wäre die Übertragung der menschlichen Person auf einen komplett künstlichen Körper (Homo machinus). Im Moment ist das noch reine Science-Fiction. Dennoch ist es nicht auszuschließen, dass es vielleicht in der fernen Zukunft möglich sein könnte, die Ich-Identität eines Menschen bzw. eines Cyborgs aus dem Gehirn auszulesen und auf einen Roboter oder Androiden[6] zu übertragen.

Parallel zu der Entwicklung von Wesen mit menschlichen Anteilen wird die Entwicklung von Wesen auf rein künstlicher Basis voranschreiten. Angefangen von ersten autonomen Robotern (Robotus primus), wie sie bereits schon jetzt ansatzweise existieren, werden sie in den folgenden Jahrzehnten intelligenter und selbstständiger werden. Ihr Aussehen und ihre Fähigkeiten werden sich womöglich stark unterscheiden und mit der Zeit weiter auseinanderdriften, sodass längerfristig gesehen eine Vielzahl äußerst unterschiedlicher Roboter (Robotus multitudinus) bzw. Androiden existieren werden.

Auf sehr lange Sicht (etwa eine Milliarde Jahre) gesehen werden die physischen Grundlagen für die Existenz von Wesen mit biologischen Anteilen auf unserem Planeten nicht mehr gegeben sein. Künstliche Intelligenz bzw. Roboter können aber weit über diesen Zeitraum noch existieren. Eine solche Zivilisation auf der Basis reiner künstlicher Intelligenz wird als posthuman bezeichnet.

5 hybrid: Kreuzung verschiedener Technologien, Arten, Gattungen; hier: Verbindung aus Mensch und Maschine

6 der Android/Androide: künstlicher Mensch

1 a Wie wirkt der Text auf euch?
Über welche Begriffe oder Themen wisst ihr bereits etwas?

b Für wie realistisch haltet ihr es, dass es Cyborgs (▶ Z. 31) tatsächlich einmal geben könnte?

2 a Lest den Text noch einmal und betrachtet das Schaubild. Beantwortet folgende Fragen:
- Was soll den künftigen Menschen im Vergleich zum heutigen kennzeichnen?
- Mit welchen Mitteln soll dieses Ziel erreicht werden?
- Welche Gründe für diese Entwicklung werden im Text genannt?

b Erläutert, wodurch sich laut Vowinkel die humane Zivilisation von der transhumanen und der posthumanen unterscheidet.

3 a Die lateinisierten Bezeichnungen, z. B. „Homo cyberneticus“ oder „Homo optimus“, sowie das Schaubild sind von dem Zukunftsforscher Ian Pearson (▶ Z. 14) erfunden worden.
Diskutiert, welche Wirkung diese Fachbegriffe und das Schaubild vermutlich erzeugen sollen.

b Prüft, an welchen Stellen der Indikativ und wo der Konjunktiv verwendet wird.
Findet ihr hierfür eine Erklärung?

c Diskutiert, ob sich der Text eher als Fiktion (Science-Fiction) oder eher als wissenschaftliche Zukunftsforschung versteht.

4 Diskutiert über die Vorstellungen des Transhumanismus, z. B. die zunehmende Ersetzung „biologischer Anteile am Körper“ (▶ Z. 42 f.) durch künstliche. Was erscheint euch insgesamt wünschenswert, was nicht? Formuliert ein kurzes schriftliches Statement.

Intentionen von Sachtexten erkennen

Wir Selbstoptimierer

Von Thierry Hoquet

Der Mensch hat immer Werkzeuge benutzt. Warum sollte er sich nicht durch genetische oder technische Mittel selbst verbessern?

Was im deutschen Sprachraum als „Optimierung des Menschen“ bezeichnet wird, das nennt man im angelsächsischen Raum „human enhancement“ (oft mit „H+“ abgekürzt). Im Französischen spricht man von „augmentation“. Aber warum glaubt man überhaupt, der natürliche Körper müsse „verbessert“ oder „optimiert“, in englischer und französischer Vorstellung „erweitert“ werden? Und vor allem: Was verbirgt sich hinter diesem Projekt?

Die Optimierung des Menschen verweist auf die Idee des „Transhumanismus“, also die Vorstellung einer Überschreitung unserer Conditio humana[1]. Die transhumanistischen Projekte sind von großer Vielfalt, doch jedes Mal geht es um die Hoffnung, dass der Mensch Unsterblichkeit erlange.

Der Streit um Transhumanismus und Optimierung kreist immer um die „menschliche Natur“. Aber was meint dann die Rede von „Natur“ und worin besteht sie? Gibt es „die Natur“ überhaupt? Und wird uns die „Verbesserung“ jemals aus dem Bereich des Menschlichen hinausführen? Und ist ein Cyborg letztlich nur eine andere Bezeichnung für „Mensch“?

Der Mensch hat immer schon Werkzeuge benutzt und die menschliche Gattung ist durch ihr Verhältnis zur Technik definiert. Seine Werkzeuge stellen letztlich seine „Organe“ dar. Deshalb, könnte man sagen, existiert kein grundlegender Unterschied zwischen den Organen, die Teil des Körpers sind (Hand oder Herz), und den Werkzeugen, die sich außerhalb des Körpers befinden (Hammer oder Trinkschale). Die Kleider sind unser Fell und die Schuhe unsere Hufe. Durch den Gebrauch von Werkzeugen passt der Mensch sich aktiv an seine Umwelt an, indem er die Eignung für diverse Verhältnisse erwirbt, und zugleich passt er aktiv seine Umwelt an, sodass sie sich für sein Handeln oder Leben eignet.

Walter Crane: „Der Tastendrücker – Fantasieporträt des zukünftigen Menschen“ (1907)

Dass die Technik für den Menschen einen gleichsam „natürlichen“ Charakter besitzt, wirft allerdings eine Schwierigkeit auf: Man kann nur sehr schwer entscheiden, welche Techniken gut und welche schlecht sind. Es ist unmöglich geworden, klar zwischen einfacher Reparatur oder Heilung auf der einen Seite und Optimierung auf der anderen Seite zu unterscheiden. Die Prothese zum Beispiel ist ein Übergang zum Cyborg und führt zusammen, was unvereinbar erschien. So verwischte ein mit Prothesen ausgestatteter Läufer, nämlich der (1986 geborene) Südafrikaner Oscar Pistorius, die bislang eindeutige Grenze zwischen den Olympischen und den Paralympischen

1 die Conditio humana: Bedingungen des Menschseins, Natur des Menschen

Spielen, als man ihn zu den Qualifikationsläufen der so genannten gesunden Athleten zuließ. Niemand wird etwas dagegen einwenden, dass man das Leben von Menschen verändert, die an Armen oder Beinen gelähmt oder amputiert sind, indem man sie mit technischen Substituten[2] versorgt, durch die sie ihre Interaktion mit der Welt verbessern können.

Und doch muss man hier zwei Einschränkungen machen. Erstens kann die Prothese sich buchstäblich in eine Amputation des Fleisches verwandeln. Dann bedeutet Transhumanismus nicht bloß Verkabelung mit Instrumenten, sondern Entstofflichung. Tatsächlich, so lautet meine Gegenposition, können wir auf das „Zeug", aus dem wir bestehen (Seele und Körper, Organisches und Technisches), nicht verzichten. Doch für die Apostel der transhumanen Menschheit ist gerade die Befreiung vom Fleisch ein zentrales Thema; für sie ist das menschliche Fleisch ein Chaos und zum Verfall verurteilt. Wird man das Fleisch daher durch Stahl ersetzen?

Beunruhigend ist auch die Tatsache, dass amerikanische Labore unter dem Vorwand, sie würden Prothesen herstellen, an der Fabrikation der Soldaten von morgen arbeiten. So interessiert sich die Defense Advanced Research Projects Agency (DARPA) für so genannte Exoskelette[3], also für Stützstrukturen für Organismen. Vielleicht brauchen wir uns keine Sorgen wegen solcher militärischer Ziele zu machen. Andererseits dürfen wir auch nicht die Augen davor verschließen, dass hier auf der Grundlage der neuen Technologien eine hochgradig kommerzialisierte[4] Kontrollgesellschaft entstehen kann.

Diese Sorge trifft auf den weit verbreiteten Verdacht, dass der Transhumanismus ein Projekt mit dem Ziel darstellt, durch Optimierung einen größeren Mehrwert aus den menschlichen Organismen zu ziehen. Man verspricht uns mehr Freiheit, mehr Verbindungen, mehr Daten, aber in Wirklichkeit verstärkt man die Überwachung, indem man nicht den Menschen, sondern die Effizienz[5] des Marketings verbessert. In einer „optimierten" Welt werden die Menschen mehr Bedarf an Wartungsleistungen haben und gezwungen sein, ständig den jüngsten Neuerungen nachzulaufen. Den Menschen optimieren, indem man Organisches durch Technisches ersetzt und Hybride[6] erschafft, heißt unser Leben den Moden und der geplanten und beschleunigten Obsoleszenz unterwerfen, also dem gewollten Produktverfall, so wie wir ihn von unseren technischen Erzeugnissen kennen.

Es ist nicht so, als seien sich Transhumanisten dieser Gefahr nicht bewusst. Persönliche Verantwortung und Autonomie sind für Transhumanisten die Schlüsselbegriffe der Optimierung. Tatsächlich erscheint die Optimierung erstrebenswert und es gibt bei den Menschen den Wunsch, ihr Leben mit Maschinen zu verbinden.

Und doch: Jede Technologie hat ihren Preis. Sie birgt die Gefahr, dass die Gesellschaft sich in Kasten[7] aufspaltet, wodurch eine tiefe Kluft zwischen der Welt der Optimierten oder Vernetzten und der Welt der übrigen Menschen entsteht. Der Transhumanismus läuft Gefahr, jenseits der vernetzten Eliten ökonomisch beherrschte „Fastmenschen" oder „Untermenschen" hervorzubringen.

---

2 das Substitut: Ersatz

3 das Exoskelett: Roboteranzug, Stützroboter; Exoskelette finden Anwendung in der Medizin und im militärischen Bereich

4 kommerziell: auf wirtschaftlichen Gewinn bedacht, geschäftlich

5 die Effizienz: Leistung, Wirksamkeit

6 die Hybride: Mischwesen

7 die Kasten: streng hierarchische Anordnung gesellschaftlicher Schichten, v. a. in Indien

1 a Tauscht euch über eure ersten Leseeindrücke aus. Findet ihr den Text interessant, schwierig …? Zu welchem Thema äußert sich der Autor? Was wisst ihr hierzu bereits?
b Klärt schwierige Begriffe und schwer verständliche Textstellen.

2 a Einigt euch in Partnerarbeit auf drei Zitate aus dem Text, die ihr für zentral haltet.
b Stellt eure Ergebnisse vor und begründet, warum ihr die jeweiligen Zitate gewählt habt.

3 Im Text werden unterschiedliche Thesen aufgestellt.
Erläutert, wie ihr die folgenden Aussagen versteht. Lest hierzu noch einmal genau im Text nach.
- Die Verwendung technischer Optimierungen ist nichts anderes als die Fortsetzung des Werkzeuggebrauchs, der schon immer zum Menschen gehörte.
- Eine genaue Unterscheidung zwischen guter (heilender) Technik und schlechter (optimierender) Technik ist nicht möglich. Dies zeigt z. B. der Fall des südafrikanischen Leichtathleten Oscar Pistorius.
- Der Transhumanismus hat das Ziel, den Menschen unsterblich zu machen.
- Die Vertreter des Transhumanismus wollen den Menschen von allem Natürlichen befreien.

4 a Hoquet zeigt auch auf, welche Gefahren er im Transhumanismus sieht. Begründet anhand des Textes, wie ihr die folgenden Zitate versteht.

1 „Man verspricht uns mehr Freiheit […], aber in Wirklichkeit verstärkt man die Überwachung, indem man nicht den Menschen, sondern die Effizienz des Marketings verbessert. In einer ‚optimierten' Welt werden die Menschen mehr Bedarf an Wartungsleistungen haben und gezwungen sein, ständig den jüngsten Neuerungen nachzulaufen" (▸ Z. 108–117).
2 „Jede Technologie hat ihren Preis. Sie birgt die Gefahr, dass die Gesellschaft sich in Kasten aufspaltet, wodurch eine tiefe Kluft zwischen der Welt der Optimierten oder Vernetzten und der Welt der übrigen Menschen entsteht" (▸ Z. 133–138).

b Klärt, ob Hoquets Position zur Frage der Selbstoptimierung insgesamt eher positiv, eher ablehnend oder eher ausgewogen (sowohl als auch) ist.
Untersucht hierzu auch die Argumentationsstruktur des Textes und prüft, ob ihr Wertungen, Empfehlungen und/oder Schlussfolgerungen erkennen könnt.

5 a Diskutiert Hoquets Position zur Frage der Selbstoptimierung.
Welche seiner Argumente findet ihr überzeugend, welche eher nicht?
b Sammelt selbst weitere Argumente für oder gegen den Transhumanismus und diskutiert die Vorstellung, der Mensch könne und sollte durch technische Implantate „optimiert" werden.

6 Das Bild (▸ S. 201) zeigt die Vorstellung eines „optimierten" Zukunftsmenschen vor über 100 Jahren.
a Beschreibt, welche Kombination aus Organischem und Technischem es darstellt.
b Skizziert in ähnlicher Weise einen Zukunftsmenschen nach eurer Vorstellung heute.
c Vergleicht eure Zukunftsvorstellung mit der des Zeichners damals.
Zeigt Ähnlichkeiten und Unterschiede auf.

Hilfe, Roboter!

Von Maren Hoffmann

Die Zeichen mehren sich, dass Roboter die Weltherrschaft übernehmen wollen. Nein, jetzt wirklich: Hotels und Restaurants haben sie schon in ihre Gewalt gebracht, ein Museum auch und sie üben bereits, in Formation zu marschieren. Am Ende des Tages könnte das das Ende aller Tage sein.

Erinnert sich noch jemand an die Science-Fiction-Serie „Kampfstern Galactica“? Der Clou beim Mensch-gegen-Maschine-Szenario aus den späten 1970ern war, dass am Schluss keiner mehr so richtig sicher sein konnte, ob er nicht selbst ein Roboter war (oder ein „Toaster“, wie die Menschen ihre andromorphen[1] Gegenspieler politisch unkorrekt nannten). Das hatten die Robos verdammt schlau angestellt.

Im Moment sind die Unterschiede noch recht deutlich sichtbar, aber ein wenig verwischen sie schon. Nehmen wir den Hitchbot[2], der in Kanada als autarker[3] Tramper unterwegs ist: Jüngst wurde er zu einer Hochzeit eingeladen. Auf seiner Facebook-Seite finden sich die ersten Kommentare, die sich verwundert zeigen, dass er besser als ein Mensch behandelt werde – menschliche Anhalter werden einfach nicht so gerne mitgenommen wie das wenig bedrohlich wirkende Roboterchen mit Gummistiefeln und Eimerkopf. Von dem kann man sich einfach nicht vorstellen, dass er – har! har! – nach der Weltherrschaft greift. Oder nach der Fahrerin. Aber wer weiß.

Ebenso harmlos wirkt der ebenfalls niedlich kleine, eifrig hilfsbereite A. L. O. der „Botlr“, den die Hotelkette Starwood seit wenigen Tagen in ihren „Aloft“-Häusern einsetzt.

A. L. O. ist, robosoziologisch gesehen, das absolute Gegenmodell zum Hitchbot: Während der nicht arbeitet, sondern hippiemäßig durchs Land vagabundiert, müßig mit den Leuten plaudert und sich dabei von Mitfahrgelegenheiten bis zur Aufladung seiner Akkus alles zusammenschnorrt, ist der Hotel-Botlr ein fleißig arbeitendes Mitglied einer Gesellschaft, die ihn hemmungslos ausbeutet. Wenn ein Gast ein Kissen oder Duschgel braucht, dauert es nicht lang und A. L. O. steht vor der Tür. Das Ersetzen des Zimmerservice durch den metallenen Menschenfreund löst ganz nebenbei noch ein völlig anderes Problem der Hotellerie – denn niemand, der bei Sinnen ist, wird bei dem kalten Blechkameraden einen unsittlichen Übergriff aufs Personal versuchen.

Roboter bedienen in einem Restaurant in Liaocheng (China).

1 andromorph: menschenähnlich

2 Hitchbot (von engl. *to hitchhike:* per Anhalter fahren, *Bot:* kurz für Roboter): Roboter, der geschaffen wurde, um durch die Welt zu trampen

3 autark: unabhängig, auf niemanden angewiesen

Im chinesischen Kunshan hat jüngst sogar ein Restaurant eröffnet, in dem Roboter die Gäste begrüßen, das Essen kochen und es servieren – jeder von ihnen hat ungefähr 40 verschiedene Sätze für die Konversation drauf. Das dürfte deutlich mehr sein als das, was viele menschliche Begleiter an einem durchschnittlichen Abend zu bieten haben. Da kann man dann auch schon mal ins Nachdenken kommen, wer die Zukunft noch vor sich hat.

1 a Beschreibt eure ersten Leseeindrücke.
b Erklärt, welche Aspekte der Roboterentwicklung hier dargestellt werden.

2 a Lest noch einmal die ersten beiden Sätze des Vorspanns: Welche Lesererwartung wecken diese Sätze?
b Nennt Textstellen, mit denen die Autorin Komik erzeugen will. Untersucht, mit welchen sprachlichen Gestaltungsmitteln sie arbeitet. Achtet dabei vor allem auf Stilmittel wie Übertreibung und Ironie.

3 a Begründet anhand des Textes, welche Intention die Autorin mit ihrem Artikel verfolgt. Lest hierzu auch die Informationen im Merkkasten unten.
b Überlegt, welcher journalistischen Textsorte der Artikel zuzuordnen ist. Nehmt hierzu das Merkwissen unten zu Hilfe.

4 Verfasst einen Leserbrief zu dem Artikel. Darin könnt ihr euch selbst über das Thema „Roboter" äußern, aber auch zum vorliegenden Artikel Stellung nehmen.

Information **Intentionen (Aussageabsichten) von Sachtexten erkennen**

Sachtexte haben in der Regel eine bestimmte Intention. Sie wollen zum Beispiel informieren, kommentieren oder appellieren. Dies können sie in unterschiedlicher Art und Weise. Bei Sachtexten kann man vielfältige Kombinationen von Intentionen (Aussageabschichten) und Darstellungsweisen (Stilen) antreffen.

- **informieren:** Informationstexte stellen Tatsachen und Zusammenhänge dar. Sie wollen möglichst objektiv über Sachverhalte informieren (z. B. Bericht, wissenschaftlicher Text) oder in anschaulicher und lebendiger Weise über selbst Erlebtes informieren (z. B. Reportage).
- **kommentieren, werten:** Meinungstexte bewerten und wollen überzeugen. Sie können die Haltung zu einem Thema in unterschiedlichen Stilarten vermitteln: eher sachlich (z. B. Kommentar) oder eher unterhaltsam in spöttisch-ironischer Weise (z. B. Glosse).
- **appellieren:** Die Leser sollen zu etwas aufgerufen werden (z. B. Rede, Wahlprogramm).

Die jeweils vorherrschende Intention wird durch den Inhalt der Aussagen, vor allem aber durch die **sprachlichen Gestaltungsmittel** erkennbar, z. B. Wortwahl, Sprachstil (sachlich, Fachbegriffe, bildhafte Sprache, ironisch, provokant), auf- oder abwertende Formulierungen, rhetorische Mittel (z. B. rhetorische Fragen, Vergleiche, Wiederholungen).

(▸ weitere Informationen zu den journalistischen Textsorten, S. 343)

Ein Thema in verschiedenen Medien verfolgen

München 30°

Süddeutsche Zeitung

SZ.de Zeitung Magazin

Jobs | Immobilien | Anzeigen

Login | Abo

Politik Wirtschaft Panorama Sport München Bayern Kultur Wissen Digital Chancen Reise Auto Stil mehr...

30. Juli 2014, 16:41 Uhr Anhalter-Roboter "Hitchbot"

Super Tramp

Feedback

Der süßeste Tramper der Welt ist unterwegs. Roboter Hitchbot fährt per Anhalter quer durch Kanada und erobert die Herzen im Sturm. Mit Autofahrern diskutiert er über Eishockey oder die Existenz Gottes. Auf dem Highway ist das Zusammenleben von Mensch und Maschine gar nicht kompliziert.

Von Johannes Kuhn, San Francisco

Der Anhalter trägt mitten im Sommer gelbe Gummistiefel und knallgrüne Handschuhe, ins Auto steigt er nicht selbst ein, sondern lässt sich tragen. Wer würde einen solchen Freak mitnehmen wollen?

Jean-Pierre Brien
@BrienPierre
Folgen

We're going to miss this guy :(Good luck @hitchBOT @CBCNews @globeandmail
20:20 - 28 Jul 2014
35 ★ 59

Die Antwort lautet: ganz Kanada. Fasziniert verfolgt das Land derzeit, wie der kleine Tramp-Roboter Hitchbot seinen Weg vom Osten in den Westen des Landes macht – und das ganz alleine. Am Sonntag begann die Reise in Halifax, Novia Scotia. Auf der Hitchbot-Seite und über die sozialen Medien lässt sich das Abenteuer verfolgen.

hitchBOT
@hitchBOT
Folgen

Here are some of the things I've seen so far #hitchbot
16:52 - 29 Jul 2014
75 ★ 85

1 Lest die Informationen zum Hitchbot-Projekt: Wie findet ihr das Projekt? Welche Fragen habt ihr? Was habt ihr bereits über Hitchbot gelesen oder gehört?

2 Dieser Screenshot zeigt die Online-Ausgabe einer Tageszeitung.
Untersucht, wie die Website aufgebaut ist. Beschreibt und bewertet folgende Aspekte:
- Wo findet ihr die Ressorts (Themengebiete) der Zeitung?
- Layout: Wie ist das Verhältnis von Text, Abbildungen und anderen grafischen Elementen?
- Funktionen: Welche Funktionen bietet diese Online-Zeitung als multimediales und interaktives Medium (z. B. im Unterschied zu der Printausgabe einer Zeitung)?

3 Radio, Fernsehen, Printmedien (z. B. Zeitungen, Zeitschriften), Internet (Online-Zeitungen, soziale Netzwerke) – jedes Medium bietet besondere Möglichkeiten.
a Tragt zusammen, welche Medien ihr regelmäßig nutzt und wofür ihr diese gebraucht, z. B. um euch zu informieren, zur Unterhaltung, um mit Freunden in Kontakt zu bleiben usw.
b Diskutiert, welche Vor- und Nachteile die einzelnen Medien eurer Meinung nach haben.

4 Ein Thema bzw. Ereignis kann in den verschiedenen Medien sehr unterschiedlich dargestellt werden. Vergleicht die Informationspräsentation in den Medien.
Geht so vor:
a Sammelt aktuelle Themen, die euch interessieren, z. B. aus dem Bereich der Unterhaltungselektronik oder der Robotik, wie Drohnen im zivilen Einsatz, fahrerlose Autos usw.
b Erstellt eine Übersicht über die Medien, die ihr untersuchen wollt, z. B.:
- Print-Zeitungen: seriöse Tageszeitung/Boulevardzeitung
- Fernsehen: öffentlich-rechtliche Sender/Privatsender; Nachrichten, Magazinsendungen
- Internet: Online-Zeitungen und -Zeitschriften ...
- Radio: ...

c Erstellt eine Liste von Untersuchungsaspekten, z. B.:
- Stellenwert des Thema (eher prominent platziert oder nicht)
- Informationsgehalt: Ausführlichkeit, Verständlichkeit, Einbeziehung von Experten
- Aufbereitung: Verhältnis Text/Abbildungen; Art der Bilder oder Geräusche (eher sachlich oder dramatisch); Sprache (sachlich, umgangssprachlich, dramatisierend, verständlich ...)

5 a Entscheidet euch für ein Thema, dessen Präsentation ihr in den einzelnen Medien arbeitsteilig untersuchen wollt. Teilt die Medien unter euch auf und haltet eure Untersuchungsergebnisse fest.
b Präsentiert eure Ergebnisse, z. B. als Kurzreferat mit Folien.
c Erstellt eine Übersicht über die Besonderheiten der einzelnen Medien bei der Informationspräsentation und diskutiert ihre Stärken und Schwächen.

Testet euch!

Sachtexte analysieren

Werden Roboter bald Profifußballer?

Computerwissenschaftler behaupten, bald schon könnten Roboter die Fußballweltmeister schlagen.

Im Roboterfußball stecken bereits 20 Jahre Entwicklungsarbeit. Vor Kurzem fand erst eine Weltmeisterschaft in Singapur statt, der RoboCup. Solche Meisterschaften sind in erster Linie eine große Motivation für Wissenschaftler. Ihre mechanischen Schützlinge müssen ihr technisches Können unter Beweis stellen. Dessen Qualität wird anhand verschiedener Messkriterien ermittelt sowie mit anderen Technologien verglichen. Teams aus verschiedenen Ligen spielen auf einem grünen Teppich ganz autonom: „Die Computerprogramme bestehen aus sehr vielen verschiedenen Softwarebausteinen. Jeder enthält eine eigene Aufgabe: aneinandergereiht führen sie dazu, dass der Roboter sich wie ein echter Fußballspieler verhält. Ein Baustein enthält beispielsweise die Aufgabe: ‚Geh zum Ball', der nächste: ‚Schieß den Ball'", erklärt Tim Laue vom Deutschen Forschungszentrum für künstliche Intelligenz.

Immer kleinere Chips mit immer mehr Speicher, eine immer feinfühligere künstliche Sensorik und nicht zuletzt die zunehmende Schnelligkeit bei der Datenverarbeitung werden die künstlichen Kicker stetig besser werden lassen. Noch weitere Wettkämpfe wurden beim RoboCup in Singapur ausgetragen. Die Roboter wurden zu einem Spielzeugmarkt geschickt. Dort sollten sie Menschen folgen, zufällig platzierte Gegenstände aus den Regalen nehmen und sie in den Einkaufswagen legen. Verglichen mit diesen Herausforderungen ist das Fußballspiel noch verhältnismäßig einfach. Die Roboter müssen sich nur in einem eng abgesteckten Feld orientieren. Der Laden, in dem sie die Gegenstände einsammeln, ist ihnen hingegen völlig fremd. So müssen sie zeitgleich eine Karte ihrer Umgebung anfertigen und mit ihrem Umfeld interagieren.

1 a Warum ist laut Text das Fußballspielen für Roboter einfacher als das Einkaufen? Wählt aus:
- Roboterfußball wird bereits seit 20 Jahren erforscht.
- Die Anforderungen beim Einkaufen sind komplexer.
- Fußballspielen macht den Robotern mehr Spaß.

b Notiert, warum es Weltmeisterschaften im Roboterfußball gibt. Lest genau im Text nach.

2 Bestimmt die vorherrschende Intention des Textes. Begründet eure Einordnung, z. B.:
Der Text möchte … Dies erkennt man …

3 Sucht zwei Fachbegriffe bzw. Fremdwörter aus dem Text heraus und erklärt sie mit eigenen Worten.

4 Vergleicht eure Ergebnisse aus den Aufgaben 1 bis 3 in Partnerarbeit.

9.2 Grenzen für die Wissenschaft? – Eine Sachtextanalyse ausarbeiten

SYNTHETISCHE BIOLOGIE

Ein Kommentar von Christina Berndt

Grenzen für die Wissenschaft

Chromosomen vom Reißbrett, Designer-Algen für die Energiegewinnung: Die Durchbrüche der synthetischen Biologie[1] zeigen, dass gute Wissenschaft auch Grenzen braucht.

These (Forderung)

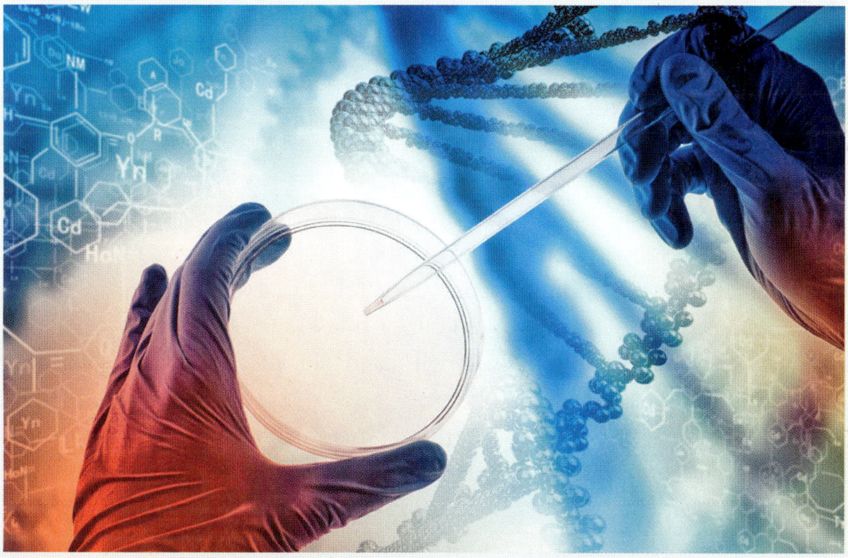

Wissenschaft macht Hoffnung und sie macht Angst. Beides zu Recht. Schließlich sind es Forscher gewesen, denen die Ausrottung der Pocken zu verdanken war. Und zugleich ist es das Ergebnis wissenschaftlicher Arbeit, dass wir uns heute neue Sorgen wegen Kernkraft und Atombomben machen müssen. Es ist daher verständlich, dass Menschen kritisch beäugen, was in den Laboratorien dieser Welt geschieht. Derzeit blicken manche beklommen nach Baltimore, wo das noch junge Forschungsfeld der synthetischen Biologie gerade einen beachtlichen Erfolg erzielt hat. Erstmals ist es dort gelungen, ein Chromosom[2] eines komplexen Organismus künstlich herzustellen, eine Erbguteinheit also, die erheblich größer ist als ein Gen. Zwar haben die Forscher mit ihrem Hefe-Chromosom noch kein „künstliches Leben" erschaffen. Aber ihnen ist ein weiterer

Wissenschaft hat zwei Seiten (Hoffnung und Angst)

Beispiele: Ausrottung der Pocken; Kernkraft und Atombomben

1 synthetische Biologie: In der synthetischen Biologie arbeiten Biologen, Chemiker und Ingenieure zusammen, um biologische Systeme (Moleküle, Zellen, Organismen) künstlich herzustellen.

2 Ein Chromosom enthält eine Serie von Genen, somit auch Erbinformationen.

Schritt hin zu diesem Ziel gelungen. Nur 16 Chromosomen hat die Hefe, 46 der Mensch.

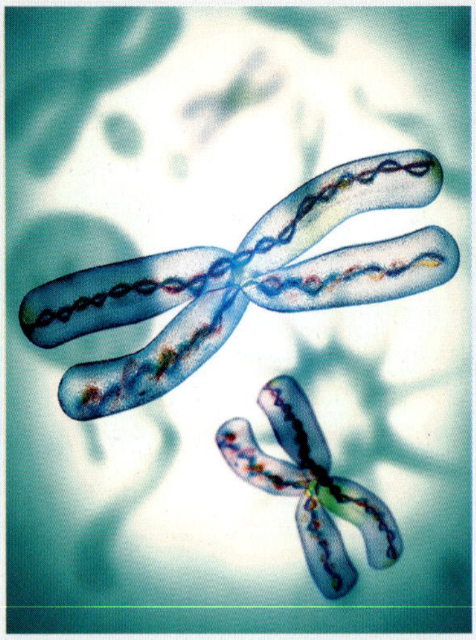

Nun sprechen die Wissenschaftler aus Baltimore nicht von Schöpfung, sie weisen vor allem auf die unbestrittenen Chancen ihrer Forschung hin. Mit Hilfe synthetischer Zellen wollen sie Medikamente herstellen, deren Produktion derzeit schwierig ist. In der Tat gelten Arzneien aus lebendigen Organismen, die „Biologicals", als Medikamente der Zukunft. Etwa beim Krebs haben sie schon so manche Therapie revolutioniert.

Leben am Reißbrett

Doch trotz aller Zurückhaltung ist nicht zu verkennen: Die synthetische Biologie rüttelt erneut am Selbstverständnis des Menschen. Es werden besonders große Fragen berührt – auch die danach, was Leben eigentlich ist und was verantwortungsvoller Umgang damit verlangt. Der Mensch hat sich bereits damit abgefunden, dass Biologen in Gene eingreifen, dass sie Stammzellen manipulieren und dass es ihnen gelingt, aus Hautzellen Zellklone[3] eines Individuums herzustellen. Nun schicken sie sich an, noch einen Schritt weiterzugehen.

In der synthetischen Biologie stellen Forscher lebendige Strukturen nach einem rein gedanklich ersonnenen Bauplan her. Dabei sind die gestalterischen Möglichkeiten schier unbegrenzt. Leben kann erstmals auch aus völlig Unbelebtem entstehen.

Dem Menschen könnte also endgültig die Wandlung vom Homo faber zum Homo creator[4] gelingen. Das ist an sich nicht verwerflich und sogar ungeheuer nützlich – auch außerhalb der Medizin: Künstliche Bakterien könnten Umweltgifte abbauen, Designer-Algen als alternative Energiequelle dienen. Doch zugleich sind schreckliche Auswirkungen möglich, wenn nach Gutdünken mit dem Erbgut von Lebewesen gespielt wird.

Wissenschaft braucht Grenzen

„Bio-Error" und „Bio-Terror" sind neben der Frage nach der Manipulierbarkeit des Menschen die drängendsten Sorgen: Was, wenn die erschaffenen Organismen andere Eigenschaften haben als gedacht? Was, wenn sie in die Umwelt gelangen und dort überleben? Und was, wenn sich Terro-

3 der Zellklon: Gruppe von genetisch gleichen Zellen, die aus einer bestimmten Zelle durch Zellteilung gewonnen wurde

4 Homo faber: der Mensch als Handwerker; Homo creator: der Mensch als Schöpfer

risten ihrer bemächtigen und die Menschheit mit neuen Krankheiten bedrohen?

Wissenschaft kann Großartiges und Furchtbares. Deshalb muss die Gesellschaft ihr Grenzen setzen. Im Fall der noch so jungen synthetischen Biologie besteht nun eine besondere Chance: Reflexion und Folgenabschätzung sind von Anfang an möglich. Dabei darf es nicht geschehen, dass allwissende Experten eine vermeintlich naive Bevölkerung aufklären. Es muss zu einem offenen Diskurs[5] auf Augenhöhe kommen. Ein jeder, der Forschungsgelder in die synthetische Biologie steckt, sollte daher auch Mittel zur Verfügung stellen müssen, die diesen Diskurs befördern.

5 der Diskurs: Diskussion, Austausch, Auseinandersetzung

1 a Lest den Artikel gründlich und formuliert anschließend drei Fragen, die jemand, der den Text gelesen hat, müsste beantworten können, z. B.:

- *Was ist das entscheidend Neue an den jüngsten Forschungsergebnissen ...?*
- ...

b Arbeitet im Team. Stellt und beantwortet euch gegenseitig eure Fragen. Wenn ihr bei der Antwort unsicher seid, lest noch einmal im Text nach.

2 a Welche der folgenden Intentionen (Aussageabsichten) findet ihr im Text? Gebt für jede zutreffende Intention eine Textstelle an.

Die Autorin will ...
- **A** ihre Leser informieren.
- **B** ihre Leser zu einer Handlung aufrufen.
- **C** ihre Meinung zu einem Thema darlegen.
- **D** ihre Leser in anschaulicher Weise unterhalten.

b Erklärt, ob ihr in dem Text eine vorherrschende Intention erkennen könnt.

3 „Deshalb muss die Gesellschaft ihr Grenzen setzen" (▶ Z. 56–57) heißt es gegen Ende des Kommentars. Erklärt möglichst genau, was die Autorin mit diesem Satz meint.

4 Im ersten Teil des Textes findet ihr Markierungen und Randbemerkungen. Erklärt, was diese bedeuten, und beurteilt sie. Was würdet ihr anders notieren, was ähnlich?

5 a Formuliert zu zweit ein erstes Textverständnis. Dies kann dann der Ausgangspunkt für eine genauere Textanalyse sein, z. B.:

- *In dem Kommentar ... setzt sich die Autorin mit ... auseinander.*
- *In dem Artikel ... nimmt die Autorin ... zum Anlass, um über ... nachzudenken.*
- ...

b Vergleicht eure ersten Arbeitshypothesen und diskutiert diese auch unter Zuhilfenahme des Textes.

Fordern und fördern – Eine Sachtextanalyse ausarbeiten

Analysiert den Kommentar „Grenzen für die Wissenschaft“ von Christina Berndt.
– Arbeitet die Gedankenführung (Argumentationsaufbau) und den Standpunkt der Verfasserin heraus und benennt sprachliche Auffälligkeiten. Beschreibt, welche Intention der Text hat.
– Nehmt zum Schluss kurz Stellung zur Position von Christina Berndt.

1 Analysiert den Text. Erstellt hierzu eine Kopie des Textes, nutzt verschiedene Lesedurchgänge und macht euch Randnotizen.
– 1. Lesedurchgang: Markiert Kernaussagen und ihre argumentative Stützung.
– 2. Lesedurchgang: Untersucht sprachliche Auffälligkeiten und notiert Stichworte zu ihrer Wirkung.

2 Haltet eure Untersuchungen fest. Geht so vor:
a Macht euch Notizen zum Inhalt sowie zur gedanklichen Struktur des Kommentars. Ihr könnt dazu die wichtigsten Aussagen, mit denen die Autorin ihre These erläutert, in einer Liste zusammenstellen oder ihr visualisiert den gedanklichen Aufbau des Textes in einem Schaubild, z. B.:

These: ...
↓
Argument: Wissenschaft hat zwei Seiten: eine positive und eine negative (Z. x–y)
↓
Beispiel: ... (Z. x–y)

b Notiert sprachliche Auffälligkeiten und bezieht diese auf den Inhalt, d. h. die beabsichtige Wirkung, z. B.:

Sprachliche Auffälligkeiten	Wirkung
Fachbegriffe, z. B. ...	*Eindruck, dass die Autorin ...*
Leseransprache (Z. ...)	*Leser merkt: Sachverhalt betrifft auch mich → Interesse steigt*
...	

c Begründet, welche Intention der Text hat.

●●● **3** Verfasst auf Grundlage eurer Untersuchungsergebnisse aus Aufgabe 2 eine Sachtextanalyse. Geht so vor:
a Formuliert eine informative Einleitung (Titel des Textes, ggf. Textsorte, Name des Autors / der Autorin) und Angaben zum Thema / zur Kernaussage des Textes.
b Verfasst den Hauptteil: Fasst die Kernaussagen des Textes zusammen, verdeutlicht die Gedankenführung (Argumentationsaufbau) und den Standpunkt der Verfasserin.
Beschreibt die Intention des Textes. Belegt eure Aussagen mit Zitaten (▸ Zitieren, S. 362).
c Formuliert einen Schluss, in dem ihr zu der Position der Autorin Stellung nehmt.

▷ Hilfen zu dieser Aufgabe, S. 213

Hilfe zu Aufgabe 3

Verfasst auf Grundlage eurer Ergebnisse aus Aufgabe 2 eine Sachtextanalyse, bestehend aus Einleitung, Hauptteil und Schluss.
Belegt eure Aussagen anhand des Textes (▶ Zitieren, S. 362).

Einleitung	*Jn dem vorliegenden Kommentar mit dem Titel ... geht die Autorin Christina Berndt der Frage ...* *Anlass ihrer Überlegungen sind aktuelle Forschungsergebnisse im Bereich der ...*
Hauptteil Gedankengang Position der Autorin	*Die Hauptthese des Textes wird bereits zu Beginn des Kommentars deutlich: ...* *Diese Forderung wird im Verlauf des Textes am Beispiel der synthetischen ... verständlich gemacht. Jm ersten Abschnitt macht die Autorin deutlich, dass Wissenschaft immer zwei Seiten ...*
sprachliche Mittel	*Mit der Verwendung von Fachbegriffen, z. B. ...*
Intention	*Die Absicht der Verfasserin ist in dem Kommentar deutlich formuliert. Sie möchte ...*
Schluss Stellungnahme	*Berndts Forderung, dass ..., kann ich gut / kann ich nicht nachvollziehen. Denn obwohl ..., darf man nicht übersehen, dass ... Daher ...*

Methode: Einen Sachtext analysieren

1 Inhalt und Gedankengang (Argumentationsaufbau)
- Was ist das Thema des Textes? Welche Thesen/Standpunkte werden genannt?
- Welche Gründe/Argumente werden angeführt? Ist die Argumentation überzeugend?
- Werden Gegenargumente bzw. wird die Gegenposition berücksichtigt?
- Enthält der Text eine Schlussfolgerung oder Empfehlung?

2 Aussageabsicht (Intention) des Textes
- Will der Autor / die Autorin zu einem Thema Stellung nehmen und die Meinung der Leser beeinflussen?
- Will er/sie über einen Sachverhalt aufklären und/oder zum Nachdenken anregen?
- Sollen die Leser zu einer bestimmten Handlung veranlasst werden?

Die jeweils vorherrschende Aussageabsicht wird durch den Inhalt/Gedankengang des Textes, aber auch durch die Wahl der sprachlichen Mittel erkennbar.

3 Sprachliche Besonderheiten und ihre Wirkung
Die Wahl der sprachlichen Mittel gibt Aufschluss über die Aussageabsicht des Textes und seine Zugehörigkeit zu einer Textsorte (▶ S. 343). Untersucht werden können z. B.:
- **Wortwahl, Sprachstil,** z. B. sachlich, provokant, Verwendung von Fachbegriffen/Fremdwörtern, Anglizismen, auf- oder abwertenden Formulierungen (machen die Position des Autors deutlich), bildhafter Sprache, Umgangssprache
- **Leseransprache:** Werden die Leser angesprochen, z. B. durch rhetorische Fragen, die die Leser in die Überlegungen miteinbeziehen; persönliche Anrede der Leser (z. B. durch Anredepronomen), Aufrufe oder Appelle (z. B. durch Imperative)?
- **rhetorische Stilmittel:** Vergleiche, Wiederholungen, Personifikationen, Übertreibungen, Wortspiele (▶ Mehr hierzu, S. 345, 370).

9.3 Fit in ... – Einen Sachtext analysieren

Die Aufgabenstellung und den Text verstehen

Stellt euch vor, ihr bekommt in der nächsten Klassenarbeit folgende Aufgabenstellung:

Analysiere den Text „Technisierung des Alltags – von Vorzügen, Risiken und Nebenwirkungen“:
- Stelle die Position des Verfassers dar und untersuche, mit welchen Argumenten er sie untermauert. Benenne sprachliche Auffälligkeiten und erläutere knapp die Funktion des Cartoons.
- Nimm abschließend kurz Stellung zu der Position des Autors.

Technisierung des Alltags – Von Vorzügen, Risiken und Nebenwirkungen

Von Heinz Gierlich

Unser Alltag ist schon heute ohne Technik nicht mehr denkbar und die Entwicklungen, an denen kräftig gearbeitet wird, sind faszinierend: Da wird das „intelligente Haus“ *(smart home)* angepriesen, das man auch aus der Ferne steuern kann. So kann ich z. B. dem Backofen auf der Heimfahrt befehlen, schon mal mit dem Pizzabacken anzufangen, damit ich mich – zu Hause angekommen – gleich an den Tisch setzen kann. Supermärkte sollen demnächst ohne Kasse auskommen: In die Verpackungen eingebaute Chips übertragen die Preise auf mein Smartphone, das meine Einkäufe addiert. Am Ausgang wird es an ein Lesegerät gehalten – fertig. Keine langen Schlangen mehr, weil jemand mühsam seine Cents zusammensucht. Der Betrag wird automatisch von meinem Konto abgebucht. Schöne neue Welt des Einkaufens!
Atemberaubendes tut sich auch im Straßenverkehr: Da werden Geräte entwickelt, die bei einem Unfall automatisch Polizei und gegebenenfalls Rettungskräfte verständigen, natürlich mit exakter Angabe des Unfallorts, wozu ich als eingequetschter Fahrer gar nicht mehr in der Lage wäre. Das aktuelle Lieblingsprojekt der Autobauer aber ist das komplett „autonome Auto“: Vor allem dank einer Vielzahl von Sensoren soll es völlig selbstständig fahren, und das auch noch viel sicherer, denn der Risikofaktor Mensch mit seinen höchst unzureichenden Sensoren sitzt nur hintendrin und liest die Zeitung. Was für ein entspanntes Fahren!
Faszinierende Aussichten also rundum. Wir werden von allen möglichen lästigen Dingen, die der Alltag so mit sich bringt, entlastet; das Leben wird um ein Vielfaches komfortabler und bequemer; man gewinnt unbestreitbar eine große Portion Lebensqualität.
Allerdings hat das Ganze auch seinen Preis – im wörtlichen wie auch im übertragenen Sinn: Je mehr Technik, desto größer die Abhängigkeit. Wir verlassen uns darauf, dass die Technik funktioniert – und sind dann möglicherweise ziemlich hilflos, wenn ein Gerät nicht so arbeitet, wie es sollte. Wenn ich mich auf mein Navi verlasse und das fällt aus oder schickt mich in die Wüste, kann ich damit leben. In unserem dicht besiedelten Land findet man immer irgendwo

jemanden, der Auskunft geben kann. In anderen Situationen kann ein Problem mit der Technik schon andere Folgen haben. So kam es am 6. Juni 2013 auf dem Flughafen von San Francisco zu einem verhängnisvollen Unglück, als für ein Flugzeug aus Südkorea wegen Wartungsarbeiten das Instrumenten-Landesystem nicht zur Verfügung stand. Fachleute gehen davon aus, dass die Piloten mit dem Flug auf Sicht möglicherweise überfordert waren, weil man ja der Technik vertraut und vielleicht gewisse Fähigkeiten selbst nicht mehr trainiert.

Natürlich muss es nicht gleich so schlimm kommen. Aber auch sonst sind Folgen der Technisierung durchaus zweischneidig. Was wird beispielsweise aus den Arbeitsplätzen für Kassiererinnen im Supermarkt? Und was ist mit meinem *smart home*, wenn schlicht und einfach der Strom ausfällt? Oder wenn mir jemand – im wahrsten Sinne des Wortes – „dazwischenfunkt"? Man kann sich wahre Horrorszenarien ausdenken, was alles in meiner Abwesenheit zu Hause passieren könnte. Wenn mein gelangweilter Nachbar von seiner Terrasse aus meine Mikrowelle steuert und die dann hinter meinem Rücken mit der Waschmaschine kommuniziert, hört der Spaß wirklich auf. Und die totale Vernetzung des Autos, bei dem alles per Funksignal passiert, hat neben den beschriebenen Vorteilen auch so ihre Schwachstellen. Schon heute wird davor gewarnt, dass z. B. von außen das Schloss oder die Bremsen manipuliert werden können. Und wenn Unfalldaten gesammelt und weitergegeben werden, stellt sich die Frage, wer die alles bekommt: nur die Polizei und die Rettungsleitzentrale? Oder auch die Versicherung? Oder ...?

Technikschelte ist unsinnig und auch anachronistisch[1]; ohne Technik ist unser Alltag nicht mehr zu bewältigen. Blinde Technikbegeisterung ist allerdings ebenso fragwürdig. Zumindest sollte man die sehr unterschiedlichen Folgen der Technisierung unserer Welt aufmerksam und kritisch beobachten.

1 anachronistisch: nicht in eine bestimmte Zeit (hier: Gegenwart) passend, weil es den aktuellen Entwicklungsstand ignoriert

1 a Besprecht im Team, was die Aufgabenstellung (▶ S. 214) verlangt.
- Welche Aspekte müsst ihr bei der Analyse des Textes beachten?
- Wie ist der Text aufgebaut, den ihr schreiben sollt?

b Beratet euch in Partnerarbeit, wie ihr die Aufgabe am besten angeht. In welchen Schritten wollt ihr vorgehen? Wie legt ihr eure Notizen an?

2 a Lest den Text zweimal aufmerksam durch.

b Welche Intention hat der Text? Schreibt die beiden richtigen Buchstaben in euer Heft und gebt jeweils eine Belegstelle an.

Der Verfasser will ...
- A die Gefahren der gegenwärtigen Technisierung darstellen.
- B die Vorzüge, aber auch die Gefahren durch die zunehmende Technisierung darstellen.
- C zu einer kritischen Einstellung gegenüber der Technisierung aufrufen.
- D sich über die Technikschelte lustig machen.
- E ausschließlich über die Erleichterungen informieren, die die Technik für den Alltag bringt.
- F über die neuesten Entwicklungen in der Automobiltechnik informieren.

Die Sachtextanalyse schreiben und überarbeiten

3 a Analysiert den Text. Erstellt hierzu eine Kopie des Textes, nutzt verschiedene Lesedurchgänge.
– 1. Lesedurchgang: Markiert Kernaussagen und ihre argumentative Stützung.
– 2. Lesedurchgang: Untersucht sprachliche Auffälligkeiten und notiert Stichworte zu ihrer Wirkung.

b Stellt zentrale Textaussagen (Positionen, Argumente, Beispiele) in Stichworten zusammen. Haltet knapp fest, welche Funktion die Abbildung in dem Text hat.

c Notiert sprachliche Auffälligkeiten und bezieht diese auf den Inhalt, d. h. die beabsichtige Wirkung, z. B.:

Sprachliche Auffälligkeiten	Wirkung
– *Schöne neue Welt des Einkaufens! (Z. 19 f.)*	– *ironischer Kommentar → kritische Einstellung des Verfassers klingt an*
– *Was für ein entspanntes Fahren! (Z. 35)*	– *Ausruf/Kommentar; Meinung des Verfassers …*
– …	– …

4 Verfasst eine schriftliche Analyse der Rede, bestehend aus Einleitung, Hauptteil und Schluss.

Einleitung	*Der Text … setzt sich mit … auseinander. Heinz Gierlich, der Verfasser des Artikels, hat es sich zur Aufgabe gemacht, die Chancen, aber auch … kritisch …*
Hauptteil	*Schon der Titel des Textes macht deutlich, worum es in dem Artikel geht: Der Verfasser will …* *Im ersten Teil des Textes werden die positiven … Angeführt werden zum Beispiel die Erleichterung häuslicher Abläufe durch die Einrichtung eines „smart home" (Z. 71), …* *Im zweiten Teil des Textes …* *Die Sprache trägt dazu bei, den Standpunkt des Verfassers …* *Der Cartoon …*
Schluss	*Die Position des Verfassers, kritisch zu beobachten, welche Folgen …*

5 Überarbeitet eure Texte anschließend mit Hilfe der Checkliste.

Checkliste

Eine Sachtextanalyse schreiben

- **Einleitung:** Habt ihr in der Einleitung Titel, Autor/-in, eventuell Textsorte genannt und Angaben zum Thema bzw. zur Kernaussage des Textes gemacht?
- **Hauptteil:** Habt ihr im Hauptteil wesentliche Aussagen des Textes zusammengefasst und die Ergebnisse eurer Textanalyse dargelegt: Position des Verfassers, Gedankengang (Argumentationsaufbau), sprachliche Auffälligkeiten und ihre Wirkung?
- **Schluss:** Habt kurz Stellung zu den Ausführungen des Verfassers genommen?
- Habt ihr die Ergebnisse eurer Analyse durch **Verweise oder Zitate** (▸ S. 362) **belegt?**
- Habt ihr **sachlich formuliert** und einzelne Textteile sprachlich gut miteinander verknüpft?
- Sind **Rechtschreibung** und **Zeichensetzung** korrekt?

10 „Der Vorleser“ – Roman und Literaturverfilmung vergleichen

Szene aus dem Film „Der Vorleser“; The Weinstein Company / Mirage Enterprise / Studio Babelsberg (2008)

1 a Beschreibt das Filmbild. Welchen Eindruck habt ihr von den Hauptfiguren Michael und Hanna? Wie deutet ihr ihre Beziehung?

b Tauscht euch aus: Kennt ihr den Roman oder den Film „Der Vorleser“?

2 Erzählt, in welchen Situationen ihr vorlest oder euch vorlesen lasst. Welche Rolle (Vorleser/-in oder Zuhörer/-in) gefällt euch besser?

3 Hanna, die weibliche Hauptfigur des Romans bzw. Films, verschweigt, dass sie Analphabetin ist.
Überlegt, welche Schwierigkeiten ein Mensch haben könnte, der Analphabet ist. Was könnte dies für die Handlung des Romans bzw. des Films bedeuten?

In diesem Kapitel ...

- vergleicht ihr einen spannenden Roman und seine Verfilmung,
- untersucht ihr die Figuren, die Handlung und den Erzähler eines Romans und erarbeitet seine Leitmotive und Themen,
- wendet ihr Begriffe der Filmanalyse an und untersucht eine Filmrezension,
- gestaltet ihr das Sounddesign zu einem Filmbild.

10.1 „Der Vorleser“ – Einen Roman analysieren

Den Romananfang lesen – Die Exposition kennen lernen

Bernhard Schlink

Der Vorleser (1)

Die Handlungszeit des Romans beginnt im Herbst 1958, gut 13 Jahre nach dem Ende des Zweiten Weltkriegs.

Als ich fünfzehn war, hatte ich Gelbsucht. Die Krankheit begann im Herbst und endete im Frühjahr. Je kälter und dunkler das alte Jahr wurde, desto schwächer wurde ich. Erst mit dem neuen Jahr ging es aufwärts. Der Januar war warm, und meine Mutter richtete mir das Bett auf dem Balkon. Ich sah den Himmel, die Sonne, die Wolken und hörte die Kinder im Hof spielen. Eines frühen Abends im Februar hörte ich eine Amsel singen.

Mein erster Weg führte mich von der Blumenstraße, in der wir im zweiten Stock eines um die Jahrhundertwende gebauten, wuchtigen Hauses wohnten, in die Bahnhofstraße. Dort hatte ich mich an einem Montag im Oktober auf dem Weg von der Schule nach Hause übergeben. Schon seit Tagen war ich schwach gewesen, so schwach wie noch nie in meinem Leben. Jeder Schritt kostete mich Kraft. Wenn ich zu Hause oder in der Schule Treppen stieg, trugen mich meine Beine kaum. Ich mochte auch nicht essen. Selbst wenn ich mich hungrig an den Tisch setzte, stellte sich bald Widerwillen ein. Morgens wachte ich mit trockenem Mund und dem Gefühl auf, meine Organe lägen schwer und falsch in meinem Leib. Ich schämte mich, so schwach zu sein. Ich schämte mich besonders, als ich mich übergab. Auch das war mir noch nie in meinem Leben passiert. Mein Mund füllte sich, ich versuchte, es hinunterzuschlucken, presste die Lippen aufeinander, die Hand vor den Mund, aber es brach aus dem Mund und durch die Finger. Dann stützte ich mich an die Hauswand, sah auf das Erbrochene zu meinen Füßen und würgte hellen Schleim.

Die Frau, die sich meiner annahm, tat es fast grob. Sie nahm meinen Arm und führte mich durch den dunklen Hausgang in den Hof. Oben waren von Fenster zu Fenster Leinen gespannt und hing Wäsche. Im Hof lagerte Holz; in einer offenstehenden Werkstatt kreischte eine Säge und flogen die Späne. Neben der Tür zum Hof war ein Wasserhahn. Die Frau drehte den Hahn auf, wusch zuerst meine Hand und klatschte mir dann das Wasser, das sie in ihren hohlen Händen auffing, ins Gesicht. Ich trocknete mein Gesicht mit dem Taschentuch.

„Nimm den anderen!“ Neben dem Wasserhahn standen zwei Eimer, sie griff einen und füllte ihn. Ich nahm und füllte den anderen und folgte ihr durch den Gang. Sie holte weit aus, das Wasser platschte auf den Gehweg und schwemmte das Erbrochene in den Rinnstein. Sie nahm mir den Eimer aus der Hand und schickte einen weiteren Wasserschwall über den Gehweg.

Sie richtete sich auf und sah, dass ich weinte. „Jungchen“, sagte sie verwundert, „Jungchen.“ Sie nahm mich in die Arme. Ich war kaum größer als sie, spürte ihre Brüste an meiner Brust, roch in der Enge der Umarmung meinen schlechten Atem und ihren frischen Schweiß und wusste nicht, was ich mit meinen Armen machen sollte. Ich hörte auf zu weinen.

Sie fragte mich, wo ich wohnte, stellte die Eimer in den Gang und brachte mich nach Hause. Sie lief neben mir, in der einen Hand meine Schultasche und die andere an meinem Arm.

Es ist nicht weit von der Bahnhofstraße in die Blumenstraße. Sie ging schnell und mit einer Entschlossenheit, die es mir leicht machte, Schritt zu halten. Vor unserem Haus verabschiedete sie sich.
Am selben Tag holte meine Mutter den Arzt, der Gelbsucht diagnostizierte. Irgendwann erzählte ich meiner Mutter von der Frau. Ich glaube nicht, dass ich sie sonst besucht hätte. Aber für meine Mutter war selbstverständlich, dass ich, sobald ich könnte, von meinem Taschengeld einen Blumenstrauß kaufen, mich vorstellen und bedanken würde. So ging ich Ende Februar in die Bahnhofstraße.

1 Tauscht euch aus:
- Wie wirkt der Romananfang auf euch?
- Weckt er euer Interesse und eure Lust, den Roman weiterzulesen?

Begründet eure Meinung.

2 Wer erzählt die Geschichte? Erläutert an ausgewählten Textstellen die Erzählform und das Erzählverhalten (▶ S. 225).

3 Untersucht, wie die beiden Hauptfiguren eingeführt werden. Nennt Textstellen als Belege.
- Welche Informationen erhaltet ihr über sie?
- Was erfahrt ihr über die Gefühle der Figuren?

Michael ist ein fünfzehnjähriger Junge (vgl. Z. 1), der sich gerade von einer langen Krankheit erholt, die ihn sehr schwach gemacht hat (vgl. Z. 4–5). ...
Die weibliche Hauptfigur wird nur als „Frau" bezeichnet (vgl. Z. 37). Sie wirkt selbstbewusst und ..., denn sie hilft ...

4 Überprüft die folgende These und begründet eure Einschätzung mit Textbelegen:

Die Beziehung zwischen dem Jungen (Michael) und der Frau (Hanna) ist sowohl durch eine besondere Nähe als auch Distanz gekennzeichnet.

5 Im Romananfang – wie auch im weiteren Verlauf des Romans – spielt das Motiv des Wassers eine besondere Rolle. Erklärt, welche Funktion bzw. Bedeutung das Wasser hier hat.
Situation: Michael hat sich übergeben.
Funktion/Bedeutung des Wassers: ...

Information **Die Exposition in literarischen Texten und Filmen**

Die ersten Szenen eines literarischen Textes (z. B. Roman, Drama) oder eines Films werden **Exposition** genannt. Hier werden die Leser-/innen bzw. Zuschauer/-innen in die **Handlung** sowie die Grundstimmung (Atmosphäre) eingeführt. Meist werden in der Exposition auch **Zeit und Ort der Handlung** sowie die **Hauptfiguren** vorgestellt. Auch kann es erste Hinweise auf mögliche **Konflikte, Themen** oder **Motive** geben.

Hanna und Michael – Die Hauptfiguren untersuchen

Bernhard Schlink

Der Vorleser (2)

Ein halbes Jahr später, nach seiner Genesung, besucht Michael Hanna, um sich bei ihr zu bedanken. Weil sie nicht zu Hause ist, wartet er im Treppenhaus vor ihrer Wohnungstür.

Ich war entschlossen, sie zu sehen und zu warten, bis sie käme.

Die Uhr im Flur schlug zur Viertel-, halben und vollen Stunde. Ich versuchte, dem leisen Ticken zu folgen und die neunhundert Sekunden vom einen Schlagen zum nächsten mitzuzählen, ließ mich aber immer wieder ablenken. Im Hof kreischte die Säge des Schreiners, im Haus drangen aus einer Wohnung Stimmen oder Musik, ging eine Tür. Dann hörte ich, wie jemand gleichmäßigen, langsamen, schweren Schritts die Treppe hinaufkam. Ich hoffte, er würde im zweiten Stock wohnen. Wenn er mich sähe – wie sollte ich erklären, was ich hier machte? Aber die Schritte hielten auf dem zweiten Stock nicht an. Sie stiegen weiter. Ich stand auf.

Es war Frau Schmitz. In der einen Hand trug sie eine Koksschütte, in der anderen einen Brikettbehälter. Sie hatte eine Uniform an, Jacke und Rock, und ich erkannte, dass sie Straßenbahnschaffnerin war. Sie bemerkte mich nicht, bis sie den Treppenabsatz erreicht hatte. Sie schaute nicht verärgert, nicht verwundert, nicht spöttisch – nichts von dem, was ich befürchtet hatte. Sie sah müde aus. Als sie die Kohlen abgestellt hatte und in der Jackentasche nach dem Schlüssel suchte, klirrten Münzen auf dem Boden. Ich hob sie auf und gab sie ihr.

„Unten im Keller stehen noch zwei Schütten. Machst du sie voll und bringst sie hoch? Die Tür ist auf."

Ich rannte die Treppen hinunter. Die Tür zum Kellergeschoss stand auf, das Kellerlicht war an, und am Fuß der langen Kellertreppe fand ich einen Bretterverschlag, bei dem die Tür nur angelehnt war und das offene Ringschloss am Riegel hing. Der Raum war groß, und der Koks häufte sich bis zur Luke unter der Decke, durch die er von der Straße in den Keller geschüttet worden war. Neben der Tür waren auf der einen Seite die Briketts ordentlich geschichtet und standen auf der anderen die Koksschütten.

Ich weiß nicht, was ich falsch gemacht habe. Zu Hause holte ich auch Kohlen aus dem Keller und hatte damit nie Probleme. Allerdings lagerte der Koks zu Hause nicht so hoch gehäuft. Das Füllen der ersten Schütte ging gut. Als ich auch die zweite Schütte an den Griffen packte und den Koks am Boden aufnehmen wollte, kam der Berg in Bewegung. Von oben hüpften kleine Brocken in großen und große in kleinen Sprüngen herab, weiter unten war's ein Rutschen und am Boden ein Rollen und Schieben. Schwarzer Staub wolkte auf. Ich blieb erschrocken stehen, bekam den einen und anderen Brocken ab und stand bald bis zu den Knöcheln im Koks.

Als der Berg zur Ruhe kam, trat ich aus dem Koks, füllte die zweite Schütte, suchte und fand einen Besen, mit dem ich die Brocken, die in den Kellerflur gerollt waren, in den Bretterverschlag fegte, verschloss die Tür und trug die beiden Schütten hoch.

Sie hatte die Jacke ausgezogen, die Krawatte gelockert, den obersten Knopf geöffnet und saß mit einem Glas Milch am Küchentisch. Sie sah mich, lachte zuerst verhalten glucksend und dann aus vollem Hals. Sie zeigte mit dem Finger auf mich und klatschte mit der anderen Hand auf den Tisch. „Wie siehst du aus, Jungchen, wie siehst du aus!" Dann sah auch ich mein schwarzes Gesicht im Spiegel über der Spüle und lachte mit.

„So kannst du nicht nach Hause. Ich lass dir ein Bad einlaufen und klopf deine Sachen aus." Sie ging zur Wanne und drehte den Hahn auf. Das Wasser rauschte dampfend in die Wanne. „Zieh deine Sachen vorsichtig aus, ich brauch den schwarzen Staub nicht in der Küche."

Ich zögerte, zog Pullover und Hemd aus und zögerte wieder. Das Wasser stieg schnell, und die Wanne war fast voll.

„Willst du mit Schuhen und Hose baden? Jungchen, ich schau nicht hin." Aber als ich den Hahn zugedreht und auch die Unterhose ausgezogen hatte, musterte sie mich ruhig. Ich wurde rot, stieg in die Wanne und tauchte unter. Als ich auftauchte, war sie mit meinen Sachen auf dem Balkon. Ich hörte, wie sie die Schuhe gegeneinanderschlug und Hose und Pullover ausschüttelte. Sie rief etwas nach unten, über Kohlenstaub und Sägespäne, von unten rief's hoch, und sie lachte. Zurück in der Küche, legte sie meine Sachen auf den Stuhl. Sie warf mir nur einen raschen Blick zu. „Nimm das Shampoo und wasch dir auch die Haare. Ich bring gleich das Frottiertuch." Sie nahm etwas aus dem Kleiderschrank und ging aus der Küche.

Ich wusch mich. Das Wasser in der Wanne war schmutzig, und ich ließ frisches Wasser zulaufen, um unter dem Strahl Kopf und Gesicht sauberzuspülen. Dann lag ich da, hörte den Badeofen bullern, spürte im Gesicht die kühle Luft, die durch die spaltoffene Küchentür kam, und am Körper das warme Wasser. Mir war behaglich. Es war ein erregendes Behagen, und mein Geschlecht wurde steif.

Ich sah nicht auf, als sie in die Küche kam, erst als sie vor der Wanne stand. Mit ausgebreiteten Armen hielt sie ein großes Tuch. „Komm!" Ich wandte ihr den Rücken zu, als ich mich aufrichtete und aus der Wanne stieg. Sie hüllte mich von hinten in das Tuch, von Kopf bis Fuß, und rieb mich trocken. Dann ließ sie das Tuch zu Boden fallen. Ich wagte nicht, mich zu rühren. Sie trat so nahe an mich heran, dass ich ihre Brüste an meinem Rücken und ihren Bauch an meinem Po spürte. Auch sie war nackt. Sie legte die Arme um mich, die eine Hand auf meine Brust und die andere auf mein steifes Geschlecht.

„Darum bist du doch hier!"

„Ich ..." Ich wusste nicht, was ich sagen sollte. Nicht ja, aber auch nicht nein. Ich drehte mich um. Ich sah nicht viel von ihr. Wir standen zu dicht. Aber ich war überwältigt von der Gegenwart ihres nackten Körpers. „Wie schön du bist!"

„Ach, Jungchen, was redest du." Sie lachte und schlang die Arme um meinen Hals. Auch ich nahm sie in meine Arme.

Ich hatte Angst: vor dem Berühren, vor dem Küssen, davor, dass ich ihr nicht gefallen und nicht genügen würde. Aber als wir uns eine Weile gehalten hatten, ich ihren Geruch gerochen und ihre Wärme und Kraft gefühlt hatte, wurde alles selbstverständlich. Das Erforschen ihres Körpers mit Händen und Mund, die Begegnung der Münder und schließlich sie über mir, Auge in Auge, bis es mir kam und ich die Augen fest schloss und zunächst mich zu beherrschen versuchte und dann so laut schrie, dass sie den Schrei mit ihrer Hand auf meinem Mund erstickte.

1 a Erklärt, welchen Eindruck ihr von der Liebesbeziehung zwischen Hanna und Michael habt.
b Untersucht, welche Einzelheiten ihr über Hanna in diesen beiden Romanauszügen erfahrt.
c Formuliert weitere Fragen, die über Hanna offenbleiben.

2 a Stellt euch vor: Michael schreibt einem Freund einen Brief, in dem er von seiner Beziehung zu Hanna berichtet. Überlegt, wie der Freund reagieren könnte, und verfasst einen Antwortbrief.
b Lest eure Texte vor. Was ist das Besondere an der Beziehung? Hat sie eine Chance?

Vorlesen und Wasser – Leitmotive erschließen

Bernhard Schlink

Der Vorleser (3)

Um sieben wurde zu Abend gegessen, und zunächst drängte Hanna mich, pünktlich zu Hause zu sein. Aber nach einer Weile blieb es nicht bei den eineinhalb Stunden, und ich fing an, Ausreden zu erfinden und das Abendessen auszulassen.

Das lag am Vorlesen. Am Tag nach unserem Gespräch wollte Hanna wissen, was ich in der Schule lernte. Ich erzählte von Homers Epen, Ciceros Reden und Hemingways Geschichte vom alten Mann und seinem Kampf mit dem Fisch und dem Meer. Sie wollte hören, wie Griechisch und Latein klingen, und ich las ihr aus der Odyssee und den Reden gegen Catilina vor.

„Lernst du auch Deutsch?“

„Wie meinst du das?“

„Lernst du nur fremde Sprachen, oder gibt es auch bei der eigenen Sprache noch was zu lernen?“

„Wir lesen Texte.“ Während ich krank war, hatte die Klasse „Emilia Galotti“ und „Kabale und Liebe“ gelesen, und demnächst sollte darüber eine Arbeit geschrieben werden. Also musste ich beide Stücke lesen, und ich tat es, wenn alles andere erledigt war. Dann war es spät, und ich war müde, und was ich las, wusste ich am nächsten Tag schon nicht mehr und musste ich noch mal lesen.

„Lies es mir vor!“

„Lies selbst, ich bring's dir mit.“

„Du hast so eine schöne Stimme, Jungchen, ich mag dir lieber zuhören als selbst lesen.“

„Ach, ich weiß nicht.“

Aber als ich am nächsten Tag kam und sie küssen wollte, entzog sie sich. „Zuerst musst du mir vorlesen.“

Sie meinte es ernst. Ich musste ihr eine halbe Stunde lang „Emilia Galotti“ vorlesen, ehe sie mich unter die Dusche und ins Bett nahm. Jetzt war auch ich über das Duschen froh. Die Lust, mit der ich gekommen war, war über dem Vorlesen vergangen. Ein Stück so vorzulesen, dass die verschiedenen Akteure einigermaßen erkennbar und lebendig werden, verlangt einige Konzentration. Unter der Dusche wuchs die Lust wieder. Vorlesen, duschen, lieben und noch ein bisschen beieinanderliegen – das wurde das Ritual unserer Treffen.

Sie war eine aufmerksame Zuhörerin. Ihr Lachen, ihr verächtliches Schnauben und ihre empörten oder beifälligen Ausrufe ließen keinen Zweifel, dass sie der Handlung gespannt folgte und dass sie Emilia wie Luise für dumme Gören hielt. Die Ungeduld, mit der sie mich manchmal bat weiterzulesen, kam aus der Hoffnung, die Torheit müsse sich endlich legen. „Das darf doch nicht wahr sein!“ Manchmal drängte es mich selbst weiterzulesen. Als die Tage länger wurden, las ich länger, um in der Dämmerung mit ihr im Bett zu sein. Wenn sie auf mir eingeschlafen war, im Hof die Säge schwieg, die Amsel sang und von den Farben der Dinge in der Küche nur noch hellere und dunklere Grautöne blieben, war ich vollkommen glücklich.

1 a Welche Bedeutung hat das Vorlesen für Hanna?

b Welcher der folgenden Einschätzungen stimmt ihr eher zu? Begründet eure Meinung.

A In der Beziehung ist Hanna die Stärkere, denn sie bringt Michael dazu, ihr vorzulesen.

B In der Beziehung ist Michael der Stärkere, denn er ist der Vorleser.

C In der Beziehung sind beide gleich stark, weil jeder eine wichtige Rolle übernimmt.

Bernhard Schlink

Der Vorleser (4)

Michael will Hanna bei ihrer Arbeit überraschen. Als er in die leere Straßenbahn steigt, scheint Hanna ihn gar nicht wahrnehmen zu wollen. Später macht er ihr Vorwürfe, dass sie ihn ignoriert habe. Es kommt zum ersten Streit.

Ich setzte mich aufs Sofa. Sie hatte mich schlecht behandelt, und ich hatte sie zur Rede stellen wollen. Aber ich war gar nicht an sie herangekommen. Statt dessen hatte sie mich angegriffen. Und ich begann, unsicher zu werden. Hatte sie vielleicht recht, nicht objektiv, aber subjektiv? Konnte, musste sie mich falsch verstehen? Hatte ich sie verletzt, ohne meine Absicht, gegen meine Absicht, aber eben doch verletzt?
„Es tut mir leid, Hanna. Alles ist schiefgelaufen. Ich habe dich nicht kränken wollen, aber es scheint …"
„Es scheint? Du meinst, es scheint, du hast mich gekränkt? Du kannst mich nicht kränken, du nicht. Und gehst du jetzt endlich? Ich habe gearbeitet, ich will baden, ich will meine Ruhe haben." Sie sah mich auffordernd an. Als ich nicht aufstand, zuckte sie mit den Schultern, drehte sich um, ließ Wasser in die Wanne und zog sich aus.
Jetzt stand ich auf und ging. Ich dachte, ich gehe für immer. Aber nach einer halben Stunde stand ich wieder vor der Wohnung. Sie ließ mich herein, und ich nahm alles auf mich. Ich hatte gedankenlos, rücksichtslos, lieblos gehandelt. Ich verstand, dass sie gekränkt war. Ich verstand, dass sie nicht gekränkt war, weil ich sie nicht kränken konnte. Ich verstand, dass ich sie nicht kränken konnte, dass sie sich mein Verhalten aber einfach nicht bieten lassen durfte. Am Ende war ich glücklich, als sie zugab, dass ich sie verletzt hatte. Also war sie doch nicht so unberührt und unbeteiligt, wie sie getan hatte.
„Verzeihst du mir?"
Sie nickte.
„Liebst du mich?"
Sie nickte wieder. „Die Wanne ist noch voll. Komm, ich bade dich."
Später habe ich mich gefragt, ob sie das Wasser in der Wanne gelassen hatte, weil sie wusste, dass ich wiederkommen würde.

1 Untersucht, wie der Streit verläuft.
Wir wirkt diese Form der Versöhnung auf euch?

2 a Tragt zusammen, in welchen Situationen im Roman bislang Wasser eine Rolle spielt und welche Funktion bzw. Bedeutung es hat, z. B.:

Situation	Form des Wassers	Funktion/Bedeutung
Michael hat sich erbrochen.	…	*Reinigung von Dreck und Scham*

b Übertragt die Redewendung „sich in Unschuld baden" auf das Leitmotiv des Wassers im Roman.

Information **Leitmotiv**

Als Leitmotiv bezeichnet man einen **Baustein, der in einem literarischen Text wiederkehrt** und dadurch eine besondere Bedeutung erhält (z. B. ein Handlungselement, eine einprägsame Aussage oder Wendung, ein besonderer Ort, ein Gegenstand oder eine Farbe).

Erzähler und Erzählweise genau untersuchen

Bernhard Schlink

Der Vorleser (5)

Mit Beginn des neuen Schuljahres lernt Michael die gleichaltrige Sophie kennen. Als er mit seinen Freunden im Schwimmbad ist, sieht er völlig überraschend Hanna. Er geht aber nicht auf sie zu, sondern ignoriert sie. Am nächsten Tag ist Hanna spurlos verschwunden.

Nachdem Hanna die Stadt verlassen hatte, dauerte es eine Weile, bis ich aufhörte, überall nach ihr Ausschau zu halten, bis ich mich daran gewöhnte, dass die Nachmittage ihre Gestalt verloren hatten, und bis ich Bücher ansah und aufschlug, ohne mich zu fragen, ob sie zum Vorlesen geeignet wären. Es dauerte eine Weile, bis mein Körper sich nicht mehr nach ihrem sehnte; manchmal merkte ich selbst, wie meine Arme und Beine im Schlaf nach ihr tasteten, und mehrmals gab mein Bruder bei Tisch zum Besten, ich hätte im Schlaf „Hanna" gerufen. Ich erinnere mich auch an Schulstunden, in denen ich nur von ihr träumte, nur an sie dachte. Das Gefühl einer Schuld, das mich in den ersten Wochen gequält hatte, verlor sich. Ich vermied ihr Haus, nahm andere Wege, und nach einem halben Jahr zog meine Familie in einen anderen Stadtteil. Nicht dass ich Hanna vergessen hätte. Aber irgendwann hörte die Erinnerung an sie auf, mich zu begleiten. Sie blieb zurück, wie eine Stadt zurückbleibt, wenn der Zug weiterfährt. Sie ist da, irgendwo hinter einem, und man könnte hinfahren und sich ihrer versichern. Aber warum sollte man.

Ich habe die letzten Jahre auf der Schule und die ersten auf der Universität als glückliche Jahre in Erinnerung. Zugleich kann ich nur wenig über sie sagen. Sie waren mühelos; das Abitur und das aus Verlegenheit gewählte Studium der Rechtswissenschaft fielen mir nicht schwer, Freundschaften, Liebschaften und Trennungen fielen mir nicht schwer, nichts fiel mir schwer. Alles fiel mir leicht, alles wog leicht. Vielleicht ist das Erinnerungspäckchen deshalb so klein. Oder halte ich es klein? Ich frage mich auch, ob die glückliche Erinnerung überhaupt stimmt. Wenn ich länger zurückdenke, kommen mir genug beschämende und schmerzliche Situationen in den Sinn und weiß ich, dass ich die Erinnerung an Hanna zwar verabschiedet, aber nicht bewältigt hatte. Mich nach Hanna nie mehr demütigen lassen und demütigen, nie mehr schuldig machen und schuldig fühlen, niemanden mehr so lieben, dass ihn verlieren wehtut – ich habe das damals nicht in Deutlichkeit gedacht, aber mit Entschiedenheit gefühlt.

Ich gewöhnte mir ein großspuriges, überlegenes Gehabe an, ich präsentierte mich als einen, den nichts berührt, erschüttert, verwirrt. Ich ließ mich auf nichts ein, und ich erinnere mich an einen Lehrer, der das durchschaute, mich darauf ansprach und den ich arrogant abfertigte. Ich erinnere mich auch an Sophie. Bald nachdem Hanna die Stadt verlassen hatte, wurde bei Sophie Tuberkulose diagnostiziert. Sie verbrachte drei Jahre im Sanatorium und kam zurück, als ich gerade Student geworden war. Sie fühlte sich einsam, suchte den Kontakt zu alten Freunden, und ich hatte es nicht schwer, mich in ihr Herz zu drängen. Nachdem wir zusammen geschlafen hatten, merkte sie, dass es mir nicht wirklich um sie zu tun war, und sagte unter Tränen: „Was ist mit dir passiert, was ist mit dir passiert." Ich erinnere mich an meinen Großvater, der mich bei einem meiner letzten Besuche vor seinem Tod segnen wollte und dem ich erklärte, ich glaube nicht daran und lege darauf keinen Wert. Dass ich mich nach solchem Verhalten damals gut gefühlt haben soll, ist mir schwer vorstellbar. Ich erinnere mich auch daran, dass ich angesichts kleiner Gesten liebevoller Zuwendung einen Kloß im Hals spürte, ob die Gesten mir galten oder jemand anderem. Manchmal genügte eine Szene in einem Film. Dieses Nebeneinander von Kaltschnäuzigkeit und Empfindsamkeit war mir selbst suspekt.

1 a Stellt Vermutungen an, warum Hanna so plötzlich verschwunden sein könnte.
b Beschreibt, wie Michael mit dem Verlust von Hanna im Laufe der Zeit umgeht. Nennt Textstellen.

2 a Bestimmt, aus welcher Sicht erzählt wird (Erzählform). Findet eine Textpassage, in der der Erzähler über sein früheres Verhalten „laut" nachdenkt. Wer kommt hier zu Wort? Welche Funktion haben diese Einschübe innerhalb des Romans?
b Erläutert die folgende Aussage zur Erzähltechnik im Roman „Der Vorleser":

> Der Autor Bernhard Schlink produziert ein Spannungsfeld zwischen dem erlebenden Ich (erzählte Zeit) und dem erzählenden Ich (Erzählergegenwart), in dem es zu einer kritischen Auseinandersetzung mit dem eigenen Verhalten des Ich-Erzählers kommt.

c Untersucht anhand der Textausschnitte aus dem ersten Teilkapitel (▸ S. 217–228), wann welche Erzählerfigur im Vordergrund steht.

3 a Lest noch einmal die Zeilen 27–49. Erläutert, wie Michael seine Erinnerungen bewertet.
b Erklärt, was der Erzähler damit meint, die Erinnerung an Hanna zwar verabschiedet, aber nicht bewältigt zu haben.

Information **Erzählform und Erzählverhalten**

1 Erzählform
- **Ich-Erzähler/Ich-Erzählerin:** Der Erzähler / Die Erzählerin erscheint gleichzeitig als erlebende und erzählende Figur. Dabei kann er/sie unmittelbar aus der Situation heraus oder mit einem zeitlichen Abstand erzählen. Der erste Ich-Erzählertyp erzählt ohne einen zeitlichen Abstand. Das erzählende und das erlebende Ich sind hier weitgehend identisch. Der zweite Typ des Ich-Erzählers erzählt mit einem erkennbaren zeitlichen Abstand. Das erzählende Ich (Erzählergegenwart) ist weit entfernt von dem erlebenden Ich (erzählte Zeit). Hier kann der Ich-Erzähler zu seinem vergangenen Verhalten Stellung nehmen und es kommentieren.
- **Er-/Sie-Erzähler:** Der Erzähler tritt als Figur ganz in den Hintergrund und ist nicht am Geschehen beteiligt. Er erzählt von allen Figuren in der Er- bzw. Sie-Form.

2 Erzählverhalten
- **Auktoriales Erzählverhalten:** Der Erzähler steht außerhalb der Handlung, überblickt das komplette Geschehen und kennt alle Figuren, ihre Gedanken und Gefühle. Er kann durch Kommentare oder Wertungen unterschiedliche Haltungen gegenüber dem Erzählten ausdrücken, z. B. zustimmend, kritisch, humorvoll oder satirisch. Ebenso kann er die weitere Handlung andeuten oder die Leser direkt ansprechen.
- **Personales Erzählverhalten:** Der Erzähler erzählt nur aus der Sicht einer Figur oder wechselnd aus der Sicht mehrerer Figuren. Er bleibt in der Sichtweise der Figur bzw. der Figuren verhaftet.

Die Schuldfrage – Ein zentrales Thema reflektieren

Bernhard Schlink

Der Vorleser (6)

Acht Jahre später trifft Michael Hanna völlig überraschend wieder. Michael studiert Jura und besucht einen Kriegsverbrecherprozess gegen Wärterinnen eines Konzentrationslagers. Eine der Angeklagten ist Hanna Schmitz.
Im Prozess erinnert sich eine Jüdin, dass Hanna KZ-Häftlinge begünstigte, die ihr vorlasen. Hanna bestreitet die Taten nicht. Ihr wird ein Bericht gezeigt, den sie verfasst haben soll. Darin steht, dass sie die Hauptverantwortliche für den Tod der Gefangenen ist. Hanna leugnet, den Bericht geschrieben zu haben. Als der Richter jedoch ihre Handschrift prüfen will, gibt sie überraschend zu, doch die Verfasserin zu sein. Kurze Zeit später erkennt Michael, dass Hanna Analphabetin ist und den Bericht nicht geschrieben haben kann. Doch sie scheint es – trotz einer möglichen Entlastung – nicht zugeben zu wollen.

Hanna konnte nicht lesen und schreiben.
Deswegen hatte sie sich vorlesen lassen. Deswegen hatte sie mich auf unserer Fahrradtour das Schreiben und Lesen übernehmen lassen und war am Morgen im Hotel außer sich gewesen, als sie meinen Zettel gefunden, meine Erwartung, sie kenne seinen Inhalt, geahnt und ihre Bloßstellung gefürchtet hatte. Deswegen hatte sie sich der Beförderung bei der Straßenbahn entzogen; ihre Schwäche, die sie als Schaffnerin verbergen konnte, wäre bei der Ausbildung zur Fahrerin offenkundig geworden. Deswegen hatte sie sich der Beförderung bei Siemens entzogen und war Aufseherin geworden. Deswegen hatte sie, um der Konfrontation mit dem Sachverständigen zu entgehen, zugegeben, den Bericht geschrieben zu haben. Hatte sie sich deswegen im Prozess um Kopf und Kragen geredet? Weil sie das Buch der Tochter[1] wie auch die Anklage nicht hatte lesen, die Chancen ihrer Verteidigung nicht hatte sehen und sich nicht entsprechend hatte vorbereiten können? Hatte sie deswegen ihre Schützlinge nach Auschwitz geschickt? Um sie, falls sie was gemerkt haben sollten, stumm zu machen? Und hatte sie deswegen die Schwachen zu ihren Schützlingen gemacht?
Deswegen? Dass sie sich schämte, nicht lesen und schreiben zu können, und lieber mich befremdet als sich bloßgestellt hatte, verstand ich. Scham als Grund für ausweichendes, abwehrendes, verbergendes und verstellendes, auch verletzendes Verhalten kannte ich selbst. Aber Hannas Scham, nicht lesen und schreiben zu können, als Grund für ihr Verhalten im Prozess und im Lager? Aus Angst vor der Bloßstellung als Analphabetin die Bloßstellung als Verbrecherin? Aus Angst vor der Bloßstellung als Analphabetin das Verbrechen?
Wie oft habe ich mir damals und seitdem dieselben Fragen gestellt. Wenn Hannas Motiv die Angst vor Bloßstellung war – wieso dann statt der harmlosen Bloßstellung als Analphabetin die furchtbare als Verbrecherin? Oder meinte sie, ohne jede Bloßstellung durch- und davonzukommen? War sie einfach dumm? Und war sie so eitel und böse, für das Vermeiden einer Bloßstellung zur Verbrecherin zu werden?
Ich habe es damals und seitdem immer wieder verworfen. Nein, habe ich mir gesagt, Hanna hatte sich nicht für das Verbrechen entschieden. Sie hatte sich gegen die Beförderung bei Siemens entschieden und war in die Tätigkeit als Aufseherin hineingeraten. Und nein, sie

1 Hauptzeugen im Prozess sind eine jüdische Mutter und ihre Tochter, die als Einzige den Kirchenbrand überlebt haben. Die Tochter hat ihre Erlebnisse im Konzentrationslager in einem Buch festgehalten.

hatte die Zarten und Schwachen nicht mit dem Transport nach Auschwitz geschickt, weil sie ihr vorgelesen hatten, sondern hatte sie fürs Vorlesen ausgewählt, weil sie ihnen den letzten Monat erträglich machen wollte, ehe sie ohnehin nach Auschwitz mussten. Und nein, im Prozess wog Hanna nicht zwischen der Bloßstellung als Analphabetin und der Bloßstellung als Verbrecherin ab. Sie kalkulierte und taktierte nicht. Sie akzeptierte, dass sie zur Rechenschaft gezogen wurde, wollte nur nicht überdies bloßgestellt werden.

1 Tragt zusammen, welche neuen Informationen ihr über Hanna erhaltet.

- *Hanna wird in dem Kriegsverbrecherprozess angeklagt, weil …*
- *Folgende Punkte werden ihr zur Last gelegt: …*
- *Während des Prozesses verhält sie sich …, weil …*
- *Sie hat die Beförderung bei der Straßenbahn abgelehnt und ist plötzlich verschwunden, weil …*

2 a Michael bewertet Hannas Verhalten in der Vergangenheit jetzt anders. Fasst zusammen, inwiefern Hannas Analphabetismus ihren Lebenslauf und ihre Entscheidungen beeinflusst hat.

b Könnt ihr nachvollziehen, dass Hanna ihren Analphabetismus – auch in der Gerichtsverhandlung – unter allen Umständen verbergen will? Begründet eure Meinung.

c Michael sagt an einer anderen Stelle im Roman: „Analphabetismus ist Unmündigkeit.“ Erklärt diese Aussage und erläutert sie an konkreten Beispielen.

3 a Das Thema des Analphabetismus zählt zu den wichtigsten Themen, die in Bernhard Schlinks Roman „Der Vorleser“ zur Sprache kommen, zumal es mit dem ebenso zentralen Thema der Schuld verknüpft ist. Erläutert diese These.

b Diskutiert, ob Hannas Schuld durch ihren Analphabetismus und ihre Scham relativiert wird.

4 Geht ein Roman, der durch Hannas Analphabetentum Verständnis für eine KZ-Wärterin hervorrufen kann, angemessen mit der nationalsozialistischen Vergangenheit um? Begründet eure Meinung.

Information **Literarische Themen**

Unter einem Thema versteht man den **Grund- und Leitgedanken eines Textes.** Das Thema bildet eine Art Rahmen, innerhalb dessen die Handlung und die Figuren ausgestaltet werden. **Literarische Themen** sind meist **abstrakt** (z. B. Liebe, Schuld, Rache, Freiheit, Verbrechen) und werden erst durch die erzählte Geschichte mit Leben erfüllt. Ein Thema lässt sich oft erst am Ende der Lektüre in seiner Ganzheit verstehen, wenn dann die Fülle der aufgeworfenen Fragen deutlich wird.
Literarische Themen sind nicht immer trennscharf von literarischen Motiven (▸ S. 153) zu unterscheiden. Meist haben literarische Themen eine höhere Abstraktheit, Motive sind konkreter (z. B. „Wasser“ als Motiv für das Thema „Beseitigen von Schuld“).

Testet euch!

Erzähler und Figuren untersuchen

Bernhard Schlink

Der Vorleser (7)

Die Gerichtsverhandlung wird unterbrochen, aber Michael kommt nicht zur Ruhe.

Ich konnte mich nicht aufs Lernen konzentrieren, nicht auf die Professoren und nicht auf die Bücher. Wieder und wieder schweiften meine Gedanken ab und verloren sich in Bildern. Ich sah Hanna bei der brennenden Kirche, mit hartem Gesicht, schwarzer Uniform und Reitpeitsche. Mit der Reitpeitsche zeichnet sie Kringel in den Schnee und schlägt gegen die Stiefelschäfte. Ich sah sie, wie sie sich vorlesen lässt. Sie hört aufmerksam zu, stellt keine Fragen und macht keine Bemerkungen. Als die Stunde vorbei ist, teilt sie der Vorleserin mit, dass sie morgen mit dem Transport nach Auschwitz geht. Die Vorleserin, ein schmächtiges Geschöpf mit schwarzen Haarstoppeln und kurzsichtigen Augen, beginnt zu weinen. Hanna schlägt mit der Hand gegen die Wand, und zwei Frauen treten ein, auch sie Häftlinge in gestreiftem Gewand, und zerren die Vorleserin raus. Ich sah Hanna Lagerstraßen entlanggehen und in Häftlingsbaracken treten und Bauarbeiten überwachen. Sie tut alles mit demselben harten Gesicht, mit kalten Augen und schmalem Mund, und die Häftlinge ducken sich, beugen sich über die Arbeit, drücken sich an die Wand, in die Wand, wollen in der Wand verschwinden. Manchmal sind viele Häftlinge angetreten oder laufen hierhin und dorthin oder formen Reihen oder marschieren, und Hanna steht dazwischen und schreit Kommandos, das schreiende Gesicht eine hässliche Fratze, und hilft mit der Reitpeitsche nach. Ich sah den Kirchturm ins Kirchendach schlagen und die Funken stieben und hörte die Verzweiflung der Frauen. Ich sah die ausgebrannte Kirche am nächsten Morgen.

Neben diesen Bildern sah ich die anderen. Hanna, die in der Küche die Strümpfe anzieht, die vor der Badewanne das Frottiertuch hält, die mit wehendem Rock auf dem Fahrrad fährt, die im Arbeitszimmer meines Vaters steht, die vor dem Spiegel tanzt, die im Schwimmbad zu mir herüberschaut, Hanna, die mir zuhört, die zu mir redet, die mich anlacht, die mich liebt.

1 Untersucht die Erzählweise. Schreibt hierzu den folgenden Satz richtig in euer Heft:
Es handelt sich um einen auktorialen/personalen Er-/Sie-/Ich-Erzähler. Das erlebende Ich / erzählende Ich und die erzählte Zeit / Erzählergegenwart stehen in diesem Textauszug im Vordergrund.

2 a Welche zwei unterschiedlichen Seiten von Hanna beschäftigen Michael in diesem Textausschnitt? Notiert die Buchstaben der zutreffenden Antworten. Belegt jede Aussage mit einem passenden Zitat aus dem obigen Text.

A Hannas Hilflosigkeit als Analphabetin
B Hannas Grausamkeit als KZ-Wärterin
C Hannas erotische Ausstrahlung auf Michael
D Hannas große Freude am Vorlesenlassen

b Setzt die folgende Aussage fort: *Michael beschäftigen die zwei Seiten von Hanna, weil …*

3 Prüft die Ergebnisse aus den Aufgaben 1 und 2 in Partnerarbeit.

10.2 „Der Vorleser“ – Eine Literaturverfilmung untersuchen

Film und Roman – Formen des Erzählens vergleichen

Kinoplakat „Der Vorleser“; The Weinstein Company / Mirage Enterprise / Studio Babelsberg (2008)

1 Betrachtet das Filmplakat: Passen die Schauspieler eurer Meinung nach zu den Hauptfiguren Hanna und Michael? Wo weichen eure Vorstellungen ab?

2 a Untersucht, welche thematischen Aspekte des Romans ihr auf dem Plakat wiederfinden könnt.
b Erklärt, welche Rolle der erwachsene Michael als Erzähler im Film offenbar einnimmt.

3 a Seht euch den Filmanfang an und vergleicht die Exposition (00:00–06:14) mit dem Romananfang (▸ S. 218 f.). Welche Situation bestimmt den Romananfang, welche den Film?
b Der Regisseur setzt für den Ich-Erzähler (den erwachsenen Michael) keine Erzählerstimme aus dem Off ein, sondern zeigt ihn als handelnde Figur. Erklärt, wie dies im Unterschied zum Roman wirkt.

4 a In der Filmexposition fragt die Geliebte des erwachsenen Michael: „Kommt es je vor, dass eine Frau lange genug bei dir bleibt, um herauszufinden, was in deinem Kopf vorgeht?“ Erläutert, welche Hinweise auf Michaels Charakter und Gefühlslage damit bereits angedeutet werden.
b Erklärt, inwiefern auch die unterlegte Musik zur Gefühlslage von Michael passt.

Drehorte, Kulissen, Requisiten und Sounddesign untersuchen

1 a Betrachtet die Filmbilder: Was ist dargestellt? Wie wirken die Bilder auf euch?
b Verdeutlicht an einzelnen Details, wie die 1950er Jahre als Handlungszeit erkennbar werden.
c Beschreibt die Atmosphäre der Bilder. Erklärt, wodurch die Wirkung erzeugt wirkt.
d Mit welchem Sounddesign (Geräusche/Stimmen/Musik) würdet ihr die Szene gestalten?

2 Schaut euch nun im Film die Szene an, in der Michael auf seinem Heimweg von der Schule unter starker Übelkeit leidet (02:30–03:42).
a Untersucht arbeitsteilig Kulissen, Requisiten und Sounddesign:
- Wie werden Handlungsort und Handlungszeit durch die Kulissen deutlich gemacht?
- Welche Requisiten werden eingesetzt? Wie verdeutlichen sie die Handlungszeit?
- Welche Geräusche und Stimmen sind vernehmbar? Welche Atmosphäre erzeugen sie?
- Wie sind Tempo und Melodie der Musik gestaltet? Ist sie dezent oder eindringlich?

b Beschreibt, wie die Zuschauerwahrnehmung gelenkt und die Fantasie beeinflusst wird.

3 Untersucht, welche Charaktereigenschaften Hannas an diesem Schauplatz betont werden.

Information **Gestaltung von Drehorten und Sounddesign**

Drehorte und Kulissen erzählen immer etwas über die Handlungszeit, die Atmosphäre und die Filmfiguren, die in den Kulissen agieren. Vor Drehbeginn werden reale Drehorte und vorhandene Räumlichkeiten ausgesucht, der Bau vollständiger Sets im Freien oder in einem Studio und die Besorgung auch kleinster Requisiten geplant und organisiert. Das **Sounddesign** bezeichnet die **Tonmischung** nach Beendigung der Dreharbeiten. Kernelemente sind Sprache, Geräusche, Musik, die gestaltet, gemischt und abgestimmt werden müssen. Musik und Geräusche wirken sich in besonderer Weise auf die Emotionen der Zuschauer aus und können deren Fantasie anregen bzw. die Gedanken über den Film beeinflussen.

Die Gestaltung des Films in der Postproduktion

Michael ist in der letzten Ferienwoche alleine zu Hause. Er lädt Hanna zu einem Abendessen in die Wohnung ein. Diese Szene wurde zwar gedreht, aber aus der Endfassung geschnitten.

A Michael hat für Hanna gekocht.

B Er schenkt ihr ein seidenes Nachthemd, das er zuvor in einem Kaufhaus geklaut hat.

C Hanna betrachtet das große Bücherregal im Arbeitszimmer von Michaels Vater.

D Sie verbringen einen intensiven Abend.

1 Beschreibt jedes Filmbild genau und erklärt, welche Wirkung jeweils erzielt wird (▸ Informationen zu Einstellungsgrößen und Kameraperspektiven, S. 346).

2 a Erläutert, was Michael Hannas Besuch in seinem Elternhaus bedeutet.
b Im Roman sagt Michael, Hanna habe sich bei ihm zu Hause offenbar wie ein Eindringling gefühlt. Stellt Vermutungen an, warum Hanna dieses Gefühl haben könnte.

3 a Sammelt mögliche Gründe, warum diese Szene aus der Endfassung des Films geschnitten wurde.
b Diskutiert, ob ihr auch auf diese Szene verzichtet hättet. Begründet euren Standpunkt.

Information **Postproduktion**

Die Postproduktion bezeichnet die **Phase** nach dem **Ende der Dreharbeiten** (Produktion). Das Filmmaterial wird geordnet, geschnitten und digital am Computer bearbeitet (z. B. Bildbearbeitung, Einfügen von Spezialeffekten). Zudem werden die Bilder mit Musik und Geräuschen unterlegt und der Ton wird abgemischt. Der Aufwand der Postproduktion ist vor allem davon abhängig, wie hoch der Anteil von computererzeugten Effekten und Bildern ist.

Fordern und fördern – Die Figurengestaltung bewerten

Hanna nach einem Streit mit Michael

Hanna nach ihrer Verurteilung im Gefängnis

●●○ 1 Beschreibt die Komposition der beiden Filmbilder (Mise en Scène) und erklärt, wie Hanna jeweils wirkt und welche Charaktereigenschaften durch die Bildkomposition unterstrichen werden sollen. Berücksichtigt dabei
- Kameraeinstellung und Perspektive,
- Schauplatz und Anordnung der Figur,
- Beleuchtung (Licht und Schatten) und Farbgestaltung,
- Stimmung und Wirkung.

▷ Hilfen zu dieser Aufgabe findet ihr auf Seite 233.

●●○ 2 Bernhard Schlink, der Autor des Romans „Der Vorleser", sagt:
„Wenn die, die monströse Taten begangen haben, immer Monster wären, ganz fremd, ganz anders, hätten wir nichts mit ihnen gemein und wären rasch mit ihnen fertig. Oft sind sie's nicht, sondern haben ein menschliches Antlitz."

a Erklärt, was Bernhard Schlink mit dieser Aussage meinen könnte.

b Erläutert am Beispiel der Filmbilder, inwiefern Schlinks Aussage hier filmisch umgesetzt wird.

▷ Hilfen zu dieser Aufgabe findet ihr auf Seite 233.

●●○ 3 Nehmt Stellung: Haltet ihr die Darstellung von Hanna in den beiden Filmbildern angesichts ihrer Verbrechen für angemessen? Was überzeugt euch, was stört euch, was hättet ihr als Regisseur/-in anders gemacht?

▷ Hilfen zu dieser Aufgabe findet ihr auf Seite 233.

Aufgabe 1 mit Hilfen

Beschreibt die Komposition der beiden Filmbilder (Mise en Scène). Berücksichtigt dabei
- Kameraeinstellung und Perspektive,
- Schauplatz und Anordnung der Figur,
- Beleuchtung (Licht und Schatten) und Farbgestaltung,
- Stimmung und Wirkung.

Filmbild 1:
Aus der Normalperspektive (Kameraeinstellung halbnah) sieht man Hanna, die seitlich auf einem Bett sitzt. Sie stützt ihre Hände auf dem Bettrand ab, ihre Körperhaltung ...
Ihr Gesicht zeigt in Richtung Kamera, vermutlich sieht sie ... oder ...
Der Gesichtsausdruck ist ... Sie trägt ein ...
Bei der Beleuchtung fällt auf, dass ein Lichtstrahl auf Hanna ...
Hanna auf dem Bett bildet den Mittelpunkt des Bildes, der in hellen Farben (das Kleid ist ..., die Bettwäsche ...) gehalten ist. Im dunklen Hintergrund erkennt man ...
Hanna wirkt auf diesem Bild, insbesondere durch die Licht und Farbgestaltung ...
Das körperbetonte Kleid erzeugt eine ...

Filmbild 2:
Auch dieses Bild zeigt Hanna aus der Normalperspektive (Kameraeinstellung ...). Sie ...

Aufgabe 2 mit Hilfen

Bernhard Schlink, der Autor des Romans „Der Vorleser", sagt:
„Wenn die, die monströse Taten begangen haben, immer Monster wären, ganz fremd, ganz anders, hätten wir nichts mit ihnen gemein und wären rasch mit ihnen fertig. Oft sind sie's nicht, sondern haben ein menschliches Antlitz."

a Erklärt, was Bernhard Schlink mit dieser Aussage meinen könnte.

Bernhard Schlink meint mit dieser Aussage, dass Taten wie z. B. ... von Menschen begangen werden, von denen man nicht ...

b Erläutert am Beispiel der Filmbilder, inwiefern Schlinks Aussage hier filmisch umgesetzt wird.

Hanna wird nicht nur einseitig als unmenschliche ... gezeigt, sondern ...

Aufgabe 3 mit Hilfen

Nehmt Stellung: Haltet ihr die Darstellung von Hanna in den beiden Filmbildern angesichts ihrer Verbrechen für angemessen? Was überzeugt euch, was stört euch, was hättet ihr als Regisseur/-in anders gemacht?
Überlegt:
- Wird sie zu einseitig – entweder zu sanft/sympathisch oder zu hart/grausam – gezeigt?
- Welche Charaktereigenschaften werden deutlich, welche nicht? Gibt es welche, die ihr vermisst?

Romanvorlage und filmische Umsetzung vergleichen und bewerten

Bernhard Schlink

Der Vorleser (8)

Den einzigen Streit hatten wir in Amorbach. Ich war früh aufgewacht, hatte mich leise angezogen und aus dem Zimmer gestohlen. Ich wollte das Frühstück hochbringen und wollte auch schauen, ob ich schon ein offenes Blumengeschäft finde und eine Rose für Hanna kriege. Ich hatte ihr einen Zettel auf den Nachttisch gelegt. „Guten Morgen! Hole Frühstück, bin gleich wieder zurück" – oder so ähnlich. Als ich wiederkam, stand sie im Zimmer, halb angezogen, zitternd vor Wut, weiß im Gesicht. „Wie kannst du einfach so gehen!"

Ich setzte das Tablett mit Frühstück und Rose ab und wollte sie in die Arme nehmen. „Hanna ..."

„Fass mich nicht an." Sie hatte den schmalen ledernen Gürtel in der Hand, den sie um ihr Kleid tat, machte einen Schritt zurück und zog ihn mir durchs Gesicht. Meine Lippe platzte, und ich schmeckte Blut. Es tat nicht weh. Ich war furchtbar erschrocken. Sie holte noch mal aus.

Aber sie schlug nicht noch mal. Sie ließ den Arm sinken und den Gürtel fallen und weinte. Ich hatte sie noch nie weinen sehen.

Michael und Hanna machen eine mehrtägige Fahrradtour.

1 a Betrachtet das Filmbild: Wie wirkt es? Welche Stimmung wird hervorgerufen und wodurch?
b Überlegt, welche Befürchtungen Hanna angesichts ihres Analphabetismus während des Ausflugs haben muss, z. B.: *Sie ist nicht in der Lage, Hinweisschilder ... Bei einem Lokalbesuch ...*

2 a Lest die Szene aus dem Roman „Der Vorleser", in der es um den Ausflug geht. Wie wirkt diese Szene auf euch?
b Erklärt Hannas Situation, als Michael weg ist, und ihre Reaktion bei seiner Heimkehr.

3 Die Romanszene, in der Hanna Michael mit dem Gürtel schlägt, ist nicht verfilmt worden.
a Erläutert, was durch das Weglassen dieser Romanszene im Film verändert wurde. Inwieweit wird die Figur der Hanna dadurch anders charakterisiert? Vergleicht dazu noch einmal die Stimmung des Filmbildes mit der Stimmung im Romanausschnitt.
b Diskutiert, ob ein Regisseur eine Romanvorlage so stark verändern darf.

4 a Seht euch gemeinsam den kompletten Film an und vergleicht ihn mit dem Roman. Verteilt folgende Beobachtungsaufgaben:
– Kürzungen, Ergänzungen, Ersetzungen,
– Akzentverschiebungen (z. B. Figuren/Thema).
b Tragt eure Ergebnisse vor und diskutiert über Umfang und Bedeutung der Veränderungen.

Eine Filmrezension untersuchen

Der Vorleser

Von Sonja M. Schultz

Stephen Daldry hat den Weltbestseller „Der Vorleser" verfilmt – ein schwieriges Unternehmen.

Bernhard Schlinks *Der Vorleser,* erschienen 1995, ist ein schmales, klug geschriebenes Buch. Mit präziser Sprache und erzählerischer Dichte schildert es eine unerhörte deutsche Liebesgeschichte, die zur Metapher der unbewältigten Nazi-Vergangenheit wird.

In der Wirtschaftswunder-Bundesrepublik, 13 Jahre nach Kriegsende, beginnt eine 36-jährige Straßenbahnschaffnerin eine Affäre mit einem 15-Jährigen. Der Junge erlebt sein sexuelles Erwachen; halb stolzer Mann, halb Kind, gerät er schnell in emotionale Abhängigkeit zur manchmal unzugänglichen, manchmal abweisenden Geliebten. Die beiden verbindet ein intimes Ritual. Sie badet ihn, sie lieben sich und er liest ihr vor. Eines Tages verschwindet sie ohne ein Wort. Acht Jahre später sieht der Jurastudent Michael Berg sie wieder: als Angeklagte im Auschwitz-Prozess. Hanna Schmitz ist als ehemalige KZ-Wärterin des Mordes in 300 Fällen mitangeklagt. Michael ist nun in einer Situation, die der Beziehung der Nachgeborenen zu ihrer Elterngeneration entspricht. Er muss einen Menschen verurteilen, den er geliebt hat. Er ist verstrickt in fremde Schuld.

Was passiert nun bei einer Leinwand-Adaption dieses vielschichtigen Kreisens um Schuld? Zunächst geht die gefilterte und reflektierte Perspektive des Ich-Erzählers verloren. Drehbuchautor David Hare setzt keine Off-Stimme ein. Stattdessen lässt er als bildliches Äquivalent[1] den erwachsenen Michael (Ralph Fiennes) aus einer Rahmenhandlung in die Vergangenheit schauen. Fiennes' durchgehend trauriger Blick ist allerdings ein magerer Ersatz für den Gedankenstrom des Romanprotagonisten. Dann erhält Hanna Schmitz mehr Gewicht. Auch durch Kate Winslets starkes Spiel zwischen Gefühlskälte, Rührung und Irritation wird sie plastischer. Nicht umsonst wurde Winslet, als gehöre ihr die eigentliche Hauptrolle, mit einem Oscar ausgezeichnet. Es kann nun durchaus spannend sein, einer Täterin als Mensch im Körper des Films mehr Raum zu geben, so wie die durchschnittlichen Täter zum Körper der Gesellschaft gehörten und immer gehören. Deshalb muss nicht gleich von Faszination und Rehabilitation[2] die Rede sein, nur weil Kate Winslet auch nackt zu sehen ist und weinen darf – Letzteres allerdings an auffallend anderen Stellen als im Buch.

Dennoch verursacht Stephen Daldrys *Der Vorleser (The Reader)* ein ungutes Gefühl von Oberflächenreiz. Prosa und Filmsprache haben unterschiedliche Möglichkeiten und das Erzählen über Bilder, Emotion, aufdringliche Musik und das Können der Schauspieler funktioniert in der ersten Hälfte dieser Literatur-Adaption sehr gut, als es um den Sturm aus Sexualität und Gefühl geht, den Hanna in Michael auslöst. David Kross spielt den Jungen mit mutiger Offenheit, zeigt ihn linkisch und selbstbewusst, schließlich von Grund auf verstört.

Während sich Michael Berg im Buch einer spannenden Selbstanalyse unterzieht, legen sich

1 das Äquivalent, hier: Ersatz

2 die Rehabilitation: Wiedereingliederung, z. B. in die Gesellschaft, Wiederherstellung des Rufs einer Person

bei Daldry gefühlige Musik und Sprachlosigkeit über das Ende.

In Daldrys Verfilmung steckt die Fülle des schmalen Buches – nur bleibt sie hinter den Bildern zurück. Bei der Transformation der Prosa ins Visuelle sieht man plötzlich die konventionellen Effekte. Zwar ist der für seine sensible Schauspielführung berühmte Regisseur (*Billy Elliot,* 2000; *The Hours,* 2002) bemüht, Kitsch und allzu eindeutige Zuschreibungen zu vermeiden, aber die Poesie, das Rührende, das Gewollte in der Inszenierung wiegen immer stärker. Bei Schlink heißt es, er wolle keine Geschichte erzählen, die glücklich oder traurig macht, sondern eine, die stimmt. Auf der Leinwand ist es andersherum.

1 Formuliert euren ersten Eindruck: Bewertet Sonja M. Schultz den Film eher positiv oder kritisch? Begründet mit ein bis zwei Textbelegen.

2 a Klärt Wörter und Textpassagen, die unklar oder schwer verständlich sind.
b In der Rezension heißt es: „In Daldrys Verfilmung steckt die Fülle des schmalen Buches – nur bleibt sie hinter den Bildern zurück" (▶ Z. 68–70).

3 a Erläutert, unter welcher zentralen Fragestellung die Autorin den Film beurteilt bzw. untersucht. Lest dazu noch einmal genau im Text nach.
b Arbeitet aus dem Text heraus: Welche Aspekte der Verfilmung werden positiv, welche eher kritisch bewertet? Notiert Stichworte mit entsprechenden Zeilenangaben.
c Welchen Bewertungen stimmt ihr zu, welchen widersprecht ihr? Begründet eure Meinung.

4 „Stephen Daldry hat den Weltbestseller ‚Der Vorleser' verfilmt – ein schwieriges Unternehmen" (▶ Z. 1–2).
a Erklärt, auf welches allgemeine Problem die Rezensentin aufmerksam machen will. Wo seht ihr Chancen bei einer Verfilmung, wo Probleme oder Grenzen?
b Begründet mit Hilfe des Merkwissens unten, um welche Art von Literaturverfilmung es sich bei dem Film von Stephen Daldry handelt.
c Welche Erfahrungen habt ihr mit Literaturverfilmungen gemacht? Nennt Beispiele und erläutert diese.

Information **Literaturverfilmung**

Eine Literaturverfilmung ist die Umsetzung einer literarischen Vorlage (z. B. Roman, Drama, Erzählung) im Medium Film.
Es gibt verschiedene Formen der Literaturverfilmung:

- Die **stofforientierte Verfilmung** übernimmt nur einzelne Motive oder Handlungselemente der literarischen Vorlage. Der Film steht als eigenständiges Werk im Vordergrund.
- Die **illustrierende Literaturverfilmung** ist bemüht, den Text möglichst genau in filmische Bilder umzusetzen. Hier steht die Literatur im Vordergrund.
- Die **interpretierende Literaturverfilmung** orientiert sich nicht ganz genau an der literarischen Vorlage, sondern interpretiert den Text durch filmspezifische Mittel. Film und Text stehen gleichwertig auf einer Ebene.

10.3 Projekt: Hast du Töne? – Das Sounddesign zu einem Filmbild gestalten

Bernhard Schlink

Der Vorleser (9)

Inzwischen liegt das alles zehn Jahre zurück. In den ersten Jahren nach Hannas Tod haben mich die alten Fragen gequält, ob ich sie verleugnet und verraten habe, ob ich ihr etwas schuldig geblieben bin, ob ich schuldig geworden bin, indem ich sie geliebt habe, ob ich und wie ich mich von ihr hätte lossagen, loslösen müssen. Manchmal habe ich mich gefragt, ob ich für ihren Tod verantwortlich bin. Und manchmal war ich zornig auf sie und über das, was sie mir angetan hat. Bis der Zorn kraftlos und die Fragen unwichtig wurden. Was ich getan und nicht getan habe und sie mir angetan hat – es ist nun eben mein Leben geworden.

Filmbild: Michael bei einem Spaziergang nach Hannas Selbstmord im Gefängnis. Die Szene wurde in der Postproduktion aus dem Film geschnitten.

1 In dieser Einheit produziert ihr in kleinen Tonteams zu der abgebildeten Szene ein wirkungsvolles Sounddesign. Dabei könnt ihr für die Sprache/Stimme die Romanpassage aus dem „Vorleser" verwenden.
Informiert euch zuerst mit Hilfe des folgenden Lexikonartikels über den Begriff „Sounddesign".

Sounddesign: Der Begriff „Sounddesign" (Tongestaltung) bezeichnet die Gestaltung der gesamten Tonspur eines Films. Dazu gehören in der Regel Sprache (Dialoge, Monologe der Figuren), Musik und Geräusche. Das Sounddesign ist ein Arbeitsschritt während der Postproduktion eines Films. Das Hauptaugenmerk beim Sounddesign liegt natürlich auf den Dialogen bzw. Monologen der Figuren. Aber auch die Geräusche und die Filmmusik beeinflussen das Filmerlebnis wesentlich. Geräusche können zur realistischen Wahrnehmung eines Ortes beitragen, denn jeder Ort oder Raum hat einzigartige Hintergrundgeräusche wie Autos, Rauschen, Tierstimmen, Fußschritte, Gemurmel, Gelächter usw.
Filmmusik trägt wesentlich zur Interpretation einer Szene bei. Sie kann Gefühle wecken und Stimmungen untermalen oder im krassen Gegensatz zu den Bildern stehen.
Töne und Geräusche werden entweder an den Drehorten aufgenommen, künstlich hergestellt oder Geräuscharchiven entnommen.

2 Bildet Tonteams und gestaltet ein Sounddesign zur Filmszene. Geht so vor:
- a Betrachtet zunächst das Filmbild (▸ S. 237) und tauscht euch aus: Was ist inzwischen vorgefallen? Wie wirkt die Szene auf euch? Was fällt euch besonders auf?
- b Beschreibt die Mise en Scène, insbesondere den Schauplatz (Ort), die dargestellte Figur, Licht und Farben sowie Stimmung. Überlegt auch, wie Michael in diesem Filmbild wirkt.

3 Sammelt Ideen für euer Sounddesign. Denkt daran: Zum Sounddesign gehören Sprache (Monolog, Dialog), Geräusche (z. B. zur Kennzeichnung eines Ortes), Musik, aber auch Stille. Folgende Fragen solltet ihr berücksichtigen:

Sprache: Soll der Romanauszug über eine Sprechstimme aus dem Off eingespielt werden? Überlegt Vor- und Nachteile für das Verständnis und für die Wirkung des Filmbildes.
TIPP: Ihr könnt den Text natürlich auch kürzen.

Geräusche: Mit welchen Geräuschen lässt sich der Schauplatz charakterisieren? Machen die Figuren bestimmte Geräusche?
TIPP: Unter „freesound.org" könnt ihr kostenlos Geräusche herunterladen.

Musik: Mit welcher Musik soll die Szene untermalt werden? Sollte sie sparsam/dezent oder eher dominant wirken? Welche Stimmung soll sie hervorrufen, welche Gefühle wecken?

4 Entscheidet, welche Ideen ihr ausführen wollt. Haltet sie stichpunktartig fest und verdeutlicht, welche Wirkung durch die einzelnen Elemente erzeugt werden soll.

Geräusche:
1. Darstellung des Ortes bzw. der Natur (wirkt eher trist, Herbst-/Winterstimmung)
   → klar erkennbare Naturgeräusche, aber nicht zu aufdringlich, eher ruhig und vereinzelt, z. B.: ...
2. Darstellung von Michael

...

5 Stellt zusammen, was für das Sounddesign organisiert werden muss. Erstellt einen Organisationsplan: Wer muss was bis wann erledigen?

6 Gestaltet nun euer Sounddesign.
Nehmt die Geräusche, Töne usw. mit geeigneten Aufnahmegeräten auf oder nutzt kostenlose Programme (z. B. freesound.org.), die euch etliche Töne zum Download anbieten.
Nutzt kostenlose Programme, mit denen ihr Effekte erzeugen und Töne mischen könnt.
Speichert jedes Geräusch, die Musik oder die Sprachaufnahmen in einer gesonderten Audiodatei. Danach könnt ihr die Audiodateien mehrspurig mischen.

7 Präsentiert eure Ergebnisse und vergleicht die unterschiedlichen Wirkungen der Szene: Begründet genau, wie sich jeweils die Aussage des Filmbildes ändert.

11 Funktionen von Sprache – Kommunikation untersuchen

Und Alves beißt in die Banane: Als der dunkelhäutige Verteidiger des FC Barcelona Dani Alves (Bild links) im Jahr 2014 bei einem Eckball von der Tribüne aus mit einer Banane beworfen wurde, unterbrach er seinen Anlauf, hob die Banane auf, schälte sie und biss ein Stück ab. Dann trat er noch kauend den Ball in den Strafraum. In Italien wurde der dunkelhäutige Fußballprofi Kevin Constant (Bild rechts) im Jahr 2015 von gegnerischen Fans mit Bananen beworfen.

1 a Den Bananenwurf kann man als eine Form der Kommunikation verstehen. Was sagen die Zuschauer damit über die Fußballer und über sich aus? Was wollen sie erreichen?
b Alves' Reaktion ist ebenfalls eine Aussage. Deutet sie.

2 a In sozialen Netzwerken posteten nach dem Vorfall mit Alves Tausende User, darunter etliche prominente Fußballstars, Fotos von sich, auf denen sie eine Banane essen. Deutet diese Reaktion.
b Alves' Teamkollege Neymar postete ein Video mit dem Hashtag #somostodosmacacos (wir sind alle Affen). Deutet diese Aussage.

3 Welche Fachbegriffe zur Kommunikation, die ihr schon kennt, passen zu den dargestellten Situationen?

In diesem Kapitel ...

– lernt ihr verschiedene Kommunikationsmodelle kennen und wendet sie an,
– übt ihr, sinnvolle Lösungsstrategien für schwierige Gesprächssituationen zu finden,
– analysiert ihr literarische Texte unter dem Schwerpunkt der Kommunikation.

11.1 Kommunikation im Alltag – Funktionen von Sprache erkennen und erklären

Man kann nicht nicht kommunizieren – Dimensionen von Sprache erkennen

1 a Betrachtet die Fotos des Fußballtrainers Jürgen Klopp. Spekuliert darüber, was in dem Spiel jeweils passiert ist. Begründet eure Vermutungen.
b Beschreibt die Unterschiede im nonverbalen Verhalten (▸ Merkkasten unten) Klopps, die auf den Fotos erkennbar werden.
c Entschlüsselt auch die nonverbalen Signale des Schiedsrichters auf dem linken Foto.
d Welches paraverbale Verhalten (▸ Merkkasten) vermutet ihr in der Situation im linken Foto?

2 Eine These des Kommunikationswissenschaftlers Paul Watzlawick (1921–2007) lautet:
„Wenn man also akzeptiert, dass alles Verhalten in einer zwischenmenschlichen Situation Mitteilungscharakter hat, d. h. Kommunikation ist, so folgt daraus, dass man nicht nicht kommunizieren kann."
a Erläutert diese Aussage anhand der obigen Fotos des Trainers Klopp.
b Sucht Beispiele aus eurem Alltag, die zuerst wirken, als werde nicht kommuniziert. Macht deutlich, worin dennoch die Kommunikation besteht.

3 a Aus psychologischen Studien weiß man, dass wir der Körpersprache im Zweifelsfall mehr vertrauen als der gesprochenen Sprache. Mutmaßt, woran das liegen könnte.
b Legt den Personen auf den Fotos (Trainer Jürgen Klopp, Schiedsrichter) Sätze in den Mund, die man aufgrund ihrer Körpersprache nicht vermuten würde.

Information **Non- und paraverbales Verhalten**

- **Nonverbales Verhalten (Körpersprache)** umfasst die Teile der Kommunikation, die **nicht an Sprache gebunden** sind, also Mimik, Gestik, Körperhaltung, Blick, aber auch Kleidung.
- Unter **paraverbalem Verhalten (Stimmsprache)** versteht man die Signale, die **mit dem Sprechen verbunden** sind: Lautstärke, Sprechtempo, Pausen, Hüsteln usw.

Non- und paraverbales Verhalten kann man bewusst einsetzen, meist geschieht es aber unbewusst.

Paul Watzlawick

Jeder Mensch kommuniziert, auch wenn er gar nichts sagt

P.M. Magazin: Es gibt aber doch so etwas wie ein Grundgesetz der Kommunikation, das für alle gilt?

Watzlawick: Ja, das stimmt. Wir haben fünf so genannte „pragmatische Axiome" postuliert ...

P. M.: ... also nützliche Grundregeln ...

Watzlawick: ..., welche die Grundzüge der Kommunikation verdeutlichen. Das erste klingt ganz banal. Es lautet: Man kann nicht nicht kommunizieren. Ich sitze zum Beispiel im Wartezimmer und schaue auf den Boden, damit mich niemand anspricht. Durch diese Haltung teile ich den anderen ganz klar mit: Ich will nicht kommunizieren. Das ist natürlich nichts anderes als Kommunikation. Das zweite Axiom ist die Erfahrungstatsache, dass jede Kommunikation einen Inhalts- und einen Beziehungsaspekt hat. [Unweigerlich kommt in jede Kommunikation eine Definition der Beziehung hinein.]

Das dritte Axiom nennen wir Interpunktion. Damit ist gemeint, dass jeder der Beteiligten die Kommunikationsabläufe individuell gewichtet. Ein Beispiel dafür ist die weitverbreitete Annahme, dass man nur reagiert auf den anderen und alles, was geschieht, die Schuld des anderen ist. Der andere denkt dasselbe.

Viertens gibt es für uns zwei unterschiedliche Kommunikationsweisen, die stets gleichzeitig ablaufen: analoge und digitale Kommunikation. Analog ist hauptsächlich meine averbale Kommunikation: meine Stimmlage, die Pausen, die Schnelligkeit meines Sprechens, mein Herumfuchteln. Die digitale Kommunikation besteht im Gegensatz dazu nur aus der Bedeutung der Worte. Fünftens: Zwischenmenschliche Kommunikationsabläufe sind entweder symmetrisch oder komplementär, je nachdem, ob die Beziehung zwischen den Partnern auf Gleichheit oder Unterschiedlichkeit beruht. In einer symmetrischen Beziehung tauschen die Beteiligten gleichartiges Verhalten aus. In der komplementären Struktur sind die Verhaltensformen und damit auch die Kommunikation unterschiedlich. Der eine Partner ist in der so genannten Primärposition, der andere in der Sekundärposition. Musterbeispiele wären Mutter und Kind, Arzt und Patient.

P. M.: Die Geheimnisse der Kommunikation sind ja nicht zuletzt durch Sie ganz gut erforscht. Dennoch machen wir ständig schlimme Kommunikationsfehler.

Watzlawick: Das stimmt leider. Der häufigste Fehler in der Kommunikation ist die – meist falsche – Annahme: „Ich weiß genau, was der andere denkt." Der andere nimmt natürlich dasselbe an. Kaum einer erkennt, dass es verschiedene Wirklichkeiten gibt.

1 Lest das Interview mit dem Kommunikationswissenschaftler Paul Watzlawick.

a Formuliert die fünf Axiome der Kommunikation mit eigenen Worten.

b Findet zu jedem Axiom eine alltägliche Situation, die die These veranschaulicht.

c Erfindet ein Beispiel für eine schwierige Kommunikation, das mit einem der Axiome erklärbar ist, z. B.:

Ein Student schreibt an seinen Professor per Mail: Hallo! Ich brauche dringend einen Tipp von Ihnen.

→ Der Student geht in seiner Ansprache von einer symmetrischen Situation aus.

Die Antwort des Professors: Sehr geehrter Herr Schneider, bitte wahren Sie die Form.

→ Der Professor weist diese Symmetrie zurück.

Gespräche mit Kommunikationsmodellen untersuchen

1 a Setzt den Dialog fort, indem ihr ein Streitgespräch entwickelt.
b Erläutert, warum aufgrund der beiden Äußerungen ein Konflikt entsteht.

2 Lest den folgenden Text:

Friedemann Schulz von Thun

Das Kommunikationsquadrat (1981)

Das Kommunikationsquadrat Schulz von Thuns ist auch als „Vier-Ohren-Modell" oder „Nachrichtenquadrat" bekannt.
Wenn ich als Mensch etwas von mir gebe, bin ich auf vierfache Weise wirksam. Jede meiner Äußerungen enthält, ob ich will oder nicht, vier Botschaften gleichzeitig:

- eine Sachinformation (worüber ich informiere) – blau,
- eine Selbstkundgabe (was ich von mir zu erkennen gebe) – grün,
- einen Beziehungshinweis (was ich von dir halte und wie ich zu dir stehe) – orange,
- einen Appell (was ich bei dir erreichen möchte) – rot.

Ausgehend von dieser Erkenntnis hat Schulz von Thun 1981 die vier Seiten einer Äußerung als Quadrat dargestellt. Die Äußerung entstammt dabei den „vier Schnäbeln" des Senders und trifft auf die „vier Ohren" des Empfängers.

Die vier Ebenen der Kommunikation
Auf der **Sachebene** des Gesprächs steht die Sachinformation im Vordergrund, hier geht es um Daten, Fakten und Sachverhalte.
Für die **Selbstkundgabe** gilt: Wenn jemand etwas von sich gibt, gibt er auch etwas von sich. Jede Äußerung enthält gewollt oder unfreiwillig eine Kostprobe der Persönlichkeit – der Gefühle, Werte, Eigenarten und Bedürfnisse. Dies kann explizit[1] („Ich-Botschaft") oder implizit[2] geschehen.
Während der Sender mit dem Selbstkundgabe-Schnabel implizit oder explizit, bewusst oder unbewusst Informationen über sich preisgibt, nimmt der Empfänger diese mit dem Selbstkundgabe-Ohr auf: Was ist das für einer? Wie ist er gestimmt? Was ist mit ihm? usw.

1 explizit: ausdrücklich
2 implizit: nicht ausdrücklich gesagt, aber mit gemeint

Auf der **Beziehungsseite** gebe ich zu erkennen, wie ich zum anderen stehe und was ich von ihm halte. Diese Beziehungshinweise werden durch Formulierung, Tonfall, Mimik und Gestik vermittelt.
Der Sender transportiert diese Hinweise implizit oder explizit. Der Empfänger fühlt sich durch die auf dem Beziehungsohr eingehenden Informationen wertgeschätzt oder abgelehnt, missachtet oder geachtet, respektiert oder gedemütigt.
Appellseite. Wenn jemand das Wort ergreift, möchte er in aller Regel etwas erreichen. Er äußert Wünsche, Appelle, Ratschläge oder Handlungsanweisungen. Die Appelle werden offen oder verdeckt gesandt. Mit dem Appell-Ohr fragt sich der Empfänger: Was soll ich jetzt (nicht) machen, denken oder fühlen?

3 Übertragt das Kommunikationsquadrat (▶ S. 242) in euer Heft und notiert zu jeder der vier Seiten eine knappe Erläuterung.

4 Wendet das Kommunikationsquadrat auf die Äußerung „Du, da vorne ist Grün!" aus dem Cartoon (▶ S. 242) an. Geht so vor:

a Formuliert für diese Aussage alle vier Seiten des Sender-Schnabels des Quadrats, z. B.:

> *1. Selbstkundgabe (grüner Schnabel): Ich habe es eilig / Ich halte mich für ...*
> *2. Sachinformation: ...*

b Schließt aus der Antwort der Frau, auf welchem Ohr sie den Satz des Mannes gehört hat.

5 Wählt einen der folgenden Dialoge aus und analysiert ihn mit Schulz von Thuns Kommunikationsquadrat. Geht so vor:

a Prüft, welche Seite des Kommunikationsquadrats in Aussage und Antwort jeweils dominiert.

b Erfindet andere Antworten auf die Aussagen, die einen völlig anderen Akzent setzen.

SCHNAUZE!

Borussia Dortmunds ehemaliger Trainer Jürgen Klopp über bohrende Fragen im Meisterschaftsrennen, laute Ansprachen in der Kabine und sein Verhältnis zu Gott

SPIEGEL: Herr Klopp, Sie sind ein emotionaler Trainer. Wie lange dauert es, bis Sie sich nach einem Spiel beruhigen?

Klopp: Ein Spiel zu verarbeiten, das geht eigentlich recht zügig. Das ist vor dem Einschlafen erledigt. Das Bewusste. Wie es im Unterbewusstsein aussieht, kann ich nicht sagen.

SPIEGEL: Manchmal springen Sie vor der Trainerbank herum wie ein Verrückter. Macht sich dann der Druck Luft, den Sie spüren?

Klopp: Ich spüre keinen Druck.

SPIEGEL: Schon klar.

Klopp: Ich spüre nur den Druck, den man sich eben macht, wenn man ein Fußballspiel gewinnen will. Seit meinem fünften Lebensjahr ist das so. Wenn ich mit dem Fahrrad zum Spiel gefahren bin, wollte ich unbedingt gewinnen.

SPIEGEL: Sie waren Profifußballer. Wäre der Spieler Klopp mit dem Trainer Klopp klargekommen?

Klopp: Gut sogar. Ich denke, ich bin ein relativ angenehmer Chef. Ich kann meine Jungs sein lassen, kann ihnen ganz viel Vertrauen entgegenbringen. Ich weiß, dass ich das, was ich mache, kann. An jedem Ort der Welt. Meine Leidenschaft stimmt, mein Wille stimmt, mein Know-how, mein Einsatz. Alles ist da.

SPIEGEL: An Selbstbewusstsein mangelt es Ihnen nicht, oder?

Klopp: Es gibt Menschen, die sich beschissener finden als ich mich.

SPIEGEL: Woher kommt Ihr Talent zum Schnellredner, zur Rampensau?

Klopp: Ich war schon immer laut. Ein bisschen ein Klassenkasper. Ich war auch Schulsprecher. Das hatte wohl damit zu tun, dass ich ein guter Sportler war, der klassische Fall. Ich war auch kein richtiges Arschloch. Und nicht richtig dumm. Es war für mich nie ein Problem, vorn zu stehen. Aber dass ich dahin wollte – das war nie so. Die Leute denken, ich hätte ein riesiges Sendungsbewusstsein. Stimmt gar nicht.

Da können 30 Menschen zusammenstehen, 29 reden und ich höre zu, stundenlang. Da fühle ich mich pudelwohl. Aber wenn ich der Einzige bin, der quatscht, dann ist es mir völlig egal, ob 29 zuhören oder eine Million. Dass ich das kann, ist Zufall.

SPIEGEL: Sind Sie autoritär?

Klopp: Man kann sich streiten, auch mal anmachen. Aber wenn sich ein Spieler zu wichtig nimmt, haue ich dazwischen.

SPIEGEL: Wie?

Klopp: Entweder ich schnapp mir den Betreffenden allein. Oder ich lasse ihn vor der Mannschaft auflaufen.

SPIEGEL: Auflaufen?

Klopp: Na ja, ich sprech ihn vor allen anderen an: „Hey, wie hast du denn das gemeint, was du da in der Presse über die Mannschaft gesagt hast? War ja ein ziemlich großer Bericht in der Zeitung. Ich hab das aber alles nicht richtig kapiert. Sag es uns doch noch mal schnell, damit wir das auch verstehen." Da ist dann schnell Ruhe.

SPIEGEL: Man sollte sich besser nicht mit Ihnen anlegen?

Klopp: Anlegen ist ganz schlecht.

SPIEGEL: Wie reagieren Sie, wenn ein Spieler in der Halbzeitpause zu Ihnen sagt: „Trainer, wir müssen umstellen, sonst wird das heute nichts mehr."

Klopp: Wenn mir einer so kommt, erlaube ich mir schon zu sagen: „Entschuldigung, wer bist du denn? Halt mal die Klappe, bitte!"

Das Gespräch führten die Redakteure Maik Großekathöfer und Gerhard Pfeil.

1 a Lest das Interview mit Jürgen Klopp zunächst leise durch. Tragt es dann laut mit verteilten Rollen in der Klasse vor.
b Notiert Stellen, die euch bezüglich der Kommunikation auffällig erscheinen.
c Spielt gemeinsam mit einem Partner oder einer Partnerin durch, wie der Interviewer und Klopp die von euch gewählten Stellen betont haben mögen.

2 Wendet Watzlawicks Begriffe einer symmetrischen/komplementären Beziehung auf das gesamte Gespräch sowie auf die darin dargestellten einzelnen Kommunikationssituationen an (▶ Text Paul Watzlawick, S. 241).

3 Wendet das Modell Schulz von Thuns (▶ S. 242 f.) auf das Interview an. Geht so vor:
a Untersucht die **Selbstkundgabe-Seite** an ausgewählten Stellen:
– Wie stellt Klopp sich dar – bewusst und vielleicht auch unbewusst?
– Welche Rolle spielt dabei die gewählte Sprache?
b Erschließt, wo ein **Appell** in den Worten Klopps spürbar ist. An wen richtet sich der Appell?
c Findet Stellen, an denen ein Hinweis auf die **Beziehung** zwischen den Interviewern und dem Interviewten gegeben wird. Begründet eure Einschätzung.
d Weist an einer Äußerung, die sehr auf den Sachinhalt fokussiert erscheint, nach, dass hier die anderen drei Seiten einer Äußerung (Appell, Beziehung, Selbstkundgabe) ebenfalls vorhanden sind.

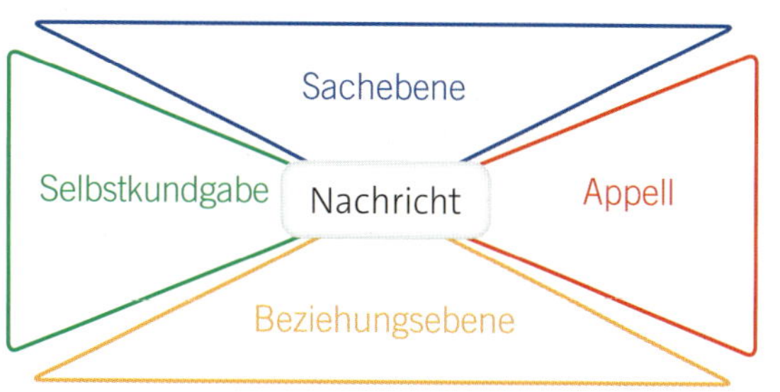

Wann kommst du denn wieder?

Vater: Wann kommst du denn heute Abend wieder?
(Svenja guckt auf ihr Tablet und schweigt.)
Vater: Svenja, kannst du mal mit mir sprechen?
Svenja: Was ist denn?
Vater: Wann du nach Hause kommst, will ich wissen.
Svenja: Ich hab noch keine Ahnung.
Vater: Also spätestens um 22 Uhr bist du hier.
Svenja: Bist du noch ganz knusper? Ich bin doch nicht mehr 13.
Vater: Wie redest du eigentlich mit mir?

1 Lest den Dialog mit verteilten Rollen. Drückt mit eurer Sprechweise, eventuell auch mit Mimik und Gestik aus, wie eine Äußerung gemeint ist.

2 Wendet das Kommunikationsmodell Schulz von Thuns (▶ S. 242 f.) auf den Dialog an.
- **a** Untersucht für jede Äußerung von Svenja, welche Seite des Kommunikationsquadrats (Sachebene, Beziehungsebene, Appellebene, Selbstkundgabe) besonders betont ist.
- **b** Am Schluss droht das Gespräch in einen Streit überzugehen. Erklärt dessen Entstehung mit Hilfe des Kommunikationsquadrats.

3
- **a** Wie könnten die Beteiligten die Kommunikation verbessern? Sammelt Ideen.
- **b** Findet für Svenjas Äußerung: „Bist du noch ganz knusper?“ und die Antwort des Vaters: „Wie redest du eigentlich mit mir?“ jeweils drei andere Antworten, bei denen die Beteiligten auf einem anderen Ohr des Vier-Ohren-Modells hören und entsprechend antworten, z. B.:

  Svenja: *Bist du noch ganz knusper? Ich bin doch nicht mehr dreizehn.*
  1. Alternative Sachinformationsohr: Findest du 22 Uhr …?
  2. Alternative …
  Vater: *Wie redest du eigentlich mit mir?*
  1. Alternative Selbstoffenbarungsohr: Du ärgerst dich sehr über die Bitte, um zehn hier zu sein, oder?
  …
- **c** Diskutiert, welche Antwort des Vaters einen Streit am ehesten vermeiden kann.

4 Bezieht den Begriff der Metakommunikation (▶ Merkkasten unten) auf das Gespräch.
- **a** Nennt eine Stelle, an dem jemand eine Metakommunikation vornimmt.
- **b** Legt dem Vater für die Fortsetzung des Gesprächs zwei verschiedene metakommunikative Sätze in den Mund: einmal einen kritischen, einmal einen auf Lösung ausgerichteten.

Information **Metakommunikation**

Wenn die Kommunikationspartner über die Art ihrer Gesprächsführung sprechen, nennt man dies Metakommunikation. Beispielsweise kann die Metakommunikation
- eine Kritik enthalten: *„Ich habe den Eindruck, du vergreifst dich im Ton!“*
- eine Lösung anbahnen: *„Wenn wir uns nur anschreien, kommen wir nicht weiter.“*

Karl Bühlers Organon-Modell (1934)

Karl Bühlers (1879–1963) Sprachmodell versteht die Sprache als Werkzeug (griech. „organum"), das zur Kommunikation eingesetzt wird. Beim Sprechen sind – laut Bühler – immer drei Elemente beteiligt: der Sender, der Empfänger und die Gegenstände oder Sachverhalte, über die sich Sender und Empfänger austauschen. Jedes Sprachzeichen, also Wörter, Sätze usw., hat somit drei Funktionen.

Mit einem sprachlichen Zeichen (Z)

- drücke ich etwas von mir aus **(Ausdruck),**
- wende ich mich an jemanden, um etwas in ihm auszulösen **(Appell),**
- kommuniziere ich über die Dinge **(Darstellung).**

Alle drei Seiten sind für Bühler in jedem kommunikativen Zeichen enthalten, aber meist dominiert eine Seite. Ein Sender, der beim Adressaten eine bestimmte Handlung auslösen will und der deshalb überredend, überzeugend oder befehlend spricht, rückt z. B. die Appellfunktion in den Vordergrund.

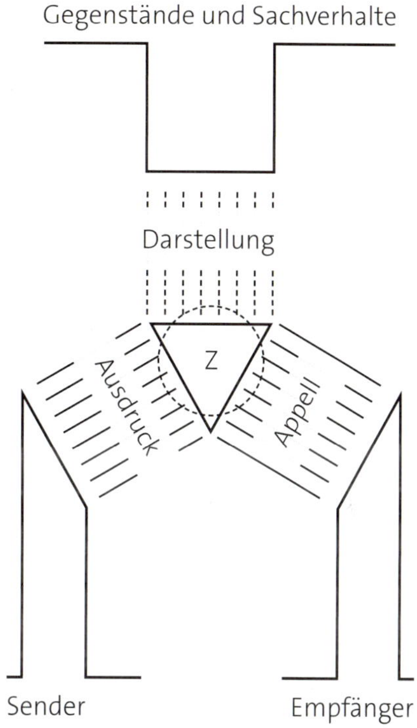

1 Wendet das Organon-Modell auf den Satz eines Mädchens gegenüber ihrem Onkel an: „Ich habe im Internet einen ganz billigen Motorroller entdeckt."
– Klärt Darstellungs-, Ausdrucks- und Appellfunktion des Satzes.
– Begründet, welche Seite eurer Auffassung nach dominiert.

2 Untersucht die folgenden Textsorten daraufhin, welche Seite des Organon-Modells überwiegt: Gedicht, Werbeanzeige, Beschwerdebrief, Bedienungsanleitung, Tagebucheintrag, Flugblatt, Kaufvertrag, Analyseaufsatz.

3 Ein Schüler hat das Verhältnis der drei Kommunikationsmodelle von Bühler (► oben), Watzlawick (► S. 241) und Schulz von Thun (► S. 242 f.) grafisch dargestellt.
Erklärt die Grafik und prüft, ob sie stimmt. Schlagt hierzu noch einmal auf den entsprechenden Seiten nach.

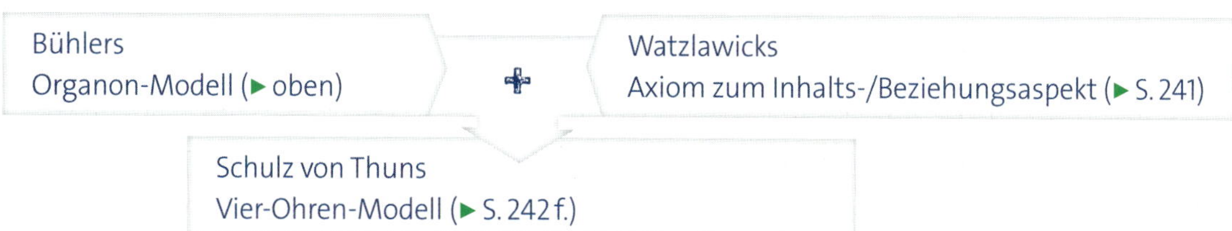

Die Sprache des Raumes – Distanzen deuten

US-Präsident Barack Obama und Facebook-Gründer Mark Zuckerberg

Personen in einem Aufzug

1 a Betrachtet das Foto zum Treffen zwischen Obama und Zuckerberg:
- Stellt Vermutungen an, wie gut die beiden sich kennen.
- Begründet eure Vermutungen mit Beobachtungen zu Körpersprache und Gesprächsabstand.

b Nutzt die Hinweise im Merkkasten, um eure Beobachtungen fachsprachlich zu beschreiben.

2 a Betrachtet das Aufzugsfoto rechts. Erklärt das Verhalten der Personen mittels der von Edward T. Hall definierten Zonen (▸ Merkkasten unten).

b Sucht weitere Situationen, in denen Distanzzonen verletzt werden, und klärt, wie Menschen nach eurer Beobachtung darauf reagieren.

3 Südeuropäer und arabische Gesellschaften gelten als Kontaktkulturen und pflegen daher meist kleinere Distanzen.

a Überlegt, welche Probleme bei Kontakten zwischen Menschen aus Nord- und Südeuropa dadurch entstehen könnten.

b Welche Ratschläge würdet ihr Geschäftsreisenden für eine Reise nach Südeuropa geben?

4 Die Distanz zu unterschreiten kann ein ebenso schwerwiegender Fehler sein, wie sie zu weit auszudehnen, so die Beobachtung des Anthropologen Edward T. Hall. Erläutert diese Beobachtung.

Information **Nähe und Distanz als nonverbale Signale (Proxemik)**

Der amerikanische Anthropologe Edward T. Hall erforschte in den 1960er Jahren das Raumverhalten von Menschen und definierte vier Zonen, die uns wie ein Schutzraum umgeben:
- **Intimdistanz** (bis 45 cm): Bereich, in dem wir nur nahestehende Personen akzeptieren
- **Persönliche Distanz** (45–120 cm): Distanz zu Freunden und Bekannten
- **Soziale Distanz** (120–360 cm): Gesprächsdistanz bei Unbekannten (z. B. Verkäufer)
- **Öffentliche Distanz** (ab 360 cm): unpersönliche öffentliche Zone ohne echten Kontakt

Diese Werte differieren zwischen Individuen etwas, zudem sind sie kulturabhängig.

Fordern und fördern – SMS untersuchen

Duuuu, Lina, ich heute Wein trinken tu. Grün??? 18:02

18:05 Na, wenns denn schmecken tut ;-).

Och, komm, jetzt mach mal nicht die Schnall-Nix-Lina 18:06

Tot? Warisch böse? 18:32

18:34 Sei mal ein bisschen prinziger auf deinem Schimmel

Ich sach ja, du liest zu viel. Im Leben zeigen sich Prinzen durch Einladungen zum Wein. 18:36

○○ **1** Untersucht den SMS-Dialog mit Hilfe des Kommunikationsquadrats Schulz von Thuns.
- **a** Klärt für die erste Nachricht des Jungen (18:02), welche vier Botschaften er sendet.
- **b** Betrachtet Linas Antwort (18:05): Auf welchem Ohr hört sie?
- **c** Prüft, welche Seite des Vier-Schnäbel-Modells in der Antwort des Jungen (18:06) dominiert.

●○ **2** Untersucht den SMS-Dialog mit Hilfe des Kommunikationsquadrats Schulz von Thuns.
- **a** „Übersetzt" den SMS-Dialog, indem ihr für jede Äußerung deutlich macht, welche Seite des Nachrichtenquadrats besonders betont ist.
- **b** Notiert für die dritte SMS des Jungen (18:32), welche verschiedenen Botschaften er gemäß dem Kommunikationsquadrat Schulz von Thuns sendet.
- **c** Beschreibt Linas Antwort (18:34) mit der Terminologie Schulz von Thuns.

●● **3** Untersucht den SMS-Dialog mit Hilfe des Kommunikationsquadrats Schulz von Thuns.
- **a** Setzt die Emoticons in Bezug zu dem jeweils dazugehörigen Text und erläutert ihre Funktion.
- **b** Erläutert, welche SMS man als Metakommunikation begreifen kann.
- **c** Watzlawick spricht von einer „Interpunktion der Kommunikationsabläufe", nach der etwa in einem Streit jeder behauptet, der andere habe angefangen. Veranschaulicht dies an dem Dialog.

Testet euch!

Bearbeitet mit einem Partner den Tandembogen. Deckt jeweils eine Seite ab. Beantwortet die blau hinterlegten Aufgaben und kontrolliert die Antworten mit Hilfe des grün markierten Textes.

Ein Telefonanruf: „Guten Morgen, Frau Meier! Sie haben sich doch bestimmt auch schon einmal über Ihre hohe Stromrechnung geärgert, oder?"

A1 Formuliert den Appell des Callcenter-Anrufs auf möglichst klare Weise.

A2 Formuliert eine Antwort auf die Frage, die eine Metakommunikation enthält.

B1 Etwa: „Ich bin sehr froh, wenn du hier bist, aber ich möchte das nicht verlangen."

B2 Etwa: „Oma, du kannst dich darauf verlassen, dass ich dich so oft besuche, wie es eben geht."

A3 Erklärt mit Fachbegriffen, worin das Problem der abgebildeten Situation besteht.

A4 Deutet die Körpersprache der Frau am Fenster.

B3 Etwa: Die beiden begegnen sich wohl zum ersten Mal, denn der Abstand zwischen ihnen entspricht dem der sozialen Distanz.

B4 Etwa: Körperhaltung und Kleidung sprechen für einen distanzierten Geschäftskontakt.

A1 Etwa: „Ich möchte Sie bitten, einen Stromvertrag bei uns abzuschließen."

A2 Etwa: „Ich wäre Ihnen dankbar, wenn Sie mir offen sagten, was Sie wünschen."

Eine Oma zu ihrer Enkelin: „Kindchen, du weißt ja, dass du mich nicht immer besuchen musst. Ich freu mich, aber du hast ja so wenig Zeit."

B1 Formuliert die Selbstoffenbarung der Äußerung möglichst klar.

B2 Formuliert eine Antwort, die zeigt, dass die Enkelin das Appell-Ohr offen hatte.

A3 Etwa: Das offenbar unbekannte Paar verletzt die Intimdistanz der Frau.

A4 Etwa: Dass die Frau am Fenster über die Situation verärgert ist, sieht man u. a. an ihren verschränkten Armen und an ihrer gereizten Mimik.

B3 Erklärt mit Fachbegriffen (Distanzzonen), wie gut sich die beiden wohl kennen.

B4 Deutet anhand des nonverbalen Verhaltens, in welchem Zusammenhang sich die beiden wohl begegnen.

11.2 Gestörte Kommunikation – Literarische Texte untersuchen

Phasen der Eskalation unterscheiden

Jutta Strippel

Kreide trocknet die Haut aus (1982)

Die Ich-Erzählerin im Roman „Kreide trocknet die Haut aus“ ist Deutschlehrerin einer 10. Klasse. Mit Gregor und den anderen Schülern spricht sie heute über Paul Zechs Villon-Nachdichtung „Eine verliebte Ballade für ein Mädchen namens Yssabeau“, die so beginnt: „Ich bin so wild nach deinem Erdbeermund, / ich schrie mir schon die Lungen wund / nach deinem weißen Leib, du Weib.“

Gregor hat seine Nagelpflege beendet. Er kaut auf dem Streichholz herum und mustert, den Kopf in beiden Händen, die Schüler, die mitarbeiten. Wenn Gregor nicht bis zum Ende der Mainstreet das Streichholz fertig gekaut hat, wird er in Max einen echten Gegner finden, dessen Sporen schon aggressiv rasseln. „Klaus, kannst du das zusammenfassen?“ „Ja. Villon, schreibt das Gedicht im Winter. Da ist das rote Tier, das er im Blut hat durch seine Liebe mit Yssabeau. Und der Winter lässt die Liebe nicht zu, aber das rote Tier wartet in ihm auf den Frühling. Und dann wird er Yssabeau wieder lieben. Er meint damit, dass er dann wieder leben wird und frei ist.“

„Wie kommst du auf frei?“

„Ich finde, das hat was mit Freiheit zu tun.“

„Wieso?“

Monika hat Klaus verstanden: „Weil er im Frühling tun kann, was er will. Jetzt wünscht er es sich nur und ist ziemlich traurig dabei. Steht ja auch am Anfang der dritten Strophe: die graue Welt macht keine Freude mehr.“ „Nur die Liebe zu Yssabeau macht ihm Freude“, ergänzt Kim. Gregor nimmt die Hände aus dem Gesicht. Seine Mundwinkel wandern zum Kinn. Seine Augen werden schmal und meinen mich. „Der will sie doch bloß vögeln“, sagt er, „das ist alles.“ Mein Magen zieht sich zusammen. Eine heiße Welle bis zum Hals schlägt um in Kälte. „Sicher, diese Antwort habe ich von dir erwartet. Sexfilmspezialisten sollte man mit Lyrik verschonen. Ich vergaß das. Entschuldige.“ Gregor ist blass geworden. Seine Hände dunkel und zornig. Der Bleistift in seinen Händen hält der Kraftprobe nicht mehr lange stand. Er wirft ihn auf den Tisch. „Ihr ewiges Entschuldigen können Sie sich sparen. Das hängt mir zum Hals raus.“ „Du mir auch.“ Die Kälte breitet sich in meinem Kopf aus. „Du versuchst mit deiner pubertären Großartigkeit doch nur, deine Dummheit zu kaschieren.“ Gregor starrt mich an. Seine Augen klirren. Er dreht wieder den Bleistift in den Fingern. Die anderen beobachten uns. Die Spannung ist unerträglich. Ich muss etwas tun, um meine Entgleisung rückgängig zu machen. „Gregor, ich würde mich gern nach der Stunde mit dir unterhalten.“

„Nein.“

„Ich halte es für notwendig, unsere Auseinandersetzung in einer anderen Form fortzuführen.“

„Nein“, wiederholt Gregor. „Schade, ich hatte dich anders eingeschätzt.“ Die Kälte hat sich aufgelöst, mir ist elend. Es klingelt. Ich wende mich meinem Tisch zu, ziehe mich hinter ihn zurück, halte die Stuhllehne fest, beende die Stunde. „Macht als Hausaufgabe bitte eine Gesamtinterpretation des Gedichts.“ Vielleicht wartet Gregor doch auf mich, denke ich und packe meine Sachen in die Tasche. Ich wische die Tafel mit dem viel zu nassen Schwamm. Ich drehe mich um. Da stehen noch Kim und Marlene. Ich kann nicht verstehen, worüber sie reden. Sie weichen meinem Blick aus. Gregor ist gegangen.

1 a Begründet spontan: Wer trägt aus eurer Sicht die Hauptschuld des Konflikts?
b Seht euch das Prinzip der Interpunktion nach Watzlawick an (▶ S. 241, Z. 23–30). Stellt das Geschehen aus Gregors Sicht als Reaktion auf das Verhalten der Lehrerin dar.
c Deutet die beschriebene Körpersprache der beiden Figuren mit Blick auf den Konflikt.

2 a Betrachtet das unten stehende Modell der Eskalationsstufen von Glasl.
b Erklärt, wieso man von „Win-win“-, „Win-lose“- und „Lose-lose“-Stufen spricht.
c Notiert, welche Stufen der Eskalation ihr im Textauszug findet. Nennt zentrale Textstellen, z. B. sprachliche Bilder und Wendungen, an denen sie sich ablesen lassen.
d Mutmaßt, welche Stufen der Eskalation in einem Streitgespräch erreicht werden können.

3 Schreibt die Geschichte um oder weiter. Wählt hierzu Teilaufgabe a, b oder c.
a Schreibt die Geschichte weiter: Was ist gemäß des Eskalationsstufenmodells erwartbar?
b Schreibt die Geschichte so um, dass es nicht zu einer Verschärfung des Konflikts kommt, sondern zu einem Einlenken.
c Schreibt die Geschichte so fort, dass eine maximale Eskalation erfolgt.

Eskalationsmodell nach Friedrich Glasl

Die Kommunikation in literarischen Texten untersuchen

Gabriele Wohmann

Ein netter Kerl (1978)

Ich habe ja so wahnsinnig gelacht, rief Nanni in einer Atempause. Genau wie du ihn beschrieben hast, entsetzlich.

Furchtbar fett für sein Alter, sagte die Mutter. Der soll vielleicht Diät essen. Übrigens, Rita, weißt du, ob er ganz gesund ist?

Rita setzte sich gerade und hielt sich mit den Händen am Sitz fest. Sie sagte: Ach, ich glaub schon, daß er gesund ist. Genau wie du es erzählst, weich wie ein Molch, wie Schlamm, rief Nanni. Und auch die Hand, so weich.

Aber er hat dann doch auch wieder was Liebes, sagte Milene, doch, Rita, ich finde, er hat was Liebes, wirklich.

Na ja, sagte die Mutter, beschämt fing auch sie wieder an zu lachen; recht lieb, aber doch gräßlich komisch. Du hast nicht zuviel versprochen, Rita, wahrhaftig nicht. Jetzt lachte sie laut heraus. Auch hinten im Nacken hat er schon Wammen, wie ein alter Mann, rief Nanni. Er ist ja so fett, so weich, so weich! Sie schnaubte aus der kurzen Nase, ihr kleines Gesicht sah verquollen aus vom Lachen.

Rita hielt sich am Sitz fest. Sie drückte die Fingerkuppen fest ans Holz.

Er hat so was Insichruhendes, sagte Milene. Ich find ihn so ganz nett, Rita, wirklich, komischerweise.

Nanni stieß einen winzigen Schrei aus und warf die Hände auf den Tisch; die Messer und Gabeln auf den Tellern klirrten.

Ich auch, wirklich, ich find ihn auch nett, rief sie. Könnt ihn immer ansehen und mich ekeln.

Der Vater kam zurück, schloß die Eßzimmertür, brachte kühle, nasse Luft mit herein. Er war ja so ängstlich, daß er seine letzte Bahn noch kriegte, sagte er. So was von ängstlich.

Er lebt mit seiner Mutter zusammen, sagte Rita. Sie platzten alle heraus, jetzt auch Milene.

Das Holz unter Ritas Fingerkuppen wurde klebrig. Sie sagte: Seine Mutter ist nicht ganz gesund, soviel ich weiß.

Das Lachen schwoll an, türmte sich vor ihr auf, wartete und stürzte sich dann herab, es spülte über sie weg und verbarg sie: lang genug für einen kleinen, schwachen Frieden. Als erste brachte die Mutter es fertig, sich wieder zu fassen.

Nun aber Schluß, sagte sie, ihre Stimme zitterte, sie wischte mit einem Taschentuchklümpchen über die Augen und die Lippen. Wir können ja endlich mal von was anderem reden.

Ach, sagte Nanni, sie seufzte und rieb sich den kleinen Bauch, ach, ich bin erledigt, du liebe Zeit. Wann kommt die große fette Qualle denn wieder, sag, Rita, wann denn? Sie warteten alle ab.

Er kommt von jetzt an oft, sagte Rita. Sie hielt den Kopf aufrecht.

Ich habe mich verlobt mit ihm.

Am Tisch bewegte sich keiner. Rita lachte versuchsweise, und dann konnte sie es mit großer Anstrengung lauter als die anderen, und sie rief: Stellt euch das doch bloß mal vor: mit ihm verlobt! Ist das nicht zum Lachen!

Sie saßen gesittet und ernst und bewegten vorsichtig Messer und Gabeln.

He, Nanni, bist du mir denn nicht dankbar, mit der Qualle hab ich mich verlobt, stell dir das doch mal vor!

Er ist ja ein netter Kerl, sagte der Vater. Also höflich ist er, das muß man ihm lassen.

Ich könnte mir denken, sagte die Mutter ernst, daß er menschlich angenehm ist, ich meine, als Hausgenosse oder so, als Familienmitglied.

Er hat keinen üblen Eindruck auf mich gemacht, sagte der Vater.

Rita sah sie alle behutsam dasitzen, sie sah gezähmte Lippen. Die roten Flecken in den Gesichtern blieben noch eine Weile. Sie senkten die Köpfe und aßen den Nachtisch. R

1 Äußert eure spontanen Leseeindrücke: Welche Wirkung haben diese Geschichte und die darin vorkommenden Figuren auf euch?

2 Überlegt, welche Familienmitglieder in besonderer Weise dazu beitragen, dass das Gespräch so schwierig verläuft.

3 Untersucht, inwiefern es sich bei dem Text um eine typische Kurzgeschichte handelt.
- **a** Benennt genau die Textstelle, wo ihr im Verlauf der Geschichte einen markanten **Wendepunkt** seht. Nennt wesentliche Unterschiede zwischen der Situation vor und nach dem Wendepunkt.
- **b** Diskutiert, ob ihr das Ende für ein **offenes Ende** haltet.
- **c** Eine Kurzgeschichte zeigt oft in einer **Momentaufnahme** eine lebensentscheidende Episode. Klärt, inwiefern dies auch für „Ein netter Kerl“ gilt.
- **d** Prüft, welche weiteren Merkmale einer Kurzgeschichte (► S. 333) auf den Text zutreffen.

4 Diskutiert, inwiefern Kurzgeschichten sich besonders gut oder weniger gut eignen, um kommunikativ schwierige Situationen darzustellen.

Analysiert die Kommunikation in der Kurzgeschichte. Geht so vor:

5 Beschreibt das unterschiedliche **Kommunikationsverhalten der Familienmitglieder** im Verlauf der Geschichte. Berücksichtigt dabei auch ihr paraverbales Verhalten (z. B. Lautstärke, Intonation). Macht auch deutlich, was dies über ihr Verhältnis zu Rita aussagt, z. B.:

Zu Beginn der Geschichte ist ... Wortführerin und dominiert ...
Auch die Mutter ...
Milene nimmt im ersten Teil des Gesprächs eine Sonderstellung ein. Sie stimmt nicht in den Spott über den Mann ein, sondern ...
...

6 In der Geschichte spielt das **nonverbale Verhalten** der Figuren eine große Rolle.

a Interpretiert das nonverbale Verhalten von Rita vor und nach dem Wendepunkt der Geschichte. Findet zwei aussagekräftige Textstellen und deutet sie.

b Zitiert vier Textstellen, die die nonverbalen Reaktionen der Familie auf Ritas Bekanntgabe der Verlobung beschreiben. Erklärt, was in diesen Reaktionen zum Ausdruck kommt, z. B.:

1. „Am Tisch bewegte sich keiner." (Z. 61) → Die Familienmitglieder sind ...
2. ...

7 Untersucht unter Berücksichtigung des **Kommunikationsquadrats Schulz von Thuns** (▶ S. 242 f.) die Aussagen der Figuren. Geht so vor:

a Führt die folgenden Analyseansätze mündlich fort.

An mehreren Stellen der Geschichte steht der Beziehungsaspekt der Figuren im Vordergrund. Besonders deutlich wird dies am Wendepunkt der Geschichte. Mit den Sätzen „Stellt euch das doch bloß mal vor: mit ihm verlobt! Ist das nicht zum Lachen!" (Z. 64 f.) stimmt Rita inhaltlich (Sachinformation) mit der Äußerung von Nanni überein. Dadurch aber, dass sie den spottenden Ton ihrer Schwester nachahmt, lässt sie auf der Beziehungsebene erkennen, ...

Mit dem Satz „Ich habe mich mit ihm verlobt" (Z. 60) gibt Rita auf der Ebene der Selbstkundgabe zu erkennen, dass ...
Gleichzeitig enthält diese Aussage auch einen versteckten Appell. ...

b Formuliert eine ähnliche Textanalyse unter Berücksichtigung eines Aspekts des Kommunikationsquadrats Schulz von Thuns, z. B.:
- An welchen Stellen findet ihr Hinweise auf die **Beziehung** der Figuren?
- Wo geben die Sprecher – bewusst oder unbewusst – etwas von sich preis **(Selbstkundgabe)?**
- Gibt es versteckte (oder offene) **Appelle?**

8 Erläutert, welche **Kommunikationsschwierigkeiten** in der Kurzgeschichte „Ein netter Kerl" deutlich werden. Geht so vor:

a Prüft, welches Fazit euch angemessener erscheint.
Belegt eure Position, indem ihr das Fazit am Text begründet.

> A *Gabriele Wohmann zeigt in der Kurzgeschichte, wie man selbst zu einer schwierigen Kommunikationssituation beiträgt, wenn man darauf verzichtet, schon frühzeitig klare Botschaften zu senden.*

> B *An Gabriele Wohmanns Kurzgeschichte wird sichtbar, wie eine problematische Kommunikationssituation eine Eigendynamik entfalten kann, die dann von allen Beteiligten kaum noch zu stoppen ist.*

b Schreibt zu dem von euch gewählten Fazit einen zweiten Satz, der das Fazit konkretisiert, z. B.:

> *So wie Rita hier … / So wie die Familie hier …*

Methode **Die Kommunikation in einem literarischen Text analysieren**

Wenn ein literarischer Text unter dem Aspekt der Kommunikation untersucht werden soll, werden – je nach Aufgabenstellung – meist einige der folgenden Teilaspekte betrachtet:

1 Gesprächsverlauf
- Wie verläuft das Gespräch? Gibt es einzelne Phasen, Wendepunkte oder Brüche?

2 Rollen/Rollenwechsel, symmetrische/komplementäre Kommunikation (Watzlawick)
- Gibt es im Gespräch eine klar erkennbare Rollenverteilung? Verändert sich diese?
- Ist die Kommunikation symmetrisch (gleichberechtigt) oder komplementär (unterschiedlich), z. B. durch die Dominanz einer Figur (durch Status, Redeanteile usw.)?

2 Non- und paraverbales Verhalten
- Welche **nonverbalen** (Gestik, Mimik, Körperhaltung) und **paraverbalen Signale** (Lautstärke, Intonation, Sprechtempo, Pausen usw.) der Figuren sind aufschlussreich? Wie deutet ihr dieses Verhalten?

3 Kommunikationsquadrat (Vier-Ohren-Modell) Schulz von Thuns
- Welche Information wird auf der **Sachebene** mitgeteilt?
- Welche Aussagen werden auf der **Beziehungsebene** gemacht?
- Wo geben die Sprecher – bewusst oder unbewusst – etwas von sich preis und offenbaren sich **(Selbstkundgabe)?**
- Welche offenen oder versteckten **Appelle** sind erkennbar?
- Welches der „vier Ohren" hat ein Gesprächspartner an welchen Stellen besonders offen?

4 Metakommunikation
- Gibt es Textpassagen, in denen die Kommunikation selbst zum Gegenstand des Gesprächs wird? Wozu dient diese Metakommunikation?

Wichtig: In der Analyse geht es nicht darum, die bekannten Kommunikationsmodelle (► S. 242–247) vollständig auf den literarischen Text anzuwenden. Die Modelle liefern nur die Fachbegriffe, mit denen die Kommunikation im Text klarer beschrieben werden kann.

Elke Heidenreich

Mutter lernt Englisch. Ein Drama

Mutter sitzt am Tisch vor einem Buch, liest sehr gedehnt vor. Die Tochter im Sessel, Füße auf dem Tisch, raucht.

MUTTER: Sag, wenn was falsch ist, ich muss ja üben. Oooohh – Henry ... what are you do-ing? *(Sie sieht hoch.)*

TOCHTER *(schüttelt den Kopf)*: Es heißt du-ing.

MUTTER *(schiebt ihr das Buch hin)*: Nein. Es schreibt sich mit o.

TOCHTER: Trotzdem. Man sagt du-ing.

MUTTER: Ach. Und warum schreiben sie es mit o, wenn sie u meinen?

TOCHTER: Weiß ich nicht, ist aber so.

MUTTER: Hm. Na gut. Oooohh – Henry ... what are you du-ing. Richtig?

TOCHTER: Richtig. Weiter.

MUTTER: A Ooooh – Elizabeth ... where are you ... *(Pause)*. Where are you gu-ing.

TOCHTER: Jetzt heißt es go-ing.

(Die Mutter sieht sie lange an, klappt das Buch zu, steht auf.)

MUTTER: Wenn man dich schon mal um was bittet. Nur blöde Antworten.

1 Lest den Text szenisch mit verteilten Rollen.
Erklärt anschließend, worin die Pointe dieses Minidramas besteht.

2 Untersucht die Kommunikation in diesem Gespräch.

a Wählt zwei Aspekte der Kommunikationsanalyse aus (▶ Methodenkasten, S. 256), die euch für diesen Text ergiebig erscheinen.

b Erarbeitet eine präzise Lösung zu euren Teilaspekten. Belegt alle Behauptungen am Text.

c Sucht einen Partner bzw. eine Partnerin, der/die den Text unter mindestens einem anderen Aspekt untersucht hat. Reflektiert, inwiefern sich durch die unterschiedlichen Aspekte andere Deutungen der Szene ergeben haben.

Ferdinand von Schirach

Das Cello (2009)

Der Bauunternehmer Tackler ist nach dem Unfalltod seiner Frau alleinerziehender Vater. Seine Tochter Theresa und sein Sohn Leonhard werden weitgehend von einer ältlichen Krankenschwester erzogen, die schon Tackler erzogen hat.

Tackler verachtete Leonhard nicht, aber er verabscheute das Weiche in ihm. Er dachte, er müsse ihn härter machen, ihn „schmieden", wie er sagte. Als Leonhard 15 war, hatte er in sein Zimmer ein Bild von einer Ballettaufführung gehängt, die er mit seiner Klasse besucht hatte. Tackler riss es von der Wand und brüllte ihn an, er solle bloß aufpassen, er werde noch schwul. Er sei zu fett, sagte Tackler zu Leonhard, so bekäme er nie eine Freundin.

Theresa verbrachte jede Minute mit ihrem Cello bei einem Musiklehrer in Frankfurt. Tackler verstand sie nicht; er ließ sie deshalb in Ruhe. Nur einmal war es anders. Es war Sommer, kurz nach Theresas 16. Geburtstag. Der Tag war wolkenlos. Sie schwamm nackt im Pool. Als sie aus dem Wasser kam, stand Tackler am Rand des Beckens. Er hatte getrunken. Tackler sah seine Tochter wie eine Fremde an. Er nahm das Handtuch und begann, sie abzutrocknen. Als er ihre Brüste berührte, roch er nach Whiskey. Sie rannte ins Haus. In den Pool ging sie nie wieder.

Bei den wenigen gemeinsamen Abendessen unterhielt man sich über „seine" Themen, über Uhren, Essen und Autos. Theresa und Leonhard kannten den Preis jedes Wagens und jeder Markenuhr. Es war ein abstraktes Spiel. Manchmal zeigte der Vater ihnen Kontoauszüge, Aktien und Geschäftsberichte. „Das alles wird einmal euch gehören", sagte er, und Theresa flüsterte Leonhard zu, dass er das aus einem Film zitiere. „Das Innere", sagte Tackler, „ist Blödsinn." Das bringe nichts.

Die Kinder hatten nur sich selbst. Als Theresa am Konservatorium angenommen wurde, beschlossen sie, Tackler gemeinsam zu verlassen. Sie wollten es ihm beim Abendessen sagen und hatten dafür geübt, sie hatten sich überlegt, wie er reagieren würde, und sich die Antworten zurechtgelegt. Als sie anfingen, sagte Tackler, er habe heute keine Zeit, und verschwand. Sie mussten drei Wochen warten, dann führte Theresa das Wort. Die Geschwister glaubten, Tackler würde zumindest sie nicht schlagen. Sie sagte, dass beide Bad Homburg jetzt verlassen würden. „Bad Homburg verlassen" klinge besser, als es direkt zu sagen, fanden sie. Theresa sagte, sie würde Leonhard mitnehmen, sie kämen schon irgendwie durch. Tackler verstand sie nicht, er aß einfach weiter. Als er Theresa bat, ihm das Brot zu geben, schrie Leonhard ihn an: „Du hast uns lang genug gequält", und Theresa sagte etwas leiser: „Wir wollen nie so werden wie du." Tackler ließ das Messer auf den Teller fallen. Es klirrte. Dann stand er wortlos auf, ging zum Wagen und fuhr zu seiner Freundin. Erst gegen drei Uhr nachts kehrte er zurück.

1 a Verdichtet den Text auf ein Sechs-Sätze-Drama. Arbeitet im Team:
- Partner A sucht drei Sätze, die für Tackler charakteristisch sind. Partner B sucht drei Sätze, die für die Kinder wesentlich sind. Die Sätze können wörtlich im Text vorkommen oder passend erfunden sein.
- Entwickelt aus den sechs Sätzen ein Minidrama, das die Dynamik des Konflikts enthält.

b Spielt oder tragt euer Minidrama einem anderen Team vor.
Das zuschauende Team beschreibt anschließend sein Verständnis des Konflikts zwischen Tackler und seinen Kindern.

c Welche Ereignisse der Geschichte stuft ihr als zentral ein?

2 Untersucht die Kommunikationssituation und das Gesprächsverhalten der Figuren.

a Überlegt, ob es sich um eine **symmetrische oder komplementäre** Kommunikationssituation (▶ Methodenkasten, S. 256) handelt.

b Notiert prägnante Aussagen der Figuren (wörtliche, aber auch indirekte Rede im Konjunktiv) und analysiert sie unter Berücksichtigung des Kommunikationsquadrats **Schulz von Thuns** (▶ Methodenkasten, S. 256).

c Notiert auch **non- oder paraverbale Signale** der Figuren, die von Bedeutung sind.

d Sucht Textstellen, in denen der Erzähler direkt oder indirekt etwas über die Kommunikationssituation oder das (Gesprächs-)Verhalten der Figuren sagt, und deutet sie, z. B.:

> *„Tackler verstand sie nicht. Er ließ sie deshalb in Ruhe." (Z. 12 f.)*
> *→ Distanziertes Verhältnis zwischen dem Vater und seinen Kindern wird deutlich. Vater sieht das Nichtverstehen nicht als Problem, bemüht sich nicht darum, seine Kinder zu verstehen, sondern lässt sie in Ruhe.*

3 Formuliert auf Grundlage eurer Ergebnisse aus Aufgabe 2 einen zusammenhängenden Text, in dem ihr die Kommunikationssituationen und das Gesprächsverhalten der Figuren charakterisiert. Stützt eure Aussagen durch Zitate (▶ Zitieren, S. 362).

> *Tackler zeigt sich in dem Textauszug als ein Vater, der eine große Distanz zu seinen Kindern hat (vgl. Z. 12 f.). Gerade über seinen Sohn Leonhard formuliert er harte und verachtende Urteile, etwa dass er ...*

4 „Das Cello" ist ein Auszug aus einer längeren Novelle.
Schreibt eine Fortsetzung, die aufzeigt, wie sich das Verhältnis der drei Figuren weiterentwickelt. Orientiert euch in der Figurendarstellung und in der Sprache an dem Text von Schirach.

Information **Wahrnehmung der Kommunikationssituation durch den Erzähler**

Die Kommunikationssituation und die Beziehung der Figuren werden nicht nur durch die Aussagen (wörtliche Rede) der Figuren deutlich. In epischen Texten kann auch der **Erzähler** etwas über das (Kommunikations-)Verhalten und die Beziehung der Figuren aussagen, z. B.:

- durch **Kommentare, Wertungen,** Urteile, Feststellungen, z. B.: *„Tackler verstand sie nicht" (Z. 12 f.)*
  → *Distanziertes Verhältnis zwischen Tackler und seinen Kindern wird deutlich.*
- durch die **Darstellung der Innensicht** (Gedanken, Gefühle) der Figuren, z. B.:
  „Er dachte, er müsse ihn härter machen [...]" (Z. 2 f.).
  → *Tackler denkt, dass sein Sohn verweichlicht ist.*

Fordern und fördern – Die Kommunikation analysieren

Daniel Kehlmann

F. (2013)

Martin, katholischer Priester, und Eric, Finanzberater, sind Halbbrüder. Eric hat Martin zu einem Treffen in einem Restaurant gebeten, um etwas Wichtiges mit ihm zu besprechen. Statt mit Martin zu sprechen, ist Eric aber unentwegt mit seinem Handy beschäftig, schreibt SMS, wartet auf die Antwort, schreibt wieder ... Nach einem immer wieder unterbrochenen Small-Talk-Gespräch sagt Martin, aus dessen Perspektive erzählt wird:

„Also, was wolltest du mit mir besprechen?"
Er [Eric] runzelt die Stirn und blickt auf sein Telefon. Ich warte. Er sagt nichts.
Allmählich wird es anstrengend. Ich hole mein Telefon hervor, tippe eine Nachricht: *Wie geht es dir, ruf mich doch an, wenn du mal Zeit hast! Martin,* und schicke sie an Eric.
Gerade hat er sein Telefon weggelegt. Es vibriert, er greift danach, blickt darauf und zieht die Augenbrauen hoch. Ich warte, aber er sagt kein Wort. Er lächelt auch nicht. Er reibt sich die Schläfen, legt das Telefon wieder weg, nimmt es, legt es wieder weg und sagt: „Diese Hitze!"
Ich gebe zu, es war kein sehr geistreicher Scherz, aber ein kurzes Lächeln wäre angebracht gewesen. Warum fällt es ihm so schwer, höflich zu sein?

●○○ 1
- a Erklärt, wieso Martin eine SMS schickt und nicht einfach spricht.
- b Untersucht die kommunikative Bedeutung der SMS im Textauszug.
  Verwendet dabei Fachbegriffe des Kommunikationsquadrats Schulz von Thuns.
- c Formuliert aufgrund des letzten Satzes (▸ Z. 17 f.) mit eigenen Worten, wie sich Martin Erics Verhalten erklärt. Welche anderen Erklärungen sind denkbar?

●●○ 2 Deutet die nonverbalen Signale der Figuren.
- a Beschreibt Erics nonverbales Verhalten mit der Terminologie Schulz von Thuns.
- b Martin wartet oft (▸ Z. 3, 10). Deutet dies mit der Terminologie Schulz von Thuns.
- c Martin denkt, ein kurzes Lächeln seines Bruders „wäre angebracht gewesen" (▸ Z. 16 f.).
  Was hätte solch ein Lächeln geändert?

●●● 3
- a Untersucht die Selbstkundgabe der Figuren mit den Fachbegriffen Schulz von Thuns. Was geben sie bewusst oder unbewusst von sich preis?
- b Beschreibt die Beziehungsebene der beiden Brüder. Nutzt dazu auch die Begriffe Watzlawicks (z. B. symmetrisch, komplementär; „Man kann nicht nicht kommunizieren").
- c Eric beendet wenig später das Gespräch mit den Worten: „War schön, dich zu sehen. Ich muss jetzt ganz schnell weg, ein wichtiger Termin, du kannst dir gar nicht vorstellen, was gerade alles ansteht."
  Inwieweit passt dieser Abschluss zu eurer vorherigen Deutung?

Testet euch!

Notiert, welche zwei Aussagen jeweils zutreffend sind. Vergleicht dann mit dem Lösungsteil auf Seite 375.

Sibylle Berg

Vera sitzt auf dem Balkon (Auszüge)

Vera und Helge sind verheiratet. Schon lange. Wissen sie eigentlich gar nicht, warum. Sie sitzen draußen, auf dem Balkon. Es ist ein Sommerabend. Die Luft fleischwarm und macht im Menschen das Gefühl, dass er etwas unternehmen müsste, in dieser Nacht, das ihr gerecht wird, in der Aufregung, die sie verursacht. Was kann ich machen, mit so einer schönen Nacht, denkt sich Vera und weiß keine Antwort.

1 Der Text „Vera sitzt auf dem Balkon" hat einen für eine Kurzgeschichte typischen Beginn,
- **a** ... denn schon im ersten Satz werden die Figuren mit Namen eingeführt.
- **b** ... weil er unvermittelt ist und mitten ins Geschehen springt.
- **c** ... weil er sich alltäglicher Sprache bedient.

Vera sieht Helge an. Der sitzt neben ihr und ist tausend Gedanken entfernt.

2 Diese Textstelle kann als Beispiel für Watzlawicks Axiom dienen, wonach man nicht nicht kommunzieren kann,
- **a** ... denn es ist erkennbar, dass Vera das Schweigen gleich brechen wird.
- **b** ... denn Veras Blick und Helges Schweigen sind bereits Kommunikation.
- **c** ... denn Veras Blick enthält vermutlich schon einen Appell an Helge.

Und dann guckt sie zu Helge rüber und der guckt geradeaus. Helge trinkt Bier.
„Helge ..." Helge trinkt Bier.
„Ein schöner Abend."
Helge bleibt stumm [...].

3 Hier wird deutlich,
- **a** ... dass Vera an Helge appelliert, ins Gespräch zu kommen.
- **b** ... dass Helge auf der Beziehungsebene signalisiert, kein Interesse an einem Austausch mit Vera zu haben.
- **c** ... dass Helge vor allem sein „Sachohr" offen hat.

Vera nimmt ihre Hand und legt sie auf die von Helge. Da liegt sie dann so. Helges Hand bewegt sich nicht.
[...]
Es gibt doch wirklich wichtigere Sachen als so einen blöden, warmen Abend und eine Hand, die nicht von ihr angefasst werden will.

4 Hier wird deutlich,
- **a** ... dass nonverbale Signale meist etwas über die Beziehung der Figuren aussagen.
- **b** ... dass Vera versucht, von der Sekundär- in die Primärposition zu gelangen.
- **c** ... dass Vera versucht, die unerträgliche Beziehungsseite der Kommunikation dadurch erträglich zu machen, dass sie die Situation relativiert.

11.3 Fit in ... – Die Kommunikation in einer Kurzgeschichte untersuchen

Die Aufgabenstellung verstehen und eine Stoffsammlung anlegen

In der nächsten Klassenarbeit könnte folgende Aufgabe gestellt werden:

Untersuche die Kurzgeschichte „Die traurigen Geranien" von Wolfgang Borchert.

a Fasse den Inhalt (die Begegnung zwischen dem Mann und der Frau) knapp zusammen.

b Analysiere das Kommunikationsverhalten der Figuren im Verlauf der Geschichte. Nutze dazu Begriffe der Kommunikationsanalyse, insbesondere das Kommunikationsquadrat Schulz von Thuns. Deute auffällige non- und paraverbale Signale der Figuren. Beachte auch die Gedanken der Figuren, die durch den Erzähler vermittelt werden.

Wolfgang Borchert

Die traurigen Geranien (1947)

Als sie sich kennen lernten, war es dunkel gewesen. Dann hatte sie ihn eingeladen und nun war er da. Sie hatte ihm ihre Wohnung gezeigt und die Tischtücher und die Bettbezüge und auch die Teller und Gabeln, die sie hatte. Aber als sie sich dann zum ersten Mal bei hellem Tageslicht gegenübersaßen, da sah er ihre Nase.

Die Nase sieht aus, als ob sie angenäht ist, dachte er. Und sie sieht überhaupt nicht wie andere Nasen aus. Mehr wie eine Gartenfrucht. Um Himmels willen!, dachte er, und diese Nasenlöcher! Die sind ja vollkommen unsymmetrisch angeordnet. Die sind ja ohne jede Harmonie zueinander. Das eine ist eng und oval. Aber das andere gähnt geradezu wie ein Abgrund. Dunkel und rund und unergründlich. Er griff nach seinem Taschentuch und tupfte sich die Stirn.

Es ist so warm, nicht wahr?, begann sie.

O ja, sagte er und sah auf ihre Nase. Sie muss angenäht sein, dachte er wieder. Sie kommt sich so fremd vor im Gesicht. Und sie hat eine ganz andere Tönung als die übrige Haut. Viel intensiver. Und die Nasenlöcher sind wirklich ohne Harmonie. Oder von einer ganz neuartigen Harmonie, fiel ihm ein, wie bei Picasso.

Ja, fing er wieder an, meinen Sie nicht auch, dass Picasso auf dem richtigen Wege ist?

Wer denn?, fragte sie, Pi – ca –?

Na, denn nicht, seufzte er und sagte dann plötzlich ohne Übergang: Sie haben wohl mal einen Unfall gehabt?

Wieso?, fragte sie.

Na ja, meinte er hilflos.

Ach, wegen der Nase?

Ja, wegen ihr.

Nein, sie war gleich so. Sie sagte das ganz geduldig: Sie war gleich so.

Donnerwetter!, hätte er da fast gesagt. Aber er sagte nur: Ach, wirklich?

Und dabei bin ich ein ausgesprochen harmonischer Mensch, flüsterte sie. Und wie ich gerade die Symmetrie liebe! Sehen Sie nur meine beiden Geranien am Fenster. Links steht eine und rechts steht eine. Ganz symmetrisch. Nein, glauben Sie mir, innerlich bin ich ganz anders. Ganz anders.

Hierbei legte sie ihm die Hand auf das Knie,

und er fühlte ihre entsetzlich innigen Augen bis an den Hinterkopf glühen.

Ich bin doch auch durchaus für die Ehe, für das Zusammenleben, meinte sie leise und etwas verschämt.

Wegen der Symmetrie?, entfuhr es ihm.

Harmonie, verbesserte sie ihn gütig, wegen der Harmonie.

Natürlich, sagte er, wegen der Harmonie.

Er stand auf.

Oh, Sie gehen?

Ja, ich – ja.

Sie brachte ihn zur Tür.

Innerlich bin ich eben doch sehr viel anders, fing sie noch mal wieder an.

Ach was, dachte er, deine Nase ist eine Zumutung. Eine angenähte Zumutung. Und er sagte laut: Innerlich sind Sie wie die Geranien, wollen Sie sagen. Ganz symmetrisch, nicht wahr?

Dann ging er die Treppe hinunter, ohne sich umzusehen.

Sie stand am Fenster und sah ihm nach.

Da sah sie, wie er unten stehen blieb und sich mit dem Taschentuch die Stirn abtupfte. Einmal, zweimal. Und dann noch einmal. Aber sie sah nicht, dass er dabei erleichtert grinste. Das sah sie nicht, weil ihre Augen unter Wasser standen. Und die Geranien, die waren genauso traurig. Jedenfalls rochen sie so.

Pablo Picasso: Frau mit Hut in einem Sessel (1939)

1 Lest die Aufgabenstellung auf Seite 262.
Was wird im Einzelnen von euch verlangt?

2 Analysiert die Kurzgeschichte. Macht dafür eine Kopie des Textes.
Nutzt verschiedene Lesedurchgänge:

1 Lest den Text zunächst einmal zügig durch und notiert ein erstes Leseverständnis.
2 Lest den Text ein zweites Mal und notiert am Rand Stichworte zum Inhalt.
3 Lest den Text ein drittes Mal sehr genau und markiert alle Stellen, die bezüglich der Kommunikation der Figuren wichtig sind.

3 Gliedert die Geschichte in Sinnabschnitte und fasst den Inhalt knapp zusammen.
- *Nach einem ersten Kennenlernen lädt die Frau ihren neuen Bekannten in ihre Wohnung ein.*
- *Zum ersten Mal sieht der Mann die Frau bei Tageslicht, wobei ihm die Nase der Frau ...*
- ...

4 a Analysiert das Kommunikationsverhalten der Figuren. Haltet fest, was ihr über den Mann und die Frau erfahrt. Was sagen sie? Was denken sie? Gibt es auffällige non- oder paraverbale Signale? Notiert **aussagekräftige** Textstellen mit Zeilenangaben.

Textzitate	Deutung
– *„Sie hatte ihm die Wohnung gezeigt […]" (Z. 3–4)* – *„Die Nase sieht aus, als ob sie angenäht ist, dachte er." (Z. 9–10)* – *…* – *„Um Himmels willen!" (Z. 12)* – *„tupfte sich die Stirn" (Z. 19)* – *„Es ist so warm, nicht wahr?, begann sie." (Z. 20)*	– *Sie zeigt jedes Detail … Will, dass der Mann sie kennen lernt (Selbstoffenbarung).* – *Mann bringt zu Beginn sein Befremden zum Ausdruck. Seine Gedanken kreisen … das steigert sich …* – *Stirntupfen (nonverbales Signal) …* – *Frau eröffnet das Gespräch auf der Sachebene, indem sie …*

b Notiert Deutungsthesen, die eure Analyseergebnisse prägnant wiedergeben, z. B.:
- *Der Mann zeigt durch sein Verhalten, dass er sich unwohl fühlt. Er ist nicht wirklich offen für ein Gespräch, denn seine Gedanken kreisen nur …*
- *Die Frau will, dass der Mann …*

Den Aufsatz schreiben und überarbeiten

5 Verfasst auf Grundlage eurer Stoffsammlung die Analyse. Geht so vor:

a Schreibt eine Einleitung mit Angaben zu Textsorte, Autor, Titel, Erscheinungsjahr und Thema, z. B.:
Wolfgang Borchert thematisiert in seiner … „Die traurigen Geranien", wie das Aussehen …

b Fasst im Hauptteil den Inhalt knapp zusammen. Beschreibt und deutet dann ausführlich das Kommunikationsverhalten der Figuren.

c Bündelt eure Ergebnisse in einem Schluss. z. B.:
Die Kurzgeschichte verdeutlicht, …

Checkliste

Die Kommunikation in literarischen Texten analysieren

Habt ihr …
- eine **Einleitung** mit Angaben zu Textsorte, Autor, Titel und Thema formuliert?
- im **Hauptteil** den Inhalt des Textes knapp zusammengefasst und das Kommunikationsverhalten der Figuren ausführlich untersucht und beschrieben?
- das **Kommunikationsquadrat** Schulz von Thuns (▸ S. 242 f.) zur Analyse genutzt, z. B.:
  – bewusste/unbewusste Selbstoffenbarung?
  – offene/versteckte Appelle?
  – offene/versteckte Aussagen über die Beziehung?
  – Wahrnehmung von Äußerungen mit unterschiedlichen „Ohren"?
- auch **nonverbale** und **paraverbale Signale** berücksichtigt?
- alle wesentlichen Aussagen durch Zitate belegt (▸ Zitieren, S. 362)?
- am **Schluss** ein Fazit gezogen, das eure Einzelergebnisse bündelt?

12 Die Macht der Worte – Rhetorik, Sprachlenkung und Sprachkritik

1 a Wie versteht ihr die Aufschrift auf dem Plakat? Erläutert das Wortspiel.
b Seit vielen Jahren gibt es Demonstrationen unter dem Motto „Freiheit stirbt mit Sicherheit".
Mutmaßt, gegen was sich die Demos richten könnten.

2 a „Freiheit" und „Sicherheit" gelten als „Wörter mit Wert" (Hochwertwörter). Diskutiert, was ihr darunter versteht.
b Erklärt, was ihr heute mit dem Begriff „Freiheit" verbindet.

In diesem Kapitel …

- untersucht ihr, wie Wörter und Begriffe uns beeinflussen und sogar manipulieren können,
- lernt ihr, „zwischen den Zeilen" zu lesen,
- analysiert ihr Reden, die zu wichtigen historischen Ereignissen gehalten wurden,
- verfasst ihr eine Redeanalyse.

12.1 Von Freiheit reden – Begriffe untersuchen

Freiheitskämpfer oder Terrorist? – Mit Sprache werten

Rauchverbot: Freiheit auf der Kippe

Nichtraucherschutz oder Tugendterror?

Über den Irakkrieg lässt sich streiten, über Kernkraftwerke und Mindestlohn. Über Zigaretten nicht. Rauchen oder nicht rauchen – das ist eine Glaubensfrage. Sie spaltet Familien, treibt Paare auseinander. Es ist ein Kampf, in dem jeder eine feste Überzeugung hat. Und es herrscht ein seltsamer Bekenntnisdrang. Wen man auch fragt, jeder outet sich.

Warum der Kampf ums Rauchen solche Emotionen entzündet, ist schwer zu sagen. Vielleicht weil das Rauchen buchstäblich eine innere Angelegenheit ist, weil es sich mit der Luft zum Atmen verbindet. Vielleicht weil das Rauchen in ungezählten Filmen und Songs jahrzehntelang als Ausdruck eines überlegenen Lebensgefühls stilisiert wurde. Oder weil die Raucher eine halbe Ewigkeit von einer brutalen Rücksichtslosigkeit waren, die sich jetzt gegen sie wendet. Gewiss ist aber, dass es beim Kampf um das Rauchen nicht nur um Gefühle geht. Es geht um Geld, um Gesundheit. Und, ja: um Freiheit. Heinrich Amadeus Wolff, der eine Klage gegen das Rauchverbot vor dem Bundesverfassungsgericht vertritt, sieht im Rauchverbot eine „Gängelung der Raucher". Dabei ist der Anwalt und Vater von fünf Kindern selbst Nichtraucher. Es gebe viele Fälle erlaubter Selbstgefährdung, gegen die der Staat nicht einschreite: „Die Leute dürfen essen, was sie wollen, selbst wenn es ungesund ist. Alkohol ist nicht verboten, auch Extremsport nicht. Auf den Autobahnen gibt es kein Tempolimit. Alles gefährlich, alles erlaubt." Warum also müsse der Staat den Nichtraucher partout vor den Folgen des Passivrauchens schützen, wenn der Nichtraucher freiwillig in eine Raucherkneipe gehe? „Ich habe den Eindruck", sagt Wolff, „dass es seit 1945 eine Tendenz zur Einschränkung von Freiheitsrechten in Deutschland gibt. Denken Sie an die Asylgesetze oder den Großen Lauschangriff." Nun eben das Rauchverbot.

Wie steht es um die Verteidigung der Freiheit? Warum kann nicht jeder selbst entscheiden, ob er in eine verrauchte Kneipe gehen will? „Freiheit setzt Wahlfreiheit voraus", entgegnet die ehemalige baden-württembergische Gesundheitsministerin Monika Stolz. „In vielen Dörfern aber gibt es nur eine Wirtschaft. Wenn da geraucht wird, dann bleibt dem Nichtraucher nur die Freiheit, nach Hause zu gehen."

Heinrich Wefing

1 a Erläutert, wie ihr die Schlagzeile „Rauchverbot: Freiheit auf der Kippe" versteht.

b Es geht „beim Kampf um das Rauchen [...] um Freiheit" (► Z. 19 ff.). Erklärt diese Aussage.

c Im Text werden Argumente für (pro) und gegen (kontra) das Rauchverbot angeführt, wobei beide Seiten den Begriff der Freiheit verwenden. Sucht diese Argumente – und Beispiele dafür – heraus.

Kontra Rauchverbot	Pro Rauchverbot
– *Gängelung der Raucher (Z. xx)* – ...	– ...

d Erklärt, welche unterschiedlichen Vorstellungen von dem Begriff „Freiheit" deutlich werden.

Der Wert eines Menschen bestimmt sich nach seiner Freiheit – nach der, die er hat, und nach der, die er bewilligt. *Otto Flake, deutscher Schriftsteller (1880–1963)*

Die Freiheit eines jeden hat als logische Grenzen die Freiheit der anderen.
Alphonse Karr, französischer Schriftsteller (1808–1890)

Die Freiheit ist nicht in die Welt gekommen, um dem gesunden Menschenverstand den Garaus zu machen. *José Ortega y Gasset, spanischer Philosoph und Soziologie (1883–1955)*

2 a Begründet, welches Zitat zum Begriff „Freiheit“ ihr besonders einleuchtend findet. Nennt dazu ein Beispiel.
b Bringt die Zitate in Beziehung zum Text „Rauchverbot: Freiheit auf der Kippe“ (▶ S. 266): Welche im Text vertretene Position könnte sich auf welches Zitat stützen?

3 Die „Freiheit von“ bezeichnet man als negative Freiheit, die „Freiheit zu“ als positive.
a Ordnet diese beiden Bezeichnungen den Definitionen 1 oder 2 im nebenstehenden Wörterbucheintrag zu. Nennt weitere Beispiele.
b Untersucht, von welchem Freiheitsbegriff im Text „Freiheit auf der Kippe“ die Rede ist.

Freiheit, die; -, -en
1 Zustand, in dem jemand frei von bestimmten persönlichen oder gesellschaftlichen, als Zwang oder Last empfundenen Bindungen oder Verpflichtungen, unabhängig ist
Synonyme: Freiraum, Spielraum
Beispiele: Pressefreiheit, Gedankenfreiheit
2 Recht, etwas zu tun
Synonyme: Möglichkeit, Vorrecht
Beispiel: Reisefreiheit

4 a „Freiheit“ gehört zu den Fahnenwörtern (▶ Merkkasten unten), also zu den Wörtern, die positiv konnotiert sind. Notiert im Team, welche konnotativen Bedeutungen (Vorstellungen, Empfindungen, Assoziationen) ihr mit diesem Wort verbindet.
b Untersucht, auf welche Weise „Freiheit“ im Text (▶ S. 266) als Fahnenwort eingesetzt wird. Nennt weitere Fahnenwörter, die in der Diskussion um das Rauchverbot vorkommen.
c Nennt Stigmawörter bzw. -phrasen, die im Text auftauchen.

Information Fahnenwörter und Stigmawörter

Unter **Fahnenwörtern** versteht man im politischen Sprachgebrauch Wörter oder Phrasen, die **ausgesprochen positiv konnotiert** (▶ Konnotation, S. 368) sind, weil sie gesellschaftliche Wertvorstellungen zum Ausdruck bringen, z. B.: *Freiheit, Demokratie, Würde des Menschen.* Aufgrund ihrer emotionalen Anziehungskraft besitzen sie ein großes Überzeugungspotenzial. Weil es sich bei den Fahnenwörtern in der Regel um abstrakte Begriffe handelt, die keine klar definierte Bedeutung haben, können sie beinahe beliebig eingesetzt werden. Was man im konkreten Einzelfall z. B. unter „Demokratie“ versteht, ist abhängig vom jeweiligen politischen System. Fahnenwörter heißen sie, weil man mit ihnen für die eigene Sache „Flagge zeigen“ kann.
Stigmawörter sind dagegen negativ konnotiert und dienen dazu, den politischen Gegner bzw. dessen Standpunkte zu diffamieren, z. B.: *Überwachungsstaat, Raubtierkapitalismus.*

Nelson Mandela: Freiheitskämpfer oder Terrorist?

Nelson Mandela (1918–2013) gilt neben Mahatma Gandhi und Martin Luther King als herausragender Vertreter im Kampf für Freiheit und Menschenrechte.

1944 schloss sich Mandela dem African National Congress (ANC) an und engagierte sich im Kampf gegen die Rassentrennung (Apartheid) in seiner Heimat Südafrika. Der ANC kämpfte zunächst gewaltlos, aber ohne Erfolg. Als 1960 die Polizei unbewaffnete Demonstranten erschoss und der ANC verboten wurde, beschloss der von Mandela ab 1961 geführte bewaffnete Flügel der Organisation, auch Gewalt im Kampf gegen die Apartheid einzusetzen. 1962 wurde Mandela verhaftet und 1964 wegen Sabotage und Planung eines bewaffneten Kampfes zu lebenslanger Haft verurteilt. 18 Jahre lang blieb er in Gefangenschaft. In seiner Verhandlung erklärte er, dass der bewaffnete Kampf notwendig sei, wenn alle anderen Mittel des friedlichen Protests vom Staat ignoriert würden. Erst 1990 wurde er aus der Haft entlassen, verhandelte mit der Regierung über die Abschaffung der Apartheid und bereitete demokratische Wahlen vor. 1993 erhielt er den Friedensnobelpreis, 1994 erreichte der ANC in den ersten demokratischen Wahlen Südafrikas die absolute Mehrheit und Mandela wurde zum ersten schwarzen Präsidenten des Landes.

- **Margret Thatcher,** britische Premierministerin, 1987: „Der ANC ist eine typische Terrororganisation. Jeder, der glaubt, sie könnte Südafrika regieren, lebt in einem Wolkenkuckucksheim."
- **Terry Dicks,** britischer Politiker, 1990 (als Mandela nach seiner Freilassung zunächst ein Treffen mit Thatcher ablehnte): „Wie lange will sich die Premierministerin eigentlich noch von diesem schwarzen Terroristen ins Gesicht treten lassen?"
- **Dick Cheney,** US-Vizepräsident, 2006: „Der ANC wurde damals als Terrororganisation betrachtet. Ich habe überhaupt kein Problem mit dieser Entscheidung."
- **David Cameron,** britischer Premierminister, 2013 (nach dem Tod Mandelas): „Ein großes Licht der Welt ist erloschen. Nelson Mandela war ein Held unserer Zeit."
- **Barack Obama,** US-Präsident, 2013 (in seiner Trauerrede): Nelson Mandela war „der letzte große Freiheitskämpfer des 20. Jahrhunderts" („the last great liberator of the 20th century").

1 a Lest die Informationen zu Mandela und die Zitate über ihn und seine Partei.
b Vom „Terroristen" zum „Freiheitskämpfer": Untersucht, inwieweit es für diesen Wandel der Bezeichnung reale Hintergründe gibt. Welche anderen Gründe seht ihr?
c Versucht eine eigene Abgrenzung: Wann ist jemand ein Terrorist, wann ein Freiheitskämpfer?

2 a In einem Land kommt es zu Protesten gegen die Regierung. Begründet, welche der nebenstehenden Bezeichnungen für die Protestierenden wohl gewählt werden dürfte:
- in einer regierungstreuen Zeitschrift,
- in einer regierungskritischen Zeitschrift,
- im neutralen Ausland.

Protestierende • Aufrührer • Aufständische • Demonstranten • oppositionelle Kräfte • radikale Kräfte • Rebellen • Regimegegner • Straßenkämpfer • Widerstandskämpfer

b Sucht ähnliche Beispiele, in denen Bezeichnungen schon eine Wertung enthalten, etwa: *Einheitsschule/Gemeinschaftsschule …*

Fordern und fördern – Sprachgebrauch in DDR und BRD

Sprachgebrauch in verschiedenen Systemen
Im geteilten Deutschland (1949–1989/90) gab es unterschiedliche Ausgaben des „Duden“. Hier findet ihr Auszüge aus der Ost- und der West-Ausgabe der Jahre 1986/87.

Deutsche Demokratische Republik
Duden (Leipzig 1987)

Individualismus, *der:* Vertretung der eigenen Interessen ohne Rücksicht auf die Gesellschaft, auf das Kollektiv
Individualist, *der:* Anhänger des Individualismus, Einzelgänger
Kollektiv, *das:* Arbeits-, Produktionsgemeinschaft zur Erreichung gemeinsamer Ziele

Bundesrepublik Deutschland
Duden (Mannheim 1986)

Individualismus, *der: [lat.]* (betonte) Zurückhaltung eines Menschen gegenüber der Gemeinschaft
individualistisch: nur das Individuum berücksichtigend, das Besondere, Eigentümliche betonend
Kollektiv, *das:* Team, Gruppe, Arbeits- und Produktionsgemeinschaft, bes. in der sozialist. Wirtschaft

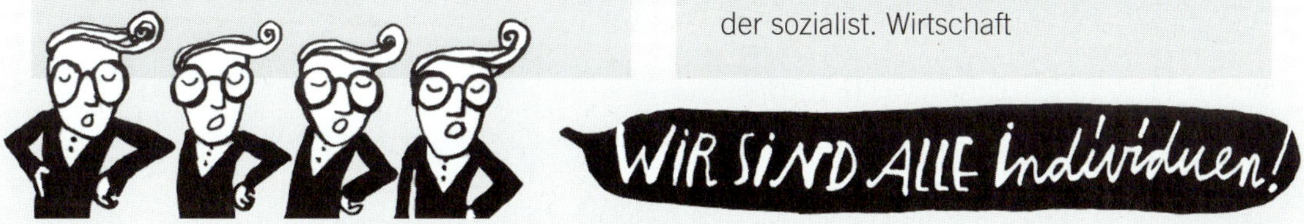

1 a Wodurch wird deutlich, dass der Begriff „Individualismus“ im Duden der DDR negativer konnotiert wird als im Duden der BRD. Haltet euer Ergebnis schriftlich fest.
b Erläutert, inwiefern „Individualismus“ offenbar in beiden Systemen kein Fahnenwort war.
c Begründet: Haltet ihr die Definition des Begriffs „Kollektiv“ in beiden Duden für eher positiv, eher negativ oder eher neutral?

2 a Beschreibt die unterschiedlichen Konnotationen, die in den Duden-Ausgaben (DDR/BRD) mit dem Begriff „Individualismus“ verbunden sind.
b Begründet, ob ihr einen der sechs Einträge als Fahnenwort beschrieben seht.
c Nennt heutige Wörter, die im Wortfeld Individualität/Gemeinschaft als Fahnenwörter gelten können.

3 a In der DDR waren die „Kollektive“ als Arbeitsgruppen ein wichtiges Element der Wirtschaft. Sie verpflichteten sich, die Vorgaben der sozialistischen Planwirtschaft[1] zu erfüllen. Begründet die unterschiedlichen Einträge zum Stichwort „Kollektiv“ mit den Differenzen zwischen DDR-System und BRD-System.
b Schon in den 1990er Jahren wurde der Begriff „Kollektiv“ auch im Osten Deutschlands kaum noch verwendet. Stattdessen sprach man auch hier von „Team“. Diese Umstellung auf „West-Begriffe“ nennt die Sprachwissenschaftlerin Ruth Reiher eine „Überlebensfrage“. Erläutert diese Äußerung.

1 Planwirtschaft (Zentralverwaltungswirtschaft): bezeichnet eine Wirtschaftsordnung, in der wesentliche Wirtschaftsentscheidungen von einer zentralen Planungsbehörde getroffen werden (im Gegensatz zur Marktwirtschaft)

Freiheit – Ein Begriff im Wandel der Zeit

Freiheit und Gleichheit als Teil der Menschenrechte (1789–2014)

1789 Freiheit und Gleichheit als Teil der Menschenrechte

Der von Steuern erdrückte Bauer (Karikatur, 1789/90)

Extreme gesellschaftliche Unterschiede prägten Frankreich vor 1789: Die Oberschicht aus Klerus (Kirchenvertreter) und Adel war privilegiert, insbesondere im Steuerrecht (Steuerbefreiung) und in der Möglichkeit, ihre Rechte vor Gericht durchzusetzen. Der Bauernstand war durch die Steuerlast und die gutsherrlichen Abgaben verarmt. Die Kosten für Hof, Heer und Verwaltung hatten ein riesiges Staatsdefizit erzeugt.

In der Französischen Revolution wurde am 26. August 1789 von der französischen Nationalversammlung die „Erklärung der Menschen- und Bürgerrechte" verkündet. Im Artikel 1 heißt es dort: „Les hommes naissent et demeurent libres et égaux en droits. Les distinctions sociales ne peuvent être fondées que sur l'utilité commune."

In deutscher Übersetzung: „Die Menschen (Männer) werden frei und gleich an Rechten geboren und bleiben es. Gesellschaftliche Unterschiede sind nur erlaubt, wenn sie im allgemeinen Nutzen begründet sind."

1 a Erläutert die Bedeutung der Begriffe „Freiheit" und „Gleichheit" im Artikel 1 der „Erklärung der Menschen- und Bürgerrechte" vor dem Hintergrund der historischen Situation.

b Überlegt, was Menschenrechte sind, und versucht eine Begriffsdefinition.

c In Artikel 1 wird ein Zusammenhang zwischen „Freiheit" und „Gleichheit" hergestellt. Erläutert ihn vor dem historischen Hintergrund. Seht ihr auch heute noch einen solchen Zusammenhang?

Wenn wir einen **Begriff definieren,** legen wir seine Bedeutung fest, z. B. durch
- **Merkmale,** die ein Begriff aufweist,
- **Beispiele,**
- **Synonyme** (Begriffe mit gleicher oder ähnlicher Bedeutung).

2 Das französische „homme" (► Z. 18 „hommes") bedeutet „Mensch" und „Mann". Begründet, warum 1789 an dieser Stelle wohl eher Männer gemeint waren. Berücksichtigt dabei etwa die Tatsache, dass in Frankreich Frauen erst ab 1944 wahlberechtigt waren.

1949 Grundgesetz der Bundesrepublik (Auszug)

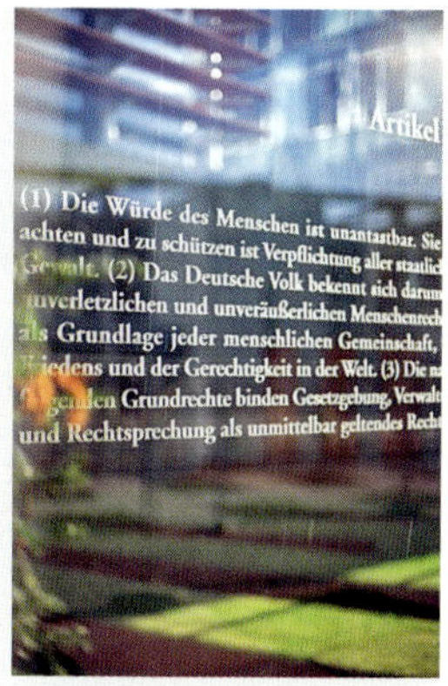

Deutsches Grundgesetz auf einer Glasfassade, Berlin

Artikel 1 (1) Die Würde des Menschen ist unantastbar. […]
Artikel 2 (1) Jeder hat das Recht auf die freie Entfaltung seiner Persönlichkeit, soweit er nicht die Rechte anderer verletzt […].
Artikel 3 (1) Alle Menschen sind vor dem Gesetz gleich.
(2) Männer und Frauen sind gleichberechtigt. […]
(3) Niemand darf wegen seines Geschlechtes, seiner Abstammung, seiner Rasse, seiner Sprache, seiner Heimat und Herkunft, seines Glaubens, seiner religiösen oder politischen Anschauungen benachteiligt oder bevorzugt werden.
Artikel 4 (1) Die Freiheit des Glaubens, des Gewissens und die Freiheit des religiösen und weltanschaulichen Bekenntnisses sind unverletzlich. […]
Artikel 5 (1) Jeder hat das Recht, seine Meinung in Wort, Schrift und Bild frei zu äußern und zu verbreiten und sich aus allgemein zugänglichen Quellen ungehindert zu unterrichten.

3 a Das deutsche Grundgesetz wurde vier Jahre nach Ende des Zweiten Weltkriegs und des Terrors des Nationalsozialismus formuliert. Überlegt, inwiefern hier auch der Wunsch erkennbar ist, Unrecht wie zur NS-Zeit auszuschließen.
b Untersucht, an welchen Stellen der abgedruckten Artikel ihr etwas erkennt, was den Begriff „Freiheit" beschreibt. Unterscheidet dabei direkte und indirekte Bezüge zum Begriff „Freiheit".
c Die Bedeutung eines Begriffs wandelt sich im Laufe der Zeit (▶ Bedeutungswandel, S. 368). Klärt, inwieweit ihr im Grundgesetz von 1949 eine Bedeutungserweiterung des Freiheitsbegriffs gegenüber der „Erklärung der Menschen- und Bürgerrechte" von 1789 erkennt.

2014 Rede des deutsch-iranischen Schriftstellers Navid Kermani

zur Feierstunde „65 Jahre Grundgesetz", 23. 5. 2014 (Auszug)

„Jeder hat das Recht auf die freie Entfaltung seiner Persönlichkeit": Wie abwegig muss den meisten Deutschen, die sich in den Trümmern ihrer Städte und Weltbilder ums nackte Überleben sorgten, wie abwegig muss ihnen die Aussicht erschienen sein, so etwas Luftiges wie die eigene Persönlichkeit zu entfalten. Aber was für ein verlockender Gedanke es zugleich war!
„Alle Menschen sind vor dem Gesetz gleich": Die Juden, die Sinti und Roma, die Homosexuellen, die Behinderten, überhaupt alle Randseiter, Andersgesinnten und Fremden, sie waren ja vor dem Gesetz gerade nicht gleich – also mussten sie es werden.
„Männer und Frauen sind gleichberechtigt": Der Wochen und Monate währende Widerstand just gegen diesen Artikel zeigt am deutlichsten, dass Männer und Frauen 1949 noch keineswegs als gleichberechtigt galten; seine Wahrheit wurde dem Satz erst in der Anwendung zuteil.

4 Kermani kommentiert in seiner Rede einige Artikel des Grundgesetzes aus dem Jahr 1949.
a Begründet, worin er das Fortschrittliche im Grundgesetz sieht.
b Diskutiert, inwieweit ihr die drei von Kermani genannten Grundgesetzartikel heute für realisiert haltet.

Der Freiheitsbegriff im 21. Jahrhundert

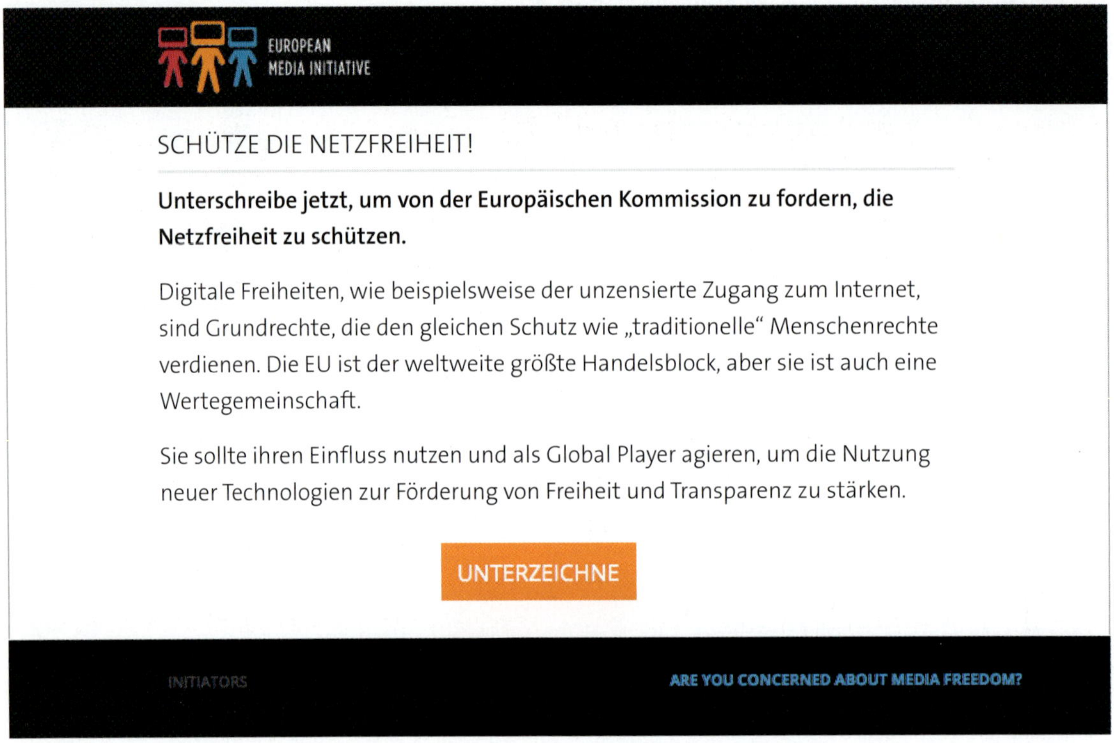
EUROPEAN MEDIA INITIATIVE

SCHÜTZE DIE NETZFREIHEIT!

Unterschreibe jetzt, um von der Europäischen Kommission zu fordern, die Netzfreiheit zu schützen.

Digitale Freiheiten, wie beispielsweise der unzensierte Zugang zum Internet, sind Grundrechte, die den gleichen Schutz wie „traditionelle“ Menschenrechte verdienen. Die EU ist der weltweite größte Handelsblock, aber sie ist auch eine Wertegemeinschaft.

Sie sollte ihren Einfluss nutzen und als Global Player agieren, um die Nutzung neuer Technologien zur Förderung von Freiheit und Transparenz zu stärken.

UNTERZEICHNE

INITIATORS

ARE YOU CONCERNED ABOUT MEDIA FREEDOM?

1 a Erläutert, welche Bedeutung der Freiheitsbegriff in diesem Aufruf hat.
b Diskutiert: Könnt ihr die Argumentation dieses Aufrufs nachvollziehen? Würdet ihr diese Initiative unterstützen?

Große Freiheit im Monoski bei Tempo 130

Anna Schaffelhuber gewinnt bei den Paralympics Gold in der Abfahrt.

Bei der Abfahrt in Krasnaja Poljana raste Schaffelhuber durch ihre unerschrockene Fahrweise mit 14 Hundertstelsekunden Vorsprung auf die Amerikanerin Alana Nichols zum Erfolg. Grenzen? „Nein“, sagt sie, „die gibt es für mich trotz des Rollstuhls nicht. Es findet sich immer eine Lösung, auch wenn du sie nicht immer auf den ersten Blick siehst. Wenn ich zum Beispiel mit dem Monoski unterwegs bin, ist das Unabhängigkeit für mich, das ist Freiheit.“

2 Wie definiert Anna Schaffelhuber den Begriff „Freiheit“? Formuliert in eigenen Worten.

Warum Aussteiger unbegabt fürs Glück sind

Einmal ganz neu anfangen: Viele sehnen sich nach einem neuen Leben. Aussteiger gelten als mutigere, mündigere, aufgeklärtere Menschen. Doch sind sie das wirklich?

Der Aussteiger ist selbstbezogen. Er kreist um sich, er nimmt sich wichtig, zu wichtig. Ihm geht es allein um sein Heil. Er feiert die maximale Freiheit als maximales Glück und verkennt, dass Ungebundenheit auch Bindungslosigkeit heißt – und Einsamkeit. Wer geht, wohin er will, wann er will, wie er will, übernimmt keine Verantwortung, weder für die Familie noch für die Gesellschaft. Er entsolidarisiert sich und gefällt sich in Systemkritik, dabei macht er es sich leicht, denn er verändert nicht die Welt, in der er lebt. Er flieht vor ihr. Er ist feige.

Selbstbefreiung ist ein innerer Prozess. Innere Freiheit kann man auch in den eigenen vier kreditfinanzierten Wänden erlangen. Äußere Freiheit wiederum, ohne wegzurennen. Es gibt in unserem System kein fremdbestimmtes Subjekt, keine Fesseln der Konsumgesellschaft – niemand zwingt uns mitzumachen. Jeder kann den Fernseher ausschalten, das Fitnessstudio kündigen. Um uns zu ändern, müssen wir nicht um die Welt segeln, uns in Klöstern kasteien oder den Lendenschurz umbinden – es ist nur pathetischer.

3 **a** Im Text „Warum Aussteiger unbegabt fürs Glück sind“ wird zwischen innerer und äußerer Freiheit unterschieden. Erklärt, was damit gemeint ist.

b Erläutert, was am Freiheitsbegriff der Aussteiger kritisch gesehen wird. Diskutiert, inwieweit ihr diese Kritik teilt.

4 **a** Wertet die drei Texte (► S. 272–273) aus. Notiert, welche Vorstellungen und Aspekte von Freiheit auftauchen, z. B.:

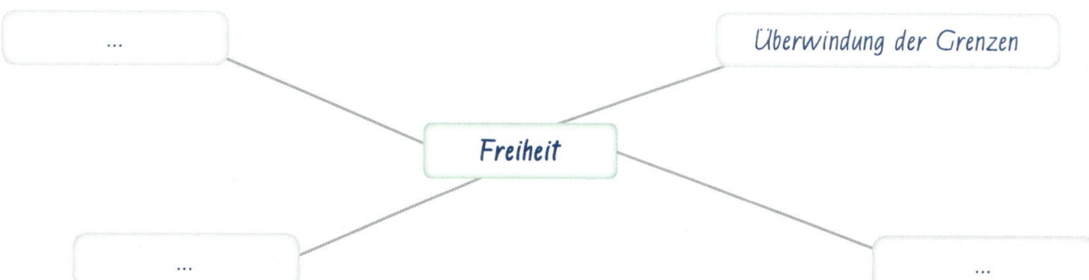

b Diskutiert, ob euch diese Aspekte typisch für den Freiheitsbegriff in unserer Zeit erscheinen.

5 Prüft, ob sich der Freiheitsbegriff in den Texten auf den Seiten 272– 273 von dem des Grundgesetzes der Bundesrepublik (► S. 271 oben) unterscheidet.

Der Begriff der Freiheit in der Werbung

1 Der Freiheitsbegriff wird heute auch verstärkt in der Werbung verwendet. Welche Gründe könnte es hierfür geben? Stellt Vermutungen an.

2 Klärt, welche Bedeutung der Begriff „Freiheit" in der nebenstehenden Mineralwasserwerbung hat. Berücksichtigt hierbei den Slogan, aber auch das Bildmotiv.

3 **a** Überlegt, aus welcher Branche die folgenden Slogans jeweils stammen könnten: Zigaretten, Auto, Mode oder Reisen.

> Wo die Freiheit beginnt • Lebe deine Freiheit • Just free

b Äußert Vermutungen, warum der dritte Slogan mit Anglizismen arbeitet.
c Begründet eure Meinung mit Beispielen: Wird der Begriff der Freiheit in manchen Branchen besonders häufig verwendet?

4 Eine französische Zigarettenmarke wirbt auch in Deutschland mit dem Slogan „Liberté toujours". Stellt Vermutungen an, warum gerade eine Phrase aus dem Französischen (Gallizismus) für die Werbung übernommen wurde.
TIPP: Überlegt, was man mit Frankreich oder der französischen Sprache verbindet.

5 Ein Handyanbieter nennt einen Tarif für Jugendliche „Freiheitstarif".
a Erklärt, inwiefern es sich hier um einen Neologismus handelt (▸ Merkkasten unten).
b Überlegt, welche Wirkung diese Bezeichnung auf die jugendlichen Kunden haben soll.
c Begründet, ob man den Begriff „Freiheitstarif" als Euphemismus bezeichnen könnte.

Information **Neologismus**

- **Neologismus** (Wortneuschöpfung): Neue Wörter oder Ausdrücke können durch die folgenden Verfahren gebildet werden:
  – **Bildung neuer Wörter,** z. B. durch Komposita *(Schwarmintelligenz)*
  – **Entlehnungen aus anderen Sprachen,** z. B.: *Global Player, Brasserie*
  TIPP: Entlehnungen aus dem Englischen werden als **Anglizismen,** Entlehnungen aus dem Französischen als **Gallizismen** bezeichnet.
  – **Bedeutungsübertragung** (Verschiebung der Bedeutung auf einen anderen Zusammenhang), z. B.: *Computerviren*
- **Euphemismen** sind Ausdrücke, die einen Sachverhalt oder einen Vorgang beschönigen, z. B. *Entsorgungspark* statt *Mülldeponie, Verteidigungsfall* statt *Krieg.*

Projekt: Fahnen- und Stigmawörter

Führt in Gruppen oder im Team eigene Sprachuntersuchungen durch.
Geht so vor:

1. Schritt: Planung – Ideen entwickeln, Ziele festlegen

1 Entwickelt Ideen für ein Projekt zum Thema „Fahnen- und Stigmawörter".

a Wählt einen Lebensbereich, den ihr auf seine Verwendung von Fahnen- und Stigmawörtern hin untersuchen wollt, z. B.:
- Werbung und Kundenbriefe (z. B. Informationen über Preiserhöhung)
- Politik bzw. politische Diskussionen (z. B. in Talkshows)

b Sammelt Ideen und Fragestellungen zum Thema, z. B.:
- Welche Funktion haben Fahnenwörter, z. B. in der Werbung, in Kundenbriefen oder politischen Diskussionen?
- Werden je nach Werbebranche bzw. Partei unterschiedliche Typen von Fahnenwörtern bevorzugt?
- Welche Stigmawörter werden z. B. in der Politik bzw. in den politischen Diskussionen verwendet? Welche Funktion haben sie?

c Überlegt: Wie wollt ihr eure Ergebnisse präsentieren, z. B. als mediengestützten Vortrag, Plakat, Kurzfilm, Ratgeber zum sprachlichen Umgang mit ...?

d Plant die notwendigen Schritte und den zeitlichen Ablauf eures Projekts.

2. Schritt: Das Projekt durchführen

2 a Führt Recherchen zu eurem Thema durch. Versucht, ein breites Spektrum einzubeziehen. Beachtet:
- Welche Medien wollt ihr berücksichtigen, z. B. Internet, Fernsehen, Printmedien (Werbeplakate, Wahlplakate usw.)?
- Welche Werbebranchen (z. B. Ernährung, Automobil, Finanzen) oder Parteien bzw. politische Themen wollt ihr berücksichtigen?

b Wertet das gefundene Material mit Blick auf eure Fragestellung und eure Präsentation aus. Versetzt euch dabei in eure Adressaten: Was interessiert sie?
TIPP: Prüft genau, welche Erkenntnisse Verallgemeinerungen zulassen.

c Erstellt eure Präsentation bzw. euer Produkt. Unterscheidet zwischen Information (Wiedergabe von Fakten) und Bewertung (z. B. Sprachkritik). Denkt an konkrete Sprachbeispiele.

d Unterzieht eure Präsentation bzw. euer Produkt einer kritischen Prüfung. Zeigt es Profis, holt ein Feedback ein und überarbeitet es.

3. Schritt: Die Präsentation

3 a Legt die Schritte eurer Präsentation und den Einsatz von Medien fest.

b Präsentiert eure Ergebnisse bzw. euer Produkt. Klärt anschließend offene Fragen und wertet eure Projekte aus, z. B.:
- Welche Präsentation fandet ihr besonders gut? Warum?
- Welche Informationen fandet ihr besonders interessant?

Testet euch!

Sprachlenkung und Sprachkritik

Notiert, welche zwei Aussagen jeweils richtig sind. Vergleicht dann mit dem Lösungsteil auf Seite 375.

Aktuelle Spracherscheinung	Welche zwei Aussagen sind jeweils richtig?
1 Für eine Kreditkarte wird mit dem Slogan geworben: „Die Freiheit nehm ich mir!“	**A** Hier wird ein Fahnenwort genutzt, um ein Produkt aufzuwerten. **B** Der Satz ist als Neologismus formuliert. **C** Mit Freiheit ist hier unausgesprochen Konsumfreiheit gemeint.
2 Eine Nichtraucherkampagne für Jugendliche arbeitet mit dem Slogan: „Feel free to say no.“	**A** Hier werden Stigmawörter genutzt, um vom Rauchen abzuhalten. **B** Der Freiheitsbegriff spielt auf die Entscheidungsfreiheit an. **C** Hier wird Enthaltsamkeit als Freiheit gedeutet, um sie attraktiver erscheinen zu lassen.
3 Eine Datei, die Daten von Menschen erfasst, die als potenzielle Attentäter eingestuft werden, wird von den Sicherheitsbehörden „Antiterrordatei“ genannt.	**A** Hier wird ein Euphemismus genutzt, um die Existenz der Datei zu rechtfertigen. **B** Das Wort „Antiterrordatei“ stellt einen Neologismus dar. **C** „Antiterrordatei“ ist ein Stigmawort.
4 Der Rückgang wirtschaftlicher Produktivität wird von manchen Politikern „Negativwachstum“ genannt.	**A** Hier wird ein positiv konnotiertes Wort genutzt, um etwas Negatives zu verdecken. **B** Hier wird ein negativ denotiertes Wort genutzt, um die Bevölkerung zu alarmieren. **C** Das Wort „Negativwachstum“ ist ein Euphemismus.
5 2011 eröffnete das Bundesamt für Sicherheit ein „Cyber-Abwehrzentrum“ zur Abwehr elektronischer Angriffe auf IT-Infrastrukturen in der Bundesrepublik.	**A** Der Begriff „Cyber-Abwehrzentrum“ enthält einen Anglizismus. **B** Der Begriff „Cyber-Abwehrzentrum“ will durch seine positive Konnotation ein Gefühl der Sicherheit erzeugen. **C** Der Begriff „Cyber-Abwehrzentrum“ ist ein Synonym für Sicherheitszentrum.

12.2 Demagogie und Rhetorik – Reden analysieren

Parteitag der NSDAP, Nürnberg 1935

Zeittafel des Nationalsozialismus 1933–35

5.3.1933	Letzte Reichstagswahlen mit mehreren Parteien: NSDAP 44 %
24.3.1933	Ermächtigungsgesetz: Regierung kann Gesetze ohne das Parlament erlassen
10.5.1933	Unter Führung des Nationalsozialistischen Deutschen Studentenbundes kommt es in 22 Universitätsstädten zu Bücherverbrennungen
14.7.1933	Gesetz gegen die Neubildung von Parteien (Einparteienstaat)
2.8.1934	Tod Hindenburgs; Nachfolger Hitler als „Führer und Reichskanzler"
16.3.1935	Wiedereinführung der allgemeinen Wehrpflicht
15.9.1935	Verkündung der antisemitischen „Nürnberger Gesetze"

1 **a** Der Nürnberger Parteitag der NSDAP im September 1935 wurde auch der „Reichsparteitag der Freiheit" genannt. Wie versteht ihr diesen Titel? Setzt ihn mit dem Foto in Beziehung.

b Erläutert anhand des Fotos, was mit dem Begriff „Masseninszenierung" gemeint ist. Welche Funktion hatten solche Inszenierungen z. B. auf den NS-Parteitagen? Stellt Vermutungen an.

2 Auf dem Nürnberger Parteitag sprach Hitler am 14. September 1935 zur Hitlerjugend. Beschreibt mit Hilfe der Zeittafel den historischen Kontext dieser Rede. Mutmaßt, welches Ziel Hitler mit seiner Rede verfolgt haben könnte.

Propaganda und Protest im Dritten Reich

Adolf Hitler

Rede an die Hitlerjugend auf dem Nürnberger Parteitag 1935

Das Jahr 1935 war vom Reichsjugendführer zum „Jahr der Ertüchtigung" erklärt worden. Am 14. September 1935 sprach Hitler im Rahmen des „Reichsparteitages der Freiheit" auf dem stadionähnlichen Zeppelinfeld in Nürnberg zur Hitlerjugend. Die Rede wurde zeitgleich im Radio übertragen.

Deutsche Jugend!

Zum dritten Male seid ihr zu diesem Appell angetreten, über 50000 Vertreter einer Gemeinschaft, die von Jahr zu Jahr größer wurde. Das Gewicht derer, die ihr in jedem Jahr hier verkörpert, ist immer schwerer geworden. Nicht nur zahlenmäßig, wir sehen es: wertmäßig. Wenn ich mich an den ersten Appell zurückerinnere und an den zweiten und diesen heutigen damit vergleiche, dann sehe ich dieselbe Entwicklung, die wir im ganzen anderen deutschen Volksleben heute feststellen können: Unser Volk wird zusehends disziplinierter, straffer und strammer, und die Jugend beginnt damit.

Was wir von unserer deutschen Jugend wünschen, ist etwas anderes, als es die Vergangenheit gewünscht hat. In unseren Augen da muss der deutsche Junge der Zukunft schlank und rank sein, flink wie Windhunde, zäh wie Leder und hart wir Kruppstahl. Wir müssen einen neuen Menschen erziehen, auf dass unser Volk nicht an den Degenerationserscheinungen der Zeit zugrunde geht.

Wir reden nicht, sondern wir handeln. Wir haben es unternommen, dieses Volk durch eine neue Schule zu erziehen, ihm eine Erziehung zu geben, die schon mit der Jugend anfängt und nimmer enden soll. Von einer Schule wird in Zukunft der junge Mann in die andere gehoben werden. Beim Kind beginnt es, und beim alten Kämpfer der Bewegung wird es enden. Keiner soll sagen, dass es für ihn eine Zeit gibt, in der er sich ausschließlich selbst überlassen sein kann. Jeder ist verpflichtet, seinem Volke zu dienen, jeder ist verpflichtet, sich für diesen Dienst zu rüsten, körperlich zu stählen und geistig vorzubereiten und zu festigen. [...]

Wir werden uns so stählen, dass jeder Sturm uns stark findet. Wir werden aber auch nie vergessen, dass die Gesamtsumme aller Tugenden und aller Kräfte nur dann wirksam werden kann, wenn sie einem Willen und einem Befehl untertan ist. Wir stehen jetzt hier, nicht durch Zufall gefügt, nicht weil der Einzelne tat, was er wollte, sondern weil euch der Befehl eures Reichsjugendführers hierhergerufen hat und weil dieser Befehl sich umsetzte in tausend einzelne Befehle. Und indem jeder dieser

Befehle seinen Gehorsam fand, ist in Deutschland aus Millionen einzelnen deutschen Jungen eine Organisation geworden und aus Zehntausenden in Deutschland lebenden Kameraden diese heutige Kundgebung, dieser heutige Appell. Nichts ist möglich, wenn nicht ein Wille befiehlt, dem immer die anderen zu gehorchen haben, oben beginnend und ganz unten erst endend. Und das ist neben der körperlichen Erziehung und Ertüchtigung die zweite große Aufgabe.

Wir sind eine Gefolgschaft, aber wie das Wort schon sagt, Gefolgschaft heißt folgen, heißt Gefolgschaft leisten. Unser ganzes Volk müssen wir erziehen, dass immer, wenn irgendwo einer bestimmt ist zu befehlen, die anderen ihre Bestimmung erkennen, ihm zu gehorchen, weil schon in der nächsten Stunde vielleicht sie selbst befehlen müssen und es genauso nur dann können, wenn andere wieder Gehorsam üben. Es ist der Ausdruck eines autoritären Staates, nicht einer schwachen, schwätzenden Demokratie, eines autoritären Staates, bei dem jeder stolz ist, gehorchen zu dürfen, weil er weiß: Ich werde, wenn ich befehlen muss, genauso Gehorsam finden. Deutschland ist kein Hühnerstall, in dem alles durcheinanderläuft und jeder gackert und kräht, sondern wir sind ein Volk, das von klein auf lernt, diszipliniert zu sein. [...]

Wir gehen unseren Weg und wollen keines anderen Weg durchkreuzen. Mögen auch die anderen uns auf unserem Weg in Ruhe lassen. Das ist der einzige Vorbehalt, den wir für unsere Friedensliebe aufstellen müssen. Keinem etwas zuleide tun und von keinem ein Leid erdulden!

Wenn wir so dem Deutschen Volke den Lebensweg zeichnen und festlegen, dann wird, glaube ich, auch in anderen Völkern das Verständnis für eine so anständige Gesinnung allmählich kommen und wachsen, und man wird uns vielleicht da und dort aus diesem inneren Verständnis heraus brüderlich die Hand reichen. Nie aber wollen wir vergessen, dass Freundschaft nur der Starke verdient und der Starke gewährt. Und so wollen wir uns denn stark machen, das ist unsere Losung.

Und dass dieser Wunsch in Erfüllung geht, dafür seid ihr mir verantwortlich. Ihr seid die Zukunft der Nation, die Zukunft des Deutschen Reiches.

1 Hitler propagiert in dieser Rede ein nationalsozialistisches Menschenbild, das bei der Erziehung der Jugend beginnt.

- **a** Listet auf, durch welche Ziele und „Werte" diese nationalsozialistische Erziehung bestimmt ist.
- **b** Vergleicht die „Werte" der nationalsozialistischen Erziehung mit den heutigen Erziehungszielen. Diskutiert, worin ihr zentrale Unterschiede seht.

2 Klärt die Intention der Rede. Welche Absicht verfolgt der Redner?

3
- **a** Untersucht die Argumentations- und Redestrategie im vierten Textabschnitt (► Z. 59–79). Prüft dabei besonders, wie die Begriffe „Demokratie" und „autoritärer Staat" eingesetzt bzw. bewertet werden.
- **b** Untersucht in der gesamten Rede, welche Strategien Hitler nutzt, um seine Zuhörer zu beeinflussen. Achtet besonders auf (sakrale) Auf- und Abwertungen, z. B. durch Fahnen- und Schlagwörter (z. B. „Mission", „Opfer"). Nehmt hierzu die Informationen aus dem Merkkasten auf der Seite 280 zu Hilfe.

4 Vier Jahre vor Beginn des Zweiten Weltkriegs spricht Hitler hier von „unsere[r] Friedensliebe" (► Z. 84). Findet im Text Signale dafür, dass in dieser Rede schon eine unterschwellige Kriegsaggression sichtbar ist.

Information **Redestrategien: rhetorische Mittel, Strategien der Beeinflussung**

Wer eine Rede hält oder in Diskussionen bzw. politischen Debatten andere beeinflussen und für das eigene Anliegen gewinnen will, nutzt bestimmte Redestrategien.

1 **Aufwertung** der eigenen und **Abwertung** der gegnerischen Position, z. B.

Aufwertung der eigenen Position	Abwertung der gegnerischen Position
– Kopplung der eigenen Position an **hohe Werte** durch Verwendung von **Fahnenwörtern** (▶ S. 267), positiv konnotierte Schlagwörter und Adjektive, z. B.: *Gerechtigkeit, Wohlstand, herrlich, heilig* – Bindung der eigenen Person an **positiv belegte Bilder** (Metaphern, Vergleiche), z. B.: *Fels in der Brandung* – **Lob** der eigenen Verdienste, z. B.: *Nur durch uns konnte … erreicht werden.*	– **Diffamierung** der gegnerischen Position durch **Stigmawörter** (▶ S. 267) und negativ konnotierte Schlagwörter und Adjektive, z. B.: *Chaos, Tyrannei, elend* – Abwertung der gegnerischen Position durch **negativ belegte Bilder** (Metaphern, Vergleiche), z. B.: *Krebsgeschwür, Schmarotzer* – **Kritik** und Verleumdung des Gegners, z. B.: *Sie führen uns ins Chaos.*

2 **Polarisierung** und Verdeutlichung der Unterschiede, z. B. zwischen Gruppen (z. B. *wir – die*), zwischen Vergangenheit und Gegenwart (z. B. *damals – heute*)

3 **Dramatisierung** einer Situation, z. B. durch Wecken von Ängsten

4 **Beschönigung** und **Verharmlosung** einer Situation, z. B. durch Verwendung von Euphemismen (▶ S. 274) und Floskeln (z. B.: *Wir alle haben Opfer zu bringen.*)

5 Herstellen einer Nähe zum Publikum und **Erzeugen eines Gemeinschaftsgefühls** durch die Verwendung von **„Wir-Sätzen"**, z. B.: *Wir dürfen nicht aus den Augen verlieren, dass …*

6 **Persönliche Anrede** des Publikums durch das Personalpronomen „ihr" und Verwendung von **Appellen** und **Aufrufen**, z. B.: *Ihr sollt stolz …*

7 Ansprechen von Gefühlen durch **bewusste Emotionalisierung** (z. B. *gigantisches Ringen*) und Prägen eines eigenen Vokabulars durch **Neologismen** (z. B. *Reichsparteitag*)

(▶ Weitere rhetorische Mittel, S. 370)

Verbrennt mich!

Ein Protest von Oskar Maria Graf

Die Nationalsozialisten hatten bei ihrer Bücherverbrennung 1933 anscheinend „vergessen", die Werke Oskar Maria Grafs auf die „schwarze Liste" der verbotenen Bücher zu setzen. Der Schriftsteller reagierte von Österreich aus mit seinem offenen Protestbrief „Verbrennt mich!", der am 12. Mai 1933 auf der Titelseite der Wiener „Arbeiter-Zeitung" stand.

Wie fast alle linksgerichteten, entschieden sozialistischen Geistigen in Deutschland habe auch ich etliche Segnungen des neuen Regimes zu spüren bekommen: Während meiner zufälligen Abwesenheit aus München erschien die Polizei in meiner dortigen Wohnung, um mich zu verhaften. Sie beschlagnahmte einen großen Teil unwiederbringlicher Manuskripte, mühsam zusammengetragenes Quellenstudien-

material, meine sämtlichen Geschäftspapiere und einen großen Teil meiner Bücher. Das alles harrt nun der wahrscheinlichen Verbrennung. Ich habe also mein Heim, meine Arbeit und – was vielleicht am schlimmsten ist – die heimatliche Erde verlassen müssen, um dem Konzentrationslager zu entgehen.

Die schönste Überraschung aber ist mir erst jetzt zuteilgeworden: laut „Berliner Börsencourier" stehe ich auf der „weißen Autorenliste" des neuen Deutschlands, und alle meine Bücher, mit Ausnahme meines Hauptwerkes „Wir sind Gefangene", werden empfohlen: Ich bin also dazu berufen, einer der Exponenten des neuen deutschen Geistes zu sein!

Vergebens frage ich mich: Womit habe ich diese Schmach verdient?

Das „Dritte Reich" hat fast das ganze deutsche Schrifttum von Bedeutung ausgestoßen, hat sich losgesagt von der wirklichen deutschen Dichtung, hat die größte Zahl seiner wesentlichsten Schriftsteller ins Exil gejagt und das Erscheinen ihrer Werke in Deutschland unmöglich gemacht. Die Ahnungslosigkeit einiger wichtigtuerischer Konjunkturschreiber und der hemmungslose Vandalismus der augenblicklich herrschenden Gewalthaber versuchen all das, was von unserer Dichtung und Kunst Weltgeltung hat, auszurotten und den Begriff „deutsch" durch engstirnigsten Nationalismus zu ersetzen. Ein Nationalismus, auf dessen Eingebung selbst die geringste freiheitliche Regung unterdrückt wird, ein Nationalismus, auf dessen Befehl alle meine aufrechten sozialistischen Freunde verfolgt, eingekerkert, gefoltert, ermordet oder aus Verzweiflung in den Freitod getrieben werden. Und die Vertreter dieses barbarischen Nationalismus, der mit Deutschsein nichts, aber auch rein gar nichts zu tun hat, unterstehen sich, mich als einen ihrer Geistigen zu beanspruchen, mich auf ihre so genannte „weiße Liste" zu setzen, die vor dem Weltgewissen nur eine schwarze Liste sein kann! Diese Unehre habe ich nicht verdient!

Nach meinem ganzen Leben und nach meinem ganzen Schreiben habe ich das Recht zu verlangen, dass meine Bücher der reinen Flamme des Scheiterhaufens überantwortet werden und nicht in die blutigen Hände und die verdorbenen Hirne der braunen Mordbande gelangen.

Verbrennt die Werke des deutschen Geistes! Er selber wird unauslöschlich sein wie eure Schmach! Alle anständigen Zeitungen werden um Abdruck dieses Protestes ersucht.

Oskar Maria Graf

1 Untersucht, welche Kernforderung Oskar Maria Graf stellt und wie er sie begründet.

2 a Graf rechnet hier mit den Nationalsozialisten ab. Stellt zusammen, was er anprangert.
b Vergleicht die Darstellung des Nationalsozialismus hier mit der in Hitlers Rede (▸ S. 278 f.).

3 Untersucht, welche Redestrategien (▸ Merkkasten, S. 280) Oskar Maria Graf nutzt. Prüft auch, ob ihr den Ton des Briefes eher für ironisch oder eher für verbittert haltet. Begründet an konkreten Formulierungen.

Europa als historischer Auftrag – Reden vergleichen und analysieren

Zum 60. Jahrestag der Landung der Alliierten in der Normandie, die zur militärischen Niederlage Hitler-Deutschlands führte, hielten am 6. Juni 2004 der französische Staatspräsident Jacques Chirac und der deutsche Bundeskanzler Gerhard Schröder die folgenden Reden:

Jacques Chirac

Ein Sieg des Friedens und der Demokratie

Seit vielen Jahren schon bauen die unbeugsamen Feinde der Vergangenheit gemeinsam an ihrer Gegenwart. Sie schauen gemeinsam in die Zukunft. In der Achtung vor der Geschichte, den Kämpfern, den Leiden und dem vergossenen Blut feiern wir gemeinsam den Sieg von Frieden und Demokratie. Wir bekunden die Beispielhaftigkeit der deutsch-französischen Aussöhnung. Damit alle verstehen, dass es keine Zukunft im Hass gibt. Dass es immer einen möglichen Weg zum Frieden gibt. Wir äußern nachdrücklich unseren gemeinsamen Willen, zusammen auf dem Weg Europas weiterzugehen, das seine Werte hochhält; ein Europa, das mit sich selbst, mit seiner Geografie und mit seiner Geschichte versöhnt ist.

Meine Damen und Herren, an diesem Jahrestag schaut die ganze Welt auf uns.

Angesichts der Gefahren einer sich verändernden Welt müssen wir gemeinsam dem Vermächtnis, dem Opfer und der Botschaft unserer Väter treu bleiben. Wir müssen den humanistischen Werten der Achtung, der Gerechtigkeit, des Dialogs und der Toleranz Gestalt geben, für die sie ihr Leben gegeben haben. Wir müssen gemeinsam für unsere Kinder eine Welt der Freiheit und des Fortschritts aufbauen, in der die Vielfalt der Menschen und der Ideen, der Kulturen und der Völker Achtung findet.

Gerhard Schröder

Deutschlands Verbrechen und der Auftrag an Europa

Heute vor 60 Jahren war Caen, war die Normandie Schauplatz unendlichen Leids und zehntausendfacher Opfer – und zugleich der Ort soldatischen Mutes zur Befreiung Europas. Die Erinnerung Frankreichs an den 6. Juni 1944 ist eine andere als die Deutschlands. Und doch münden sie in einer gemeinsamen Überzeugung: Wir wollen Frieden. Wir in Deutschland wissen, wer den Krieg verbrochen hat. Wir kennen unsere Verantwortung vor der Geschichte, und wir nehmen sie ernst. Tausende alliierter Soldaten starben an einem einzigen, grausamen Tag. Sie zahlten den höchsten Preis für die Freiheit. Deutsche Soldaten fielen, weil sie in einen mörderischen Feldzug zur Unterdrückung Europas geschickt wurden. Wir schauen auf die Schlachtfelder Europas in großer Trauer. Umso dankbarer sind wir dafür, dass Frankreich und Deutschland heute einander näherstehen denn je zuvor. Aus nationalistischem Irrsinn ist europäische Partnerschaft geworden. Lassen Sie uns diesen Tag des Erinnerns nutzen, um unser Friedenswerk voranzutreiben. Wir wollen ein vereintes, freiheitliches Europa, das seine Verantwortung für Frieden und Gerechtigkeit auf dem eigenen Kontinent und in der Welt wahrnimmt. Das ist unsere Hoffnung. Hoffnung stand auch am Anfang der deutsch-französischen Freundschaft. Vertrauen und Verlässlichkeit sind heute ihr Kennzeichen.

Zum 60. Jahrestag der alliierten Landung in der Normandie (D-Day, 6. Juni 1944): der damalige Bundeskanzler Gerhard Schröder (links) und der damalige französische Präsident Jacques Chirac (rechts)

1 Setzt die beiden Fotos in Bezug zu den Reden auf Seite 282.

2 a Notiert die Kernaussagen beider Reden (Positionen/Forderungen, zentrale Argumente).
b Markiert in euren Notizen die Gemeinsamkeiten beider Reden und macht deutlich, wo die Unterschiede liegen.
c Erläutert, wie sich eurer Meinung nach die Unterschiede begründen lassen.

3 Sucht euch eine der Reden aus und verfasst eine Redeanalyse (▶ Merkkasten unten), z. B.:

Einleitung	*Die vorliegende Rede hielt ... am ... anlässlich des 60. Jahrestages ... Thema der ...*
Hauptteil Hauptaussagen	*Die Rede lässt sich in ... Abschnitte einteilen: Zunächst wird ... (Z. ...–...), ...* *Folgende Kernaussagen ...: Zum einen ...* *Argumentativ begründet wird dieser Appell ... mit der Tatsache, dass ... Daraus entwickelt ... eine weitere ...*
sprachliche Mittel und ihre Wirkung	*... nutzt diverse Redemittel, um ... Insbesondere arbeitet er mit einem scharfen Kontrast von Auf- und Abwertungen: Mit dem negativ konnotierten Nomen ... macht er seine Ablehnung ...*
Schluss	*Aus heutiger Sicht ist die Rede ... Im historischen Zusammenhang ...*

Information	Eine Redeanalyse schriftlich ausarbeiten
Einleitung	■ Angaben zu Autor/-in, Titel, Textsorte, Entstehungsjahr, Thema ■ Redesituation (Anlass, Ort, evtl. Adressaten/Publikum)
Hauptteil	■ **zentrale Aussagen** der Rede (Position, Gedankengang, Argumentationsweise), evtl. inhaltliche Gliederung (Aufbau) der Rede ■ **Redestrategien** (▶ S. 280), sprachlich-rhetorische Mittel, z. B. Ironie, Über- und Untertreibung, Metaphern, Wiederholungen, Wortwahl (Schlüsselwörter, Fahnen-/Stigmawörter), und ihre Wirkung ■ **Redeabsicht** und Wirkung auf das Publikum bzw. die heutigen Leser
Schluss	■ Fazit oder kritische Stellungnahme, z. B.: Auf welche Weise will der Redner seine Intention verwirklichen? Wie ist die Rede zu bewerten, z. B. im historischen Kontext oder im Hinblick auf spätere Ereignisse?

Fordern und fördern – Eine Rede analysieren

Joachim Gauck

Ihre Stimme hat Gewicht – Wahlaufruf zur Bundestagswahl (2013)

Drei Tage vor der Bundestagswahl 2013, am 19. 9. 2013, richtete sich Bundespräsident Gauck in einer Fernsehbotschaft an die deutsche Bevölkerung. Joachim Gauck lebte vor dem Mauerfall in der DDR und engagierte sich 1989 in der Bürgerrechtsbewegung im Protest gegen die nicht demokratische Staatsführung der DDR.

Liebe Bürgerinnen und Bürger!

Wir haben eine Wahl. Wir haben etwas, wovon Millionen Menschen in der Welt noch träumen. Es gehört zur Freiheit in unserem Land, auf dieses Recht zu verzichten. Aber es gehört auch zur Freiheit, daran zu erinnern: Demokratie passiert nicht einfach, sie wird gemacht: von uns.

Demokratie ist gemeinsames Handeln von allen, die sich einbringen wollen. Und wie viel Kompetenz und Hingabe, wie viel Mut und Ehrlichkeit wir in der Politik vorfinden, ist kein Zufall, sondern Folge unserer Entscheidungen. Diejenigen, denen wir unsere Stimme geben, werden unser Land gestalten. Was wir aktiv beitragen, wird zum Programm. Was wir passiv hinnehmen, ebenso.

Deshalb möchte ich Sie ermutigen: Überlassen Sie unsere parlamentarische Demokratie nicht der Beliebigkeit oder gar dem Verdruss.

Unsere Demokratie ist nicht perfekt, und ihre Ergebnisse überzeugen nicht jeden jederzeit. Aber sie ist vital, offen für Veränderung, lernfähig und damit die Ordnung, die das Kostbarste schützt, was wir haben: selbstbestimmt und eigenverantwortlich unser Leben, unsere Zukunft zu gestalten.

61,8 Millionen Bürgerinnen und Bürger sind in diesem Jahr wahlberechtigt. Jede und jeder Einzelne kann gewiss sein: Ihre Stimme hat am Sonntag Gewicht, und zwar genauso viel wie die Stimme Ihres Nachbarn, Ihres Vorgesetzten oder die des Bundespräsidenten.

Wir alle haben die Wahl. Wollen wir abwarten, zuschauen oder mitwirken? Indem wir wählen, entscheiden wir uns für eine lebendige Demokratie.

●○○ **1** Nennt die Intention des Wahlaufrufs und arbeitet mindestens zwei Argumente heraus, die Gauck anführt, um die Zuhörer/-innen zu überzeugen, z. B.:
Joachim Gauck verfolgt mit seinem Wahlaufruf die Absicht ... Als zentrale Argumente für ... führt er ... an.

●●○ **2** Ohne es zu sagen, geht Gauck auf Argumente ein, die Menschen gegen das Wählen anführen könnten. Nennt diese Argumente und erläutert, wie Gauck sie entkräftet.

●●● **3** Gauck arbeitet an vielen Stellen mit Gegenüberstellungen. Nennt beispielhaft drei Gegenüberstellungen aus dem Aufruf und beschreibt, welche rhetorischen Stilmittel Gauck dabei jeweils anwendet.

Testet euch!

Eine Redeanalyse überarbeiten

1 Hier findet ihr Ausschnitte aus einer Analyse des Wahlaufrufs Gaucks (▶ S. 284). Fehler bzw. schwächere Stellen sind rot markiert. Unter dem Text findet ihr die Überarbeitungshinweise. Ordnet jedem Textausschnitt (Ziffer) den richtigen Überarbeitungshinweis zu, z. B.: *1 = D*.

V = hier fehlt etwas

1 *Der vorliegende Wahlaufruf wurde von Bundespräsident Gauck im September 2013 kurz vor der Bundestagswahl formuliert. V*

2 *Der Wahlaufruf lässt sich in V Sinnabschnitte gliedern, wobei in jedem Abschnitt ein Aspekt zum Themenkreis „Wahl und Demokratie" ausgeführt wird, der im letzten Abschnitt im Appell mündet, zur Wahl zu gehen.*

3 *Im Schlussabsatz spricht Gauck dann von der Lebendigkeit der Demokratie.*

4 *Gauck verwendet an vielen Stellen „Wir-Sätze", etwa gleich zu Beginn: „Wir haben eine Wahl" (Z. 1). V Dieser Satz ist durch eine Anapher mit dem Folgenden verbunden. V*

5 *Seine Redeabsicht nennt Gauck nicht selbst, aber sie wird durch den Titel der Rede deutlich.*

6 *Abschließend kann ich festhalten, dass es nicht sehr schwer war, die Rede zu analysieren. Sie hat mir auch gut gefallen, weil ich es richtig finde, wählen zu gehen.*

- **A** Genaue Anzahl der Sinnabschnitte ergänzen.
- **B** Hier bitte Untersuchungsergebnisse in einem Fazit bündeln oder eine kritische Stellungnahme abgeben.
- **C** Es fehlt der Hinweis auf den Adressaten.
- **D** Hier muss erläutert werden, welche Funktion bzw. Wirkung diese rhetorischen Stilmittel haben.
- **E** Zentrale Aufforderung, wählen zu gehen, wird zum Schluss noch einmal pointiert formuliert: durch eine rhetorische Frage und einleitend durch ein Wortspiel (doppelte Wortbedeutung von Wahl). Dies bitte ausführen.
- **F** Die Redeabsicht Gaucks wird auch innerhalb der Rede mehrfach indirekt deutlich. Was genau ist seine Redeabsicht? Bitte Redeabsicht genau benennen.

2 Überprüft eure Zuordnungsergebnisse mit Hilfe des Lösungsteils (▶ S. 375).

3
- **a** Überarbeitet die Ausschnitte aus der Redeanalyse mit Hilfe der Überarbeitungshinweise.
- **b** Vergleicht eure Texte in Partnerarbeit.

12.3 Fit in ... – Eine Rede analysieren

In der nächsten Klassenarbeit könnte folgende Aufgabe gestellt werden:

Analysiere die Rede von Papst Franziskus:
- Fasse die zentralen Aussagen zusammen und mache deutlich, wie diese begründet werden.
- Beschreibe, mit welchen sprachlich-rhetorischen Mittel bzw. Redestrategien die Redeabsicht (Intention) unterstrichen wird.
- Bewerte zum Schluss die Rede in einer kritischen Stellungnahme oder fasse die Ergebnisse noch einmal in einem Fazit zusammen.

Papst Franziskus

Grußbotschaft zum Weltwirtschaftsforum in Davos (2014)

Das Weltwirtschaftsforum veranstaltet seit 1971 Jahrestreffen, auf denen Wirtschaftsführer, Politiker und Intellektuelle aktuelle Wirtschaftsfragen diskutieren.

Wir leben in einer Zeit des bemerkenswerten Wandels und der beträchtlichen Fortschritte auf verschiedenen Gebieten, die wichtige Auswirkungen auf das Leben der Menschheit haben. Außerdem müssen wir die fundamentale Rolle anerkennen, welche das moderne Unternehmertum beim Herbeiführen dieser Änderungen gespielt hat, indem es die gewaltigen Ressourcen der menschlichen Intelligenz gefördert und weiterentwickelt hat. Dennoch haben die erreichten Erfolge, selbst wenn sie für eine große Anzahl von Menschen Armut verringert haben, oft zu einer weitreichenden sozialen Ausgrenzung geführt. Tatsächlich erfährt der Großteil der Männer und Frauen unserer Zeit weiterhin tägliche Unsicherheit mit oft dramatischen Konsequenzen.

Im Rahmen Ihres Treffens möchte ich die Bedeutung der unterschiedlichen politischen und wirtschaftlichen Instanzen für die Förderung eines Ansatzes, der die Würde jedes Menschen und das Allgemeinwohl berücksichtigt, betonen. Ich beziehe mich auf ein Anliegen, das in jede politische und wirtschaftliche Entscheidung einfließen sollte, das zuweilen jedoch kaum mehr als ein Nachsatz scheint. Diejenigen, die in diesen Bereichen arbeiten, haben eine klare Verantwortung gegenüber anderen, vor allem denjenigen, die am zerbrechlichsten, schwächsten und verwundbarsten sind. Es ist nicht hinnehmbar, dass Tausende von Menschen weiterhin jeden Tag an

Wir-Satz
Fortschritt Auswirkung auf Menschheit
Unternehmer haben wichtige Rolle
...
Einräumung „Dennoch"
Fahnenwort

Hunger sterben, obwohl erhebliche Mengen an Nahrung verfügbar sind und oft einfach verschwendet werden. Ich weiß, dass diese Worte eindringlich und sogar dramatisch sind, aber sie wollen die Fähigkeit dieser Versammlung, eine Veränderung zu bewirken, sowohl bekräftigen als auch auf die Probe stellen. Was wir brauchen, ist ein erneuerter, tief greifender und erweiterter Sinn für Verantwortung bei allen. Sie erfordert auch Entscheidungen, Mechanismen und Prozesse, die darauf ausgerichtet sind, eine bessere Verteilung des Wohlstands herbeizuführen. Ich bin überzeugt, dass durch eine solche Offenheit eine neue politische und wirtschaftliche Mentalität Gestalt annehmen kann. Eine Mentalität, die in der Lage ist, sämtliche wirtschaftlichen und finanziellen Aktivitäten zu leiten, im Horizont eines ethischen Ansatzes, der wirklich menschengerecht ist.
Die internationale Geschäftswelt kann auf viele Männer und Frauen zählen, die große persönliche Ehrlichkeit und Integrität aufweisen, deren Arbeit inspiriert und geleitet wird von hohen Idealen der Fairness, Großzügigkeit und Sorge für die authentische Entwicklung der menschlichen Familie.
Ich fordere Sie auf, auf diese großen menschlichen und moralischen Ressourcen zurückgreifen und diese Herausforderung mit Entschlossenheit und Weitsicht anzunehmen. Ohne natürlich die spezifischen wissenschaftlichen und fachlichen Anforderungen des jeweiligen Kontextes außer Acht zu lassen, bitte ich Sie sicherzustellen, dass Wohlstand der Menschheit dient, anstatt sie zu beherrschen.

1 Notiert, welche Elemente in euren Analyseaufsatz gehören, auch wenn sie nicht ausdrücklich in der Aufgabenstellung genannt sind, z. B.:
– Einleitung mit Titel, Redner, Jahr, Anlass …

2 a Analysiert die Rede. Erstellt eine Kopie des Textes und nutzt verschiedene Lesedurchgänge:
– Lest den Text zunächst einmal zügig durch und notiert ein erstes Leseverständnis.
– Lest den Text ein zweites Mal. Achtet in diesem Lesedurchgang vor allem auf **Kernaussagen** und ihre **argumentative Stützung.** Markiert – wie im ersten Textabschnitt bereits geschehen – entsprechende Textstellen und notiert Wichtiges am Rand.

b Fasst eure Ergebnisse zum Aufbau und Gedankengang der Rede zusammen, z. B.:

Kernaussagen/Begründung	Funktion/Intention
Z. 1–12: Unternehmer haben wichtige Rolle: *– Sie fördern Ressourcen und verringern Armut.* *– Sie begründen zugleich soziale Ausgrenzung.*	*Zuhörer sollen sich wertgeschätzt fühlen, aber auch ihre Verantwortung für negative Folgen des aktuellen Wandels erkennen.*
Z. x–y: Verantwortung der Starken für die Schwachen *– …*	*Direkter Appell an …*

3 a Untersucht, welche **sprachlich-rhetorischen Mittel** bzw. Redestrategien in dieser Rede eingesetzt werden und welche Funktion sie haben. Lest hierzu den Text ein drittes Mal, achtet auf auffällige Redemittel, markiert diese und haltet Wichtiges in Stichworten fest.
TIPP: Einige Redemittel wurden im Text schon gelb markiert.

b Fasst eure Ergebnisse in Stichworten zusammen, z. B.:

Redemittel	Funktion / Bezug zum Inhalt
– Wir-Satz (Z. 1)	*– Papst stellt Verbindung mit dem Publikum her, indem er Zuhörer und sich selbst derselben Gruppe zurechnet.*
– Fahnenwort „Würde" (Z. 15)	*– …*
– Dreiergruppe von Superlativen (Z. 19)	*– Franziskus will das Leid dieser Menschen durch die drei verschiedenen Superlative eindringlich und anschaulich machen.*
– …	*– …*

4 Verfasst eine schriftliche Redeanalyse mit Einleitung, Hauptteil und Schluss. Geht so vor:

a Schreibt eine Einleitung mit Hinweis auf Textsorte, Titel, Autor.
– Die vorliegende Rede ist eine Grußbotschaft des …, die er anlässlich des Weltwirtschaftsforums … Adressaten der Rede sind … Thematisch geht es …

b Orientiert euren Hauptteil an den Aspekten der Aufgabenstellung (▸ S. 286) und den wichtigsten Ergebnissen eurer Analyse aus den Aufgaben 2 und 3.
– Die zentrale Botschaft der Rede wird von Franziskus direkt ausgesprochen: Er … Begründet wird diese Forderung nur durch ein Argument, das in verschiedener Weise formuliert wird: …

c Bündelt zum Schluss eure Ergebnisse in einem Fazit oder nehmt kritisch Stellung:
– Franziskus will die Zuhörer davon überzeugen … Indem er … Seine Intention ist, die Haltung der … zu verändern.
– Überzeugend sind die Ausführungen Franziskus', weil sie daran erinnern, dass … Franziskus verschweigt aber, dass … Die Überzeugungskraft wäre meiner Meinung nach größer, wenn …

5 Überarbeitet euren Text in Partnerarbeit. Die folgende Checkliste hilft euch dabei:

Checkliste

Eine Rede analysieren

Einleitung Habt ihr in der Einleitung alle wesentlichen Informationen genannt?
- Autor/-in, Titel, Textsorte, Jahr, Thema
- Redesituation (Anlass, Ort, evtl. Adressaten/Publikum)

Hauptteil Habt ihr im Hauptteil die in der Aufgabenstellung geforderten Analyseaspekte berücksichtigt? Zum Beispiel:
- Wiedergabe der **Kernaussagen** und deren argumentative Herleitung
- Verdeutlichung des **Gedankengangs** bzw. der Struktur der Rede
- Analyse der **Redestrategien** bzw. der sprachlich-rhetorischen Mittel und Beschreibung ihrer Funktion bzw. Wirkung
- **Redeabsicht** und Wirkung auf das Publikum bzw. die heutigen Leser

Schluss Habt ihr eure Ergebnisse in einem Fazit gebündelt oder eine kritische Stellungnahme formuliert?

13 Grammatik und Rechtschreibung – Klassenarbeiten überarbeiten

Es ist bekannt, dass Schülerinnen und Schüler, die eigentlich besonders sprachbegabt sind, immer wieder dazu neigen, Schachtelsätze, die sehr unübersichtlich sind, zu schreiben, weil gerade die deutsche Sprache bietet die Möglichkeit, sich durch komplizierte Nebensatzkonstruktionen und Attribute besonders differenziert und variantenreich auszudrücken, was allerdings Sätze, die kaum noch verständlich sind, zur Folge hat.

1 a Erklärt, warum der Satz schwer lesbar und was daran falsch ist.
b Überarbeitet den Satz, indem ihr mehrere kurze, übersichtliche Sätze formuliert.

2 Tauscht euch darüber aus, wie man seinen Schreibstil in Texten verbessern kann.

In diesem Kapitel ...

- wiederholt und vertieft ihr eure grammatischen Kenntnisse und verbessert eure Ausdrucksfähigkeit bzw. euren Schreibstil,
- wiederholt ihr Regeln zur Rechtschreibung und zur Zeichensetzung und erstellt euer eigenes Fehlerprofil,
- überarbeitet ihr Texte in Ausdruck, Grammatik, Rechtschreibung und Zeichensetzung.

13.1 Grammatik- und Ausdruckstraining – Den Schreibstil verbessern

Schachtelsätze vermeiden

VORSICHT FEHLER!

Thema: Sollte man sich bei Mobbing einmischen?

① Schüler sollten sich, wenn es in ihrer Klasse zu einer Situation, in der jemand gemobbt wird, kommen sollte, nicht sofort unüberlegt einmischen.
② Denn diese auf den ersten Blick naheliegende und durchaus begrüßenswerte Zivilcourage kann für die Helfer unangenehme Folgen haben.
③ Besonders riskant wird es, wenn man alleine ist und hat niemanden, der einem helfen kann.
④ Dann kann man nämlich selbst schnell zum Mobbingopfer werden.
⑤ Man kann außerdem nur schwer entscheiden, ob eine Person überhaupt gemobbt wird.
⑥ So kann es, wenn jemand nur einmal kurz geärgert wird und sich selbst wehren kann, wie Mobbing aussehen.
⑦ Wenn man sich dann einmischen würde, würde man sich nur lächerlich machen.
⑧ Außerdem müssen die im Mobbingfall nicht immer anwesenden, aber dennoch für solche Probleme zuständigen Lehrkräfte dafür sorgen, dass die Schüler nicht gemobbt werden.
⑨ Sie sollten eingreifen, weil nur sie können die Täter wirksam bestrafen.
⑩ Und das ist, damit das Mobbingopfer wirklich dauerhaft geschützt ist und wieder angstfrei zu Schule gehen kann, ausgesprochen wichtig.

1 a Erklärt, was man unter einem „Schachtelsatz" versteht.
b Zeigt anhand des Klassenarbeitstextes, einer Erörterung zum Thema „Gewalt", warum so genannte „Schachtelsätze" oft schwer zu verstehen sind.
c Tauscht erste Ideen aus, wie man solche Sätze vermeiden könnte.

2 Wer unübersichtliche Sätze schreibt, macht häufig auch Satzbaufehler.
a Findet im Text alle Satzbaufehler und formuliert die Regel, gegen die hier verstoßen wird, z. B.:
In einem Hauptsatz muss das finite Verb immer ..., in einem Nebensatz ...
b Überarbeitet die Sätze und schreibt sie richtig in euer Heft.
c Unterstreicht in euren Sätzen alle Hauptsätze blau und alle Nebensätze grün.
Prüft, ob ihr die Haupt- und Nebensätze jeweils durch Kommas abgetrennt habt.

Wolf Schneider

Gebote des Satzbaus

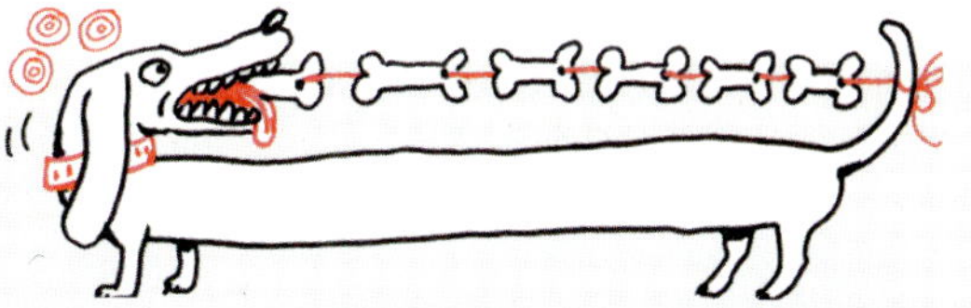

1 Besteht ein Tätigkeitswort aus zwei Teilen *(ich habe … gemacht, ich werde … kommen, ich möchte … schlafen; oft auch im Präsens: ich erkenne … an, mir fällt … auf)*, so dürfen wir von der Grammatik her beliebig viele Wörter dazwischenklemmen – von der Verstehbarkeit her aber nur sechs. Auch zwischen Subjekt und Prädikat sollte man nicht mehr als sechs Wörter schieben.

2 Und wie lang darf ein Satz nun sein? Wenn er das Gesetz der sechs Wörter beherzigt, dann so lang, wie der Atem reicht. Wenn mir beim lauten Lesen die Luft ausginge, wäre er zu lang gewesen.

3 Jeder eingeschobene Nebensatz, auch der kürzeste, zerstört den Erzählfluss, er stellt die Reihenfolge A1 – B – A2 her, er fällt sich selbst ins Wort: *Heute sind die Inhaber, die erst vor einem halben Jahr jeder zehn Millionen investiert hatten, zerstritten.* Ich könnte also mitteilen, was die Inhaber heute sind; aber ehe ich das tue, sage ich mittendrin, was sie früher waren. So erzählt man nicht.

4 Vorangestellte Attribute sind die hässlichste Form einer korrekt angewendeten Grammatik. Zwischen den Artikel und das Substantiv dürfen wir ja nicht nur Attribute stellen *(das hübsche Kleid)*, sondern Wörter aller Gattungen in beliebiger Menge: *Das zwar noch hübsche, aber doch schon etwas altmodisch wirkende Kleid* (neun vorangestellte Attribute).

1 a Lest den Text und erklärt, welchen Zweck Wolf Schneider mit diesen Geboten verfolgt.
b Erklärt mit eigenen Worten die Formulierung „so lang, wie der Atem reicht" (▶ Z. 12).

2 a Prüft, welche Sätze aus dem Schülertext (▶ S. 290) gegen welche Gebote verstoßen, z. B.
Satz 1: Gebot 1 und 3
b Überarbeitet den Schülertext von Seite 290, sodass er verständlicher und stilistisch besser wird. Ihr könnt dabei z. B. den Satzbau verändern, Sätze umformulieren oder aus einem Satz mehrere Sätze machen.

3 a Schreibt selbst einige Sätze zum Erörterungsthema: „Sollte man sich bei Mobbing einmischen?" Achtet dabei auf einen korrekten Satzbau und auf übersichtliche, verständliche Sätze. Denkt auch an die Kommasetzung.
b Überprüft eure Texte in Partnerarbeit.

Information **Satzbau: Schachtelsätze vermeiden**

Zu einem guten Stil gehört es, übersichtliche Sätze zu formulieren. Das heißt z. B.:
- Schiebt **nicht mehr als sechs Wörter zwischen** zwei **Teile eines Prädikats** und **zwischen Subjekt und Prädikat.**
- Ein Satz sollte **nicht länger** sein, als beim lauten Lesen der Atem reichen würde.
- Vermeidet **eingeschobene Nebensätze** und **vorangestellte Attribute.**

Achtet auch auf den richtigen **Satzbau:** Im **Hauptsatz** steht die Personalform des Verbs (das gebeugte Verb) immer **an zweiter Satzgliedstelle,** im **Nebensatz an letzter Satzgliedstelle,** z. B.:
Man sollte Mitschülern helfen, wenn sie Opfer von Mobbing werden.

Synonyme sinnvoll verwenden

Wolf Schneider

Der Krampf der Synonyme

Köln in einem Schulaufsatz zweimal zu erwähnen ist verboten, *die Domstadt* muss es heißen; Frankfurt ist die *Mainmetropole,* und der Elefant darf nur als *Dickhäuter* wiederkehren. Synonyme zu suchen, Wörter gleicher oder ähnlicher Bedeutung, die „lexikalische Varianz" zu pflegen: Das ist zentraler Ansatz des Deutschunterrichts – vernünftig, damit die Kinder in den Wortschatz ihrer Muttersprache hineinwachsen; wenn darauf nur der zweite Schritt folgen würde: „Und nach der Schule unterscheidet bitte nach Haupt- und Nebensachen!"

Für die *Nebensachen* sind Synonyme hoch erwünscht, für Verben, Adjektive, Konkjunktionen – da ist die Meinung einhellig: nicht zweimal nacheinander *aber* schreiben, sondern variieren mit *doch, jedoch, dagegen, allerdings;* nicht zweimal *machen* schreiben, sondern abwechseln mit *tun, handeln, arbeiten, verrichten, anfertigen, herstellen, produzieren, schaffen.* Bei einem längeren erzählenden Text kann es durchaus attraktiv sein, einen durchgängig schlecht gelaunten Menschen auch mal als *übellaunig, missmutig, trübsinnig, verschnupft, verbittert* zu bezeichnen.

Bei den Hauptsachen aber, den Substantiven, den Säulen meiner Sätze, sieht es völlig anders aus: Für viele gibt es gar keine Austauschwörter (1) oder nur scheinbare (2) oder peinliche und lächerliche (3); und wo es sie gibt, sollten wir dreimal stutzen, bevor wir sie niederschreiben, weil sie den Leser völlig verwirren (4).

1 Erklärt: Bei welchen Wortarten hält Wolf Schneider den Gebrauch von Synonymen für sinnvoll, bei welchen nicht? Welche Argumente und Beispiele führt er an?

2 a Findet zu den Wortarten, bei denen laut Schneider „Synonyme hoch erwünscht" sind, jeweils eigene Beispiele, z. B. *– gehen: laufen, rennen, ...*

b Diskutiert anhand eurer Beispiele und den im Text genannten:
- In welchen Fällen kann man tatsächlich von Synonymen, also von Wörtern mit gleicher Bedeutung, sprechen?
- Bei welchen Wörtern handelt es sich um Wörter mit ähnlicher Bedeutung, deren Gebrauch man genau prüfen muss?

3 a Ordnet Schneiders Argumenten 2 bis 4 (▸ Z. 29–32) gegen die Verwendung von Synonymen für Substantive die folgenden Beispiele zu:

> Fresse (für Gesicht) • Tafel (für Tisch) • der Freizeitsegler (für Herr Meyer) • Urnengang (für Wahl) • Köter (für Hund) • Visite (für Besuch) • Ballhausplatz (für die österreichische Regierung) • Kampf (für Krieg)

b Findet eigene Beispiele für Synonyme, die man eher nicht nutzen sollte.

4 Wodurch kann man Substantive stattdessen ersetzen, um Wiederholungen zu vermeiden?

Thema: Sollte man sich bei Mobbing einmischen?

Es gibt zahlreiche Argumente dafür, sich einzumischen, wenn jemand gemobbt wird. Zunächst einmal lässt sich sagen, dass Mobbing eine offene Form von Gewalt ist. Das kann körperliche Gewalt sein, z. B. Verprügeln oder Erpressen, oder auch psychische Gewalt wie das Ignorieren oder Ausschließen eines Mitschülers. Deshalb müssen all diese Verhaltensweisen wie andere Gewalttaten auch verhindert und gegebenenfalls bestraft werden. Außerdem sind die Folgen von Mobbing für viele dramatisch. Studien zu diesem Thema sagen, dass ca. 20 Prozent aller Selbstmordfälle durch Mobbing ausgelöst werden. Mobbing kann also sehr schwerwiegende Folgen haben. Deshalb muss Mobbing unbedingt verhindert werden. Außerdem sagen Experten, dass die Betroffenen in der Regel nicht in der Lage sind, sich alleine gegen die Taten zu wehren und das Mobbing zu beenden. Deshalb kann nur eine Hilfe von außen bewirken, dass das Mobbing beendet wird. Allerdings sagen viele Mobbingopfer, dass sie sich diese Hilfe nicht selbst holen können. Deshalb haben Mitschüler, die das Mobbing beobachten, eine große Verantwortung: Sie müssen sich einmischen und das Schweigen brechen. Dazu gehört, den Tätern deutlich zu sagen, dass man ihr Verhalten nicht akzeptiert. Außerdem sollten sie Eltern und Lehrkräfte ins Vertrauen ziehen und um Unterstützung bitten.

1 In dem Text sind Wörter, die sich unnötig wiederholen, markiert. Findet im Team Synonyme für diese.

2 Bei der Suche nach Synonymen könnt ihr euch von der Thesaurus-Funktion eures Schreibprogramms Alternativen anbieten lassen. Aber: Nicht alle Wörter passen. Sucht aus dem Thesaurus rechts die Synonyme für *außerdem* heraus, die für die Überarbeitung der Erörterung geeignet sind.

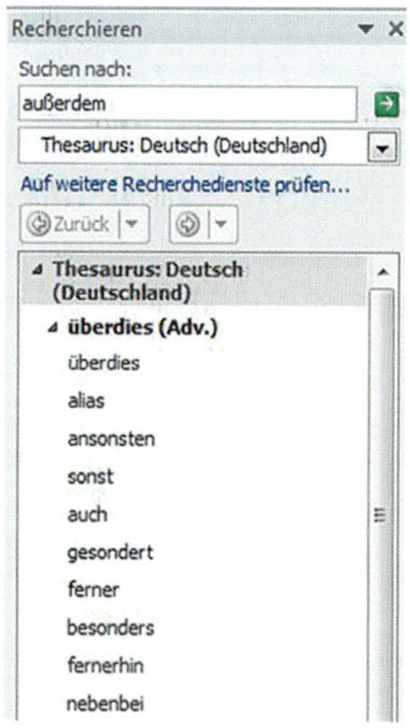

3 Erklärt, warum es bei diesem Text nicht sinnvoll ist, Synonyme für *Mobbing* oder für *Gewalt* zu suchen.

4 Überarbeitet den Text, indem ihr an geeigneten Stellen passende Synonyme einsetzt.

Information **Synonyme sinnvoll verwenden**

- Um einen Text gut und abwechslungsreich zu formulieren, ist es sinnvoll, für **Verben, Adjektive und Adverbien** Synonyme (Wörter mit gleicher oder ähnlicher Bedeutung) zu verwenden, z. B.: *reden, sprechen, sagen ...*
- **Nomen** (Substantive) sollte man nach Möglichkeiten **nicht durch Synonyme ersetzen,** weil es für sie oft keine treffenden Synonyme gibt und der Text durch die Verwendung unzutreffender Ersatzwörter meist schlecht zu verstehen ist.
- Für die Suche nach Synonymen kann man die **Thesaurus**-Funktion des Schreibprogramms oder ein **Synonymlexikon** verwenden. Allerdings sollte man prüfen, ob das Wort (Synonym) wirklich als Ersatzwort taugt und zum Inhalt des Textes passt.

Kasus und Numerus prüfen

VORSICHT FEHLER!

Thema: Sollte man Filme mit Gewaltszenen verbieten?

Gegen ein generelles Verbot von Fernsehfilmen, die Gewalt zeigen, sprechen mehrere Argumente.
Zunächst einmal gilt in unserem Land die Presse- und Meinungsfreiheit. Deshalb hat jeder das Recht darauf, spannende und actionreiche Filme zu genießen. Wenn einem der Film dann doch zu gewalttätig ist, kann er das Problem mittels einem einfachen Trick lösen: Er kann einfach ausschalten. Außerdem besteht die Möglichkeit, dass der Reiz des Verbotenen diese Filme für viele noch interessanter machen würde. Statt einem Verbot sollte man daher eine andere Möglichkeit finden, mit Gewalt in Filmen umzugehen.

1 a Der Text enthält drei Kasusfehler. Findet sie und berichtigt die fehlerhaften Textstellen.
b Schreibt aus dem Text alle Präpositionen mit den dazugehörigen Nomen und ihren Attributen heraus. Notiert dahinter, mit welchem Kasus sie verknüpft sind.

2 a Überlegt, mit welchem Kasus die folgenden Präpositionen verbunden werden:
bis, durch, oberhalb, nach, seit.
b Prüft eure Ergebnisse mit Hilfe des Merkkastens auf Seite 295. Formuliert dann mit jeder Präposition einen Beispielsatz.

3 a Sollte man beim folgenden Text aus einem Erörterungsaufsatz nach der Präposition *wegen* eher den Genitiv oder den Dativ verwenden? Begründet eure Einschätzung.

Hinzu kommt, dass es sehr unerfreulich wäre, wenn man *wegen* eines solchen Verbots / einem solchen Verbot zu bestimmten Themen gar keine Filme mehr machen könnte.

b Erklärt, in welchen Textsorten oder Situationen man nach der Präposition *wegen* eher den Genitiv verwenden sollte. Wann wäre auch die Verwendung des Dativs in Ordnung?

4 In jedem der folgenden Sätze steckt ein Fehler. Erklärt genau, was in dem jeweiligen Satz falsch ist, und schreibt die Sätze richtig in euer Heft.

VORSICHT FEHLER!

A Viele historische Spielfilme handeln über Kriege, in denen es natürlich immer wieder zu gewalttätigen Szenen kommt.
B Filmemacher sind ärgerlich auf die immer wiederkehrende Diskussion über gewalttätige Filme.
C Eltern brauchen keine Angst wegen des Einflusses gewalttätiger Filme haben, weil sie kontrollieren können, welche Filme ihre Kinder schauen.

VORSICHT FEHLER!

Thema: Sollte man Filme mit Gewaltszenen verbieten?
Häufig wird darüber diskutiert, Filme zu verbieten, in denen eine große Anzahl an Gewaltszenen vorkommen. Grund dafür ist die Sorge, dass Kinder und Jugendliche solche Filme sehen könnten. Zu kontrollieren, ob ein Kind oder ein Jugendlicher solche Filme schauen, ist jedoch Aufgabe der Eltern. Schließlich hat Vater und Mutter die Möglichkeit, mit ihren Kindern zu besprechen, welche Filme für sie geeignet sind. So sind etwa die Hälfte aller Eltern auch der Meinung, dass ein Verbot von Fernsehfilmen mit Gewaltszenen nicht notwendig sei.

1 a In dem Text stecken vier Fehler. Findet die fehlerhaften Textstellen und korrigiert sie.
b Erklärt, wo das grammatische Problem liegt. Könnt ihr eine Regel formulieren?

2 a Schreibt die folgenden Sätze ab und ergänzt dabei die richtigen Verbformen.
A Die Mehrzahl der Eltern *(möchten)* nicht, dass ihr Kind im Fernsehen Filme *(sehen)*, in denen Gewalt dargestellt und verherrlicht *(werden)*.
B Das *(können)* ein Vater oder eine Mutter aber auch verhindern, indem er oder sie dem Kind *(verbieten)*, sich solche Filme anzusehen.
C Zudem *(laufen)* ein Film, der viele Gewaltszenen *(enthalten)*, normalerweise auch erst nach 20 oder 22 Uhr im Fernsehen.
D Dann *(sein)* die Kinder und Jugendlichen, die diese Filme nicht sehen *(sollen)*, meist ohnehin im Bett.
b Kontrolliert eure Ergebnisse in Partnerarbeit.

Information **Auf Kasus und Numerus achten**

1 Auf den Kasus achten:
– **Präpositionen** fordern in der Regel einen **bestimmten Kasus,** d. h.: Das der Präposition folgende Wort oder die nachfolgende Wortgruppe (z. B. ein Nomen mit Nomenbegleitern, ein Pronomen) muss in einem bestimmten Kasus stehen, z. B.:
  – Den **Akkusativ** fordern: *bis, durch, für, gegen, ohne, um,* z. B.: *Er starrte auf den großen Bildschirm.*
  – Den **Dativ** fordern: *ab, aus, bei, dank, gegenüber, mit, nach, nahe, seit, von, zu,* z. B.: *Dieser Film ist bei den meisten Jugendlichen sehr beliebt.*
  – Den **Genitiv** fordern: *mangels, außerhalb, mittels, seitens, zwecks,* z. B.: *Mangels anderer Alternativen müssen Gewaltszenen machmal gezeigt werden.*
– Einige Präpositionen stehen je nach Bedeutung mit Dativ oder Akkusativ, z. B.: *an das Fenster / an dem Fenster.* Einige Präpositionen mit Genitiv können umgangssprachlich auch mit Dativ verwendet werden, z. B. *wegen seines Hungers / wegen seinem Hunger.*
– Manche **Verben, Adjektive** oder **Nomen** sind fest **mit** einer bestimmten **Präposition verknüpft,** z. B.: *warten auf* (+ Akkusativ), *zufrieden mit* (+ Dativ), *Ärger über* (+ Dativ).

2 Auf den Numerus achten
Das **Prädikat** (gebeugte Verbform) hat den **gleichen Numerus (Anzahl) wie** das **Subjekt.** Wenn das Subjekt aus mehreren Teilen besteht, die mit *und* verbunden sind, steht das Prädikat in der Regel im Plural, z. B.: *Lisa und ihr Bruder lieben Actionfilme.*

Arten der Redewiedergabe unterscheiden

Wie gefährlich ist mediale Gewalt?

Der Familienberater Dr. Jan-Uwe Rogge erklärt: „Es geht mir darum, die Faszination von Gewalt in den Medien, die manche Kinder und Jugendliche regelrecht in ihren Bann schlägt, genauer zu deuten und zu bestimmen. Mich schaudert, wenn ich die manchmal ebenso grässlichen wie gewaltverherrlichenden Medienangebote betrachte. Doch zugleich bin ich besorgt über die populistischen Töne, mit denen man darüber diskutiert. Wenn man aus den abgezählten Fernsehleichen eine Zunahme zerstörerischer Gewalt im Alltag ableitet, ist das nicht allein kurzschlüssig, sondern vor allem verharmlosend. Aber leichtfertig ist zugleich, jeglichen Einfluss von medial dargestellter Gewalt zu leugnen, denn Gewalt in den Medien macht eben nicht friedlich. Es gibt keine einflusslosen Bilderwelten."

1 a Gebt die Aussagen des Familienberaters wieder und probiert dabei unterschiedliche Arten der Redewiedergabe aus. Lest hierzu die Informationen im Merkkasten unten.
b Vergleicht eure Texte und prüft, ob die verschiedenen Arten der Redewiedergabe (indirekte Rede, Paraphrase, Zitat) unterschiedlich wirken bzw. welche Vor- und Nachteile sie haben.

2 Ihr könnt durch sprachliche Signale deutlich machen, wie ihr zum Gesagten steht. Probiert dies anhand der folgenden Formulierungsbausteine aus.

... behauptet, dass ... • ... meint, dass ... • ... macht deutlich, ... • ... legt überzeugend dar, ... • ... ist der Annahme, dass ... • ... zeigt auf, ... • ... stellt zu Recht fest, ...

Information **Arten der Redewiedergabe**

Für die Wiedergabe fremder Äußerungen oder Gedanken gibt es verschiedene sprachliche Möglichkeiten:

- **Indirekte Rede:** In einem einleitenden Hauptsatz wird gesagt, wessen Äußerung wiedergegeben wird *(Dr. Rogge erklärt, ...)*. Die Wiedergabe der Äußerung erfolgt dann in einem *dass*-Satz (im Indikativ oder Konjunktiv) oder in einem uneingeleiteten Nebensatz (im Konjunktiv), z. B.: *Dr. Rogge erklärt, es gebe keine einflusslosen Bilderwelten. Dr. Rogge erklärt, dass es keine einflusslosen Bilderwelten gebe/gibt.*
(► Mehr zur indirekten Rede, S. 352)
- **Paraphrase (Umschreibung):** Mit einer Paraphrase im Indikativ gibt man die Gedanken des Ausgangstextes sinngemäß in eigenen Worten wieder. Durch sprachliche Signale wie *nach seiner Meinung ..., nach Auffassung von ...* weist man darauf hin, dass es sich um eine fremde Äußerung handelt, z. B.: *Nach Auffassung von Dr. Rogge haben Medienbilder immer auch einen Einfluss auf uns.*
- **Zitat:** Bei einem Zitat wird ein Teil der fremden Äußerung mit Anführungszeichen in den eigenen Satz eingebaut (► Zitieren, S. 362). Der Satz steht im Indikativ. Wie bei der Paraphrase gibt man einen Hinweis auf die Quelle der Äußerung, z. B.: *So gibt es laut Dr. Rogge keine „einflusslosen Bilderwelten".*

Fordern und fördern – Arten der Redewiedergabe

Machen Fernsehen oder Computerspiele gewalttätig?

Von Stefan Frerichs

Gewaltkonsum macht nicht friedlicher

In der Gewaltwirkungsforschung überwiegt die Ansicht, dass niemand durch den Konsum von Gewaltdarstellungen friedfertiger wird. Weitgehend unstrittig ist auch, dass mediale Gewalt in der Lage ist, die Nutzer gefühlsmäßig zu erregen. Außerdem ist beobachtet worden, dass sich die Zuschauer und Computernutzer an Gewalt in den Medien gewöhnen. Man kann daraus aber nicht auf eine Abstumpfung gegenüber realer Gewalt schließen. Allerdings werden aggressive Verhaltensmuster im Fernsehen oder in Computerspielen umso eher übernommen, wenn der Nutzer ohnehin zur Anwendung von Gewalt neigt und wenn seine wirkliche Lebenssituation dem Vorbild in den Medien ähnelt.

Gewaltkonsum und persönliche Veranlagung

Die Zusammenhänge zwischen dem Konsum von Mediengewalt und der persönlichen Veranlagung der Mediennutzer sind jedoch noch weitgehend ungeklärt. Es gibt Anhaltspunkte dafür, dass Menschen mit einer Neigung zu aggressivem Verhalten auch gern aggressive Filme oder Computerspiele konsumieren, die dann wiederum ihre Aggressivität steigern. Allerdings kommen wissenschaftliche Untersuchungen zu dem Ergebnis, dass die durch Gewaltkonsum gesteigerte Aggression schnell wieder abflacht und keinen dauerhaften Einfluss auf die Nutzer hat.

Gewaltkonsum und soziale Einflüsse

Ein hoher Konsum von gewalttätigen Fernsehsendungen und Computerspielen durch Kinder und Jugendliche kann nach Ansicht verschiedener Wissenschaftler auch ein Anzeichen für soziale Isolation oder Vernachlässigung sein. In einem solchen Fall wäre der Gewaltkonsum nur ein sichtbares Merkmal für tiefer liegende soziale Probleme. Weitgehende Einigkeit besteht darin, dass das soziale Umfeld (wie Familie oder Freundeskreis) auf Menschen einen deutlich größeren Einfluss hat als die Medien. Dafür spricht auch, dass trotz der gestiegenen Verbreitung von gewalttätigen Filmen und Computerspielen in den letzten Jahrzehnten die Gewalt bei Jugendlichen in dieser Zeit gesunken ist.

●○○ **1** Formt die ersten vier Sätze des Artikels (▸ Z. 2–11) in die indirekte Rede im Konjunktiv um.

●●○ **2** Gebt den zweiten Textabschnitt (▸ Z. 18–29) wieder. Verwendet dabei alle drei Arten der Redewiedergabe (indirekte Rede, Paraphrase, Zitat).

●●● **3** Gebt den dritten Textabschnitt (▸ Z. 31–45) so wieder, dass folgende Positionen deutlich werden:
- Ihr schließt euch der Meinung an, dass ein hoher Konsum von gewalttätigen Fernsehsendungen ein Anzeichen für soziale Isolation und Vernachlässigung ist.
- Ihr zweifelt an, dass das soziale Umfeld einen deutlich größeren Einfluss auf Menschen hat als die Medien.

Testet euch!

Grammatik und Stil verbessern

VORSICHT FEHLER!

Thema: Sollen jugendliche Straftäter härter bestraft werden?

Mehrere Argumente sprechen dafür, jugendliche Straftäter künftig härter zu bestrafen. So sind die Zahl der Jugendlichen, die besonders schwere Verbrechen begehen, gegenüber der letzten Jahre deutlich gestiegen. Darauf sollte man trotz dem jungen Alter der Täter mit angemessenen Strafen reagieren. Außerdem sollte man bedenken, dass von den jugendlichen Straftätern eine zunehmende Gefahr an die Mitmenschen ausgehen. Wegen diesen Gefahren ist es dringend notwendig, die jugendlichen Straftäter härter zu bestrafen.

Hinzu kommt, dass man auch die Interessen und Bedürfnisse der Opfer berücksichtigen sollte, weil man weiß, dass es jemandem, der Opfer einer Straftat wurde, wichtig ist, dass der Täter bestraft wird, denn wissend, dass der Täter auch eine angemessene Strafe erhalten hat, kann das Opfer die Geschehnisse besser verarbeiten.

Hinzu kommt, dass es für das Opfer wichtig ist, dass der Täter für eine bestimmte Zeit im Gefängnis ist, weil das traumatisierte und sich von nun an nicht mehr sicher fühlende Opfer nur zur Ruhe kommen kann, wenn es weiß, dass der Täter ihm für eine gewisse Zeit nicht mehr gefährlich werden kann.

1 In den ersten zwei Absätzen (▶ Z. 1–11) finden sich fünf Grammatikfehler. Findet die fehlerhaften Textstellen, korrigiert sie und erläutert, wo jeweils das grammatische Problem liegt. Notiert so:
Z. 2–3: So ist die Zahl der Jugendlichen … (falscher Numerus)

2 Überarbeitet die letzten beiden Absätze (▶ Z. 12–24).
- Löst die Schachtelsätze auf und formuliert verständliche und dennoch abwechslungsreiche Sätze. Reduziert dabei auch die Anzahl der sich wiederholenden *dass*-Sätze.
- Findet an geeigneten Stellen Synonyme für die Formulierung „Hinzu kommt“ und das Verb „wissen“.

3 Erklärt, warum man in dem Text die Begriffe „Opfer“ und „Täter/Straftäter“ nicht durch Synonyme ersetzen sollte.

4 Vergleicht eure Ergebnisse mit denen eurer Banknachbarin oder eures Banknachbarn.

13.2 Richtig schreiben – Fehler diagnostizieren

Ein Fehlerprofil anlegen

VORSICHT FEHLER!

Big Data – Eine Möglichkeit zur Vermeidung von Verkehrschaos und Massenpanik

Wenn größere Menschenmassen unkoordiniert aufeinander prallen führt dies häufig zu Schwierigkeiten. Offensichtlich wird das Problem beim fahren auf der Autobahn, wo wir immer wieder in Staus geraten. Eine Studie des US-Verkehrsdatenspezialisten Inrix ergab das die Staus jeden Haushalt durchschnittlich 509 Euro im Jahr kosten. Insgesamt sind es jährlich 7,5 Milliarden Euro die in Deutschland durch direkte und indirekte Staukosten zusammen kommen. Millionen von Menschen nutzen jeden Tag das Auto sagt Andreas Hecht Manager beim Staumelder Inrix. Hinzu kämen die ökologischen folgen der Verkehrsstaus, die durch das vermehrte ausstoßen von CO2 entstehen. (R Z)

Aber auch bei Massenveranstaltungen wie z.B. fußballspielen, Konzerten oder Messen kommt es immer wieder zu Schwierigkeiten durch das unkontrollierte herbeiströmen der Besucher. Die Katastrophe bei der duisburger Love Parade im Jahr 2010 ist nur ein Beispiel dafür, das solche Veranstaltungen tragisch enden können.

Eine Lösung für diese Probleme könnte „Big Data“ also das systematische auswerten riesiger Datenmengen sein. Um einen Stau zu erkennen und unsere Navigationsgeräte mit den nötigen Umleitungen zu füttern werden Unmengen von Bewegungsdaten analysiert. Diese kommen aus unterschiedlichen Quellen: von feststehenden Sensoren an der Autobahn von Fahrzeugen mit Navigationsgeräten oder von Smartphones mit Navigationssoftware.

Das auswerten dieser Massendaten ist jedoch nicht nur im Autoverkehr sinnvoll. Es besteht auch die Möglichkeit Personen und deren Bewegungen über ihre Handys nachzuverfolgen. Das analysieren dieser Daten ergibt dann ein Bewegungsprofil von Besucherströmen, dass man zur Planung von Großereignisse wie Konzerten oder Fußballspielen nutzen kann. „In Duisburg hätte das viele Menschenleben retten können“ erklärt Paul Lukowitz Professor am Deutschen Forschungszentrum für Künstliche Intelligenz.

Datenschützer weisen zurecht darauf hin dass diese umfangreichen Datenanalysen nur dann auf die Akzeptanz der Verbraucher treffen, wenn der Datenschutz auf hohem Niveau gewährleistet wird.

1 Der Text enthält zahlreiche Fehler in den folgenden Bereichen: Groß- und Kleinschreibung, Getrennt- und Zusammenschreibung, das/dass, Zeichensetzung (Kommasetzung, Zeichensetzung bei der wörtlichen Rede).

a Markiert im Text alle Fehler und notiert am Rand, ob es sich um einen Rechtschreibfehler *R* oder Zeichensetzungsfehler *Z* handelt. Arbeitet mit einer Kopie des Textes.
TIPP: Es gibt 15 Rechtschreib- und 16 Zeichensetzungsfehler (inkl. der beiden markierten Fehler).

b Vergleicht eure Ergebnisse mit den Lösungen auf Seite 375. Markiert in einer anderen Farbe Fehler, die ihr übersehen habt, und notiert auch hier am Rand ein *R* oder ein *Z*.

2 a Wertet eure Ergebnisse aus Aufgabe 1 (▶ S. 299) aus und findet eure Fehlerschwerpunkte. Kopiert hierzu das unten stehende Fehlerprofil oder übertragt es in euer Heft.

- Ordnet die Fehler einer Fehlerkategorie zu und tragt die Summe in die Spalte „1. Text“ ein.
- Kreuzt die Bereiche an, in denen ihr eure Fehlerschwerpunkte seht.
- Geht mit anderen Texten (z. B. Klassenarbeiten, Aufsätzen) genauso vor. Nutzt hierzu die Spalten „2. Text“, „3. Text“ usw.

TIPP: Ihr könnt euer Fehlerprofil auch mit Hilfe des Computers anlegen. Dann könnt ihr es immer wieder verändern.

Wenn ihr andere Fehler macht, z. B. Tempusfehler oder die Falschschreibung bestimmter Wörter, könnt ihr diese Fehler auch in euer Fehlerprofil aufnehmen.

b Erklärt, welche Funktion ein Fehlerprofil hat und wie ihr mit ihm weiterarbeiten könnt.

Fehlerprofil

Fehlerkategorie	**1. Text**	**2. Text**	**3. Text**	**Fehlerschwerpunkt**
1. Rechtschreibung				
Groß-/Kleinschreibung	2 Fehler	...	...	...
Zusammen-/Getrenntschreibung	...	...	...	...
das/dass (s-Laut)	...	...	...	X
2. Zeichensetzung				
Komma bei Satzgefügen (auch Infinitiv- und Partizipialsätze)	...	...	...	...
Komma bei Aufzählungen	...	...	...	...
Komma bei Apposition und nachgestellter Erläuterung	...	...	...	...
Zeichensetzung bei Zitaten (wörtlicher Rede)	...	...	...	...
Andere Fehler	...	...	...	...

Methode **Ein Fehlerprofil anlegen**

Um eure Rechtschreibung zu verbessern, müsst ihr wissen, in welchen Bereichen ihr Fehler macht. Mit Hilfe eines Fehlerprofils könnt ihr eure **Fehler nach Kategorien** ordnen (z. B. Groß- und Kleinschreibung, Getrennt- und Zusammenschreibung, Kommas, Zeichensetzung bei Zitaten, das/dass) und eure **Fehlerschwerpunkte bestimmen.**

Mit einem Fehlerprofil könnt ihr feststellen,

- welche Rechtschreib- und Zeichensetzungsregeln ihr noch einmal **wiederholen** solltet,
- in welchen Fehlerbereichen ihr **Übungsbedarf** habt und
- worauf ihr **beim Schreiben und Überarbeiten** eurer Texte **besonders achten** solltet.

Zusammen- und Getrenntschreibung

Was sind Cookies?

Wenn man im Internet herum/surft, hinter/lässt man Spuren, z. B. durch so genannte Cookies. Das sind kleine Textdateien, die Daten wie das Betriebssystem oder die IP-Adresse ab/speichern. Darüber hinaus können Cookies auch Zugangsdaten (z. B. Passwörter) oder Seiten, die man hintereinander/auf/ruft, speichern. Damit kann heraus/gefunden werden, wo die persönlichen Interessen liegen. Das hat beispielsweise zur Folge, dass man Werbemails für Produkte bekommt, für die man sich vermutlich besonders/interessiert. Internetnutzer müssen sich klar/machen, dass sie sich nie sicher/sein können, wofür ihre Daten weiter/verwendet werden.

1 a Getrennt oder zusammen? Entscheidet, wie die markierten Wortgruppen geschrieben werden, und schreibt sie richtig in euer Heft.
b Erklärt, an welchen Regeln ihr euch beim Schreiben der Wortgruppen orientiert habt.

2 Bildet Sätze mit den folgenden Wortgruppen. Begründet bei jedem Satz die Zusammen- bzw. Getrenntschreibung. Bei einigen Wortgruppen ist beides möglich.

rückwärts/laufen • krank/schreiben • laut/reden • schwarz/fahren • miteinander/sprechen • schwer/fallen • schnell/fahren • herein/kommen • zusammen/arbeiten • schön/aussehen • zusammen/schreiben • schön/reden • davon/kommen • dahinter/stecken

3 Findet für jede Regel im Merkkasten jeweils ein weiteres Beispiel.

Information **Getrennt- und Zusammenschreibung**

1 Wortgruppen aus **Nomen und Verb** und Wortgruppen mit ***sein*** werden immer getrennt geschrieben, z. B.: *Computer spielen, reich sein.*
2 Wortgruppen aus **Verb und Verb** können **immer getrennt** geschrieben werden, z. B.: *kennen lernen, einkaufen gehen, gelobt werden.*
3 Wortgruppen aus **Adjektiv und Verb** werden **meist getrennt** geschrieben, z. B.: *gut argumentieren, schnell reden.*
Aber: Entsteht durch die Verbindung von Adjektiv und Verb ein **Wort mit neuer Gesamtbedeutung,** schreibt man **zusammen,** z. B.: *schwerfallen* (= Mühe bereiten).
4 Wortgruppen aus **Adverb und Verb** werden in der Regel
– **zusammengeschrieben, wenn** die Hauptbetonung auf dem Adverb liegt, z. B.: *Wir müssen zusammenhalten.*
– **getrennt geschrieben, wenn** Adverb und Verb gleich betont werden, z. B.: *Wir sollten den Vortrag zusammen (in der Gruppe) halten.*
TIPP: Macht die Erweiterungsprobe. Wenn ihr ein Wort oder eine Wortgruppe zwischen Adverb und Verb einfügen könnt, schreibt ihr getrennt.
5 Verbindungen aus **Präposition und Verb** schreibt man **in der Regel zusammen,** z. B.: *durchsagen, abfahren.*

Groß- und Kleinschreibung

VORSICHT FEHLER!

Passgenaue Werbung

Für Anbieter von Online-Dienstleistungen wie Facebook, Google oder Amazon ist es ein absolutes muss, ihren Kunden möglichst passgenaue Werbung zukommen zu lassen. Durch ein möglichst genaues analysieren von Nutzerprofilen versuchen sie herauszufinden, wofür sich der jeweilige Kunde interessieren könnte. Allerdings fällt es ihnen im einzelnen nicht immer leicht, das passende für den jeweiligen Kunden zu finden. So wurde ein Nutzer wochenlang von Werbung für Saunakabinen verfolgt, obwohl er sich bereits eine gekauft hatte und die entsprechende Werbung längst Leid war. Hier hätte ihm besser etwas neues wie der passende Bademantel angeboten werden müssen. Das richtige platzieren personalisierter Werbung stellt die Werbeleute also Trotz großer Bemühungen offensichtlich noch vor große Herausforderungen.

1 Im Text finden sich acht Fehler im Bereich der Groß- und Kleinschreibung (Nominalisierungen und Denominalisierungen). Findet die falsch geschriebenen Wörter und schreibt sie richtig in euer Heft. Notiert die Nominalisierungen mit ihren Begleitwörtern.

2 Bildet aus den Wortbausteinen feste Wendungen und verwendet sie in Beispielsätzen:

im
(Präposition + Artikel)

folgen • groß und ganz • nachhinein • unklar • voraus • allgemein • wesentlich • übrig • einzeln

3 Alle Wortarten können in einem Satz zu Nomen werden. In diesem Fall muss man sie großschreiben. Arbeitet im Team und ergänzt Beispiele, mit denen ihr Sätze bildet.

- *Pronomen: das Ich, ...*
- *Präpositionen: das Auf und Ab, ...*
- *Konjunktionen: ...*
- *Adverbien: ...*
- *Zahlwörter: ...*

Information **Nominalisierungen und Denominalisierungen**

Verben, Adjektive, Adverbien und Wörter anderer Wortarten schreibt man in der Regel **groß,** wenn sie im Satz **als Nomen gebraucht** werden. Ihr könnt solche **Nominalisierungen** meist an ihren **Begleitwörtern** (Artikel, Pronomen, Adjektiv, Präposition) erkennen, z. B.: *das Denken, etwas Gutes, schnelles Arbeiten, im Allgemeinen.*
TIPP: Nicht jedes nominalisierte Wort wird durch einen Nomenbegleiter angekündigt. Macht die Probe: Wenn ihr einen **Nomenbegleiter** (z. B. einen Artikel) **ergänzen** könnt, schreibt ihr groß, z. B.: *(Das) Surfen im Internet birgt auch Gefahren.*

Wörter, die formgleich als Nomen vorkommen, aber selbst keine Merkmale von Nomen aufweisen **(Denominalisierungen),** schreibt man **klein,** z. B.: *kraft des Gesetzes, zeit seines Lebens, angst und bange sein.*

Kommasetzung in komplexen Satzgefügen

„Ich habe doch nichts zu verbergen"

Unternehmen wissen inzwischen, dass detaillierteste Kenntnisse über ihre Kundinnen und Kunden größere Profite ergeben. Sie sammeln daher so viele Daten wie möglich und richten sich nach denjenigen, die die besten Plattformen zur Beobachtung unseres Verhaltens bieten. Derzeit sind das Facebook und Google. Was machen sie jedoch mit all den Daten? Sie analysieren sie, um zu gewährleisten, dass wir noch mehr ihrer Produkte konsumieren, indem sie uns auf eine gezielte, schwer zu widerstehende Art und Weise ansprechen: Streaming-Dienste, die unseren Musik- oder Filmgeschmack analysieren, empfehlen uns immer wieder Produkte, die uns wahrscheinlich gefallen. In diesem Fall ist die Manipulation minimal und nicht besonders Besorgnis erregend. Will man jedoch verstehen, was diese enormen Datensammlungen tatsächlich leisten können, muss man sich andere Wirtschaftszweige ansehen. Nehmen wir zum Beispiel die Glücksspielbranche in den USA. Dort haben Casinos herausgefunden, wie sie durch detaillierte Datenanalysen und sorgfältig zugeschnittene Angebote Kunden wieder nach Las Vegas locken können, indem sie z. B. Konzerttickets der Lieblingsband in Aussicht stellen oder kostenlose Dinners und Hotelübernachtungen zu bestimmten Terminen, die den Kunden etwas bedeuten. Die Grundidee dabei ist, dass Firmen durch die Dauerbeobachtung ihrer Kunden verborgene emotionale Anreize setzen können, die dazu führen, dass mehr Produkte konsumiert werden. Die digitalen Medien liefern hierfür den Datenrohstoff.

Von Evgeny Morozov

1 **a** Ordnet den folgenden Satzbaumustern jeweils einen Beispielsatz aus dem Text oben zu.

Hs + Ns	Hs + Ns 1 + Ns 2 + Ns 3	Hs + Ns 1 + Fortsetzung Hs + Ns 2

b Zeichnet zu den markierten Sätzen im Text Satzbaumuster wie im Beispiel oben.

2 Sucht für die folgende Aussage Beispiele aus dem Text oben.
Nebensätze können durch verschiedene Wörter eingeleitet werden, z. B.:
- Konjunktionen *(nachdem, wenn, obwohl, weil, dass, sodass, indem, während, damit ...)*
- Fragewörter *(was, wie, wo, warum, woher, weshalb ...)* und *ob*
- Relativpronomen *(der, die, das, welcher, welche, welches)*

Information **Komplexe Satzgefüge**

Ein Satzgefüge kann mehrere Nebensätze enthalten. Alle Nebensätze werden mit einem Komma abgetrennt, z. B.:

Als ich vor dem Laden stand, bemerkte ich, dass der Laden geschlossen war.
Ns 1 – Hs – Ns 2

Als ich sah, dass der Laden, in dem ich einkaufen wollte, geschlossen war, kehrte ich um.
Ns 1 – Ns 2 – Ns 3 – Fortsetzung Ns 2 – Hs

Kommas richtig setzen

VORSICHT FEHLER!

Unerkannt im Netz surfen

Es gibt verschiedene Möglichkeiten um seine persönlichen Daten, im Internet, zu schützen. Eine ganz besonders effektive Vorgehensweise, besteht darin gar keine Spuren im Netz zu hinterlassen. Wenn man also gar keine Suchmaschine nutzt, und sich nicht auf irgendwelchen Seiten anmeldet, gibt man auch keine Daten von sich preis. Das ist die sicherste Vorgehensweise aber natürlich sehr unbefriedigend. Wer gerne im Internet unterwegs sein möchte kann, bewusst, falsche Spuren legen. So kann man sich auf manchen Seiten unter einem Pseudonym anmelden zum Beispiel in Foren. Außerdem kann man, für bestimmte Angebote, eine gesonderte Mailadresse einrichten, an die dann die Werbung die man nicht lesen möchte geschickt wird. „Anbieter müssen das zulassen wenn das technisch möglich und zumutbar ist“ erklären die Juristen P. Otto und J. Weitzmann. Wenn man eine Suchanfrage starten möchte ist es sinnvoll auf große Anbieter z. B. Google zu verzichten. Bei DuckDuckGo einem alternativen Anbieter kann man davon ausgehen dass die persönlichen Daten nicht gespeichert werden. Auch mit Hilfe von Tracking-Blockern kann man leichter, als gedacht, verhindern dass die eigenen Daten frei zugänglich sind. Damit lassen sich kleine Textdateien Cookies deaktivieren mit denen Webseiten wichtige Nutzerdaten erfassen könnten.

1 In diesem Text fehlen viele Kommas und viele Kommas sind falsch gesetzt.

a Schreibt den Text mit der richtigen Kommasetzung in euer Heft.

b Vergleicht eure Ergebnisse in Partnerarbeit. Erklärt mit Hilfe des Merkwissens (▶ S. 305), nach welchen Regeln ihr jeweils ein Komma gesetzt bzw. gestrichen habt.

2 Tauscht euch über die verschiedenen Kommaregeln aus.

a Erklärt, bei welchen Regeln es euch besonders schwerfällt, sie zu beachten.

b Überlegt, warum man häufig an Stellen Kommas setzt, an denen gar keine hingehören. Nennt entsprechende Beispiele aus dem Text.

3 **a** Formuliert selbst einen kurzen Text oder einzelne Beispielsätze, in denen ihr die folgenden Kommaregeln unterbringt. **TIPP:** Die Zahl in Klammern gibt an, wie häufig die Regel vorkommen soll.

- Komma bei nachgestellter Erläuterung (1 x)
- Komma bei entgegengesetzter oder einschränkender Konjunktion (3 x)
- Komma bei Apposition (1 x)
- Komma bei Infinitivsatz (2 x)
- Komma bei komplexen Satzgefügen, also mehreren Nebensätzen (3 x)

b Diktiert euch gegenseitig eure Texte (ohne Kommas) und überprüft sie anschließend.

4 Prüft anhand eurer letzten Klassenarbeiten oder anderer Texte, wo eure Fehlerschwerpunkte bei der Kommasetzung liegen. Notiert auf einem Merkzettel zu euren häufigsten Kommafehlern die Regeln.

Information Kommaregeln im Überblick

Ein Komma muss stehen ...

▪ zwischen **Hauptsatz und Hauptsatz.**	*Ich surfe im Netz, Leon liest ein Buch.*
▪ zwischen **Hauptsatz und Nebensatz** bzw. zwischen **mehreren Nebensätzen.** Achtet auf Wörter, mit denen Nebensätze eingeleitet werden: Konjunktionen, Relativpronomen, Fragewörter.	*Man weiß, dass man Spuren hinterlässt, wenn man im Netz surft.* *Den Film, den ich meine, kennst du.* *Ich weiß, wie das funktioniert.*
▪ bei **entgegensetzenden** oder **einschränkenden Konjunktionen** wie *aber* und *sondern.*	*Surfen im Netz ist spannend, aber nicht unproblematisch. Das war kein Pkw, sondern ein Lkw.*
▪ in **Aufzählungen,** wenn sie nicht durch anreihende Konjunktionen *(und, oder, sowie, weder ... noch, sowohl ... als auch)* verbunden sind.	*Computer, Laptops, Smartphones und Tablets haben wir.* *Man kann sich sowohl heute als auch morgen anmelden.*
▪ in **Appositionen** und in **nachgestellten Erläuterungen** (oft eingeleitet durch: *also, nämlich, und zwar, vor allem, das heißt (d. h.), zum Beispiel (z. B.), etwa, genauer, nämlich ...).*	*Herr Becker, ein Werbefachmann, erläuterte die Ziele der Firma.* *Jeder hinterlässt Spuren im Netz, und zwar ständig.*
▪ bei wörtlicher Rede zur **Abtrennung** des **Redebegleitsatzes.**	*„Man kann", sagt der Experte, „auch sicher im Netz surfen."*
▪ bei **Anreden** und **Ausrufen** (am Satzanfang, in der Satzmitte, am Satzende).	*Emma, gib mir bitte das Handy.* *Weißt du, Julian, wie spät es ist?*

Bei **Infinitiv- und Partizipialsätzen** gibt es komplizierte Regeln, wann ein Komma gesetzt werden muss und wann das Komma gesetzt werden kann (▶ S. 359). Es empfiehlt sich, immer ein Komma zu setzen, weil es niemals falsch ist, z. B.: *Jeder wünscht sich(,) ungestört im Internet zu surfen. Mögliche Gefahren ignorierend(,) lassen viele beim Surfen Cookies zu.*

Ein Komma darf nicht stehen ...

▪ bei gleichrangigen Wörtern und Wortgruppen, die durch eine der folgenden Konjunktionen verbunden sind: *und, oder, sowie, weder ... noch, beziehungsweise, entweder ... oder, sowohl ... als auch, wie.*	*Wir werden sowohl draußen als auch drinnen arbeiten.* *Es gibt das Modell weder in Blau noch in Rot.* *Du musst dich entweder dafür oder dagegen entscheiden.*
▪ zur Abtrennung von Satzgliedern, z. B. adverbialen Bestimmungen.	*Mit Hilfe ganz spezieller Programme kann man sicher im Netz surfen.*
▪ bei einfachen Vergleichen mit *wie* oder *als.* Aber: Ein Komma muss stehen, wenn der Vergleich als Nebensatz formuliert wird.	*Das geht besser als erwartet.* *Der Film war genauso spannend, wie du gesagt hast.*

Das oder *dass?*

Mir ist es völlig egal, dass ich Spuren hinterlasse, wenn ich im Internet surfe.
Ich verwende ein Programm, das meine Daten verschlüsselt.

1 Erklärt die Schreibweise von *das* und *dass* in den Sätzen oben. Verwendet dazu möglichst grammatische Fachbegriffe.

2 a *Das* oder *dass?* Entscheidet mit Hilfe der Informationen im Merkkasten unten und schreibt die folgenden Sätze richtig ab. Setzt dabei auch alle fehlenden Kommas.

1 Ich meine ? es gute Gründe dafür gibt ? man seine Spuren im Netz verwischen will.
2 Schließlich möchte ich nicht ? jedermann weiß für welches Produkt ich mich interessiere oder was ich in meiner Freizeit mache.
3 ? viele ? anders sehen, ist mir bei einer Diskussion im Freundeskreis aufgefallen.
4 ? Auswerten von Nutzerdaten ist ein Thema ? im Moment sehr aktuell ist und ? man nicht einfach ignorieren kann.
5 Auf meinem Computer habe ich deshalb ein Programm installiert ? verhindert ? meine Daten frei zugänglich sind.
6 So umgehe ich ? Problem ? Unternehmen meine Daten nutzen.

b Unterstreicht den *Artikel das* grün und das *Demonstrativpronomen das* blau. Umkreist die Relativpronomen *das* rot und kennzeichnet mit einem Pfeil, auf welches Bezugswort (Nomen) sich der Relativsatz bezieht.

c Prüft eure Ergebnisse im Team. Wenn ihr nicht sicher seid, macht die Ersatzprobe.

3 Überfliegt längere Texte und konzentriert euch auf Stellen, an denen ein Nebensatz mit *das* oder *dass* eingeleitet wird. Prüft in Gedanken die Schreibweise mit Hilfe der Ersatzprobe.

Information *Das* oder *dass?*

***Das* = Relativpronomen, Artikel, Demonstrativpronomen,**
Ihr schreibt *das,* wenn es sich um den bestimmten **Artikel** *(das Surfen),* ein **Demonstrativpronomen** *(das war ja klar.)* oder um das **Relativpronomen** *das* handelt.
Das Relativpronomen das leitet einen Relativsatz ein, der sich auf ein Bezugswort (Nomen) im Hauptsatz bezieht. *(Das ist ein Angebot, das ich nicht ablehnen kann.)*

***Dass* = Konjunktion**
Ihr schreibt *dass,* wenn es sich um die Konjunktion *dass* handelt. Diese Konjunktion leitet immer einen Nebensatz ein, vor der Konjunktion muss ein Komma stehen, z. B.:
Er glaubte nicht, dass das funktionieren würde.

***Das* oder *dass?* Macht die Ersatzprobe**
Das lässt sich immer durch ***dieses* oder *welches*** ersetzen. Funktioniert das nicht, handelt es sich um die Konjunktion *dass,* die mit *ss* geschrieben wird, z. B.:
Das (Dieses) Modell, das (welches) du für den Versuch aufgebaut hast, bestätigt das (dies). Wichtig ist, dass (~~dieses/welches~~) wir jetzt weitermachen.

Fordern und fördern – Kommasetzung

VORSICHT FEHLER!

Smartphones, hilfreiche Wegbegleiter?

1 Smartphones werden mit ihren Apps die zahlreiche Dienste anbieten zu hilfreichen Begleitern im Alltag. Man kann mit ihnen nicht nur kostenlos Nachrichten verschicken sondern zahlreiche weitere Funktionen nutzen. So helfen sie uns dabei ein Taxi zu rufen oder pünktlich die nächste U-Bahn zu erwischen. Auch die Freizeitgestaltung wird enorm erleichtert zum Beispiel durch Kino-Apps. Diese sagen uns dass der Film der uns interessiert in bestimmten Kinos läuft. Dann suchen sie uns das Kino heraus das sich in unserer Nähe befindet und weisen uns auch noch den Weg dorthin.

2 Viele Apps sind kostenlos was aber nicht heißt ? sie keine Gegenleistung erwarten. Diese besteht häufig darin ? sie Daten von uns speichern die sie für ihre Leistung gar nicht bräuchten zum Beispiel unseren Standort. So fragen einige Apps regelmäßig ab wo wir gerade sind. Andere schicken uns gar SMS oder nutzen unsere Kamera. Viele kennen das Phänomen ? in den Geschäftsbedingungen zwar steht wie mit den Daten umgegangen wird aber diese von den wenigsten gründlich gelesen werden. Aus diesem Grund sollte man unbedingt darauf achten diese auch zu lesen und zwar genau.

3 Allerdings hat die Datennutzung nicht nur Nachteile sondern auch Vorteile zum Beispiel bei Navigations-Apps. Diese können mit einem GPS-Chip zur Satellitenortung bestimmen wo wir uns befinden und wie schnell wir uns bewegen. Wenn wir uns langsam bewegen wissen sie ? sich der Verkehr staut. Dabei handelt es sich um ein Verfahren ? dem Nutzer der App wieder zugutekommt und ? daher von den meisten Nutzern sehr geschätzt wird. Selbst für Straßen die relativ klein sind informieren digitale Dienste zeitnah ob der Verkehr zäh fließt und bieten die Option die voraussichtliche Verkehrssituation zu einer bestimmten Uhrzeit darzustellen.

●○○ **1** a Schreibt den ersten Textabschnitt (► Z. 1–13) ab und setzt dabei alle fehlenden Kommas.

b Notiert, nach welchen Regeln ihr die Kommas jeweils gesetzt habt. Wählt aus:

- Komma zwischen Haupt- und Nebensatz
- Komma bei nachgestellter Erläuterung
- Komma beim Infinitivsatz
- Komma bei entgegensetzender oder einschränkender Konjunktion
- Komma zwischen Nebensätzen

c Erklärt die Schreibung der Wörter *dass* (► Z. 10) und *das* (► Z. 12) mit Hilfe grammatischer Fachbegriffe.

●●○ **2** a Schreibt den zweiten Textabschnitt (► Z. 14–26) ab und setzt dabei alle fehlenden Kommas. Fügt in die Lücken *das* oder *dass* ein und begründet die Schreibweise mit grammatischen Fachbegriffen.

b Erklärt jeweils, nach welchen Regeln ihr die Kommas gesetzt habt.

●●● **3** a Schreibt den dritten Textabschnitt (► Z. 27–40) ab und setzt dabei alle fehlenden Kommas. Fügt in die Lücken *das* oder *dass* ein und begründet die Schreibweise mit grammatischen Fachbegriffen.

b Erklärt jeweils, nach welchen Regeln ihr die Kommas gesetzt habt.

Testet euch!

Kommas richtig setzen

VORSICHT FEHLER!

Datenbrillen

Datenbrillen bieten neue Möglichkeiten, **1** das Internet im Alltag zu nutzen. Ein kleiner Bildschirm, **2** der sich vor dem rechten Auge des Nutzers befindet, **3** zeigt dem Träger Informationen aus dem Internet. Über eingebaute Mikrofone, **4** können Träger ihre Datenbrille mit Sprachbefehlen steuern. Über ein Touchpad, **5** dass außerdem integriert ist, **6** navigieren Nutzer durch verschiedene Menüs. In das Brillenglas, **7** einen kleinen Glaskasten, **8** werden dann die unterschiedlichsten Informationen eingeblendet, **9** etwa E-Mails, Straßenkarten, Wetterinformationen oder Antworten auf Suchanfragen. Außerdem enthält die Brille eine Musikfunktion, **10** mit der über spezielle Kopfhörer Musik gehört werden kann. Die Nutzer beeindruckt besonders, **11** das eine integrierte Kamera auch Fotos und Videos aufnehmen kann. Dies geschieht entweder durch Sprachbefehle, **12** oder sogar durch ein Augenzwinkern. Mit kleinen Programmen, **13** hat man dann die Möglichkeit, **14** diese in sozialen Netzwerken oder Kurzbotschaften-Diensten zu veröffentlichen, **15** und per Sprachsteuerung mit einer Beschreibung zu versehen. Bei all diesen Funktionen kann man vermuten, **16** das die Brille Smartphones schneller überflüssig machen kann, **17** als erwartet. All diese Funktionen sind faszinierend, **18** aber zum Teil auch problematisch. Dies betrifft vor allem die Schwierigkeit, **19** dass der Datenschutz der Nutzer oder auch Unbeteiligter nicht leicht zu gewährleisten ist. Das Problem, **20** dass auf der Hand liegt, **21** ist die Möglichkeit, **22** mit Hilfe der Datenbrille unbemerkt Videos und Fotos aufzuzeichnen. Die Privatsphäre Fremder, **23** ist somit kaum gewährleistet. Hinzu kommt, **24** dass relativ leicht Apps entwickelt werden können, **25** die unbemerkt Bilder machen, **26** die dann auf einen Server hochgeladen werden.

1 Der Text ist fehlerhaft: Er enthält überflüssige Kommas und in vielen Sätzen ist *das* bzw. *dass* falsch geschrieben. Überarbeitet den Text. Geht so vor:

– Notiert die Ziffern, bei denen im Text kein Komma stehen darf. Schreibt dahinter jeweils knapp die entsprechende Begründung, z. B.: *4 = Satzglied nicht durch Komma abtrennen.*
– Korrigiert die Schreibung von *das/dass,* indem ihr die betreffenden Sätze verbessert in euer Heft schreibt. Umkreist in euren Sätzen das Relativpronomen *das* und kennzeichnet mit einem Pfeil, auf welches Bezugswort (Nomen) sich der Relativsatz bezieht.

2 Sucht aus dem Text jeweils ein Beispiel für die folgende Kommaregel heraus, indem ihr die entsprechende Ziffer notiert, z. B.: *A = 1.*

A Komma zwischen Haupt- und Nebensatz
B Komma zwischen Nebensätzen
C Komma bei entgegensetzenden Konjunktionen
D Komma bei Apposition
E Komma bei nachgestellten Erläuterungen
F Komma bei einem Infinitivsatz

3 Vergleicht eure Ergebnisse in Partnerarbeit.

13.3 Fit in ... – Einen Text überarbeiten

Stellt euch vor, ihr bekommt in der nächsten Klassenarbeit folgende Aufgabenstellung:

Überarbeite den Aufsatz und schreibe eine verbesserte Version in dein Heft. Gehe so vor:
- Verbessere in den **ersten drei Textabschnitten** (▶ Z. 1–22) den **Stil.**
- Korrigiere in den **letzten beiden Abschnitten** (▶ Z. 23–41) alle **Grammatikfehler.**
- Korrigiere **im gesamten Text** alle **Rechtschreib-** und **Kommafehler.**

TIPP: In der Randspalte findest du schon fünf Überarbeitungshinweise.

VORSICHT FEHLER!

Der Text „Altenpfleger der Zukunft – Roboter sollen mit anpacken" von Dorothea Hülsmeier, die eine Wissenschaftsjournalistin ist, aus dem Jahr 2012, handelt von der Frage, welche Vorzüge Roboter, die als Pflegeassistenten genutzt werden, mit sich bringen und setzt sich außerdem damit auseinander, welche Nachteile diese Roboter, die sich um alte Menschen kümmern, eventuell auch haben könnten.

Einleitungssatz zu lang (Stil)

Komma weg (R)

Zu Beginn des Textes werden das aussehen und die Fähigkeiten des Pflegeroboters „Scitos G3" beschrieben: Der orange-gelbe und mit lustigen Augen ausgestattete Roboter könne an die Medikamenteneinnahme erinnern, bewahre wichtige Gegenstände auf und helfe älteren Menschen auch beim telefonieren. Außerdem könne er zum Beispiel von Verwandten, die sich um ihre Angehörigen sorgen, aber nicht in der Nähe wohnen, fern gesteuert werden und so bei der Betreuung der Angehörigen helfen.

Großschreibung (R)

zu viele Attribute (Stil)

Im folgenden räumt Hülsmeier ein, das man das betreuen alter Menschen durch Roboter durchaus „unheimlich" (Z. 14) finden könne. Allerdings relativiert sie dieses Argument sofort, indem sie darauf verweist dass Medizintechniker den Einsatz von Assistenzrobotern stark befürworten würden. Des weiteren zitiert sie einen Roboterhersteller der auf der Pflegefachmesse „Rehacare" als Argumente anführt, das Roboter bei alten und kranken Menschen gut akzeptiert werden würden, wenn sie menschlich aussähen, und außerdem die Kosten, die man in der Regel für einen Roboter veranschlagen müsse, in einem überschaubaren Rahmen blieben.

Im nächsten Abschnitt stellt Hülsmeier den Roboter „Alias" vor der ähnlich wie Scitos einen Kugelkopf und einen berührungsempfindlichen Bildschirm besitzt. Im Unterschied zu Scitos kann dieser Roboter auch Sprachbefehle befolgen. So kann ein Mensch in einer Notsituation dem Roboter befehlen, eine bestimmte Person beispielsweise die Tochter an zu rufen. Darüber hinaus könne der Roboter auch Hilferufe oder wimmern als Notsignale erkennen und selbstständig Notrufe ab setzen.

Zum Schluss stellt Hülsmeier den Roboter „Care-O-Bot" vor. Er besitzt an seinem Kopf einen Bildschirm und unterhalb seinem Kopf eine Ablage sowie einen Greifarm. Mit diesen Arm kann er z. B. Lebensmittel die sein Nutzer haben möchte holen. Hülsmeier stellt die Frage, ob ein alter oder

Kasus falsch: seines Kopfes (Genitiv)

kranker Mensch überhaupt in der Lage sind, einen solchen Roboter zu bedienen. Um diese Frage zu beantworten führt sie die Aussage Christoph Schaeffers, von Fraunhofer-Institut für Produktionstechnik und Automatisierung an. Schaeffers geht im allgemeinen davon aus, dass der größte Teil der „etwas jüngeren Alten“ (Z. 42) durchaus Erfahrung mit Computer habe. Auch habe er im übrigen keine Bedenken, das soziale Kontakte durch die Arbeit mit dem Robotern leiden könnten. Diese Sorge habe man schließlich auch schon gehabt, als das Telefon eingeführt wurde.

1 a Lest die Aufgabenstellung und den Textentwurf mit den Anmerkungen sorgfältig durch.
b Besprecht im Team, in welcher Form ihr den Text überarbeiten sollt.

2 Bereitet die Textüberarbeitung mit einer Kopie vor. Nutzt verschiedene Lesedurchgänge:

1 Lest den gesamten Text Satz für Satz und korrigiert alle Rechtschreib- und Kommafehler. Achtet bei der Rechtschreibung auf Groß- und Kleinschreibung, Getrennt- und Zusammenschreibung sowie die Schreibung von *dass/das*.
2 Lest noch einmal die ersten drei Textabschnitte (▸ Z. 1–22) und markiert stilistische Mängel. Notiert Überarbeitungsvorschläge. Löst Schachtelsätze auf und formuliert übersichtlich. Überarbeitet auch, wenn zu viele Attribute vor einem Nomen stehen.
3 Lest die letzten beiden Abschnitte (▸ Z. 23–41) und markiert alle Grammatikfehler. Achtet auf Kasus (Präpositionen fordern einen bestimmten Kasus) und Numerus (Subjekt und Prädikat müssen im Numerus übereinstimmen).

3 a Überarbeitet den Text mit Hilfe eurer Vorbereitungen aus Aufgabe 2:
- Verbessert im gesamten Text Rechtschreibung und Kommasetzung.
- Überarbeitet die ersten drei Textabschnitte (▸ Z. 1–22) stilistisch.
- Korrigiert in den letzten beiden Abschnitten (▸ Z. 23–41) alle Grammatikfehler.

b Kontrolliert eure Texte im Team. Prüft zuerst, ob Rechtschreibung, Kommasetzung und Grammatik korrekt sind. Danach, ob die ersten Textabschnitte verständlich formuliert sind.

Checkliste

Textüberarbeitung

- Sind **Rechtschreibung** und **Kommasetzung** (▸ S. 305) korrekt?
  - Habt ihr alle nominalisierten Wörter (▸ S. 302) großgeschrieben?
  - Habt ihr die Regeln der Getrennt- und Zusammenschreibung (▸ S. 301) beachtet?
  - Ist die Schreibweise von *dass* und *das* korrekt? Macht die Ersatzprobe (▸ S. 306).
- Ist der Text **grammatisch** korrekt? Beachtet z. B.:
  - Kasus: Präpositionen fordern einen bestimmten Kasus (▸ S. 295),
  - Numerus: Subjekt und gebeugtes Verb müssen im Numerus übereinstimmen (▸ S. 295).

  Könnt ihr den Text **stilistisch** verbessern, indem ihr z. B. Schachtelsätze auflöst?

14 Selbstständiges Arbeiten – Arbeitstechniken und Methoden

Juli Zeh, Schriftstellerin und Juristin

Ein Autoren-Portfolio erstellen
Thema: Einen Schriftsteller vorstellen / Eine Schriftstellerin vorstellen

1 Ideen sammeln und ordnen
→ Methode: Kartenabfrage/Metaplan
→ Methode: Gliederung nach Oberbegriffen

2 Informationsmaterial zusammentragen, Texte verfassen
→ Methode: Recherchieren im Internet und in der Bibliothek (auch online)

3 Präsentieren
→ Methode: Gruppenpuzzle

4 Den Arbeitsprozess reflektieren
→ Methode: Stummes Schreibgespräch
→ Methode: Gruppenprofile

1 Erläutert, welches Projekt umgesetzt werden soll. Klärt dabei auch den Begriff „Portfolio".

2 Beschreibt anhand der Karteikarte, wie das Projekt ablaufen soll. Welche der Methoden kennt ihr, welche noch nicht?

3 Berichtet, welche Erfahrungen ihr bisher mit Gruppenarbeit und der Erstellung von Portfolios gemacht habt.

In diesem Kapitel ...

- erstellt ihr in Gruppen ein Portfolio, in dem ihr eine Autorin oder einen Autor vorstellt,
- trainiert ihr Methoden, mit denen ihr ein Projekt systematisch erarbeiten könnt,
- lernt ihr, wie ihr eine Fach- bzw. Seminararbeit erstellt,
- erkundet ihr das literarische Leben in eurer Region.

14.1 Ein Autorenportfolio erstellen – Projektarbeit im Team

Ein Portfolio zur Autorin Juli Zeh erstellen

Juli Zeh – Eine engagierte Autorin

Juli Zeh ist eine deutsche Schriftstellerin und Juristin, die sich politisch engagiert. Zum Beispiel verfasste sie im Juli 2013 gemeinsam mit über 30 Autorinnen und Autoren einen offenen Brief an die Bundeskanzlerin Angela Merkel, der von 67 407 Menschen unterschrieben wurde. Sie forderten die Kanzlerin darin auf, den „größten Abhörskandal in der Geschichte der Bundesrepublik“ nicht hinzunehmen und die Menschen in Deutschland vor der Ausspähung durch ausländische Geheimdienste zu schützen. In diesem Brief heißt es:

Sehr geehrte Frau Dr. Merkel,

[...]

Es geht [...] um die Frage, wie wir in Deutschland und Europa in den nächsten 50 Jahren leben wollen. Was NSA und Internetkonzerne wie Google oder Facebook betreiben, ist kein Datensammeln aus Spaß an der Freud. Auch hat es wenig mit dem zu tun, was Sie oder ich unter nationaler Sicherheit verstehen. Ziel des Spiels ist das Erreichen von Vorhersehbarkeit und damit Steuerbarkeit von menschlichem Verhalten im Ganzen. Das funktioniert heute schon erschreckend gut. Wer genügend Informationen über die Lebensführung eines Einzelnen miteinander verbindet und auswertet, kann mit erstaunlicher Trefferquote voraussehen, was die betreffende Person als Nächstes tun wird – ein Haus bauen, ein Kind zeugen, den Job wechseln, eine Reise machen. Bald wird das „Internet der Dinge“ seine volle Wirkung entfalten. Dann wird Ihr Kühlschrank aufzeichnen, was Sie essen, und Ihr Auto, wohin Sie fahren. Ihre Armbanduhr wird Blutdruck, Kalorienverbrauch und Schlafphasen auswerten. Rauchmelder und Alarmanlage in Ihrem Haus werden sich merken, wann Sie wie viel Zeit in welchen Räumen verbringen. Welche Bücher Sie kaufen, mit wem Sie mailen oder telefonieren, für welche Filme, Musik oder politischen Themen Sie sich interessieren, ist ja sowieso schon lange bekannt. Das ist keine Science-Fiction [...]. Das ist die Wirklichkeit. Wir leben in einem Zeitalter, in dem die Ergebnisse von Datenauswertung über das Schicksal des Einzelnen entscheiden können – ob er einen Kredit bekommt, ob er zu einem Vorstellungsgespräch eingeladen wird, ob er ein Flugzeug besteigen darf, vielleicht eines Tages auch darüber, ob er ins Gefängnis muss. Sämtliche Behauptungen, dass eine Verarbeitung der ungeheuren Datenmengen technisch gar nicht möglich sei oder dass sich in Wahrheit niemand für unsere langweiligen Leben interessiere, sind seit Snowdens Enthüllungen obsolet. Das totale Tracking ist möglich, es wird bereits praktiziert.

Kommentar: Jch finde es erstaunlich, dass Schriftstellerinnen und Schriftsteller wie Juli Zeh als eine Art Wächter für das ganze Land auftreten. Natürlich haben sie keine politische Verantwortung, sie sind ja nicht bei Wahlen gewählt worden. Sie übernehmen wohl eher eine moralische Verantwortung. Jeder könnte sich moralisch für das ganze Land verantwortlich fühlen, aber die wenigsten tun das. Wahrscheinlich sind die meisten Menschen zurückhaltend, weil sie nicht über das Wissen verfügen wie die Schrifterstellerinnen und Schriftsteller, die den Brief an die Bundeskanzlerin geschrieben haben. Und ihnen fehlt die Fähigkeit, die richtigen Worte zu finden. Für das Land ist es gut, dass es so engagierte Autorinnen und Autoren gibt.

1 a Schaut euch die Portfolioseite (► S. 312) zur Schriftstellerin Julie Zeh an und lest die Texte. Was erfahrt ihr über die Autorin?

b Erklärt, welche Elemente diese Portfolioseite enthält und welche Funktionen die einzelnen Teile haben.

2 a Betrachtet das Inhaltsverzeichnis zum Portfolio. Zu welchem Punkt des Inhaltsverzeichnisses gehört die Beispielseite (► S. 312)?

b Erklärt anhand des Inhaltsverzeichnisses, wie das Portfolio zur Autorin Juli Zeh aufgebaut ist. Welche Materialien würdet ihr zu den einzelnen Punkten sammeln?

3 Plant nun selbst ein Portfolio zu Juli Zeh oder einer von euch ausgewählten Schriftstellerin bzw. einem Schriftsteller. Orientiert euch dabei am folgenden Methodenkasten.

Juli Zeh – Eine Autorin in ihrer Zeit

1 Lebensdaten (Biografisches)

...

2 Juli Zehs Weltanschauung – Stellungnahmen zu aktuellen Fragen

2.1 Verfassungsbeschwerde gegen den biometrischen Reisepass

2.2 Mitglied der 13. Bundesversammlung (Wahl des Bundespräsidenten)

2.3 Stellungnahme zum NSA-Abhörskandal (Offener Brief an die Bundeskanzlerin)

2.4 Botschafterin für den Tierschutz

...

3 Literarische Werke mit politischem Bezug

3.1 „Adler und Engel“, Politthriller 2001 (Schwerpunkt: internationales Recht)

3.2 „Die Stille ist ein Geräusch“, Reisetagebuch 2002 (Schwerpunkt: Auseinandersetzung mit den Jugoslawienkriegen)

3.3 „Spieltrieb“, Roman, 2004 (Schwerpunkt: Wertvorstellungen, Recht/Unrecht, Gewalt an einer Schule)

3.4 „Mutti“, satirische Komödie 2014 (Schwerpunkt: kritische Auseinandersetzung mit der Bundesregierung)

...

4 Wirkung der Autorin und Meinungen des Publikums

...

Methode **Ein Autorenportfolio erstellen**

Ein Portfolio legt man als Ordner oder Sammelmappe an. Darin werden Materialien zu einem bestimmten Thema gesammelt, z. B. selbst geschriebene Texte, recherchiertes Material wie Zeitungsartikel, Fotos etc. Ein Autorenportfolio kann enthalten:

- Deckblatt und gegliedertes Inhaltsverzeichnis
- Überblick über die Lebensdaten (z. B. tabellarisch)
- Vorstellung literarischer Werke (eine Auswahl), z. B.: Inhalt, Coverabbildungen, eigene und fremde Rezensionen
- Weltanschauung oder besonderes Engagement der Autorin oder des Autors
- Dokumente zu Publikumsreaktionen
- Reflexionen zum Arbeitsprozess (z. B.: Planung, methodisches Vorgehen, Ergebnisse der Recherche), Kommentare zu Materialien und Fragen, die sich euch stellen

Ideen sammeln und ordnen – Kartenabfrage

Frage: Was könnte an der Autorin Juli Zeh und ihrem politischen Engagement von Interesse sein?

Warum Einmischung in die Politik? Gründe?

Orte, an denen Juli Zeh gelebt hat?

Themen in ihren Büchern?

Ist eine Einmischung von Schriftstellern in die Politik sinnvoll?

Zehs Ansichten zu ...

...

Hat Zeh nur Romane geschrieben?

1 In eurem Autorenportfolio sollt ihr über einen Schriftsteller oder eine Schriftstellerin, z. B. Juli Zeh, informieren. Sammelt in der Klasse Ideen, indem ihr eine Kartenabfrage durchführt (▶ Methodenkasten unten). Geht so vor:

a Notiert eure Ideen oder Fragen auf einzelnen Karteikarten. Überlegt z. B.:
- Was wisst ihr bereits über die Autorin / den Autor? Was würde euch interessieren?
- Stellt auch kritische Gesichtspunkte zusammen, z. B.: Wie bewertet ihr die Tatsache, dass sich Schriftsteller wie Juli Zeh in politische Fragen einmischen?

b Befestigt eure Karteikarten an einer Wand und ordnet sie nach thematischen Schwerpunkten (Oberbegriffen). Inhaltlich identische Karten heftet ihr übereinander.

<u>Werk</u>

Themen in ihren Büchern?

Hat Zeh nur Romane geschrieben?

<u>Weltanschauung</u>

Warum Einmischung in die Politik? Gründe?

...

...

...

2 Schaut euch eure Notizen noch einmal an. Überlegt, welche Ideen bzw. Fragen ergänzt werden könnten, und schreibt diese auf Zusatzkarten.

3 **a** Wertet eure Kartenabfrage aus: Welche Themen und Fragen wollt ihr in eurem Portfolio weiterverfolgen?

b Bildet Arbeitsgruppen und teilt die thematischen Schwerpunkte unter euch auf. Für jedes Oberthema ist eine Gruppe zuständig, die hierzu recherchiert und Materialien zusammenträgt.

Methode **Kartenabfrage (Metaplan)**

Mit einer Kartenabfrage können Ideen, Fragen und Meinungen zu einem Thema gesammelt und anschließend nach Oberbegriffen geordnet werden.

- Nehmt einen **Stapel großer Karteikarten** oder DIN-A6-Zettel. Jeder schreibt seine **Ideen und Fragen zum Thema** jeweils einzeln auf die Karteikarten.
- Die Karten werden an eine Wand oder an die Tafel geheftet, z. B. mit Kreppband.
- Ordnet die Karten nach thematischen Schwerpunkten **(Oberbegriffen).** Klebt passende Karten unter einen Oberbegriff. Karten mit gleichen Ideen heftet ihr übereinander.
- Verschafft euch zum Schluss noch einmal eine Übersicht über das Ideenspektrum. Ergänzt eventuell weitere Karten, um gedankliche Lücken zu schließen.

Recherchieren, Texte erstellen, präsentieren – Gruppenpuzzle

Erarbeitet das Portfolio zu Julie Zeh in Gruppenarbeit. Nutzt hierzu die Methode des Gruppenpuzzles (▶ Methodenkasten unten).

1 Bildet Gruppen (so genannte **Stammgruppen**), die jeweils ein Autorenportfolio zu Julie Zeh erarbeiten. Weist jedem Gruppenmitglied ein Unterthema zu, das es als Experte bearbeiten möchte.

2 Bildet **Expertengruppen** und erarbeitet gemeinsam euer Thema.

a Recherchiert Informationen und tragt brauchbares Material zusammen (▶ Informationsrecherche, S. 374).

b Tauscht euch über euer Thema und die hierzu recherchierten Ergebnisse aus. Entwickelt dann aussagekräftige Informationsblätter für euer Autorenportfolio (▶ Beispielblatt aus einem Portfolio auf S. 312).
- Stellt Texte, Fotos und sonstige Dokumente zusammen, die ihr bei eurer Recherche gefunden habt.
- Erstellt selbst Texte, in denen ihr z. B. die gefundenen Dokumente kommentiert und einordnet. Dazu könnt ihr auch kontroverse Einschätzungen, die sich in euren Diskussionen ergeben haben, schriftlich festhalten und nebeneinanderstellen.

3 Kehrt in eure **Stammgruppen** zurück. Jedes Gruppenmitglied stellt in einer vorher festgelegten Reihenfolge sein Thema (Unterthema) vor. Diskutiert über eure Ergebnisse und beantwortet Nachfragen. Präzisiert evtl. die Materialien für euer Portfolio.

Methode **Gruppenpuzzle**

1. Vorbereitung
Ein größeres Thema (z. B. die Vorstellung einer Autorin / eines Autors) wird in geeignete Unterthemen (Leben, Weltanschauung, einzelne Werke usw.) gegliedert. Die Klasse bildet mehrere Gruppen (Stammgruppen), deren Mitgliederzahl sich nach der Anzahl der Unterthemen richtet, denn jedes Gruppenmitglied soll ein Unterthema erarbeiten.
TIPP: Bei nicht aufgehender Schülerzahl werden die Stammgruppen aufgestockt.

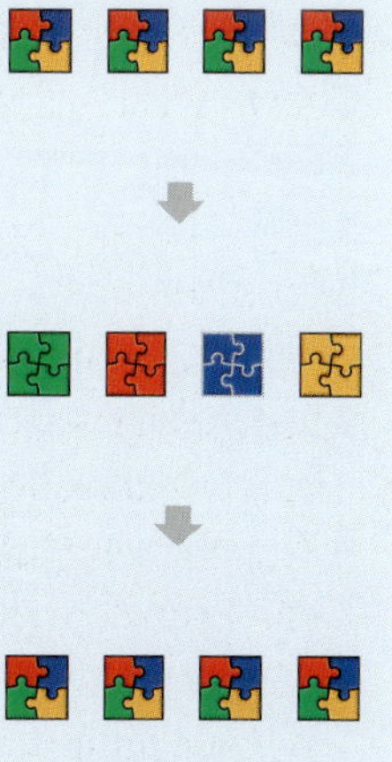

2. Themenverteilung in der Stammgruppe
Jedes Gruppenmitglied übernimmt ein Unterthema, das es als Experte bearbeiten wird.
TIPP: Je nach Anzahl der Gruppenmitglieder bearbeiten zwei Personen ein Thema.

3. Arbeit in den Expertengruppen
Die Stammgruppen werden aufgelöst. Alle, die das gleiche Unterthema erarbeiten, kommen in so genannten Expertengruppen zusammen. Hier erarbeiten sie gemeinsam ihr Thema, d. h., sie recherchieren, diskutieren und bereiten die Präsentation ihrer Ergebnisse vor.

4. Präsentation in der Stammgruppe
Die Expertengruppen werden aufgelöst, alle kommen wieder in ihren Stammgruppen zusammen. Hier werden die Unterthemen nacheinander vorgestellt und diskutiert.

Den Arbeitsprozess reflektieren – Stummes Schreibgespräch und Gruppenprofil

1 **a** Euer Autorenportfolio ist erstellt? Dann tauscht euch aus, wie eure Gruppenarbeit verlaufen ist. Nutzt hierzu die Methode des „stummen Schreibgesprächs" (▶ Methodenkasten unten). Geht so vor:
- Jeder formuliert seinen persönlichen Eindruck, was die Qualität des Arbeitsprozesses in der Gruppe anbetrifft, z. B.:
  Ich habe mich in der Gruppe meistens sehr wohlgefühlt / manchmal etwas unwohl gefühlt, weil …
- Gebt die Blätter reihum weiter und kommentiert die Aussagen der anderen. Damit startet ihr ein stummes Schreibgespräch.

b Nutzt die Ergebnisse aus dem stummen Schreibgespräch für eine schriftliche Stellungnahme zu euren Erfahrungen mit der Gruppenarbeit. Ihr könnt die Stellungnahmen dem Portfolio beifügen.

2 **a** Bewertet den Arbeitsprozess in eurer Gruppe zusätzlich, indem ihr auf einer Kopie des Gruppenprofils Zeile für Zeile markiert, welches der drei Profile jeweils zutrifft.
b Diskutiert eure Einschätzung und haltet fest, was ihr bei der nächsten Teamarbeit verbessern könnt.

	Gruppenprofil A	Gruppenprofil B	Gruppenprofil C
Zeitmanagement	Die Gruppe beginnt zügig mit der Arbeit.	Die Gruppe beginnt nach einigen Verzögerungen mit der Arbeit.	Gruppenmitglieder führen Gespräche zu anderen Themen und beginnen spät mit der Arbeit.
Aufgabenverteilung	Die Gruppe legt für ihre Mitglieder sofort verschiedene Rollen fest, um effektiv voranzukommen.	Die Gruppe legt erst nach einigem Hin und Her Rollen fest; diese werden nicht immer eingehalten.	Die Gruppe legt für ihre Mitglieder keine Rollen fest; keiner weiß, wer wofür zuständig ist.
Lösungsorientierung	Die Gruppe analysiert Probleme gründlich und löst sie selbstständig.	Die Gruppe versucht, Probleme selbstständig zu lösen, ruft aber ab und zu die Lehrperson zu Hilfe.	Die Gruppe ruft bei Problemen sofort die Lehrperson zu Hilfe.
Arbeitsverteilung	Alle beteiligen sich gleichmäßig intensiv an der Arbeit.	Das Engagement ist in der Gruppe nicht ganz gleichmäßig verteilt.	Die anderen lassen es zu, dass einer den größten Teil der Arbeit für alle anderen übernimmt.
Gesprächsverhalten	Unterschiedliche Ideen und Meinungen werden in einem konstruktiven Ton diskutiert.	Die Gruppe bemüht sich, unterschiedliche Positionen fair zu diskutieren; das gelingt meistens.	Die Gruppe streitet sich häufig in einem unsachlichen Ton und verliert sich dabei zum Teil in Nebensächlichkeiten.

Methode **Stummes Schreibgespräch**

Beim stummen Schreibgespräch kommuniziert ihr schriftlich miteinander. Die Methode ist vergleichbar mit einem elektronischen Chat.
- Setzt euch in Gruppen von vier bis acht Personen zusammen. Jeder notiert auf einem Blatt seine Gedanken, Ideen oder Anregungen zu einem Thema oder einer Fragestellung.
- Die Blätter werden nach ca. drei Minuten reihum weitergegeben. Jeder kommentiert nun die Äußerung auf dem „neuen" Blatt, sodass ein stummes Schreibgespräch entsteht.
- Dieses Verfahren wird – mit wachsenden Zeitabständen – wiederholt. Man kann dabei auf die Ausgangsaussage und/oder eine der nachfolgenden Kommentierungen eingehen.
- Wenn jeder sein Ursprungsblatt wieder vorliegen hat, lesen alle die Kommentare gründlich durch und führen ein Gruppengespräch zu den schriftlich niedergelegten Meinungsbildern.

14.2 Wissenschaftlich arbeiten – Fach- und Seminararbeiten verfassen

Ein Thema für die Facharbeit finden

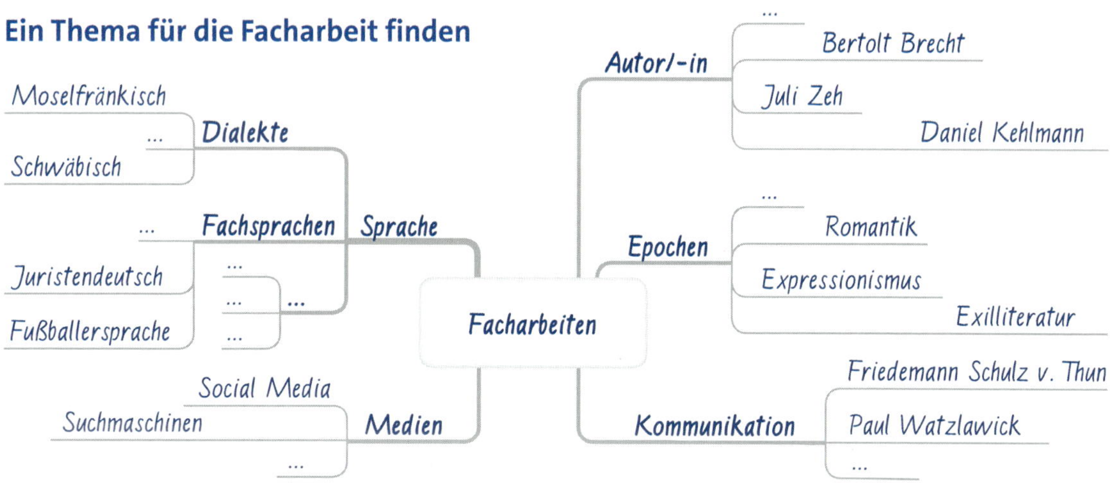

1 a Entnehmt der Mind-Map, in welchen Bereichen des Faches Deutsch Facharbeiten verfasst werden können. Gibt es weitere Themenbereiche, die euch interessieren würden?

b Begründet, mit welchem Schwerpunkt ihr euch am liebsten beschäftigen würdet.

2 Bei der Vorbereitung auf eine Facharbeit geht es zunächst darum, das Thema sinnvoll einzugrenzen, denn die Facharbeit hat einen begrenzten Umfang und muss neben dem normalen Unterricht erarbeitet werden.
Welche der folgenden Themen zum Schriftsteller Bertolt Brecht sind eurer Meinung nach für eine Facharbeit geeignet? Begründet eure Ansicht.

Themen für eine Fach- oder Seminararbeit zu Bertolt Brecht

- Die Gedichte von Bertolt Brecht
- Die V-Effekte in Brechts Theaterstück „Mutter Courage und ihre Kinder"
- Analyse der Kurzgeschichte „Die Bestie" von Bertolt Brecht
- Brecht – das unruhige Leben eines politischen Stückeschreibers
- Brechts kritische Haltung zur DDR nach dem Volksaufstand am 17. Juni 1953
- Brechts Einstellungen zum Nationalsozialismus, zum Sozialismus und zum Kommunismus
- Brechts Verhör vor dem US-Ausschuss für „unamerikanische Umtriebe" im Jahr 1947
- Das Thema „Arm und Reich" in Brechts Drama „Der gute Mensch von Sezuan"
- Ausgewählte politische Gedichte Bertolt Brechts in ihrer Zeit
- Brechts Theater „Das Berliner Ensemble" in Ostberlin

3 Informiert euch in einer ersten orientierenden Internetrecherche (▸ Recherchetipps, S. 374) über Bertolt Brecht.

Der Arbeitsplan – Die Arbeitsphasen einer Facharbeit planen

Arbeitsphasen	Zeit in Prozent	erledigen bis	besprechen mit
1. Themensuche, Thema eingrenzen – Ideensammlung – Machbarkeit prüfen (Welche Aspekte kann ich bearbeiten, was muss ich weglassen? Gibt es genügend Material?) – Grobgliederung der Arbeit entwerfen			
2. Materialrecherche – Materialien und Informationen suchen: Bibliotheken, Internet, ggf. Archive (z. B. Zeitungs- bzw. Pressearchive), Museen, Filme, Fernsehen, Informationsbroschüren (z. B. von der Bundeszentrale für politische Bildung), eigene Interviews, Umfragen und Untersuchungen			
3. Material sichten, Informationen auswerten – Material lesen und wichtige Informationen – geordnet nach Begriffen oder Themen – zusammenfassen (→ Exzerpt anlegen, S. 322) – Quellenangaben sofort notieren			
4. Aufbau der Arbeit festlegen (Feingliederung) – Weiterentwicklung und Überarbeitung der Grobgliederung, Unterpunkte festlegen – Strukturierung der Informationen			
5. Verfassen des Textentwurfs – Schreiben des Textentwurfs mit Einarbeitung von Zitaten und Quellenangaben			
6. Endfassung erstellen und überarbeiten – Formale Anforderungen beachten 1 Bestandteile: Titelblatt, Inhaltsverzeichnis, Einleitung, Hauptteil (Durchführungsteil), Schluss (Fazit), Literatur- und Quellenverzeichnis, Selbstständigkeitserklärung 2 Layout: Schriftgröße (meist Times New Roman 12, Zeilenabstand 1,5), Ränder festlegen (meist: oben 2,5 cm; unten 1,2 cm; links 3,5 cm; rechts 2 cm) – Korrekturlesen der Arbeit (am besten durch eine andere Person) – Überarbeitung der Facharbeit			
7. Ausdruck und Abgabe der Arbeit – endgültige Fassung ausdrucken und heften – Abgabetermin einhalten			

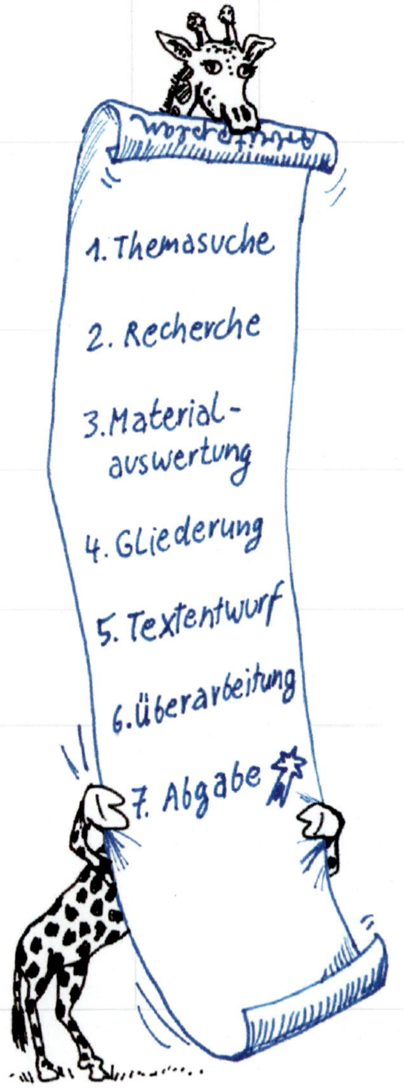

1 a Überlegt zu zweit, wie viel Zeit ihr für die einzelnen Arbeitsphasen einplanen solltet. Macht Prozentangaben und plant einen Zeitpuffer ein. Notiert so: *Arbeitsphase 1: Thema eingrenzen = ca. 10 %.*

b Vergleicht eure Zeitplanungen. Diskutiert, wenn ihr zu unterschiedlichen Einschätzungen gekommen seid, und einigt euch auf eine realistische Zeitplanung.

2 In welchen Arbeitsphasen solltet ihr euch mit wem besprechen? Tauscht euch aus.

3 Plant eure Facharbeit, indem ihr auf einer Kopie des Arbeitsplans die jeweils nötige Anzahl von Arbeitstagen mit Datum notiert. Achtet darauf, einen zeitlichen Puffer für unvorhergesehene Verzögerungen einzuplanen.

Am Beispiel Bertolt Brecht – Material recherchieren, sichten, auswerten

Auf den folgenden Seiten (▶ S. 319–324) wird beispielhaft gezeigt, wie ihr euch in eurer Facharbeit mit ausgewählten politischen Gedichten von Bertolt Brecht auseinandersetzen könnt.

Bertolt Brecht

Die Lösung (1953)

Nach dem Aufstand des 17. Juni
Ließ der Sekretär des Schriftstellerverbands
In der Stalinallee Flugblätter verteilen
Auf denen zu lesen war, daß das Volk
Das Vertrauen der Regierung verscherzt habe
Und es nur durch verdoppelte Arbeit
Zurückerobern könne. Wäre es da
Nicht doch einfacher, die Regierung
Löste das Volk auf und
Wählte ein anderes?

Arbeiteraufstand am 17. Juni 1953 in der DDR

Lexikonartikel

17. Juni 1953 – Volksaufstand in der DDR

Als Aufstand des 17. Juni (auch Volksaufstand oder Arbeiteraufstand) werden die Ereignisse bezeichnet, bei denen es in den Tagen um den 17. Juni 1953 in der DDR zu einer Welle von Streiks, Demonstrationen und Protesten kam. Millionen Menschen äußerten damit ihre Unzufriedenheit gegenüber der Regierung der DDR. Der Aufstand wurde mit militärischen Mitteln blutig niedergeschlagen.

Der Schriftsteller Bertolt Brecht (1898 bis 1956), der direkt nach dem Arbeiteraufstand in einem Brief an Walter Ulbricht seine Verbundenheit mit der Partei bekundete, distanzierte sich später mit dem Gedicht „Die Lösung" deutlich vom DDR-Regime.

Bertolt Brecht

Auf einen chinesischen Teewurzellöwen (1951)

Die Schlechten fürchten deine Klaue.
Die Guten freuen sich deiner Grazie.
Derlei
Hörte ich gerne
Von meinem Vers.

1 Erklärt, wie ihr die beiden Gedichte und die Zitate auf dieser Seite versteht.
TIPP: Überlegt, wer sich beim Gedicht „Auf einen chinesischen Teewurzellöwen" vor der „Klaue" des Dichters Bertolt Brecht fürchten muss.

2 Welche Eindrücke gewinnt ihr von dem Schriftsteller Bertolt Brecht? Haltet eure Ideen fest, z. B. in einem Cluster.

Bertolt Brecht

Zitate aus seinen Werken

„Wer die Wahrheit nicht weiß, der ist bloß ein Dummkopf. Aber wer sie weiß und sie eine Lüge nennt, der ist ein Verbrecher!"

Aus: Bertolt Brecht: Leben des Galilei, Drama 1939

„Wer a sagt, der muß nicht b sagen.
Er kann auch erkennen, daß a falsch war."

Aus: Bertolt Brecht: Der Jasager. Der Neinsager, Schuloper/Lehrstück, 1930

Für eine Facharbeit zum Thema „Ausgewählte politische Gedichte Bertolt Brechts in ihrer Zeit" hat ein Schüler die „Kinderhymne" des Dichters ausgewählt.

Bertolt Brecht

Kinderhymne (1950)

Was ist eine Hymne? Warum Kinderhymne?
1950 = Nachkriegsliteratur

Anmut sparet nicht noch Mühe
Leidenschaft nicht noch Verstand.
Daß ein gutes Deutschland blühe
Wie ein andres gutes Land.

Was versteht B.B. unter „gutes Deutschland"?
Vergleich „wie"

Daß die Völker nicht erbleichen
Wie vor einer Räuberin
Sondern ihre Hände reichen
Uns wie andern Völkern hin.

Warum erbleichen die Völker?
Hände reichen = Völkerverständigung

Und nicht über und nicht unter
Andern Völkern wolln wir sein
Von der See bis zu den Alpen
Von der Oder bis zum Rhein.

Gleichheit zwischen den Völkern

Und weil wir dieses Land verbessern
Lieben und beschirmen wir's
Und das liebste mag's uns scheinen
So wie andern Völkern ihrs. [R]

1 **a** Tauscht euch über eure Leseeindrücke aus. Haltet ihr das Gedicht für das Facharbeitsthema „Ausgewählte politische Gedichte Bertolt Brechts in ihrer Zeit" für geeignet? Begründet.
b Erklärt den Zweck der Markierungen und Anmerkungen und beurteilt sie.
c Kopiert das Gedicht und bearbeitet es in ähnlicher Weise. Klärt die offenen Fragen.

2 Für seine Facharbeit hat der Schüler den folgenden Text recherchiert.
a Erläutert, inwiefern der Text bei der historischen Einordung und der Interpretation der „Kinderhymne" hilfreich sein kann.
b Beantwortet die Fragen am Textrand. Recherchiert gegebenenfalls die notwendigen Informationen.

Die „Kinderhymne"

Die „Kinderhymne" schrieb Bertolt Brecht in der Nachkriegszeit als Gegenstück zur Nationalhymne, die er nach der Zeit des Nationalsozialismus als nicht mehr verwendbar empfand. Zur Zeit der Wiedervereinigung war sie als neue deutsche Nationalhymne im Gespräch.

Gegenstück zur Nationalhymne
nach Wiedervereinigung als neue Nationalhymne

In Brechts Kinderhymne kommen gar keine Kinder vor. Der Dichter hat den Text 1950 als eine Art Gegenentwurf zur bundesdeutschen Nationalhymne entworfen. Brecht und Hanns Eisler ging es mit ihren Kinderliedern darum, beispielhaftes Verhalten in der neuen Gesellschaft vorzuführen, freundlich und nicht belehrend.

Wer ist Hanns Eisler? → recherchieren

Nach der Wiedervereinigung 1990 gab es diverse Versuche, das Gedicht als neue gesamtdeutsche Ode zu etablieren, sozusagen als Distanzierung vom Nationalismus, aber doch mit nationalbewusster Aussage: *„Anmut sparet nicht noch Mühe/Leidenschaft nicht noch Verstand/Daß ein gutes Deutschland blühe/Wie ein andres gutes Land.“*

Distanz vom National-sozialismus

Die zweite Strophe kann als Plädoyer für Völkerverständigung verstanden werden: *„Daß die Völker nicht erbleichen/Wie vor einer Räuberin/Sondern ihre Hände reichen/Uns wie andern Völkern hin.“*

Plädoyer?

In der dritten Strophe persifliert Brecht die von den Nationalsozialisten missbrauchte erste Strophe des Deutschlandliedes. Statt „von der Maas bis an die Memel, von der Etsch bis an den Belt“ heißt es in der Kinderhymne: *„Und nicht über und nicht unter/Andern Völkern wolln wir sein/Von der See bis zu den Alpen/Von der Oder bis zum Rhein.“*

Parodie 3. Strophe des Deutschlandliedes → Deutschlandlied recherchieren

Die Hymne schließt mit der Aufforderung, stets den Fortschritt zu suchen, sowie der Betonung des Rechts eines jeden Volkes, sein Land zu schützen: *„Und weil wir dies Land verbessern/Lieben und beschirmen wir's/Und das liebste mag's uns scheinen/So wie andern Völkern ihrs.“*

Aufforderung, dem eigenen Land zu dienen

Quelle: www.sueddeutsche.de/politik/gegenentwurf-von-bertolt-brecht-die-kinderhymne-1.412007 (Stand: 28.10.2015)

3 Kopiert den folgenden Text „Leidenschaftlich, aber kontrolliert“ von Iring Fetscher als Bearbeitungsexemplar mit breiten Rändern. Tragt wie im Beispiel des Textes „Die Kinderhymne“ (► S. 320 f.) Markierungen ein und haltet Wichtiges am Rand fest.

Iring Fetscher[1]

Leidenschaftlich, aber kontrolliert

Brechts Kinderhymne ist das schönste Deutschlandlied, das ich kenne. Es scheint ganz einfach und ist doch weise durchdacht. Das „Deutschland, Deutschland über alles“ hatte einmal den Überschwang des subjektiven Gefühls ausdrücken sollen: Mir geht mein Vaterland über alles, aber die Maßlosigkeit der Wilhelminischen Ära und das Verbrechen der Nazis gaben dem „über alles“ einen anderen Sinn, als habe der Dichter sagen wollen, dieser Staat solle über alle anderen herrschen, seinen Eigennutz über alle erheben.

Brechts Kinderhymne ist ganz auf den Ton der „Gleichheit“ Deutschlands mit andren Ländern gestimmt: Schon in der ersten Strophe heißt es „Wie ein andres gutes Land“, in der zweiten wird der Gedanke aufgenommen „Uns wie andern Völkern …“, und in der dritten ist dann klar die Antithese zum „über alles“ der Chauvinisten formuliert, aber zugleich auch die gegen die servilen Besiegten: „nicht über und nicht unter/Andern Völkern wolln wir sein“.

So bewusst wie der Gang des Liedes ist jede Strophe gestaltet. In der ersten wird schon auf das „Verbessern“ in der letzten vorausgedeutet und

1 Iring Fetscher (1922–2014) war ein deutscher Politikwissenschaftler.

die Ausbalanciertheit der Haltung umschrieben. Dieses Verbessern soll mit Anmut und Mühe, unverkrampft, aber doch mit Anstrengung erfolgen, leidenschaftlich – aber kontrolliert durch den nüchternen Verstand. Solche Ausgeglichenheit und Ausgewogenheit ist das Unterpfand dafür, dass jene Wendung in der Einstellung anderer Völker eintritt, die dann nicht mehr vor uns erbleichen „wie vor einer Räuberin“. Dies ist die einzige Stelle der Hymne, in der auf die damals (1950) noch so junge Nazivergangenheit andeutungsweise hingewiesen wird. Vielleicht wird von hier aus auch klar, warum die Hymne eine „Kinderhymne“ ist. Sie kann ja kaum von denen gesungen werden, vor denen zu Recht die Völker schreckhaft erbleichten. Es ist das Lied der neuen Generation, von der Brecht hoffte, sie werde dieses Land verbessern. Nicht eine Hymne für Kinder, sondern das Lied, das die Kinder singen (können). Es gibt wohl keine Hymne, die die Liebe zum eigenen Land so schön, so rational, so kritisch begründet, und keine, die mit so versöhnlichen Zeilen endet.

Quelle: Frankfurter Allgemeine Zeitung, 11. 10.1975 / Nr. 263

4 a Klärt schwierige Textstellen und Fragen. Recherchiert ggf. auch Zusatzinformationen.

b Vergleicht die beiden Texte „Die Kinderhymne“ und „Leidenschaftlich, aber kontrolliert“ (► S. 320 bis 323).

c Diskutiert, welche neuen Aspekte der Fetscher-Text zu einer Facharbeit mit dem Titel „Ausgewählte politische Gedichte Bertolt Brechts in ihrer Zeit“ beitragen könnte.

- *Deutlich wird, dass Brechts Gedicht zur Zeit seiner Entstehung eine besondere ..., denn ...*
- ...

5 Erstellt zu einem der beiden Texte (► S. 320 bis 323) ein Exzerpt. Lest hierzu die Informationen im Methodenkasten unten und orientiert euch an einem der folgenden Beispiele:

Die Kinderhymne
Aus: www.sueddeutsche.de/...
- *Brecht schrieb die „Kinderhymne“ als Gegenstück zur Nationalhymne, die ...*
- ...

Jring Fetscher: Leidenschaftlich, aber kontrolliert
Aus: Frankfurter Allgemeine Zeitung, ...
- *Durch die Nazis war das Deutschlandlied „verbrannt“. Sie stellten mit den Zeilen „Deutschland, Deutschland über alles“ Deutschland über die anderen Nationen.*
- *Jm Gegensatz dazu ist „Brechts Kinderhymne […] ganz auf den Ton der ‚Gleichheit‘ Deutschlands mit andren Ländern gestimmt“.*
- ...

Methode **Material recherchieren, Informationen auswerten, Exzerpte anlegen**

Mit einem **Exzerpt** (lat. *excerpere*: herauspflücken) fasst man Informationen zusammen, die für eine bestimmte Fragestellung oder ein bestimmtes Thema wichtig sind.
Was für das Thema nicht relevant ist, wird weggelassen. Exzerpieren ist also **Selektionsarbeit.**

Das Exzerpt erstellen

Notiert gleich zu Beginn die korrekte **Quellenangabe** des Textes (► Quellenangaben machen, S. 374). Kürzt den Text auf das Wesentliche und schreibt nur die Informationen heraus, die für eure Fragestellung bzw. euer Thema wichtig sind. Schreibt **wichtige Textpassagen wortwörtlich** als **Zitate** aus dem Text heraus (Anführungszeichen nicht vergessen). Notiert dahinter direkt die Quelle (mit Seitenzahl).

Die Arbeit gliedern – Ein Inhaltsverzeichnis erstellen

Ausgewählte politische Gedichte Bertolt Brechts in ihrer Zeit

1 Einleitung	S. 1
2 Bertolt Brecht als politischer Schriftsteller: Wichtige Stationen seines Lebens	S. 2
3 Brecht im Exil	S. 4
3.1 „Über die Bezeichnung Emigranten“ (1937)	S. x
3.2 „Fragen eines lesenden Arbeiters“ (1936)	S. x
4 Die „Kinderhymne“ (1950): Ein Gedicht der Nachkriegszeit	S. x
4.1 ...	S. x
4.2 ...	S. x
5 „Die Lösung“ (1953): Auseinandersetzung mit dem DDR-Regime	S. x
5.1 Die historischen Hintergründe des Gedichts	S. x
5.2 ...	S. x
6 Das Gedicht „Auf einen chinesischen Teewurzellöwen“ (1951): Brechts Selbstverständnis als Lyriker	S. x
7 Fazit	S. x
8 Literatur- und Quellenverzeichnis	S. x
9 Selbstständigkeitserklärung	S. x

1 Hier seht ihr eine noch unvollständige Gliederung einer Facharbeit zu Bertolt Brecht.
a Erklärt den inhaltlichen Aufbau der Facharbeit.
b Formuliert für die Gliederungspunkte 4.1., 4.2 und 5.2 mögliche Überschriften der Unterkapitel.

2 Die vorliegende Beispielgliederung ist numerisch aufgebaut. Formt sie in eine gemischte Gliederung um.

Methode **Das Inhaltsverzeichnis der Facharbeit: die Gliederung**

Das Inhaltsverzeichnis eurer Facharbeit (Gliederung) gibt dem Leser / der Leserin einen Überblick über den logischen Aufbau eurer Arbeit.
- Entscheidet euch für ein **Gliederungssystem:** entweder numerisch (arabische Ziffern) oder gemischt (Großbuchstaben und arabische Ziffern).
- Die oberste Ebene ist die Ebene der Kapitel, z. B. 1, 2, 3 usw. Jedes Kapitel kann in Unterkapitel untergliedert werden. Diese bilden die zweite Gliederungsebene, z. B. 2.1, 2.1.
- Wo zu einem Kapitel ein Unterkapitel angelegt wird, muss mindestens auch ein zweites Unterkapitel vorhanden sein. Auf einen Gliederungspunkt 2.1 muss also wenigstens auch ein 2.2 folgen.
- Benutzt maximal drei Gliederungsebenen, also: 3 → 3.1 → 3.1.1

Nummerierte Gliederung
1
2
  2.1
  2.2
3
  3.1
  3.2
  3.3
4

Gemischte Gliederung
A
B
  1
  2
C
  1
  2
  3
D

Die Facharbeit überarbeiten

Eure Facharbeit solltet ihr möglichst von einer anderen Person Korrektur lesen lassen.
Am besten ist es, unterschiedliche Korrekturleser/-innen um ihre Mithilfe zu bitten und ihnen unterschiedliche Schwerpunkte zuzuweisen, z. B. Inhalt, Form, Rechtschreibung und Zeichensetzung.

1 Prüft und überarbeitet eure Facharbeit mit Hilfe der folgenden Checkliste:

Checkliste zur Prüfung und Überarbeitung der Facharbeit

1. Inhalt

- Ist anhand der Überschriften bereits ein **logischer Aufbau** erkennbar oder wird bereits dort deutlich, dass wichtige Zwischenelemente fehlen?
- Werden die **zentralen Fragestellungen,** die in der Einleitung der Arbeit formuliert wurden, eindeutig **beantwortet?**
- Steht der Inhalt der einzelnen Kapitel in einem klaren **Zusammenhang mit dem Thema?**
- Ist die Argumentation bzw. der **Gedankengang** des Textes für die Leser **verständlich** oder gibt es Gedankensprünge oder Lücken?
- Sind **Einleitung** und **Schluss** aufeinander abgestimmt?

2. Form und wissenschaftliche Arbeitsweise

- Habt ihr die Aussagen anderer als **Zitate** kenntlich gemacht? Wurden die Zitate mit den entsprechenden Quellenangaben korrekt wiedergegeben (► Zitieren, S. 362)?
- Sind die **Quellenangaben** im „Literatur- und Quellenverzeichnis" sachgerecht nachgewiesen (► Quellenangaben machen, S. 374)?
- Liegt die **Arbeit vollständig** vor (Titelblatt, Inhaltsverzeichnis, Ausarbeitung, Literatur- und Quellenverzeichnis, Selbstständigkeitserklärung)?
- Habt ihr die Vorgaben zum **Layout** beachtet?
  - Schriftgröße meist Times New Roman 12, Zeilenabstand 1,5
  - Satzspiegel (Ränder) meist oben 2,5 cm; unten 1,2 cm; links 3,5 cm; rechts 2 cm
- Ist die Arbeit mit **Seitenzahlen** versehen?

3. Sprache (Rechtschreibung, Zeichensetzung, Grammatik, Ausdruck)

- Ist die Arbeit **standardsprachlich** und in einem angemessenen Stil verfasst?
- Sind die Ausführungen **sprachlich richtig** (Rechtschreibung, Zeichensetzung, Grammatik, Ausdruck)?
- Sind die **Sätze verständlich** oder so lang und unübersichtlich, dass ihr sie mehrmals lesen müsst, um sie zu verstehen?
- Werden notwendige **Fachbegriffe** oder Fremdwörter korrekt verwendet?

Häufige Fehler vermeiden!

- Kapitelüberschriften im Inhaltsverzeichnis stimmen nicht mit denen im Text der Arbeit überein.
- Die Seitenzahlen im Inhaltsverzeichnis stimmen nicht mit den tatsächlichen Seitenzahlen der Überschriften überein.
- In einem Kapitel wird nur ein einzelner Unterpunkt (Unterkapitel) aufgeführt, es müssen jedoch mindestens zwei Unterpunkte angeführt werden.
- Das Gliederungssystem ist nicht einheitlich und wechselt zwischen numerischer und gemischter Gliederung (► Gliederung, S. 323).

14.3 Projekt: Außerschulische Lernorte nutzen

Literarische Orte erkunden – Ein Webquest erstellen

1 Literatur findet nicht nur in Büchern statt. Die Orte, an denen Schriftstellerinnen und Schriftsteller lebten oder wo berühmte Geschichten spielen, lohnen einen Besuch – sei es real oder virtuell.

a Bildet Gruppen und recherchiert für ein Webquest (▸ Methodenkasten unten), welche literarischen Reiseziele es in eurer näheren Umgebung gibt. Die folgenden Websites können euch bei eurer Suche behilflich sein:
- literaturlandschaft.de
- buecher-wiki.de
- wikipedia.org/wiki/Literaturtourismus

b Stellt interessante Stationen eurer Recherche zusammen und kommentiert sie.

c Lasst eure Mitschüler die „Spurensuche" im Netz durchführen und gebt euch anschließend ein Feedback: Boten die Internetseiten interessante Inhalte? Waren die Kommentare zu den Websites hilfreich?

2 Veranstaltet eine „Litera-Tour" und besucht die literarischen Reiseziele.

Methode **Ein Webquest erstellen**

In einem Webquest (engl. „web" = Internet; „quest" = Suche) stellt ihr Pfade für das Internet zusammen, mit denen andere sich gezielt zu einem Thema informieren können.
- Führt zu einem ausgewählten Thema oder einer Fragestellung eine gezielte Internetrecherche durch (▸ Internetrecherche, S. 374).
- Dokumentiert die Quellen (Internetadressen), auf denen ihr interessante Informationen gefunden habt, und beschreibt in Stichworten den Inhalt, sodass eine kommentierte Quellenliste entsteht (▸ Internetseiten speichern, S. 374).
- Stellt relevante Informationen eurer Recherche zusammen und präsentiert sie, z. B. als Website, PowerPoint-Präsentation oder als Word-Dokument.

Die Vielfalt kultureller Angebote vor Ort kennen lernen

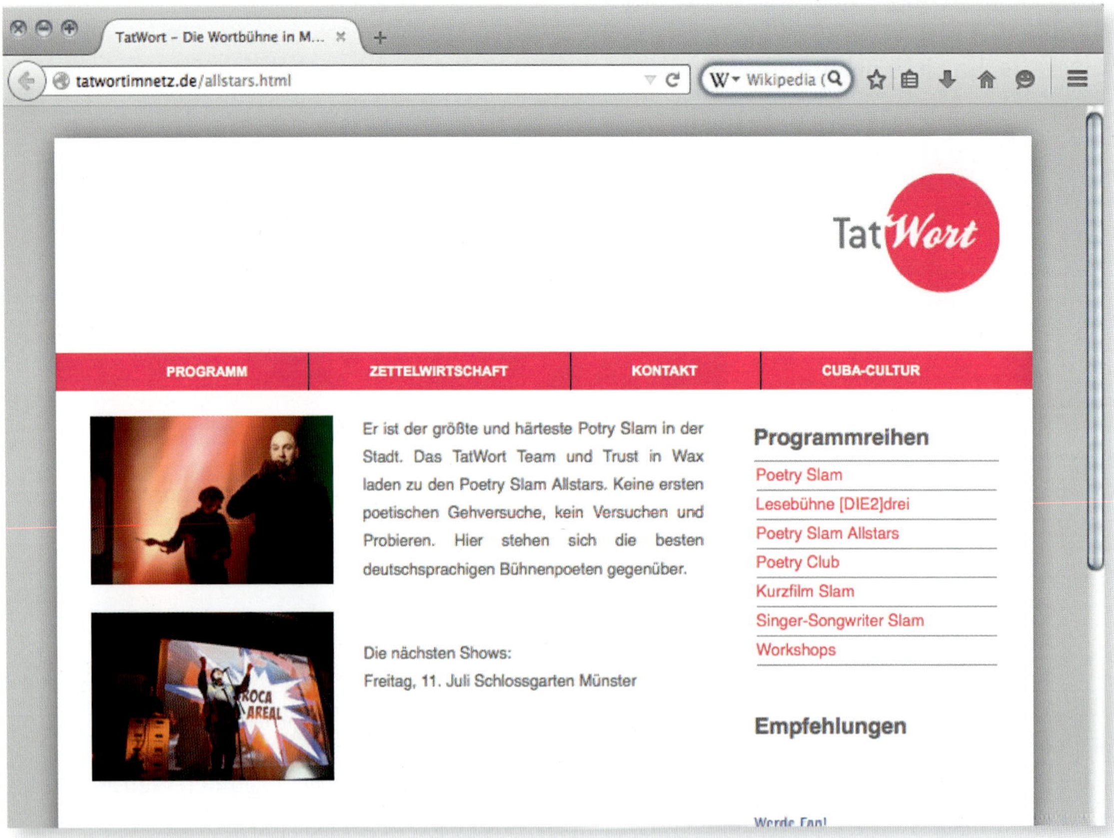

1 Lesungen, Poetry-Slams, Poesiefestivals, Theater- und Kleinkunstaufführungen ...

a Recherchiert, welche kulturellen Angebote es bei euch vor Ort gibt. Stellt die Termine und die wichtigsten Informationen zur Veranstaltung auf einem großflächigen Wandkalender zusammen.

b Besucht in kleinen Gruppen einige der Veranstaltungen und berichtet darüber in der Klasse.

2 **a** Recherchiert im Internet, welche Verlage es in eurer Region gibt und welche Programmschwerpunkte sie haben.
TIPP: Eine Liste deutschsprachiger Verlage findet ihr im Online-Lexikon Wikipedia, wenn ihr den Suchbegriff „Liste deutschsprachiger Verlage" eingebt.

b Sammelt Informationen zu einigen Verlagen und stellt eure Ergebnisse vor.

3 Recherchiert auf der Homepage lokaler oder regionaler Sender, welche kulturellen Angebote sie machen. Stellt diese in der Klasse vor.

Quelle: https://de.wikipedia.org/Liste_deutschsprachiger_Verlage

Orientierungswissen

Sprechen und Zuhören

Argumentieren

▶ S. 38–43

Beim Argumentieren versucht man, seine Meinung überzeugend zu begründen. Man formuliert einen Standpunkt (These), den man durch Argumente und Beispiele stützt.

These
(Behauptung – Werturteil – Empfehlung bzw. Forderung)

Argumente
(Typen von Argumenten: Faktenargumente – Wertargumente – Autoritätsargumente – analogisierende Argumente – ggf. zusätzliche Erläuterungen)

Beispiele/Belege

Faktenargumente sind überprüfbare Tatsachen, z. B. wissenschaftliche Erkenntnisse oder Untersuchungen (Statistiken, Zahlen usw.), z. B.:
Einer Statistik zufolge geht die Jugendkriminalität weiter zurück.
TIPP: Sie sind nicht stichhaltig, wenn es sich um Einzelfälle handelt.
Wertargumente beruhen auf allgemein akzeptierten Wertmaßstäben oder Normen, z. B.:
Mord ist ein schweres Verbrechen.
TIPP: Sie sind nicht stichhaltig, wenn sie auf Wertmaßstäben beruhen, die nur von einzelnen Gruppen vertreten werden.
Autoritätsargumente beruhen auf Aussagen von anerkannten Autoritäten, die die eigene Meinung stützen, z. B.: *Auch der Kriminologe Christian Pfeiffer spricht von einem Zusammenhang zwischen dem Konsum von Killerspielen und einer erhöhten Gewaltbereitschaft.*
TIPP: Sie sind nicht zwingend stichhaltig, weil oft andere Autoritäten mit Gegenpositionen angeführt werden können.
Analogisierende Argumente beruhen auf dem Vergleich eines Sachverhalts mit einem ähnlichen, z. B.: *Aufklärung statt Verbote – das hat sich auch in anderen Bereichen bewährt, also müsste dies auch beim Thema „Killerspiele" Vorteile bringen.*
TIPP: Sie sind nicht stichhaltig, wenn der Vergleich nicht überzeugt.

Gegenargumente widerlegen

Beim Argumentieren überzeugt ihr noch mehr, wenn ihr auch auf ein Argument eingeht, das gegen euren Standpunkt spricht **(Gegenargument),** und dieses entkräftet. Erklärt zum Beispiel, warum euch das Argument nicht überzeugt, und nennt ein Argument, das für euren Standpunkt spricht, z. B.:
Es ist zwar nachvollziehbar, wenn ..., aber viel entscheidender ist doch ...

Schreiben

Eine Streitfrage pro und kontra erörtern

▶ S. 44–49

Bei einer dialektischen Erörterung (Pro-und-Kontra-Erörterung) stellt ihr eure Position zu einer Streitfrage (z. B. *Soll es an unserer Schule eine einheitliche Schulkleidung geben?*) dar. Ihr zeigt, auf welchem Wege ihr zu einem Urteil (Fazit) gekommen seid, indem ihr Pro- und Kontra-Argumente darstellt und gegeneinander abwägt.

Einleitung: Die Einleitung soll den Leser in das Thema einführen und zum Hauptteil überleiten. Um einen interessanten Einstieg in das Thema zu finden, kann man z. B. anknüpfen an ein persönliches Erlebnis, das Zitat eines Experten/einer Expertin oder an eine allgemeine Feststellung (z. B. Umfrageergebnis, Trend), z. B.: *In Amerika, England und Frankreich gehört einheitliche Schulkleidung schon lange zum Alltag. Aber auch in Deutschland gibt es immer mehr Schulen ... Was spricht eigentlich für und was gegen eine einheitliche Schulkleidung?*

Hauptteil: Im Hauptteil führt ihr **Pro- und Kontra-Argumente** (inklusive Beispiele/Belege) an und zieht dann ein **Fazit,** in dem ihr euren Standpunkt deutlich formuliert.

- Bei eurem Fazit könnt ihr euch eindeutig für (pro) oder gegen (kontra) ein Thema aussprechen oder ihr formuliert eine Einschränkung, Bedingung oder Voraussetzung, unter der ihr euch für ein Pro oder Kontra entscheidet, z. B.: *Obwohl man zugeben muss, dass ..., bin ich dennoch der Meinung, dass ...*
- Die Argumente für (pro) und gegen (kontra) die eigene Position können entweder in Blöcken gegenübergestellt werden (Sanduhrprinzip) oder fortlaufend im Wechsel angeführt werden (Pingpong Prinzip). ▶ Mehr Informationen hierzu auf Seite 47.

Schluss: Der Schluss rundet das Thema ab und darf keine neuen Argumente enthalten. Ihr könnt einen weiterführenden Gedanken formulieren, z. B. einen Wunsch, Vorschlag oder eine Empfehlung zum weiteren Umgang mit dem Thema oder einen Ausblick auf zukünftige Entwicklungen. Der Schluss kann auch den Einleitungsgedanken wieder aufgreifen, z. B.: *Die Entscheidung, ob eine einheitliche Schulkleidung eingeführt wird, sollte den Schülern selbst überlassen werden. Am besten wäre es natürlich, wenn ...*

Setzt für die Übersichtlichkeit Absätze zwischen Einleitung, Hauptteil und Schluss.

Formulierungen für die Argumentation

- Ein Argument für/gegen ... • Ein weiterer Gesichtspunkt ist ... • Hinzu kommt, dass ...
- Dass ..., zeigt sich auch darin, dass ... • Untersuchungen/Umfrageergebnisse zeigen, dass ...
- Genauer gesagt • Dies bedeutet • Dafür spricht • Als Beispiel/Beleg lässt sich anführen ...
- Das heißt, dass ... Darunter verstehe ich ... • Wenn man sich vorstellt, dass ...
- Dagegen möchte ich einwenden ... • Viele meinen zwar, ... Aber aus meiner Sicht ..., weil ...
- Es ist zwar nachvollziehbar, wenn ... Aber viel entscheidender ist doch ...
- Den positiven/negativen Aspekten steht jedoch eine ganze Reihe ... gegenüber.
- Den Vorteilen von ... sind aber folgende Nachteile gegenüberzustellen:

Erörterung im Anschluss an einen Text

▶ S. 51–58

1. Die Aufgabenstellung erfassen

Jeder Erörterung im Anschluss an einen Text liegt eine konkrete Aufgabenstellung zugrunde, die angibt, unter welchen Gesichtspunkten ihr euch mit der Textvorlage auseinandersetzen sollt, z. B.: *Stellt die Kerngedanken des Interviews „Faire Kleidung erkennt man nicht am Preis" dar. Erörtert dann Chancen und Probleme von fair gehandelten Produkten und sprecht eine Empfehlung aus.*

2. Die Textvorlage analysieren

Die Erörterung im Anschluss an einen Text verlangt eine gründliche Auseinandersetzung mit dem Text (Textanalyse). Erst dann ist eine fundierte Stellungnahme möglich.
Die folgenden Leitfragen helfen euch, den Text zu erschließen:

- Um welches Thema geht es? Welche Standpunkte (Thesen, Argumente) werden vertreten?
- Ist die Argumentation überzeugend? Mit welchen Beispielen wird die Argumentation veranschaulicht? Werden Gegenargumente genannt?
- Werden auffällige sprachliche Gestaltungsmittel verwendet? Was bewirken sie?
- Welche Absicht verfolgt der Text?

3. Eine Stoffsammlung anlegen

Legt euch eine Stoffsammlung zur Bearbeitung der Aufgabenstellung an.

- Textanalyse: Haltet die Ergebnisse eurer Textanalyse fest.
- Erörterung: Setzt euch mit den Positionen des Textes kritisch auseinander, notiert hierzu Ideen.

4. Die Erörterung im Anschluss an einen Text schreiben

Die Erörterung im Anschluss an einen Text (textgebundene Erörterung) entsteht in Anlehnung an eine Textvorlage (z. B. Zeitungstext), in der eine strittige Frage behandelt oder ein Problem angesprochen wird.

Einleitung:
In der Einleitung macht ihr Angaben zur Textvorlage (Titel und Thema des Textes, Autor/-in und Textquelle).

Hauptteil:
Im Hauptteil beantwortet ihr die konkrete Aufgabenstellung, die angibt, unter welchen Gesichtspunkten ihr euch mit dem vorgegebenen Text auseinandersetzen sollt. In der Regel besteht der Hauptteil aus zwei Schritten: Textanalyse und Erörterung.

- **Textanalyse:** Zusammenfassung der zentralen Gedanken und Positionen, Darstellung der Intention des Textes und evtl. auch der sprachlichen Mittel.
- **Erörterung:** Stellungnahme zu den Hauptargumenten des Textes (Zustimmung, Widerspruch oder teilweise Zustimmung begründet darlegen).

Schluss:
Fasst eure Position zusammen und zieht ein Fazit, das ihr nach der Auseinandersetzung mit der Textvorlage gewonnen habt.

Informieren

Materialgestütztes Schreiben einen informativen Textes

▶ S. 17–22; 32–36

Beim materialgestützten Schreiben verfasst ihr auf Grundlage verschiedener Materialien (z. B. Texte, Diagramme, Schaubilder) einen eigenen Informationstext. Die Aufgabenstellung sagt euch, was Thema und Funktion eures Textes sein soll und an welche Adressaten er sich richtet. Beim Verfassen eures Informationstextes könnt ihr so vorgehen:

1 Die Aufgabenstellung verstehen
- Klärt genau, was die Aufgabenstellung von euch verlangt: Was sind das **Thema** und die **Funktion** eures Informationstextes? Wer sind eure **Adressaten** (Leser/-innen)? Müsst ihr eine bestimmte **Textsorte** beachten?

2 Die Materialien erschließen
- Verschafft euch einen **ersten Überblick** über die Materialien, indem ihr sie zügig lest.
- Wertet die Materialien aus, indem ihr sie **gezielt** nach den Aspekten in der Aufgabenstellung lest: **Welche Informationen sind relevant?** Was ist eher unwichtig für die Bearbeitung der Aufgabenstellung? Markiert wichtige Informationen und notiert Stichpunkte, z. B. am Textrand.

3 Die Gliederung erstellen
- Plant den Aufbau (die gedankliche Struktur) eures Textes und entwerft eine Gliederung.
  TIPP: Beachtet bei der Gliederung die Aufgabenstellung. Die Abfolge der Teilaufgaben oder die genannten Aspekte geben oft Hinweise auf den Textaufbau.

4 Den Informationstext schreiben
- Nutzt eigene Worte, formuliert **sachlich** und stellt die Informationen für die Adressaten **verständlich** dar.
- Macht sprachlich deutlich, wenn ihr Meinungen oder Ergebnisse aus dem Ausgangsmaterial wiedergebt (Zitat, indirekte Rede, Paraphrase), z. B.: *Laut dem Autorenduo Kathrin Passig und Sascha Lobo bietet das Internet ...*
- Macht **logische Zusammenhänge** auch sprachlich **deutlich,** z. B. durch Satzverknüpfungen und Überleitungen *(weil, obwohl, zudem, ein anderer Punkt ...).*
- Achtet darauf, dass euer Text der Gliederung folgt, also eine **klare Struktur** hat.

Ein Protokoll anfertigen

Das Protokoll ist eine Sonderform des Berichts. Es gibt knapp und sachlich das Wichtigste einer Unterrichtsstunde, einer Diskussion, einer Sitzung oder eines Versuchs wieder.
Protokolle haben eine feste äußere Form:

1. **Protokollkopf:** Der Protokollkopf enthält folgende Angaben: Anlass (Titel der Veranstaltung), Datum/Zeit, Ort, Anwesende/Abwesende, Name des Protokollanten / der Protokollantin, Thema (z. B. der Unterrichtsstunde) oder Auflistung der Tagesordnungspunkte (TOPs).
2. **Hauptteil:** Im Hauptteil werden die wichtigsten Informationen sachlich, knapp und übersichtlich wiedergegeben.
3. **Schluss:** Der Schluss des Protokolls enthält Ort und Datum der Abfassung sowie die Unterschrift des Protokollanten / der Protokollantin.

Das Tempus des Protokolls ist in der Regel das Präsens.

Lesen – Umgang mit Texten und Medien

Erzählende Texte (Epik)

Erzählform

▶ S. 225

- **Ich-Erzähler/Ich-Erzählerin:** Der Erzähler / die Erzählerin erscheint gleichzeitig als erlebende und erzählende Figur. Dabei kann er/sie unmittelbar aus der Situation heraus oder mit einem zeitlichen Abstand erzählen. Der erste Ich-Erzählertyp erzählt ohne einen zeitlichen Abstand. Das erzählende und das erlebende Ich sind hier weitgehend identisch. Der zweite Typ des Ich-Erzählers erzählt mit einem erkennbaren zeitlichen Abstand. Das erzählende Ich (Erzählergegenwart) ist weit entfernt von dem erlebenden Ich (erzählte Zeit) entfernt. Hier kann der Ich Erzähler zu seinem vergangenen Verhalten Stellung nehmen uns es kommentieren.
- **Er-/Sie-Erzähler:** Der Erzähler tritt als Figur ganz in den Hintergrund und ist nicht am Geschehen beteiligt. Er erzählt von allen Figuren in der Er- bzw. Sie-Form.

Erzählverhalten

▶ S. 225

- **auktoriales Erzählverhalten:** Der Erzähler steht außerhalb der Handlung, überblickt das komplette Geschehen und kennt alle Figuren, ihre Gedanken und Gefühle. Er kann durch Kommentare oder Wertungen unterschiedliche Haltungen gegenüber dem Erzählten ausdrücken, z. B. zustimmend, kritisch, humorvoll oder satirisch. Ebenso kann er die weitere Handlung andeuten oder die Leser direkt ansprechen.
- **personales Erzählverhalten:** Der Erzähler erzählt nur aus der Sicht einer Figur oder wechselnd aus der Sicht mehrerer Figuren. Er bleibt in der Sichtweise der Figur bzw. der Figuren verhaftet.

Figurenrede

- Wenn der Erzähler die Figuren zu Wort kommen lässt, hat er verschiedene Möglichkeiten.
- Die Figuren kommen zu Wort durch **direkte Rede** *(„Hör auf, du siehst doch, dass ...")* und **indirekte Rede** *(Er erklärte mit lauter Stimme, ich solle doch ...)*.
- Bei personalem Erzählverhalten werden die Figurengedanken in Form der **erlebten Rede** oder des **inneren Monologs** wiedergegeben. Die erlebte Rede bringt Gedachtes in der 3. Person (Er-/Sie-Form) und im Präteritum zur Sprache, z. B.: *Vielleicht sollte er einfach gehen?* Der innere Monolog in der ersten Person (Ich-Form) Präsens oder Perfekt, z. B.: *Das glaube ich einfach nicht! Nein!*

Äußere und innere Handlung

In einer Geschichte wird nicht nur die äußere Handlung (das, was geschieht; das, was man von außen sehen kann) dargestellt, sondern es wird vor allem erzählt, **was die Figuren in einer Situation denken und fühlen (innere Handlung).** So können sich die Leser besser in die Figuren hineinversetzen und erhalten einen Einblick, was in einer Figur vorgeht, z. B. Angst, Wut, Freude, Verzweiflung.

Zeit und Zeitgestaltung

- **Erzählzeit und erzählte Zeit:** Erzählzeit ist die Zeit, die das Erzählen der Geschichte dauert, erzählte Zeit ist die Zeit, die das erzählte Geschehen in Anspruch nimmt. Sind Erzählzeit und erzählte Zeit identisch, spricht man von **Zeitdeckung.** Ist die Erzählzeit länger als die erzählte Zeit, liegt **Zeitdehnung** vor (z. B. bei Beschreibungen während eines Geschehens und bei inneren Monologen), ist sie kürzer, so spricht man von **Zeitraffung.**
- **Chronologie:** Die Reihenfolge des Erzählens kann dem zeitlichen Ablauf des Erzählten folgen (chronologisches, lineares Erzählen), sie kann davon aber auch abweichen – z. B. durch **Rückblenden** (Erzählen von vergangenen Ereignissen) oder **Vorausdeutungen** (Vorwegnahme von Ereignissen. Jede Rückblende oder Vorausdeutung unterbricht den chronologischen Erzählfluss.

Die Figuren einer Geschichte

Die **Personen,** die **in einer Geschichte** vorkommen bzw. handeln, **nennt man Figuren.** Sie haben ein bestimmtes Aussehen, bestimmte Eigenschaften, Gefühle, Gedanken und Absichten. In vielen Geschichten gibt es eine **Hauptfigur,** über die der Leser besonders viel erfährt. Um eine Geschichte zu verstehen, solltet ihr euch ein klares Bild von den einzelnen Figuren machen.
Die **Merkmale und Eigenschaften einer Figur** können im Text direkt genannt werden, sie können aber auch indirekt dargestellt werden, sodass der Leser sie selbst erschließen muss.

- **Direkt charakterisiert** wird eine Figur durch Textstellen, in denen sie Aussagen über sich selbst macht oder in denen andere Figuren oder der Erzähler ihre Ansichten über diese Figur zur Sprache bringen, z. B.: *„Er war mittelgroß [...].“*
- **Indirekt charakterisiert** wird eine Figur z. B. durch die Art und Weise, wie sie spricht, fühlt, denkt und handelt, z. B.: *„Sie zuckte zusammen.“ → Figur ist verunsichert, ängstlich.*

TIPP: Auch Tiere können handelnde Figuren in Erzähltexten sein, z. B. in einem Märchen.

Eine literarische Figur charakterisieren

▶ S. 103

1. Schritt: Die Charakterisierung vorbereiten
Sammelt Informationen über die Figur, z. B. Aussehen, Lebensumstände, Verhaltensweisen, Eigenschaften, Gefühle, Gedanken und ihr Verhältnis zu anderen Figuren.
Notiert Textstellen, die direkt etwas über die Figuren aussagen oder die indirekt Rückschlüsse auf ihren Charakter erlauben.

2. Schritt: Die Charakterisierung schreiben

- **Einleitung:** Nennt allgemeine Informationen zur Figur, z. B.: Name, Alter, Aussehen.
- **Hauptteil:** Beschreibt wichtige Eigenschaften und Verhaltensweisen der Figur sowie ihr Verhältnis zu anderen Figuren.
- **Schluss:** Erklärt in einer persönlichen Stellungnahme, wie die Figur auf euch wirkt.

Verwendet als Tempus das **Präsens.** Formuliert **sachlich und anschaulich. Belegt** die **Aussagen,** die ihr über die Figur macht, anhand des Textes durch **Zitate** (▶ S. 362).

Literarische Textsorten

Erzählende Texte gliedern sich in eine Vielzahl von Textsorten auf, z. B.: Kurzgeschichte, Novelle, Anekdote, Parabel, Roman usw.

Anekdote

Eine Anekdote ist eine kurze Geschichte über eine bekannte Persönlichkeit. Auf humorvolle Weise verdeutlicht sie das Verhalten oder die Eigenarten dieses Menschen. Wie der Witz enthält die Anekdote am Ende eine Pointe (überraschende Wendung).
Das, was über die Person erzählt wird, muss nicht unbedingt wahr sein. Wichtig ist vielmehr, dass in der Anekdote das Typische einer Person erkennbar wird.

Erzählung

„Erzählung" ist ein **Sammelbegriff für unterschiedliche Kurzformen des Erzählens,** die nicht genauer durch bestimmte Textmerkmale gekennzeichnet sind. Im Unterschied zum Roman ist die Erzählung knapper und überschaubarer.

Fabel

Die Fabel (lat. fabula = Erzählung, Rede) ist eine **kurze, lehrhafte Erzählung,** in der meist zwei **Tiere** sprechen und handeln, die **typisch menschliche Eigenschaften** haben. Zum Beispiel gilt der Fuchs als schlau, der Esel als dumm, der Löwe als mächtig und der Wolf als gierig. Die Tiere sind häufig Gegner (Fuchs gegen Rabe, Wolf gegen Lamm usw.), die Streitgespräche führen, an deren Ende der Stärkere oder der Listigere siegt. Oft enthält die Fabel am Ende eine Lehre. Manchmal ist diese Lehre auch in der Handlung versteckt und muss aus dem Geschehen erschlossen werden. Aus Fabeln sollen Lehren für das eigene Verhalten gegenüber anderen Menschen gezogen werden.

Kurzgeschichte

▶ S. 253 f., 262 f.

Die Kurzgeschichte ist eine **knappe, moderne Erzählung,** die **eine Momentaufnahme,** einen krisenhaften Ausschnitt oder eine **wichtige Episode aus dem Alltagsleben** eines oder mehrerer Menschen zeigt. Kurzgeschichten haben meist folgende Merkmale:

- geringer Umfang
- Ausschnitt aus einem alltäglichen Geschehen, der für die dargestellten Figuren von besonderer Bedeutung ist
- **unmittelbarer Einstieg** in das Geschehen, der schlagartig eine Situation aufreißt
- zielstrebiger Handlungsverlauf hin zu einem **Höhe- oder Wendepunkt**
- **offener Schluss,** der viele Deutungsmöglichkeiten zulässt
- meist Alltagssprache mit einfachem Satzbau und umgangssprachlichen Elementen in der direkten Rede (passend zur alltäglichen Thematik der Kurzgeschichte)

Die ersten deutschen Kurzgeschichten, die sich an dem Vorbild der amerikanischen „short story" orientierten, entstanden nach dem Zweiten Weltkrieg (1939–1945) und behandelten Themen der Kriegs- und Nachkriegszeit. Später kamen andere, aus dem Alltagsleben entnommene Themen hinzu.

Novelle

Die Novelle (ital. „novella“ = Neuigkeit) ist eine **Erzählung,** in deren Mittelpunkt eine **„unerhörte Begebenheit“** (Johann Wolfgang Goethe) steht, deren Handlung also außergewöhnlich ist. Die Novelle ähnelt einem Drama darin, dass die Handlung um einen **zentralen Konflikt** kreist und sich **gradlinig auf einen Höhe- und Wendepunkt hin zuspitzt.** Häufig wird die Novelle in eine **Rahmenhandlung (Rahmenerzählung)** eingebettet. Wie in einer Geschichte in der Geschichte wird zuerst von einer Situation erzählt, in der es dann zum Erzählen der eigentlichen Geschichte kommt.

Parabel

▶ S. 126–148

Eine Parabel (von griech. *parabole* = Gleichnis) ist eine kurze, meist **lehrhafte Gleichniserzählung,** die einen Sachverhalt bzw. eine **Erkenntnis** (z. B. eine Lebensweisheit, eine allgemeine Wahrheit) **bildhaft darstellt.** Ähnlich wie in der Fabel soll auch bei der Parabel das Erzählte nicht im wörtlichen, sondern im übertragenen Sinn verstanden werden. Die **Sprache** der Parabel ist **meist nüchtern** und ihr **Ende offen.**

Die Parabel bietet zwar häufig Vergleichsansätze an, aber sie verbindet das **Erzählte (Bildbereich)** nicht durch einen direkten Hinweis mit dem **Gemeinten (Sachbereich).** Weil dieser **Übertragungsprozess** dem Leser selbst überlassen bleibt, sind Parabeln vieldeutig, häufig wirken sie auch rätselhaft und sind schwer zu entschlüsseln. Die Parabel verlangt also in besonderer Weise ein Nachdenken und Deuten. Sie fordert auf, sich ein eigenes Urteil zu bilden, und will in manchen Fällen auch ein Appell zum Handeln sein.

Satire

▶ S. 80–96

Die Satire ist eine Darstellungsform, die durch Übertreibung, Ironie und beißenden Spott **Kritik an Personen oder gesellschaftlichen Zuständen** übt. Sie zieht ihre Gegenstände ins Lächerliche, entlarvt Missstände, zeigt das Auseinanderklaffen von Anspruch und Realität und zielt damit auf Veränderung ab. Die Kritik wird nicht direkt ausgesprochen, sondern indirekt vorgebracht, z. B. durch **Stilmittel** wie extreme **Übertreibung, Untertreibung** *(ganz okay* statt *exzellent),* **Ironie** (gesagt wird das Gegenteil von dem, was gemeint ist), **Euphemismen** (Beschönigungen). **Vergleiche, Metaphern, Wortspiele** und **Neologismen** machen die satirische Darstellung besonders anschaulich.

Roman

▶ S. 218–228

Der Roman gehört neben dem Epos zu den Großformen der Epik. Von den epischen Kleinformen wie der Kurzgeschichte oder der Parabel unterscheidet sich der Roman durch seinen großen Umfang (epische Breite) und die komplexe Gestaltung der Handlung (z. B. mehrere Handlungsstränge oder Episoden). Es gibt eine Vielzahl von Möglichkeiten, die Gattung „Roman“ einzuteilen. Einteilungen sind z. B. möglich nach dem Thema, z. B.: Zeitroman (Roman, der versucht, die Lebensbedingungen und die Gesellschaft der jeweiligen Zeit darzustellen), Bildungs-und Entwicklungsroman (Roman, der die Entwicklung, Erfahrungen und Erlebnisse einer Hauptfigur schildert), Reiseroman, Schauerroman, Familienchronik usw. Man kann Romane auch nach dem literarischen Genre (Kriminalroman, Science-Fiction-Roman, Abenteuerroman) einteilen.

Einen Erzähltext erschließen und interpretieren

▶ S. 139–148, 253–256, 262 ff.

Thema/Inhalt:
- Was ist das Thema des Textes? Gibt es zentrale Motive?

Aufbau der Handlung:
- Wie sind Ausgangssituation und Schluss (offen/geschlossen) gestaltet?
- Gibt es einen Höhe- bzw. Wendepunkt (Pointe)? Wird Spannung erzeugt?
- Wird linear (fortlaufend) erzählt oder gibt es Rückblenden und/oder Vorausdeutungen?

Figuren:
- Welche Figuren kommen vor? Werden sie charakterisiert? In welcher Beziehung stehen sie? Erfahrt ihr etwas über die Gedanken und Gefühle (innere Handlung) der Figuren oder liegt der Schwerpunkt auf der Darstellung der äußeren Handlung?

Erzähler:
- Welche Erzählform (Ich-Erzähler/-in oder Er-/Sie-Erzähler/-in) liegt vor? Wie wirkt dies?
- Welches Erzählverhalten (auktorial oder personal) liegt vor? Wie wirkt dies?

Sprachlich-stilistische Auffälligkeiten:
- Gibt es Besonderheiten im **Satzbau,** z. B. einfache, kurze Sätze (Parataxe) oder längere Satzgefüge (Hypotaxe)?
- Werden Sätze oder Wörter **wiederholt?** Gibt es ein **Leitmotiv** (▶ S. 222 f.)?
- Gibt es Besonderheiten bei der **Sprache/Wortwahl** (Jugendsprache, sachliche Sprache)?
- Werden **sprachliche Bilder** (Personifikationen, Metaphern, Vergleiche) gebraucht?
- Gibt es Textstellen, die **Andeutungen** enthalten, **Fragen** aufwerfen? Welche Fragen bleiben ungeklärt? Welche **Deutungsmöglichkeiten** ergeben sich daraus?

TIPP: Beschreibt nicht nur, sondern erklärt Wirkung und Funktion der erfassten Merkmale.

Einen literarischen Text interpretieren

▶ S. 139–148, 253–256, 262 ff.

Bevor man einen literarischen Text interpretiert, muss man ihn genau erschließen (▶ Einen Erzähltext erschließen, s. oben). Je nach Aufgabenstellung untersucht ihr Handlung, Figuren, Sprache, Thema/Motiv und (bei epischen Texten) die Erzähltechnik eines Textes.
- In der **Einleitung** nennt ihr den Namen des Autors/der Autorin, den Titel, die Textsorte (z. B. Kurzgeschichte, Erzählung) und das Thema bzw. die Kernaussage des Textes.
- Im **Hauptteil** legt ihr die Ergebnisse eurer Texterschließung dar und belegt sie mit Textbeispielen (▶ Zitieren, S. 362). Je nach Aufgabenstellung wird Folgendes entfaltet:
  - Inhalt und Aufbau der Geschichte,
  - Figuren und ihre Beziehungen zueinander (▶ S. 332),
  - Erzähler/Erzähltechnik (▶ S. 331), sprachlich-stilistische Gestaltung (▶ s. oben),
  - evtl. Besonderes im Hinblick auf die Textsorte.
- Im **Schluss** könnt ihr kurz Stellung zum Text (z. B. zum Inhalt, zur Problemstellung) nehmen oder eine persönliche Bewertung des Textes abgeben.

Gedichte (Lyrik)

► S. 149–168

Die Gedichte (Lyrik) sind neben den erzählenden Texten (Epik) und den dramatischen Texten (Dramatik) eine der drei Gattungen der Dichtung (Lyrik, Epik, Dramatik).
Folgende Gestaltungsmittel sind häufig kennzeichnend für Gedichte:

Der lyrische Sprecher (das lyrische Ich)
Wie zu jedem Erzähltext ein Erzähler oder eine Erzählerin gehört, so gehört auch zu jedem Gedicht ein **Sprecher oder eine Sprecherin,** der/die nicht mit dem Autor oder der Autorin gleichzusetzen ist. Oft stellt sich dieser Sprecher als ein „Ich" – das so genannte **lyrische Ich** – vor, das seine **Gefühle, Beobachtungen und Gedanken** mitteilt. Der Leser kann so mitempfinden und mitdenken. Deutlich wird dies an den Pronomen (*ich, mein, mir* usw.).
Manchmal geht der Sprecher in einem „Wir" auf, das in dem Gedicht spricht. Oder der Sprecher tritt überhaupt nicht in Erscheinung, sondern es wird etwas beobachtet, beschrieben oder über etwas nachgedacht. In einigen Gedichten wendet sich der Sprecher direkt an ein „Du", hier wird also ein Adressat / eine Adressatin in das Gedicht einbezogen.

Vers: Die Zeilen eines Gedichts heißen Verse.

Strophe: Eine Strophe ist ein Gedichtabschnitt, der aus mehreren Versen besteht. Die einzelnen Strophen eines Gedichts sind durch eine Leerzeile voneinander getrennt. Häufig bestehen Gedichte aus mehreren gleich langen Strophen.

Reim

Oft werden die einzelnen Verse (Gedichtzeilen) durch einen Reim miteinander verbunden.
Zwei Wörter reimen sich, wenn sie vom letzten betonten Vokal an gleich klingen, z. B.:
Haus – Maus, singen – entspringen.
Die regelmäßige Abfolge von Endreimen ergibt verschiedene Reimformen. Dabei werden Verse, die sich reimen, mit den gleichen Kleinbuchstaben gekennzeichnet, z. B.:

- **Paarreim:** Wenn sich zwei aufeinanderfolgende Verse reimen, sprechen wir von einem Paarreim (aa bb).
- **Kreuzreim:** Reimen sich – über Kreuz – der 1. und der 3. sowie der 2. und der 4. Vers, dann nennt man das Kreuzreim (a b a b).
- **umarmender Reim:** Wird ein Paarreim von zwei Versen umschlossen (umarmt), die sich ebenfalls reimen, heißt dies umarmender Reim (a bb a).

Metrum (Versmaß):

In den Versen (Zeilen) eines Gedichts wechseln sich häufig betonte (X́) und unbetonte Silben (X) regelmäßig ab. Wenn die **Abfolge von betonten und unbetonten Silben** (Hebungen und Senkungen) einem bestimmten Muster folgt, nennt man dies **Metrum** (Versmaß). Die wichtigsten Versmaße sind:

Jambus (X X́): X X́ X X́ X X́ X X́
Die Mitternacht zog näher schon (Heinrich Heine)

Trochäus (X́ X): X́ X X́ X X́ X X́ X
O du Ausgeburt der Hölle! (Johann Wolfgang Goethe)

Daktylus (X́ X X): X́ X X X́ X X X́ X X X́ X
Pfingsten, das liebliche Fest, war gekommen (Johann Wolfgang Goethe)

Anapäst (X X X́): X X X́ X X X́
Wie mein Glück, ist mein Lied (Friedrich Hölderlin)

Manchmal werden auch zwei Versmaße miteinander kombiniert, z. B.: *Er hát uns geréttet, er trágt die Krón'* (Kombination aus Jambus und Anapäst; Theodor Fontane).
Beim Vortrag müsst ihr die Abfolge von betonten und unbetonten Silben beachten, ihr dürft aber nicht leiern. Beim Vortrag entsteht wie in der Musik ein Rhythmus.
Häufig bildet eine unbetonte Silbe am Versanfang den Auftakt.

Stilmittel von Gedichten

In lyrischen Texten werden häufig Bilder durch Sprache entfaltet (z. B. durch Vergleiche, Metaphern oder Personifikationen) oder einzelne Wörter klanglich hervorgehoben (Lautmalerei). Solche sprachlichen Mittel sind besonders geeignet, um Gefühle und Stimmungen auszudrücken oder eine bestimmte Atmosphäre entstehen zu lassen. So werden zur Darstellung von Liebe, Freude, Angst oder Einsamkeit z. B. oft Bilder aus dem Bereich der Natur verwendet.

Sprachliche Bilder

- **Vergleich:** Bei einem Vergleich werden zwei verschiedene Vorstellungen durch ein „wie" oder ein „als ob" miteinander verknüpft, z. B.: *weiß wie Schnee; so heiß, als ob Sommer wäre.*
- **Metapher:** Bei einer Metapher wird ein Wort nicht wörtlich, sondern in einer übertragenen (bildlichen) Bedeutung gebraucht, z. B.: *Die Stürme des Lebens* für die schicksalhaften Veränderungen in einem Lebenslauf.
  Man verwendet Metaphern, weil sich zwei Dinge aufgrund einer Eigenschaft ähnlich sind.
  Im Unterschied zum direkten Vergleich fehlt bei der Metapher das Vergleichswort „wie", z. B.: *Das Schiff verschwand hinter riesigen Wellenbergen* für: *Das Schiff verschwand hinter Wellen, die so riesig wie Berge waren.*
- **Personifikation:** Die Personifikation (Vermenschlichung) ist eine besondere Form der Metapher. Leblose Gegenstände, Begriffe oder die Natur werden vermenschlicht, das heißt, ihnen werden menschliche Verhaltensweisen und Eigenschaften zugesprochen, z. B.: *Der Alltag zeigte sein mürrisches Gesicht; die Stadt schlief noch fest.*

Satzbau (vor allem Wiederholungen):

- **Anapher:** Wiederholung eines oder mehrerer Wörter an Satz- oder Versanfängen, z. B.: *Er schaut nicht auf die Felsenriffe / Er schaut nur hinauf ...*
- **Parallelismus:** paralleler Satzbau, z. B.: *das Schiffchen fliegt / der Webstuhl kracht.*
- **Rhetorische Frage:** Scheinfrage, auf die keine Antwort erwartet wird und die dazu dient,eine Aussage zu betonen, z. B.: *Ist das dein Ernst?*
- **Klimax:** dreigliedrige Steigerung, z. B.: *Er sei mein Freund, mein Engel, mein Gott.*

Wortwahl und klangliche Mittel:

- **Neologismus:** Wortneuschöpfung, z. B.: *Lebenssturmträume.*
- **Alliteration:** Wiederholung der Anfangsbuchstaben bei Wörtern, z. B.: *dunkle Dinge.*
- Häufung von dunklen/hellen Vokalen oder „harten" Konsonanten.

(▶ mehr zu rhetorischen Figuren, S. 370)

Gedichtformen

Neben den thematischen Schwerpunkten, die es in der Lyrik gibt (z. B. Liebeslyrik, Naturlyrik), haben sich im Laufe der Zeit auch verschiedene Gedichtformen (Gedichtarten) entwickelt, die sich in ihren Gestaltungselementen voneinander unterscheiden, z. B.:

Die Ballade

Die Ballade ist meist ein längeres Gedicht über ein ungewöhnliches oder spannendes Ereignis. Dieses Ereignis kann erfunden oder wirklich passiert sein. Im Mittelpunkt der Ballade steht oft eine Figur, die eine gefahrvolle Situation meistern muss.

- Wie andere Gedichte sind auch Balladen meist in **Strophen** (▶ S. 336) gegliedert, besitzen eine **Reimform** (▶ S. 316) und haben ein bestimmtes **Metrum** (▶ S. 336 f.).
- Viele Balladen haben einen Aufbau, den man mit Hilfe einer **Spannungskurve** darstellen kann: Nach der Einleitung spitzt sich die **Handlung dramatisch** bis zum **Höhepunkt** zu, zum Schluss folgt die Auflösung.
- Balladen enthalten oft **wörtliche Rede** der Figuren (Monologe, Dialoge), die an die Szenen eines Theaterstücks erinnert.

In ihrer Wirkung setzen Balladen auf Spannung, sie können aber auch belehrend oder lustig sein.

Das Sonett

▶ S. 153

Das Sonett ist eine vierstrophige Gedichtform, die aus zwei Quartetten (zwei vierzeiligen Strophen) und zwei Terzetten (zwei dreizeiligen Strophen) besteht. Während in den Quartetten der umarmende Reim (abba) vorherrscht, variiert in den Terzetten das Reimschema. Häufig findet man auch eine inhaltliche Zäsur (Einschnitt) zwischen den Quartetten und den Terzetten, also zwischen dem achten und dem neunten Vers.

Der Song

▶ S. 150

Eine oft politisch aktuelle, zeitkritische bzw. **lehrhafte Liedgattung** ist der Song, im angloamerikanischen Sprachgebrauch gleichbedeutend mit „Lied" (Folksong, Protestsong usw.). Typisch sind der **Aufbau aus Strophe und Refrain** sowie die Aufnahme von Elementen aus Bänkelsang, Moritat, Schlager, Jazz usw.

Ein Gedicht untersuchen

▶ S. 162–168

1 Inhalt/Thema
- Wird eine Handlung oder Situation/Szene beschrieben?
  Oder werden Gefühle, Eindrücke, Gedanken oder eine Stimmung dargestellt?
- Was bedeutet der Titel des Gedichts? Welchen Bezug hat er zum Gedicht?

2 Der Sprecher / die Sprecherin (▶ das lyrische Ich, S. 336)
- Gibt es ein **lyrisches Ich/Wir** oder einen Sprecher, der im Text nicht direkt greifbar ist?
- Welche Haltung hat das lyrische Ich (z. B. begeistert, traurig, preisend, kritisch)?
- Gibt es einen **Adressaten (du/ihr)** oder spricht das lyrische Ich mit sich selbst?

3 Formaler Aufbau (▶ S. 336)

- Ist das Gedicht in **Strophen** (regelmäßig/unregelmäßig) gegliedert?
- Ist das Gedicht gereimt? Liegt eine besondere **Reimform** (▶ S. 336) vor?
- Ist ein **Metrum** (▶ S. 336 f.) erkennbar? Gibt es (größere) Abweichungen?
- Liegt eine **besondere Gedichtform** vor (z. B. Sonett, Ballade, Liedform)?

4 Sprachliche Gestaltungsmittel (▶ S. 337)

- **Bilder:** Welche Bilder (Metaphern, Personifikationen, Vergleiche) werden verwendet? Aus welchen Bereichen (z. B. Natur, Großstadt, Krieg, Wasser) stammen sie? Was bedeuten sie?
- **Stilfiguren:** Liegen besondere Stilfiguren vor, z. B.
  - Alliteration (Wiederholung von Anfangsbuchstaben),
  - Parallelismus (paralleler Satzbau),
  - Anapher (Wiederholung von Wörtern am Versanfang)?
- **Wortwahl und Wortfelder:** Welche Wörter fallen auf? Gibt es **Neologismen** (Wortneuschöpfungen)? Werden bestimmte **Wortarten** (z. B. Nomen, Adjektive) bevorzugt? Entstammen mehrere Wörter einem bestimmten **Wortfeld** (z. B. Wortfeld „Natur“ = Baum, blühen, Knospen, Erde; z. B. Wortfeld „Krieg“ = Tod, Entsetzen, Waffen)?
- **Klangeffekte/Lautmalerei:** Klingen die Wörter vokalreich und klangvoll? Oder liegt eine Häufung von harten Konsonanten vor, wodurch die Sprache hart bzw. abgehackt klingt? Gibt es helle oder dunkle Vokalreihen?
- **Satzbau/Syntax:** Werden bestimmte Satzformen bevorzugt? Zum Beispiel: Parataxen (Hauptsätze), Hypotaxen (Satzgefüge), Ellipsen (unvollständige Sätze). Welche Satzarten (Ausrufe-, Frage-, Aussagesätze) liegen vor? Oder werden grammatische Strukturen bis zum Stammeln durchbrochen?

5 Entstehungshintergrund (▶ S. 158 f.)

- Lässt sich das Gedicht einer bestimmten Epoche (z. B. Barock, Sturm und Drang, Romantik, Expressionismus) zuordnen? Informationen zu den Epochen, S. 158 f..
- Gibt es einen Zusammenhang zwischen dem Gedicht und einem historischen bzw. **zeitgeschichtlichen Ereignis** (z. B. Krieg, Revolution)?

Ein Gedicht schriftlich interpretieren

▶ S. 162–168

- In der Einleitung nennt ihr die Art des Textes, den Titel, den Namen des Autors / der Autorin, das Entstehungsjahr und das Thema des Textes.
- Im Hauptteil fasst ihr die wichtigsten Ergebnisse eurer Analyse in einer geordneten Reihenfolge zusammen: Beginnt mit einer kurzen Inhaltsangabe (am besten strophenweise). Beschreibt dann den formalen Aufbau des Gedichts (z. B. Strophe, Verse, Reimform, Metrum) und die sprachlichen Gestaltungsmittel (▶ oben und S. 337). Erläutert die Funktion und die Wirkung der Gestaltungsmittel und stellt immer wieder einen Bezug zum Inhalt und zur Aussage des Gedichts her.
- Fasst zum Schluss die wesentlichen Ergebnisse eurer Gedichtanalyse zusammen oder nehmt Stellung zum Gedicht.

Drama (Theater)

▶ S. 169–192

Die dramatischen Texte (Theater/Drama) sind neben den Gedichten (Lyrik) und den erzählenden Texten (Epik) eine der drei Gattungen der Dichtung (Lyrik, Epik, Dramatik).

Wichtige Theaterbegriffe:

- **Akt:** Hauptabschnitt eines Dramas (auch Aufzug genannt) und geschlossene Handlungseinheit, die meist aus mehreren Szenen besteht.
- **Dialog:** Gespräch von zwei oder mehr Figuren. Sein Gegensatz ist der Monolog.
- **Exposition:** Die Exposition umfasst im klassischen Drama meist den ersten Akt und ist eine Art Einleitung, die in die Handlung einführt. Hier wird der Zuschauer über Zeit und Ort des Geschehens informiert und lernt die Hauptfiguren (Protagonisten) kennen. Gleichzeitig wird der zentrale Konflikt des Dramas angekündigt.
- **Monolog:** Selbstgespräch einer Figur (im Gegensatz zum Dialog).
- **Regieanweisungen:** Von der Autorin/vom Autor im Dramentext zusätzlich zu den Rollentexten bereits mitgelieferte Anregungen, wie sich die Figuren bewegen, wie sie schauen und sprechen sollten und wie die Handlung auf der Bühne dargestellt werden sollte.
- **Rolle:** Rolle nennt man die Figur, die eine Schauspielerin oder ein Schauspieler in einem Theaterstück verkörpert, z. B. die Rolle der Julia, die Rolle des Fürsten usw.
- **Szene:** Eine Szene ist ein kurzer, abgeschlossener Teil eines Theaterstücks. Eine Szene endet, wenn neue Figuren auftreten und/oder Figuren abtreten. Meistens erlischt am Ende einer Szene auch die Bühnenbeleuchtung.

Klassisches Drama – Modernes Drama

▶ S. 176

Klassisches Drama (geschlossene Form): Die klassische Form des Dramas, die bis zum Ende des 18. Jahrhunderts eine große Rolle spielte, geht auf die Poetik des griechischen Philosophen Aristoteles (4. Jh. v. Chr.) zurück und weist einen strengen Aufbau auf (Fünf-Akt-Schema). Ein Drama mit dieser Formstrenge nennt man auch geschlossenes Drama.
Zeitsprünge, Ortveränderungen oder Nebenhandlungen sind beim geschlossenen Drama unüblich (Einheit von Zeit, Ort, Handlung).

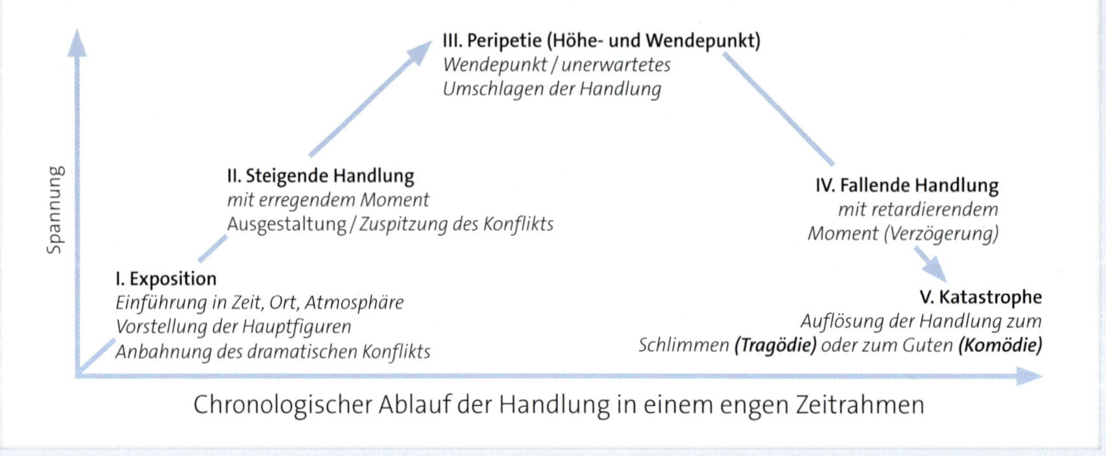

Modernes Drama (offene Form):
Im 19. Jahrhundert verliert das klassische (geschlossene) Drama mit seiner Formstrenge immer mehr an Bedeutung. Das moderne Drama weist häufig offenere Formelemente auf. So wird z. B. an verschiedenen Orten gespielt, es finden Zeitsprünge statt, die Handlung zerfasert in mehrere (manchmal parallel geführte) Handlungsstränge. Der Beginn ist meist unvermittelt (Verzicht auf Exposition und Einführung in das Geschehen), auch der Schluss des Stückes bleibt häufig offen.

Eine Dramenszene analysieren

▶ S. 186–192

1 Stellung der Szene im Handlungsverlauf / Inhalt und Thema der Szene
- Wo steht die Szene im Handlungsverlauf? Was ist ihr vorausgegangen, was folgt ihr?
- Worum geht es in der Szene? Welche Figuren treten auf?

2 Figuren, Sprache, Gesprächssituation
- In welcher **Beziehung** stehen die Figuren zueinander (persönlich, sozial; über- oder untergeordnet usw.)?
- Gibt es einen besonderen **Gesprächsanlass?** Handelt es sich um ein besonderes Gespräch (Verhör, Geständnis, Streitgespräch usw.)?
- Gibt es jemanden, der das **Gespräch leitet?** Wer ist initiativ, wer reagiert? Kommen die **Figuren gleichberechtigt** zu Wort (Verteilung der Redeanteile)? Gehen sie aufeinander ein oder fallen sie sich ins Wort?
- Welche **Absichten** haben die Figuren? Wie **verhalten** sie sich?
- Gibt es versteckte bzw. **indirekte Botschaften,** Vertuschungsversuche, **Andeutungen,** Widersprüche usw.? Welche **Gedanken und Gefühle** werden deutlich?
  Welche **nonverbalen Mittel** (Gestik, Mimik, Sprechweise) finden sich in den Regieanweisungen?
- Wie ist die **Sprache der einzelnen Figuren** (pathetisch, aggressiv, sachlich)?
  Welche **sprachlichen Mittel** sind mit welcher Absicht eingesetzt (z. B. rhetorische Fragen, Wiederholungen, Übertreibungen, Auslassungen, Vergleiche, Metaphern)?

3 Intention/Wirkung, Zeitbezug
- Welche Intention hat die Szene? Will sie bestimmte Umstände oder Personen kritisieren oder der Lächerlichkeit preisgeben? Wird ein Problem verdeutlicht? Ist eine besondere Wirkung der Szene auf das Publikum zu erkennen (z. B. Mitgefühl mit einer Figur)? Spielt der historische Kontext (Zeitbezug) eine Rolle?

Eine Dramenszene schriftlich interpretieren

▶ S. 186–192

- Formuliert eine Einleitung, in der ihr über den Autor, den Titel des Dramas und das Thema der vorliegenden Szene informiert.
- Fasst im Hauptteil den Inhalt der Szene knapp zusammen und stellt die Ergebnisse eurer Szenenanalyse dar. Belegt eure interpretierenden Aussagen mit Zitaten aus dem Text (▶ Textbelege zitieren, S. 362).
- Schreibt einen Schluss, in dem ihr ein Fazit zieht oder die Bedeutung der Szene erläutert.

Sachtexte

▶ S. 194–216

Sachtexte unterscheiden sich von literarischen Texten (z. B. einer Erzählung oder einem Gedicht) dadurch, dass sie sich vorwiegend mit wirklichen (realen) Ereignissen und Vorgängen beschäftigen und informieren wollen. Es gibt verschiedene Formen von Sachtexten, z. B.: Lexikonartikel, Zeitungstexte und Zeitschriftenartikel. Häufig findet man in Sachtexten auch Tabellen oder Grafiken (z. B. Landkarte, Balkendiagramm), Fotos oder andere Abbildungen.

Einen Sachtext erschließen (Fünf-Schritt-Lesemethode)

1. Schritt: Lest die Überschrift(en), hervorgehobene Wörter und die ersten Zeilen des Textes, betrachtet die Abbildungen.
2. Schritt: Arbeitet mit einer Kopie des Textes: Lest den gesamten Text zügig durch und kreist unbekannte Wörter ein. Macht euch klar, was das Thema des Textes ist.
3. Schritt: Klärt unbekannte Wörter und Textstellen durch Nachdenken oder Nachschlagen.
4. Schritt: Lest den Text sorgfältig. Markiert die Schlüsselwörter farbig, gliedert den Text in Sinnabschnitte, notiert Fragen am Rand, wenn euch etwas unklar ist.
5. Schritt: Fasst die Informationen des Textes zusammen.
TIPP: Häufig ist es sinnvoll, die aus Texten gewonnenen **Informationen grafisch** zu **strukturieren,** z. B. in Form eines Flussdiagramms oder einer Mind-Map. Ein Flussdiagramm eignet sich besonders gut, um Abläufe darzustellen.

Grafiken entschlüsseln

▶ S. 20, 23, 30 f.

Beim Entschlüsseln einer Grafik könnt ihr so vorgehen:

1 Stellt fest, worum es in der Grafik geht. Hierbei hilft euch die Überschrift, wenn es eine gibt.
2 Untersucht, was in der Grafik dargestellt wird: Erklärt sie einen Vorgang, den Aufbau oder die Funktion von etwas oder verdeutlicht sie eine Lage, wie z. B. eine Landkarte?
3 Prüft, ob die Grafik Farben, Beschriftungen oder Symbole enthält, die erklärt werden.
4 Schreibt auf, worüber die Grafik informiert.

Diagramme verstehen und auswerten

▶ S. 30 f.

Ein Diagramm ist eine anschauliche Darstellung von Daten und Informationen. Um ein Diagramm auszuwerten, geht ihr so vor:

- Schaut euch das Diagramm genau an. Lest die Überschrift und die übrigen Angaben und Erklärungen.
- Stellt fest, worüber das Diagramm informiert. Welche Maßeinheiten werden verwendet, z. B. Prozent (%), Kilo (kg), Euro (€)?
- Vergleicht die Angaben miteinander (höchster und niedrigster Wert, gleiche Werte).
- Fasst zusammen, was im Diagramm gezeigt wird. Was lässt sich ablesen?

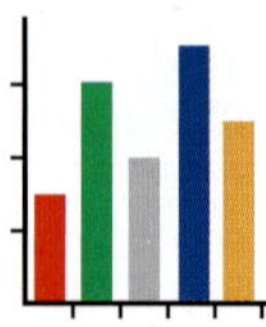
Säulendiagramm

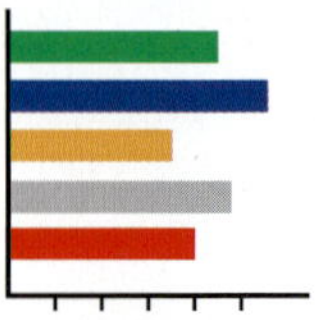
Balkendiagramm

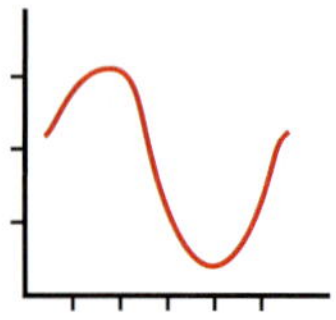
Kurvendiagramm

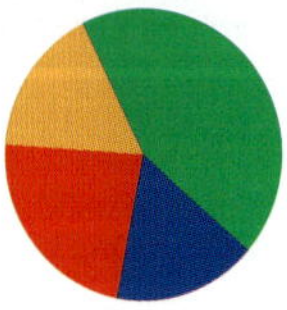
Kreisdiagramm

Journalistische Textsorten / Zeitungstexte

Der Bericht

▶ S. 197

Ein Zeitungsbericht informiert knapp und sachlich über ein aktuelles Ereignis. Er beantwortet zu Beginn die wichtigsten W-Fragen und berichtet dann über die näheren Einzelheiten des Ereignisses (z. B. über Hintergründe, Zusammenhänge oder die Vorgeschichte). Diesen Aufbau nennt man **Lead-Stil,** d. h.: Die wichtigsten Informationen stehen am Textanfang (Vorspann oder Lead), dann folgen weitere Detailinformationen. Ein Zeitungsbericht kann Zitate von Experten oder Betroffenen wiedergeben, die dann namentlich genannt werden. Sie sollen die Glaubwürdigkeit einer Aussage unterstreichen und/oder den Bericht lebendiger gestalten.

Die Reportage

Eine Reportage **informiert in besonders anschaulicher und lebendiger Weise über ein Ereignis.** Sie ist ein **Erlebnisbericht,** denn bei einer Reportage schreibt ein Reporter über ein Geschehen, das er selbst als Augenzeuge miterlebt hat.

- Reportagen **führen direkt in eine interessante Szene ein** (szenischer Einstieg, Schilderung einer Situation), sodass die Neugier der Leser geweckt wird.
- Eine Reportage enthält **sachliche Informationen** (Beantwortung der W-Fragen), gibt aber auch die **Eindrücke und die persönliche Sichtweise des Verfassers** wieder.
- Die Reportage will den Lesern das Gefühl geben, dass sie live (mit allen Sinnen) bei dem Geschehen dabei sind. Deshalb beschreibt der Reporter anschaulich die **Atmosphäre und Stimmung vor Ort und schildert seine Wahrnehmungen.** Zitate von Personen und eine bildhafte Sprache (ausdrucksstarke Verben, Adjektive sowie sprachliche Bilder) sorgen für **Anschaulichkeit.**
- Die Zeitformen wechseln; häufig wird das Präsens verwendet, um dem Leser den Eindruck zu vermitteln, direkt vor Ort dabei zu sein.

Der Kommentar

▶ S. 209–211, 214 f.

Ein Kommentar ist ein **wertender Text, in dem ein Autor** zu einem aktuellen Thema Stellung bezieht und **seine persönliche Meinung äußert.** Der Autor informiert über das Thema, erläutert seine Bedeutung, erklärt dem Leser die Zusammenhänge und setzt sich mit unterschiedlichen Meinungen auseinander. In einem Kommentar begründet der Autor seine Meinung mit Argumenten und Beispielen. Ziel des Kommentars ist es, den Leser dazu anzuregen, sich eine eigene Meinung zum Thema zu bilden. Der Autor/die Autorin eines Kommentars wird immer mit Namen genannt.

Die Glosse

▶ S. 204 f.

Die Glosse ist ein **kurzer, pointierter** (zugespitzter) **Meinungsbeitrag** zu einem Thema. Im Unterschied zum Kommentar verzichtet die Glosse bewusst auf eine ausgewogene Argumentation und ist betont subjektiv. Ihre Sprache ist **humorvoll, spöttisch, ironisch;** ein beliebtes **Stilmittel** ist die **Übertreibung.** Eine Glosse darf provozieren, denn sie will den Leser wachrütteln, zum Schmunzeln bringen, aber auch zum Nachdenken anregen.

Intentionen (Aussageabsichten) von Sachtexten erkennen

▶ S. 201–205

Sachtexte haben in der Regel eine bestimmte Intention. Sie wollen zum Beispiel informieren, kommentieren oder appellieren. Dies können sie in unterschiedlicher Art und Weise. Bei Sachtexten kann man vielfältige Kombinationen von Intentionen (Aussageabschichten) und Darstellungsweisen (Stilen) antreffen.

- **informieren:** Informationstexte stellen Tatsachen und Zusammenhänge dar. Sie wollen möglichst objektiv über Sachverhalte informieren (z. B. Bericht, wissenschaftlicher Text) oder in anschaulicher und lebendiger Weise über selbst Erlebtes informieren (z. B. Reportage).
- **kommentieren, werten:** Meinungstexte bewerten und wollen überzeugen. Sie können die Haltung zu einem Thema in unterschiedlichen Stilarten vermitteln: eher sachlich (z. B. Kommentar) oder eher unterhaltsam in spöttisch, ironischer Weise (z. B. Glosse).
- **appellieren:** Die Leser sollen zu etwas aufgerufen werden (z. B. Rede, Wahlprogramm).

Die jeweils vorherrschende Intention wird durch den Inhalt der Aussagen, vor allem aber durch die **sprachlichen Gestaltungsmittel** erkennbar, z. B. Wortwahl, Sprachstil (sachlich, Fachbegriffe, bildhafte Sprache, ironisch, provokant), auf- oder abwertende Formulierungen, rhetorische Mittel (z. B. rhetorische Fragen, Vergleiche, Wiederholungen).

(▶ weitere Informationen zu den journalistischen Textsorten, S. 343)

Einen Sachtext analysieren

▶ S. 209–216

1 Inhalt und Gedankengang (Argumentationsaufbau)

- Was ist das Thema des Textes? Welche Thesen/Standpunkte werden genannt?
- Welche Gründe/Argumente werden genannt? Ist die Argumentation überzeugend?
- Werden Gegenargumente genannt bzw. wird die Gegenposition berücksichtigt?
- Enthält der Text eine Schlussfolgerung (Empfehlung)?

2 Aussageabsicht (Intention) des Textes

- Will der Autor/die Autorin zu einem Thema Stellung nehmen und die Meinung des Lesers beeinflussen?
- Will er/sie über einen Sachverhalt aufklären und/oder zum Nachdenken anregen?
- Soll der Leser zu einer bestimmten Handlung veranlasst werden?

Die jeweils vorherrschende Aussageabsicht wird durch den Inhalt/Gedankengang des Textes, aber auch durch die Wahl der sprachlichen Mittel erkennbar.

2 Sprachliche Besonderheiten und ihre Wirkung

Die Wahl der sprachlichen Mittel gibt Aufschluss über die Aussageabsicht des Textes und seine Zugehörigkeit zu einer Textsorte (▶ S. 343). Untersucht werden können z. B.:

- **Wortwahl, Sprachstil,** z. B. sachlich, provokant, Verwendung von Fachbegriffen/Fremdwörtern, Anglizismen, auf- oder abwertenden Formulierungen (machen die Position des Autors deutlich), bildhafter Sprache, Umgangssprache
- **Leseransprache:** Werden die Leser angesprochen, z. B. durch rhetorische Fragen, die die Leser in die Überlegungen mit einbeziehen; persönliche Anrede der Leser (z. B. durch Anredepronomen), Aufrufe oder Appelle (z. B. durch Imperative)?
- **rhetorische Stilmittel:** Vergleiche, Wiederholungen, Personifikationen, Übertreibungen, Wortspiele (▶ mehr hierzu, S. 370)

Eine Rede analysieren

▶ S. 70 ff., 278–288

Wer eine Rede hält, möchte seine Zuhörer erreichen, beeinflussen und für das eigene Anliegen gewinnen. Dazu nutzt jeder Sprecher/jede Sprecherin bestimmte Redestrategien.

1 Redesituation
- Was ist der Anlass der Rede? Welche Rolle spielen Ort und Zeit? Wer ist das Publikum?

2 Thema und Inhalt
- Auf welches Thema/Problem konzentriert sich der Redner/die Rednerin?
- Was sind die Hauptaussagen der Rede?

3 Argumentation
- Welche Thesen enthält die Rede?
- Mit welchen Argumenten und Beispielen werden sie untermauert?
- Ist die Argumentation schlüssig?
- Werden Gegenargumente genannt?

4 Sprachlich-rhetorische Gestaltungsmittel (▶ Mehr hierzu, S. 370)
- **Aufwertung** der eigenen und **Abwertung** der gegenerischen Position, z. B. durch Koppelung der eigenen Position an hohe Werte durch Verwendung von positiv konnotierte **Fahnenwörtern** (▶ S. 368), z. B.: *Gerechtigkeit, Wohlstand.* Diffamierung der gegnerischen Position durch negativ konnotierte **Stigmawörter** (▶ S. 368), z. B.: *Chaos, Tyrannei.* **Lob** der eigenen Verdienste und **Kritik** und Verleumdung des Gegners.
- **Polarisierung** und Verdeutlichung der Unterschiede, z. B. zwischen Gruppen (z. B. *wir – die*), zwischen Vergangenheit und Gegenwart (z. B. *damals – heute*).
- Dramatisierung einer Situation, z. B. durch Wecken von Ängsten
- **Beschönigung und Verharmlosung** einer Situation, z. B. durch Verwendung von Euphemismen (▶ S. 370) und Floskeln (z. B. *Wir alle haben Opfer zu bringen.*).
- Herstellen einer Nähe zum Publikum und **Erzeugen eines Gemeinschaftsgefühls** durch die Verwendung von „Wir-Sätzen", z. B.: *Wir dürfen nicht aus den Augen verlieren, dass ...*
- **Persönliche Anrede des Publikums** durch das Personalpronomen „ihr" und Verwendung von Appellen und Aufrufen, z. B.: *Ihr sollt stolz ...*
- Ansprechen von Gefühlen durch **bewusste Emotionalisierung** (z. B. *gigantisches Ringen*) und Prägen eines eigenen Vokabulars durch Neologismen (z. B. *Reichsparteitag*)
- **Anschauliche Formulierungen,** z. B. durch Metaphern, Vergleiche, Personifikationen.
- **Wiederholung** von zentralen Begriffen oder Passage.

5 Redeabsicht (Intention)
- Will der Redner informieren, aufklären, beschwichtigen, zum handeln aufrufen?

Film

▶ S. 229–238

Die Einstellungsgrößen

Die Einstellungsgröße legt die Größe des Bildausschnitts fest. Je kleiner der Bildausschnitt ist, desto näher scheint der Betrachter am Geschehen zu sein. Je nachdem, wie nah die Kamera an das Geschehen heranführt oder wie weit sie entfernt bleibt, entstehen unterschiedliche Wirkungen.

- **Totale:** Eine Einstellung, in der die Figur / die Figuren in einer größeren Umgebung ezeigt wird/ werden. Man erhält einen Überblick über den gesamten Schauplatz.
- **Halbnah:** Gegenstände werden aus mittlerer Nähe gezeigt, Figuren werden etwa vom Knie an aufwärts. Die unmittelbare Umgebung ist erkennbar.
- **Nah:** Man sieht Kopf und Schultern von Figuren. Die Einstellung wird häufig bei Dialogen verwendet.
- **Groß:** Der Kopf einer Figur wird bildfüllend dargestellt. So kann man die Gefühle an der Mimik genau ablesen.

Die Kameraperspektive

Der Standpunkt der Kamera und – damit verbunden – ihr Blickwinkel wird als Kameraperspektive bezeichnet. Man unterscheidet:

- Vogelperspektive (Aufsicht): Kamera von oben
- Normalperspektive (Normalsicht): Kamera auf Augenhöhe
- Froschperspektive (Untersicht): Kamera von unten

Schnitt, Montage und Kamerabewegung

Ein **Schnitt** bezeichnet die Verknüpfung von zwei Einstellungen. Man kann z. B. Handlungen, die zeitgleich an verschiedenen Orten spielen, gleichzeitig zeigen, in dem man zwischen den Szenen hin- und herspringt (Parallelmontage), in einer Rückblende ein Ereignis aus der Vergangenheit zeigen oder zwischen den Figuren, z. B. in einer Dialogsituation, hin- und herspringen (Schuss-Gegenschuss-Technik).

Montage meint das Zusammenfügen von Bild- und Tonelementen zum gesamten Film.

Bei der **Kamerabewegung** unterscheidet man Kameraschwenk und Kamerafahrt. Beim **Kameraschwenk** steht die Kamera fest (z. B. auf einem Stativ) und dreht oder neigt sich – ähnlich der Kopfbewegung – um einen fixen Punkt. Im Gegensatz dazu bewegt sich die Kamera bei der **Kamerafahrt** durch den Raum, z. B. auf ein Objekt zu oder von ihm weg oder parallel zu einem sich bewegenden Objekt (Parallelfahrt).

Mise en Scène

▶ S. 232 f.

Der Begriff „Mise en Scène" (frz. „in Szene setzen") beschreibt die **Inszenierung einer Filmszene,** bei der **verschiedene Gestaltungselemente** ineinandergreifen. Um die Gestaltung eines Filmbildes zu beschreiben, können – wie bei der Beschreibung eines Fotos oder eines Gemäldes – folgende Aspekte untersucht werden: **Kameraeinstellung** und **-perspektive, Location** (Schauplatz), **Beleuchtung** (Licht und Schatten), **Farbgestaltung** (haben die Farben eine bestimmte Wirkung oder eine symbolische Bedeutung?) und **Bildaufbau** (was fällt zuerst ins Auge, wie sind Figuren und Gegenstände angeordnet?). Wichtig ist es, zu beschreiben, welche **Wirkung** durch die Bildinszenierung erreicht wird.

Nachdenken über Sprache

Wortarten

Das Nomen (Plural: die Nomen)

Genus (grammatisches Geschlecht; Plural: die Genera)

Jedes Nomen hat ein Genus (ein grammatisches Geschlecht), das man **an** seinem **Artikel erkennen** kann. Ein Nomen ist entweder
- ein **Maskulinum** (männliches Nomen), z. B.: *der Stift, der Regen, der Hund,*
- ein **Femininum** (weibliches Nomen), z. B.: *die Uhr, die Sonne, die Katze,* oder
- ein **Neutrum** (sächliches Nomen), z. B.: *das Buch, das Eis, das Kind.*

Das **grammatische Geschlecht** eines Nomens stimmt **nicht immer** mit dem **natürlichen Geschlecht** überein, z. B.: *das Mädchen, das Kind.*

Numerus (Anzahl; Plural: die Numeri)

Nomen haben einen Numerus, d. h. eine Anzahl. Sie stehen entweder im
- **Singular** (Einzahl), z. B.: *der Wald, die Jacke, das Haus,* oder im
- **Plural** (Mehrzahl), z. B.: *die Wälder, die Jacken, die Häuser.*

Der Kasus (Fall; Plural: die Kasus, mit langem u gesprochen)

In Sätzen erscheinen Nomen immer in einem bestimmten Kasus, das heißt in einem grammatischen Fall. **Im Deutschen gibt es vier Kasus.** Nach dem Kasus richten sich die Form des Artikels und die Endung des Nomens. Man kann den **Kasus** eines Nomens **durch Fragen ermitteln:**

Kasus	Kasusfrage	Beispiele
1. Fall: **Nominativ**	*Wer oder was ...?*	*Der Junge liest ein Buch.*
2. Fall: **Genitiv**	*Wessen ...?*	*Das Buch des Jungen ist spannend.*
3. Fall: **Dativ**	*Wem ...?*	*Ein Mädchen schaut dem Jungen zu.*
4. Fall: **Akkusativ**	*Wen oder was ...?*	*Sie beobachtet den Jungen genau.*

Meist ist der Kasus am veränderten Artikel des Nomens erkennbar, manchmal auch an der Endung des Nomens, z. B.: *des Mannes, des Mädchens, den Kindern.*
Wenn man ein Nomen in einen Kasus setzt, nennt man das **deklinieren** (beugen).

Der Artikel (Plural: die Artikel)

Das Nomen wird häufig von einem Artikel begleitet. Man unterscheidet zwischen dem bestimmten Artikel *(der, die, das)* und dem unbestimmten Artikel *(ein, eine, ein).*

Das Pronomen (Fürwort; Plural: die Pronomen)

Das Pronomen ist ein **Stellvertreter oder Begleiter; es vertritt oder begleitet ein Nomen.**
Es gibt verschiedene Arten von Pronomen.

- **Das Personalpronomen** (persönliches Fürwort)
  Mit den **Personalpronomen** *(ich, du, er, sie, es, wir, ihr, sie)* kann man **Nomen und Namen ersetzen,** z. B.:
  Die Katze möchte ins Haus. Sie miaut. Schnell lassen wir sie herein.

  Personalpronomen werden wie die Nomen dekliniert (gebeugt):

Kasus	Singular 1. Pers.	2. Pers.	3. Pers.	Plural 1. Pers.	2. Pers.	3. Pers.
1. Fall: **Nominativ**	*ich*	*du*	*er/sie/es*	*wir*	*ihr*	*sie*
2. Fall: **Genitiv**	*meiner*	*deiner*	*seiner/ihrer/seiner*	*unser*	*euer*	*ihrer*
3. Fall: **Dativ**	*mir*	*dir*	*ihm/ihr/ihm*	*uns*	*euch*	*ihnen*
4. Fall: **Akkusativ**	*mich*	*dich*	*ihn/sie/es*	*uns*	*euch*	*sie*

- **Das Possessivpronomen** (besitzanzeigendes Fürwort)
  Possessivpronomen *(mein/meine – dein/deine – sein/seine, ihr/ihre – unser/unsere – euer/eure – ihr/ihre)* **geben an, zu wem etwas gehört,** z. B.: *mein Buch, deine Tasche, unsere Lehrerin.*
  Possessivpronomen begleiten meist Nomen und stehen dann in dem gleichen Kasus (Fall) wie das dazugehörige Nomen, z. B.: *Ich gebe meinen Freunden eine Einladungskarte.* (Wem? → Dativ)
- **Das Demonstrativpronomen** (hinweisendes Fürwort)
  Demonstrativpronomen *(der, die, das / dieser, diese, dieses / jener, jene, jenes / solcher, solche, solches / derselbe, dieselbe, dasselbe)* **weisen besonders deutlich auf eine Person oder Sache hin,** z. B.:
  Von allen Jacken gefällt mir diese am besten. Demonstrativpronomen können als Begleiter oder als Stellvertreter eines Nomens verwendet werden.
- **Das Indefinitpronomen** (unbestimmtes Fürwort)
  Indefinitpronomen sind Wörter, mit denen man **eine ungefähre Menge oder Anzahl** angibt, z. B.:
  etwas, manches, alles, nichts, einige, kein, viel, (ein) paar. Indefinitpronomen **stehen häufig vor nominalisierten Adjektiven,** z. B.: *etwas Neues, viel Witziges, alles Gute, nichts Sinnvolles.*

Das Adjektiv (das Eigenschaftswort; Plural: die Adjektive)

- Adjektive werden kleingeschrieben. Adjektive, die vor einem Nomen stehen, haben den gleichen Kasus wie das Nomen: *der kalte See, die kalten Seen, des kalten Sees.*
- **Steigerung der Adjektive:** Adjektive kann man steigern (z. B.: *schön – schöner – am schönsten*).
  So kann man z. B. Dinge oder Lebewesen miteinander vergleichen. Es gibt eine Grundform und zwei Steigerungsstufen: Positiv (Grundform) = *groß;* Komparativ (1. Steigerungsstufe) = *größer;* Superlativ (2. Steigerungsstufe) = *am größten.*
- **Vergleiche:** Vergleiche mit dem Positiv werden mit *wie* gebildet, z. B.: *Tim ist genauso groß wie Yvonne.* Vergleiche mit dem Komparativ werden mit dem Vergleichswort als gebildet, z. B.: *Meine Schuhe sind kleiner als deine.*

Die Präposition (das Verhältniswort; Plural: die Präpositionen)

Präpositionen wie *in, auf, unter* drücken **Verhältnisse und Beziehungen** von Gegenständen, Personen oder anderem aus. Oft beschreiben sie ein **örtliches** Verhältnis *(auf dem Dach)* oder ein **zeitliches** Verhältnis *(bis Mitternacht)*. Sie können aber auch einen **Grund** *(wegen der Hitze)* angeben oder die **Art und Weise** *(mit viel Energie)* bezeichnen.

Präpositionen sind nicht flektierbar (nicht veränderbar). Die Präposition steht in der Regel vor einem Nomen (mit oder ohne Begleiter) oder Pronomen. Sie bestimmt den Kasus des nachfolgenden Wortes (oder der nachfolgenden Wortgruppe), z. B.: *mit dir, wegen des Regens, bei dem Schnee.*

Die Konjunktion (das Bindewort; Plural: die Konjunktionen)

Konjunktionen **verbinden Satzteile oder Teilsätze** miteinander, z. B.: *Es gab Donner und Blitz. Er konnte nicht an der Wanderung teilnehmen, weil er sich den Fuß verstaucht hatte.*
Die häufigsten Konjunktionen sind: *und, oder, weil, da, nachdem.*

Das Verb (das Tätigkeitswort; Plural: die Verben)

Mit Verben gibt man an, **was jemand tut** (z. B. *laufen, reden, lachen*), **was geschieht** (z. B. *regnen, brennen*) oder was ist (z. B. *haben, sein, bleiben*). Verben werden kleingeschrieben.

- Der Infinitiv (die Grundform) eines Verbs endet auf *-en* oder *-n*, z. B.: *rennen, sagen, antworten, rudern, lächeln.*
- Wenn man ein Verb in einem Satz verwendet, bildet man **die Personalform des Verbs.** Das nennt man **konjugieren (beugen),** z. B.: *such-en* (Infinitiv) → *Ich such-e den Schlüssel* (1. Person Singular). Die Personalform des Verbs wird aus dem Infinitiv des Verbs gebildet. An den Stamm des Verbs wird dabei die passende Personalendung gehängt, z. B.: *sprech-en* (Infinitiv) → *ich sprech-e* (1. Person Singular), *du sprich-st* (2. Person Singular) usw.

Der Imperativ (Befehlsform des Verbs; Plural: die Imperative)

Die Aufforderungsform oder **Befehlsform eines Verbs** nennt man Imperativ. Man kann eine Aufforderung oder einen Befehl an eine Person oder an mehrere Personen richten. Dementsprechend gibt es den Imperativ Singular *(„Bitte komm!", „Lauf weg!")* und den Imperativ Plural *(„Bitte kommt!", „Lauft weg!").*

- Der **Imperativ Singular** besteht aus dem Stamm des Verbs *(schreiben → schreib!)*, manchmal wird die Endung *-e* angehängt *(reden → rede!)* oder es ändert sich der Stammvokal von *e* zu *i* *(geben → gib!).*
- Der **Imperativ Plural** wird in der Regel durch den Stamm des Verbs mit der Endung *-t* oder *-et* gebildet *(schreiben → schreibt!, lesen → lest!, reden → redet!).*

Die Tempora (Zeitformen) der Verben

Verben kann man in verschiedenen Zeitformen (Tempora; Sg.: das Tempus) verwenden, z. B. im Präsens, im Präteritum, im Futur. Die Zeitformen der Verben sagen uns, wann etwas passiert, z. B. in der Gegenwart, in der Vergangenheit oder in der Zukunft.

- **Das Präsens** (die Gegenwartsform)
  - Das Präsens wird verwendet, wenn etwas in der **Gegenwart** (in diesem Augenblick) geschieht, z. B.: *Er schreibt gerade einen Brief.* (Es geschieht in diesem Augenblick.)
  - Im Präsens stehen auch **Aussagen, die immer gelten,** z. B.: *Suppe isst man mit dem Löffel.* (Es ist immer gültig.)
  - Man kann das Präsens auch verwenden, **um etwas Zukünftiges auszudrücken.** Meist verwendet man dann eine Zeitangabe, die auf die Zukunft verweist, z. B.: *Morgen gehe ich ins Kino.*

Das Präsens wird gebildet mit dem Stamm des Verbs und den entsprechenden Personalendungen, z. B.: *ich schreib-e, du schreib-st ...*

- **Das Futur** (die Zukunftsform)
  - Das Futur wird verwendet, um ein zukünftiges Geschehen auszudrücken, z. B.: *In den Sommerferien werde ich häufig ins Freibad gehen.*
  - Das Futur wird gebildet mit der Personalform von *werden* im Präsens und dem Infinitiv des Verbs, z. B.: *Ich werde anrufen, du wirst anrufen ...*

- **Das Perfekt**

  Wenn man mündlich von etwas Vergangenem erzählt oder berichtet, verwendet man häufig das Perfekt, z. B.: *Ich habe gerade etwas gegessen. Er ist nach Hause gekommen.*
  Das Perfekt ist eine **zusammengesetzte Vergangenheitsform,** weil es mit einer Form von **„haben“** oder **„sein“** im Präsens (z. B. *hast, sind*) und dem **Partizip II des Verbs** *(gesehen, aufgebrochen)* gebildet wird.
  - Das Partizip II beginnt meist mit *ge-*, z. B.: *lachen → gelacht; gehen → gegangen.*
  - Wenn das Verb schon eine Vorsilbe hat *(ge-, be-* oder *ver-)*, bekommt das Partizip II keine mehr, z. B.: *gelingen → gelungen; beschweren → beschwert; verlieren → verloren.*

- **Das Präteritum**

  Das Präteritum ist eine **einfache Zeitform der Vergangenheit.** Diese Zeitform wird vor allem in schriftlichen Erzählungen (z. B. in Märchen, in Geschichten) und in Berichten verwendet, z. B.: *Sie lief schnell nach Hause, denn es regnete in Strömen.* Man unterscheidet:
  - **regelmäßige (schwache) Verben:** bei den regelmäßigen Verben ändert sich der Vokal *(a, e, i, o, u)* im Verbstamm nicht, wenn das Verb ins Präteritum gesetzt wird, z. B.: *ich lache* (Präsens) → *ich lachte* (Präteritum),
  - **unregelmäßige (starke) Verben:** bei den unregelmäßigen Verben ändert sich im Präteritum der Vokal *(a, e, i, o, u)* im Verbstamm, z. B.: *ich singe* (Präsens) → *ich sang* (Präteritum); *ich laufe* (Präsens) → *ich lief* (Präteritum).

- **Das Plusquamperfekt**

  Wenn etwas vor dem passiert, wovon im Präteritum oder im Perfekt erzählt wird, verwendet man das Plusquamperfekt. Das Plusquamperfekt wird deshalb auch **Vorvergangenheit** genannt, z. B.: *Nachdem sie mit dem Fallschirm sicher gelandet war, jubelten die Menschen.*
  Das Plusquamperfekt ist wie das Perfekt eine **zusammengesetzte Vergangenheitsform,** weil es mit einer Form von **„haben“** oder **„sein“** im Präteritum (z. B. *hatte, war*) und dem **Partizip II des Verbs** (z. B. *gelesen, aufgebrochen*) gebildet wird, z. B.: *Nachdem wir etwas gegessen hatten, gingen wir in den Zoo. Nachdem wir alle pünktlich angekommen waren, ging es los.*
  TIPP: Die Konjunktion *nachdem* leitet oft einen Satz im Plusquamperfekt ein.

Partizip I und II

Das **Partizip I** (Partizip Präsens) setzt sich aus **Verbstamm + (e)nd** zusammen, z. B.: *gehend, zitternd, singend.*

- Mit Hilfe des Partizips I können **gleichzeitig ablaufende Handlungen** beschrieben werden, z. B.: *Die Frau sitzt lesend im Sessel.*
- Das Partizip I kann vor einem Nomen wie ein Adjektiv verwendet werden. Es passt sich dann in Genus, Numerus und Kasus an das Nomen an, das es begleitet, z. B.: *Die lesende Frau sitzt im Sessel. Ein dampfender Tee steht neben ihr auf dem Tisch.*

Das **Partizip II** (Partizip Perfekt) setzt sich zusammen aus **ge + Verbstamm + (e)t oder en,** z. B.: *gezittert, gelaufen.*

- Das Partizip II wird für die **Bildung von zusammengesetzten Zeitformen (Perfekt und Plusquamperfekt)** verwendet, z. B.: *ich habe gelacht* (Perfekt), *ich bin angekommen* (Perfekt); *ich hatte gelacht* (Plusquamperfekt), *ich war angekommen* (Plusquamperfekt).
- Viele Perfektpartizipien können vor einem Nomen wie ein Adjektiv verwendet werden. Sie passen sich dann in Genus, Numerus und Kasus an das Nomen an, das sie begleiten, z. B.: *Die verblühten Rosen stehen auf dem Tisch.*

Aktiv und Passiv

- **Aktiv und Passiv der Verben**
  - Das Aktiv und das Passiv sind zwei Verbformen, die man bei der Darstellung von Handlungen und Vorgängen unterscheidet. Man kann aus zwei Perspektiven schauen:
  - **Aktiv:** Der Handlungsträger (Handelnde) wird betont, z. B.:
    Der Zauberer hält einen Kochlöffel in der Hand.
  - **Passiv:** Die Handlung/der Vorgang wird betont, z. B.:
    Der Kochlöffel wird in der Hand gehalten.
  - Im **Aktiv** ist wichtig, **wer** handelt/etwas tut. Im **Passiv** wird betont, **was geschieht.**
  - Das **Passiv** wird meist mit einer Form von **„werden"** und dem **Partizip II des Verbs** gebildet, z. B.: *wird gehalten; werden aufgeteilt.*
  - Im Passivsatz kann der Handlungsträger ergänzt werden, z. B.:
    Der Kochlöffel wird von dem Zauberer in der Hand gehalten.

  Sätze, in denen der Handlungsträger als Subjekt des Satzes erscheint, stehen in der Verbform Aktiv. Bei der Umwandlung eines Aktivsatzes in einen Passivsatz wird das **Akkusativobjekt** des Aktivsatzes zum **Subjekt** des Passivsatzes, z. B.:

  Aktiv: *Silke führt einen Zaubertrick vor.* (einen Zaubertrick: Akkusativobjekt) → Passiv: *Der Zaubertrick wird (von Silke) vorgeführt.* (Der Zaubertrick: Subjekt)

- **Passiv aus Informationsmangel / als Informationsriegel**
  - In einem Passivsatz kann der Handlungsträger ergänzt werden, z. B.:
    Die Schüler wurden von Herrn Schweppenstette zur Stellungnahme aufgefordert.
  - In einem **Passivsatz** kann der **Handlungsträger** aber auch **völlig weggelassen werden,** z. B.
    - wenn er unbekannt ist (Passiv aus Informationsmangel): *Mein Fahrrad wurde gestohlen.*
    - wenn der Handelnde aus bestimmten Gründen nicht genannt werden soll (Passiv als Informationsriegel), zum Beispiel um eine betroffene Person zu schützen oder die verantwortlichen Personen oder Täter zu verschleiern: *Beim Fußballspiel wurde ein Fenster beschädigt.*

Die Aussageweisen des Verbs: Indikativ und Konjunktiv

Verben haben einen Modus. Indikativ und Konjunktiv sind zwei Aussageweisen. Der Modus zeigt an, wie wirklich und sicher eine Aussage ist.

- **Konjunktiv I in der indirekten Rede**
  Wenn man wiedergeben möchte, was jemand gesagt hat, verwendet man **die indirekte Rede.** Das Verb steht dann im **Konjunktiv I,** z. B.: *Christoph sagt, das Gewitter tobe sich über Berlin aus.*

  Bildung des Konjunktivs I
  Der Konjunktiv I wird durch den Stamm des Verbs (Infinitiv ohne *-en*) und die entsprechende Personalendung gebildet, z. B.:

Indikativ Präsens	Konjunktiv I	Indikativ Präsens	Konjunktiv I
ich komm-e	*ich komm-e*	*wir komm-en*	*wir komm-en*
du komm-st	*du komm-est*	*ihr komm-t*	*ihr komm-et*
er/sie/es komm-t	*er/sie/es komm-e*	*sie komm-en*	*sie komm-en*

Wenn der Konjunktiv I im Textzusammenhang nicht vom Indikativ Präsens zu unterscheiden ist, wird der Konjunktiv II oder die würde-Ersatzform verwendet.

- **Konjunktiv II (Irrealis)**
  Wenn man eine Aussage als **unwirklich (irreal),** nur vorgestellt, unwahrscheinlich oder gewünscht kennzeichnen möchte, verwendet man den Konjunktiv II. Man bezeichnet den Konjunktiv II daher auch als **Irrealis.**

  Bildung des Konjunktivs II
  Der Konjunktiv II wird in der Regel abgeleitet vom Präteritum Indikativ. Bei unregelmäßigen Verben werden **a, o, u** im Wortstamm zu **ä, ö, ü.**

Indikativ Präteritum	*er sah*	*er war*	*er hatte*	*er stand*
Konjunktiv II	*er sähe*	*er wäre*	*er hätte*	*er stände*

An Stelle des Konjunktivs II wird die **würde-Ersatzform** verwendet, wenn
- der Konjunktiv II (im Textzusammenhang) **nicht vom Indikativ Präteritum zu unterscheiden** ist, z. B.: *Zusammen mit Freunden machte er diese Reise.* (Konjunktiv II)
  Zusammen mit Freunden würde er diese Reise machen. (würde-Ersatzform)
- die Konjunktiv-II-Form als besonders **ungebräuchlich** oder **unschön** empfunden wird, vor allem im mündlichen Sprachgebrauch, z. B.: *ich empfähle → ich würde empfehlen.*

Arten der Redewiedergabe

▶ S. 296 f.

Für die Wiedergabe fremder Äußerungen oder Gedanken gibt es verschiedene sprachliche Möglichkeiten:

- **Indirekte Rede:** In einem einleitenden Hauptsatz wird gesagt, wessen Äußerung wiedergegeben wird *(Dr. Rogge erklärt, ...)* Die Wiedergabe der Äußerung erfolgt dann in einem dass-Satz (im Indikativ oder Konjunktiv) oder in einem uneingeleiteten Nebensatz (im Konjunktiv), z. B.: *Dr. Rogge erklärt, es gebe keine einflusslosen Bilderwelten. Dr. Rogge erklärt, dass es keine einflusslosen Bilderwelten gebe/gibt.* (▶ mehr zur indirekten Rede, S. 352)
- **Paraphrase (Umschreibung):** Mit einer Paraphrase im Indikativ gibt man die Gedanken des Ausgangstextes sinngemäß in eigenen Worten wieder. Durch sprachliche Signale wie *nach seiner Meinung ..., nach Auffassung von ...* weist man darauf hin, dass es sich um eine fremde Äußerung handelt, z. B.: *Nach Auffassung von Dr. Rogge haben Medienbilder immer auch einen Einfluss auf uns.*
- **Zitat:** Bei einem Zitat wird ein Teil der fremden Äußerung mit Anführungszeichen in den eigenen Satz eingebaut (▶ zitieren, S. 362). Der Satz steht im Indikativ; wie bei der Paraphrase gibt man einen Hinweis auf die Quelle der Äußerung, z. B.: *So gibt es laut Dr. Rogge keine „einflusslosen Bilderwelten".*

Modalverben

Mit Modalverben verändert man den Aussagewert des Vollverbs. Man zeigt an, ob man z. B. etwas darf oder muss, z. B.: *Hunde müssen draußen bleiben.*

- *können* (Möglichkeit, Fähigkeit), z. B.: *Sie können nebenan parken. Sie kann einparken.*
- *sollen* (Vorschrift, Empfehlung), z. B.: *Besucher sollen auf Parkplatz C parken.*
- *müssen* (Gebot, Zwang), z. B.: *Fahrzeuge müssen die Fahrbahn benutzen.*
- *dürfen* (Erlaubnis, Möglichkeit), z. B.: *Gäste dürfen hier parken.*
- *wollen* (Absicht, Bereitschaft), z. B.: *Wir wollen die Hose umtauschen.*
- *mögen* (Wunsch, Möglichkeit), z. B.: *Wir möchten Sie bitten ...*

Das Adverb (Umstandswort; Plural: die Adverbien)

Adverbien (z. B. *dort, oben, hier, jetzt, kürzlich, heute, kaum, sehr, vergebens, gern, leider, deshalb, nämlich*) **machen nähere Angaben zu einem Geschehen.** Sie erklären genauer, **wo, wann, wie und warum** etwas geschieht, z. B.: *Hier sitze ich gern. Dieser Platz gefällt mir nämlich am besten.*

- Adverbien werden **kleingeschrieben.**
- Die Wortart des Adverbs kann man leicht mit dem Adjektiv verwechseln. Das **Adverb** ist aber im Gegensatz zum Adjektiv **nicht veränderbar** (nicht flektierbar).

Satzglieder

Satzglieder erkennen: Die Umstellprobe

Ein Satz besteht aus verschiedenen Satzgliedern. Diese Satzglieder können aus einem einzelnen Wort oder aus mehreren Wörtern (einer Wortgruppe) bestehen.
Mit der **Umstellprobe** könnt ihr feststellen, wie viele Satzglieder ein Satz hat. Wörter und Wortgruppen, die bei der Umstellprobe immer zusammenbleiben, bilden ein Satzglied, z. B.:

Seit 3000 Jahren überfallen Piraten fremde Schiffe.
Piraten überfallen fremde Schiffe seit 3000 Jahren.

Das Prädikat (Plural: die Prädikate)

Der **Kern des Satzes** ist das Prädikat (Satzaussage). Prädikate werden durch Verben gebildet. In einem Aussagesatz steht die Personalform des Verbs (der gebeugte Teil) **immer an zweiter Satzgliedstelle,** z. B.: *Oft zeichnen Piraten eine Schatzkarte. So finden sie später ihre Beute.*
Das Prädikat kann mehrteilig sein, z. B.: *Die Piraten kommen auf der Insel an. Die Piraten haben das Schiff überfallen.*

Das Subjekt (Plural: die Subjekte)

Das Satzglied, das in einem Satz angibt, wer oder was handelt, etwas tut, veranlasst ..., heißt Subjekt (Satzgegenstand), z. B.: *Der Pirat versteckt auf der Insel einen Schatz.*

- Ihr könnt das Subjekt mit der **Frage „Wer oder was ...?"** ermitteln.
  Der Pirat versteckt auf der Insel einen Schatz. → *Wer oder was versteckt auf der Insel einen Schatz?*
- Das Subjekt eines Satzes kann aus einem oder aus mehreren Wörtern bestehen, z. B.:
  Die alte, verwitterte Schatztruhe liegt unter der Erde. → *Wer oder was liegt unter der Erde?*
- Das Subjekt eines Satzes **steht immer im Nominativ** (**1. Fall,** ▸ S. 328).

Die Objekte

- **Akkusativobjekt:** Das Objekt, das im Akkusativ steht, heißt Akkusativobjekt. Ihr ermittelt es mit der Frage: **Wen oder was ...?,** z. B.: *Wen oder was suchen die Piraten?* → *Die Piraten suchen den Schatz.*
- **Dativobjekt:** Das Objekt, das im Dativ steht, heißt Dativobjekt. Ihr ermittelt es mit der Frage: **Wem ...?,** z. B.: *Wem stehlen die Piraten den Schatz?* → *Die Piraten stehlen ihren Opfern den Schatz.*

Objekte können aus einem oder aus mehreren Wörtern bestehen.

- **Genitivobjekt:** Das Genitivobjekt ist ein Satzglied, das man mit der Frage **Wessen ...?** ermittelt, z. B.: *Er wird des Diebstahls angeklagt.* → *Wessen wird er angeklagt?*
  Das Genitivobjekt wird heute nur noch selten verwendet. Es gibt nur wenige Verben, die ein Genitivobjekt fordern, z. B.: *gedenken (der Toten gedenken), sich rühmen (sich des Sieges rühmen), sich bedienen (sich einer guten Ausdrucksweise bedienen).*
- **Präpositionalobjekt:** Das Präpositionalobjekt steht nach Verben, die fest mit einer Präposition verbunden sind, z. B.: *lachen über, achten auf, denken an, warten auf.*
  Diese Präposition ist auch im Fragewort enthalten, z. B.:
  Die Einbrecher hoffen ***auf*** *eine reiche Beute.* → *Wor****auf*** *hoffen die Einbrecher?*
  Sie fürchten sich ***vor*** *der Polizei.* → *Wo****vor*** *fürchten sie sich?*
  Nach den Präpositionalobjekten fragt man z. B. mit: Wofür ...? Wonach ...? Womit ...? Wovon ...? Worüber ...? Woran ...?

Das Prädikativ

Das Verb *sein* verlangt neben dem Subjekt ein weiteres Satzglied, das Prädikativ. Das Prädikativ kann ein **Nomen** oder ein **Adjektiv** sein, z. B.: *Er ist der Klassensprecher. Ich bin sportlich.*
Das Prädikativ ergänzt das Prädikat (Verb) und bezieht sich zugleich auf das Subjekt des Satzes. Weitere Verben, die häufig ein Prädikativ verlangen, sind: *bleiben, werden, heißen.*

Die adverbialen Bestimmungen (auch: Adverbialien)

- Adverbiale Bestimmungen (Umstandsbestimmungen) sind Satzglieder, die man z. B. mit den Fragen **Wann ...?, Wo ...?, Warum ...?, Wie ...?** ermittelt. Sie liefern zusätzliche **Informationen über den Ort** (adverbiale Bestimmung des Ortes), **über die Zeit** (adverbiale Bestimmung der Zeit), **über den Grund** (adverbiale Bestimmung des Grundes) und **über die Art und Weise** (adverbiale Bestimmung der Art und Weise) eines Geschehens oder einer Handlung.
- Adverbiale Bestimmungen können aus einem oder aus mehreren Wörtern bestehen.
- Durch die Frageprobe kann man ermitteln, welche adverbiale Bestimmung vorliegt.

Frageprobe	Satzglied	Beispiel
Wo? Wohin? Woher?	**adverbiale Bestimmung des Ortes**	*Wo liegt der Schatz?* *Der Schatz liegt hinter der Holzhütte.*
Wann? Wie lange? Seit wann?	**adverbiale Bestimmung der Zeit**	*Wann wurde der Schatz versteckt?* *Der Schatz wurde vor 200 Jahren versteckt.*
Warum? Weshalb?	**adverbiale Bestimmung des Grundes**	*Warum brachen sie die Schatzsuche ab?* *Wegen der Dunkelheit brachen sie die Schatzsuche ab.*
Wie? Auf welche Weise? Womit?	**adverbiale Bestimmung der Art und Weise**	*Wie werden sie die Schatztruhe öffnen?* *Sie werden die Schatztruhe gewaltsam öffnen.*

Die Attribute (Beifügungen)

Attribute **bestimmen ein Bezugswort** (meist ein Nomen) **näher.** Sie sind **immer Teil eines Satzglieds** und bleiben bei der Umstellprobe fest mit ihrem Bezugswort verbunden, z. B.:

Der große Mann / stiehlt / die Tasche.
Die Tasche / stiehlt / der große Mann.

Attribut Bezugswort

Attribute stehen **vor oder nach** ihrem **Bezugswort.**
Man kann sie mit **„Was für ...?"** erfragen.

Was für ein Mann? → ein großer Mann → ein Mann mit schwarzen Haaren

Attribut Bezugswort Bezugswort Attribut

Formen des Attributs

Es gibt verschiedene Formen des Attributs:

- **Adjektivattribut,** z. B.: *die große Tasche*
- **präpositionales Attribut,** z. B.: *das Versteck hinter dem Baum*
- **Genitivattribut,** z. B.: *der Komplize des Erpressers*
- **Apposition** (nachgestelltes Nomen im gleichen Kasus wie das Bezugswort), z. B.: *Herr Schummel, der Geldfälscher, tauchte unter.*

Proben

- **Umstellprobe: Satzanfänge abwechslungsreich gestalten**
  Durch die Umstellprobe könnt ihr eure Texte abwechslungsreicher gestalten. Ihr stellt z. B. die Satzglieder so um, dass die Satzanfänge nicht immer gleich sind, z. B.:
  Ich habe mir heute eine Überraschung ausgedacht. Ich will eine Schatzsuche veranstalten.
  → Heute habe ich mir eine Überraschung ausgedacht. Ich will eine Schatzsuche veranstalten.
- **Ersatzprobe: Wortwiederholungen vermeiden**
  Mit der Ersatzprobe könnt ihr Satzglieder, die sich in eurem Text häufig wiederholen, durch andere Wörter ersetzen, z. B.:
  Ich kenne ein Spiel. ~~Das Spiel~~ (→ Es) kommt aus Indien.
  Zuerst zeichnet man ein Spielbrett. Danach ~~zeichnet~~ (→ erstellt) man die Spielsteine.
- **Weglassprobe: Texte straffen, Wiederholungen vermeiden**
  Mit der Weglassprobe könnt ihr prüfen, welche Wörter in einem Text gestrichen werden sollten, weil sie überflüssig sind oder umständlich klingen, z. B.:
  Als wir den Schatz fanden, jubelten wir vor Freude ~~über den gefundenen Schatz~~.
- **Erweiterungsprobe: Genau und anschaulich schreiben**
  Mit der Erweiterungsprobe könnt ihr prüfen, ob eine Aussage genau genug oder anschaulich genug ist oder ob ihr noch etwas ergänzen solltet, z. B.:
  √ Ich wünsche mir ein Buch √. → Zum Geburtstag wünsche ich mir ein Buch über Piraten.
  Wann? Worüber?

Sätze

Satzarten

Je nachdem, ob wir etwas aussagen, fragen oder jemanden auffordern wollen, verwenden wir unterschiedliche Satzarten: Aussagesatz, Fragesatz und Aufforderungssatz.
In der gesprochenen Sprache erkennen wir die verschiedenen Satzarten oft an der Stimmführung, in der geschriebenen Sprache an den unterschiedlichen Satzschlusszeichen: Punkt, Fragezeichen und Ausrufezeichen.

- Nach einem **Aussagesatz** steht ein **Punkt,** z. B.: *Ich gehe jetzt ins Schwimmbad.*
- Nach einem **Fragesatz** steht ein **Fragezeichen,** z. B.: *Hast du heute Nachmittag Zeit?*
- Nach einem **Ausrufe- oder Aufforderungssatz** steht meist ein **Ausrufezeichen,** z. B.: *Vergiss die Sonnencreme nicht! Beeilt euch!*

Die Satzreihe: Hauptsatz + Hauptsatz

- Ein **Hauptsatz** ist ein selbstständiger Satz. Er enthält mindestens zwei Satzglieder, nämlich Subjekt und Prädikat, z. B.: *Peter schwimmt.*
  Die Personalform des Verbs (das gebeugte Verb) steht im Hauptsatz an zweiter Satzgliedstelle, z. B.: *Peter schwimmt im See.*
- Ein **Satz,** der **aus zwei oder mehr Hauptsätzen** besteht, wird **Satzreihe** genannt. Die einzelnen Hauptsätze einer Satzreihe werden durch ein **Komma** voneinander getrennt, z. B.: *Peter schwimmt im See, Philipp kauft sich ein Eis.*
- Häufig werden die Hauptsätze durch die nebenordnenden **Konjunktionen** (Bindewörter) *und, oder, aber, sondern, denn, doch* verbunden, z. B.: *Peter schwimmt im See, denn es ist sehr heiß.*
  Nur vor den Konjunktionen *und* bzw. *oder* darf das Komma wegfallen, z. B.: *Peter schwimmt im See und Philipp kauft sich ein Eis.*

Satzgefüge: Hauptsatz + Nebensatz

▶ S. 303

Einen Satz, der aus mindestens einem **Hauptsatz und** mindestens einem **Nebensatz** besteht, nennt man **Satzgefüge.** Zwischen Hauptsatz und Nebensatz muss **immer ein Komma** stehen, z. B.:

Weil die Sonne scheint, gehen wir heute ins Schwimmbad.
Nebensatz — Hauptsatz

Der Regen, der seit Stunden fällt, war nach der Hitze nötig.
Hauptsatz — Nebensatz — Hauptsatz (Fortsetzung)

Nebensätze haben folgende Kennzeichen:

- Ein Nebensatz kann **nicht ohne** einen **Hauptsatz** stehen.
- Der Nebensatz **ist dem Hauptsatz untergeordnet.**
- Nebensätze werden **durch** eine unterordnende **Konjunktion** (z. B. *weil, da, obwohl, damit, dass, sodass, nachdem, während*) oder ein **Relativpronomen** *(der, die, das, welcher, welche, welches)* **eingeleitet.**
- Die **Personalform des Verbs** (das gebeugte Verb) steht im Nebensatz immer **an letzter Satzgliedstelle.**

Formen von Nebensätzen

Der Relativsatz

Relativsätze sind Nebensätze, die ein vorausgehendes Bezugswort (Nomen oder Pronomen) näher erklären. Sie werden mit einem **Relativpronomen** eingeleitet, z. B.:
der, die, das oder *welcher, welche, welches.*
Ein Relativsatz wird **immer** durch ein **Komma** vom Hauptsatz abgetrennt. Wird er in einen Hauptsatz eingeschoben, dann setzt man vor und hinter den Relativsatz ein Komma.
Daniel Düsentrieb ist eine Comicfigur, die von Carl Barks erfunden wurde.

Relativsätze nehmen im Satz die **Rolle eines Attributs ein** und werden deshalb auch Attributsätze genannt.

Adverbialsätze

Adverbialsätze sind Gliedsätze, weil sie die Stelle einer adverbialen Bestimmung einnehmen. Sie werden mit einer **Konjunktion** eingeleitet und durch Komma vom Hauptsatz getrennt. Wie die adverbialen Bestimmungen können sie mit Hilfe der Frageprobe näher bestimmt werden:

Adverbialsatz	Frageprobe	Konjunktionen	Beispiel
Kausalsatz (Grund, Ursache)	Warum ...? Aus welchem Grund ...?	da, weil	*Ich nutze das Navi, weil ich beim Fahren keine Karte lesen kann.*
Konditionalsatz (Bedingung)	Unter welcher Bedingung ...?	wenn, falls, sofern	*Wir werden bald da sein, sofern das Navi uns richtig führt.*
Finalsatz (Ziel, Absicht)	Wozu ...? Mit welcher Absicht ...?	damit, dass	*Fahr schneller, damit wir pünktlich sind.*
Konsekutivsatz (Folge, Wirkung)	Mit welcher Folge ...?	sodass (auch: so ..., dass)	*Die Ampel war rot, sodass ich anhalten musste.*
Konzessivsatz (Einräumung)	Trotz welcher Umstände ...?	obwohl, obgleich, obschon, auch wenn	*Obwohl ich die Stadt kannte, habe ich das Navi genutzt.*
Temporalsatz (Zeitpunkt/-dauer)	Wann ...? Seit/Bis wann ...? Wie lange ...?	nachdem, als, während, bis, bevor, solange, sobald ...	*Nachdem das Navi mich in die Irre geführt hatte, schaltete ich es ab.*
Modalsatz (Art und Weise)	Wie ...?	indem, dadurch dass, als (ob) ...	*Ich kam zum Ziel, indem ich einen Passanten fragte.*
Adversativsatz (Gegenüberstellung)	Was passiert im Gegensatz zu ...?	wohingegen, während	*Ich fahre mit dem Navi, wohingegen mein Freund eine Landkarte nutzt.*

Subjektsätze und Objektsätze

Subjektsätze und Objektsätze sind Gliedsätze, weil sie die **Rolle der Satzglieder Subjekt bzw. Objekt** für den Hauptsatz übernehmen. Sie lassen sich wie das Subjekt oder das Objekt mit Hilfe der Frageproben ermitteln.

- **Subjektsatz:** Das Subjekt eines Satzes kann von einem Nebensatz gebildet werden, z. B.:
  Wer eine Reise bucht, muss mit vielem rechnen. Dass wir verlieren, war allen klar.
  Satzgliedfrage: Wer oder was muss mit vielem rechnen? (→ Subjektsatz)
- **Objektsatz:** Das Objekt eines Satzes kann von einem Nebensatz gebildet werden, z. B.:
  Man erlebt, was man nicht für möglich hielt. Ich glaube, dass wir verlieren.
  Satzgliedfrage: Wen oder was erlebt man? (→ Objektsatz)

Infinitivsätze

Obwohl Infinitivgruppen kein Verb in der Personalform besitzen, können sie im Satz die Funktion von Nebensätzen übernehmen (z. B. die Stelle von Subjekt-, Objekt- oder Adverbialsätzen).
Man nennt sie darum auch satzwertige Infinitive oder Infinitivsätze. Ein **Infinitivsatz** besteht aus einem Infinitiv mit „zu" und mindestens einem weiteren Wort, z. B.:
Ich habe vor, heute eine Beschwerde zu schreiben.
Infinitivsätze darf man immer durch **Komma** vom Hauptsatz trennen. Ein Komma muss stehen,

- wenn der Infinitivsatz durch *um, ohne, statt, anstatt, außer, als* eingeleitet wird, z. B.:
  *Ich komme, **um** mich zu beschweren. **Statt** zu klagen, sollte man eine Lösung suchen.*
- wenn der Infinitivsatz von einem Nomen oder einem hinweisenden Wort wie *daran, darauf* oder *es* im Hauptsatz abhängt, z. B.: *Ich habe die Absicht, mich zu beschweren.*
  Ich bedauere es, mich beschweren zu müssen.

Bei einfachen Infinitiven (*zu* + Infinitiv) kann man das Komma weglassen, sofern dadurch keine Missverständnisse entstehen, z. B.: *Wir denken daran(,) zu klagen.*

TIPP: Bei Infinitivsätzen empfiehlt es sich, immer Kommas zu setzen, weil sie die Gliederung eines Satzes verdeutlichen und niemals falsch sind.

Partizipialsätze

Obwohl Partizipgruppen kein Verb in der Personalform besitzen, können sie im Satz die Funktion von Nebensätzen übernehmen. Man nennt sie darum auch satzwertige Partizipien oder Partizipialsätze. Ein Partizipialsatz wird mit einem *Partizip I* (Partizip Präsens: *gehend*) oder einem *Partizip II* (Partizip Perfekt: *gegangen*) gebildet. Der Partizipialsatz **bezieht sich auf das Subjekt** des Hauptsatzes, z. B.: *Den Kopf in den Nacken legend genießt er den Fahrtwind.*
Partizipialsätze *darf* man immer durch **Komma** vom Hauptsatz trennen. Ein Komma *muss* stehen,

- wenn durch ein hinweisendes Wort auf den Partizipialsatz Bezug genommen wird, z. B.:
  Den Kopf in den Nacken legend, so genießt er den Fahrtwind.
- wenn der Partizipialsatz eine Erläuterung zu einem Nomen oder Pronomen ist, z. B.:
  Er, den Kopf in den Nacken gelegt, genoss den Fahrtwind.

Zeichensetzung

Satzschlusszeichen

- Nach einem **Aussagesatz** steht ein **Punkt,** z. B.:
  Ich gehe jetzt ins Schwimmbad.
- Nach einem **Fragesatz** steht ein **Fragezeichen,** z. B.:
  Hast du heute Nachmittag Zeit?
- Nach einem **Ausrufe- oder Aufforderungssatz** steht meist ein **Ausrufezeichen,** z. B.:
  Vergiss die Sonnencreme nicht! Beeilt euch!

Das Komma zwischen Sätzen

▶ S. 303–305

Die einzelnen **Hauptsätze einer Satzreihe** werden durch ein **Komma** voneinander getrennt, z. B.:
Peter schwimmt im See, Philipp kauft sich ein Eis.
Nur vor den Konjunktionen *und* bzw. *oder* darf das Komma wegfallen, z. B.:
Peter schwimmt im See und Philipp kauft sich ein Eis.
Zwischen Hauptsatz und Nebensatz (Satzgefüge) muss **immer ein Komma** stehen, z. B.:
Wir gehen heute ins Schwimmbad, weil die Sonne scheint.

Der Nebensatz kann vor, zwischen oder nach dem Hauptsatz stehen. Zwischen Hauptsatz und Nebensatz muss **immer ein Komma** stehen, z. B.:
Wenn wir verreisen, möchte ich nicht allzu lange im Auto sitzen.
Die Sommerferien, die ich in diesem Jahr zu Hause verbracht habe, waren schön.

Ein **Satzgefüge kann mehrere Nebensätze** enthalten. Alle Nebensätze werden mit einem **Komma** abgetrennt, z. B.:
Weil ich gerne reise, fahre ich weg, wann immer es geht.
Ich glaube, dass man auch zu Hause schöne Urlaubstage verbringen kann, weil ich zu den Leuten gehöre, die gerne lesen und ins Freibad gehen.

Folgende Wörter können Nebensätze einleiten:

unterordnende **Konjunktionen**	nachdem, wenn, obwohl, weil, dass, indem ...	***Weil*** *die Sonne scheint, gehen wir ins Freibad.*
Fragewörter und **ob**	wann, woher, warum, weshalb, wie, wo, ob ...	*Ich weiß nicht genau,* ***wann*** *er kommen wird.*
Relativpronomen	der, die, das, welcher, welche, welches	*Der Junge,* ***der*** *dort vorne steht, heißt Peter.*

Komma in Infinitivsätzen

Infinitivsätze **darf** man immer durch **Komma** vom Hauptsatz trennen.
Ein Komma **muss** stehen,

- wenn der Infinitivsatz durch *um, ohne, statt, anstatt, außer, als* eingeleitet wird, z. B.: *Verwenden Sie das Gerät nicht, **ohne** die Bedienungsanleitung gelesen zu haben.*
- wenn der Infinitivsatz von einem Nomen oder einem hinweisenden Wort wie *dazu, daran, darauf* oder *es* im Hauptsatz abhängt, z. B.: *Der Knopf dient dazu, das Gerät einzuschalten.*

Bei einfachen Infinitiven (zu + Infinitiv) kann man das Komma weglassen, sofern dadurch keine Missverständnisse entstehen, z. B.: *Wir zweifeln nicht daran(,) zu gewinnen.*
TIPP: Bei Infinitivsätzen empfiehlt es sich, immer Kommas zu setzen, weil sie die Gliederung eines Satzes verdeutlichen und niemals falsch sind.

Komma in Partizipialsätzen

Partizipialsätze **darf** man immer durch **Kommas** vom Hauptsatz trennen.
Ein Komma **muss** stehen,

- wenn durch ein hinweisendes Wort auf den Partizipialsatz Bezug genommen wird, z. B.: *Jedes Wort einzeln übersetzt, so nützen Bedienungsanweisungen nichts.*
- wenn der Partizipialsatz eine nachgestellte Erläuterung ist, z. B.: *Jens, aus vollem Halse lachend, reichte mir die Bedienungsanleitung.*

Das Komma bei Aufzählungen

Wörter und Wortgruppen in Aufzählungen werden **durch Kommas abgetrennt,** z. B.:
Mit Wolle, Garn, Stoffen, Perlen kann man immer etwas anfangen.
Dies gilt auch, wenn das Wort oder die Wortgruppe durch eine einschränkende Konjunktion wie *aber, jedoch, sondern, doch* eingeleitet wird, z. B.: *Dieses Spiel ist kurz, aber sehr lustig.*
Achtung: Kein Komma steht vor den nebenordnenden Konjunktionen *und, oder, sowie, entweder ... oder, sowohl ... als auch, weder ... noch,* z. B.: *Hier gibt es sowohl Sportkleidung als auch Sportgeräte.*

Das Komma bei Appositionen und nachgestellten Erläuterungen

1 Die **Apposition** ist eine besondere Form des Attributs und besteht in der Regel aus einem Nomen oder einer Nomengruppe. Sie folgt ihrem Bezugswort (meist ein Nomen) und wird **durch Kommas abgetrennt,** z. B.:
Berlin, unsere Hauptstadt, ist ein beliebtes Reiseziel für Schulklassen.
Die Apposition steht im gleichen Kasus wie ihr Bezugswort (hier: Nominativ).

2 Die **nachgestellte Erläuterung** wird oft mit Wörtern wie *nämlich, und zwar, vor allem, also, das heißt (d. h.), zum Beispiel (z. B.)* eingeleitet. Sie wird **durch Kommas abgetrennt,** z. B.:
Das Reichstagsgebäude, also der Sitz des Bundestags, besitzt eine Kuppel aus Glas.

Das Komma bei Anreden, Ausrufen und Bekräftigungen

- Eine **Anrede** wird durch Komma vom übrigen Satz abgetrennt, z. B.: *Henry, fahr bitte langsamer.*
- **Ausrufe, kommentierende Äußerungen** und **Bekräftigungen** werden durch Komma abgetrennt, z. B.: *Ach, das ist aber schade! Wie eklig, igitt! Sie hatte keine Zeit, leider!*
  Das Komma entfällt jedoch, wenn keine Hervorhebung gewollt ist, z. B.:
  Ach das ist aber schade. Sie hatte leider keine Zeit für uns.
  Vor allem kurze, zweiteilige Äußerungen oder Floskeln stehen meist ohne Komma:
  Ach ja. O nein! Na gut.

Zeichensetzung bei der wörtlichen Rede

Die wörtliche Rede steht in einem Text in Anführungszeichen. Die Satzzeichen ändern sich, je nachdem, ob der Redebegleitsatz vor, nach oder zwischen der wörtlichen Rede steht.

- Der **Redebegleitsatz vor der wörtlichen Rede** wird durch einen Doppelpunkt von der wörtlichen Rede abgetrennt, z. B.: *Ich fragte: „Wohin sollen wir verreisen?"*
- Der **Redebegleitsatz nach der wörtlichen Rede** wird durch ein Komma von der wörtlichen Rede abgetrennt, z. B.: *„Ich würde gerne ans Meer fahren!", rief Jana. „Sollen wir ans Meer fahren?", fragte Jana. „Ich möchte ans Meer", sagte Jana.*
  In der wörtlichen Rede entfällt der Punkt; Frage- und Ausrufezeichen bleiben aber erhalten.
- Der **Redebegleitsatz zwischen der wörtlichen Rede** wird durch Kommas von der wörtlichen Rede abgetrennt, z. B.: *„O weh", rief Tina, „der Papagei!"*

Zeichensetzung bei Zitaten

Wörtlich wiedergegebene Textstellen (Zitate) müssen durch **Anführungszeichen** gekennzeichnet werden. Innerhalb des durch Anführungszeichen gekennzeichneten Zitats darf der **Originaltext nicht verändert** werden.
Auslassungen im Zitat werden durch [...] gekennzeichnet, z. B.:
Original: *Körpersprache, z. B. Mimik und Gestik, ist für unsere Kommunikation zentral.*
Zitat: *„Körpersprache [...] ist für unsere Kommunikation zentral."*
Geringfügige Änderungen, z. B. grammatische Anpassungen an den eigenen Text oder Zusätze, die dem Leser klarmachen, wovon im Zitat die Rede ist, werden in eckige Klammern gesetzt, z. B.:
Original: *Sie wurden noch vor der geplanten Reise verfasst.*
Zitat: *„Sie [die fünf Gedichte] wurden noch vor der geplanten Reise verfasst."*
Original: *Das chorische Sprechen ...* Zitat: *Wegen des „chorische[n] Sprechen[s] ..."*
Treffen **Punkt, Frage- oder Ausrufezeichen** mit den Anführungszeichen zusammen, stehen die Satzschlusszeichen

- **außerhalb** der Anführungszeichen, wenn sie nicht zu der zitierten Äußerung gehören, z. B. *Müssen Schüler wirklich durch Markenkleidung zeigen, „wohin sie gehören"?,*
- **innerhalb** der Anführungszeichen, wenn sie zu der wiedergegebenen Äußerung gehören, z. B. *„Wie gehen Kinder damit um?", fragt der Interviewer.*

Bei einem angeführten Satz lässt man den **Schlusspunkt** weg, wenn er am Anfang oder im Innern des Ganzsatzes steht, z. B. *„Das sind natürlich Spiele", erklärt Hager.*

Rechtschreibregeln

Kurze Vokale – doppelte Konsonanten

Nach einem **betonten, kurzen Vokal** (Selbstlaut) folgen fast immer **zwei** oder mehr Konsonanten. Beim deutlichen Sprechen könnt ihr sie meist gut unterscheiden, z. B.: *kalt, Pflanze, trinken.* Wenn ihr bei einem Wort mit einem betonten, kurzen Vokal nur einen **Konsonanten** hört, dann wird er in der Regel **verdoppelt,** z. B.: *Tasse, Schiff, wissen, treffen, sonnig, satt.* Beachtet: Statt kk schreibt man **ck** und statt zz schreibt man **tz,** z. B.: *verstecken, Decke, Katze, verletzen.*

Lange Vokale (a, e, i, o, u)

- **Lange Vokale als einfache Vokale**
  In den meisten Wörtern ist der betonte lange Vokal ein einfacher Vokal. Danach folgt meist nur ein Konsonant, z. B.:
  die Flöte, die Hose, der Besen, geben, tragen, er kam.
  Das gilt besonders für einsilbige Wörter:
  zu, los, so, wen.

- **Lange Vokale mit h**
  Das **h** nach einem **langen Vokal** steht besonders häufig vor den Konsonanten **l, m, n, r.**
  Beispiele: *kahl, nehmen, wohnen, bohren.* Man hört dieses h nicht.

- **h am Silbenanfang**
  Bei manchen Wörtern steht am Anfang der Silbe ein **h,** z. B.: *ge-hen.* Dieses **h** könnt ihr hören. Das **h** bleibt in verwandten Wörtern erhalten. Verlängert einsilbige Wörter, dann hört ihr dieses **h,** z. B.: *er geht → gehen.*

- **Wörter mit Doppelvokal**
  Es gibt nur wenige Wörter, in denen der lang gesprochene Vokal durch die Verdopplung gekennzeichnet ist. Merkt sie euch gut.
  - **aa:** *der Aal, das Haar, paar, das Paar, der Saal, die Saat, der Staat, die Waage.*
  - **ee:** *die Beere, das Beet, die Fee, das Heer, der Klee, das Meer, der Schnee, der See.*
  - **oo:** *das Boot, doof, das Moor, das Moos, der Zoo.*

  Die Vokale **i** und **u** werden nie verdoppelt.

- **Wörter mit langem i**
  - **Wörter mit ie:** Mehr als drei Viertel aller Wörter mit lang gesprochenem **i** werden mit **ie** geschrieben. Das ist also die häufigste Schreibweise.
    Beispiele: *das Tier, lieb, siegen, viel, hier.*
  - **Wörter mit i:** Manchmal wird das lang gesprochene **i** durch den Einzelbuchstaben **i** wiedergegeben.
    Beispiele: *mir, dir, wir, der Igel, das Klima, das Kino, der Biber.*
  - **Wörter mit ih:** Nur in den folgenden Wörtern wird der lange **i**-Laut als **ih** geschrieben:
    ihr, ihm, ihn, ihnen, ihre usw.

Das stimmhafte s und das stimmlose s

- **Das stimmhafte s (= weicher, gesummter s-Laut):**
  Manchmal spricht man das **s** weich und summend wie in ***S**onne, tau**s**end* oder *sel**t**s**am**.* Dann nennt man das **s** stimmhaft.
- **Das stimmlose s (= harter, gezischter s-Laut):**
  Manchmal spricht man das **s** hart und zischend wie in *Gra**s*** oder *kü**ss**en* oder *schlie**ß**en.* Dann nennt man das **s** stimmlos.

Die Schreibung des s-Lautes: s, ss oder ß?

- Das **stimmhafte s wird immer mit einfachem s** geschrieben, z. B.:
  *ei**s**ig, Rie**s**e, **S**onne.*
- Das **stimmlose s** wird **mit einfachem s** geschrieben, **wenn sich beim Verlängern** des Wortes (▶ S. 345) **ein stimmhaftes s ergibt,** z. B.:
  *das Gra**s** → die Gräser; un**s** → unser.*
  Für einige Wörter mit einfachem **s** am Wortende gibt es keine Verlängerungsmöglichkeit. Es sind also Merkwörter: *als, aus, bis, es, was, etwas, niemals, alles, anders, morgens.*
- **Doppel-s nach kurzem Vokal**
  Der stimmlose s-Laut wird **nach einem kurzen, betonten Vokal** mit **ss** geschrieben, z. B.:
  *e**ss**en, die Kla**ss**e, wi**ss**en.*
- **ß nach langem Vokal oder Diphthong**
  Der stimmlose s-Laut wird **nach einem langen Vokal oder Diphthong** (ei, ai, au, äu, eu) mit **ß** geschrieben, wenn er bei der Verlängerungsprobe stimmlos bleibt, z. B.:
  *hei**ß** → hei**ß**er; der Klo**ß** → die Klö**ß**e.*

Das oder *dass?*

▶ S. 306

1 ***Das* = Relativpronomen, Artikel, Demonstrativpronomen,**
Ihr schreibt *das,* wenn es sich um den bestimmten **Artikel** *(das Surfen),* ein **Demonstrativpronomen** *(das war ja klar.)* oder um das **Relativpronomen** *das* handelt.
Das Relativpronomen das leitet einen Relativsatz ein, der sich auf ein Bezugswort (Nomen) im Hauptsatz bezieht. *(Das ist ein Angebot, das ich nicht ablehnen kann.)*

2 ***Dass* = Konjunktion**
Ihr schreibt *dass,* wenn es sich um die Konjunktion *dass* handelt. Diese Konjunktion leitet immer einen Nebensatz ein, vor der Konjunktion muss ein Komma stehen, z. B.:
Er glaubte nicht, dass das funktionieren würde.

3 ***Das* oder *dass?* Macht die Ersatzprobe**
Das lässt sich immer durch ***dieses* oder *welches*** ersetzen. Funktioniert das nicht, handelt es sich um die Konjunktion *dass,* die mit *ss* geschrieben wird, z. B.:
Das (Dieses) Modell, das (welches) du für den Versuch aufgebaut hast, bestätigt das (dies). Wichtig ist, dass (~~dieses/welches~~) wir jetzt weitermachen.

Großschreibung

Großgeschrieben werden

- alle Satzanfänge, z. B.: ***E**r tanzt gern.*
- alle Nomen und nominalisierten Wörter, z. B.: *die **L**iebe, der **B**uchhändler, das **S**chwimmbad, etwas **N**eues, gutes **Z**uhören …*
- die Höflichkeitsanrede (z. B. in einem Brief) ***S**ie, **I**hnen* usw.

Nomen und Nomenmerkmale

- **Nomen** werden **großgeschrieben.** Wörter, die auf *-heit, -keit, -nis, -schaft, -tum, -in, -ung* enden, sind immer Nomen, z. B.: *Gesundheit, Tapferkeit, Ereignis, Verwandtschaft, Irrtum, Sängerin, Handlung.*
- **Nomen kann man meist an ihren Begleitwörtern (Nomensignalen) erkennen,** die den Nomen vorausgehen. Begleitwörter sind:
  - **Artikel** (bestimmter/unbestimmter), z. B.: *der Hund, ein Hund.*
  - **Pronomen,** z. B.: *unser Hund, dieser Hund.*
  - **Präpositionen,** die mit einem Artikel verschmolzen sein können, z. B.: *bei Nacht, am (= an dem) Fluss.*
  - **Adjektive,** z. B.: *große Hunde.*
  - **Zahlwörter,** z. B.: *zwei Tage, drei Stunden.*

Nominalisierungen

▶ S. 302

Verben, Adjektive, Adverbien und **Wörter anderer Wortarten** schreibt man in der Regel **groß,** wenn sie im Satz **als Nomen gebraucht** werden, z. B.:
das Spielen (Verb), *das Neue* (Adjektiv). Diesen Vorgang nennt man **Nominalisierung.** Ihr könnt solche Nominalisierungen genau wie alle anderen Nomen meist an ihren **Begleitwörtern** erkennen, z. B.:

- ein **Artikel,** z. B.: *das Spielen, ein Gutes.*
- ein **Adjektiv,** z. B.: *fröhliches Lachen, langes Hin und Her.*
- eine **Präposition,** die mit einem Artikel verschmolzen sein kann, z. B.: *vor Lachen, bei Rot, beim (bei dem) Spielen, im (in dem) Großen und Ganzen.*
- ein **Pronomen,** z. B.: *dieses Laufen* (Demonstrativpronomen), *unser Bestes* (Possessivpronomen), *etwas Neues, alles Gute* (Indefinitpronomen).

TIPP: Nicht immer wird ein nominalisiertes Wort durch einen Nomenbegleiter angekündigt. Macht die Probe: Wenn ihr einen Nomenbegleiter (z. B. einen Artikel) ergänzen könnt, schreibt ihr groß, z. B.: *Nicht nur (das) Rätseln ist ein schöner Zeitvertreib.*

Wörter, die formgleich als Nomen vorkommen, aber selbst keine Merkmale von Nomen aufweisen **(Denominalisierungen)** schreibt man **klein,** z. B.: *kraft des Gesetzes, zeit seines Lebens, angst und bange sein.*

Schreibung von Eigennamen und Herkunftsbezeichnungen

- **Eigennamen** schreibt man **groß.** In mehrteiligen Eigennamen schreibt man alle Wörter groß mit Ausnahme der Artikel, Konjunktionen und Präpositionen, z. B.: *das Optische Museum Jena, das Gasthaus zum Goldenen Schwan, Karl der Große, der Erste Mai.*
  Zusammensetzungen aus mehreren oder mehrteiligen Eigennamen schreibt man mit **Bindestrich,** z. B.: *Otto-Lilienthal-Museum, Rheinland-Pfalz.*
- Für die Schreibung von **Straßennamen,** Plätzen, Brücken usw. gelten dieselben Regeln wie für Eigennamen, z. B.: *Frankfurter Straße, Carl-Maria-von-Weber-Allee.*
- **Herkunftsbezeichnungen:**
  - Die von geografischen Namen abgeleiteten **Wörter auf *-er* schreibt man** immer **groß,** z. B.: *das Sinsheim**er** Automuseum, das Berlin**er** Olympiastadion.*
  - Die von geografischen Namen abgeleiteten **Adjektive auf *-isch* werden kleingeschrieben,** z. B.: *das speyer**isch**e Technikmuseum, niedersächs**isch**e Städte.*

Tageszeiten und Wochentage

- **Tageszeiten und Wochentage** werden **großgeschrieben,** wenn sie **Nomen** sind. Ihr erkennt sie häufig an den üblichen Nomensignalen, z. B. *am Nachmittag, mitten in der Nacht, eines Tages; am Montag, diesen Dienstag, jeden Mittwoch.*
- **Tageszeiten und Wochentage** werden **kleingeschrieben,** wenn sie **Adverbien** sind, z. B.: *heute, morgen, gestern, nachmittags, abends, freitags.*
- Bei **kombinierten Angaben** schreibt man die **Adverbien klein** und die **Nomen groß,** z. B.: *heute Abend, gestern Nacht, morgen Mittag.*
- Auch für **zusammengesetzte Zeitangaben** aus Wochentag und Tageszeit gilt: Sie werden großgeschrieben, wenn sie Nomen sind, und kleingeschrieben, wenn sie Adverbien sind, z. B.: *der Montagnachmittag, am Mittwochabend, montagnachmittags, mittwochabends.*

Die Schreibung von Fremdwörtern

Fremdwörter

Fremdwörter sind **Wörter,** die aus **anderen Sprachen** kommen, z. B.: *Gymnastik* (griech.), *diskutieren* (lat.), *Garage* (frz.), *Spaghetti* (ital.), *Snowboard* (engl.). Meist erkennt man sie an der Aussprache und der Schreibung, wenn sie den Regeln ihrer Herkunftssprache folgen.
Häufig gebrauchte **Fremdwörter** werden **eingedeutscht,** d. h. in ihrer Schreibweise dem Deutschen angeglichen. In diesen Fällen ist sowohl die eingedeutschte als auch die fremdsprachige Schreibung korrekt, z. B.: *Photographie/Fotografie; Portemonnaie/Portmonee.*
Fremdwörter, die als **Fachbegriffe** verwendet werden, werden **nicht eingedeutscht.** Dies gilt auch für Fachbegriffe aus dem Deutschunterricht, z. B.: *Apposition, Metapher, Strophe.*

Getrennt- und Zusammenschreibung

▶ S. 301

Wortgruppen aus Nomen und Verb

Wortgruppen aus **Nomen und Verb** werden in der Regel **getrennt** geschrieben, z. B.:
Rad fahren, Handball spielen, Schlange stehen.
Achtung: Werden sie nominalisiert, schreibt man sie zusammen und groß, z. B.:
Ich hole dich zum Fußballspielen ab. Das Radfahren macht mir Spaß.

Wortgruppen aus Verb und Verb

Wortgruppen aus **Verb und Verb** können immer **getrennt geschrieben** werden, z. B.:
kennen lernen, einkaufen gehen, liegen lassen, gesagt bekommen, gelobt werden.
Achtung: Werden sie nominalisiert, schreibt man sie zusammen und groß, z. B.:
Das Spazierengehen im Wald ist eine schöne Abwechslung.

Wortgruppen mit sein

Wortgruppen mit **sein** werden immer getrennt geschrieben, z. B.:
froh sein, zufrieden sein, zusammen sein, vorhanden sein.

Wortgruppen aus Adjektiv und Verb

Wortgruppen aus Adjektiv und Verb werden **meist getrennt geschrieben,** z. B.:
laut singen, schnell rennen, bequem sitzen.
Aber: Entsteht durch die Verbindung von Adjektiv und Verb ein **Wort mit einer neuen Gesamtbedeutung, schreibt man zusammen,** z. B.:
schwarzfahren (= ohne Fahrschein fahren), *schwerfallen* (= Mühe bereiten),
blaumachen (= schwänzen).

Wortgruppen aus Adverb und Verb, Präposition und Verb

- Wenn **Adverb und Verb zusammengeschrieben werden,** liegt die **Hauptbetonung** in der Regel **auf dem Adverb,** z. B.:
  Wir müssen <u>zusammen</u>halten.
  Bei der **Getrenntschreibung** werden **Adverb und Verb in der Regel gleich betont,** z. B.:
  Ich wohne in dem Haus, das du <u>gegenüber</u> <u>siehst</u>.
  TIPP: Macht die Erweiterungsprobe. Wenn ihr ein Wort oder eine Wortgruppe zwischen Adverb und Verb einfügen könnt, schreibt ihr getrennt, z. B.:
  Wollen wir das Regal zusammen (in die Küche) tragen?
- **Verbindungen aus Präposition und Verb** schreibt man in der Regel **zusammen.**
  Die Hauptbetonung liegt bei der Zusammenschreibung auf der Präposition, z. B.:
  Können wir <u>um</u>kehren? Möchtest du <u>mit</u>kommen?

Sprache und Stil

Wortbedeutung

▶ S. 266–276

Denotation und Konnotation eines Wortes

▶ S. 267

- **Denotation:** Die Denotation eines Wortes (lat. *denotare* = bezeichnen) ist die klar definierte Grundbedeutung eines Wortes, die man im Wörterbuch oder Lexikon nachschlagen kann.
- **Konnotation:** Die Konnotation (lat. *con* = mit, *notatio* = Bezeichnung, Anmerkung) bezeichnet die Nebenbedeutung eines Wortes, d. h. die Vorstellungen, Erfahrungen, Empfindungen und Assoziationen, die wir mit einem Wort verbinden, z. B.: *Nacht*
  denotative Bedeutung: Zeit zwischen Sonnenuntergang und -aufgang
  konnotative Bedeutung: Dunkelheit, Angst, Stille, Schlaf, Party, Einsamkeit usw.

Fahnenwörter und Stigmawörter

▶ S. 267

Unter **Fahnenwörtern** versteht man im politischen Sprachgebrauch Wörter oder Phrasen, die **ausgesprochen positiv konnotiert** (▶ Konnotation, s. oben) sind, weil sie gesellschaftliche Wertvorstellungen zum Ausdruck bringen, z. B.: *Freiheit, Demokratie, Würde des Menschen.* Aufgrund ihrer emotionalen Anziehungskraft besitzen sie ein großes Überzeugungspotenzial. Weil es sich bei den Fahnenwörtern in der Regel um abstrakte Begriffe handelt, die keine klar definierte Bedeutung haben, können sie beinahe beliebig eingesetzt werden. Was man im konkreten Einzelfall z. B. unter „Demokratie" versteht, ist abhängig vom jeweiligen politischen System.
Fahnenwörter heißen sie, weil man mit ihnen für die eigene Sache „Flagge zeigen" kann.
Stigmawörter sind dagegen negativ konnotiert und dienen dazu, den politischen Gegner bzw. dessen Standpunkte zu diffamieren, z. B.: *Überwachungsstaat, Raubtierkapitalismus.*

Bedeutungswandel

Im Laufe der Zeit haben sich nicht nur die Schreibweise und die Aussprache der Wörter verändert, sondern häufig auch deren Bedeutung. Verändert ein Wort im Laufe seiner Geschichte seine Bedeutung, nennt man das **Bedeutungswandel.** Will man wissen, welche Bedeutung ein Wort ursprünglich hatte, nimmt man ein Herkunftswörterbuch (etymologisches Wörterbuch) zu Hilfe. Die Etymologie (griech. *étymos*= wahr; *logos* = Wort) gehört zur Sprachwissenschaft und befasst sich mit der Herkunft und der Geschichte unserer Wörter.

- **Bedeutungsverengung:** Das mhd. Wort *muos* bezeichnete im Mittelhochdeutschen alle Arten von Speisen. Heute versteht man darunter nur noch eine breiartige Speise.
- **Bedeutungserweiterung:** Das mhd. Wort *horn* bezeichnete nur das Horn des Tieres.
  Heute gebrauchen wir das Wort zur Bezeichnung vieler Gegenstände, z. B. *Horn des Tieres, Horn als Blasinstrument, Horn als Trinkgefäß.*
- **Bedeutungsverbesserung:** Das mhd. Wort marschalc (Marschall) bedeutete Pferdeknecht.
  Heute bezeichnet dieses Wort einen sehr hohen militärischen Rang.
- **Bedeutungsverschlechterung:** Das mhd. Wort *merhe* (Mähre) bedeutete ursprünglich Pferd.
  Heute verstehen wir unter einer „Mähre" ein altes, abgemagertes Pferd.

Sprachvarianten

Standardsprache, Umgangssprache, Jugendsprache

- Die **Standardsprache** (auch: Hochsprache) ist die allgemein verbindliche Form unserer Sprache, wie sie in der Öffentlichkeit (besonders im Schriftlichen), z. B. in der Schule, verwendet wird.
- Die **Umgangssprache** ist die Sprache, die wir bei unserer alltäglichen mündlichen Kommunikation verwenden. Sie orientiert sich an der Hochsprache, wendet deren Regeln und Normen aber nicht streng an. Typisch für die Umgangssprache sind z. B.: unvollständige Sätze (Ellipsen), z. B. *Du auch?;* umgangssprachliche Wörter und Wendungen, z. B.: *doof.*
- Die **Jugendsprache** unterscheidet sich durch bestimmte Wörter, Wendungen oder den Satzbau von der Standardsprache, z. B.: *fett* (Jugendsprache) = *gut* (Standardsprache). Sie ist sehr unterschiedlich, denn je nach Jugendgruppe finden sich ganz verschiedene Äußerungsformen, z. B.: *die Sprache der Computerfreaks, der Raver, der Skater usw.*

Dialekte

Dialekte (auch Mundarten genannt) sind Sprachvarianten, die an eine bestimmte geografische Region gebunden sind und von der Standardsprache (auch Hochdeutsch genannt) unterschieden werden. Man teilt die Dialekte grob in das Niederdeutsche (Dialekte in Norddeutschland, auch „Plattdeutsch" genannt), das Mitteldeutsche (Dialekte in Mitteldeutschland) und das Oberdeutsche (Dialekte in Süddeutschland) ein.

Sprache im Wandel (Lautverschiebung)

Das Deutsche hat sich, wie auch viele andere Sprachen, im Laufe der Jahrhunderte in seiner Lautung (und auch Schreibweise) gewandelt. Diesen **Sprachwandel** (Lautverschiebung) haben die **einzelnen Dialekte in unterschiedlicher Weise mitgemacht.** Das **Niederdeutsche** (Dialekte in Norddeutschland) hat diese Lautverschiebung im Unterschied zum Mittel- und Oberdeutschen (Dialekte in Mittel- und Süddeutschland) **nicht vollzogen.**

Kommunikation und Sprachfunktion

▶ S. 240–250

Für die Abläufe der menschlichen Kommunikation wurden **verschiedene Modelle** entwickelt (▶ S. 241–247). Stark vereinfacht übermittelt ein **Sender** bestimmte Signale an einen **Empfänger.** Jedes sprachliche Zeichen hat grundsätzlich **drei Sprachfunktionen:**
Mit einem sprachlichen Zeichen (Z)

- drücke ich etwas von mir aus **(Ausdruck),**
- wende ich mich an jemanden, um etwas in ihm auszulösen **(Appell),**
- kommuniziere ich über die Dinge **(Darstellung).**

Alle drei Seiten sind in jedem kommunikativen Zeichen enthalten, aber meist dominiert eine Seite. Ein Sender, der beim Adressaten eine bestimmte Handlung auslösen will und der deshalb überredend, überzeugend oder befehlend spricht, rückt z. B. die Appellfunktion in den Vordergrund.

(▶ Kommunikation in literarischen Texten untersuchen, S. 371)

Rhetorische Figuren und Stilmittel im Überblick

Rhetorische Figur	Definition	Beispiel
Alliteration, die	Wiederholung des Angangslauts	*dunkle Dinge*
Anapher, die	Wiederholung eines oder mehrerer Wörter am Satz- oder Versanfang	*Er schaut nicht die Felsenriffe / Er schaut nur hinauf ...*
Antithese, die	Gegenüberstellung gegensätzlicher Begriffe	*heiß und kalt*
Chiasmus, der	Überkreuzstellung von gedanklichen oder syntaktischen Elementen	*Es führt von der Poesie kein direkter Weg ins Leben, aus dem Leben keiner in die Poesie*
Ellipse, die	unvollständiger Satz	*Je früher der Abschied, desto kürzer die Qual.*
Euphemismus, der	beschönigende Umschreibung	*„Rentenreform" für Rentenkürzung*
Hyperbel, die	starke Übertreibung	*Das hab ich dir schon tausendmal gesagt.*
Ironie, die	Aussage, die erkennen lässt, dass das Gegenteil gemeint ist	*Das hast du ja wieder toll hinbekommen!*
Klimax, die	steigernde Reihung einzelner Wörter oder Sätze	*Er sei mein Freund, mein Engel, mein Gott*
Metapher, die	bildhafte Bedeutungsübertragung	*eine Mauer des Schweigens*
Neologismus, der	Wortneuschöpfung	*Berufsjugendlicher*
Parallelismus, der	Wiederholung gleicher syntaktischer Fügungen	*Die Nacht ist dunkel, der Tag ist hell*
Personifikation, die	Vermenschlichung	*Vater Staat; Mutter Natur*
rhetorische Frage, die	scheinbare Frage, deren Antwort bereits feststeht	*Wer ist schon perfekt ?*
Symbol, das	Sinnbild, oft ein Gegenstand, der über sich hinaus auf etwas Allgemeines verweist	*Taube als Symbol des Friedens, Ring als Symbol der Treue und Ewigkeit*
Synästhesie, die	Verbindung unterschiedlicher Sinneseindrücke	*mit lärmenden Fackeln*
Vergleich, der	Verknüpfung zweier Bedeutungsbereiche durch „wie" oder „als ob"	*Achill ist stark wie ein Löwe.*

Arbeitstechniken und Methoden

Gestaltendes Schreiben

▶ S. 119–124

Beim gestaltenden Schreiben setzt ihr euch mit der Textvorlage auseinander. Führt euch die Situation, die Atmosphäre, die Figur(en) genau vor Augen. Achtet darauf, dass euer Text (Handlung, Sprache) zum Ausgangstext passt. Ihr könnt z. B.:

- **einen Tagebucheintrag verfassen:** Schreibt aus der Perspektive einer der beteiligten Figuren und äußert ihre Gedanken, Gefühle, Sehnsüchte, Ängste usw.
- **einen Dialog entwerfen:** Entwerft einen Dialog zwischen zwei oder mehreren Figuren aus dem Text. Thema könnte z. B. ein Problem oder ein Streitpunkt zwischen den Figuren sein.
- **einen inneren Monolog verfassen:** Entwerft ein stummes Selbstgespräch einer Figur, in dem sie ihre Gedanken, Gefühle und Wahrnehmungen äußert.
- **einen Brief an eine Figur schreiben:** Schreibt einen Brief an eine Figur aus dem Text. Ihr könnt der Figur Fragen stellen, ihr Verhalten beurteilen, ihr Hinweise und Tipps geben usw.
- **ein Interview führen:** Formuliert Fragen an die literarische Figur, z. B. zu ihren Handlungsmotiven, Gedanken, Gefühlen, Wünschen, Ängsten. Versetzt euch anschließend in die Figur und notiert Antworten auf eure Fragen.
- **einen Paralleltext verfassen:** Verändert den Text so, dass er in einer anderen Zeit (z. B. der Gegenwart) oder an einem anderen Ort (z. B. in eurer Stadt) spielt.

Die Kommunikation in einem literarischen Text untersuchen

▶ S. 251–264

1 Gesprächsverlauf
- Wie verläuft das Gespräch? Gibt es einzelne Phasen, Wendepunkte oder Brüche?

2 Rollen/Rollenwechsel, symmetrische/komplementäre Kommunikation (Watzlawick)
- Gibt es im Gespräch eine klar erkennbare Rollenverteilung? Verändert sich diese?
- Ist die Kommunikation symmetrisch (gleichberechtigt) oder komplementär (unterschiedlich), z. B. durch die Dominanz einer Figur (durch Status, Redeanteile usw.)?

3 Non- und paraverbales Verhalten
- Welche **nonverbalen** (Gestik, Mimik, Körperhaltung) und **paraverbalen Signale** (Lautstärke, Intonation, Sprechtempo, Pausen usw.) der Figuren sind aufschlussreich?
  Wie deutet ihr dieses Verhalten?

4 Kommunikationsquadrat (Vier-Ohren-Modell) Schulz von Thuns
- Welche Information wird auf der **Sachebene** mitgeteilt?
- Welche Aussagen werden auf der **Beziehungsebene** gemacht?
- Wo geben die Sprecher – bewusst oder unbewusst – etwas von sich preis und offenbaren sich **(Selbstkundgabe)?**
- Welche offenen oder versteckten **Appelle** sind erkennbar?
- Welches der „vier Ohren" hat ein Gesprächspartner an welchen Stellen besonders offen?

5 Metakommunikation
- Gibt es Textpassagen, in denen die Kommunikation selbst zum Gegenstand des Gesprächs wird? Wozu führt diese Metakommunikation?

Schreibkonferenz durchführen

- Setzt euch in kleinen Gruppen (höchstens zu viert) zusammen.
- Einer liest seinen Text vor, die anderen hören gut zu.
- Anschließend geben die anderen eine Rückmeldung, was ihnen besonders gut gefallen hat.
- Nun wird der Text in der Gruppe Satz für Satz besprochen. Die Überarbeitungsvorschläge werden abgestimmt und schriftlich festgehalten.
- Korrigiert auch die Rechtschreibung und die Zeichensetzung.
- Zum Schluss überarbeitet die Verfasserin oder der Verfasser den eigenen Text.

Vortragen / sinngestaltendes Vorlesen

Vortragen oder sinngestaltendes Vorlesen bedeutet, dass ihr einen Text (z. B. eine Geschichte, ein Theaterstück oder ein Gedicht) ausdrucksvoll vortragt und eure Stimme dem Geschehen anpasst. Überlegt, wie ihr welche Textstelle sprechen wollt, welche Wörter ihr besonders betonen wollt und wo es sinnvoll ist, eine Pause zu machen. Markiert dann den Text mit entsprechenden Betonungszeichen.

Betonungszeichen

◄ (lauter)	→ (schneller)	|| (lange Pause)	___ (Betonung)
► (leiser)	← (langsamer)	| (kurze Pause)	⤵ (Zeilensprung)

Ein Referat / Einen Vortrag planen und halten

► S. 65–68

1 Das Referat vorbereiten

Ein gelungenes Referat muss gut vorbereitet werden:
- Ordnet die Informationen für euer Referat, z. B. nach Unterthemen, und bringt sie in eine sinnvolle Reihenfolge.
- Notiert zu jedem Unterthema wichtige Stichworte, z. B. auf Karteikarten.
- Nummeriert die Karteikarten in der entsprechenden Reihenfolge.
- Überlegt, zu welchen Informationen eures Vortrags ihr welches Anschauungsmaterial zeigen könnt, und sucht nach geeignetem Material, z. B.: Bilder, Fotos, Grafiken.

2 Das Referat gliedern

Gliedert die Informationen. Diese Struktur ist der rote Faden eures Referats.
- **Einleitung:** Weckt das Interesse eurer Zuhörerinnen und Zuhörer und führt in das Thema ein, z. B. durch Bilder/Fotos, treffende Zitate oder persönliche Bemerkungen zum Thema. Gebt einen Überblick über die Gliederung.
- **Hauptteil:** Den Hauptteil solltet ihr besonders sorgfältig planen. Ordnet eure Informationen nach sachlichen Gesichtspunkten. Legt Oberbegriffe und Unterpunkte fest. Streicht überflüssige Informationen, die vom Thema wegführen.
- **Schluss:** Der Schluss rundet das Referat ab. Ihr könnt wichtige Informationen zusammenfassen, eure persönliche Meinung zum Thema formulieren oder einen Ausblick auf weitere Entwicklungen geben.

Sich bewerben

► S. 75–78

Das Bewerbungsschreiben

► S. 76

Das Bewerbungsanschreiben bestimmt den ersten Eindruck, den man von euch gewinnt. Hier nennt ihr Gründe für eure Berufs- oder Praktikumswahl und versucht euren Arbeitsgeber davon zu überzeugen, dass ihr geeignet für die Stelle seid (► Muster eines Bewerbungsanschreibens, S. 76).

Der Lebenslauf

Der Lebenslauf ist ein wichtiger Teil der Bewerbungsunterlagen und wird klar gegliedert.

Lebenslauf

Foto

Persönliche Daten

Name	Matthias Grupp
Adresse:	Marlonstr. 2 41169 Mönchengladbach
Telefon:	02161/456 …
E-Mail:	m.grupp@vum.de
Geburtsdatum:	…
Geburtsort:	…

Schulbildung

2007–2011	Wilhelm-Busch-Grundschule, Mönchengladbach
seit 2011	Kant-Gymnasium, Mönchengladbach
voraussichtlich 2016	Fachoberschulreife

Praktische Erfahrungen

03/2013	Praktikum bei der Firma Druckpunkt, Mönchengladbach
seit 01/2014	Mitarbeit bei der Schülerzeitung, verantwortlich für das Layout

Besondere Kenntnisse und Interessen

Computerkenntnisse	gute Kenntnisse in Adobe, Illustrator, Photoshop Grundkenntnisse in InDesign
Sprachkenntnisse	Englisch (gute Kenntnisse in Wort und Schrift) Französisch (Grundkenntnisse)
Persönliche Interessen	Einradfahren und Jonglieren

Mönchengladbach, 24. März 20..

Matthias Grupp

Das Vorstellungsgespräch

► S. 78

Im Internet recherchieren

▶ S. 62–64

Basisrecherche mit Wikipedia

- Notiert **treffende Suchbegriffe** (Schlagwörter) zu eurem Thema und recherchiert diese im Online-Lexikon Wikipedia.
- Der Wikipedia-Artikel erläutert das Schlagwort und liefert hilfreiche **Zusatzinformationen,** die ihr für die weitere Recherche mit Suchmaschinen verwenden könnt. Meist gibt der Artikel auch **Hinweise auf weiterführende Webseiten** (Weblinks) und **Literatur,** z. B. Bücher (Literatur).

Feinrecherche mit Suchmaschinen

- Besonders gute Ergebnisse erhält man bei der Recherche mit Suchmaschine (z. B. Google, Bing), wenn man **Suchbegriffe miteinander kombiniert** und dadadurch die Suche filtert bzw. einschränkt, z. B.: *Körpersprache + kulturabhängig.*
- Man kann die Suchergebnisse weiter filtern, indem man sie z. B. auf einen bestimmten **Zeitraum** oder eine **bestimmte Sprache** einschränkt.
- Wenn ihr Bilder oder Grafiken benötigt, nutzt ihr die **Bildersuche.**

Internetseiten speichern: Lesezeichen oder Favoriten anlegen

Wenn ihr eine Internetseite gefunden habt, die ihr später noch einmal aufrufen möchtet, legt ihr sie als Lesezeichen oder Favoriten ab. Geht so vor:

1 **Klickt oben im Browser auf „Favoriten" oder „Lesezeichen".**

2 Hier findet ihr die Funktion „Zu Favoriten hinzufügen" (beim Browser Internet Explorer) oder „Lesezeichen hinzufügen" (beim Browser Mozilla Firefox).

   - **Lesezeichen hinzufügen:** Klickt auf den Pfeil neben dem Fenster Ordner → dann auf „Wählen" → „Neuer Ordner". Gebt dem Ordner einen aussagekräftigen Namen, z. B.: *Klimaschutz Maßnahmen,* und klickt dann auf „Fertig".
   - **Zu Favoriten hinzufügen:** Klickt auf „Neuer Ordner" und gebt dem Ordner einen aussagekräftigen Namen, z. B.: *Klimaschutz Maßnahmen.* Klickt dann auf „Erstellen", danach auf „Hinzufügen".

Quellenangaben machen

▶ S. 68

Es ist wichtig, zu allen Materialien Quellenangaben zu machen, damit man die Informationen noch einmal nachlesen oder überprüfen kann:

- **Buch:** Autor/-in, Buchtitel, Seitenangabe, z. B.: *Edwin Klein: Die Olympischen Spiele, Aron Verlag, Berlin 1988, S. 33.*
- **Zeitung/Zeitschrift:** Verfasser/-in, Titel des Textes, Name der Zeitschrift/Zeitung, Ausgabe (z. B. *Nr. 2/2013*), Seitenangabe, z. B.: *Felix Muster: Zwischenfälle bei den Olympischen Spielen. In: Olympiade heute, Nr. 33/2012, S. 33–36.*
- **Internet:** Internetadresse und Datum, an dem ihr die Seite aufgerufen habt, z. B.: *www.helles-koepfchen.de/artikel/2673.html (15. 3. 2013)*

Lösungen zu den einzelnen Aufgaben

Seite 99

1 **Auflösung:** Bezieht man den Gastgeber mit ein, hätten insgesamt sechs Personen an dem weihnachtlichen Dinner teilgenommen. Parrot hatte aber nur fünf Gedecke auftragen lassen. Offenbar wusste er, dass einer der Gäste nicht kommen würde.

Seite 138

4 Z. 1–3: Frage des Ich-Erzählers an einen länger nicht gesehenen Nachbarn
Z. 3–15: kurzer Abriss der (beruflichen) Biografie des Nachbarn („Lebenslauf")
Z. 16–17: Antwort des Nachbarn

Seite 261

1 b + c; **2** b + c; **3** a + b; **4** a + c

Seite 276

1 A + C; 2 B + C; 3 A + B; 4 A + C; 5 A + B

Seite 285

2 **2 A; 3 E; 4 D, 5 F; 6 B**

Seite 299

1 b **Rechtschreibfehler**
- aufeinanderprallen (Z. 1)
- beim Fahren (Z. 2)
- ergab, dass (Z. 4)
- zusammenkommen (Z. 6)
- die ökologischen Folgen (Z. 8)
- das vermehrte Ausstoßen (Z. 8)
- Fußballspiele (Z. 9)
- das unkontrollierte Herbeiströmen (Z. 10 f.)
- bei der Duisburger Love-Parade (Z. 11)
- ein Beispiel dafür, dass (Z. 12)
- das systematische Auswerten (Z. 13 f.)
- das Auswerten (Z. 19)
- das Analysieren (Z. 21)
- ein Bewegungsprofil von Besucherströmen, das ... (Z. 22)
- Datenschützer weisen zu Recht ... (Z. 26)

Zeichensetzungsfehler
- aufeinanderprallen, führt dies ... (Z. 1)
- ergab, dass ... (Z. 4)
- Milliarden Euro, die (Z. 5)
- „Millionen ... Auto", sagt Andreas Hecht, Manager ... (Z. 6 f.)
- Massenveranstaltungen, wie z. B. ... Messen, (Z. 9)
- könnte Big Data, also ... Datenmengen, sein. (Z. 8 f.)
- Um ... zu füttern, werden ... (Z. 14 f.)
- an der Autobahn, von Fahrzeugen ... (Z. 17)
- auch die Möglichkeit, Personen ... (Z. 20)
- Menschenleben retten können", erklärt ... (Z. 24)
- weisen zu Recht darauf hin, dass ... (Z. 26)

Textartenverzeichnis

Autoren- und Quellenverzeichnis

DÜRRENMATT, FRIEDRICH (1921–1990)
117 Das Versprechen (Auszug) (1)
119 Das Versprechen (Auszug) (2)
aus: Das Versprechen. © 1986 Diogenes Verlag AG Zürich (1) (2)

EBNER-ESCHENBACH, MARIE VON (1830–1916)
131 Wertbestimmung
aus: Gesammelte Schriften von Marie von Ebner-Eschenbach. Bd. 1. Aphorismen, Parabeln, Märchen und Gedichte. Paetel, Berlin 1893, S. 140

EICHENDORFF, JOSEPH VON (1788–1857)
155 Frühlingsnacht (1)
162 Neue Liebe (2)
aus: Werke. Bd. 1. Gedichte, Versepen, Dramen, Autobiographisches. Winkler, München 1970 (1) (2)

ENZENSBERGER, HANS MAGNUS (*1929)
131 Herrn Zetts Betrachtungen – Nr. 8 (1)
133 Herrn Zetts Betrachtungen – Nr. 109 (2)
aus: Herrn Zetts Betrachtungen, oder Brosamen, die er fallen ließ, aufgelesen von seinen Zuhörern. Suhrkamp, Frankfurt a. M. 2013 (1) (2)

FETSCHER, IRING (1922–2014)
321 Leidenschaftlich, aber kontrolliert (gekürzt)
aus: FAZ Nr. 263/1975

PAPST FRANZISKUS (*1936)
286 Großbotschaft zum Weltwirtschaftsforum in Davos (gekürzt)
nach: Botschaft von Papst Franziskus an den Präsidenten des World Economic Forums aus Anlass der Jahrestagung in Davos-Kloster vom 17.01.2014. http://w2.vatican.va/content/francesco/de/messages/pont-messages/2014/documents/papa-francesco_20140117_messaggio-wef-davos.html; Stand: 11.11.2015
© Liberia Editrice Vaticana

FRERICHS, STEFAN (*1964)
297 Machen Fernsehen oder Computerspiele gewalttätig?
nach: http://www.ard.de/home/ard/Gewalt_in_den_Medien__Machen_Medien_gewalttaetig_/76046/index.html vom 29.02.2012; Stand: 16.11.2015

GAUCK, JOACHIM (*1940)
284 Ihre Stimme hat Gewicht – Wahlaufruf zur Bundestagswahl
nach: Wahlaufruf des Bundespräsidenten: „Ihre Stimme hat Gewicht!" vom 19.09.2013 im Schloss Bellevue. http://www.bundespraesident.de/SharedDocs/Reden/DE/Joachim-Gauck/Reden/2013/09/130919-Wahlaufruf.html; Stand: 11.11.2015

GEIßLER, ROLF (*1927)
128 Modelle (Auszug)
aus: Modelle. Ein literarisches Arbeitsbuch für Schulen. Oldenbourg, München 1974, S. 35

GIAMMARCO, FRANCESCO
34 Dr. Datenkrake (gekürzt)
nach: http://www.abendzeitung-muenchen.de/inhalt.gesundheits-daten-dr-datenkrake-wie-big-data-die-medizin-veraendert.c13259a0-8b6b-4cbf-97ca-a988b4775604.html vom 21.03.2014; Stand: 06.11.2015

GLASL, FRIEDRICH (*1941)
252 Eskalationsmodell
aus: Konfliktmanagement. Ein Handbuch zur Diagnose und Behandlung von Konflikten für Organisationen und Berater. Paul Haupt Verlag, Bern & Stuttgart 1994

GÜNDERODE, KAROLINE VON (1780–1806)
167 Die eine Klage
aus: Sämtliche Werke und ausgewählte Studien. Bd. 1. Texte. Hrsg. von Walter Morgenthaler. Historisch-Kritische Ausg. Stroemfeld/Roter Stern Basel u. a. 1990

GULLERT, MADELAINE
33 Big-Data-Experte Mayer-Schönberger: „Der freie Wille steht auf dem Spiel" (gekürzt)
nach: http://www.wz-newsline.de/home/multimedia/big-data-experte-mayer-schoenberger-der-freie-wille-steht-auf-dem-spiel-1.1489855 vom 27.11.2013; Stand: 06.11.2015

GOETHE, JOHANN WOLFGANG (1749–1832)
154 Mailied
aus: Sämtliche Werke. Bd. 2. Gedichte 1800–1832. Hrsg. von Karl Eibl. Deutscher Klassik Verlag, Frankfurt a. M. 1988

GORE, AL (*1948)
70 Neue Energie für Amerika – Ein Appell an die heute Lebenden. Ansprache vom 17.07.2008. (gekürzt)
nach: http://germanwatch.org/kliko/ks42gore.pdf; Stand: 09.11.2015

GRAF, OSKAR MARIA (1894–1967)
280 Verbrennt mich!
aus: Exil. Literarische und politische Texte aus dem deutschen Exil. 1933–1945. Hrsg. von Ernst Loewy. Fischer, Frankfurt a. M. 1981, S. 196 f.

HAACK, MELANIE (*1982)
272 Große Freiheit im Monoski bei Tempo 130 (Auszug)
nach: http://www.welt.de/sport/article125587746/Grosse-Freiheit-im-Monoski-bei-Tempo-130.html vom 09.03.2014; Stand: 11.11.2015

HÄUSSER, PHILIP & ALFRIED SCHMITZ
73 Erneuerbare Energien: Solarenergie (gekürzt)
nach: http://www.planet-wissen.de/technik/energie/solarenergie/pwwbsolarenergie100.html vom 11.12.2013; Stand: 09.11.2015

HEIDENREICH, ELKE (*1943)
257 Mutter lernt Englisch. Ein Drama
aus: MiniDramen. Hrsg. von Karlheinz Braun. Verlag der Autoren, Frankfurt a. M. 1987

HERPELL, GABRIELA (*1959)
16 Was Jugendliche vom Internet halten
nach: http://www.sueddeutsche.de/digital/2.220/leben-im-netz-was-jugendliche-vom-internet-halten-1.1438796 vom 12.08.2012; Stand: 11.11.2015

HITLER, ADOLF (1889–1945)
278 Rede an die Hitlerjugend auf dem Nürnberger Parteitag vom 14.09.1935 (gekürzt)
aus: Die Reden Hitlers am Parteitag der Freiheit 1935. Franz Eher Nachf., München 1935

HÖGSDAL, BJÖRN (*1975)
160 Stereo
aus: Hätte ich Deutsch auf Lehramt studiert, wäre das nicht passiert. Lektora Verlag, Paderborn 2010, S. 109

HOFFMANN, E. T. A. (1776–1822)
107 Das Fräulein von Scuderi (Auszug) (1)
109 Das Fräulein von Scuderi (Auszug) (2)
111 Das Fräulein von Scuderi (Auszug) (3)
116 Das Fräulein von Scuderi (Auszug) (4)
aus: Das Fräulein von Scuderi. Reclam, Stuttgart 1991, S. 3–5 (1) S. 49 f. (2) S. 55–58 (3) S. 59 (4)

HOFFMANN, MAREN
204 Hilfe, Roboter! (gekürzt)
nach: http://www.manager-magazin.de/unternehmen/amendedestages/die-wirtschaftsglosse-roboter-uebernehmen-die-weltherrschaft-a-986321.html vom 15.08.2014; Stand: 10.11.2015

HOHLER, FRANZ (*1943)
138 Lebenslauf
aus: Das Ende eines ganz normalen Tages. Luchterhand Literaturverlag, München 2008

HOQUET, THIERRY
201 Wir Selbstoptimierer (gekürzt)
aus: DIE ZEIT Nr. 27/2013

HUCH, RICARDA (1864–1947)
156 Der Teufel soll die Sehnsucht holen
aus: Gesammelte Werke. Hrsg. von Wilhelm Emrich. Kiepenheuer & Witsch, Köln 1971

Ich und Ich
150 Ich warte schon so lange
Text: Humpe, Annette © Ambulanz Musikverlag – Annette Humpe

Kafka, Franz (1883–1924)
134 Großer Lärm (1)
135 Der plötzliche Spaziergang (2)
136 Heimkehr (3)
aus: Gesammelte Werke. Bd. III. Tagebücher 1909–1923. Hrsg. von Max Brod u.a. Fischer, Frankfurt a. M. 1952 (1) (3) Gesammelte Werke. Bd. V. Erzählungen. Hrsg. von Max Brod u. a. Fischer, Frankfurt a. M. 1952 (2)

Kaléko, Mascha (1907–1975)
151 Weil du nicht da bist
aus: Verse für Zeitgenossen. Hrsg. und mit einem Nachwort versehen von Gisela Zoch-Westphal. Rowohlt, Reinbek 1980

Kästner, Erich
96 Bei Durchsicht meiner Bücher: Eine Auswahl aus vier Versbänden
aus: Atrium Verlag, Zürich 2011 (Vorwort)

Kazantzakis, Niko (1883–1957)
126 Die Blinden
aus: Griechische Passion. Rowohlt, Reinbek bei Hamburg 1989

Kehlmann, Daniel (*1975)
260 F.
aus: F. Rowohlt, Reinbek bei Hamburg 2013, S. 115 f.

Kermani, Navid (*1967)
271 Rede des deutsch-iranischen Schriftstellers Navid Kermani zur Feierstunde „65 Jahre Grundgesetz“ vom 23.05.2014
nach: https://www.bundestag.de/dokumente/textarchiv/2014/-/280688; Stand: 11.11.2015

Kishon, Ephraim (1924–2005)
88 Die Medikamentenstafette
aus: Das große Kishon-Buch. Gesammelte Satiren. Übersetzt von Friedrich Torberg. Langen-Müller, München 1974

Kosch, Stephan & Helmut Kremers
24 „Internet ist das reale Leben“ – Bernd Schorb im Interview mit Stephan Kosch & Helmut Kremers (gekürzt)
nach: http://www.zeitzeichen.net/interview/2012/jugend-und-facebook/ vom 18.01.2012; Stand: 06.11.2015

Kuhn, Johannes (*1979)
206 Super Tramp (gekürzt)
nach: http://www.sueddeutsche.de/digital/anhalter-roboter-hitchbot-super-tramp-1.2069297 vom 30.07.2014; Stand: 10.11.2015

Kunert, Günter (*1929)
132 Die Maschine
aus: Tagträume in Berlin und andernorts. Kleine Prosa. Erzählungen. Aufsätze. Carl Hanser Verlag, München 1972, S. 29

Lasker-Schüler, Else (1869–1945)
158 Ein alter Tibetteppich
aus: Werke und Briefe. Hrsg. von Norbert Oellers. Historisch-kritische Ausg. Jüdischer Verlag., Frankfurt a. M. 1996

Lindinger, Manfred (*1962)
60 Vermüllter Meeresgrund
nach: http://www.faz.net/aktuell/wissen/natur/glosse-vermuellter-meeresgrund-12924873.html vom 08.05.2014; Stand: 09.11.2015

Livius, Titus (ca. 59 v. Chr. – 17 n. Chr.)
130 Der Magen und seine Glieder
aus: Römische Geschichte. Bd. 1. Übersetzt von C. F. Klaiber. Metzler, Stuttgart 1973, S. 156

Locke, Stefan (*1974)
39 Computerspiele sind ein Kulturgut (gekürzt)
nach: „Computerspiele sind ein Kulturgut“ Stefan Locke im Gespräch mit Jeffrey Wimmer. http://www.faz.net/aktuell/gesellschaft/jugend-schreibt/im-gespraech-medienwissenschaftler-jeffrey-wimmer-computerspiele-sind-ein-kulturgut-1610440.html?printPagedArticle=true#pageIndex_2 vom 10.03.2011; Stand: 06.11.2015

Martenstein, Harald (*1953)
97 Voll psycho (gekürzt) (1)
97 Über korrekte Wortwahl (gekürzt) (2)
aus: DIE ZEIT Nr. 11/2006 (1) ZEITmagazin Nr. 22/2013 (2)

Maxeiner, Thomas
99 Weihnachtsdinner mit Leiche
aus: Debbins. Rätselkrimi KW 511. Horst Deike KG, Konstanz

Morozov, Evgeny (*1984)
303 „Ich habe doch nichts zu verbergen“
aus: APuZ 11-12/2015

Müller, Linda
174 Bürgerliche Moral um 1900 (Auszug)
nach: Mädchen, Mädchen, warum presst du die Knie zusammen? Erwachende Sexualität und ihre Unterdrückung in Frank Wedekinds Frühlings Erwachen. http://www.uibk.ac.at/germanistik/mitarbeiter/neuhaus_stefan/lehre/beispiel_seminararbeit.pdf; Stand: 10.11.2015

Opitz, Martin (1597–1639)
152 Lied
aus: Ach Liebste lass uns eilen. Teutsche Poemata. Hrsg. von G. Witkowski. Niemeyer, Halle/Saale 1902

Passig, Kathrin (*1970) & Sascha Lobo (*1975)
17 Entfremdung und Nähe (gekürzt)
aus: Internet – Segen oder Fluch. Rowohlt Verlag, Berlin 2012

Ringelnatz, Joachim (1883–1934)
161 Ich hab dich so lieb
aus: Das Ringelnatz Lesebuch. Hrsg. von Daniel Keel. Diogenes Verlag, Zürich 1984

Rogge, Jan Uwe
296 Wie gefährlich ist mediale Gewalt? (Auszug)
nach: http://www.elternwissen.com/familienleben/kinder-mdeien/art/tipp/gefahr-durch-gewalt-in-den-medien.html

Schiller, Friedrich (1759–1805)
100 Der Verbrecher aus verlorener Ehre (Auszug) (1)
104 Der Verbrecher aus verlorener Ehre (Auszug) (2)
aus: Friedrich Schiller: Der Verbrecher aus verlorener Ehre. Text und Arbeitsbuch. Cornelsen, Berlin 2001, S. 7–10 (1) S. 12 f. (2)

Schirach, Ferdinand von (*1964)
258 Das Cello (Auszug)
aus: Verbrechen. Piper Verlag, München 2009, S. 48 f.

Schlink, Bernhard (*1944)
218 Der Vorleser (Auszug) (1)
220 Der Vorleser (Auszug) (2)
222 Der Vorleser (Auszug) (3)
223 Der Vorleser (Auszug) (4)
224 Der Vorleser (Auszug) (5)
226 Der Vorleser (Auszug) (6)
228 Der Vorleser (Auszug) (7)
234 Der Vorleser (Auszug) (8)
237 Der Vorleser (Auszug) (9)
aus: Der Vorleser. Diogenes, Zürich 1995 (1–9)

Schneider, Wolf (*1925)
291 Gebote des Satzbaus (1)
292 Der Krampf der Synonyme (2)
aus: Deutsch für junge Profis. Wie man gut und lebendig schreibt. Rowohlt, Berlin 2010 (1) (2)

Schröder, Gerhard (*1944)
282 Deutschlands Verbrechen und der Auftrag an Europa (gekürzt)
aus: Rede von Bundeskanzler Gerhard Schröder vom 6. Juni in Caen. »Blätter« 7/2004, S. 890–896

Schulz, Sandra & Dimitri Ladischensky
273 Warum Aussteiger unbegabt fürs Glück sind
nach: http://www.spiegel.de/reise/aktuell/plan-b-warum-aussteiger-unbegabt-fuers-glueck-sind-a-522476.html vom 27.12.2007; Stand: 11.11.2015

SCHULZ, SONJA M.
235 Der Vorleser
nach: http://www.critic.de/film/der-vorleser-1514/ vom 24.02.2009; Stand: 10.11.2015

SCHULZ VON THUN, FRIEDEMANN (*1944)
242 Das Kommunikationsquadrat (gekürzt)
nach: http://www.schulz-von-thun.de/index.php?article_id=71 ; Stand: 10.11.2015

SPORKMANN, MAGDALENA (*1988)
180 Frühlings Erwachen von Frank Wedekind: Coming of age-Drama anno 1890?
nach: https://theaterkritikenberlin.wordpress.com/2012/01/28/fruhlings-erwachen-von-frank-wedekind/ vom 28.01.2012; Stand: 10.11.2015

STEEB, NIKO
38 Was Killerspiele im Gehirn auslösen. Manfred Spitzer im Interview mit Niko Steeb (gekürzt)
nach: http://www.augsburger-allgemeine.de/politik/Was-Killerspiele-im-Gehirn-ausloesen-id7633581.html vom 15.04.2010; Stand: 06.11.2015

STRAMM, AUGUST (1874–1915)
157 Vorübergehn
aus: Die Dichtungen. Sämtliche Gedichte, Dramen, Prosa. Hrsg. und mit einem Nachwort versehen von Jeremy Adler. Piper, München u.a. 1990

STRIPPEL, JUTTA
251 Kreide trocknet die Haut aus (Auszug)
aus: Kreide trocknet die Haut aus. Fischer, Frankfurt a.M. 1982, S.41f.

SZYMANSKI, MIKE (*1977)
51 Ein Schock, der nichts bringt
nach: http://www.sueddeutsche.de/panorama/warnschussarrest-fuer-jugendliche-ein-schock-der-nichts-bringt-1.1906451 vom 07.03.2014; Stand: 09.11.2015

TUCHOLSKY, KURT (1890–1935)
87 Die Kunst, falsch zu reisen (gekürzt) (1)
90 Das Elternhaus (gekürzt) (2)
aus: Gesammelte Werke in zehn Bänden. Bd.7. Rowohlt, Reinbek bei Hamburg 1975, S.115–118 (1) Gesammelte Werke in zehn Bänden. Bd.2. Rowohlt, Reinbek bei Hamburg 1975, S.60–63 (2)

VANDERBEKE, BIRGIT (*1956)
122 Ich will meinen Mord (Auszug)
aus: Ich will meinen Mord. Fischer, Frankfurt a.M. 2002, S.9–11

VOWINKEL, BERND
199 Auf dem Weg zum Transhumanismus? (gekürzt)
nach: https://transhumanismus.wordpress.com/auf-dem-weg-zum-transhumanismus/; Stand: 10.11.2015

WATZLAWICK, PAUL (1921–2007)
129 Die verscheuchten Elefanten
aus: Anleitung zum Unglücklichsein. Piper, München 2008, S.53

WEDEKIND, FRANK (1864–1918)
170 Frühlings Erwachen 1. Akt, 1. Szene (Auszug) (1)
171 Frühlings Erwachen 1. Akt 2. Szene (gekürzt) (2)
172 Frühlings Erwachen 2. Akt, 2. Szene (gekürzt) (3)
177 Frühlings Erwachen 2. Akt, 4. Szene (Auszug) (4)
178 Frühlings Erwachen 2. Akt, 7. Szene (gekürzt) (5)
182 Frühlings Erwachen (Auszüge) (6)
183 Frühlings Erwachen 3. Akt, 1. Szene (gekürzt) (7)
186 Frühlings Erwachen 3. Akt, 5. Szene (Auszug) (8)
189 Frühlings Erwachen 3. Akt, 7. Szene (gekürzt) (9)
aus: Frühlings Erwachen. Eine Kindertragödie. Text und Materialien. Hrsg. von Ekkehart Mittelberg. Cornelsen, Berlin 2013, S.17 (1) S.19–22 (2) S.38–40 (3) S.43f. (4) S.46–51 (5) S.17 (6) S.52–57 (7) S.67f. (8) S.73–76 (9)

WEFING, HEINRICH (*1965)
266 Rauchverbot: Freiheit auf der Kippe (gekürzt)
aus: DIE ZEIT Nr.31/2008

WISCHMEYER, DIETMAR (*1957) & OLIVER WELKE (*1966)
95 Wischmeyer weckt die Jungen.
aus: Mitschrift aus der „heute-show" vom 23.05.2015.

WOHMANN, GABRIELE (1932–2015)
253 Ein netter Kerl
aus: Habgier. Erzählungen. Rowohlt, Reinbek bei Hamburg 1978, S.68–70

ZEH, JULI (*1974)
312 Brief an Angela Merkel vom 15.05.2014
nach: Der Brief an die Kanzlerin. DIE ZEIT Nr.21/2014

ZWERENZ, GERHARD (1925–2015)
83 Nicht alles gefallen lassen... (gekürzt) (1)
84 Nicht alles gefallen lassen... (gekürzt) (2)
aus: Fischer Verlag, Frankfurt a.M. 1962 (1) (2)

ZOBEL, KLAUS
127 Textanalysen. Eine Einführung in die Interpretation moderner Kurzprosa (Auszug)
aus: Textanalysen. Eine Einführung in die Interpretation moderner Kurzprosa. Schöningh, Paderborn u.a. 1985

Unbekannte/ungenannte Autorinnen und Autoren
44 Marco Materazzi: „Zidane, deine Schwester ist 'ne Nutte" (gekürzt)
nach: http://www.stern.de/sport/sportwelt/marco-materazzi--zidane--deine-schwester-ist--ne-nutte--3266756.html vom 18.08.2007; Stand: 09.11.2015
44 Presse-Echo „Zidane-Materazzi 3:2, Italien ist wütend" (gekürzt)
nach: http://www.faz.net/aktuell/sport/fussball/presse-echo-zidane-materazzi-3-2-italien-ist-wuetend-1357314.html vom 21.07.2006; Stand: 09.11.2015
94 Teenager neidisch, weil Rentner „immer Zeit zum Zocken und für Facebook" haben
nach: http://www.der-postillon.com/2011/10/teenager-neidisch-auf-rentner-weil-die.html vom 13.10.2011; Stand: 09.11.2015
149 Dû bist mîn, ich bin dîn
aus: Frühe deutsche Literatur und lateinische Literatur in Deutschland 800-1150. Hrsg. von Walter Haug & Konrad Vollmann. Suhrkamp, Frankfurt a.M. 1991
197 Forscher der Universität Bielefeld entdecken besondere Fähigkeiten (gekürzt)
nach: Ein Roboter mit Bewusstsein http://ekvv.uni-bielefeld.de/blog/uniaktuell/entry/in_roboter_mit_bewusstsein vom 20.12.2013; Stand: 10.11.2015
208 Werden Roboter bald Profi-Fußballer? (gekürzt)
nach: http://www.pm-magazin.de/t/physik-technik/roboter/werden-roboter-bald-profi-fu%C3%9Fballer; Stand: 15.08.2015
241 Jeder Mensch kommuniziert, auch wenn er gar nichts sagt (gekürzt)
aus: Interview mit Paul Watzlawick. P.M. Magazin Nr.89/2012, S 53f.
244 SCHNAUZE! (gekürzt)
aus: Jürgen Klopp im Interview mit Maik Großekathöfer und Gerhard Pfeil. DER SPIEGEL Nr.11/2012
271 1949 Grundgesetz der Bundesrepublik (Auszug)
nach: https://www.bundestag.de/bundestag/aufgaben/rechtsgrundlagen/grundgesetz/gg_01/245122; Stand: 11.11.2015
272 Schütze die Netzfreiheit
nach: http://www.mediainitiative.eu/schutze-die-netzfreiheit/; Stand: 11.11.2015
320 Die „Kinderhymne"
nach: Gegenentwurf von Bertolt Brecht – Die „Kinderhymne". http://www.sueddeutsche.de/politik/gegenentwurf-von-bertolt-brecht-die-kinderhymne-1.412007 vom 11.05.2010; Stand: 11.11.2015

Bildquellenverzeichnis

S. 20: Quelle: JIM 2013; **S. 23:** Quelle: ARD/ZDF-Onlinestudie 2013; **S. 28:** Quelle: INFOFACT AG 2012; **S. 30:** Quelle: Bitkom Research, Berlin 2014; **S. 30, 37, 38, 208, 265, 314:** Imago; **S. 35:** Quelle: Financial Times; **S. 38:** maritius images/imageBROKER/Bernhard Classen; **S. 40:** vario images/imagebroker; **S. 44, 51, 53, 59, 248, 272, 312:** picture-alliance/dpa; **S. 56:** © Fotolia/nickjene, © Fotolia/Olivier Rault, © Fotolia/phant; **S. 60, 66:** picture-alliance/dpa-infografik; **S. 62:** Seite „Plastikmüll in den Ozenanen". In: Wikipedia, Die freie Enzyklopädie. Bearbeitungsstand: 4. Juli 2015. URL: https://de.wikipedia.org/w/index.php?title=Plastikm%C3%BCll_in_den_Ozeanen&oldid=147834070 (Abgerufen: 17. September 2015); **S. 64:** Coverillustration nach Callum Roberts, Der Mensch und das Meer, erschienen in der Deutschen Verlags-Anstalt, München, in der Verlagsgruppe Random House; **S. 66:** Shutterstock/Fabien Monteil; **S. 69:** Shutterstock/Artshots; **S. 70, 72:** mauritius images/Alamy; **S. 73:** © Fotolia/JiSign; **S. 75:** Studio GOOD, Berlin; **S. 78:** Thomas Schulz, Teupitz; **S. 79:** © Dennis Knake, Düsseldorf; **S. 80:** Stefan Finger/laif; **S. 82:** © Fotolia/oneinchpunch; **S. 85:** akg-images/© VG Bild-Kunst, Bonn 2015; **S. 94:** www.der-postillon.de; **S. 95, 96:** © ZDF, Mainz; **S. 134:** akg-images/Archiv K. Wagenbach; **S. 137:** akg-images; **S. 143, 144:** Corbis; **S. 149:** © Fotolia/fuchsphotography; **S. 150:** picture-alliance/Heritage-Images/© VG Bild-Kunst, Bonn 2015; **S. 153:** akg-images/De Agostini Picture Library, © Francis G. Mayer/Corbis; **S. 155:** bpk/Hermann Buresch; **S. 157:** akg-images/ErichLessing/© Estate of George Grosz, Princeton, N.J./VG Bild-Kunst, Bonn 2015; **S. 169, 177:** © Aris/FOTOFINDER.COM; **S. 169, 171, 178, 182, 183, 186, 189:** picture-alliance/Eventpress Ho; **S. 170:** SZ Photo/Aris; **S. 174:** mauritius images/United Archives; **S. 193:** Reuters/Andrea Comas; **S. 194:** Reuters/Reuters Photographer; **S. 199:** Bernd Vowinkel, „Maschinen mit Bewusstsein – wohin führt die künstliche Intelligenz?", Wiley-VCH Verlag GmbH & Co. KGaA, 1. Auflage (22. Mai 2006); **S. 201:** bpk/Kunstbibliothek, SMB/Dietmar Katz; **S. 204:** © Xu Wenhao/Sipa Asia/ZUMA/Corbis; **S. 206:** © PAUL DARROW/Reuters/Corbis; © KENNETH ARMSTRONG/Reuters/Corbis; www.sueddeutsche.de © Süddeutsche Zeitung Digitale Medien GmbH; **S. 209:** © Fotolia/Sergey Nivens; **S. 210:** © Fotolia/Giovanni Cancemi; **S. 217, 230:** picture-alliance/dpa/© 2008 The Weinstein Company. All Rights Reserved.; **S. 229, 237:** action press/Collection Christophel/© 2008 The Weinstein Company. All Rights Reserverd.; **S. 230, 231, 232, 234:** action press/Everett Collection, Inc. New York/© 2008 The Weinstein Company. All Rights Reserved.; **S. 230:** Interfoto/Mary Evans/MIRAGE ENTERPRISES Released by Entertainment Film Distributors/Ronald Grant Archive/© 2008 The Weinstein Company. All Rights Reserved., picture-alliance/ZB/© 2008 The Weinstein Company. All Rights Reserved.; **S. 232:** Cineliz/AllPix/laif/© 2008 The Weinstein Company. All Rights Reserved; **S. 235:** Interfoto/NG Collection/© 2008 The Weinstein Company. All Rights Reserved.; **S. 239:** © Daisuke Nakashima/AFLO/Nippon News/Corbis, Imago/Buzzi; **S. 240:** picture-alliance/Sven Simon, Imago/Zink; Imago/MIS; **S. 243:** Shutterstock/violetblue, © Fotolia/WavebreakmediaMicro; **S. 244:** picture-alliance/HJS-Sportfoto; **S. 246:** Shutterstock/racorn; **S. 248:** Image Source/Claire Keeley; **S. 250:** Glow Images/Corbis RF, © Fotolia/puhhha; **S. 263:** akg-images/© Succession Picasso/VG Bild-Kunst, Bonn 2015; **S. 268:** SZ Photo/Lothar Kucharz; **S. 270:** bpk; **S. 271:** mauritius images/STOCK4B; **S. 272:** European Media Initiative, www.mediainitiative.eu; **S. 273:** © Fotolia/kbuntu; **S. 274:** © Gerolsteiner Brunnen; **S. 277:** Corbis/Bettmann; **S. 278:** bpk/Bayerische Staatsbibliothek/Heinrich Hoffmann; **S. 281:** SZ Photo; **S. 283:** © Antoine Serra/In Visu/Corbis; **S. 284:** action press/Andreas Teich; **S. 286:** © ALESSIA GIULIANI/CPP/Polaris/laif; **S. 311:** Martin Jehnichen/laif; **S. 315:** © Fotolia/Rawpixel; **S. 316:** © Fotolia/Syda Productions; **S. 317:** bpk/Gerda Goedhart; **S. 319:** akg-images/© epd-bild; **S. 324:** © Fotolia/JorgeAlejandro; **S. 325:** Verlag Deutsche Literaturlandschaften e. K.; **S. 326:** © cuba e. V. – Wortbühne TatWort, Seite „Liste deutschsprachiger Verlage". In: Wikipedia, Die freie Enzyklopädie. Bearbeitungsstand: 12. Oktober 2015. URL: https://de.wikipedia.org/w/index.php?title=Liste_deutschsprachiger_Verlage&oldid=146935797 (Abgerufen: 13. Oktober 2015)

Sachregister

Knifflige Verben im Überblick

Infinitiv	Präsens	Präteritum/Perfekt	Konjunktiv I / Konjunktiv II	Imperativ Singular
befehlen	du befiehlst	er befahl / hat befohlen	sie befehle/befähle	befiehl!
beginnen	du beginnst	sie begann / hat begonnen	er beginne/begänne	beginne!
beißen	du beißt	er biss / hat gebissen	sie beiße/bisse	beiße!
bieten	du bietest	er bot / hat geboten	er biete/böte	biete!
bitten	du bittest	sie bat / hat gebeten	sie bitte/bäte	bitt(e)!
blasen	du bläst	er blies / hat geblasen	er blase/bliese	blas(e)!
bleiben	du bleibst	sie blieb / ist geblieben	sie bleibe/bliebe	bleibe(e)!
brechen	du brichst	sie brach / hat gebrochen	er breche/bräche	brich!
brennen	du brennst	es brannte / hat gebrannt	es brenne/brennte	brenn(e)!
bringen	du bringst	sie brachte / hat gebracht	sie bringe/brächte	bring(e)!
dürfen	du darfst	er durfte / hat gedurft	er dürfe/dürfte	
einladen	du lädst ein	sie lud ein / hat eingeladen	sie lade ein/lüde ein	lad(e) ein!
entscheiden	du entscheidest	er entschied / hat entschieden	er entscheide/entschiede	entscheid(e)!
essen	du isst	er aß / hat gegessen	sie esse/äße	iss!
fahren	du fährst	sie fuhr / ist gefahren	er fahre/führe	fahr(e)!
fallen	du fällst	er fiel / ist gefallen	sie falle/fiele	fall(e)!
fangen	du fängst	sie fing / hat gefangen	er fange/finge	fang(e)!
fliehen	du fliehst	er floh / ist geflohen	sie fliehe/flöhe	flieh(e)!
fließen	du fließt	es floss / ist geflossen	es fließe/flösse	fließ(e)!
fressen	du frisst	er fraß / hat gefressen	er fresse/fräße	friss!
geben	du gibst	sie gab / hat gegeben	sie gebe/gäbe	gib!
genießen	du genießt	sie genoss / hat genossen	er genieße/genösse	genieß(e)!
gießen	du gießt	er goss / hat gegossen	er gieße/gösse	gieß(e)!
greifen	du greifst	sie griff / hat gegriffen	sie greife/griffe	greif(e)!
halten	du hältst	sie hielt / hat gehalten	er halte/hielte	halt(e)!
heben	du hebst	er hob / hat gehoben	sie hebe/höbe	heb(e)!
helfen	du hilfst	er half / hat geholfen	sie helfe/hülfe	hilf!
kennen	du kennst	sie kannte / hat gekannt	er kenne/kennte	kenn(e)!
kommen	du kommst	sie kam / ist gekommen	sie komme/käme	komm(e)!
können	du kannst	er konnte / hat gekonnt	er könne/könnte	
lassen	du lässt	sie ließ / hat gelassen	sie lasse/ließe	lass(e)!
laufen	du läufst	er lief / ist gelaufen	er laufe/liefe	lauf(e)!
leiden	du leidest	sie litt / hat gelitten	sie leide/litte	leide(e)!
leihen	du leihst	er lieh / hat geliehen	er leihe/liehe	leih(e)!
lesen	du liest	er las / hat gelesen	er lese/läse	lies!